财政部规划教材
全国高等院校财经类教材

中级财务会计

（第二版）

Intermediate Financial Accounting

主　编　向　凯
副主编　张颜瑜　蓝　图　李　勤　陈　平

中国财经出版传媒集团
经济科学出版社
Economic Science Press

图书在版编目（CIP）数据

中级财务会计/向凯主编. —2 版. —北京：经济科学出版社，2019.2（2020.3 重印）
财政部规划教材　全国高等院校财经类教材
ISBN 978-7-5218-0213-9

Ⅰ.①中… Ⅱ.①向… Ⅲ.①财务会计-高等学校-教材 Ⅳ.①F234.4

中国版本图书馆 CIP 数据核字（2019）第 014873 号

责任编辑：白留杰　刘殿和
责任校对：蒋子明
责任印制：李　鹏

中级财务会计（第二版）

主　编　向　凯
副主编　张颜瑜　蓝　图　李　勤　陈　平

经济科学出版社出版、发行　新华书店经销
社址：北京市海淀区阜成路甲 28 号　邮编：100142
教材分社电话：010-88191354　发行部电话：010-88191522
网址：www.esp.com.cn
电子邮件：bailiujie518@126.com
天猫网店：经济科学出版社旗舰店
网址：http://jjkxcbs.tmall.com
北京密兴印刷有限公司印装
787×1092　16 开　36.75 印张　900000 字
2019 年 2 月第 2 版　2020 年 3 月第 3 次印刷
ISBN 978-7-5218-0213-9　定价：96.00 元
（图书出现印装问题，本社负责调换。电话：010-88191510）
（版权所有　侵权必究　打击盗版　举报热线：010-88191661
QQ：2242791300　营销中心电话：010-88191537
电子邮箱：dbts@esp.com.cn）

第二版前言

本教材自第一版出版以来,受到国内高校和读者的喜爱,在此表示衷心感谢。本教材在 2014 年被评为广东省精品教材。

随着国际财务报告准则的制定或修订,为适应社会主义市场经济发展,进一步完善我国企业会计准则体系,提高财务报表列报质量和会计信息透明度,保持我国企业会计准则与国际财务报告准则的持续趋同,财政部于 2014 年修订了《企业会计准则——基本准则》《企业会计准则第 2 号——长期股权投资》《企业会计准则第 9 号——职工薪酬》《企业会计准则第 37 号——金融工具列报》《企业会计准则第 30 号——财务报表列报》《企业会计准则第 33 号——合并财务报表》等准则,新制定了《企业会计准则第 39 号——公允价值计量》《企业会计准则第 40 号——合营安排》《企业会计准则第 41 号——在其他主体中权益的披露》等准则;2017 年,财政部修订了《企业会计准则第 14 号——收入》《企业会计准则第 16 号——政府补助》《企业会计准则第 22 号——金融工具确认和计量》《企业会计准则第 23 号——金融资产转移》《企业会计准则第 24 号——套期会计》《企业会计准则第 37 号——金融工具列报》等准则,制定了《企业会计准则第 42 号——持有待售的非流动资产、处置组和终止经营》;2018 年,财政部修订了《企业会计准则第 21 号——租赁》。同时,在 2014~2017 年,财政部先后印发了 6~12 号企业会计准则解释。为了配合税制改革,财政部印发了《增值税会计处理规定》;为解决执行新金融准则和新收入准则的企业在财务报告编制中的实际问题,财政部发布了《关于修订印发 2018 年度一般企业财务报表格式的通知》。

本教材在第一版的基础上,结合国际财务报告准则的最新动态,准确领会财政部自 2014 年以来陆续修订、制定的企业会计准则及解释等精神,并将税制改革前沿及公司法修订的内容融入本教材中。此次修订后的《中级财务会计》，在原有教材的基础上，作了较为系统、全面的修正、补充和完善。例如，第十五章中以图文并茂的方式详实地阐述了收入的五步法确认与计量模型及八项收入特定交易。修订后的教材，内容更充实，体系更完善，表述更准确，更能体现理论联系实际，更能培养学生的会计职业判断能力和执业能力。

本教材再版修订过程中，我的研究生郑钦华、谭伟坚、古金弘、胡娜玲、李康梅等同学收集了大量资料，并作了相关校对工作，在此表示感谢。

参与本书修订工作的老师有：陈芸、张颜瑜、陈平、蓝图、李洁伦、欧阳莹、彭志成、刘国庆、李勤、张红云、刘华、周阿立、蔡军、吴丹。

由于本教材修订时间仓促，加之水平有限，教材中难免存在错误之处，欢迎和恳请各位读者和同行不惜赐教和批评指正。

向　凯

2019 年 1 月

前言

经济越发展，会计越重要。会计信息作为国际通用的商业语言，具有资金筹集、资本配置、产权界定、风险定价和公司治理等方面的作用，具有极其广泛和重要的经济功能和社会功能。会计信息具有广泛的经济后果，不仅影响社会人力资本的配置，而且影响企业、行业、国家和国际等层面投资环境的改善和经济资源的配置，甚至直接决定一个国家乃至全球的社会财富分配、国民经济增长和全球经济增长。

自改革开放以来，我国会计改革经历了与国际接轨、协调、趋同和等效等发展过程，其改革的主要目的在于提高会计信息在资源配置中的决策有效性和加强投资者利益的保护。伴随着我国会计的改革发展和现代信息技术的广泛应用，财务会计工作的重心已经从日常的记账、算账和报账等基础工作转向会计信息的分析、评价和利用。因此，会计教育的培养目标也应从培养学生的会计核算能力向着培养学生的会计实践能力、会计职业判断能力和会计执业能力转变。

《中级财务会计》作为管理类专业、经济类专业及相关专业的核心基础课程，对于培养学生的会计实践能力、会计职业判断能力和会计执业能力具有举足轻重的作用。我们认为，本门课程的教学不能停留在介绍六大会计要素及会计科目的账务处理上，否则，既枯燥又乏味。这样只会让学生机械地记忆会计分录，而当遇到会计实际工作问题时就会感到束手无策，而且也会让学生不能真正体会到会计信息影响资源配置的这一本质功能的内涵；而应以财务会计基本理论讲授为基础，重点讲解六大会计要素的确认、计量和报告的基本原理，注重运用财务会计基本原理来引导学生分析企业在发生某一交易或事项后为什么需要进行如此的会计确认、计量和报告。在此基础上，教师应系统地讲解每项会计确认、计量和报告对企业可能产生的财务影响及由此导致的经济后果。因此，本门课程的教学应注重培养学生恰当选择和准确运用会计政策、合理作出会计估计以及会计信息的综合分析与利用等方面的能力。

基于上述的认识和教学实践，本书在吸收近年来国内外优秀财务会计教材精华的基础上，注重财务会计基本原理的介绍，强调对学生会计实践能力、会计职业判断能力和会计执业能力的培养。也正是根据这一认识和实践，形成了本书的编写思路。总体来看，本书的结构体系和内容安排具有以下特点：

1. 本书每章章首有本章导言、本章内容框架和本章学习目标等三个方面的内容：（1）导言，主要引导学生认识为什么需要学习本章内容，明确本章需要学习什么内容；（2）内容框架，主要让学生熟悉本章的知识结构体系，有助于学生厘清本章知识点的内在逻辑关系，从而帮助学生对知识点的系统掌握；（3）学习目标，有助于学生明确本章的学习任务，也便于学生自主学习和自我评价。

2. 本书每章章尾有本章小结、课堂讨论题和课后练习题等三个方面的内容：（1）本章小结，主要帮助学生对本章的核心知识点进行梳理、归纳和课后总结复习。（2）课堂讨论题，主要是本章中涉及的财务会计基本理论知识，可供教师在课堂内与学生讨论，有助于培养学生的思维能力和会计职业判断能力。在实际教学过程中，课堂讨论这一教学环节往往被忽略或忽视，认为会浪费大量教学学时，由此导致培养的学生不能学以致用，不能灵活运用会计基本理论来分析和解决会计实践问题。（3）课后练习题，主要是根据每章中的关键知识点而设计的具有针对性和综合性的习题。在本门课程教学中，许多教师感到教学学时紧张，课程的基本教学内容无法完全在课堂内讲授完成。我们认为，在本门课程的课堂教学过程中，教师不能疲于介绍会计分录，既费时又费力，教学效果不佳，而应侧重于财务会计基本原理的讲授，让学生在课后进行演练。通过我们多年的教学探索与教学实践后发现，教师在讲授完财务会计基本原理后，让学生自主完成相关会计处理，并引导学生完成相关练习，既巩固了会计基本理论知识，又提高了学生的学习主观能动性、学习兴趣和实践动手能力，可达到事半功倍的教学效果。

3. 本书注重理论与实践相结合，强调培养学生的会计实践能力、会计职业判断能力和会计执业能力。为了实现这一目标，课堂讨论题的设计不囿于教材的内容或仅停留在简单的设问，而是设计了富有启发性和实践性强的问题。同时，根据财务会计基本原理，设计了实践性和综合性强的课堂练习题，注重培养学生运用财务会计基本理论来分析问题和解决问题的能力。

4. 本书编写组还编写了与本教材相配套的辅导教材《中级财务会计：学

习指导与练习题》。学习指导部分，主要提纲挈领地梳理了各章节的知识点，供学生课前预习和课后巩固复习，帮助学生自主学习。练习题部分，主要供学生课后练习，加深对各章知识点的巩固，并附有详细的答案讲解。

本书及配套的辅导教材适用于经济管理类专业本专科教学，同时也可供企业管理人员参考使用或自学使用，特别是可供参加全国会计专业技术资格考试、全国注册会计师考试、税务师考试的考生作为辅导参考书使用。

本书由向凯教授担任主编，负责全书写作大纲的拟订和大部分内容的编写工作。参与本书编写工作的老师有：张红云、易虹、邵宇玲、刘国庆、李勤、唐际艳、吴丹、何文颖、罗映红等。本书在编写过程中，参考了《企业会计准则（2006）》《企业会计准则——应用指南（2006）》《企业会计准则讲解（2006）》《企业会计准则讲解（2008）》《企业会计准则讲解（2010）》和国内外许多优秀的财务会计教材。在此，本书编写组向这些作者表示衷心的感谢。

由于本书编写时间仓促，加之水平有限，书中难免存在错误之处，欢迎和恳请各位读者和同行不惜赐教和批评指正。

向　凯

2011 年 6 月

目 录

第一章　总论 ·· （ 1 ）
　　第一节　财务会计概述 ·· （ 2 ）
　　第二节　财务会计基本理论 ·· （ 4 ）
　　第三节　财务会计规范体系 ·· （ 23 ）
　　本章小结 ·· （ 28 ）
　　课堂讨论题 ·· （ 29 ）
　　课后练习题 ·· （ 29 ）

第二章　货币资金 ·· （ 32 ）
　　第一节　库存现金 ·· （ 33 ）
　　第二节　银行存款 ·· （ 39 ）
　　第三节　其他货币资金 ·· （ 49 ）
　　本章小结 ·· （ 53 ）
　　课堂讨论题 ·· （ 53 ）
　　课后练习题 ·· （ 53 ）

第三章　存货 ·· （ 56 ）
　　第一节　存货概述 ·· （ 57 ）
　　第二节　取得存货的计量 ·· （ 59 ）
　　第三节　发出存货的计量 ·· （ 66 ）
　　第四节　期末存货的计量 ·· （ 82 ）
　　第五节　存货清查 ·· （ 89 ）
　　本章小结 ·· （ 92 ）

课堂讨论题……………………………………………………………（94）
　　课后练习题……………………………………………………………（94）

第四章　金融资产……………………………………………………………（98）

　　第一节　金融资产概述…………………………………………………（99）
　　第二节　以摊余成本计量的金融资产…………………………………（107）
　　第三节　以公允价值计量且其变动计入其他综合收益的金融资产……（123）
　　第四节　以公允价值计量且其变动计入当期损益的金融资产…………（129）
　　第五节　金融资产的重分类……………………………………………（132）
　　第六节　金融工具减值…………………………………………………（136）
　　本章小结…………………………………………………………………（140）
　　课堂讨论题………………………………………………………………（144）
　　课后练习题………………………………………………………………（145）

第五章　长期股权投资………………………………………………………（148）

　　第一节　长期股权投资概述……………………………………………（149）
　　第二节　长期股权投资的初始计量……………………………………（152）
　　第三节　长期股权投资核算的成本法…………………………………（160）
　　第四节　长期股权投资核算的权益法…………………………………（163）
　　第五节　长期股权投资核算方法的转换………………………………（176）
　　本章小结…………………………………………………………………（187）
　　课堂讨论题………………………………………………………………（190）
　　课后练习题………………………………………………………………（190）

第六章　固定资产……………………………………………………………（194）

　　第一节　固定资产概述…………………………………………………（195）
　　第二节　固定资产的初始计量…………………………………………（197）
　　第三节　固定资产的后续计量…………………………………………（207）
　　第四节　固定资产清查与处置…………………………………………（217）
　　本章小结…………………………………………………………………（219）
　　课堂讨论题………………………………………………………………（220）
　　课后练习题………………………………………………………………（221）

第七章　无形资产……………………………………………………………（223）

　　第一节　无形资产概述…………………………………………………（224）

第二节　无形资产的初始计量 ……………………………………………………… (226)
　　第三节　无形资产的后续计量 ……………………………………………………… (231)
　　第四节　无形资产的处置 …………………………………………………………… (234)
　　本章小结 ……………………………………………………………………………… (236)
　　课堂讨论题 …………………………………………………………………………… (237)
　　课后练习题 …………………………………………………………………………… (237)

第八章　投资性房地产及其他资产 …………………………………………………… (239)

　　第一节　投资性房地产概述 ………………………………………………………… (240)
　　第二节　投资性房地产的会计处理 ………………………………………………… (244)
　　第三节　其他资产 …………………………………………………………………… (255)
　　本章小结 ……………………………………………………………………………… (256)
　　课堂讨论题 …………………………………………………………………………… (257)
　　课后练习题 …………………………………………………………………………… (257)

第九章　资产减值 ………………………………………………………………………… (260)

　　第一节　资产减值概述 ……………………………………………………………… (261)
　　第二节　单项资产减值测试 ………………………………………………………… (263)
　　第三节　资产组减值测试 …………………………………………………………… (268)
　　第四节　商誉减值测试 ……………………………………………………………… (274)
　　本章小结 ……………………………………………………………………………… (276)
　　课堂讨论题 …………………………………………………………………………… (277)
　　课后练习题 …………………………………………………………………………… (278)

第十章　非货币性资产交换 ……………………………………………………………… (281)

　　第一节　非货币性资产交换概述 …………………………………………………… (282)
　　第二节　非货币性资产交换的确认与计量 ………………………………………… (284)
　　第三节　非货币性资产交换的会计处理 …………………………………………… (287)
　　本章小结 ……………………………………………………………………………… (297)
　　课堂讨论题 …………………………………………………………………………… (299)
　　课后练习题 …………………………………………………………………………… (299)

第十一章　负债 …………………………………………………………………………… (302)

　　第一节　流动负债 …………………………………………………………………… (303)
　　第二节　非流动负债 ………………………………………………………………… (334)

本章小结 ·· (341)
课堂讨论题 ·· (342)
课后练习题 ·· (342)

第十二章 或有事项 ·· (346)

第一节 或有事项概述 ·· (347)
第二节 或有资产与或有负债 ·· (348)
第三节 预计负债 ·· (349)
本章小结 ·· (358)
课堂讨论题 ·· (359)
课后练习题 ·· (359)

第十三章 债务重组 ·· (361)

第一节 债务重组概述 ·· (361)
第二节 债务重组的会计处理 ·· (363)
本章小结 ·· (374)
课堂讨论题 ·· (375)
课后练习题 ·· (375)

第十四章 所有者权益 ·· (378)

第一节 实收资本 ·· (379)
第二节 其他权益工具 ·· (385)
第三节 资本公积与其他综合收益 ··· (387)
第四节 留存收益 ·· (394)
本章小结 ·· (398)
课堂讨论题 ·· (401)
课后练习题 ·· (401)

第十五章 收入、费用与利润 ·· (404)

第一节 收入 ·· (405)
第二节 费用 ·· (469)
第三节 利润 ·· (476)
本章小结 ·· (482)
课堂讨论题 ·· (485)
课后练习题 ·· (485)

第十六章　财务报告 …… （491）

第一节　财务报告概述 …… （492）
第二节　资产负债表 …… （497）
第三节　利润表 …… （509）
第四节　所有者权益变动表 …… （516）
第五节　现金流量表 …… （520）
第六节　财务报表编制综合示例 …… （538）
第七节　报表附注 …… （562）
本章小结 …… （564）
课堂讨论题 …… （566）
课后练习题 …… （566）

参考文献 …… （573）

第一章 总　　论

【本章导言】

　　会计的产生和发展有着悠久的历史。财务会计是按照公认会计原则对企业发生的交易或事项进行会计确认、计量和报告，以反映企业管理层受托责任履行情况和提供有助于财务报告使用者作出经济决策的信息。财务会计信息对于引导社会资源配置、协调社会经济利益分配关系，保护投资者和社会公众的利益发挥极为关键的作用。本章主要讲述财务会计的产生和发展、会计目标、会计信息质量要求、会计基本假设、会计要素的确认与计量、财务会计报告和财务会计规范体系等基本理论。

【本章内容框架】

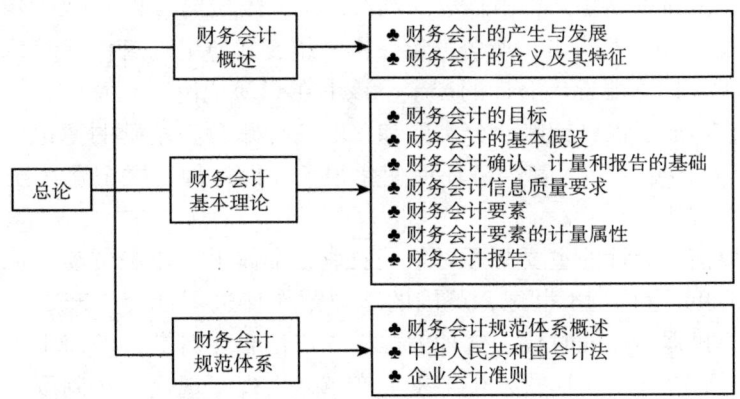

【本章学习目标】

- 了解财务会计的产生与发展，熟悉财务会计的含义及其特征。
- 掌握我国财务会计的目标，熟悉财务会计报告使用者的信息需求。
- 掌握四项会计假设和权责发生制会计基础。
- 掌握八项会计信息质量要求的内涵及实践应用。
- 掌握六大会计要素的定义、确认条件、分类和列报。
- 掌握五项会计计量属性及实践应用。
- 熟悉财务会计报告的含义及构成，了解我国财务会计规范体系的构成。

第一节 财务会计概述

一、财务会计的产生与发展

物质资料的生产是人类社会生存和发展的基础。人们在物质资料的生产过程中，一方面创造出物质财富，取得一定的劳动成果；另一方面发生各种劳动耗费，消耗一定的人力、物力和财力。人们总是希望用有限的劳动创造出尽可能多的物质财富。为此，人们在进行生产的同时必须对劳动的所得和所耗进行计量、计算、记录和比较，由此产生了原始的会计。可以说，会计是为适应人类社会生产的发展、经营管理和经济决策的需要而产生、发展并不断地得到完善。

会计的产生和发展有着悠久的历史。早在原始社会末期，就有"绳结记事""刻木求日""垒石计数"等原始计算记录的方法，这是会计产生的萌芽阶段。例如，我国的陶器兽骨记录、埃及的纸草记录、印度的多罗叶记录等就揭示了人类社会最初的会计行为。最初意义上的会计，只是一些简单的记录和计算，只是"生产职能的附带部分"。当社会生产力发展到一定阶段，会计才逐渐从生产职能中分离出来，并逐步形成了专门从事这一工作的专职会计人员。

会计经历了由简单到复杂，由低级向高级的不断发展的过程。1494年意大利数学家卢卡·巴其阿勒（Luca Pacioli）所著的第一本介绍复式簿记的著作《算术、几何、比与比例概要》问世，标志着近代会计的产生。该书在"簿记论"一章中，对复式记账法作了系统的介绍，形成了以日记账、分类账和总账三种账簿为基础的簿记体系，并相继传至世界各国。500多年来，尽管经济环境变化很大，但这种复式记账法至今仍然是世界各国通用的记账方法。

工业革命以前，会计的主要服务对象是农业、个体手工业和贸易个体，业务较为单一，核算内容简单。到了18世纪，英国的工业革命促进了社会生产力的飞速发展，企业进入了大规模机器生产的时代，这种大规模生产使企业对资金的需求大增，促成金融市场的形成，导致企业组织形式发生了重大变革，出现了现代公司制度。随着金融市场和现代公司的出现和发展，形成了企业所有权与经营权的分离。为了适应日益复杂的经营环境，现代公司往往需要雇用职业经理人负责企业的日常经营管理，使得公司所有者不再是公司的管理者。此时，投资者和债权人主要通过会计报表来了解企业的财务状况和经营成果，由此要求职业经理人向股东和债权人公开报告其经营业绩，形成了以提供对外报告信息为主要任务的财务会计。与此同时，企业不仅要按规定编制和定期公布其财务报表，股东和债权人往往要求由独立的第三方对企业的会计资料进行审查验证，以确保会计报表的客观性和公正性，于是出现了专门以查账为职业的会计师。1853年，在英国的苏格兰出现了世界上第一个特许会计师协会。

第二次世界大战后，生产的社会化程度有了大幅度的提高，对会计信息的需求也日趋迫切。特别是20世纪50年代以后，以美国为首的西方发达国家的科学技术和经济飞速发展，企业所面临的市场竞争更加激烈。日趋复杂的市场环境不仅要求企业改进生产方法和进行技术革新，而且要求企业强化内部经营管理和降低生产成本，于是出现了以"标准成本""预算管理""盈亏临界点分析"和"差量分析法"等为主要内容的管理会计，其主要目的在于帮助企业提高生产效率和经营效果。管理会计的出现，使传统的会计一分为二，从此形成了"财务会计"和"管理会计"两大领域。

与此同时，强调财务会计工作的标准化和规范化，成为各国政府及会计职业团体的首要任务。例如，美国先后成立了会计程序委员会（Committee on Accounting Procedure，CAP）、会计原则委员会（Accounting Principles Board，APB）和财务会计准则委员会（Financial Accounting Standards Board，FASB），它们主要对财务会计的基本概念和基本理论进行研究，并发布了一系列的财务会计规范。同时，为了促进各国会计实务在国际范围内的协调和趋同，1973年6月，由来自9个国家的16个会计职业团体组织发起成立了国际会计准则委员会（International Accounting Standards Committee，IASC）。IASC在2000年经过全面改组，于2001年4月成立了国际会计准则理事会（International Accounting Standards Board，IASB），取代了IASC。IASB的目标是：本着公众利益，制定一套高质量的、可理解的并且可实施的全球性会计准则，这套准则要求在财务报表和其他财务报告中提供高质量的、透明的且可比的信息，以帮助世界资本市场的参与者和其他使用者进行经济决策，促进这些准则的使用和严格实施，以及促成各国会计准则与国际财务报告准则（IFRS）趋同于高质量的解决方案。

纵观当今世界，经济一体化已成为世界经济发展的重要趋势。影响国际贸易的关税壁垒和非关税壁垒正在大幅度削减，贸易自由化程度越来越高，国际资本市场、跨国并购和战略联盟的发展，使得资本、劳务等生产要素在全球范围内自由流通更加便捷，推动经济领域中包括会计标准在内的各种标准、制度的国际趋同。因此，经济全球化趋势的深入发展和信息技术的日新月异，对财务会计信息质量提出了更高的要求。

中华人民共和国成立后，我国沿用了苏联计划经济模式下的会计核算体系，与西方经济发达国家的会计理论和方法有很大差异，影响了我国的改革开放和对外交流，不适应发展社会主义市场经济的要求。因此，从1992年起，我国进行了全面的会计改革，颁布了企业会计准则、企业财务通则，以及分行业的企业会计制度和财务制度，简称"两则两制"，自1993年7月1日起实施。此后，我国一直在陆续制定和颁布多项具体会计准则，并对分行业的会计制度进行了统一。例如，2000年颁布了全国统一的《企业会计制度》，2002年颁布了《金融企业会计制度》，2004年颁布了《小企业会计制度》。特别是，2006年2月，财政部又重新修订和颁布了《企业会计准则——基本准则》和38个具体会计准则，使之更适合我国经济体制改革和经济社会发展的需要。截至2018年底，我国企业会计准则体系包括1项会计基本准则和42项具体会计准则（建造合同准则已废止）。正是这一系列改革，使我国会计理论和实务获得了前所未有的发展，走上与国际会计惯例等效的道路，会计信息真正成为世界通用的商业语言。

二、财务会计的含义及其特征

财务会计作为现代会计的一个分支，它是运用簿记系统的专门方法，以公认会计原则为指导，对企业发生的交易或事项进行会计确认、计量和报告，向外部信息使用者提供与企业财务状况、经营成果、现金流量和所有者权益变动的信息，旨在反映企业管理层受托责任履行情况和提供有助于信息使用者作出经济决策的对外报告会计。与管理会计相比较，财务会计具有以下特征：

（1）财务会计侧重于向投资者、债权人和其他外部利益相关者提供有关企业投资决策、信贷决策和其他经济决策所需要的信息，该信息主要是历史信息；而管理会计则侧重于向企业内部管理当局提供预测经济前景、决策分析、规划未来、控制和评价各责任单位的经济活动信息，该信息主要用于规划未来。

（2）财务会计必须以公认会计原则为指导，来进行会计确认、计量和报告；而管理会计一般不受公认会计原则的完全限制和严格约束，主要运用管理会计工具方法，参与单位规划、决策、控制、评价活动并为之提供有用信息，推动单位实现战略规划。

（3）财务会计主要根据企业日常发生的交易或事项，通过取得和编制凭证、登记账簿、最终目的在于定期编制格式相对统一的财务会计报告；而管理会计没有固定的工作程序可遵循，企业可根据自身实际情况设计管理会计的工作流程，没有统一格式的各种内部报告，而且对报告的种类也没有统一规定。

第二节　财务会计基本理论

利特尔顿（A. C. Littleton）在1953年所著的《会计理论结构》中将会计理论表述为"对实务的解释"和"行动的理由"。美国会计学会（AAA）在1966年发布的《会计基本理论说明书》（ASBOAT）中指出，会计理论是"一套紧密相连的、假定性的、概念性的和实用性的原理的整体"，并提出会计理论可以起到四个方面的作用：第一，确定会计的范围，借以提出会计概念，并有可能建立会计的理论；第二，建立会计准则来判断、评价会计信息；第三，指明会计实务中有可能改进的一些方面；第四，为会计研究人员寻求扩大会计应用范围以及由于社会发展而需要扩展会计学科的范围时，提供一个有用的框架。瓦茨和齐默尔曼（Watts and Zimmerman）认为，会计理论的作用在于解释和预测会计实务。

综上所述，会计理论的作用在于：第一，为指导和评估会计准则的制定提供内在逻辑一致的理论依据；第二，可以解释、说明和评价会计实务，特别是为不存在准则来规范的会计实务提供理论指导；第三，帮助投资者和其他利益相关者更好地分析和利用会计信息；第四，促成新的会计理论的形成，更好地预测会计实务。

总体来看，会计理论是由一套内在关联、联系紧密、逻辑严密的会计目标、会计假设、会计信息质量要求、会计要素定义及特征、会计要素确认及计量和财务会计报告等构成。

一、财务会计的目标

财务会计的目标，也称财务会计报告的目标，是指财务会计系统运行所期望达到的目的或境界。财务会计（报告）的目标一般应包括三方面的内容：一是会计信息的基本用途；二是会计信息的提供对象，即向哪些人提供会计信息；三是提供哪些信息，即什么是有用的会计信息。

（一）财务会计目标及其特征

我国《企业会计准则——基本准则》（以下简称《会计基本准则》）第4条界定了财务会计目标："财务会计报告的目标是向财务会计报告使用者提供与企业财务状况、经营成果和现金流量等有关的会计信息，反映企业管理层受托责任履行情况，有助于财务会计报告使用者作出经济决策。"我国会计基本准则所界定的财务报告目标具有以下特征：

1. 更加体现投资者保护的基本理念

近年来，随着我国企业改革持续深入，企业产权主体日益多元化，资本市场的快速发展，机构投资者及其他投资者队伍日益壮大，对会计信息的需求日益迫切。在这种情况下，投资者更加关心其投资的风险和报酬，他们需要财务会计信息来帮助其作出投资决策，如决定是否应当买进、持有或者卖出持有某企业的股票或者股权，他们还需要信息来帮助其评估企业支付股利的能力等。因此，我国会计基本准则将投资者作为企业财务报告的首要使用者，凸显了投资者的重要地位，体现了保护投资者利益的要求，这也是我国市场经济发展的必然要求。

2. 强调受托责任与决策有用的融合

现代企业制度强调企业所有权和经营权的分离，企业管理层是受委托人委托经营管理企业及其各项资产，负有受托责任。企业投资者和债权人等需要及时或者经常性地了解管理层保管、使用企业资产的情况，以便评价管理层的责任情况和业绩情况，并决定是否要调整投资或者信贷政策，如何加强企业内部控制和其他制度建设，是否需要更换管理层等。因此，财务会计报告应当反映企业管理层受托责任的履行情况，以帮助外部投资者和债权人等信息使用者评价企业的经营管理责任和资源使用的有效性。

更为重要的是，财务会计报告应当有助于信息使用者作出经济决策。因此，财务会计报告提供的信息应当如实反映企业所拥有或者控制的经济资源、对经济资源的要求权以及经济资源及其要求权的变化情况；如实反映企业的各项收入、费用、利得和损失的金额及其变动情况；如实反映企业各项经营活动、投资活动和筹资活动等所形成的现金流入和现金流出情况等，从而帮助现在或者潜在的投资者正确、合理地评价企业的资产质量、营运效率、偿债能力、盈利能力和发展能力等，帮助投资者根据相关会计信息作出理性的投资决策，评估与投资有关的未来现金流量的金额、时间和风险等。

所以，我国会计基本准则将财务会计报告的目标界定为"反映企业管理层受托责任履行情况，有助于财务会计报告使用者作出经济决策"。"反映企业管理层受托责任履行情况"实质上是会计信息的受托责任观；"有助于财务会计报告使用者作出经济决策"实质上是会计信息的决策有用观。

（二）财务会计信息使用者

财务会计报告使用者依次包括投资者（股东或所有者）、债权人、政府及其有关部门、企业管理者和社会公众。

（1）投资者。投资者包括现在和潜在的投资者（所有者），是与企业利益关系最为密切的群体。投资者一般需要了解企业全面的财务信息，特别是关注其投资的风险和报酬，评估来自股利支付和预期现金流量的金额、时间分布及不确定性等方面的信息。这些信息对于投资者决定是否投资、何时投资、投资多少，是否对其持有的投资进行转让，以及评价企业管理当局是否实现了预定的财务目标，企业是否按照其预期进行利润分配（如股利政策）等方面发挥关键性的作用。

（2）债权人。债权人包括为企业提供借贷资本的银行、债券购买者和贷款人等。债权人获利能力、变现能力、偿债能力和支付能力等方面的财务信息，对于债权人决定是否贷款、何时贷款、贷款多少、贷款期限、贷款是否附担保物、是否应该继续保持对企业的债权（如转让持有的债券），以及评价企业的财务实力、获利能力和信用状况等具有重要作用。

（3）政府及其有关部门。政府及其有关部门包括财政、金融、税务、审计、工商行政、证券监管、统计等部门。这些部门在进行财政监督、金融监管、税务稽核、审计监督、证券监管时都需要会计信息。会计信息资料可以作为政府课税、税收征管、国民经济统计的基础资料。此外，会计信息还可以作为政府相关部门作出宏观经济决策的依据。

（4）企业管理者。企业的管理者包括公司董事会成员、经理、计划、财务、人事、供应、市场营销、技术等方面人员，他们也是会计信息的主要使用者之一。公司的管理者往往需要根据会计信息作出一系列与企业经营有关的决策，如筹资、生产、投资、利润分配和员工薪酬等方面的决策。

（5）其他财务报告使用者。除了上面介绍的使用者外，还包括供应商、客户、工会等其他一些利益相关者。供应商需要会计信息了解企业的未来物资需求、企业信用状况，以便作出营销计划调整和信用决策；顾客需要会计信息了解企业的未来各项服务承诺的可实现情况，以便作出购买决策；工会需要会计信息了解企业的盈利情况和未来发展前景，以便为工资谈判提供信息支持。

二、财务会计的基本假设

由于财务会计所处的社会经济环境极为复杂且经常变化，在这种情况下，会计人员有必要对会计核算的经济环境作出判断。会计假设，是对财务会计核算的空间范围、时间范围、计量手段等所作的合理设定，是会计确认、计量和报告的基本前提。在会计实践工作中，会计对象的确定、会计政策选择和会计估计作出等都要以会计基本假设为依据。我国会计基本准则规定，财务会计的基本假设主要包括会计主体、持续经营、会计分期和货币计量。

（一）会计主体

会计主体，也称会计个体或会计实体，是指会计工作为之服务的特定单位或组织。

我国会计基本准则第 5 条明确规定，"企业应当对其本身发生的交易或者事项进行会计确认、计量和报告。"

会计主体假设，主要回答会计为谁核算的问题，它界定了会计核算的空间范围。在理解会计主体假设时，应当注意以下几个问题：

（1）企业应合理界定会计主体。会计主体是经营上或经济上具有独立性或相对独立性的单位或组织。这个单位或组织可以是营利性的单位或组织，如企业或公司，也可以是非营利性的单位或组织，如政府、学校、机关团体、科研单位或医疗机构等；可以是具有法人资格的实体（如公司），也可以是不具有法人资格的实体（如合伙企业、个人独资企业）。

（2）企业应将企业本身发生的交易或者事项与其他企业发生的交易或者事项明确地区分开来。在现代经济生活中，企业之间的交易或事项纷繁复杂，特别是当企业之间存在关联方关系时（如母子公司、子公司与子公司），如何公允和准确地界定各自的交易或者事项显得尤为重要。会计主体假设明确要求企业应当对其本身发生的交易或者事项进行会计确认、计量和报告，其他企业发生的交易或者事项不能纳入本企业的会计核算范围，这无疑可以有效杜绝企业利用关联交易的复杂性和隐蔽性进行虚假的会计确认、计量和报告。

（3）企业应将企业发生的交易或者事项与企业所有者发生的交易或者事项明确地区分开来。在会计实际工作中，经常会出现企业的所有者将个人或家庭的开支拿到企业报销。会计主体假设明确规定了企业所有者的交易或者事项，不应纳入企业会计核算的范围。但是，企业所有者投入企业的资本或者向所有者分配的利润，则属于企业所发生的交易或者事项，应当纳入企业的会计核算范围。

（4）企业应区分会计主体与法律主体的关系。会计主体与法律主体是不同的。法律主体，是指在政府部门注册登记，有独立的财产、能够承担民事责任的法律实体，它强调企业与各方面的经济法律关系。一般来说，法律主体必然是会计主体，但会计主体不一定是法律主体。例如，公司既是会计主体，又是法律主体；而个人独资企业、合伙企业虽然是会计主体，但它们不是法律主体。

概而言之，会计主体假设就是要求企业会计核算的范围只限于企业本身的交易或者事项，不包括其他企业和企业投资者的交易或者事项，并要求企业独立核算其本身拥有的资产和对外债务，正确计算盈亏，为信息使用者提供决策有用的会计信息。

（二）持续经营

持续经营，是指在可以预见的将来，会计主体将会按当前的规模和状态继续经营下去，不会停业，也不会大规模削减业务。我国《会计基本准则》第 6 条规定，"企业会计确认、计量和报告应当以持续经营为前提。"

只有在持续经营的这一前提下，企业才能够按照既定的用途使用资产，按照既定的约定偿还债务，也才能在此基础上选择会计原则和会计方法，从而解决资产计价和损益确定问题。例如，企业的固定资产按取得时的实际成本入账，并通过计提折旧在其使用年限内分期摊作费用，就是以持续经营为前提的。当企业持续经营的前提条件不复存在了，企业所采用的会计原则、会计方法也相应丧失存在的基础，就应当改变会计核算的原则和方法，并在财务会计报告中予以披露。

（三）会计分期

会计分期，是指将一个会计主体持续经营的生产经营活动划分为若干连续的、长短相同的期间。我国《会计基本准则》第7条规定，"企业应当划分会计期间，分期结算账目和编制财务会计报告。"

企业的资金运动是一个连续不断的过程，理论上只有在企业资金运动完全停止后才能精确地核算其经营成果。但在持续经营假设下，资金运动不可能停止，何时停业很难预测。会计分期假设是持续经营假设的必要补充。会计分期的目的，就是在于通过会计期间的划分，将企业持续经营的生产经营活动划分成连续、相等的期间，据以结算盈亏，按期编报财务报告，从而及时地向财务报告使用者提供有关企业财务状况、经营成果和现金流量的信息。正由于会计分期，才产生了当期与前期、后期的划分，才有期初与期末的概念，进而出现了折旧、摊销、递延等会计处理方法。

会计期间分为年度和中期。中期，是指短于一个完整的会计年度的报告期间。在我国，会计年度自公历1月1日起至12月31日止。按年度提供的财务报告称为年度报告；涵盖时间短于一个完整的会计年度的财务报告称为中期报告，具体分为月报、季报和半年报。

（四）货币计量

货币计量，是指会计主体在进行会计确认、计量和报告时，应当以货币为主要计量单位来反映其财务状况、经营成果和现金流量。我国《会计基本准则》第8条规定，"企业会计应当以货币计量。"

在现实生活中，存在多种计量单位，如实物计量单位和劳动计量单位等。为了全面地反映企业经营活动，客观上需要统一的计量单位。而最理想的计量单位就是货币，因为它是商品的一般等价物和计量尺度，能用以计量资产、负债和所有者权益，以及收入、费用和利润。货币计量假设，要求对所有会计核算对象采用同一种货币作为统一的尺度来予以计量，并把企业生产经营活动和财务状况的数据转化为按统一货币单位反映的会计信息。

在货币计量假设下，当企业存在多种货币时，需要确定某一种货币作为记账本位币。我国《会计法》规定，"会计核算以人民币为记账本位币。业务收支以人民币以外的货币为主的单位，可以选定其中一种货币作为记账本位币，但是编报的财务会计报告应当折算为人民币。"

在货币计量假设下，会计的核算对象也只限于那些能够用货币来计量的经济活动，使财务报告使用者非常关注的、但无法以货币量化的重要会计信息被排除在财务会计系统之外。例如，企业经营战略、研发能力、市场竞争力等信息，往往难以用货币来计量，但这些信息对于财务报告使用者作出经济决策具有重要的作用。为此，企业应在财务会计报告中补充披露这些相关的信息。

三、财务会计确认、计量和报告的基础

我国《会计基本准则》第 8 条规定,"企业应当以权责发生制为基础进行会计确认、计量和报告。"

权责发生制,也称应计制,是指对收入和费用要素的确认,均以权利或义务是否发生为标志,而不论是否收付现金。具体来说,权责发生制,是指凡是当期已实现的收入和已发生或应当负担的费用,不论款项是否在当期收付,都应确认为当期的收入或费用;凡是不属于已实现的收入和已发生或应当负担的费用,即使款项已经在当期收付,都不应确认为当期的收入和费用。对于企业单位,应按照权责发生制来处理日常经济业务,但是期末将按照收付实现制编制现金流量表。

与权责发生制相对应的是收付实现制。收付实现制,也称现金制,是以现金收到或付出为标志来确认收入的实现或费用的发生,即按收付日期确定收入和费用的归属期。具体来说,收付实现制,是指凡是属本期已收到或支付的款项,不管其是否应归属本期,都应确认为本期的收入和费用;反之,凡本期尚未收到或支付的款项,即使应该归属本期,也不确认为本期的收入和费用。

四、财务会计信息质量要求

会计信息质量要求,是对企业财务报告中所提供会计信息质量的基本要求,是选择和评价可供取舍的会计政策和方法的标准,是财务报告目标的具体化,是财务会计工作的生命,也是财务会计存在的基本前提和发展的基本动力。我国会计基本准则提出了包括可靠性、相关性、可理解性、可比性、实质重于形式、重要性、谨慎性和及时性等八项会计信息质量要求。

(一)可靠性

可靠性,是指企业应当以实际发生的交易或者事项为依据进行会计确认、计量和报告,如实反映符合确认和计量要求的各项会计要素及其他相关信息,保证会计信息真实可靠、内容完整。

会计信息要有用,必须以可靠性为基础。如果企业以虚假的经济业务进行确认、计量和报告,不仅会严重损害会计信息质量,而且会误导投资者。为了贯彻可靠性要求,企业应当做到:

(1) 以实际发生的交易或者事项为依据进行确认和计量,将符合会计要素定义及其确认条件的资产、负债、所有者权益、收入、费用和利润等如实反映在财务报表中,不得根据虚构的、没有发生的或者尚未发生的交易或事项进行确认、计量和报告。

(2) 在符合重要性和成本效益原则的前提下,要保证会计信息的完整性,其中包括编报的报表及其附注内容等应当保持完整,不能随意遗漏或者减少应予披露的信息,与使用者的决策相关的有用信息都应当充分披露。

(3) 在财务报告中的会计信息应当是中立的、无偏的。如果企业在财务报告中为了达到事先设定的结果或效果，通过选择或列示有关会计信息以影响决策和判断的，这样的财务报告信息就不是中立的。

（二）相关性

相关性，是指企业提供的会计信息应当与投资者等财务报告使用者的经济决策需要相关，有助于投资者等财务报告使用者对企业过去、现在或者未来的情况作出评价或者预测。

会计信息的价值，关键是看其与使用者的决策需要是否相关，是否有助于决策或者提高决策水平。首先，会计信息应当有助于使用者评价企业过去的决策，证实或者修正过去的有关预测，因而应具有反馈价值；其次，会计信息还应当具有预测价值，有助于使用者根据财务报告所提供的会计信息预测企业未来的财务状况、经营成果和现金流量。

会计信息质量的相关性，就是要求企业在会计确认、计量和报告会计信息的全过程中充分考虑使用者的决策模式和信息需求。相关性是以可靠性为基础，两者之间并不矛盾，不应将两者对立起来。也就是说，会计信息在可靠性前提下，尽可能做到相关性，以满足投资者等使用者的决策需要。

（三）可理解性

可理解性，是指企业提供的会计信息应当清晰明了，便于财务会计报告使用者理解和使用。

企业提供会计信息的目的在于使用，要让使用者有效使用会计信息，首先能让其了解会计信息的内涵，弄懂会计信息的内容，这就要求财务报告所提供的会计信息应当清晰明了，易于理解。如果会计信息晦涩难懂，不能为使用者所理解，那么这样的信息就没有任何用途，也就失去了其价值。因此，可理解性是实现财务会计报告目标的重要途径之一。然而，会计信息是否被使用者所理解，除了会计信息本身应当清晰明了，还要求使用者具备一定的理解能力。所以，可理解性是指企业应该提供清晰易懂的会计信息，使具有一定的有关企业经济活动和会计方面知识，而且又投入适当的精力去阅读和分析会计信息的使用者能够了解企业所提供的会计信息。

（四）可比性

可比性，是指企业提供的会计信息应当相互可比。可比性具有两层含义：

（1）同一企业不同时期发生的相同或者相似的交易或者事项，应当采用一致的会计政策，不得随意变更。确需变更的，应当在附注中说明。

为了便于财务报告使用者了解企业财务状况、经营成果和现金流量的变化趋势，比较企业在不同时期的财务会计信息，全面、客观地评价过去、预测未来，从而作出决策，这就要求同一企业采用的会计政策，在每一会计期间和前后各期应当保持纵向一致，不得随意变更。但是，满足下列条件之一的，企业可以变更会计政策：①法律、行政法规或者国家统一的会计制度等要求变更；②会计政策变更能够提供更可靠、更相关的会计信息。企业变更会计政策后，应当就变更的内容和理由、变更的累积影响数，以及累积影响数不能合理确定的理由等在附注中予以说明。

(2) 不同企业发生的相同或者相似的交易或者事项，应当采用规定的会计政策，确保会计信息口径一致、相互可比。

为了便于财务报告使用者正确评价不同企业的财务状况、经营成果和现金流量及其变动情况，要求不同企业发生的相同或者相似的交易或者事项，应当采用规定的会计政策，确保会计信息口径一致，使企业间的会计信息可以进行横向比较，以满足有关各方的决策需要。

可比性要求不等同于企业采用的会计政策没有选择余地，也不等同于所有企业所采用的会计政策绝对一致，而是要求不同企业或同一企业不同时期对相同或者相似的交易或事项，应当采用相同或相近的会计政策，以确保会计信息在同一企业前后各期的纵向可比或不同企业之间的横向可比。

(五) 实质重于形式

实质重于形式，是指企业应当按照交易或者事项的经济实质进行会计确认、计量和报告，不应仅以交易或者事项的法律形式为依据。

企业发生的交易或事项的经济实质与其法律形式有时是不一致的，如果仅按照交易或事项的法律形式进行会计确认、计量和报告，往往导致会计信息的严重扭曲。因此，企业在进行会计确认、计量和报告时，应该注重交易或者事项的经济实质，而不是其法律的表现形式。例如，企业销售商品时，已经向客户交付了商品并开具了发票账单，从法律形式上看，该企业具有收取合同对价的权利，应确认商品销售收入；但是，如果企业向客户销售商品存在重大质量问题，客户可能要求退货，从经济实质上看，客户尚未取得相关商品控制权。因此，企业不应确认商品销售收入。

实质重于形式在会计实务中得到了广泛的运用。例如，计提资产减值准备、确定资产或负债的公允价值、确定合并报表合并范围、确认收入等交易或事项的会计处理，必须遵循实质重于形式的要求。会计人员在运用实质重于形式时，必须运用职业判断，准确把握交易或者事项的经济实质。

(六) 重要性

重要性，是指企业提供的会计信息应当反映与企业财务状况、经营成果和现金流量等有关的所有重要交易或者事项。

企业的经济业务纷繁复杂，企业在进行会计核算时，如果对所有的经济业务事无巨细地进行反映，既不经济，也完全没有必要，而且也会遗漏重要的交易或者事项。重要性，要求每个企业应当区分交易或事项的重要程度，并采用不同的会计方法和程序。一般来说，对重要交易或者事项，必须按照规定的会计政策，分别核算和分项列报；对于不重要交易或者事项，在不影响会计信息真实性和不会误导使用者作出正确判断的情况下，可以适当简化核算或合并反映，以使会计信息主次分明，重点突出。

会计事项是否重要，应根据会计信息对信息使用者的决策影响程度来确定。在会计实务中，重要性的应用需要依赖会计人员的职业判断，会计人员应当根据企业所处环境和实际情况，从项目的性质和金额大小两方面来判断交易或事项的重要性。

（七）谨慎性

谨慎性，是指企业对交易或者事项进行会计确认、计量和报告应当保持应有的谨慎，不应高估资产或者收益、低估负债或者费用。

企业的经营活动充满风险和不确定性，为了应对风险和不确定性对企业经营活动产生的负面影响，会计人员应当保持必要的职业谨慎，充分估计可能产生的负债或费用，但不预计可能取得的资产或收益。谨慎性要求贯穿于会计确认、计量和报告的全过程。在会计确认方面，要求确认标准和方法建立在稳妥合理的基础之上；在会计计量方面，要求合理估计可能产生的损失或负债的金额并在本期入账，但不估计可能产生的资产或者收益的金额，将本期可能产生的资产或者收益递延到以后期间，在其基本确定能够收到或实现时入账；在会计报告方面，要求企业充分披露可能产生的损失或负债、资产或者收益。

谨慎性作为传统的会计惯例，在世界各国会计实践中都得到了广泛的运用。例如，固定资产采用加速折旧法计提折旧，确认预计负债，计提资产减值准备等会计处理方法就充分体现了谨慎性要求。谨慎性要求的目的在于避免企业虚增资产或者收益，隐瞒负债或者费用，确保企业具有正常、坚实的财务状况和经营成果，可增强企业抵御风险的能力和保持持续经营的经济实力。但是，谨慎性的应用并不允许企业设置秘密准备，如果企业故意低估资产或者收益，或者故意高估负债或者费用，将不符合会计信息的可靠性和相关性要求，损害会计信息质量，扭曲企业实际的财务状况和经营成果，从而对信息使用者的决策产生误导。

（八）及时性

及时性，是指企业对于已经发生的交易或者事项，应当及时进行会计确认、计量和报告，不得提前或者延后。

会计信息的价值在于帮助财务会计报告使用者作出正确的经济决策，具有时效性。即使是可靠、相关的会计信息，如果不及时提供，其效用就大大降低，甚至不再具有任何价值。在会计确认、计量和报告中贯彻及时性要求：①要求及时收集会计信息，即在经济交易或者事项发生后，及时收集整理各种原始单据或者凭证；②要求及时处理会计信息，即按照会计准则的规定，及时对经济交易或者事项进行确认或者计量，并编制出财务报告；③要求及时传递会计信息，即按照国家规定的有关时限，及时地将编制的财务报告传递给财务报告使用者，便于其及时使用和决策。

五、财务会计要素

会计要素，也称财务报告要素，是根据交易或事项的经济特征所确定的财务会计对象的基本分类。财务会计工作的主要内容就是对会计要素进行会计确认、计量和报告。

我国《会计基本准则》第 10 条规定,"企业应当按照交易或者事项的经济特征确定会计要素。会计要素包括资产、负债、所有者权益、收入、费用和利润。"我国会计基本准则所界定的会计要素可以分为两大类:一是反映企业某一特定日期财务状况的会计要素,包括资产、负债和所有者权益,它们构成了资产负债表的基本框架,因此也称为资产负债表要素;二是反映企业某一期间经营成果的会计要素,包括收入、费用和利润,它们构成了利润表的基本框架,因此也称为利润表要素。

(一) 资产

1. 资产的定义及特征

资产,是指企业过去的交易或者事项形成的、由企业拥有或者控制的、预期会给企业带来经济利益的资源。根据资产的定义,资产具有以下特征:

(1) 资产是由企业过去的交易或者事项形成的。过去的交易或者事项包括购买、生产、建造行为或者其他交易或事项。只有过去发生的交易或事项才能增加或减少企业的资产,因此预期在未来发生的交易或者事项不形成资产。

(2) 资产应为企业拥有或者控制的资源。由企业拥有或者控制,是指企业享有某项资源的所有权,或者虽然不享有某项资源的所有权,但该资源能被企业所控制。一般说来,企业享有所有权的某项资源,应属于企业的资产。但是,所有权不是认定一项资源是否属于企业资产的唯一标准,当企业不拥有某项资源的所有权,但能被企业所控制,也应该属于企业的资产。

(3) 资产预期会给企业带来经济利益。预期会给企业带来经济利益,是指资产直接或者间接导致现金和现金等价物流入企业的潜力。这种潜力可以来自企业日常的生产经营活动,也可以是非日常经营活动;带来经济利益可以是现金或者现金等价物形式,也可以是能转化为现金或者现金等价物的形式,或者是可以减少现金或者现金等价物流出的形式。如果某项资源预期不能给企业带来经济利益,那么就不能将其确认为企业的资产。前期已经确认为资产的资源,如果不能再为企业带来经济利益,也应不再确认为企业的资产。

2. 资产的确认条件

符合资产定义的资源,在同时满足以下条件时,可确认为资产:

(1) 与该资源有关的经济利益很可能流入企业。这是资产的本质特征。但在现实生活中,与资源有关的经济利益能否流入企业或者能够流入多少,实际上具有不确定性。因此,资产的确认还应与经济利益流入的不确定性程度的判断结合起来,如果存在确凿的证据表明,与资源有关的经济利益很可能流入企业,企业就应将其作为资产予以确认;反之,就不能确认为资产。

(2) 该资源的成本或者价值能够可靠地计量。只有当有关资源的成本或者价值能够可靠地计量时,资产才能予以确认。在会计实务中,资产应当根据交易发生或完成时所形成的各种交易价格,即资产的实际取得成本进行计量。因此,只要取得资产时的实际购买价格或者生产成本能够可靠获得,一般就认为该资产能够可靠地计量。但是,在某些情况下，企业取得资产没有发生实际成本或者发生的实际成本较小，此时如果其公允价值能够可靠计量，一般也认为该资产能够可靠地计量。

3. 资产的分类与列报

资产按其流动性不同，分为流动资产和非流动资产。

（1）流动资产。资产满足下列条件之一的，应当归类为流动资产：①预计在一个正常营业周期中变现、出售或耗用。②主要为交易目的而持有。③预计在资产负债表日起1年内变现。④自资产负债表日起1年内，交换其他资产或清偿负债的能力不受限制的现金或现金等价物。正常营业周期，是指企业从购买用于加工的资产起至实现现金或现金等价物的期间。正常营业周期通常短于1年。因生产周期较长等导致正常营业周期长于1年的，尽管相关资产往往超过1年才变现、出售或耗用，仍应当划分为流动资产。正常营业周期不能确定的，应当以1年（12个月）作为正常营业周期。流动资产主要包括库存现金、银行存款、交易性金融资产、应收票据、应收账款、预付账款、应收利息、应收股利、其他应收款、存货、合同资产、持有待售资产等。

（2）非流动资产。流动资产以外的资产应当归类为非流动资产，并应按其性质分类列示。被划分为持有待售的非流动资产应当归类为流动资产。非流动资产主要包括债权投资、其他债权投资、长期应收款、长期股权投资、其他权益工具投资、投资性房地产、固定资产、在建工程、工程物资、无形资产、商誉、长期待摊费用、递延所得税资产等。

符合资产定义和资产确认条件的项目，应当列入资产负债表；符合资产定义但不符合资产确认条件的项目，不应当列入资产负债表。

（二）负债

1. 负债的定义及特征

负债，是指企业过去的交易或者事项形成的、预期会导致经济利益流出企业的现时义务。根据负债的定义，负债具有以下特征：

（1）负债是由企业过去的交易或者事项形成的。也就是说，只有过去的交易或者事项才会形成负债，如企业因已赊购材料才会形成应付账款。也正因为过去的交易或者事项才会形成负债，所以企业将在未来发生的承诺、签订的合同等交易或者事项，不能确认为负债。

（2）负债预期会导致经济利益流出企业。只有企业在履行义务时会导致经济利益流出企业，才符合负债的定义，如果不会导致经济利益流出企业，就不符合负债的定义。在履行现时义务时，导致经济利益流出企业的形式是多种多样的，例如，用货币资金、非货币性资产（如存货、固定资产和无形资产）、提供服务、债务转资本以及混合方式等来偿还债务。

（3）负债是企业承担的现时义务。现时义务，是指企业在现行条件下已承担的义务。未来发生的交易或者事项形成的义务，不属于现时义务，不应当确认为负债。需注意的是，并不是所有的现时义务都确认为负债，只有满足负债确认条件的现时义务才确认为负债。

2. 负债的确认条件

符合负债定义的义务，在同时满足以下条件时，才确认为负债：

（1）与该义务有关的经济利益很可能流出企业。也就是，履行义务时导致经济利益流出企业的可能性超过 50%。在会计实务中，履行义务所需流出的经济利益一般带有不确定性，尤其是推定义务往往依赖于大量的估计。因此，负债的确认应当与经济利益流出企业的可能性的判断相结合起来。如果有确凿的证据表明与现时义务有关的经济利益很可能流出企业，才能将其确认为负债；反之，如果企业承担了现时义务，但导致经济利益流出企业的可能性不大，则不能将其确认为负债。

（2）未来流出的经济利益的金额能够可靠地计量。负债的确认在考虑经济利益很可能流出企业的同时，对于未来流出的经济利益的金额应当能够可靠地计量。对于法定义务有关的经济利益流出金额，通常可以根据合同或者法律规定的金额予以确定，考虑到经济利益流出的金额通常在未来期间，有时未来期间较长，有关金额的计量需要考虑货币时间价值等因素的影响。对于推定义务有关的经济利益流出金额，企业应当根据履行相关义务所需支出的最佳估计数进行估计，并综合考虑有关货币时间价值、风险等因素的影响。

3. 负债的分类与列报

负债按其流动性或偿还期限长短不同，分为流动负债和非流动负债。

（1）流动负债。负债满足下列条件之一的，应当归类为流动负债：①预计在一个正常营业周期中清偿。②主要为交易目的而持有。③自资产负债表日起 1 年内到期应予以清偿。④企业无权自主地将清偿推迟至资产负债表日后 1 年以上。负债在其对手方选择的情况下可通过发行权益进行清偿的条款与负债的流动性划分无关。企业正常营业周期中的经营性负债项目即使在资产负债表日后超过 1 年才予清偿的，仍应当划分为流动负债。经营性负债项目包括应付账款、应付职工薪酬等，这些项目属于企业正常营业周期中使用的营运资金的一部分。企业在资产负债表日或之前违反了长期借款协议，导致贷款人可随时要求清偿的负债，应当归类为流动负债。流动负债主要包括短期借款、交易性金融负债、应付票据、应付账款、预收账款、合同负债、应付职工薪酬、应交税费、应付利息、应付股利、其他应付款、持有待售负债等。

（2）非流动负债。流动负债以外的负债应当归类为非流动负债，并应当按其性质分类列示。被划分为持有待售的非流动负债应当归类为流动负债。对于在资产负债表日起 1 年内到期的负债，企业有意图且有能力自主地将清偿义务展期至资产负债表日后 1 年以上的，应当归类为非流动负债；不能自主地将清偿义务展期的，即使在资产负债表日后、财务报告批准报出日前签订了重新安排清偿计划协议，该项负债仍应当归类为流动负债。贷款人在资产负债表日或之前同意提供在资产负债表日后 1 年以上的宽限期，在此期限内企业能够改正违约行为，且贷款人不能要求随时清偿的，该项负债应当归类为非流动负债。非流动负债主要包括长期借款、应付债券、长期应付款、预计负债、递延收益、专项应付款、递延所得税负债等。

符合负债定义及其确认条件的项目，应当列入资产负债表；符合负债定义但不符合负债确认条件的项目，不应当列入资产负债表。

（三）所有者权益

1. 所有者权益的定义及其特征

企业的资产来源于债权人的借入资本和投资者的投入资本，因此他们对企业资产理所当然都拥有要求权。会计上，债权人对资产的要求权，称为负债或债权人权益；投资者对企业资产的要求权，称为所有者（股东）权益。负债和所有者权益虽然都是权益，但二者又存在明显的差异：

（1）性质不同。负债是债权人对企业资产的求偿权，实质上是债权人要求企业以其全部资产清偿债务的权利；所有者权益是投资者对企业资产的剩余索取权，实质上是投资者对其投入资本及其运用所产生盈余（或亏损）的权利。

（2）享有的权利不同。债权人通常只享有到期收回本金和按照债务契约约定的利率收取利息收入的权利，虽然在企业清算时，有优先获得资产的求偿权，但债权人既无权参与企业经营管理，也无权参与企业收益的分配；投资者不仅享有企业经营管理的权利，而且享有企业收益的分配权，但是投资者对资产的要求权通常置于债权人之后，即享有对资产的剩余要求权。

（3）偿还期限不同。负债一般有明确的偿还期限，一旦债务到期，企业必须按照债务契约的约定还本付息；所有者权益一般没有期限，投资者一旦将资金投入企业，在企业持续经营的情况下，投资者一般不能抽回资金，可供企业长期使用，无须偿还。

（4）风险和报酬不同。债权人在企业无论盈亏时，可以按照事先的约定收取固定的本息，回报和风险相对较小；投资者的投资回报视企业的经营政策和经营业绩而定，投资者的投入资本是一种典型的风险资本，回报和风险相对较大。

（5）计量特征不同。负债通常可以单独计量；而我国会计基本准则规定，"所有者权益金额取决于资产和负债的计量"，不能单独计量。

2. 所有者权益的来源与构成

我国会计基本准则规定，"所有者权益的来源包括所有者投入资本、直接计入所有者权益的利得和损失、留存收益。"对于公司制企业，所有者权益通常包括实收资本（或股本）、其他权益工具、资本公积（包括资本溢价或股本溢价和其他资本公积）、其他综合收益、盈余公积和未分配利润。其中，前四项可以视为投资者投入的，因而又将其统称为投入资本；而后两项均来源于企业的利润，且留存在企业，所以又将其统称为留存收益。

（1）所有者投入资本，是指投资者在企业成立时或成立后所投入的各项资产，它是企业注册资本的主要来源。所有者投入资本既包括构成企业实收资本或者股本部分的金额，也包括投入资本超过实收资本或者股本部分的金额，即资本溢价或股本溢价，在我国被列入资本公积。此外，还包括企业发行的除普通股以外的归类为权益工具的各种金融工具。

（2）直接计入所有者权益的利得和损失，是指不应计入当期损益、会导致所有者权益发生增减变动的、与所有者投入资本或者向所有者分配利润无关的利得或者损失。利得，是指由企业非日常活动所形成的、会导致所有者权益增加的、与所有者投入资本无关的经济利益的流入。利得包括直接计入所有者权益的利得和直接计入当期利得。损失，是指由企业非日常活动所形成的、会导致所有者权益减少的、与向所有者分配利润无关的经济利益的流出。损失包括直接计入所有者权益的损失和直接计入当期利润的损失。直接计入所有者权益的利得和损失，在我国主要被列入资本公积（其他资本公积）或其他综合收益。

（3）留存收益，是指企业创造的收益，但没有以红利的形式分配给投资者，而是留存下来用于企业生产经营，由全体投资者共同享有的累积净利润，其实质相当于投资者用净利润再投资所形成的收益。留存收益包括盈余公积和未分配利润。

所有者权益的来源及其构成可用图1-1来表示。

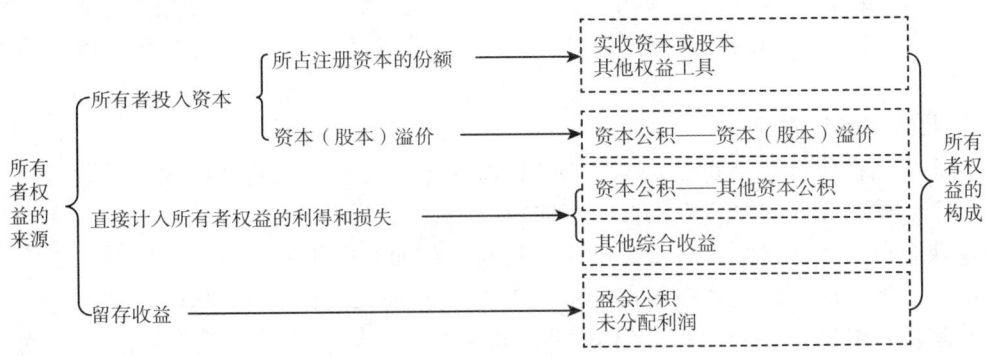

图1-1　所有者权益的来源及其构成

3. 所有者权益的确认条件

由于所有者权益体现的是所有者在企业资产中的剩余权益，因此，所有者权益的确认主要依赖于其他会计要素的确认，尤其是资产和负债的确认。例如，企业接受投资者投入的资产，在该资产符合企业资产确认条件时，就相应地符合了所有者权益的确认条件。

4. 所有者权益的列报

所有者权益项目应当列入资产负债表。资产负债表中的所有者权益类至少应当单独列示反映下列信息的项目：实收资本（或股本）、其他权益工具、资本公积、其他综合收益、盈余公积和未分配利润。此外，企业还应当编制所有者（或股东）权益变动表。

（四）收　入

1. 收入的定义及特征

收入，是指企业在日常活动中形成的、会导致所有者权益增加的、与所有者投入资本无关的经济利益的总流入。根据收入的定义，收入具有以下特征：

（1）收入是企业在日常活动中形成的。日常活动，是指企业为完成其经营目标所从事的经常性活动以及与之相关的活动。例如，工业企业制造并销售产品、商品流通企业销售商品、咨询公司提供咨询服务、软件公司为客户开发软件、安装公司提供安装服务、建筑企业提供建造服务等，均属于企业的日常活动。日常活动所形成的经济利益的流入应当确认为收入。明确界定日常活动是为了将收入与利得相区分，因为企业非日常活动所形成的经济利益的流入不能确认为收入，而应当确认为利得。

（2）收入会导致所有者权益的增加。与收入相关的经济利益的流入应当会导致所有者权益的增加，不会导致所有者权益增加的经济利益的流入不应确认为收入。例如，企业向银行借入款项，尽管也导致了企业经济利益的流入，但该流入并不会导致所有者权益的增加，反而使企业承担了一项现时义务，因此不应将其确认为收入，应当确认为负债。

（3）收入是与所有者投入资本无关的经济利益的总流入。收入应当会导致经济利益的流入，从而导致资产的增加。例如，企业销售商品，应当收到现金或者在未来有权收到现金，才表明该交易符合收入的定义。但是，经济利益的流入有时是所有者投入资本的增加所导致的，所有者投入资本的增加不应当确认为收入，应当将其确认为所有者权益。

2. 收入的确认与计量

企业应当在履行了合同中的履约义务，即在客户取得相关商品或服务控制权时确认收入。企业确认收入的方式应当反映其向客户转让商品或提供服务的模式，收入的金额应当反映企业因转让这些商品或提供这些服务而预期有权收取的对价金额，以如实反映企业的生产经营成果，核算企业实现的损益。收入确认与计量大致分为五步：第一步，识别与客户订立的合同；第二步，识别合同中的单项履约义务；第三步，确定交易价格；第四步，将交易价格分摊至各单项履约义务；第五步，履行各单项履约义务时确认收入。其中，第一步、第二步和第五步主要与收入的确认有关，第三步和第四步主要与收入的计量有关。

3. 收入的分类与列报

我国会计基本准则所界定的收入仅指企业日常活动取得的收入，即营业收入。按所涉及经营业务的主次，营业收入可以分为主营业务收入和其他业务收入。

符合收入定义和收入确认条件的项目，应当列入利润表。

（五）费用

1. 费用的定义与特征

费用，是指企业在日常活动中发生的、会导致所有者权益减少的、与向所有者分配利润无关的经济利益的总流出。根据费用的定义，费用具有以下特征：

（1）费用应当是企业在日常活动中发生的。因日常活动所产生的费用通常包括营业成本、税金及附加、期间费用等营业费用。将费用界定为日常活动所形成的，目的是为了将其与损失相区分，企业非日常活动所形成的经济利益的流出不能确认为费用，而应当确认为损失。

（2）费用应当会导致所有者权益的减少。一般来说，费用的增加往往是对企业资产的消耗，会引起企业资产的减少。费用也可能表现为负债的增加，如企业确认应交而未交的税费。因此，费用的发生必然会导致资产的减少或者负债的增加，最终会导致所有者权益的减少。不会导致所有者权益减少的经济利益的流出，不符合费用的定义，不应确认为费用。

（3）费用应当是与向所有者分配利润无关的经济利益的总流出。费用的发生必然会导致经济利益的流出。但是，并不是所有的经济利益的流出都会形成费用。由于企业向所有者分配利润也会导致经济利益的流出，而该经济利益的流出显然属于所有者权益的抵减项目，不应确认为费用，应当将其排除在费用的定义之外。

2. 费用的确认条件

费用的确认除了应当符合费用定义外，还应当同时符合以下条件：

（1）与费用相关的经济利益应当很可能流出企业；

（2）经济利益流出企业的结果会导致资产的减少或者负债的增加；

（3）经济利益的流出金额能够可靠计量。

此外，费用的确认应当注意以下几点：①企业为生产产品、提供服务等发生的可归属于产品成本、服务成本等的费用，应当在确认产品销售收入、服务收入等时，将已销售产品、已提供服务的成本等计入当期损益；②企业发生的支出不产生经济利益的，或者即使能够产生经济利益但不符合或者不再符合资产确认条件的，应当在发生时确认为费用，计入当期损益；③企业发生的交易或者事项导致其承担了一项负债而又不确认为一项资产的，应当在发生时确认为费用，计入当期损益。

3. 费用的分类与列报

费用应当按照功能分类，分为从事经营业务发生的成本、管理费用、销售费用和财务费用等。

（1）从事经营业务发生的成本，是指企业销售商品、提供服务等发生的成本，包括主营业务成本、其他业务成本、税金及附加；

（2）管理费用，是指企业行政管理部门为组织和管理生产经营活动中发生的各种费用；

（3）销售费用，是指销售商品和材料、提供服务的过程中发生的各种费用以及为销售本企业商品专设的销售机构（含销售网点、售后服务网点）发生的各项支出；

（4）财务费用，是指企业筹集生产经营所需资金发生的利息支出。

管理费用、销售费用和财务费用又统称为期间费用。

符合费用定义和费用确认条件的项目，应当列入利润表。

（六）利润

1. 利润的定义与特征

利润，是指企业在一定会计期间的经营成果。利润包括收入减去费用后的净额、直接计入当期利润的利得和损失等。根据利润的定义，利润具有以下特征：

（1）利润是企业在一定会计期间的经营成果。通常情况下，如果企业实现了利润，表明企业的所有者权益将增加，业绩提升；反之，如果企业发生亏损（即利润为负数），表明企业的所有者权益将减少，业绩下滑。利润可以及时反映企业在一定会计期间的经营业绩和获利能力，是投资者、债权人等信息使用者进行决策时的重要参考，也是评价企业管理层业绩的一项重要指标。

(2) 利润包括收入减去费用后的净额、直接计入当期利润的利得和损失。由于企业在日常活动中总是要通过交易赚取收入，同时支付相关费用来创造利润。所以，企业通过日常活动创造的利润表现为收入减去费用后的净额。除此之外，企业非日常活动给企业带来的利润，表现为直接计入当期利润的利得和损失。利润的计算公式如下：

利润 =（收入 − 费用）+（直接计入当期利润的利得 − 直接计入当期利润的损失）

其中，直接计入当期利润的利得和损失，是指应当计入当期损益、会导致所有者权益发生增减变动的、与所有者投入资本或者向所有者分配利润无关的利得或损失。

(3) 利润金额取决于收入和费用、直接计入当期利润的利得和损失金额的计量。

2. 利润的确认条件

由于利润反映的是收入减去费用、利得减去损失后的净额。因此，利润的确认依赖于收入和费用以及利得和损失的确认。

3. 利润的分类与列报

利润一般分为营业利润、利润总额和净利润。

(1) 营业利润，是企业利润的主要来源，等于营业收入减去营业成本、税金及附加、销售费用、管理费用、研发费用、财务费用、资产减值损失、信用减值损失，加上其他收益、投资收益（减去投资损失）、净敞口套期收益（减去净敞口套期损失）、公允价值变动收益（减去公允价值变动损失）、资产处置收益（减去资产处置损失）后的净额。用公式表示为：

营业利润 = 营业收入 − 营业成本 − 税金及附加 − 销售费用 − 管理费用 − 研发费用 − 财务费用 − 资产减值损失 − 信用减值损失 + 其他收益 + 投资收益（− 投资损失）+ 净敞口套期收益（− 净敞口套期损失）+ 公允价值变动收益（− 公允价值变动损失）+ 资产处置收益（− 资产处置损失）

(2) 利润总额，是营业利润加上营业外收入减去营业外支出后的净额。用公式表示为：

利润总额 = 营业利润 + 营业外收入 − 营业外支出

(3) 净利润，是利润总额减去所得税费用的净额。用公式表示为：

净利润 = 利润总额 − 所得税费用

利润项目应当列入利润表。

六、财务会计要素的计量属性

会计计量，是指企业在将符合确认条件的会计要素登记入账并列报于会计报表及其附注（又称财务报表）时，应当按照规定的会计计量属性进行计量，确定其金额的过程。我国会计基本准则规定的会计计量属性主要包括：历史成本、重置成本、可变现净值、现值和公允价值。

(1) 历史成本。在历史成本计量下，资产按照购置时支付的现金或者现金等价物的金额，或者按照购置资产时所付出的对价的公允价值计量。负债按照因承担现时义务而实际收到的款项或者资产的金额，或者承担现时义务的合同金额，或者按照日常活动中为偿还负债预期需要支付的现金或者现金等价物的金额计量。

(2) 重置成本。在重置成本计量下，资产按照现在购买相同或者相似资产所需支付的现金或者现金等价物的金额计量。负债按照现在偿付该项债务所需支付的现金或者现金等价物的金额计量。

(3) 可变现净值。在可变现净值计量下，资产按照其正常对外销售所能收到现金或者现金等价物的金额扣减该资产至完工时估计将要发生的成本、估计的销售费用以及相关税费后的金额计量。

(4) 现值。在现值计量下，资产按照预计从其持续使用和最终处置中所产生的未来净现金流入量的折现金额计量。负债按照预计期限内需要偿还的未来净现金流出量的折现金额计量。

(5) 公允价值。在公允价值计量下，资产和负债按照市场参与者在计量日发生的有序交易中，出售资产所能收到或者转移负债所需支付的价格计量。

企业在对会计要素进行计量时，一般应当采用历史成本，采用重置成本、可变现净值、现值、公允价值计量的，应当保证所确定的会计要素金额能够取得并可靠计量。

七、财务会计报告

财务会计报告是会计确认和计量的最终成果的体现。投资者等信息使用者主要是通过财务会计报告来了解企业当前的财务状况、经营成果和现金流量等情况，从而预测企业未来的发展趋势。因此，财务会计报告是向投资者等使用者提供决策有用信息的媒介和渠道，是投资者和债权人等信息使用者与企业管理层进行信息沟通的桥梁和纽带。

(一) 财务会计报告的含义

我国《会计基本准则》第44条规定，"财务会计报告是指企业对外提供的反映企业某一特定日期的财务状况和某一会计期间的经营成果、现金流量等会计信息的文件。"财务报告具有以下几层含义：

(1) 财务报告应当是对外报告，其服务的对象是投资者和债权人等外部使用者；

(2) 财务报告应当综合反映企业的生产经营情况，包括某一特定日期的财务状况和某一会计期间的经营成果、现金流量、所有者权益变动等信息，以勾画出企业的整体和全貌；

(3) 财务报告必须形成一个系统的文件，不是零星的或者不完整的信息。

(二) 财务会计报告的构成

财务会计报告包括会计报表及其附注和其他应当在财务会计报告中披露的相关信息和资料。我国现行的财务会计报告体系如图1-2所示。

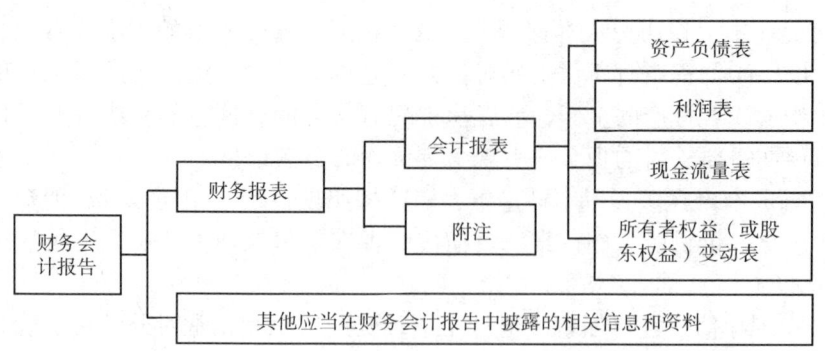

图 1-2 我国现行的财务会计报告体系

如图 1-2 所示，财务报表是财务会计报告的核心内容。除了财务报表外，财务会计报告还包括其他应当在财务会计报告中披露的相关信息和资料（具体可以根据有关法律法规的规定和外部使用者的信息需求而定），如企业可以在财务会计报告中披露其承担的社会责任、对社区的贡献、可持续发展能力等信息，这些信息对于使用者的决策也是相关的。尽管这些信息属于非财务信息，无法包括在财务报表中，但是如果有规定或者使用者有需求，企业应当在财务会计报告中予以披露，有时企业也可以自愿在财务会计报告中披露相关信息。财务报表至少应当包括资产负债表、利润表、现金流量表、所有者权益（或股东权益）变动表及附注。

1. 会计报表

（1）资产负债表，是指反映企业在某一特定日期的财务状况的会计报表。企业编制资产负债表的目的是通过如实反映企业的资产、负债和所有者权益金额及其结构情况，从而有助于使用者评价企业资产的质量以及短期偿债能力、长期偿债能力和利润分配能力等。

（2）利润表，是指反映企业在一定会计期间的经营成果的会计报表。企业编制利润表的目的是通过如实反映企业实现的收入、发生的费用以及应当直接计入当期利润的利得和损失等金额及其结构情况，从而有助于使用者分析评价企业的盈利能力及其构成与质量。

（3）现金流量表，是指反映企业在一定会计期间的现金和现金等价物流入和流出的会计报表。企业编制现金流量表的目的是通过如实反映企业各项活动的现金流入、流出情况，从而有助于使用者分析评价企业的现金流和资金周转情况。

（4）所有者权益（或股东权益）变动表，是指反映企业一定会计期间构成所有者权益（或股东权益）的各组成部分当期的增减变动情况的会计报表。企业编制所有者权益（或股东权益）变动表的目的是通过如实反映企业一定时期所有者权益（或股东权益）变动的情况以及增减变动的重要结构性信息，特别是要反映其他综合收益的信息，让使用者准确理解所有者权益增减变动的根源。

2. 附注

附注，是对在资产负债表、利润表、现金流量表和所有者权益（或股东权益）变动表等报表中列示项目的文字描述或明细资料，以及对未能在这些报表中列示项目的说明等。企业编制附注的目的是通过对财务报表本身作补充说明,以更加全面、系统地反映企业财务状况、经营成果、现金流量和所有者权益(或股东权益)变动的全貌,从而有助于向使用者提供更为有用的决策信息,帮助其作出更加科学合理的决策。

第三节 财务会计规范体系

任何一项工作,都必须遵循一定的行为规则。财务会计工作也不例外,财务会计工作的行为规则就是财务会计规范体系。财务会计规范体系,是指制约财务会计实务的法律、法规、规章、制度和准则的总称,它既是约束企业财务会计行为的标准,也是对财务会计工作进行评价的依据。

一、财务会计规范体系概述

在我国,财务会计规范体系是由一系列的法律、行政法规、部门规章等不同层次的规范所构成的。具体来讲,可以分成三个层次:第一层次是全国人民代表大会及其常务委员会颁布的法律,如《会计法》《注册会计师法》《审计法》《公司法》《证券法》等;第二层次是国务院颁布的行政法规,如《总会计师条例》《股票发行与交易管理暂行条例》《公司登记管理条例》等;第三层次是财政部、证监会、国家税务总局、国家市场监督管理总局等颁布的部门规章,如《企业会计准则》《上市公司信息管理办法》等。具体包括:

1. 市场主体及其交易规范

目前我国的市场主体及其交易规范主要包括《公司法》《合伙企业法》《个人独资企业法》《公司登记管理条例》《民法通则》《票据法》《合同法》《担保法》《票据管理实施办法》《现金管理暂行条例》《支付结算办法》《人民币银行结算账户管理办法》等。

2. 会计审计规范

目前我国的会计审计规范[①]主要包括《会计法》《注册会计师法》《总会计师条例》《企业会计准则》《中国注册会计师审计准则》《企业财务通则》《会计基础工作规范》《会计档案管理办法》《会计人员管理办法》等。

3. 证券规范

目前我国的证券规范[②]主要包括《证券法》《股票发行与交易管理暂行条例》《企业债券管理条例》《上市公司证券发行管理办法》《公司债券发行试点办法》等。对于上市公司而言,财务报告的编制主要遵循财政部发布的《企业会计准则》,而其信息披露

[①] 这些规范的具体内容参见"财政部""财政部会计准则委员会""中国注册会计师协会"等网站的相关专栏,并及时关注最新的变化。

[②] 这些规范的具体内容参见"中国证券监督管理委员会""上海证券交易所""深圳证券交易所"等网站的相关专栏,并及时关注最新的变化。

则遵循中国证监会的信息披露规则，如《上市公司股东持股变动信息披露管理办法》《上市公司信息管理办法》《公开发行证券的公司信息披露内容与格式准则》《公开发行证券公司信息披露编报规则》等。

4. 税收规范

我国目前开征的税种[①]，按课税对象可分为商品和劳务税、所得税、财产与行为税、资源与环境保护税、特定目的税等五类。商品和劳务税类主要包括增值税、消费税和关税。所得税类主要包括企业所得税和个人所得税。财产与行为税类主要包括房产税、车船税、印花税、契税等。资源与环境保护税类主要包括资源税、环境保护税、土地增值税和城镇土地使用税。特定目的税类包括城市维护建设税、车辆购置税、船舶吨税、耕地占用税、烟叶税等。

本节主要介绍会计法律和会计准则。

二、中华人民共和国会计法

我国在1985年1月21日第六届全国人民代表大会常务委员会第九次会议通过了《中华人民共和国会计法》（以下简称《会计法》），并正式实施。1993年12月29日，第八届全国人民代表大会常务委员会第五次会议对《会计法》进行了第一次修正。1999年10月31日，第九届全国人民代表大会常务委员会第十二次会议第二次修订了《会计法》。2017年11月4日，第十二届全国人民代表大会常务委员会第三十次会议第三次修订了《会计法》，自2017年11月5日起施行。

《会计法》是会计工作的根本大法，凡是在我国境内的国家机关、社会团体、公司、企业、事业单位和其他组织都必须依照《会计法》的规定来办理会计事务。会计准则和其他会计法规也是以《会计法》为依据来制定的。《会计法》的立法宗旨是为了规范会计行为，保证会计资料真实、完整，加强经济管理和财务管理，提高经济效益，维护社会主义市场经济秩序。

三、企业会计准则

会计准则是有关财务会计信息应遵循的技术规范，也是评价会计工作质量的标准。会计准则是对会计工作实践经验的总结和概括，用来指导会计实践。会计准则可以由民间机构制定（如美国的财务会计准则委员），也可以由政府制定，在我国由财政部负责制定。

截至2018年底，我国企业会计准则体系包括1项会计基本准则和42项具体会计准则（建造合同准则已废止）。除了准则主体外，该准则体系还包括应用指南。其中，基本准则属于部门规章，具体准则和应用指南属于规范性文件。我国企业会计准则体系如图1-3所示。

---

① 这些税种的具体内容参见"国家税务总局"网站的"税收法规"专栏，并及时关注最新的变化。

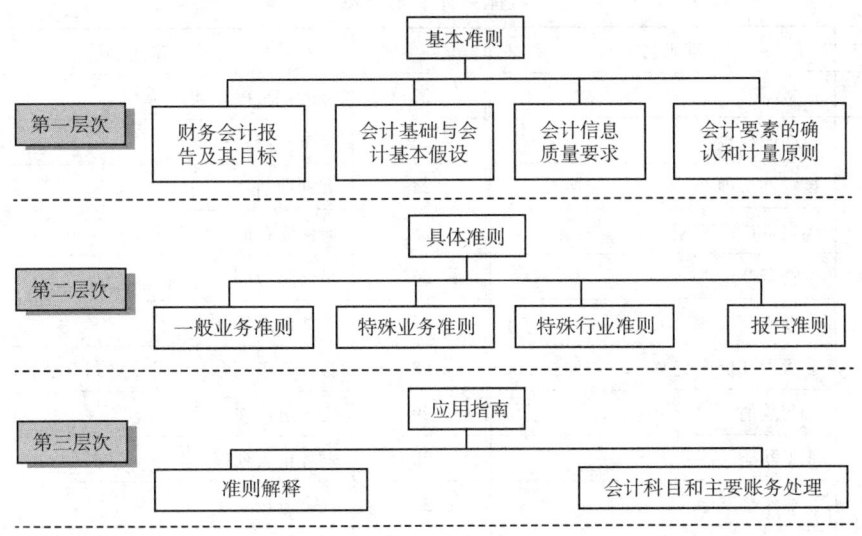

图1-3 我国企业会计准则体系

（一）会计基本准则

会计基本准则在我国会计准则体系中起着统驭作用，指导会计具体准则的制定，为尚未有会计具体准则规范的会计实务问题提供处理原则。会计基本准则是对会计处理的一般要求所作出的原则性规定，体现了财务会计的基本规律，要求所有的企业必须执行。

《企业会计准则——基本准则》全文共11章50条。第一章，总则。包括：准则制定的目的、依据和应用范围；财务会计报告的目标；四项会计基本假设——会计主体、持续经营、会计期间、货币计量等；会计基础——权责发生制；记账方法——借贷记账法。第二章，会计信息质量要求。提出以可靠性、相关性、明晰性、可比性、实质重于形式、重要性、谨慎性、及时性等八项质量要求进行会计确认、计量和报告。第三章至第八章，分别为资产、负债、所有者权益、收入、费用、利润，对六大会计要素的概念、确认标准和列报进行了规范。第九章，会计计量。规定企业应当按照规定的计量属性对会计要素进行计量，这些计量属性包括历史成本、重置成本、可变现净值、现值、公允价值。第十章，财务会计报告。规定企业对外报送的财务会计报告包括会计报表及其附注和其他相关信息，会计报表至少应当包括资产负债表、利润表和现金流量表，小企业可以不编制现金流量表。第十一章，附则。

（二）会计具体准则

会计具体准则是在会计基本准则指导下制定的，对具体会计事项进行会计确认、计量和报告（或披露）的规范，如表1-1所示。

表1-1　　　　　　　　　　　具体会计准则一览

准则编号	准则名称	准则编号	准则名称
1	存货	22	金融工具确认和计量
2	长期股权投资	23	金融资产转移
3	投资性房地产	24	套期保值
4	固定资产	25	原保险合同
5	生物资产	26	再保险合同
6	无形资产	27	石油天然气开采
7	非货币性资产交换	28	会计政策、会计估计变更和差错更正
8	资产减值	29	资产负债表日后事项
9	职工薪酬	30	财务报表列报
10	企业年金基金	31	现金流量表
11	股份支付	32	中期财务报告
12	债务重组	33	合并财务报表
13	或有事项	34	每股收益
14	收入	35	分部报告
15	建造合同（已废止）	36	关联方披露
16	政府补助	37	金融工具列报
17	借款费用	38	首次执行企业会计准则
18	所得税	39	公允价值计量
19	外币折算	40	合营安排
20	企业合并	41	在其他主体中权益的披露
21	租赁	42	持有待售的非流动资产、处置组和终止经营

说明：《收入》和《建造合同》两项准则已经纳入统一的收入确认模型，即《企业会计准则第14号——收入》。

（三）会计准则应用指南

企业会计准则应用指南由两部分组成：一是企业会计准则解释，主要对具体准则中的重点、难点和关键点作出解释性规定；二是会计科目和主要账务处理，主要根据具体准则中涉及确认和计量的要求，规定了各个会计科目及其主要账务处理，基本涵盖了所有企业的各类交易或事项。

会计科目，是对会计要素的具体内容进行分类核算的项目。企业在不违反会计准则中会计确认、计量和报告规定的前提下，可以根据本单位的实际情况自行增设、分拆、合并会计科目。企业不存在的交易或者事项，可不设置相关会计科目。对于明细科目，企业可以会计科目表中的规定自行设置。企业常用的会计科目，如表1-2所示。

表 1-2　　　　　　　　　　　　　常用会计科目一览

序号	会计科目名称	序号	会计科目名称	序号	会计科目名称
	一、资产类	39	固定资产减值准备	76	被套期项目
1	库存现金	40	在建工程		四、所有者权益类
2	银行存款	41	在建工程减值准备	77	实收资本（或股本）
3	其他货币资金	42	工程物资	78	其他权益工具
4	交易性金融资产	43	工程物资减值准备	79	资本公积
5	应收票据	44	固定资产清理	80	其他综合收益
6	应收账款	45	无形资产	81	盈余公积
7	应收退货成本	46	累计摊销	82	本年利润
8	预付账款	47	无形资产减值准备	83	利润分配
9	应收股利	48	商誉	84	库存股
10	应收利息	49	长期待摊费用		五、成本类
11	其他应收款	50	递延所得税资产	85	生产成本
12	坏账准备	51	待处理财产损溢	86	制造费用
13	材料采购		二、负债类	87	研发支出
14	在途物资	52	短期借款	88	合同履约成本
15	原材料	53	交易性金融负债	89	合同履约成本减值准备
16	材料成本差异	54	应付票据	90	合同取得成本
17	库存商品	55	应付账款	91	合同取得成本减值准备
18	发出商品	56	预收账款		六、损益类
19	商品进销差价	57	合同负债	92	主营业务收入
20	委托加工物资	58	应付职工薪酬	93	其他业务收入
21	周转材料	59	应交税费	94	公允价值变动损益
22	存货跌价准备	60	应付利息	95	其他收益
23	合同资产	61	应付股利	96	投资收益
24	合同资产减值准备	62	其他应付款	97	资产处置损益
25	持有待售资产	63	代理业务负债	98	套期损益
26	持有待售资产减值准备	64	持有待售负债	99	净敞口套期损益
27	债权投资	65	递延收益	100	营业外收入
28	债权投资减值准备	66	长期借款	101	主营业务成本
29	其他债权投资	67	应付债券	102	其他业务成本
30	其他权益工具投资	68	继续涉入负债	103	税金及附加
31	长期股权投资	69	长期应付款	104	销售费用
32	长期股权投资减值准备	70	未确认融资费用	105	管理费用
33	继续涉入资产	71	专项应付款	106	财务费用
34	投资性房地产	72	预计负债	107	资产减值损失
35	长期应收款	73	递延所得税负债	108	信用减值损失
36	未实现融资收益		三、共同类	109	营业外支出
37	固定资产	74	衍生工具	110	所得税费用
38	累计折旧	75	套期工具	111	以前年度损益调整

本章小结

1. 财务会计的产生与发展

早期的会计只是生产职能的附带部分。复式记账法的出现标志着近代会计的产生。企业所有权与经营权的分离，出现了提供对外报告信息的财务会计。20世纪以后，形成了财务会计和管理会计两大领域。与管理会计相比较，财务会计是以公认会计原则为指导，主要对外提供决策有用的会计信息为目标，定期编制格式相对统一的财务会计报告。

2. 财务会计（报告）目标

财务会计报告目标包含会计信息的基本用途、提供对象和提供哪些信息。财务会计报告的目标是向财务会计报告使用者提供与企业财务状况、经营成果和现金流量等有关的会计信息，反映企业管理层受托责任履行情况，有助于财务会计报告使用者作出经济决策。财务会计报告使用者包括投资者、债权人、政府及其有关部门和社会公众等。

3. 会计基本假设与会计信息质量要求

会计基本假设是对财务会计核算所处的空间范围、时间范围、计量手段所作的合理设定，主要包括会计主体、持续经营、会计分期和货币计量等四项基本假设。会计信息质量要求是使财务报告中所提供的会计信息对投资者等使用者决策有用应具备的基本特征，主要包括可靠性、相关性、可理解性、可比性、实质重于形式、重要性、谨慎性和及时性等八项质量要求。

4. 会计确认、计量和报告的基础

企业应当以权责发生制为基础进行会计确认、计量和报告。权责发生制是以权利或义务是否发生为标志，而不论是否收付现金来进行会计确认、计量和报告。收付实现制是以现金收到或付出为标准，而不论权利或义务是否发生来进行会计确认、计量和报告。对于企业单位，应按照权责发生制来处理日常经济业务，但是期末将按照收付实现制编制现金流量表。

5. 会计要素及其确认

会计要素包括资产、负债、所有者权益、收入、费用和利润。其中，资产，是指企业过去的交易或者事项形成的、由企业拥有或者控制的、预期会给企业带来经济利益的资源。负债，是指企业过去的交易或者事项形成的、预期会导致经济利益流出企业的现时义务。所有者权益，是指企业资产扣除负债后由所有者享有的剩余权益。收入，是指企业在日常活动中形成的、会导致所有者权益增加的、与所有者投入资本无关的经济利益的总流入。费用，是指企业在日常活动中发生的、会导致所有者权益减少的、与向所有者分配利润无关的经济利益的总流出。利润，是指企业在一定会计期间的经营成果。

6. 会计计量属性

会计计量属性主要包括历史成本、重置成本、可变现净值、现值和公允价值。企业在对会计要素进行计量时，一般应当采用历史成本，采用重置成本、可变现净值、现值、公允价值计量的，应当保证所确定的会计要素金额能够取得并可靠计量。

7. 财务会计报告

财务会计报告包括会计报表及其附注（财务报表）和其他应当在财务会计报告中披露的相关信息和资料。财务报表至少应当包括资产负债表、利润表、现金流量表、所有者权益变动表和附注。资产负债表，是指反映企业在某一特定日期的财务状况的会计报表；利润表，是指反映企业在一定会计期间的经营成果的会计报表。现金流量表，是指反映企业在一定会计期间的现金和现金等价物流入和流出的会计报表。所有者权益变动表，是指反映企业一定会计期间构成所有者权益的各组成部分当期的增减变动情况的会计报表。附注，是对在资产负债表、利润表、现金流量表和所有者权益变动表等报表中列示项目的文字描述或明细资料，以及对未能在这些报表中列示项目的说明。

8. 财务会计规范体系

企业财务会计工作应遵循的规范包括市场主体及其交易规范、会计审计规范、证券规范和税收规范等。《会计法》是会计工作的基本法。我国会计准则体系由会计基本准则、会计具体准则和会计准则应用指南等三个层次构成。会计基本准则在会计准则体系中起到统驭作用，是会计具体准则的制定依据；会计具体准则是在会计基本准则指导下制定的，对具体会计事项进行确认、计量和报告（或披露）的规范；会计准则应用指南是对会计具体准则相关条款的细化和重点难点内容提供的操作性规定，主要包括企业会计准则解释、会计科目和主要账务处理。

❓ 课堂讨论题

1. 举例说明财务会计在现实生活中的作用及其经济后果？
2. 受托责任观与决策有用观是如何形成的？有何联系和区别？
3. 以我国证券市场中发生的相关事件为例，说明我国财务会计报告的目标是什么？为什么投资者是最为重要的财务报告使用者？
4. 试设想，假定没有财务会计的基本假设，财务会计工作会发生怎样的变化？
5. 在财务会计工作中，如何确保财务会计信息达到会计基本准则规定的信息质量要求？
6. 举例说明，当企业发生一项交易或事项后，如何进行会计确认和选择恰当的计量属性？
7. 财务会计报告、财务报表与会计报表有何区别？请登录上海证券交易所和深圳证券交易所网站，打开一家上市公司的季报、半年报和年报，查阅其在格式和内容上有何区别？

💡 课后练习题

1. 我国财务会计报告的主要目标是（　　）。
   A. 向财务报告使用者提供决策有用的信息
   B. 向财务报告使用者建议投资的方向

C. 反映企业管理层受托责任履行情况
D. 向财务报告使用者建议提高报酬的途径

2. 确定会计核算空间范围的基本假设是（　　）。
　A. 会计主体　　　B. 持续经营　　　C. 货币计量　　　D. 会计分期

3. 会计分期的前提是（　　）。
　A. 会计主体　　　B. 持续经营　　　C. 货币计量　　　D. 会计分期

4. 企业计提固定资产折旧是以（　　）假设为前提的。
　A. 会计主体　　　B. 持续经营　　　C. 货币计量　　　D. 会计分期

5. 企业应当以实际发生的交易或者事项为依据进行确认、计量和报告，其体现的会计信息质量要求是（　　）。
　A. 可靠性　　　B. 相关性　　　C. 可比性　　　D. 重要性

6. 企业将劳动资料划分为固定资产和低值易耗品，其体现的会计信息质量要求是（　　）。
　A. 重要性　　　B. 可比性　　　C. 谨慎性　　　D. 明晰性

7. 企业对期末存货采用成本与可变现净值孰低法计价，其体现的会计信息质量要求是（　　）。
　A. 相关性　　　B. 谨慎性　　　C. 可理解性　　　D. 实质重于形式

8. 企业对于已经发生的交易或事项，应当及时进行会计确认、计量和报告，不得提前或者延后，其体现的会计信息质量要求是（　　）。
　A. 及时性　　　B. 相关性　　　C. 谨慎性　　　D. 重要性

9. 强调某一企业各期提供的会计信息应当采用一致的会计政策，不得随意变更会计政策，其体现的会计信息质量要求是（　　）。
　A. 可靠性　　　B. 相关性　　　C. 可比性　　　D. 可理解性

10. 企业应当在客户取得相关商品控制权时确认收入，这体现的会计信息质量要求是（　　）。
　A. 可靠性　　　B. 谨慎性　　　C. 相关性　　　D. 实质重于形式

11. 企业的会计核算应当以（　　）为基础进行会计确认、计量和报告。
　A. 历史成本　　　B. 公允价值　　　C. 权责发生制　　　D. 收付实现制

12. 下列各项中，不符合资产要素定义的是（　　）。
　A. 合同资产
　B. 委托加工物资
　C. 待处理财产损失
　D. 尚待加工的半成品

13. 下列项目中，属于利得的是（　　）。
　A. 销售商品收入
　B. 投资者投入资本
　C. 出租建筑物收入
　D. 出售固定资产收入

14. 企业对会计要素进行计量一般采用（　　）计量属性。
　A. 历史成本
　B. 公允价值
　C. 重置成本
　D. 可变现净值

15. 资产和负债按照市场参与者在计量日发生的有序交易中，出售资产所能收到或者转移负债所需支付的价格计量，所指的计量属性是（　　）。
　A. 历史成本　　　B. 可变现净值　　　C. 现值　　　D. 公允价值

16. 下列有关会计主体表述正确的是（　　）。
　A. 会计主体可以是营利组织，也可以是非营利组织
　B. 会计主体必须要有独立的资金，并独立编制财务报告对外报送
　C. 企业的经济活动应与投资者的经济活动相区分
　D. 会计主体可以是独立的法人，也可以是非法人

17. 下列各项中，体现谨慎性要求的有（   ）。
A. 研究阶段支出直接计入当期损益
B. 计提固定资产减值准备
C. 采用双倍余额递减法对固定资产计提折旧
D. 计提存货跌价准备

18. 下列事项符合谨慎性要求的做法是（   ）。
A. 合理估计可能发生的损失和费用
B. 设置秘密准备，以防备利润计划完成不佳的年度转回
C. 充分估计可能取得的收益和利润，尽可能低估负债和费用
D. 不得高估资产和预计收益

19. 下列各项，体现实质重于形式的有（   ）。
A. 商品售后租回不确认商品销售收入
B. 收取手续费的委托代销需在收到受托方代销清单时确认收入
C. 计提固定资产折旧
D. 材料按计划成本进行日常核算

20. 所有者权益的来源包括（   ）。
A. 所有者投入的资本
B. 直接计入所有者权益的利得或损失
C. 其他综合收益
D. 留存收益

21. 下列属于负债特征的有（   ）。
A. 负债是企业承担的现时义务
B. 由企业过去或现时的交易或事项形成的
C. 预期会导致经济利益流出企业
D. 未来流出的经济利益的金额能够可靠地计量

22. 下列项目中，属于费用要素的有（   ）。
A. 主营业务成本   B. 其他业务成本
C. 营业外支出   D. 资产减值损失

23. 下列说法正确的有（   ）。
A. 收入影响营业利润，利得不影响营业利润
B. 收入和利得均会导致所有者权益增加
C. 收入是日常活动中形成的，利得是非日常活动中形成的
D. 收入一般要与费用相配比，利得一般不与损失相配比

24. 按照企业会计准则的规定，财务报表至少应当包括（   ）。
A. 资产负债表   B. 利润表和现金流量表
C. 利润分配表   D. 所有者权益变动表以及附注

25. 下列属于中期财务报告的是（   ）。
A. 年度财务会计报告   B. 半年度财务会计报告
C. 季度财务会计报告   D. 月度财务会计报告

第二章 货币资金

【本章导言】

任何企业开展生产经营活动，都必须拥有一定数量的货币资金。货币资金是企业资产中流动性最强的资产，是可以随时用作购买手段和支付手段的资金，是衡量企业偿债能力和支付能力的重要指标。为了保证货币资金的安全，提高货币资金的使用效益，企业必须建立和健全货币资金的内部控制制度，加强对货币资金收支业务的核算和管理。本章主要介绍库存现金、银行存款、其他货币资金的核算，以及货币资金的管理和控制。

【本章内容框架】

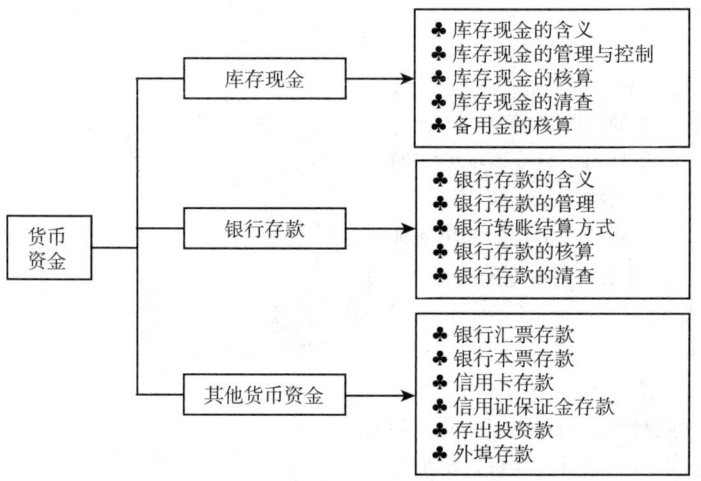

【本章学习目标】

- 掌握库存现金、银行存款和其他货币资金的核算。
- 掌握现金日记账、银行存款日记账的登记方法。
- 掌握库存现金、银行存款的管理及清查方法。
- 掌握备用金的核算。
- 熟悉各种银行结算方式的适用范围及特点。
- 掌握货币资金的内部控制制度。

第一节 库存现金

一、库存现金的含义

库存现金是流动性最强的一种货币资金,可以随时用来购买企业所需要的物资,偿还债务,支付费用,也可以随时存入银行。与西方会计所说的库存现金包括库存现金、银行存款和其他符合现金定义的票证等不同,我国会计上所界定的库存现金,是指企业存放在企业财会部门,用于生产经营活动,由出纳人员保管,作为零星开支的货币,包括库存的人民币和外币。

二、库存现金的管理与控制

(一)库存现金的管理

1. 库存现金的使用范围

根据《现金管理暂行条例》,企业只可在下列范围内使用库存现金:①职工工资、津贴;②个人劳务报酬;③根据国家规定颁发给个人的各种科学技术、文化艺术、体育等各种奖金;④各种劳保、福利费用以及国家规定的对个人的其他现金支出;⑤收购单位向个人收购农副产品和其他物资支付的价款;⑥出差人员必须随身携带的差旅费;⑦结算起点(1 000元)以下的零星支出;⑧中国人民银行确定确实需要现金支付的其他支出。企业之间的经济往来结算,除上述情况可以用现金支付外,其他支出必须通过银行进行转账结算。

2. 库存现金的限额

库存现金的限额,是指为了保证各单位日常零星开支的需要,按规定允许企业留存的现金的最高数额。这一限额,由开户银行根据开户单位的实际需要和距离银行的远近等情况核定,一般按照单位3~5天日常零星开支的需要确定,边远地区和交通不便地区开户单位的库存现金限额,可以多于5天但不超过15天的日常零星开支的需要确定。核定后的库存现金限额,开户单位必须严格遵守,超过库存现金限额的部分应于当日及时存入开户银行。需要增加或减库存现金限额的单位,应当向开户银行提出申请,由开户银行核定。

3. 库存现金收支的管理

(1)企业的现金收入应于当日交存开户银行。当日交存确有困难的,由开户银行确定送存时间。

(2)企业从开户银行提取现金,应当写明用途,由本单位财会部门负责人签字盖章,经开户银行审核后,予以支取现金,不得谎报用途套取现金。

(3)不准保留账外公款,即不得私设小金库;不准用不符合规范的凭证顶替库存现金,即不得以白条抵库;不准用银行账户代其他单位和个人存入或支取现金,即不得出租出借银行账号;不准将单位收取的现金以个人名义存储,即不得公款私存。

(4) 企业支付现金,可以从本单位的库存限额中支付或从开户银行提取,一般不得从本单位的现金收入中直接支付,即不得坐支现金。因特殊情况需要坐支现金的,应当事先报经开户银行审查批准,由开户银行核定坐支范围和限额。坐支单位应当定期向开户银行报送坐支金额和使用情况。

(5) 因采购地点不确定、交通不便、抢险救灾以及其他特殊情况,办理转账结算不够方便,必须使用现金的开户单位,要向开户银行提出书面申请,由本单位财会部门负责人签字盖章,开户银行审查批准后,予以支付现金。

(二) 库存现金的控制

企业发生的许多经济业务都涉及频繁的现金收付,这样就使得企业在现金收支业务中,很可能发生差错。另外,现金作为一种直接的支付工具,最容易被不法分子挪用或侵占。因此,企业除了遵守上述现金管理制度外,还要加强库存现金的内部控制建设,以确保其安全和完整。

1. 现金收入的控制

现金收入的控制,是指在库存现金流入企业这个环节采取的控制措施,其主要目的是保证收入的现金及时、准确地入账,防止现金收入的流失。具体规定如下:

(1) 一切现金收入都应开具收款收据。

(2) 签发现金收款收据与收款应由不同人员经办。一般由销售部门经办销售业务的人员填制销售发票和收款收据,由会计部门出纳据以收款,会计人员据以入账。

(3) 控制收款收据和销售发票的数量和编号。领用收据时,必须由领取人签收领用数量和起讫编号。收据存根由收据保管人回收,并负责保管。要定期查对已领用尚未使用的空白收据,已使用过的发票和收据,要清点、登记、封存和保管,并按照规定程序审批后销毁。

(4) 开出收据的存根应与已入账的收据,按编号逐张核对金额,核对无误后予以注销,确保现金收入全部入账。

(5) 在收到邮政汇款时,应由两人会同拆封,并专门登记有关来源、金额和收款情况。

(6) 企业现金收入应当及时存入银行,不得坐支现金。企业取得的货币资金收入必须及时入账,不得账外设账,严禁收款不入账。

(7) 出纳在收到款项时,应在现金收款凭证上加盖个人印章和加盖"收讫"的戳记。

2. 现金支出的控制

现金支出的控制,是指在库存现金流出企业这个环节采取的控制措施,其主要目的是保证库存现金支出的范围符合国家相关规定,任何现金支出都经过有关主管人员授权批准。具体规定如下:

(1) 企业应当根据《现金管理暂行条例》的规定,结合本企业的实际情况,确定本企业的现金开支范围和现金支付限额。不属于现金开支范围或超过现金开支限额的业务应当通过银行办理转账结算。

（2）采购、出纳、记账等工作应分别由不同的经办人员负责，做到相互牵制。

（3）批准现金支出和签发支票应该由两人分别签章。在签发支票之前应对每一笔支出的用途和金额进行审核、批准和记录。

（4）任何付款业务必须有相应的原始单据，并由经办人员签名盖章。只有经过有关主管人员审核批准，出纳才能据以支付款项。

（5）出纳在支付款项时，应在现金付款凭证上加盖个人印章和加盖"付讫"的戳记。

3. 库存现金的控制

库存现金控制的主要目的是确定合理的库存现金限额，同时保证库存现金的实际数量与账面数量相符。具体规定如下：

（1）企业应当加强现金库存限额的管理，超过库存限额的现金应当及时存入开户银行。

（2）企业应当定期和不定期地进行现金盘点，确保现金账面余额与实际库存相符。发现不符，及时查明原因，并进行相应的会计处理。

三、库存现金的核算

（一）库存现金的总分类核算

为了核算库存现金的收入、支出和结存情况，企业应设置"库存现金"科目进行总分类核算。企业内部各部门周转使用的备用金，可以单独设置"其他应收款"科目或"备用金"科目，不在本科目核算。当企业的记账凭证采用收款凭证、付款凭证和转账凭证三种分类凭证时，收入现金编制收款凭证，支出现金编制付款凭证。但从银行提取现金只编制银行存款付款凭证，将库存现金交存银行只编制现金付款凭证，以避免重复记账。

【例2-1】甲公司为增值税一般纳税人，20×9年7月1日发生如下经济业务：(1) 签发现金支票从银行提取现金1 000元备用；(2) 职工王明出差预借差旅费500元，以现金支付；(3) 销售一批材料，开具的增值税专用发票注明的价款500元，增值税额80元，收到现金580元；(4) 购买办公用品一批，收到的增值税专用发票注明的价款300元，增值税额48元，用现金付讫；(5) 将超过库存限额的现金400元送存银行。甲公司的账务处理如下：

（1）借：库存现金　　　　　　　　　　　　　　　　　　　1 000
　　　　贷：银行存款　　　　　　　　　　　　　　　　　　　　1 000
（2）借：其他应收款——备用金（王明）　　　　　　　　　　 500
　　　　贷：库存现金　　　　　　　　　　　　　　　　　　　　　500
（3）借：库存现金　　　　　　　　　　　　　　　　　　　　 580

         贷：其他业务收入   500
             应交税费——应交增值税（销项税额）   80
（4）借：管理费用   300
         应交税费——应交增值税（进项税额）   48
         贷：库存现金   348
（5）借：银行存款   400
         贷：库存现金   400

（二）库存现金的明细分类核算

为了及时、详细地反映和监督现金的收入、支出和结存情况，企业应当设置"现金日记账"，并根据收付款凭证，按照业务发生顺序逐笔登记。每日终了，出纳应当计算"现金日记账"中的现金结余额，并与实际库存额核对，做到账实相符。月份终了，"现金日记账"的余额必须与"库存现金"总账账户的余额核对相符，做到日清月结，保证账实相符。

【例2-2】沿用【例2-1】的资料，假定甲公司库存现金月初余额为300元，甲公司登记的现金日记账如表2-1所示。

表2-1　　　　　　　　　　　现金日记账　　　　　　　　　　　　单位：元

20×9年		凭证		摘要	对方科目	借方	贷方	余额
月	日	字	号					
7	1			月初余额				300
	1	银付	17	提取现金	银行存款	1 000		1 300
	1	现付	13	预支差旅费	其他应收款		500	800
	1	现收	22	销售材料	其他业务收入 应交税费	580		1 380
	1	现付	14	购买办公用品	管理费用 应交税费		348	1 032
	1	现付	15	现金送存银行	银行存款		400	632
				本日合计		1 580	1 248	632

四、库存现金的清查

为了确保库存现金的完全、完整，掌握其收支业务记录的准确性，加强对企业出纳工作的监督，企业应对库存现金进行每日清查和定期或不定期的清查。库存现金的清查一般采用实地盘点法。

现金的每日清查，应由出纳人员与会计人员共同进行，将每日现金日记账的余额与库存现金的实有数额核对，以保证账实相符。定期或不定期的清查，应由有关人员组成的清查小组对库存现金进行清查。清查时，出纳必须在场，清查的内容主要是检查是否存在挪用现金、白条抵库、超额留存现金以及账实是否相符等情况。清查后，企业应当根据清查结果编制"现金盘点表报告表"，以反映企业库存现金的实存、账存及溢余或短缺的情况。

（一）库存现金短缺的核算

企业通过清查后，发现有待查明原因的现金短缺，借记"待处理财产损溢——待处理流动资产损溢"科目，贷记"库存现金"科目。查明现金短缺的原因后，属于应由责任人赔偿的部分，借记"其他应收款——应收现金短缺款（××个人）"或"库存现金"科目，贷记"待处理财产损溢——待处理流动资产损溢"科目；属于应由保险公司赔偿的部分，借记"其他应收款——应收保险赔款"科目，贷记"待处理财产损溢——待处理流动资产损溢"科目；属于无法查明原因的，根据管理权限，经批准后处理，借记"管理费用——现金短缺"科目，贷记"待处理财产损溢——待处理流动资产损溢"科目。

【例2-3】甲公司在现金清查中，发现库存现金短缺800元。经查明原因，应当由出纳李明赔偿500元，保险公司赔偿200元，其余的100元无法查明原因。甲公司的账务处理如下：

（1）现金清查。

借：待处理财产损溢——待处理流动资产损溢　　　　　　　　800
　　贷：库存现金　　　　　　　　　　　　　　　　　　　　　　800

（2）查明原因或经批准后。

借：其他应收款——应收现金短缺款（李明）　　　　　　　　500
　　　　　　　　——应收保险赔款　　　　　　　　　　　　　200
　　管理费用——现金短缺　　　　　　　　　　　　　　　　　100
　　贷：待处理财产损溢——待处理流动资产损溢　　　　　　　　800

（二）库存现金溢余的核算

企业通过清查后，发现有待查明原因的现金溢余，借记"库存现金"科目，贷记"待处理财产损溢——待处理流动资产损溢"科目。查明现金溢余的原因后，属于应支付给有关单位或人员的，借记"待处理财产损溢——待处理流动资产损溢"科目，贷记"其他应付款——应付现金溢余（××个人或单位）"科目；属于无法查明原因的现金溢余，经批准后，借记"待处理财产损溢——待处理流动资产损溢"科目，贷记"营业外收入——现金溢余"科目。

【例2-4】甲公司在库存现金清查中，发现库存现金溢余500元。经查明，应当支付给乙公司400元，其余的100元无法查明原因。甲公司的账务处理如下：

（1）现金清查。

借：库存现金　　　　　　　　　　　　　　　　　　　　　　　500
　　贷：待处理财产损溢——待处理流动资产损溢　　　　　　　　500

(2) 查明原因或经批准后。

借：待处理财产损溢——待处理流动资产损溢　　　　　　500
　　贷：其他应付款——应付现金溢余（乙公司）　　　　　　400
　　　　营业外收入——现金溢余　　　　　　　　　　　　　100

五、备用金的核算

备用金，是指企业为了便于内部各部门和个人的日常零星开支，如市内差旅费、误餐费、不足转账起点的零星采购等，以及预付给企业内部某些单位或职工个人的备用现金。

为了合理有效地使用资金，加强备用金的管理，企业应建立和健全备用金的预借、使用和报销制度。有关部门和职工领取备用金时，应填写借款单，经有关负责人批准，并按规定用途支出，不得挪作他用。支用后，应在规定期限内填写报销单，随附原始凭证，经有关负责人核准，向财务部门报销。备用金的管理可采用两种方式：一种是临时备用金，也称非定额备用金，是指一次借用，实报实销的备用金；另一种是定额备用金，是指财会部门对经常需要使用备用金的部门核定备用金定额，并按定额拨付备用金，定额备用金使用后报销时，财会部门按核准报销的金额给付现金，补足备用金定额。定额备用金既方便了使用单位，又简化了核算手续。

为了反映备用金的预付和报销情况，企业可以在"其他应收款"科目下设置"备用金"二级科目核算。为了加强对备用金的管理和核算，掌握备用金的分布和使用情况，应按使用备用金的部门和工作人员设置三级明细科目。对于备用金业务比较多的企业，可以单独设置"备用金"科目核算。

【例2-5】20×9年7月13日，甲公司的业务员小李因公出差向公司财会部门预借差旅费800元。7月17日，小李出差回来持相关单据向公司财会部门报销。甲公司的账务处理如下：

(1) 7月13日，小李预借差旅费。

借：其他应收款——小李　　　　　　　　　　　　　　　800
　　贷：库存现金　　　　　　　　　　　　　　　　　　　　800

(2) 7月17日，小李持有关单据报销。

①假设小李实际支出700元。

借：管理费用——差旅费　　　　　　　　　　　　　　　700
　　库存现金　　　　　　　　　　　　　　　　　　　　100
　　贷：其他应收款——小李　　　　　　　　　　　　　　　800

②假设小李实际支出900元。

借：管理费用——差旅费　　　　　　　　　　　　　　　900
　　贷：其他应收款——小李　　　　　　　　　　　　　　　800
　　　　库存现金　　　　　　　　　　　　　　　　　　　100

【例2-6】甲公司财会部门对公司第一车间实行定额备用金制度，根据核定的定额，拨付给第一车间备用金3 000元。甲公司的账务处理如下：

（1）拨付给第一车间备用金。

借：其他应收款——第一车间　　　　　　　　　　　　　　　3 000
　　贷：库存现金　　　　　　　　　　　　　　　　　　　　　3 000

（2）第一车间在某一期间支出业务招待费2 500元，并持有相关单据到财会部门报销。

借：管理费用——业务招待费　　　　　　　　　　　　　　　2 500
　　贷：库存现金　　　　　　　　　　　　　　　　　　　　　2 500

（3）实施定额备用金制度一段时间后，财会部门决定取消第一车间的定额备用金，该车间最后一次持相关差旅费单据报销1 800元，余款交回财会部门。

借：管理费用——差旅费　　　　　　　　　　　　　　　　　1 800
　　库存现金　　　　　　　　　　　　　　　　　　　　　　1 200
　　贷：其他应收款——第一车间　　　　　　　　　　　　　　3 000

第二节　银行存款

一、银行存款的含义

银行存款，是指企业存放在银行或其他金融机构的货币资金。按照中国人民银行发布并实施的《支付结算办法》的规定，凡是独立核算的企业应在所在地银行申请开立存款结算账户，企业货币资金的收入和付出，除了规定可用库存现金收付的以外，在经营过程中所发生的一切货币收支业务，都必须通过银行存款账户办理转账结算。

二、银行存款的管理

企业办理银行存款的收付，应严格执行《支付结算办法》《票据法》等银行结算制度的有关规定。支付结算，是指单位、个人在社会经济活动中使用票据、银行卡、汇兑、托收承付、委托收款、信用证、电子支付等结算方式进行货币给付及资金清算的行为。企业在银行开立人民币存款账户，必须遵守《人民币银行结算账户管理办法》的各项规定。

（一）银行存款账户的开设

银行为企业开立基本存款账户由核准制调整为备案制，不再核发基本存款账户开户许可证。银行应当审核企业开户证明文件的真实性、完整性和合规性，开户申请人与身份证明文件所属人的一致性，企业开户意愿的真实性，以及基本存款账户的唯一性。

银行存款账户可分为基本存款账户、一般存款账户、临时存款账户和专用存款账户。

（1）基本存款账户。基本存款户是指存款人办理日常转账结算和现金收付需要而开设的银行账户，是其主办账户。单位银行结算的存款人只能在银行开立一个基本存款户。存款人的工资、奖金等现金的支取，只能通过本账户办理。

（2）一般存款账户。一般存款账户是指存款人在基本存款账户开户银行以外的银行营业机构开立的用于办理借款转存、借款归还和其他结算的银行结算账户。该账户可以办理现金交存，但不能办理现金支取。开立基本存款账户的存款人都可以开立一般存款账户。开立一般存款账户，实行备案制，无须中国人民银行核准。

（3）临时存款账户。临时存款账户是指存款人因临时需要并在规定期限内使用而开立的银行结算账户。存款人有下列情况的，可以申请开立临时存款账户：①设立临时机构；②异地临时经营活动；③注册验资；④境外（含港澳台地区）机构在境内从事经营活动。临时存款账户应根据有关证明文件确定的期限或存款人的需要确定其有效期限。

（4）专用存款账户。专用存款户是指存款人按照法律、行政法规和规章，为对其特定资金进行专项管理和使用而开立的银行结算账户。对下列资金的管理与使用，存款人可以申请开立专用存款账户：①基本建设资金；②更新改造资金；③财政预算外资金；④证券交易结算资金；⑤期货交易保证金；⑥信托基金；⑦金融机构存放同业资金；⑧单位银行卡备用金；⑨社会保障基金；⑩住房基金等。存款人申请开立专用存款账户，应按规定向银行出具其开立基本存款账户所需的证明文件、基本存款账户开户许可证和法律规定的其他相关证明文件。

国家对企业使用银行存款账户有严格规定：银行账户只供本单位用于款项收付，不得供企业以外的其他单位或个人使用；企业不得利用银行账户进行非法活动；企业不得向银行透支；银行支票要专人保管和签发，企业不得出借支票或将支票让给其他企业或个人使用；企业要及时、正确地登记银行存款账户的收支业务，并定期与银行核对账目。

（二）银行结算原则和纪律

（1）银行结算原则。单位、个人和银行在办理支付结算时，应当遵守以下三个基本原则：①恪守信用，履约付款；②谁的钱进谁的账，由谁支配；③银行不得垫款。

（2）银行结算纪律。单位和个人办理支付结算时：①不准签发没有资金保证的票据或远期支票，套取银行信用；②不准签发、取得和转让没有真实交易和债权债务的票据，套取银行和他人资金；③不准无理拒绝付款，任意占用他人资金；④不准违反规定开立和使用银行账户。

三、银行转账结算方式

结算方式，是指结算业务的组织方式，一般包括现金结算方式和银行转账结算方式。企业货币资金的收入和付出，除了符合规定采用现金结算方式外，一律应当采用银行转账结算方式。根据中国人民银行有关支付结算的规定，企业可以采用支票、银行本票、银行汇票、商业汇票、汇兑、委托收款、托收承付、信用卡、信用证等转账结算方式。

（一）支票

支票，是出票人签发的，委托办理存款业务的银行在见票时无条件支付确定的金额给收款人或者持票人的票据。单位和个人在同一票据交换区域的各种款项结算，均可以使用支票。

支票分为现金支票、转账支票和普通支票。支票上印有"现金"字样的为现金支票，现金支票只能用于支取现金。支票上印有"转账"字样的为转账支票，转账支票只能用于转账。支票上未印有"现金"或"转账"字样的为普通支票，普通支票可以用于支取现金，也可以用于转账。在普通支票左上角划两条平行线的，为划线支票，划线支票只能用于转账，不得支取现金。签发现金支票和用于支取现金的普通支票，必须符合国家有关现金管理的规定。

存款人领购支票，必须填写"票据和结算凭证领用单"并签章，签章应与预留银行的签章相符。存款账户结清时，必须将全部剩余空白支票交回银行注销。支票申领经办人在领取支票时应同时在支票存根和支票登记簿上签字。

支票具有以下特点：

（1）支票一律记名，转账支票可以背书转让。

（2）支票的提示付款期为10天。

（3）应按有关规定规范、完整地填写支票，但支票的金额、收款人名称可以由出纳授权经办人补记，而且支票金额必须封位以限定最高金额。

（4）支票发生遗失，可以向付款银行申请挂失，挂失前已经支付，银行不予受理。

（5）出票人签发空头支票、印章与银行预留印鉴不符的支票、使用支付密码但支付密码错误的支票，银行除将支票做退票处理外，还要按票面金额处以5%但不低于1 000元的罚款。持票人有权要求出票人赔偿支票金额2%的赔偿金。对屡次签发的，银行应停止其签发支票。

（6）支票签发的日期、大小写金额和收款人名称不得更改，其他内容有误，可以划线更正，并加盖预留银行印鉴。

（二）银行本票

银行本票，是银行签发的，承诺自己在见票时无条件支付确定的金额给收款人或者持票人的票据。单位和个人在同一票据交换区域需要支付各种款项，均可以使用银行本票。

申请人使用银行本票，应向银行填写"银行本票申请书"，填明收款人名称、申请人名称、支付金额、申请日期等事项并签章。申请人和收款人均为个人，需要支取现金的，应在"支付金额"栏先填写"现金"字样，后填写支付金额。申请人或收款人为单位的，不得申请签发现金银行本票。出票银行受理银行本票申请书，收妥款项签发银行本票。用于转账的，在银行本票上划去"现金"字样；申请人和收款人均为个人，需要支取现金的，在银行本票上划去"转账"字样。不定额银行本票用压数机压印出票金额。出票银行在银行本票上签章后交给申请人。持票人应妥善保管银行本票，如果本票丧失，只有现金银行本票才能到银行办理挂失止付手续，转账的银行本票只能到法院办理公示催告或提起诉讼。

银行本票具有以下特点：

（1）银行本票可以用于转账，注明"现金"字样的银行本票可以用于支取现金。

（2）银行本票的提示付款期，自出票日起最长不得超过2个月，在付款期内银行本票见票即付。

（3）银行本票分定额本票和不定额本票，定额银行本票面额为1 000元、5 000元、10 000元和50 000元；在票面划去"转账"字样的，为现金本票，现金本票只能用于支取现金。

（4）银行本票一律记名、不挂失，可以背书转让，但填明"现金"字样的银行本票不得背书转让。

（三）银行汇票

银行汇票，是出票银行签发的，由其在见票时按照实际结算金额无条件支付给收款人或者持票人的票据。单位和个人各种款项结算，均可使用银行汇票。

申请人使用银行汇票，应向出票银行填写"银行汇票申请书"，填明收款人名称、汇票金额、申请人名称、申请日期等事项并签章，签章为其预留银行的签章。申请人和收款人均为个人，需要使用银行汇票向代理付款人支取现金的，申请人须在"银行汇票申请书"上填明代理付款人名称，在"汇票金额"栏先填写"现金"字样，后填写汇票金额。申请人或者收款人为单位的，不得在"银行汇票申请书"上填明"现金"字样。银行汇票丧失，失票人可以凭人民法院出具的其享有票据权利的证明，向出票银行请求付款或退款。

出票银行受理银行汇票申请书，收妥款项后签发银行汇票，并用压数机压印出票金额，将银行汇票和解讫通知一并交给申请人。收款人受理申请人交付的银行汇票时，应在出票金额以内，根据实际需要的款项办理结算，并将实际结算金额和多余金额准确、清晰地填入银行汇票和解讫通知的有关栏内。未填明实际结算金额和多余金额或实际结算金额超过出票金额的，银行不予受理。收款人可以将银行汇票背书转让给被背书人。银行汇票的背书转让以不超过出票金额的实际结算金额为准。未填写实际结算金额或实际结算金额超过出票金额的银行汇票不得背书转让。

银行汇票具有以下特点：

（1）由银行签发给汇款人持往异地办理结算或支取现金。

（2）银行汇票可以用于转账，对个人而言，填明"现金"字样的，可支取现金。

（3）银行汇票一律记名，转账银行汇票可以背书转让。背书转让以不超过出票金额的实际结算金额为限，未填写实际结算金额或实际结算金额超过出票金额的银行汇票不得背书转让。

（4）银行汇票的金额起点为500元。提示付款期限，自出票日起1个月。

（5）申请人因银行汇票超过付款提示期或其他原因，要求退款时，需持汇票和"解汇通知"到原出票行办理退汇手续。

(6) 若因缺少"解讫通知联"的汇票要求退汇的,应在汇票提示付款期满 1 个月后(即签发日开始两个月后)到银行办理退汇。

(7) 若因银行汇票丢失,要求退汇的,应在提示付款期满 1 个月后持人民法院出具的有效证明到银行办理退汇。

(四) 商业汇票

商业汇票,是出票人签发的,委托付款人在指定日期无条件支付确定的金额给收款人或者持票人的票据。在银行开立存款账户的法人以及其他组织之间,必须具有真实的交易关系或债权债务关系,才能使用商业汇票。

存款人领购商业汇票,必须填写"票据和结算凭证领用单"并签章,签章应与预留银行的签章相符。存款账户结清时,必须将全部剩余空白商业汇票交回银行注销。

商业汇票可以在出票时向付款人提示承兑后使用,也可以在出票后先使用再向付款人提示承兑。定日付款或者出票后定期付款的商业汇票,持票人应当在汇票到期日前向付款人提示承兑;见票后定期付款的汇票,持票人应当自出票日起 1 个月内向付款人提示承兑;汇票未按照规定期限提示承兑的,持票人丧失对其前手的追索权。付款人承兑商业汇票,应当在汇票正面记载"承兑"字样和承兑日期并签章。付款人承兑商业汇票,不得附有条件;承兑附有条件的,视为拒绝承兑。商业汇票的付款人接到出票人或持票人向其提示承兑的汇票时,应当向出票人或持票人签发收到汇票的回单,记明汇票提示承兑日期并签章。付款人应当在自收到提示承兑的汇票之日起 3 日内承兑或者拒绝承兑。付款人拒绝承兑的,必须出具拒绝承兑的证明。

商业汇票分为银行承兑汇票和商业承兑汇票。银行承兑汇票由银行承兑,商业承兑汇票由银行以外的付款人承兑。

(1) 银行承兑汇票。银行承兑汇票的出票人必须具备下列条件:①在承兑银行开立存款账户的法人以及其他组织;②与承兑银行具有真实的委托付款关系;③资信状况良好,具有支付汇票金额的可靠资金来源。

(2) 商业承兑汇票。商业承兑汇票的出票人,为在银行开立存款账户的法人以及其他组织,与付款人具有真实的委托付款关系,具有支付汇票金额的可靠资金来源。商业承兑汇票可以由付款人签发并承兑,也可以由收款人签发交由付款人承兑。商业承兑汇票的付款人开户银行收到通过委托收款寄来的商业承兑汇票,将商业承兑汇票留存,并及时通知付款人。

商业汇票具有以下特点:

(1) 同城或异地的货款结算均可使用。

(2) 商业汇票一律记名,允许背书转让或贴现。商业承兑汇票可以不通过银行签发并背书转让,由于其属于商业信用,所以在信用等级和流通性上低于银行承兑汇票,在银行办理贴现的难度较银行承兑汇票高。

(3) 已承兑的商业汇票丢失,可由失票人通知付款人挂失止付。

(4) 商业承兑汇票既可由收款人出票,付款人承兑,也可由付款人出票并承兑,汇票的付款期限最长不超过 6 个月。

（5）商业汇票到期日前，收款人或被背书人应将其送交开户银行办理向付款人提示付款。提示付款期限，自汇票到期日起 10 天。

（6）对逾期超过 10 天的商业汇票，银行不予受理。

（7）承兑汇票的承兑银行按票面金额万分之五向申请人计收承兑手续费。

（五）汇兑

汇兑，是汇款人委托银行将其款项支付给收款人的结算方式。单位和个人的各种款项的结算，均可使用汇兑结算方式。汇兑分为信汇、电汇两种，由汇款人选择使用。信汇，是指汇款人委托银行通过邮寄方式将款项划给收款人；电汇，是指汇款人委托银行通过电信手段将款项划转给收款人。两种方式可由汇款人根据需要选择使用。汇款人委托银行办理信或电汇时，应向银行填制一式四联的信汇或一式三联的电汇凭证加盖预留银行印鉴，并按要求详细填写收付款人名称、账号、汇入地点及汇入行名称、汇款金额等。

汇兑结算方式具有以下特点：

（1）普通汇款一般 24 小时到账；加急汇款的汇划速度快，自客户提交电汇凭证起 2 小时内到达收款人账户。

（2）收款人既可以是在汇入行开立账户的单位，也可以是"留行待取"的个人。

（3）汇款人对银行已经汇出的款项，可以申请退回。

（4）对在汇入银行开立存款账户的收款人，由汇款人与收款人自行联系退汇。

（5）对未在汇入银行开立存款账户的收款人，由汇出银行通知汇入银行，经核实汇款确未支付，并将款项收回后，可办理退汇。

（6）个人汇款解讫后，可通过开立的"应解汇款及临时存款"账户，办理转账支付和以原收款人为收款人的转汇业务。

（六）委托收款

委托收款，是收款人委托银行向付款人收取款项的结算方式。单位和个人凭承兑商业汇票、债券、存单等付款人债务证明办理款项结算时，均可使用委托收款结算方式，还适用于收取电费、电话费等付款人众多、分散的公用事业费等有关款项。委托收款在同城、异地均可以使用。委托收款结算款项的划回方式，分邮寄和电报两种，由收款人选用。

签发委托收款凭证必须记载下列事项：表明"委托收款"的字样；确定的金额；付款人名称；收款人名称；委托收款凭据名称及附寄单证张数；委托日期；收款人签章。欠缺记载上列事项之一的，银行不予受理。委托收款以银行以外的单位为付款人的，委托收款凭证必须记载付款人开户银行名称；以银行以外的单位或在银行开立存款账户的个人为收款人的，委托收款凭证必须记载收款人开户银行名称；未在银行开立存款账户的个人为收款人的，委托收款凭证必须记载被委托银行名称。欠缺记载的，银行不予受理。

委托收款结算方式要经过收款单位委托、付款单位付款或拒绝付款等环节。

（1）委托。收款单位办理委托收款应向银行提交委托收款凭证和有关的债务证明。

（2）付款。付款单位银行接到寄来的委托收款凭证及债务证明，审查无误办理付款：①以银行为付款人的，银行应在当日将款项主动支付给收款人；②以单位为付款人的，银行应及时通知付款人，按照有关规定，需要将有关债务证明交给付款人的应交给付款人，并签收。银行在办理划款时，付款人存款账户不足支付的，应通过被委托银行向收款人发出未付款项通知书。按照有关法规定，债务证明留存付款人开户银行的，应将其债务证明连同未付款项通知书邮寄被委托银行转交收款人。

（3）拒绝付款。付款单位审查有关债务证明后，对收款人委托收取的款项需要拒绝付款的，可以办理拒绝付款：①以银行为付款人的，应自收到委托收款及债务证明的次日起3日内出具拒绝证明，连同有关债务证明、凭证寄给被委托银行，转交收款人；②以单位为付款人的，应在付款人接到通知的次日起3日内出具拒绝证明，持有债务证明的，应将其送交开户银行。银行将拒绝证明、债务证明和有关凭证一并寄给被委托银行，转交收款人。

委托收款结算方式具有以下特点：使用范围广，方便灵活，同城、异地均可办理，且不受金额起点限制。在同城范围内收款人收取公用事业费，经当地中国人民银行批准，可以使用同城特约委托收款。

（七）托收承付

托收承付，是根据购销合同由收款人发货后委托银行向异地付款人收取款项，由付款人向银行承认付款的结算方式。使用托收承付结算方式的收款单位和付款单位，必须是国有企业、供销合作社以及经营管理较好，并经开户银行审查同意的城乡集体所有制工业企业。办理托收承付结算的款项，必须是商品交易，以及因商品交易而产生的劳务供应的款项。代销、寄销、赊销商品的款项，不得办理托收承付结算。收付双方使用托收承付结算必须签有符合《经济合同法》的购销合同，并在合同上订明使用托收承付结算方式。

托收承付结算款项的划回方法，可分邮寄和电报两种，由收款人选用。托收承付结算方式可能要经过收款单位托收，付款单位承付、逾期付款或拒绝付款，收款单位重办托收等环节。

（1）托收。收款人按照签订的购销合同发货后，委托银行办理托收。收款人对同一付款人发货托收累计3次收不回货款的，收款人开户银行应暂停收款人向该付款人办理托收；付款人累计3次提出无理拒付的，付款人开户银行应暂停其向外办理托收。

（2）承付。付款人开户银行收到托收凭证及其附件后，应当及时通知付款人。付款人应在承付期内审查核对，安排资金。承付货款分为验单付款和验货付款两种，由收付双方商量选用，并在合同中明确规定。

验单付款。验单付款的承付期为3天，从付款人开户银行发出承付通知的次日算起（承付期内遇法定休假日顺延）。付款人在承付期内，未向银行表示拒绝付款的，银行即视作承付，并在承付期满的次日（法定休假日顺延）上午银行开始营业时，将款项主动从付款人的账户内付出，按照收款人指定的划款方式，划给收款人。

验货付款。验货付款的承付期为 10 天，从运输部门向付款人发出提货通知的次日算起。对收付双方在合同中明确规定，并在托收凭证上注明验货付款期限的，银行从其规定。采用验货付款的，收款人必须在托收凭证上加盖明显的"验货付款"字样戳记。托收凭证未注明验货付款，经付款人提出合同证明是验货付款的，银行可按验货付款处理。

（3）逾期付款。付款人在承付期满日银行营业终了时，如无足够资金支付，其不足部分，即为逾期未付款项，按逾期付款处理。

（4）拒绝付款。对下列情况，付款人在承付期内，可向银行提出全部或部分拒绝付款：①没有签订购销合同或购销合同未订明托收承付结算方式的款项；②未经双方事先达成协议，收款人提前交货或因逾期交货付款人不再需要该项货物的款项；③未按合同规定的到货地址发货的款项；④代销、寄销、赊销商品的款项；⑤验单付款，发现所列货物的品种、规格、数量、价格与合同规定不符，或货物已到，经查验货物与合同规定或发货清单不符的款项；⑥验货付款，经查验货物与合同规定或与发货清单不符的款项；⑦货款已经支付或计算有错误的款项。不属于上述情况的，付款人不得向银行提出拒绝付款。付款人对以上情况提出拒绝付款时，必须填写"拒绝付款理由书"并签章，注明拒绝付款理由，涉及合同的应引证合同上的有关条款。银行同意部分或全部拒绝付款的，应在拒绝付款理由书上签注意见。

（5）重办托收。收款人对被无理拒绝付款的托收款项，在收到退回的结算凭证及其所附单证后，需要委托银行重办托收，应当填写一式四联"重办托收理由书"，将其中三联连同购销合同、有关证据和退回的原托收凭证及交易单证，一并送交银行。经开户银行审查，确属无理拒绝付款，可以重办托收。

托收承付结算方式具有以下特点：

（1）托收承付是一种先发货后付款的异地结算方式，收款人和付款人双方一般需要有较高的信用度且有较长期的合作关系。

（2）托收承付结算每笔金额的起点为 10 000 元，新华书店系统每笔金额的起点为 1 000 元。

（3）承付货款分为验单付款和验货付款两种，其中验单付款的承付期为 3 天，验货付款的承付期为 10 天。

（4）必须是有经济合同的商品交易，以及因商品交易而产生的劳务供应的款项（如加工费、租赁费和代垫运杂费等），才能使用托收承付结算方式。代销、寄销、赊销商品的款项，不得办理托收承付结算。

（八）信用卡

信用卡，是指商业银行向个人和单位发行的，凭以向特约单位购物、消费和向银行存取现金，且具有消费信用的特制载体卡片。信用卡按使用对象分为单位卡和个人卡；按信誉等级分为金卡和普通卡。凡在中国境内金融机构开立基本存款账户的单位可申领单位卡。单位卡可申领若干张，持卡人资格由申领单位法定代表人或其委托的代理人书面指定和注销。单位卡账户的资金一律从其基本存款账户转账存入，不得交存现金，不得将销货收入的款项存入其账户。单位卡不得用于10万元以上的商品交易、劳务供应款项的结算。单位卡一律不得支取现金。

信用卡具有以下特点：

（1）信用卡的透支额，金卡最高不得超过10 000元，普通卡最高不得超过5 000元。透支期限最长为60天，不同期间按不同利率支付透支利息。

（2）单位卡不得用于10万元以上的商品交易、劳务供应款项的结算。

（3）信用卡仅限于持卡人本人使用，不得出租或转借。

（4）信用卡丢失时可以挂失，但是挂失前如被冒领，由持卡人自己负责。

（九）信用证

信用证结算方式是国际结算的一种主要方式。该方式适用于进出口公司、企业之间所进行的商品交易的货款结算，只限于办理转账结算，不得支取现金。

在信用证结算方式下，进口商所在地银行（开证行）依据进口商（开证申请人）的请求，向出口商（受益人）开立一定金额、在一定期限内按规定的条件付款或承兑汇票的书面证明。收款企业（出口商）接到外汇银行通知已收到国外进口商开证行寄来的信用证后，即备货装运出口，并向外汇银行递交出口单据，根据议付单据及退还的信用证等有关凭证编制收款凭证入账；付款企业（进口商）在接到开证行的备款赎单通知后，根据付款赎回的有关单据编制的付款凭证入账。

信用证具有以下特点：

（1）信用证付款是一种银行信用，即银行负第一位的付款责任。

（2）信用证是独立于买卖合同之外的一种自足的文件，即信用证虽然是以合同为依据开立，但是一经开出就不再受合同的约束。

（3）信用证结算是一种纯粹的单据买卖，即各有关当事人处理的只是单据，而不是与单据有关的货物。

四、银行存款的核算

（一）银行存款的总分类核算

为了总括反映和监督企业存入银行或其他金融机构的各种款项的收入、付出和结存的情况，应设置"银行存款"科目进行总分类核算。企业银行存款增加时，借记"银行存款"科目，贷记"库存现金""应收账款"等科目；银行存款减少作相反的会计分录。

【例2-7】甲公司为增值税一般纳税人，20×9年8月4日发生如下经济业务：（1）收到乙公司所欠货款200 000元存入银行；（2）购入材料一批，取得的增值税专用发票上注明的价款30 000元，增值税额4 800元，开出一张支票付讫；（3）企业开出现金支票从银行提取现金5 000元以备零用；（4）销售产品一批，开具的增值税专用发票上注明的价款100 000元，增值税额16 000元，收到款项已存入银行；（5）开出转账支票偿还丁公司货款 300 000 元。甲公司的账务处理如下：

(1) 借：银行存款　　　　　　　　　　　　　　　　200 000
　　　贷：应收账款——乙公司　　　　　　　　　　　　　200 000
(2) 借：原材料　　　　　　　　　　　　　　　　　30 000
　　　　应交税费——应交增值税（进项税额）　　　　4 800
　　　贷：银行存款　　　　　　　　　　　　　　　　　　34 800
(3) 借：库存现金　　　　　　　　　　　　　　　　5 000
　　　贷：银行存款　　　　　　　　　　　　　　　　　　 5 000
(4) 借：银行存款　　　　　　　　　　　　　　　　116 000
　　　贷：主营业务收入　　　　　　　　　　　　　　　　100 000
　　　　　应交税费——应交增值税（销项税额）　　　　　16 000
(5) 借：应付账款——丁公司　　　　　　　　　　　300 000
　　　贷：银行存款　　　　　　　　　　　　　　　　　　300 000

（二）银行存款的序时核算

为了随时掌握银行存款的收付情况，便于同银行核对账目，企业除设置"银行存款"科目进行总分类核算外，还可按开户银行和其他金融机构、存款种类等设置"银行存款日记账"进行明细分类核算。出纳员根据审核后的收付款凭证，按照业务的发生顺序逐笔登记银行存款日记账。每日终了，应结出余额。"银行存款日记账"的内容结构和登记方法与现金日记账基本相同。

五、银行存款的清查

银行存款的收支业务频繁，登记工作量大，为了防止银行存款日记账发生差错，企业出纳人员应定期将"银行存款日记账"与银行转来的"银行对账单"进行核对，至少每月核对一次。企业银行存款账面余额与银行对账单余额之间可能存在不一致，其原因在于：企业和银行某一方或双方发生的记账错误；存在未达账项。所谓未达账项，是指企业和银行之间，由于结算凭证的传递和双方入账时间不一致，以致一方已入账而另一方尚未入账的款项。

未达账项可归纳为以下四种情况：①企业已经收款入账，银行尚未收款入账的款项；②企业已经付款入账，银行尚未付款入账的款项；③银行已经收款入账，企业尚未收款入账的款项；④银行已经付款入账，企业尚未付款入账的款项。

记账错误造成的双方记录不符的，应查明原因进行更正，并编制正确的会计分录。对于未达账项所造成的双方记录不符，应逐笔核对，一般是通过编制"银行存款余额调节表"，使之调整相符。

【例 2-8】 20×9 年 11 月 30 日，甲公司银行存款日记账余额为 176 930 元，银行转来的银行对账单余额为 176 430 元，经核对，发现以下未达账项：(1) 11 月 26 日，银行受公司委托代收款项 3 000 元，银行已收妥入账，但公司未收到银行收款通知；

(2) 11月28日，银行代公司支付水电费250元，公司尚未收到银行付款通知；(3) 11月29日，公司开出转账支票支付货款950元，持票人尚未到银行办理转账；(4) 11月30日，公司送存银行款项1 200元，公司已收款入账，银行尚未入账。根据上述资料，甲公司编制"银行存款余额调节表"，如表2-2所示。

表2-2　　　　　　　　　　　银行存款余额调节表

20×9年11月　　　　　　　　　　　　　　　　　　单位：元

项　目	金　额	项　目	金　额
银行存款日记账余额	176 930	银行对账单余额	179 430
加：银行已收入账，公司未收入账款项	3 000	加：公司已收入账，银行未收入账款项	1 200
减：银行已付入账，公司未付入账款项	250	减：公司已付入账，银行未付入账款项	950
调节后余额	179 680	调节后余额	179 680

企业编制的"银行存款余额调节表"在调节后双方相等，一般表明双方记账没有差错，如果不相等，则表明记账有误，应进一步查明原因进行更正。但银行存款余额调节表并不能成为企业记账的依据，对于银行已入账而企业尚未入账的未达账项，要等到有关结算凭证到达企业后，才能进行账务处理。

第三节　其他货币资金

其他货币资金，是指除库存现金、银行存款以外的其他各种货币资金，主要包括银行汇票存款、银行本票存款、信用卡存款、信用证保证金存款、存出投资款和外埠存款。

一、银行汇票存款

银行汇票存款，是指企业为取得银行汇票，按规定存入银行的款项。企业在填送"银行汇票申请书"并将款项交存银行，取得银行汇票后，根据银行盖章退回的申请书存根联，借记"其他货币资金——银行汇票存款"科目，贷记"银行存款"科目。企业使用银行汇票后，根据购货发票等，借记"材料采购""原材料""库存商品""应交税费——应交增值税（进项税额）"等科目，贷记"其他货币资金——银行汇票存款"科目。收到退回的多余款项时，借记"银行存款"科目，贷记"其他货币资金——银行汇票存款"科目。

【例2-9】20×9年10月5日，甲公司委托开户银行开出一张15 000元的银行汇票，由采购人员持往异地采购商品。11月5日，采购员交来的增值税专用发票注明的价款10 000元，增值税额1 600元，商品已验收入库。甲公司的账务处理如下：

(1) 10月5日，取得银行汇票。

借：其他货币资金——银行汇票存款　　　　　　　　　　　　　15 000
　　贷：银行存款　　　　　　　　　　　　　　　　　　　　　　　15 000

（2）11月5日，交来采购发票等报销凭证。

借：库存商品　　　　　　　　　　　　　　　　　　　　　　　　10 000
　　应交税费——应交增值税（进项税额）　　　　　　　　　　　　1 600
　　贷：其他货币资金——银行汇票存款　　　　　　　　　　　　　11 600

（3）余款转回银行。

借：银行存款　　　　　　　　　　　　　　　　　　　　　　　　　3 400
　　贷：其他货币资金——银行汇票存款　　　　　　　　　　　　　　3 400

二、银行本票存款

银行本票存款，是指企业为取得银行本票，按规定存入银行的款项。企业在填送"银行本票申请书"并将款项交存银行，取得银行本票后，根据银行盖章退回的申请书存根联，借记"其他货币资金——银行本票存款"科目，贷记"银行存款"科目。企业使用银行汇票后，根据购货发票等，借记"材料采购""原材料""库存商品""应交税费——应交增值税（进项税额）"等科目，贷记"其他货币资金——银行本票存款"科目。收到退回的多余款项时，借记"银行存款"科目，贷记"其他货币资金——银行本票存款"科目。

【例2-10】 20×9年11月2日，甲公司将款项10 000元交存银行，取得一张银行本票。11月5日，公司用该银行本票支付购买办公用品款项，取得的增值税专用发票注明的价款8 000元，增值税额1 280元。甲公司的账务处理如下：

（1）11月2日，取得银行本票。

借：其他货币资金——银行本票存款　　　　　　　　　　　　　10 000
　　贷：银行存款　　　　　　　　　　　　　　　　　　　　　　　10 000

（2）11月5日，购买办公用品。

借：管理费用　　　　　　　　　　　　　　　　　　　　　　　　　8 000
　　应交税费——应交增值税（进项税额）　　　　　　　　　　　　1 280
　　贷：其他货币资金——银行本票存款　　　　　　　　　　　　　9 280

（3）余款转回银行。

借：银行存款　　　　　　　　　　　　　　　　　　　　　　　　　720
　　贷：其他货币资金——银行本票存款　　　　　　　　　　　　　720

三、信用卡存款

信用卡存款，是指企业为了取得信用卡而存入信用卡专户的款项。企业应按照规定填制申请表，连同支票和有关资料一并交存发卡银行，根据银行盖章退回的进账单第一联，借记"其他货币资金——信用卡存款"科目，贷记"银行存款"科目；企业用信用卡购物或支付有关费用，应在收到开户银行转来的信用卡存款的付款凭证及所附发票账单时，借记"管理费用"等有关科目，贷记"其他货币资金——信用卡存款"科目。企业的持卡人如不需要继续使用信用卡时，应持信用卡主动到发卡银行办理销户，销卡时，单位卡余额应转入企业基本存款户，不得提取现金，借记"银行存款"科目，贷记"其他货币资金——信用卡存款"科目。

【例2-11】20×9年11月6日，甲公司向发卡银行申请使用信用卡，从其基本存款户中支付信用卡备用金15 000元。11月30日，公司凭卡支付业务招待费3 234元。甲公司的账务处理如下：

(1) 11月6日，取得信用卡存款。

借：其他货币资金——信用卡存款　　　　　　　　　　　　　15 000
　　贷：银行存款　　　　　　　　　　　　　　　　　　　　　15 000

(2) 11月30日，支付业务招待费。

借：管理费用——业务招待费　　　　　　　　　　　　　　　3 234
　　贷：其他货币资金——信用卡存款　　　　　　　　　　　　3 234

四、信用证保证金存款

信用证保证金存款，是指采用信用证结算方式的企业为开具信用证而存入银行的信用证保证金专户的款项。企业应根据银行盖章退回的"信用证申请书"回单，借记"其他货币资金——信用证保证金存款"科目，贷记"银行存款"科目。企业接到开证行通知，根据供货单位信用证结算凭证及所附发票账单，借记"材料采购""原材料""库存商品""应交税费——应交增值税（进项税额）"等科目，贷记"其他货币资金——信用证保证金存款"科目；将未用完的信用证保证金存款余额转回开户银行时，借记"银行存款"科目，贷记"其他货币资金——信用证保证金存款"科目。

【例2-12】甲公司的记账本位币为人民币。20×9年12月6日，甲公司向银行交存20 000美元保证金，申请开立信用证，当日汇率1美元为8元人民币。12月24日进口商品一批，价款20 000美元。假定不考虑相关税费，甲公司的账务处理如下：

(1) 12月6日，向银行存入信用证保证金。

借：其他货币资金——信用证保证金　　　　　　　　　　　　160 000
　　贷：银行存款——美元户（20 000 $，汇率8.00）　　　　 160 000

(2) 12月24日，购入货物，根据进口商品发货单、提货单及信用证结算凭证。

借：库存商品　　　　　　　　　　　　　　　　　　　　　　160 000
　　贷：其他货币资金——信用证保证金　　　　　　　　　　　160 000

五、存出投资款

存出投资款，是指企业已存入证券公司但尚未转为金融资产或投资的款项。企业向证券公司存入资金时，应按实际存入的金额，借记"其他货币资金——存出投资款"科目,贷记"银行存款"科目;购买股票或债券时,按公允价值或实际投资金额,借记"交易性金融资产"等科目,贷记"其他货币资金——存出投资款"科目。

【例2-13】20×9年12月7日,甲公司向证券公司存入资金100 000元。12月16日,甲公司用该资金购入乙公司发行的普通股10 000股,每股成交价10元,甲公司分类为以公允价值计量且其变动计入当期损益的金融资产。假定不考虑相关税费,甲公司的账务处理如下:

(1) 12月7日,向证券公司存入资金。

借:其他货币资金——存出投资款　　　　　　　　　　　　100 000
　　贷:银行存款　　　　　　　　　　　　　　　　　　　　　　100 000

(2) 12月16日,购入普通股。

借:交易性金融资产——股票　　　　　　　　　　　　　　100 000
　　贷:其他货币资金——存出投资款　　　　　　　　　　　　100 000

六、外埠存款

外埠存款,是指企业为了到外地进行临时或零星采购,而汇往采购地银行开立采购专户的款项。企业汇出款项时,须填写汇款委托书,并加盖"采购资金"字样。该账户的存款不计利息、只付不收、付完清户,除了采购人员可从中提取少量现金外,一律采用转账结算。

企业将款项委托当地银行汇往采购地开立采购专户时,借记"其他货币资金——外埠存款"科目,贷记"银行存款"科目。收到采购员交来供应单位的发票账单等报销凭证时,借记"材料采购""原材料""库存商品""应交税费——应交增值税(进项税额)"等科目,贷记"其他货币资金——外埠存款"科目。将多余的外埠存款转回当地银行时,根据银行的收账通知,借记"银行存款"科目,贷记"其他货币资金——外埠存款"科目。

【例2-14】20×9年12月16日,甲公司委托当地银行将25 000元汇往采购地银行设立采购专户。12月24日,采购员交来的增值税专用发票注明的价款20 000元,增值税额3 200元。甲公司的账务处理如下:

(1) 12月16日,开设采购专户。

借:其他货币资金——外埠存款　　　　　　　　　　　　　25 000
　　贷:银行存款　　　　　　　　　　　　　　　　　　　　　　25 000

(2) 12月24日,采购员交来采购发票账单等报销单据。

借:原材料　　　　　　　　　　　　　　　　　　　　　　　20 000
　　应交税费——应交增值税(进项税额)　　　　　　　　　　3 200
　　贷:其他货币资金——外埠存款　　　　　　　　　　　　　23 200

(3) 余款转回银行。

借:银行存款　　　　　　　　　　　　　　　　　　　　　　1 800
　　贷:其他货币资金——外埠存款　　　　　　　　　　　　　　1 800

本章小结

1. 库存现金

库存现金，是企业存放在企业财会部门，由出纳人员经管的货币资金。库存现金是流动性最强的资产，加强其管理显得尤为重要：一是企业只能在规定的范围内使用现金；二是企业必须严格遵守开户银行核定后的库存现金限额；三是加强库存现金收支的管理。库存现金的核算主要包括对库存现金收支情况进行总分类核算，以及设置"现金日记账"对库存现金的收入、支出和结存情况进行序时核算。企业应对库存现金进行每日清查和定期或不定期的清查，清查发现的有待查明原因的现金溢余或短缺，企业应设置"待处理财产损溢"科目进行核算。

2. 银行存款

银行存款，是企业存放在银行或其他金融机构的货币资金。银行存款账户可分为基本存款户、一般存款户、临时存款户和专用存款户。企业货币资金的收付，除了符合规定采用现金结算外，一律应当采用银行转账结算。目前企业可以采用的转账结算方式包括支票、银行本票、银行汇票、商业汇票、汇兑、委托收款、托收承付、信用卡和信用证等。银行存款的核算主要包括对银行存款收支情况进行总分类核算，以及设置"银行存款日记账"对银行存款的收入、支出和结存情况进行序时核算。企业的出纳应定期将"银行存款日记账"与"银行对账单"进行核对，至少每月核对一次。对于未达账项，企业应逐笔核对，并编制"银行存款余额调节表"使之相符。

3. 其他货币资金

其他货币资金包括银行汇票存款、银行本票存款、信用卡存款、信用证保证金存款、存出投资款和外埠存款等。企业取得上述各项存款时，借记"其他货币资金"科目，贷记"银行存款"科目；使用上述各项存款后，借记"材料采购""原材料""库存商品""管理费用"等科目，贷记"其他货币资金"科目；收到退回的多余款项时，借记"银行存款"科目，贷记"其他货币资金"科目。

课堂讨论题

1. 什么是货币资金，具体包括哪些内容？
2. 库存现金的使用范围是什么？
3. 银行转账结算方式包括哪些？其各自适用范围与特点有哪些？
4. 其他货币资金包括哪些内容，如何进行会计核算？
5. 企业应如何建立和健全货币资金的内部控制制度？

课后练习题

习题一

【目的】练习库存现金和银行存款的核算。

【资料】甲公司为增值税一般纳税人,增值税率为16%。20×9年11月30日,库存现金的余额为17 890元,银行存款余额为336 000元。12月份发生如下经济业务:

(1) 1日,职工李华出差,借支差旅费1 000元,公司以现金付讫。

(2) 2日,公司购买办公用品,收到的增值税专用发票注明的价款800元,增值税额128元,以现金付讫。

(3) 3日,按照定额备用金管理方法,拨付给车间3 000元备用金,以现金付讫。

(4) 4日,开出转账支票支付上月购货款11 600元。

(5) 5日,销售产品一批,开出的增值税专用发票注明的价款50 000元,增值税额8 000元,款项已收存银行。

(6) 5日,开出现金支票支付产品广告费2 500元。

(7) 6日,接到开户银行的收款通知,收回上月销货款34 800元,已转存银行。

(8) 8日,职工李华出差回来,报销交通费及住宿费986元,余款退回财务部门。

(9) 10日,购入材料一批,收到的增值税专用发票注明的价款40 000元,增值税额6 400元,公司将款项汇付给供货方,材料已验收入库。

(10) 11日,公司在现金清查中发现现金短缺1 000元,原因待查。

(11) 12日,经查实,现金短缺由出纳人员造成,应由其赔偿800元,其余无法查明原因,经批准予以转销。

(12) 13日,预收销货款59 000元,存入银行。

(13) 15日,签发现金支票,从银行提取现金120 000元备发工资。

(14) 15日,车间报销业务招待费500元,以现金付讫。

(15) 17日,支付职工工资120 000元,以现金付讫。

(16) 18日,收到职工小王工作违章罚款400元,以现金收讫。

(17) 20日,销售材料收到的增值税专用发票注明的价款10 000元,增值税额1 600元,款项已收存银行。

(18) 24日,开出转账支票一张,支付产品展览摊位费5 900元。

(19) 25日,公司在现金清查中发现现金溢余1 500元,原因待查。

(20) 26日,接银行付款通知,支付本月管理部门电费3 480元,收到的增值税专用发票注明的价款3 000元,增值税额480元。

(21) 26日,经查实,现金溢余中应付丙公司1 000元,其余无法查明原因,经批准予以转销。

(22) 28日,将超过库存现金限额的1 800元送存银行。

(23) 29日,收到上月销售产品的商业汇票款46 400元,存入银行。

(24) 30日,公司取消车间备用金,车间最后报销办公经费2 430元,余款退回财务部门。

(25) 31日,开出转账支票支付厂部办公室租金10 000元。

【要求】根据上述资料,编制甲公司的会计分录,并登记现金日记账和银行存款日记账。

习题二

【目的】练习银行存款余额调节表的编制。

【资料】20×9年7月31日,甲公司收到银行转来的银行对账单,银行对账单余额20 350元,银行存款日记账余额47 220元。甲公司通过核对,发现7月份存在下列事项:

(1) 5日,公司开出一张金额为12 000元的支票支付购货款,收款单位尚未到开户银行转账。

(2) 7日,委托银行代收劳务费5 400元,开户银行已存入公司账户,公司尚未接到收账通知。

(3) 12日,公司收到乙公司开具的一张20 700元的支票,公司已送交开户银行,银行尚未入账。

(4) 15日,公司开出的一张金额为15 350元的支票支付税金,在账上误记为15 530元。

(5) 17日，开户银行将丙公司的存款3 450元误记入本公司账上。

(6) 30日，开户银行支付公司到期的银行承兑汇票24 000元，公司尚未接到付讫通知。

(7) 30日，开户银行划扣公司本月的贷款利息3 200元，公司尚未收到付款通知。

【要求】根据上述资料，编制甲公司的银行存款余额调节表，并作必要的会计分录。

习题三

【目的】练习其他货币资金的核算。

【资料】甲公司为增值税一般纳税人，增值税率为16%。20×9年5月份发生如下经济业务：

(1) 4日，委托银行汇款30 000元汇往采购地银行开立临时采购账户。

(2) 7日，采购员小李采购材料回来，交来的增值税专用发票上注明的价款16 000元，增值税额2 560元，材料验收入库。

(3) 8日，接到开户银行多余款收账通知，临时采购账户余款退回11 440元。

(4) 10日，公司从开户银行转账32 000元存入乙证券公司。

(5) 14日，公司申请办理银行汇票，银行从公司基本存款户将66 000元转为银行汇票存款。

(6) 15日，公司从乙证券公司购入股票4 000股，每股成交价7元，另外发生相关税费3 000元，公司将其分类为交易性金融资产。余款已退回开户银行。

(7) 17日，公司购入材料所取得的增值税专用发票上注明的价款45 000元，增值税额7 200元，材料验收入库，款项以银行汇票付讫。

(8) 20日，银行将银行汇票结余款13 800元退回，收妥入账。

(9) 21日，公司申请办理银行本票，银行从公司基本存款户将85 000元转入银行本票存款。

(10) 22日，公司购入商品所取得的增值税专用发票上注明的价款70 000元，增值税额11 200元，商品验收入库，款项以银行本票付讫。

(11) 25日，收到退回的银行本票余款3 800元，款项存入银行。

(12) 27日，公司将银行存款50 000元存入信用卡。

(13) 28日，用信用卡支付业务招待费5 000元。

【要求】根据以上经济业务，编制甲公司的会计分录。

第三章 存 货

【本章导言】

存货是企业一项重要的流动资产。存货涉及企业日常生产经营过程的采购、生产和销售等各个环节，经常处于不断销售、耗用或重置之中，具有较强的变现能力和流动性。存货收入、发出和结存的确认、计量及列报，不仅直接影响企业资产负债表中期末存货的真实价值，而且还直接影响利润表中报告的盈利水平。本章主要介绍存货的概念及特征，存货的确认及分类，取得存货的计量及核算，发出存货的计量及核算，期末存货的计量及核算以及存货清查的核算。

【本章内容框架】

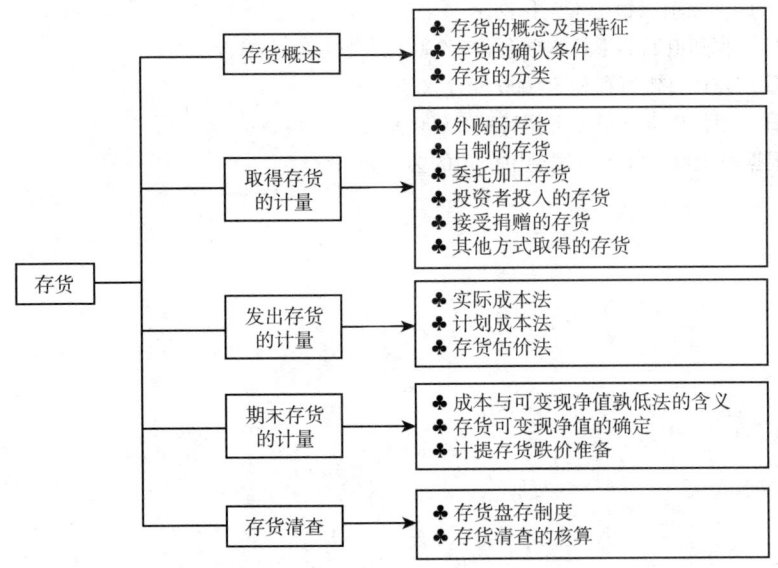

【本章学习目标】

- 熟悉存货的概念、特征及分类，掌握存货的确认条件。
- 掌握外购、自制、委托加工、投资者投入、接受捐入的存货的计量及核算。
- 掌握存货发出的四种计价方法及其对企业财务状况和经营成果的影响。

- 掌握计划成本法核算的基本原理，重点掌握发出存货成本差异的分摊。
- 熟悉毛利率和零售价格法，掌握售价金额法的核算原理。
- 掌握期末存货计量的成本与可变现净值孰低法的具体运用。

第一节 存货概述

一、存货的概念及特征

存货，是指企业在日常生产经营过程中持有以备出售的产成品或商品、处于生产过程中的在产品、在生产过程或提供劳务过程中耗用的材料或物料等。存货通常在 1 年或超过 1 年的一个营业周期内被耗用或经出售转换为货币资金或应收款项等。存货具有以下特征：

（1）企业持有存货的最终目的是为了出售。企业持有存货的目的在于正常经营过程中予以出售，如商品、产成品以及准备直接出售的半成品等；或者仍处在生产过程，待制成产成品后再予以销售，如在产品、半成品；或者将在生产过程或提供劳务过程用于生产产品，待制成产成品后再予以销售，如原材料。因此，建造固定资产而购入的材料物资，为国家储备的特种物资、专项物资，就不属于存货。

（2）存货是一种具有物质实体的有形资产。存货主要包括原材料、在产品、产成品、包装物、低值易耗品、商品等具有物质实体的资产。该特征使其与应收款项、无形资产等无实物形态的资产相区别，也区别于库存现金、银行存款和其他货币资金等金融资产。

（3）存货具有较大的流动性，属于流动资产。存货在日常生产经营过程，经常处于不断销售、耗用或重置之中，具有较强的变现能力和流动性。该特征使其与工程物资和固定资产相区别。

（4）存货属于非货币性资产，存在价值减损的可能性。存货通常在企业正常生产经营过程中被销售或耗用，并最终转换为货币资金。由于存货的价值易受市场价格及其他因素变动的影响，其转换为货币资金的数额具有不确定性，因此属于非货币性资产。当存货长期不能销售或耗用时，就有可能形成积压物资或需要降价出售，给企业带来损失，因此企业应在资产负债表日对存货采用成本与可变现净值孰低法进行计量。

二、存货的确认条件

企业在确认存货时，首先要满足存货的定义，同时还应满足下列条件：

1. 与该存货有关的经济利益很可能流入企业

通常情况下，拥有存货的所有权是存货包含的经济利益很可能流入企业的一个重要标志。例如，凡是在盘存日，企业拥有存货的法定所有权，无论其存放何处或者处于何种形态，都应作为企业的存货，如在途物资、委托加工物资等；反之，存货的法定所有权不属于企业，即使存放在本企业，也不能作为企业的存货，如受托加工物资、代保管物资等。在会计实务中，还需要通过判断企业是否取得了存货控制权来确定存货有关的经济利益是否很可能流入企业。取得相关存货控制权，是指企业能够主导该存货的使用并从中获得几乎全部的经济利益。

2. 该存货的成本能够可靠地计量

存货的成本能够可靠地计量，必须以取得确凿、可靠的证据为依据，并且具有可验证性。如果存货的成本不能够可靠地计量，则不能确认为一项存货。例如，企业承诺的购货合同，由于并未实际发生，不能可靠地确定其成本，因此就不能确认为购买企业的存货。再如，企业预计发生的制造费用，由于并未实际发生，不能可靠地确定其成本，因此就不能计入产品成本。

三、存货的分类

存货在企业流动资产中所占的比重较大，为了加强存货的管理，提供决策有用的会计信息，企业应当对存货进行适当的分类。

1. 存货按照经济用途分类

一般来说，存货按经济用途可分为：

（1）原材料，是指在生产过程中经加工改变其形态或性质并构成产品主要实体的各种原料及主要材料、辅助材料、外购半成品（外购件）、修理用备件（备品备件）、包装材料、燃料和物料等。为建造固定资产等各项工程而购入的各种材料，就不属于存货。

（2）在产品，是指企业正在制造尚未完工的产品，包括正在各个生产工序加工的产品，以及已加工完毕但尚未检验或已检验但未办理入库手续的产品。

（3）自制半成品，是指经过一定生产过程并已检验合格交付半成品仓库保管，但尚未加工成为产成品，仍需进一步加工的中间产品。

（4）产成品，是指工业企业已经完成全部生产过程并验收入库，可以按照合同规定的条件送交订货单位，或者可以作为商品对外销售的产品。企业接受外来原材料加工制造的代制品和为外单位加工修理的代修品，制造和修理完成验收入库后，应视同企业的产成品。

（5）商品，是指商品流通企业外购或委托加工完成并验收入库可用于销售的各种商品。

（6）周转材料，是指能够多次使用，但不符合固定资产定义的材料，主要包括包装物和低值易耗品。其中，包装物，是指为了包装本企业产品或商品而储备的各种包装容器，如桶、箱、袋、瓶、坛等；低值易耗品，是指不符合固定资产确认条件的各种用具物品，如一般工具、管理用具、劳动保护用品、玻璃器皿以及在经营过程中周转使用的包装容器等。但是，周转材料符合固定资产定义的，应当作为固定资产处理。

2. 存货按照存放地点分类

企业的存货分布在采购、生产、销售各个环节，按存放的地点，可分为：

（1）库存存货，是指已经购入或生产完工并验收入库的各种材料、周转材料、半成品、产成品以及商品。

（2）在途存货，是指已经取得所有权但尚在运输途中或虽已运抵企业但尚未验收入库的各种材料物资和商品。

（3）在制存货，是指正在加工中的在产品或委托外单位正在加工的物资。

（4）在售存货，是指已经发出但不符合收入确认条件，因而仍作为销货方存货的发出商品等。

第二节 取得存货的计量

企业取得的存货应当按照成本进行计量。存货成本包括采购成本、加工成本和使存货达到目前场所、状态所发生的其他成本。由于存货的取得方式不同，存货成本的构成内容并不完全相同。因此，企业应结合存货的取得方式分别确定其成本。制造企业存货成本的会计核算主要有两种方法：实际成本法和计划成本法。本节主要介绍实际成本法。

一、外购的存货

（一）采购成本的确定

企业外购的存货包括原材料、商品和周转材料等。外购存货的成本即存货的采购成本，是指企业物资从采购到入库前所发生的全部支出，包括购买价款、相关税费、运输费、装卸费、保险费以及其他可归属于存货成本的费用。具体而言，存货的采购成本包括：

（1）购买价款，是指企业购买原材料、商品和周转材料时取得的发票账单上列明的价款，但不包括按规定可以抵扣的增值税税额。

（2）相关税费，是指企业外购存货所发生的、应归属于该存货成本的消费税、资源税和不能从增值税销项税额中抵扣的进项税额等。

（3）其他可归属于存货成本的费用，是指除上述各项以外的可归属于存货成本的费用，包括采购过程中的仓储费、包装费、运输途中的合理损耗（超定额损耗或非正常的毁损不计入存货成本）、入库前的挑选整理费等。这些费用能分清负担对象的，应直接计入存货的采购成本；不能分清负担对象的，应当选择合理的分配方法（如按照存货的重量或存货采购价格的比例），分别计入有关存货的采购成本。

商品流通企业在采购商品过程中发生的运输费、装卸费、保险费以及其他可归属于存货采购成本的费用等进货费用，应当计入存货采购成本，也可以先进行归集，期末再根据所购商品的存销情况进行分摊。对于已售商品的进货费用，计入主营业务成本；对于未售商品的进货费用，计入期末存货成本。商品流通企业采购商品的进货费用金额较小的，可以在发生时直接计入当期销售费用。

（二）外购存货的核算

企业外购的存货，由于采购地点和结算方式的不同，存货入库和款项的结算在时间上不一定完全同步，其相应的账务处理也有所不同。

1. 发票账单与存货同时到达企业

企业在存货验收入库和货款结算同时完成的情况下，按发票账单等结算凭证确定的存货成本，借记"原材料""周转材料""库存商品"等科目，按照增值税专用发票上注明的可抵扣增值税额，借记"应交税费——应交增值税（进项税额）"科目，按实际支付或应付的金额，贷记"银行存款""应付账款"等科目。

【例3-1】甲公司为增值税一般纳税人，20×9年6月发生如下经济业务：（1）10日，从乙公司购入材料一批，收到的增值税专用发票上注明的价款40万元，增值税额6.4万元，材料已验收入库，开出一张转账支票付讫。（2）15日，从丙公司购入包装容器一批，收到的增值税专用发票上注明的价款50万元，增值税额8万元，已验收入库，向丙公司开出一张面值为58万元的商业承兑汇票。（3）25日，从丁公司购入商品一批，收到的增值税专用发票上注明的价款20万元，增值税额3.2万元，商品已验收入库，货款已通过银行汇票支付。甲公司的账务处理如下：

（1）6月10日。

借：原材料　　　　　　　　　　　　　　　　　　400 000
　　应交税费——应交增值税（进项税额）　　　　 64 000
　　　贷：银行存款　　　　　　　　　　　　　　 464 000

（2）6月15日。

借：周转材料——包装物　　　　　　　　　　　　500 000
　　应交税费——应交增值税（进项税额）　　　　 80 000
　　　贷：应付票据——丙公司　　　　　　　　　 580 000

（3）6月25日。

借：库存商品　　　　　　　　　　　　　　　　　200 000
　　应交税费——应交增值税（进项税额）　　　　 32 000
　　　贷：其他货币资金——银行汇票存款　　　　 232 000

2. 发票账单已到，存货尚未验收入库

企业在已经支付货款或开出、承兑商业汇票时，存货尚在运输途中或虽已经运到企业但尚未入库的情况下，应按发票账单等结算凭证确定的存货成本，借记"在途物资"科目，按照增值税专用发票上注明的可抵扣增值税额，借记"应交税费——应交增值税（进项税额）"科目，按实际支付的款项或应付金额，贷记"银行存款""应付账款"等科目；待存货验收入库时，根据验收单，借记"原材料""库存商品"等科目，贷记"在途物资"科目。

【例3-2】甲公司为增值税一般纳税人，购入工作服一批，收到的增值税专用发票上注明的价款40万元，增值税额6.4万元，工作服尚未验收入库，货款尚未支付。甲公司的账务处理如下：

(1) 根据结算凭证。
借：在途物资　　　　　　　　　　　　　　　　　　　　　400 000
　　应交税费——应交增值税（进项税额）　　　　　　　　64 000
　　　贷：应付账款——乙公司　　　　　　　　　　　　　　　464 000
(2) 工作服验收入库时，根据验收单。
借：周转材料——低值易耗品　　　　　　　　　　　　　　400 000
　　　贷：在途物资　　　　　　　　　　　　　　　　　　　　400 000

3. 存货已验收入库，但发票账单未到

在存货已经运达企业并验收入库，但发票账单等结算凭证尚未到达、货款尚未结算的情况下，企业应在收到存货时，只需要在"存货明细账"中登记入库存货的数量，可先不进行账务处理。

如果月末发票账单等结算凭证仍未到达，企业应按照暂估价或合同价，借记"原材料""周转材料""库存商品"等科目，贷记"应付账款——暂估应付账款"等科目，下月初再用红字冲回。待有关发票账单等结算凭证到达之后，企业再比照"发票账单与存货同时到达企业"进行账务处理。

【例3-3】甲公司为增值税一般纳税人，20×9年6月4日从乙公司购入材料1 000件，材料已运达企业并验收入库，但发票账单等结算凭证尚未到达。月末，该批材料的结算凭证仍未到达，甲公司对该批材料的估价为3.9万元。7月4日，结算凭证到达，取得的增值税专用发票上注明的价款4万元，增值税额6 400元，款项通过银行转账支付。甲公司的会计处理如下：

(1) 6月4日，材料入库时在存货明细账中登记入库材料数量1 000件，暂不进行账务处理。

(2) 6月30日，结算凭证仍未到达，对该批材料进行暂估入账。
借：原材料　　　　　　　　　　　　　　　　　　　　　　39 000
　　　贷：应付账款——暂估应付账款　　　　　　　　　　　　39 000

(3) 7月1日，编制红字凭证冲回估价入账分录。
借：原材料　　　　　　　　　　　　　　　　　　　　　　39 000
　　　贷：应付账款——暂估应付账款　　　　　　　　　　　　39 000

(4) 7月4日，结算凭证到达。
借：原材料　　　　　　　　　　　　　　　　　　　　　　40 000
　　应交税费——应交增值税（进项税额）　　　　　　　　6 400
　　　贷：银行存款　　　　　　　　　　　　　　　　　　　　46 400

4. 采用预付货款方式购入存货

企业采用预付货款方式购入存货的情况下，应按照预付的金额，借记"预付账款"科目，贷记"银行存款"等科目；购入存货验收入库，按发票账单等结算凭证确定的存货成本，借记"原材料""库存商品"等科目，按照增值税专用发票上注明的可抵扣增值税额，借记"应交税费——应交增值税（进项税额）"科目，按价税款之和，贷记"预付账款"科目。补付款项，借记"预付账款"科目，贷记"银行存款"等科目；退

回多付的款项作相反的会计分录。

【例3-4】20×9年3月5日，甲公司预付乙公司材料款20 000元。5月15日，收到乙公司材料，收到的增值税专用发票注明的价款25 000元，增值税4 000元。甲公司的账务处理如下：

（1）3月15日，预付货款。

借：预付账款——乙公司　　　　　　　　　　　　　　　20 000
　　贷：银行存款　　　　　　　　　　　　　　　　　　　　　20 000

（2）5月15日，收到材料和专用发票。

借：原材料　　　　　　　　　　　　　　　　　　　　　25 000
　　应交税费——应交增值税（进项税额）　　　　　　　　 4 000
　　贷：预付账款——乙公司　　　　　　　　　　　　　　　29 000

（3）补付货款。

借：预付账款——乙公司　　　　　　　　　　　　　　　 9 000
　　贷：银行存款　　　　　　　　　　　　　　　　　　　　 9 000

（4）5月15日，假定取得的增值税专用发票注明的价款10 000元，增值税额1 600元。

借：原材料　　　　　　　　　　　　　　　　　　　　　10 000
　　应交税费——应交增值税（进项税额）　　　　　　　　 1 600
　　贷：预付账款——乙公司　　　　　　　　　　　　　　　116 00

（5）收到退回多付的货款。

借：银行存款　　　　　　　　　　　　　　　　　　　　 8 400
　　贷：预付账款——乙公司　　　　　　　　　　　　　　　 8 400

5. 存货采购过程中发生的短缺与损耗

对于存货在采购过程中发生的毁损、短缺等，应根据不同原因和处理结果分别核算：

（1）属于运输途中的合理损耗应作为"其他可归属于存货采购成本的费用"计入存货的采购成本，视同提高入库存货的单位成本。

（2）应从供货单位、外部运输机构等收回的物资短缺或其他赔款，冲减物资的采购成本。

（3）因遭受意外灾害发生的损失和尚待查明原因的途中损耗，不得增加物资的采购成本，应暂作为"待处理财产损溢"进行核算，按该部分存货的实际成本借记"待处理财产损溢"科目，贷记"在途物资"科目，在查明原因后再作处理。

查明原因后，属于应由供应单位、运输机构、保险公司或其他过失人负责赔偿的损失，借记"其他应收款""应付账款"等科目，贷记"待处理财产损溢"科目；属于自然灾害等非常原因造成的损失，应当将减去残料价值和过失人、保险公司赔款后的净损失，借记"营业外支出"科目，贷记"待处理财产损溢"科目；属于无法收回的其他损失，借记"管理费用"科目，贷记"待处理财产损溢"科目。对于发生非正常损失的购进货物，还应按购进时已抵扣的进项税额，贷记"应交税费——应交增值税（进项税额转出）"科目。

【例3-5】 甲公司为增值税一般纳税人，20×9年5月21日从乙公司购进100吨材料，每吨单价1 000元，增值税专用发票注明的价款100 000元，增值税额16 000元，全部款项已支付。6月4日，原材料运达甲公司，验收入库数量89.9吨，短缺10.1吨（其中0.1吨为合理损耗）。后来查明原因，另外短缺的10吨中：5吨残损由负责运输的丙公司赔偿；5吨为验收入库以前被盗所致。假定不考虑其他相关税费，甲公司的账务处理如下：

（1）5月21日，收到结算凭证。

借：在途物资　　　　　　　　　　　　　　　　　　　　　100 000
　　应交税费——应交增值税（进项税额）　　　　　　　　 16 000
　　　贷：银行存款　　　　　　　　　　　　　　　　　　　　　116 000

（2）6月4日，材料验收入库。

入库材料的实际成本 = 1 000 × (89.9 + 0.1) = 90 000（元）

短缺材料的实际成本 = 1 000 × 10 = 10 000（元）

借：原材料　　　　　　　　　　　　　　　　　　　　　　 90 000
　　待处理财产损溢——待处理流动资产损溢　　　　　　　 10 000
　　　贷：在途物资　　　　　　　　　　　　　　　　　　　　　100 000

（3）短缺材料查明原因后。

①由运输部门赔偿的部分。

借：其他应收款——丙公司　　　　　　　　　　　　　　　　5 000
　　　贷：待处理财产损溢——待处理流动资产损溢　　　　　　　5 000

②验收入库以前被盗的部分。

借：营业外支出　　　　　　　　　　　　　　　　　　　　　5 800
　　　贷：待处理财产损溢——待处理流动资产损溢　　　　　　　5 000
　　　　　应交税费——应交增值税（进项税额转出）　　　　　　 800

二、自制的存货

（一）自制存货的成本

企业自制存货的成本包括采购成本、加工成本和其他成本。

（1）采购成本。自制存货的成本中，采购成本是由所使用或消耗的原材料采购成本转移而来。

（2）加工成本。存货的加工成本由直接人工和制造费用构成，其实质是企业在进一步加工存货的过程中追加发生的生产成本，因此不包括直接由材料存货转移而来的价值。其中：①直接人工，是指企业在生产产品过程中直接从事产品生产人员的薪酬；②制造费用，是指企业为生产成品或提供劳务而发生的各项间接费用，包括企业生产部门（如生产车间）人员的职工薪酬、折旧费、办公费、水电费、机物料消耗、劳动保护费、季节性和修理期间的停工损失等。

（3）其他成本。其他成本是指除采购成本、加工成本以外的，使存货达到目前场所和状态的其他支出。例如，可直接认定的产品设计费用，可直接归属于存货而应当予以资本化的借款费用等。

注意，下列费用应当在发生时确认为当期损益，不计入存货成本：

（1）非正常消耗的直接材料、直接人工和制造费用。例如，企业超定额的废品损失以及自然灾害而发生的直接材料、直接人工及制造费用，由于这些费用的发生无助于使该存货达到场所和状态，不应计入存货成本，而应计入当期损益。

（2）仓储费用。仓储费用是指企业在采购入库后发生的储存费用，应计入当期损益。但是，在生产过程中为达到下一个生产阶段所必需的仓储费用，应计入存货成本。

（3）不能归属于使存货达到目前场所和状态的其他支出。

（二）自制存货的核算

（1）企业应当设置"生产成本"科目核算企业进行生产发生的各项生产成本，包括生产各种产品（产成品、自制半成品等）、自制材料、自制工具、自制设备等。该科目可按"基本生产成本""辅助生产成本"进行明细核算。该科目期末借方余额，反映企业尚未加工完成的在产品成本。

生产成本的主要账务处理见第十五章第二节"生产成本的核算"，相关例题见【例15-72】。

（2）企业应当设置"制造费用"科目核算企业生产车间（部门）为生产产品和提供劳务而发生的各项间接费用。本科目可按不同的生产车间、部门和费用项目进行明细核算。除季节性的生产性企业外，该科目应无期末余额。

制造费用的主要账务处理见第十五章第二节"制造费用的核算"，相关例题见【例15-73】。

三、委托加工存货

委托加工存货，一般以实际耗用的原材料或半成品成本、加工费、运输费、装卸费等费用以及按规定计入加工成本的税金，作为实际成本。委托加工存货的账务处理如下：

（1）企业发给外单位加工的物资，按其实际成本，借记"委托加工物资"科目，贷记"原材料""库存商品"等科目。

（2）支付加工费、往返运杂费等，借记"委托加工物资""应交税费——应交增值税（进项税额）"等科目，贷记"银行存款"等科目；需要缴纳消费税的委托加工物资，由受托方代收代交的消费税，借记"委托加工物资"科目（收回后直接对外销售的）或"应交税费——应交消费税"科目（收回后用于继续加工应税消费品的），贷记"应付账款""银行存款"等科目。

（3）加工完成验收入库的物资和剩余的物资，按加工收回物资的实际成本和剩余物资的实际成本,借记"原材料""周转材料""库存商品"等科目,贷记"委托加工物资"科目。

【例3-6】甲公司委托乙公司加工一批材料(应税消费品),双方适用的增值税税率为16%,消费税税率为10%。甲公司发出加工材料的成本50 000元,支付加工费4 000元(不含增值税),材料加工完成并已验收入库,加工费用和消费税等已经支付。甲公司的有关账务处理如下:

(1) 发出加工材料。

借:委托加工物资　　　　　　　　　　　　　　　　　50 000
　　贷:原材料　　　　　　　　　　　　　　　　　　　　　50 000

(2) 支付加工费用。

借:委托加工物资　　　　　　　　　　　　　　　　　 4 000
　　应交税费——应交增值税(进项税额)　　　　　　　　640
　　贷:银行存款　　　　　　　　　　　　　　　　　　　　 4 640

(3) 支付由乙公司代收代交的消费税。

消费税组成计税价格 = (50 000 + 4 000) ÷ (1 - 10%) = 60 000(元)

乙公司代收代交的消费税 = 60 000 × 10% = 6 000(元)

①若收回后用于继续生产应税消费品。

借:应交税费——应交消费税　　　　　　　　　　　　 6 000
　　贷:银行存款　　　　　　　　　　　　　　　　　　　　 6 000

②若收回后直接对外销售。

借:委托加工物资　　　　　　　　　　　　　　　　　 6 000
　　贷:银行存款　　　　　　　　　　　　　　　　　　　　 6 000

(4) 加工完成,甲公司收回委托加工材料。

①若收回后用于继续生产应税消费品。

借:原材料　　　　　　　　　　　　　(50 000 + 4 000)54 000
　　贷:委托加工物资　　　　　　　　　　　　　　　　　　54 000

②若收回后直接对外销售。

借:原材料　　　　　　　　　　(50 000 + 4 000 + 6 000)60 000
　　贷:委托加工物资　　　　　　　　　　　　　　　　　　60 000

四、投资者投入的存货

企业收到投资者投入的存货,应当按照投资合同或协议约定的价值或存货的公允价值,借记"原材料""周转材料""库存商品"等科目,按照增值税专用发票上注明的可抵扣增值税额,借记"应交税费——应交增值税(进项税额)"科目,按投资者在被投资单位注册资本中所占份额的部分,贷记"实收资本"或"股本"科目,按其差额,借记或贷记"资本公积——资本溢价或股本溢价"科目。

【例3-7】甲公司接受乙公司投入的材料一批,取得的增值税专用发票上注明的价款

40万元（即投资合同约定价值），增值税额6.4万元，材料已入库。甲公司注册资本1 000万元，乙公司投入的材料在甲公司注册资本中所占的份额为3%。甲公司的账务处理如下：

  借：原材料   400 000
    应交税费——应交增值税（进项税额）   64 000
   贷：实收资本——乙公司   （10 000 000×3%）300 000
     资本公积——资本溢价   164 000

五、接受捐赠的存货

  企业接受捐赠的存货，按照捐赠方提供的有关单据上记载的金额加上应支付的相关税费作为入账价值；如果捐赠方没有提供有关凭据的，按同类或类似存货的市场价格加上应支付的相关税费作为入账价值；如果不存在同类或类似存货的市场价格，则按该接受捐赠存货的预计未来现金流量的现值，作为入账价值。企业收到捐赠的存货，应当按照上述确定的入账价值，借记"原材料""周转材料""库存商品"等科目，按照增值税专用发票上注明的可抵扣增值税额，借记"应交税费——应交增值税（进项税额）"科目，贷记"营业外收入——捐赠利得""银行存款"等科目。

  【例3-8】 甲公司接受非关联方乙公司捐赠的商品一批，取得的增值税专用发票上注明的价款10万元，增值税额1.6万元，商品已入库，另支付了相关运杂费1 000元。甲公司的账务处理如下：

  借：库存商品   101 000
    应交税费——应交增值税（进项税额）   16 000
   贷：营业外收入——捐赠利得   116 000
     银行存款   1 000

六、其他方式取得的存货

  （1）盘盈的存货，应按其重置成本作为入账价值，并通过"待处理财产损溢"科目核算，按管理权限报经批准后，冲减当期管理费用。

  （2）企业提供服务取得的存货，所发生的从事服务提供人员的直接人工和其他直接费用以及可归属的间接费用，计入存货成本。

  （3）通过非货币性资产交换、债务重组、企业合并等取得存货的成本，按照有关企业会计准则和本书相关章节的规定处理，本章暂不涉及。

第三节 发出存货的计量

  企业发出的存货，可按实际成本法核算，也可按计划成本法核算。商品企业发出的存货，还可以采用毛利率法或零售价法进行计量。但在资产负债表日，所有存货均应调整为按实际成本计量。

一、实际成本法

(一) 发出存货成本的确定

在持续经营条件下,企业的存货经常处于不断的收发变动之中,即形成了企业在日常生产经营过程中的存货流转。存货的流转包括实物流转和成本流转。从理论上看,存货的实物流转与成本流转应保持一致。但在实务中,由于存货的品种繁多,收发较为频繁,加之企业在不同时间、不同地点、不同方式所取得存货的单位成本各异,很难保证存货的实物流转与成本流转相一致。因此,在会计核算时,需要按照一定假设的方法来确定发出存货的成本,这就是存货的成本流转假设。

企业应当采用先进先出法、加权平均法、个别计价法确定发出存货的实际成本。对于性质和用途相似的存货,应当采用相同的成本计算方法确定发出存货的成本。对于不能替代使用的存货、为特定目的专门购入或制造的存货以及提供的劳务,通常采用个别计价法确定发出存货的成本。

1. 个别计价法

个别计价法,也称个别认定法、具体辨认法、分批实际法,是指逐一辨认各批发出存货和期末存货所属的购进批别或生产批别,分别按各自购入或生产时所确定的单位成本计算发出存货成本和期末存货成本的方法。

【例 3-9】20×9 年 4 月,甲公司有关 A 材料购进、发出和结存的资料见表 3-1。

表 3-1　　　　　　　　　　　存货明细账

存货类别：　　　　　　　　　　　　　　　　　　　　　　　　计量单位：件
存货名称：A 材料　　　　　　　　　　　　　　　　　　　　　货币单位：元

20×9 年		凭证编号	摘要	收入			发出			结存		
月	日			数量	单价	金额	数量	单价	金额	数量	单价	金额
4	1	略	期初结存							3 000	10	30 000
	5		购入	4 000	11	44 000				7 000		
	9		发出				5 000			2 000		
	15		购入	3 000	12	36 000				5 000		
	20		发出				3 000			2 000		
	25		购入	2 000	13	26 000				4 000		
	30		合计	9 000		106 000	8 000			4 000		

假定甲公司经过具体辨认：(1) 4 月 9 日发出的 5 000 件 A 材料中,2 000 件为期初结存,另外 3 000 件为 4 月 5 日所购入;(2) 4 月 20 日发出的 3 000 件 A 材料中,1 000 件为 4 月 5 日购入,2 000 件为 4 月 15 日购入。

甲公司采用个别计价法计量，则4月份发出A材料成本和期末结存A材料成本计算如下：

（1）发出A材料的实际成本=（2 000×10+3 000×11）+（1 000×11+2 000×12）=88 000（元）

（2）期末A材料的实际成本=1 000×10+1 000×12+2 000×13=48 000（元）

甲公司采用个别计价法确定的A材料发出成本和期末结存成本如表3-2所示。

表3-2　　　　　　　　　　存货明细账（个别计价法）

存货类别：　　　　　　　　　　　　　　　　　　　　　　　　　计量单位：件
存货名称：A材料　　　　　　　　　　　　　　　　　　　　　　　货币单位：元

20×9年		凭证编号	摘要	收入			发出			结存		
月	日			数量	单价	金额	数量	单价	金额	数量	单价	金额
4	1	略	期初结存							3 000	10	30 000
	5		购入	4 000	11	44 000				7 000		74 000
	9		发出				2 000 3 000	10 11	53 000	1 000 1 000	10 11	21 000
	15		购入	3 000	12	36 000				5 000		57 000
	20		发出				1 000 2 000	11 12	35 000	1 000 1 000	10 12	22 000
	25		购入	2 000	13	26 000				1 000 1 000 2 000	10 12 13	48 000
	30		合计	9 000		106 000	8 000		88 000	1 000 1 000 2 000	10 12 13	48 000

个别计价法的优点在于存货的成本流转与实物流转完全一致，因而较为准确地反映本期发出存货成本和期末存货成本。但是，采用该方法必须要求企业仓库按照存货购进批别或者生产批别存放，并标明单位成本，因此日常核算工作量大；而且企业管理当局还可能通过有目的地选择发出存货的单位成本，以增加或减少发出存货的成本，从而可能达到人为操纵企业利润的目的。

2. 先进先出法

先进先出法，是指以先购入的存货应先发出（销售或耗用）这样一种存货实物流转假定为前提，对发出存货进行计价的方法。采用该方法，先购进的存货成本在后购进存货成本之前转出，据此确定发出存货成本和期末存货成本。

【例3-10】20×9年4月，甲公司有关A材料购进、发出和结存的资料见表3-1。甲公司采用先进先出法计量，则4月份发出A材料成本和期末结存A材料成本计算如下：

(1) 发出 A 材料成本。

4 月 9 日发出 A 材料的实际成本 = 3 000 × 10 + 2 000 × 11 = 52 000（元）

4 月 20 日发出 A 材料的实际成本 = 2 000 × 11 + 1 000 × 12 = 34 000（元）

本月发出 A 材料的实际成本 = 52 000 + 34 000 = 86 000（元）

(2) 期末 A 材料成本。

期末 A 材料的实际成本 = 2 000 × 12 + 2 000 × 13 = 50 000（元）

甲公司采用先进先出法确定的 A 材料发出成本和期末结存成本如表 3 - 3 所示。

表 3 - 3　　　　　　　　　存货明细账（先进先出法）

存货类别：　　　　　　　　　　　　　　　　　　　　　　计量单位：件
存货名称：A 材料　　　　　　　　　　　　　　　　　　　货币单位：元

20×9年		凭证编号	摘要	收入			发出			结存		
月	日			数量	单价	金额	数量	单价	金额	数量	单价	金额
4	1	略	期初结存							3 000	10	30 000
	5		购入	4 000	11	44 000				3 000 4 000	10 11	74 000
	9		发出				3 000 2 000	10 11	52 000	2 000	11	22 000
	15		购入	3 000	12	36 000				2 000 3 000	11 12	58 000
	20		发出				2 000 1 000	11 12	34 000	2 000	12	2 4000
	25		购入	2 000	13	26 000				2 000 2 000	12 13	50 000
	30		合计	9 000		106 000	8 000		86 000	2 000 2 000	12 13	50 000

采用先进先出法对存货进行计价，发出存货的成本以先购进存货的成本为基础确定，期末存货成本则以最近或最后购入的存货的成本为基础确定，因此，期末存货成本比较接近市价，能较恰当地反映资产负债表日存货的实际价值。先进先出法可以随时结转发出存货成本，但比较烦琐，如果存货收发业务较多且存货单价不稳定时，其工作量较大。在物价持续上涨时，发出存货成本偏低，会高估企业当期利润和库存存货价值；反之，会低估企业当期利润和库存存货价值。

3. 月末一次加权平均法

月末一次加权平均法，是指以期初存货数量和本期收入存货数量为权数，于月末一次性计算存货的加权平均单位成本，据以计算当月发出存货成本和月末结存存货成本的方法。其计算公式如下：

$$加权平均单位成本 = \frac{期初结存存货成本 + 本期购货成本}{期初结存存货数量 + 本期购货数量}$$

$$本期发出存货成本 = 本月发出存货数量 \times 加权平均单位成本$$

$$期末结存存货成本 = 期末结存存货数量 \times 加权平均单位成本$$

考虑到计算出的加权平均单位成本不一定是整数，往往要小数点后四舍五入，本期发出存货的成本一般采用倒扎法来确定，即：

$$本期发出存货成本 = 期初存货成本 + 本期购货成本 - 期末结存存货成本$$

【例3-11】20×9年4月，甲公司有关A材料购进、发出和结存的资料见表3-1。甲公司采用月末一次加权平均法计量，则4月份发出A材料成本和期末结存A材料成本计算如下：

（1）加权平均单位成本 =（30 000 + 10 6000）÷（3 000 + 9 000）= 11.333（元/件）

（2）期末结存A材料的实际成本 = 4 000 × 11.333 = 45 332（元）

（3）本期发出A材料的实际成本 = 30 000 + 106 000 - 45 332 = 90 668（元）

甲公司采用月末一次加权平均法确定的A材料发出成本和期末结存成本如表3-4所示。

表3-4　　　　　　　　　存货明细账（月末一次加权平均法）

存货类别：　　　　　　　　　　　　　　　　　　　　　　　　　　　计量单位：件
存货名称：A材料　　　　　　　　　　　　　　　　　　　　　　　　　货币单位：元

20×9年		凭证编号	摘要	收入			发出			结存		
月	日			数量	单价	金额	数量	单价	金额	数量	单价	金额
4	1	略	期初结存							3 000	10	30 000
	5		购入	4 000	11	44 000				7 000		74 000
	9		发出				5 000	11.333	56 668*	2 000		17 335
	15		购入	3 000	12	36 000				5 000		53 335
	20		发出				3 000	11.333	34 000*	2 000		19 336
	25		购入	2 000	13	26 000				4 000		45 332
	30		合计	9 000		106 000	8 000		90 668	4 000		45 332

注：*表示是四舍五入后的结果。

采用月末一次加权平均法对存货进行计价，只在月末计算加权平均单价并结转发出存货成本，平时不对发出存货计价，因而日常核算工作量小，简便易行，适用于收发存货频繁的企业。但也正因为存货计价集中在月末进行，所以平常无法了解存货的发出和结存的情况，不利于存货的管理。

4. 移动加权平均法

移动加权平均法，是指平时在每购进一批存货时，以原有账面结存存货数量和本批入库存货数量为权数，计算本次购货后的加权平均单价，据以对其后发出存货进行计价的方法。计算公式如下：

$$移动加权平均单位成本 = \frac{本次购货前结存存货成本 + 本次购货成本}{本次购货前结存存货数量 + 本期购货数量}$$

每次发出存货成本 = 本次发出存货数量 × 最近一次移动加权平均单位成本

期末结存存货成本 = 期末结存存货数量 × 最近一次移动加权平均单位成本

【例3-12】20×9年4月，甲公司有关A材料购进、发出和结存的资料见表3-1。甲公司采用移动加权平均法计量，则4月份发出A材料成本和期末结存A材料成本计算如下：

第一次加权平均单位成本 =（30 000 + 44 000）÷（3 000 + 4 000）= 10.571（元/件）

第二次加权平均单位成本 =（21 145 + 36 000）÷（2 000 + 3 000）= 11.429（元/件）

第三次加权平均单位成本 =（22 858 + 26 000）÷（2 000 + 2 000）= 12.215（元/件）

甲公司采用移动加权平均法确定的A材料发出成本和期末结存成本如表3-5所示。

表3-5　　　　　　　　　　存货明细账（移动加权平均法）

存货类别：　　　　　　　　　　　　　　　　　　　　　　　计量单位：件
存货名称：A材料　　　　　　　　　　　　　　　　　　　　　货币单位：元

20×9年		凭证编号	摘要	收入			发出			结存		
月	日			数量	单价	金额	数量	单价	金额	数量	单价	金额
4	1	略	期初结存							3 000	10	30 000
	5		购入	4 000	11	44 000				7 000	10.571	74 000
	9		发出				5 000	10.571	52 855	2 000	10.571	21 145
	15		购入	3 000	12	36 000				5 000	11.429	57 145
	20		发出				3 000	11.429	34 287	2 000	11.429	22 858
	25		购入	2 000	13	26 000				4 000	12.215	48 858
	30		合计	9 000		106 000	8 000		87 142	4 000	12.215	48 858

采用移动加权平均法对存货进行计价，将存货的计价和明细账的登记分散在平时进行，从而可以随时了解存货的收入、发出和结存情况，有利于加强存货的管理。但是，在该方法下，每次收货时都要计算一次加权平均单位成本，计算工作量较大。

（二）发出存货的核算

1. 发出材料的核算

（1）生产领用原材料。企业生产经营过程领用的原材料，应根据领用部门和用途，借记"生产成本""制造费用""管理费用""销售费用"等科目，贷记"原材料"科目。

【例3-13】20×9年6月，甲公司根据当月发料凭证，按领用部门和材料用途，编制发料凭证汇总表，如表3-6所示。

表 3-6　　　　　　　　　　　发出材料汇总表　　　　　　　　　　　单位：元

材料用途 \ 材料类别	原料及主要材料	辅助材料	修理用备件	包装材料	燃料	合计
基本生产车间生产产品领用	500 000			10 000	10 000	520 000
辅助生产车间生产领用		50 000			1 000	51 000
车间一般耗用	400 000	10 000	5 000	3 000	2 000	420 000
企业管理部门领用	10 000		1 000	500	500	12 000
专设销售机构领用	5 000			500	500	6 000
委托加工发出	100 000					100 000
合计	1 015 000	60 000	6 000	14 000	14 000	1 109 000

根据表 3-6，甲公司的账务处理如下：

借：生产成本——基本生产成本　　　　　　　　　　520 000
　　　　　　——辅助生产成本　　　　　　　　　　 51 000
　　制造费用　　　　　　　　　　　　　　　　　　420 000
　　管理费用　　　　　　　　　　　　　　　　　　 12 000
　　销售费用　　　　　　　　　　　　　　　　　　 6 000
　　委托加工物资　　　　　　　　　　　　　　　　100 000
　　贷：原材料——原料及主要材料　　　　　　　1 015 000
　　　　　　　——辅助材料　　　　　　　　　　 60 000
　　　　　　　——修理用备件　　　　　　　　　 6 000
　　　　　　　——包装材料　　　　　　　　　　 14 000
　　　　　　　——燃料　　　　　　　　　　　　 14 000

（2）对外销售材料或周转材料。企业销售多余的原材料或周转材料，应当按已经或应收取的款项，借记"银行存款""应收账款"等科目，按实现的营业收入，贷记"其他业务收入"科目，按增值税销项税额，贷记"应交税费——应交增值税（销项税额）"科目；同时，按照出售原材料或周转材料的实际成本，借记"其他业务成本"科目，贷记"原材料""周转材料"科目。

【例 3-14】甲公司将成本为 40 000 元的一批多余原材料出售，开具的增值税专用发票上注明的价款 50 000 元，增值税额 8 000 元，材料已经发出，款项尚未收到。甲公司的账务处理如下：

借：应收账款　　　　　　　　　　　　　　　　　　 58 000
　　贷：其他业务收入　　　　　　　　　　　　　　 50 000
　　　　应交税费——应交增值税（销项税额）　　　 8 000
借：其他业务成本　　　　　　　　　　　　　　　　 40 000
　　贷：原材料　　　　　　　　　　　　　　　　　 40 000

2. 对外销售产品或商品的核算

企业对外销售产品或商品时，对于未满足收入确认条件的，应按照发出产品或商品的实际成本,借记"发出商品"科目,贷记"库存商品"科目。对于满足收入确认条件的,应按已经或应收取的款项,借记"银行存款""应收账款"等科目,按实现的营业收入,贷记"主营业务收入"科目,按增值税销项税额,贷记"应交税费——应交增值税(销项税额)"科目;同时,按照发出产品或商品的实际成本,借记"主营业务成本"科目,贷记"库存商品"科目。相关例题见【例 15-35】【例 15-37】。

3. 发出包装物的核算

包装物,是指为了包装本企业产品或商品而储备的各种包装容器,如桶、箱、袋、瓶、坛等。包装物按其具体用途可分为:①生产过程中用于包装产品而作为产品组成部分的包装物;②随同产品出售而单独计价的包装物;③随同产品出售而不单独计价的包装物;④出租或出借的包装物。

但是,下列各项不属于包装物的核算范围:①各种包装材料,如纸、绳、铁丝、铁皮等,应在"原材料"科目核算;②用于储存和保管本企业产品和材料而不对外使用的包装物,应视其情况,分别在"固定资产"或"周转材料——低值易耗品"科目核算;③计划单列为企业商品的自制包装物,在"库存商品"科目核算。

企业应按发出包装物的不同用途进行核算:

(1) 生产领用包装物。企业应将生产领用的用于包装产品的包装物的成本计入产品成本,借记"生产成本""制造费用"等科目,贷记"周转材料——包装物"科目。

(2) 随同产品出售而单独计价的包装物。企业在发出包装物时,应当按已经或应收取的款项,借记"银行存款""应收账款"等科目,按实现的营业收入,贷记"其他业务收入"科目,按增值税销项税额,贷记"应交税费——应交增值税(销项税额)"科目;同时,按照出售包装物的实际成本,借记"其他业务成本"科目,贷记"周转材料——包装物"科目。

【例 3-15】甲公司对外销售产品一批,开具的增值税专用发票上注明的价款 10 000 元,增值税额 1 600 元,该产品成本 8 000 元;随同产品出售的包装物一批,开具的增值税专用发票上注明的价款 2 000 元,增值税额 320 元,该包装物成本 1 800 元。产品和包装物已经发出,款项尚未收到。甲公司的账务处理如下:

借:应收账款   13 920
  贷:主营业务收入   10 000
    其他业务收入   2 000
    应交税费——应交增值税(销项税额)   1 920
借:主营业务成本   8 000
  贷:库存商品   8 000
借:其他业务成本   1 800
  贷:周转材料——包装物   1 800

(3) 随同产品出售而不单独计价的包装物。企业应按发出包装物的实际成本,借记"销售费用"科目,贷记"周转材料——包装物"科目。

(4) 出租或出借包装物。对于可供长期周转使用的出租或出借包装物,企业一般要求使用单位到期归还。一般而言,对于出租或出借的包装物,企业需要向使用单位收取押金。此外，对于出租的包装物还需要向使用单位收取租金。

对于出租或出借的包装物，企业向使用单位收取押金时，借记"银行存款"科目，贷记"其他应付款"科目；退还收取的押金时，做相反的会计分录。对于逾期未退回的包装物而没收的押金，借记"其他应付款"科目，按应交的增值税，贷记"应交税费——应交增值税（销项税额）"科目，按差额贷记"其他业务收入"科目。对于逾期未退回的包装物而没收其加收的押金，借记"其他应付款"科目，按应交的增值税，贷记"应交税费——应交增值税（销项税额）"科目，按差额，贷记"营业外收入"科目。

对于出租的包装物，企业向使用单位收取租金时，借记"银行存款"等科目，贷记"其他业务收入"科目。涉及增值税的，还应进行相关的会计处理。

由于出租或出借包装物可长期周转使用，在其多次发出、收回周转使用过程中，虽然其实物形态无多大变化，但其价值却会发生损耗，因此，需要采用一定的方法对其价值进行摊销。企业可根据包装物的价值大小、消耗方式、耐用程度等，选择采用一次转销法、五五摊销法或分次摊销法，将其账面价值一次或分次计入相关资产成本或当期损益。

一次转销法，是指企业在第一次领用包装物时，将其账面价值一次性计入相关资产成本或当期损益的一种方法。在该方法下，企业在第一次领用包装物时，按其账面价值，借记"其他业务成本""销售费用"科目，贷记"周转材料——出租包装物、出借包装物"科目。按照报废所取得的残料价值，借记"原材料"等科目，贷记"其他业务成本""销售费用"科目。

【例3-16】甲公司在销售产品的过程中出借给乙公司全新包装物一批，实际成本为2 500元，通过银行收取押金3 000元，一个月后将收回出借的包装物，并同时退还押金。甲公司采用一次转销法进行核算，相关账务处理如下：

①领用包装物。

借：销售费用　　　　　　　　　　　　　　　　　　　　　2 500
　　贷：周转材料——出借包装物　　　　　　　　　　　　　　2 500

②收到押金。

借：银行存款　　　　　　　　　　　　　　　　　　　　　3 000
　　贷：其他应付款　　　　　　　　　　　　　　　　　　　3 000

③一个月后收回出借的包装物，不作账务处理，但须在包装物备查簿进行登记，以加强对包装物的实物管理。

④退还押金。

借：其他应付款　　　　　　　　　　　　　　　　　　　　3 000
　　贷：银行存款　　　　　　　　　　　　　　　　　　　　3 000

若以后再出借已使用过的包装物，也不再进行账务处理，只需要在备查簿登记即可。

五五摊销法，是指企业在第一次领用包装物时，先摊销其账面价值的50%，报废时再摊销其账面价值的另外50%。该方法适用于数量多、金额较大、业务频繁的出租或出借包装物。在该方法下，企业应当在"周转材料"科目下设置"库存未用包装物""库存已用包装物""出租包装物""出借包装物""包装物摊销"等五个明细科目。

企业在第一次出租或出借包装物时，应按其实际成本，借记"周转材料——出租包装物""周转材料——出借包装物"科目，贷记"周转材料——库存未用包装物"科目；同时，摊销其账面价值的50%，借记"其他业务成本""销售费用"科目，贷记"周转材料——包装物摊销"科目。

企业收回已使用过的出租或出借包装物，借记"周转材料——库存已用包装物"科目，贷记"周转材料——出租包装物、出借包装物"科目；同时为了加强实物管理，应在备查簿上进行登记。

企业收回的包装物如果不能使用而报废时，再按其账面价值的50%补提摊销额，借记"其他业务成本""销售费用"科目，贷记"周转材料——包装物摊销"科目；同时，按报废包装物的残料价值，借记"原材料"等科目，贷记"其他业务成本""销售费用"科目；同时，转销全部已计提的摊销额，借记"周转材料——包装物摊销"科目，贷记"周转材料——出租包装物、出借包装物"科目。

【例3-17】甲公司在销售产品的过程中出租给乙公司全新的包装物100个，每个包装物的单位成本100元，每月收取租金1 000元，租期5个月，同时还收取押金5 800元。甲公司采用五五摊销法进行核算，相关账务处理如下：

(1) 出租包装物。

借：周转材料——出租包装物　　　　　　　　　　　　　　　10 000
　　贷：周转材料——库存未用包装物　　　　　　　　　　　　　　10 000

(2) 收取包装物押金。

借：银行存款　　　　　　　　　　　　　　　　　　　　　　　5 800
　　贷：其他应付款　　　　　　　　　　　　　　　　　　　　　　5 800

(3) 月末，摊销包装物账面价值的50%。

借：其他业务成本　　　　　　　　　　　　　　　　　　　　　5 000
　　贷：周转材料——包装物摊销　　　　　　　　　　　　　　　　5 000

(4) 每月末收取租金。

借：银行存款　　　　　　　　　　　　　　　　　　　　　　　1 000
　　贷：其他业务收入　　　　　　　　　　　　　　　　　　　　　1 000

(5) 租赁期满时，收回包装物，同时退还包装物押金。

借：周转材料——库存已用包装物　　　　　　　　　　　　　　10 000
　　贷：周转材料——出租包装物　　　　　　　　　　　　　　　　10 000

借：其他应付款　　　　　　　　　　　　　　　　　　　　　　5 800
　　贷：银行存款　　　　　　　　　　　　　　　　　　　　　　　5 800

(6) 假设乙公司逾期未退回包装物，而没收全部押金。

借：其他应付款　　　　　　　　　　　　　　　　　　　　　　5 800
　　贷：其他业务收入　　　　　　　　　　　　　　　　　　　　　5 000
　　　　应交税费——应交增值税（销项税额）　　　　　　　　　　　800

假设租赁期满时，乙公司按期退回所有包装物，但10个已不能使用需要报废，报废残料价值为200元。甲公司的有关账务处理如下：

（1）10个包装物在报废时应补提其账面价值的50%的摊销额。

借：其他业务成本　　　　　　　　　　　　　　　　　　　　500
　　贷：周转材料——包装物摊销　　　　　　　　　　　　　　　500

（2）10个报废包装物的残料价值。

借：原材料　　　　　　　　　　　　　　　　　　　　　　　200
　　贷：其他业务成本　　　　　　　　　　　　　　　　　　　　200

（3）转销10个报废包装物已提摊销额。

借：周转材料——包装物摊销　　　　　　　　　　　　　　1 000
　　贷：周转材料——出租包装物　　　　　　　　　　　　　　1 000

4. 发出低值易耗品的核算

低值易耗品，是指不符合固定资产确认条件的各种用具物品，如一般工具、管理用具、劳动保护用品、玻璃器皿，以及在经营过程中周转使用的容器等。由于低值易耗品可以多次周转使用，因此，需要采用一定的方法对其账面价值进行摊销。企业可选择采用一次转销法、五五摊销法或者分次摊销法，将其账面价值一次或分次计入相关资产成本或当期损益。

（1）一次转销法。企业在第一次领用低值易耗品时，按其账面价值，借记"制造费用""管理费用"等科目，贷记"周转材料——低值易耗品"科目；报废时，将残料价值冲减有关成本费用，借记"原材料"科目，贷记"制造费用""管理费用"等科目。

（2）五五摊销法。企业在第一次领用低值易耗品时，按其账面价值，借记"周转材料——库存已用低值易耗品"科目，贷记"周转材料——库存未用低值易耗品"科目；同时摊销其账面价值的50%，借记"制造费用""管理费用"等科目，贷记"周转材料——低值易耗品摊销"科目。在报废时，再按其账面价值的50%补提摊销额，借记"制造费用""管理费用"等科目，贷记"周转材料——低值易耗品摊销"科目；按报废低值易耗品的残料价值，借记"原材料"等科目，贷记"制造费用""管理费用"等科目；同时，转销全部已提摊销额，借记"周转材料——低值易耗品摊销"科目，贷记"周转材料——库存已用低值易耗品"科目。

【例3-18】甲公司的基本生产车间领用专用工具一批，实际成本为100 000元。报废时，残料价值为1 000元。甲公司的账务处理如下：

（1）假定甲公司采用一次转销法，且第一次领用专用工具。

借：制造费用　　　　　　　　　　　　　　　　　　　　100 000
　　贷：周转材料——低值易耗品　　　　　　　　　　　　　100 000

（2）假定甲公司采用五五摊销法。

①领用专用工具。

借：周转材料——库存已用低值易耗品　　　　　　　　　100 000
　　贷：周转材料——库存未用低值易耗品　　　　　　　　　100 000

②月末摊销专用工具账面价值的50%。

借：制造费用　　　　　　　　　　　　　　　　　　　　　50 000
　　贷：周转材料——低值易耗品摊销　　　　　　　　　　　50 000
③报废时，再摊销专用工具账面价值的50%。
借：制造费用　　　　　　　　　　　　　　　　　　　　　50 000
　　贷：周转材料——低值易耗品摊销　　　　　　　　　　　50 000
④报废专用工具的残料价值。
借：原材料　　　　　　　　　　　　　　　　　　　　　　1 000
　　贷：制造费用　　　　　　　　　　　　　　　　　　　　1 000
⑤转销专用工具全部已提摊销额。
借：周转材料——低值易耗品摊销　　　　　　　　　　　　100 000
　　贷：周转材料——库存已用低值易耗品　　　　　　　　　100 000

二、计划成本法

企业应当采用实际成本法对存货进行日常会计核算。但是，对于材料品种、规格繁多、收发业务频繁的企业来说，采用实际成本法进行核算的工作量较大。因此，为了简化核算，企业也可以采用计划成本法对存货的收入、发出和结存进行日常会计核算。

（一）计划成本法概述

计划成本法，是指企业存货的收入、发出和结存均按照预先制定的计划成本计价，同时设置"材料成本差异"科目来核算其实际成本与计划成本的差额，月末再通过对存货成本差异的分摊，将发出存货和结存存货的计划成本调整为实际成本进行反映的一种核算方法。

采用计划成本法进行日常会计核算的基本程序如下：

（1）企业应先制定各种存货的计划成本目录，规定存货的分类、各种存货的名称、规格、编号、计量单位和单位计划成本。除一些特殊情况下，单位计划成本在年度内一般不作调整。

（2）平时收到存货时，应按单位计划成本计算出收入存货的计划成本并填入收料单内，实际成本与计划成本的差额，作为"材料成本差异"分类登记。

（3）平时领用或发出存货，都按计划成本计量，月末再将本月发出存货应负担的成本差异进行分摊，随同本月发出存货的计划成本计入有关账户，将发出存货的计划成本调整为实际成本。发出存货应负担的成本差异，必须按月分摊，不得在季末或年末一次分摊。

（二）账户设置

1. "材料采购"科目

"材料采购"科目，用来核算企业取得存货的实际成本，以及验收入库存货实际成本与计划成本的差异。该科目的借方登记取得存货的实际成本，以及结转验收入库存货实际成本小于计划成本的差异（节约差）；贷方登记已验收入库存货的计划成本，以及结转验收入库存货实际成本大于计划成本的差异（超支差）。该科目可按照供应单位和存货品种进行明细核算。该科目期末借方余额，反映企业在途物资的实际成本。

2. "原材料" "周转材料" 等科目

"原材料" "周转材料" 等科目，核算企业库存材料、周转材料的计划成本，借记入库材料、周转材料的计划成本，贷方登记发出材料、周转材料的计划成本。期末借方余额，反映企业库存材料、周转材料的计划成本。

3. "材料成本差异" 科目

"材料成本差异" 科目，核算企业采用计划成本法进行日常会计核算时存货计划成本与实际成本的差额。该科目借方登记入库存货实际成本大于计划成本的差异（超支差），以及发出存货实际成本小于计划成本的差异（节约差）；贷方登记入库存货实际成本小于计划成本的差异（节约差），以及发出存货实际成本大于计划成本的差异（超支差）；该科目期末借方余额反映企业库存存货的实际成本大于计划成本的差异（超支差）；该科目期末贷方余额反映企业库存存货的实际成本小计划成本的差异（节约差）。该科目可以分别 "原材料" "周转材料" 等，按照类别或品种进行明细核算。

（三）取得存货的核算

（1）企业购进存货时，根据发票等结算凭证，按材料采购成本的金额，借记 "材料采购" 科目，按可抵扣的进项税额，借记 "应交税费——应交增值税（进项税额）" 科目，按实际支付或应支付的金额，贷记 "银行存款" "应付账款" "应付票据" 等科目。

（2）企业所购进存货验收入库时，按计划成本，借记 "原材料" "周转材料" 等科目，按实际成本，贷记 "材料采购" 科目，将实际成本大于计划成本的差异（超支差），借记 "材料成本差异" 科目；实际成本小于计划成本的差异（节约差），贷记 "材料成本差异" 科目。

（四）发出存货的核算

（1）企业发出存货时，按照发出存货的计划成本，借记 "生产成本" "制造费用" "销售费用" "委托加工物资" "其他业务成本" 等科目，贷记 "原材料" 等科目。

（2）企业采用计划成本法对发出存货进行日常会计核算后，需要在会计期（月）末计算和结转发出存货应负担的成本差异，将本期（月）发出存货的计划成本调整为实际成本。发出存货应负担的成本差异应当按月分摊，不得在季末或年末一次计算。

企业计算发出存货应负担的成本差异，除委托外部加工发出存货可按期初成本差异率计算外，应使用当期的实际差异率；期初成本差异率与本期成本差异率相差不大的，也可按期初成本差异率计算。计算方法一经确定，不得随意变更。以原材料为例，材料成本差异率的计算公式如下：

$$本期材料成本差异率 = \frac{期初结存材料的成本差异 + 本期验收入库材料的成本差异}{期初结存材料的计划成本 + 本期验收入库材料的计划成本} \times 100\%$$

$$期初材料成本差异率 = \frac{期初结存材料的成本差异}{期初结存材料的计划成本} \times 100\%$$

发出材料应负担的成本差异＝发出材料的计划成本×材料成本差异率

(3) 按期（月）结转发出存货应负担的成本差异，按实际成本大于计划成本的差异（超支差），借记"生产成本""制造费用""销售费用""委托加工物资""其他业务成本"等科目，贷记"材料成本差异"科目；实际成本小于计划成本的差异作相反的会计分录。

【例3-19】甲公司为增值税一般纳税人，增值税率为16%。甲公司的A材料按计划成本法核算，单位计划成本为10元/千克。20×8年1月1日，"原材料——A材料"科目期初余额为20 000元，"材料成本差异——A材料"科目期初贷方余额为7 000元，"材料采购——A材料"科目期初借方余额40 000元。甲公司20×8年1月份发生如下业务：

(1) 1月3日，从乙公司购入A材料4 000千克，取得的增值税专用发票注明的价款35 000元，增值税额5 600元，发票等结算凭证已收到，材料已验收入库，货款已支付。

(2) 1月5日，企业上月已付款购入的A材料3 900千克如数收到，已验收入库。

(3) 1月16日，从丙公司购入A材料8 000千克，取得的增值税专用发票注明的价款80 000元，增值税额12 800元，款项已用银行存款支付，材料尚未到达。

(4) 1月25日，从丙公司购入的A材料到达，验收入库时发现短缺40千克，经查明为途中定额的自然损耗，按实收数量验收入库。

(5) 1月31日，汇总本月发料凭证，本月共领用A材料8 000千克。其中，生产产品领用5 000千克，车间管理部门领用2 000千克，厂部管理部门领用1 000千克。

甲公司的账务处理如下：

(1) 1月3日。

借：材料采购——A材料 35 000
　　应交税费——应交增值税（进项税额） 5 600
　　贷：银行存款 40 600

借：原材料——A材料 （4 000×10）40 000
　　贷：材料采购——A材料 35 000
　　　　材料成本差异——A材料 5 000

(2) 1月5日。

借：原材料——A材料 （3 900×10）39 000
　　材料成本差异——A材料 1 000
　　贷：材料采购——A材料 40 000

(3) 1月16日。

借：材料采购——A材料 80 000
　　应交税费——应交增值税（进项税额） 12 800
　　贷：银行存款 92 800

(4) 1月25日。

借：原材料——A材料 （7 960×10）79 600

　　　　材料成本差异——A材料　　　　　　　　　　　　　　　400
　　　　贷：材料采购——A材料　　　　　　　　　　　　　　　80 000
（5）1月31日。
　　借：生产成本　　　　　　　　　　　　　　　（5 000×10）50 000
　　　　制造费用　　　　　　　　　　　　　　　（2 000×10）20 000
　　　　管理费用　　　　　　　　　　　　　　　（1 000×10）10 000
　　　　贷：原材料——A材料　　　　　　　　　　　　　　　80 000
（6）1月31日，本月领用材料应分摊的成本差异。

本月材料成本差异率 = $\frac{-7\,000 - 5\,000 + 1\,000 + 400}{20\,000 + 40\,000 + 39\,000 + 79\,600} \times 100\% = -5.94\%$

本月生产产品领用材料应负担的成本差异 = 50 000×5.94% = 2 970（元）
本月车间管理部门领用材料应负担的成本差异 = 20 000×5.94% = 1 188（元）
本月厂部管理部门领用材料应负担的成本差异 = 10 000×5.94% = 594（元）

　　借：材料成本差异——A材料　　　　　　　　　　　　　4 752
　　　　贷：生产成本　　　　　　　　　　　　　　　　　2 970
　　　　　　制造费用　　　　　　　　　　　　　　　　　1 188
　　　　　　管理费用　　　　　　　　　　　　　　　　　594

三、存货估价法

（一）毛利率法

毛利率法，是指根据本期销售净额乘以上期实际（或本期计划）毛利率计算本期销售毛利，并据以计算发出存货成本和期末存货成本的一种方法。计算公式如下：

$$毛利率 = 销售毛利 \div 销售净额 \times 100\%$$
$$销售净额 = 销售收入 - 销售退回与折让$$
$$销售毛利 = 销售净额 \times 毛利率$$
$$销售成本 = 销售净额 - 销售毛利 = 销售净额 \times (1 - 毛利率)$$
$$期末存货成本 = 期初存货成本 + 本期购货成本 - 本期销售成本$$

【例3-20】某商场20×9年4月1日的针织品存货为1 800万元，本月购进3 000万元，本月销售收入3 420万元，销售退回及折让20万元。上季度该类商品毛利率为25%。本月已销商品和月末库存商品的成本计算如下：

（1）本月销售收入净额 = 3 420 - 20 = 3 400（万元）
（2）销售毛利 = 3 400×25% = 850（万元）
（3）本月销售成本 = 3 400 - 850 = 2 550（万元）
（4）月末库存商品成本 = 1 800 + 3 000 - 2 550 = 2 250（万元）

毛利率法通常用于商品流通企业，特别是商品批发企业。商品流通企业由于经营商品的品种繁多，如果分品种计算商品成本，工作量将大大增加。而且，一般商品流通企业同类商品的毛利率大致相同，采用毛利率法能减轻会计核算的工作量，也能满足对存货管理的需要。

（二）零售价法

零售价法，是指用成本占零售价的比重（即成本率）乘以期末存货的售价总额，估算期末存货成本，并据以计算本期发出存货成本的一种方法。这种方法的基本程序如下：

（1）期初存货和本期购货同时按成本和售价记录，以便计算可供出售存货的成本和售价；

（2）本期销货只按售价记录，从本期可供出售存货的售价总额减去本期销售的售价总额，计算出期末存货的售价总额；

（3）计算存货成本占售价的百分比，即成本率，公式如下：

$$成本率 = \frac{期初存货成本 + 本期购货成本}{期初存货售价 + 本期购货售价} \times 100\%$$

（4）计算期末存货成本，公式为：

$$期末存货成本 = 期末存货售价总额 \times 成本率$$

（5）计算本期销售成本，公式为：

$$本期销售成本 = 期初存货成本 + 本期购货成本 - 期末存货成本$$

【例3-21】某商场为增值税一般纳税人，增值税率为16%。20×8年6月1日库存商品的成本为100万元，不含税售价110万元；本月购进一批商品的成本为75万元，不含税售价总额为90万元；本月商品销售收入为120万元。该商场有关本期销售成本的计算如下：

（1）成本率 = (100 + 75) ÷ (110 + 90) × 100% = 87.50%

（2）期末存货成本 = (110 + 90 - 120) × 87.5% = 70（万元）

（3）本期销售成本 = 100 + 75 - 70 = 120 × 87.5% = 105（万元）

零售价法主要适用于商业零售企业（如百货公司、超市等），由于这类零售业经营的商品都要标明零售价格，而且商品的型号、品种、款式繁多，难以采用其他方法计价。

在我国会计实务中，商业零售企业广泛采用售价金额核算法，其账务处理如下：

①企业购入商品时，按商品采购成本的金额，借记"在途物资"科目，按实际支付或应支付的金额，贷记"银行存款""应付账款"等科目。涉及增值税额的，还应进行相应的会计处理。

②所购商品验收入库，按商品的售价借记"库存商品"科目，按商品的进价贷记"在途物资"科目，进价与售价之间的差额，贷记"商品进销差价"科目。

③对外销售商品时，按照已经收取或应收取的款项，借记"银行存款""应收账款"等科目，按实现的收入，贷记"主营业务收入"科目，按增值税销项税额，贷记"应交

税费——应交增值税（销项税额）"科目；同时，按照发出商品的售价，借记"主营业务成本"科目，贷记"库存商品"科目。

④月末分摊已销商品的进销差价，借记"商品进销差价"科目，贷记"主营业务成本"科目。

【例3-22】沿用【例3-21】的资料，商场有关的账务处理如下：

(1) 购进商品。

借：在途物资　　　　　　　　　　　　　　　　　　　　750 000
　　应交税费——应交增值税（销项税额）　　　　　　　120 000
　　　贷：银行存款　　　　　　　　　　　　　　　　　　　　870 000
借：库存商品　　　　　　　　　　　　　　　　　　　　900 000
　　　贷：在途物资　　　　　　　　　　　　　　　　　　　　750 000
　　　　　商品进销差价　　　　　　　　　　　　　　　　　　150 000

(2) 销售商品。

借：银行存款　　　　　　　　　　　　　　　　　　　1 392 000
　　　贷：主营业务收入　　　　　　　　　　　　　　　　　1 200 000
　　　　　应交税费——应交增值税（销项税额）　　　　　　192 000
借：主营业务成本　　　　　　　　　　　　　　　　　1 200 000
　　　贷：库存商品　　　　　　　　　　　　　　　　　　　1 200 000

(3) 月末分摊已销商品的进销差价。

商品进销差价率 = (100 000 + 150 000) ÷ (1 100 000 + 900 000) × 100% = 12.50%
本期销售商品应分摊的商品进销差价 = 1 200 000 × 12.50% = 150 000（元）

借：商品进销差价　　　　　　　　　　　　　　　　　　150 000
　　　贷：主营业务成本　　　　　　　　　　　　　　　　　　150 000

第四节　期末存货的计量

资产负债表日，为了客观、真实、准确地反映期末存货的真实价值，企业应当对期末存货按照成本与可变现净值孰低进行计量。当期末存货的成本高于其可变现净值的，应当计提存货跌价准备，计入当期损益。

一、成本与可变现净值孰低法的含义

成本与可变现净值孰低法，是指企业对期末存货按照成本与可变现净值两者之中较低者计价的方法。即，当期末存货的成本低于可变现净值，按成本计价；当期末存货的成本高于可变现净值，按可变现净值计价。

这里所讲的"成本"是指存货的实际成本，即采用先进先出法、加权平均法或个别计价法等方法计算确定的期末存货成本。这里所讲的"可变现净值"，是指在日常活动

中，存货的估计售价减去至完工时估计将要发生的成本、估计的销售费用以及相关税费后的金额。

二、存货可变现净值的确定

资产负债表日，企业根据存货的账面记录，可以较容易地获得存货成本的资料。因此，采用成本与可变现净值孰低法计量时，关键是合理确定存货的可变现净值。

（一）可变现净值的特征

（1）确定存货可变现净值的前提是企业在进行日常活动，即企业在进行正常的生产经营活动。如果企业不是在进行正常的生产经营活动，如企业处于清算过程，那么就不能按照存货准则的规定确定存货的可变现净值。

（2）可变现净值的特征表现为存货的预计未来净现金流量，而不是存货的售价或合同价。企业预计的销售存货现金流量，并不完全等于存货的可变现净值。存货在销售过程中可能发生的销售费用和相关税费，以及为达到预定可销售状态还可能发生的加工成本等相关支出，构成现金流入的抵减项目。企业预计的销售存货现金流量，扣除这些抵减项目后，才能确定存货的可变现净值。

（3）不同存货可变现净值的构成不同。

①产成品、商品和用于出售的材料等直接用于出售的存货，应当以该存货的估计售价减去估计的销售费用和相关税费后的金额确定其可变现净值。

②需要经过加工的材料，应当以所生产出的产成品的估计售价减去至完工时估计将要发生的成本、估计的销售费用和相关税费后的金额，确定其可变现净值。

③资产负债表日，同一项存货中一部分有合同价格约定、其他部分不存在合同价格的，应当分别确定其可变现净值，并与其对应的成本比较，分别确定存货跌价准备的计提或转回的金额。

（二）确定存货可变现净值应考虑的因素

资产负债表日，企业确定存货的可变现净值，应当以取得的确凿证据为基础，并且考虑持有存货的目的、资产负债表日后事项的影响等因素。

1. 应当以取得的确凿证据为基础

这里所讲的"确凿证据"是指对确定存货的可变现净值和成本有直接影响的客观证明，具体表现为：

（1）存货成本的确凿证据，是指存货的采购成本、加工成本和其他成本以及以其他方式取得的存货成本，应当以取得的外来原始凭证、生产成本账簿记录等作为确凿证据；

（2）可变现净值的确凿证据，是指对确定存货的可变现净值有直接影响的客观证明，如产成品或商品的市场销售价格、与产成品或商品相同或类似商品的市场销售价格、销售方提供的有关资料和生产成本资料等。

2. 应当考虑持有存货的目的

由于企业持有存货的目的不同，确定存货可变现净值的计算方法也不同。因此，企业在确定存货的可变现净值时，应当考虑持有存货的目的。企业持有存货的目的通常可以分为：

（1）持有以备出售的存货，如商品、产成品，其中又分为有合同约定的存货和没有合同约定的存货；

（2）将在生产过程或提供劳务过程中耗用的存货，如材料等。

3. 应当考虑资产负债表日后事项的影响

资产负债表日后事项可确定资产负债表日存货的存在状况。即在确定资产负债表日存货的可变现净值时，不仅要考虑资产负债表日与该存货相关的价格与成本波动，而且还应考虑未来的相关事项。也就是说，不仅仅要考虑财务报告批准报出日之前发生的相关的价格与成本波动事项，还要考虑以后期间发生的相关事项。

（三）存货可变现净值确定的具体运用

对于企业持有的各类存货，在确定其可变现净值时，最为关键的问题是确定估计的售价。企业应当区别以下情况确定存货的估计售价，从而再确定存货的可变现净值。

1. 为执行销售合同或者服务合同而持有的存货

为执行销售合同或者服务合同而持有的存货，通常应当以产成品或商品的合同价格作为其可变现净值的计量基础。具体包括以下情况：

（1）企业持有的存货数量等于销售合同订购的数量。在这种情况下，企业应当以产成品或商品的合同价格作为其可变现净值的计量基础。

【例3-23】20×8年10月，甲公司与乙公司签订了一份不可撤销的销售合同，双方约定，20×9年1月15日，甲公司按每台35万元的价格向乙公司提供20台A设备。20×8年12月31日，甲公司持有该设备20台，每台单位成本33万元，每台市场销售价格34万元。根据公司销售部门提供的资料表明，向乙公司销售A设备的平均销售费用为每台2万元。

分析：根据双方签订的销售合同，该设备的销售价格由合同约定，并且其库存数量等于合同订购数量。因此，20×8年12月31日，甲公司应当以合同约定的价格700万元（20×35万）作为其可变现净值的计量基础。即：

A设备的可变现净值 = 20×35 - 20×2 = 660（万元）

（2）企业持有的存货数量大于销售合同订购的数量。在这种情况下，超出部分的存货的可变现净值应当以一般销售价格为基础计算。即销售合同约定数量的存货，其可变现净值应当以合同价格为基础计算；超出部分的存货的可变现净值应以一般销售价格为基础计算。

【例3-24】20×8年10月，甲公司与乙公司签订了一份不可撤销的销售合同，双方约定，20×9年1月15日，甲公司按每台35万元的价格向乙公司提供20台A设备。20×8年12月31日，甲公司持有该设备25台，每台单位成本33万元，每台市场销售价格34万元。根据甲公司销售部门提供的资料表明，向乙公司销售A设备的平均销售费用为每台2万元,向其他客户销售A设备的平均销售费用为每台1.5万元。

分析:根据双方签订的销售合同,25台库存设备中的20台的销售价格已由销售合同约定,其余的5台没有销售合同约定。因此,对于合同约定数量(20台)的设备,其可变现净值应当以合同约定的价格700万元(20×35万)作为计量基础;而超过合同约定数量部分(5台),其可变现净值应当以一般销售价格170万元(5×34万)作为计量基础。即:

A设备的可变现净值 = (20×35 − 20×2) + (5×34 − 5×1.5) = 822.50(万元)

(3) 企业持有的存货数量小于销售合同订购的数量。在这种情况下,实际持有与该销售合同相关的存货应当以销售合同规定的价格作为其可变现净值的计量基础。如果该合同发生亏损,还应按照《企业会计准则第13号——或有事项》的规定确认预计负债。

2. 没有销售合同约定的存货

企业对于没有销售合同约定的存货(不包括用于出售的材料),其可变现净值应当以产成品或商品的一般销售价格(即市场销售价格)作为其可变现净值的计量基础。

【例3-25】20×9年12月31日,甲公司拥有A设备25台,每台单位成本33万元,每台市场销售价格34万元,预计发生的相关税费及销售费用为每台2万元。甲公司没有签订过与A设备有关的销售合同。

分析:由于甲公司没有签订与A设备有关的销售合同,因此,A设备的可变现净值应当以一般销售价格850万元(25×34万)作为计量基础。即:

A设备的可变现净值 = 25×34 − 25×2 = 800(万元)

3. 用于出售的材料

企业对于用于出售的材料等通常以市场价格作为其可变现净值的计量基础。这里的市场价格是指材料等的市场销售价格。如果用于出售的材料存在销售合同约定,应按合同价格作为其可变现净值的计量基础。

【例3-26】20×9年12月20日,甲公司根据市场需求的变化,决定停止生产B设备。为减少不必要的损失,决定将原材料中专门生产B设备的外购C材料全部对外出售,20×9年12月31日,C材料的账面成本200万元,数量10吨。根据市场调查,每吨C材料的市场销售价格10万元,可能发生的销售费用及相关税费为1万元。

分析:由于公司已决定不再生产B设备,因此,C材料的可变现净值不能以B设备的销售价格作为其计算基础,而应按其本身的市场销售价格作为可变现净值的计算基础。即:

C材料的可变现净值 = 10×10 − 1 = 99(万元)

4. 为生产而持有的材料

为生产而持有的材料等,用其生产的产成品的可变现净值高于成本的,该材料仍然按照成本计量;材料价格的下降表明产成品的可变现净值低于成本,该材料应当按其可变现净值计量,其可变现净值为用该材料所生产的产品的估计售价减去至完工时估计将要发生的成本、销售费用和相关税费后的金额。

【例3-27】20×9年12月31日,甲公司库存A材料的账面价值为150万元,市场销售价格140万元,假设没发生其他销售费用。用A材料生产的产成品——B设备的可变现净值高于其成本。

分析：20×9年12月31日，虽然A材料账面价值高于其市场价格，但是其生产的产成品——B设备的可变现净值高于其成本，也就是说，材料生产的最终产品此时并没有发生价值减损，因而，即使A材料的账面成本已高于其市场价格，也不应计提存货跌价准备，仍应以其原账面价值150万元列示在20×9年12月31日的资产负债表的存货项目中。

【例3-28】20×9年12月31日，甲公司库存100吨A材料的账面价值为60万元，市场销售价格为55万元，假设不发生其他销售费用。A材料专门用于生产B设备。由于A材料的市场销售价格下跌，导致A材料生产出来的B设备的市场价格由150万元下降为135万元，但其生产成本仍为140万元，将A材料加工成B设备尚需投入80万元，估计发生销售费用及税金为5万元。

甲公司分析计算步骤如下：

(1) 计算用A材料所生产的B设备的可变现净值。

B设备的可变现净值＝设备的估计售价－估计销售费用及税金＝135－5＝130（万元）

(2) 将用A材料所生产的B设备的可变现净值与其成本进行比较。

B设备的可变现净值130万元小于其成本140万元，即A材料价格的下降表明以其生产的产成品的可变现净值低于成本，则该材料应当按可变现净值计量。

(3) 计算A材料的可变现净值，并确定其期末价值。

A材料的可变现净值＝B设备的估计售价－B设备至完工估计将要发生的成本－估计销售费用及相关税费＝135－80－5＝50（万元）

A材料的可变现净值50万元小于其成本60万元，因此其期末价值为50万元。

三、计提存货跌价准备

资产负债表日，当存货的可变现净值高于其成本时，则不计提存货跌价准备；如果存货的可变现净值低于其成本时，则应计提存货跌价准备，计入当期损益。在资产负债表中，存货项目按照其成本减去存货跌价准备后的净额（即账面价值）反映。

（一）存货减值的判断依据

当存在下列情形之一的，通常表明存货的可变现净值低于成本：

(1) 该存货的市场价格持续下跌，并且在可预见的未来无回升的希望；

(2) 企业使用该项原材料生产的产品的成本大于产品的销售价格；

(3) 企业因产品更新换代，原有库存原材料已不适应新产品的需要，而该原材料的市场价格又低于其账面成本；

(4) 因企业所提供的商品或劳务过时或消费者偏好改变而使市场的需求发生变化，导致市场价格逐渐下跌；

(5) 其他足以证明该项存货实质上已经发生减值的情形。

（二）存货跌价准备的计提方法

存货跌价准备的计提方法有：单项计提法、类别计提法和总体计提法。

（1）单项计提法。在该方法下，企业应当将每个存货项目的成本与其可变现净值逐一比较，按较低者计量存货，并且按成本高于可变现净值的差额计提存货跌价准备。这就要求企业应当根据管理要求和存货的特点，明确规定存货项目的确定标准。例如，将某一型号和规格的材料作为一个存货项目、将某一品牌和规格的商品作为一个存货项目，等等。

（2）类别计提法。在该方法下，企业应当将各类别存货的成本总额与其可变现净值总额逐一比较，并且按各类别存货的成本总额与其可变现净值总额的差额计提存货跌价准备。

（3）总体计提法。在该方法下，企业应当将合并存货的成本总额与其可变现净值总额比较，并且按合并存货的成本总额与其可变现净值总额的差额计提存货跌价准备。

企业通常应按照单个存货项目计提存货跌价准备。对于数量繁多，单价较低的存货，可以按照存货类别计提存货跌价准备。与在同一地区生产和销售的产品系列相关，具有相同或类似最终用途或目的，且难以与其他项目分开计量的存货，可以合并计提存货跌价准备。

【例3-29】20×9年12月31日，甲公司有关存货成本与可变现净值的资料见表3-7。假定甲公司在此之前没有对存货计提跌价准备。

表3-7　　　　　　　　　　　存货跌价准备计提表　　　　　　　　　　　　单位：元

存货项目	数量	成本		可变现净值		期末存货价值			计提的存货跌价准备		
		单价	金额	单价	金额	单项计提	类别计提	总体计提	单项计提	类别计提	总体计提
甲类存货：											
A商品	30	50	1 500	40	1 200	1 200			300		
B商品	50	60	3 000	70	3 500	3 000					
小　计			4 500		4 700		4 500				
乙类存货：											
C商品	20	70	1 400	90	1 800	1 400					
D商品	40	80	3 200	30	1 200	1 200			2 000		
小　计			4 600		3 000		3 000			1 600	
合　计			9 100		7 700	6 800	7 500	7 700	2 300	1 600	1 400

（三）存货跌价准备的核算

1. 存货跌价准备计提的核算

资产负债表日，存货发生减值的，企业按存货可变现净值低于成本的差额，借记

"资产减值损失"科目,贷记"存货跌价准备"科目。

2. 存货跌价准备转回的核算

资产负债表日,当以前减记存货价值的影响因素已经消失,减记的金额应当予以恢复,并在原已计提的存货跌价准备金额内转回,转回的金额计入当期损益。需要注意的是:

(1)存货跌价准备转回的条件是以前减记存货价值的影响因素的消失,而不是在当期造成存货可变现净值高于其成本的其他影响因素。如果本期导致存货可变现净值高于其成本的影响因素不是以前减记该存货价值的影响因素,则不允许将该存货跌价准备转回。

(2)当企业符合存货跌价准备转回的条件时,应在原已计提的存货跌价准备的金额内转回。转回的存货跌价准备与计提该准备的存货项目或类别应当存在直接对应的关系,但转回的金额以将存货跌价准备的余额冲减至零为限。

已计提跌价准备的存货价值以后又得以恢复,应在原已计提的存货跌价准备金额内,按恢复增加的金额,借记"存货跌价准备"科目,贷记"资产减值损失"科目。

【例3-30】甲公司按季对外报送财务报告。20×9年年初A商品的账面成本为10万元,本年内未对外销售,以前未计提存货跌价准备。其他有关资料如下:(1)3月31日,由于A商品的市场价格下跌,预计其可变现净值为9万元。(2)6月30日,由于A商品的市场价格继续下跌,预计其可变现净值为8万元。(3)9月30日,由于A商品的市场价格上升,预计其可变现净值为9.5万元。(3)12月31日,由于A商品的市场价格进一步上升,预计其可变现净值为10.5万元。甲公司的有关账务处理如下:

(1)3月31日,计提存货跌价准备。

借:资产减值损失　　　　　　　　　　　　　　　　　　　　　　10 000
　　贷:存货跌价准备　　　　　　　　　　　　　　　　　　　　　　10 000

(2)6月30日,补提存货跌价准备。

借:资产减值损失　　　　　　　　　　　　　　　　　　　　　　10 000
　　贷:存货跌价准备　　　　　　　　　　　　　　　　　　　　　　10 000

(3)9月30日,转回存货跌价准备。

借:存货跌价准备　　　　　　　　　　　　　　　　　　　　　　15 000
　　贷:资产减值损失　　　　　　　　　　　　　　　　　　　　　　15 000

(4)12月31日,转回存货跌价准备。

借:存货跌价准备　　　　　　　　　　　　　　　　　　　　　　5 000
　　贷:资产减值损失　　　　　　　　　　　　　　　　　　　　　　5 000

3. 存货跌价准备的结转

对于已出售的存货,应当将其成本结转为当期损益,相应的存货跌价准备也应予以结转。对于其他发出的存货,也应当结转相应的存货跌价准备。发出存货结转存货跌价准备的,借记"存货跌价准备"科目,贷记"主营业务成本""生产成本"等科目。

【例3-31】20×6年1月1日,甲公司库存A商品的账面成本为25 000元,已经计提的存货跌价准备为6 000元。4月1日,甲公司将库存A商品全部售出,开具的增值税专用发票上注明的价款30 000元,增值税额4 800元,款项已经收存银行。甲公司的相关账务处理如下：
(1) 销售收入实现。
借：银行存款　　　　　　　　　　　　　　　　　　　　　34 800
　　贷：主营业务收入　　　　　　　　　　　　　　　　　　　　30 000
　　　　应交税费——应交增值税（销项税额）　　　　　　　　　4 800
(2) 结转销售成本。
借：主营业务成本　　　　　　　　　　　　　　　　　　　　19 000
　　存货跌价准备　　　　　　　　　　　　　　　　　　　　　6 000
　　贷：库存商品　　　　　　　　　　　　　　　　　　　　　25 000

4. 存货的转销

存货的转销，是指将存货的账面价值全部转入当期损益。存货存在下列情形之一的，表明存货的可变现净值为零，企业应当将处置收入扣除账面价值和相关税费后的金额计入当期损益：①霉烂变质的存货；②已过期且无转让价值的存货；③生产中已不再需要，并且已无使用价值和转让价值的存货；④其他足以证明已无使用价值和转让价值的存货。企业发生上述情形之一的，应按存货的账面价值，借记"管理费用""存货跌价准备"等科目，贷记"原材料""周转材料""库存商品"等科目。

第五节　存货清查

一、存货盘存制度

企业在确定期末存货的价值时，不仅仅需要对期末存货进行合理的计价，而且还需要准确地确定期末存货的数量。期末存货数量的确定主要通过期末存货盘存来确定，常用的存货盘存方法有永续盘存制和实地盘存制。

（一）永续盘存制

永续盘存制，也称账面盘存制，指对存货设置经常性的库存记录，即分别按品名、规格设置存货明细账，逐笔或逐日登记存货收入、发出数量，并随时记录结存数。这样，通过会计账簿资料，就可以完整地反映存货的收入、发出和结存情况。在没有发生丢失或被盗的情况下，存货账户的余额应当与实际库存相符。

在永续盘存制下，期初存货成本、本期购入存货成本和发出存货成本必须记录在存货明细账中，因此，可以根据下列公式计算确定期末存货成本：

期末存货成本＝期初存货成本＋本期购入存货成本－本期发出存货成本

永续盘存制的优点在于有利于加强存货的管理。因为，在各种存货账簿记录中，可以随时反映存货收入、发出和结存的情况。通过账簿记录中的账面结存数，结合不定期的实地盘点，将实际盘存数与账面结存数相核对，可以查明存货溢余或短缺的原因。通过账簿记录还可以随时反映存货是否过多或不足,以便及时合理地组织货源,加速资金周转。永续盘存制的缺点在于存货明细账记录的工作量较大,特别是当存货的品名、规格繁多时更是如此。

(二) 实地盘存制

实地盘存制,也称定期盘存制,指会计期末通过对全部存货进行实地盘点,以确定期末存货的结存数量,然后分别乘以各项存货的盘存单价,计算出期末存货的总金额,期末倒轧本期发出存货的成本。采用这种方法,平时在存货明细账中只登记收入的数量及金额,不登记发出的数量及金额,每一期末,通过实地盘点确定期末存货数量,据以计算期末存货成本,然后倒推出当期耗用或销货成本。这一方法用于制造企业,称为"以存计耗"或"盘存计耗";用于商品流通企业,称为"以存计销"或"盘存计销"。

在实地盘存制下,期初存货成本、本期购入存货成本记录在存货明细账中,通过实地盘存确定期末存货成本,期末倒推发出存货成本。其计算公式如下:

$$期末存货成本 = 期末盘存存货数量 \times 单位成本$$
$$本期发出存货成本 = 本期初存货成本 + 本期购入存货成本 - 期末存货成本$$

实地盘存制的优点在于平时不对发出存货和期末存货进行明细记录,因而可以简化日常核算工作,但增加了期末盘存的工作量。实地盘存制的主要缺点在于:①不能通过账簿记录随时反映和监督各项存货的收入、发出和结存情况;②倒挤出的销售成本不一定符合实际情况,可能将一部分损失、差错,甚至偷窃等原因所引起的存货短缺倒计入本期发出存货成本,因而不利于发挥账簿记录对存货的控制作用,不利于加强存货的管理和保护财产的安全。因此,实地盘存制仅适用于那些自然消耗大、数量不稳定的鲜活商品等。

企业可根据存货类别和管理要求,对有些存货实行永续盘存制,而另一些存货实行实地盘存制,不论采用何种盘存方法,前后各期应当保持一致。

二、存货清查的核算

企业应当定期或不定期对存货进行清查。企业对存货清查盘点时,应当编制"存货盘存报告单",并将其作为存货清查的原始凭证。清查完毕后,企业应当将存货盘存记录的实存数与存货的账面记录核对,若账面存货数量小于存货实际数量,为存货盘盈;反之,为存货盘亏。对于盘盈、盘亏的存货要记入"待处理财产损溢"科目,并应在查明原因后或期末结账前处理完毕。期末处理完毕后,"待处理财产损溢"科目应无余额。

(一) 存货盘盈的核算

(1) 企业对于盘盈的各种材料、周转材料、产成品、商品等,借记"原材料""周转材料""库存商品"等科目，贷记"待处理财产损溢"科目。

（2）经查明原因，如果是由于收发计量或核算上的误差等原因造成的，企业应及时办理存货的入账手续，调整存货明细账的实存数，并按管理权限报经批准后，借记"待处理财产损溢"科目，贷记"管理费用"科目。

【例3-32】20×9年7月31日，甲公司对存货进行盘点，清查发现，材料和产成品分别盘盈1 000元。经查实，盘盈的存货均属于收发计量错误所致。甲公司的相关账务处理如下：

（1）盘盈。

借：原材料　　　　　　　　　　　　　　　　　　　　　　1 000
　　库存商品　　　　　　　　　　　　　　　　　　　　　　1 000
　　贷：待处理财产损溢——待处理流动资产损溢　　　　　2 000

（2）查明原因，报经批准。

借：待处理财产损溢——待处理流动资产损溢　　　　　　　2 000
　　贷：管理费用　　　　　　　　　　　　　　　　　　　2 000

（二）存货盘亏的核算

（1）企业对于盘亏的各种材料、产成品、商品等，应按其账面价值，借记"待处理财产损溢"科目，贷记"原材料""周转材料""库存商品"等科目。采用计划成本（或售价）核算的，还应同时结转成本差异（或商品进销差价）。涉及增值税的，还应进行相应的会计处理。

（2）经查明原因，报经批准，根据造成盘亏的原因，分别以下情况处理：①属于定额内自然损耗造成的短缺，扣除残料价值后，经批准后转作管理费用。②属于存货日常收发计量上的差错和管理不善造成的短缺，应先扣除残料价值、过失人或保险公司赔偿的部分，经批准后将净损失转作管理费用。③属于自然灾害等非常原因造成的短缺，应先扣除处置收入（如残料价值）、可以收回的过失人或保险公司的赔偿，经批准后将净损失转作营业外支出。非正常损失的存货盘亏或毁损，按照规定不能抵扣的增值税进项税额应当予以转出。

盘亏、毁损的各项存货，企业按管理权限报经批准后处理时，按残料价值，借记"原材料"等科目，按可收回的保险赔偿或过失人赔偿，借记"其他应收款"等科目，贷记"待处理财产损溢"科目，按其借方差额，借记"管理费用""营业外支出"等科目。涉及增值税的，还应进行相应的会计处理。

【例3-33】甲公司为增值税一般纳税人，增值税率为16%。20×9年7月31日，甲公司对存货进行盘点，清查发现，包装物、产成品和材料分别盘亏1 000元。经查明，盘亏的包装物是由仓库保管员的过失造成丢失，应由其赔偿；盘亏的产品是被人盗窃所致，但无法追回；盘亏的材料是因霉烂变质造成的，收回残料200元入库。甲公司的相关账务处理如下：

（1）盘亏。

借：待处理财产损溢——待处理流动资产损溢　　　　　　　3 000

贷：周转材料——包装物	1 000
库存商品	1 000
原材料	1 000

（2）查明原因，报经批准。

借：其他应收款——保管员	1 160
管理费用	1 160
原材料	200
营业外支出	960
贷：待处理财产损溢——待处理流动资产损溢	3 000
应交税费——应交增值税（进项税额转出）	480

本章小结

1. 存货的概述

存货，是指企业在日常生产经营过程中持有以备出售的产成品或商品、处于生产过程中的在产品、在生产过程或提供劳务过程中耗用的材料或物料。企业将某项资产确认为存货时，首先要满足存货的定义，还应同时满足下列条件：与该存货有关的经济利益很可能流入企业；该存货的成本能够可靠地计量。存货按照经济用途可以分为原材料、在产品、半成品、产成品、商品、周转材料、委托加工物资等；存货按照存放地点可以分为库存存货、在途存货、在制存货、在售存货等。

2. 取得存货的计量

存货应当按照成本进行初始计量（见表3－8）。存货成本包括采购成本、加工成本和其他成本。

表3－8　　　　　　　　　　　取得存货的计量

事项	存货成本
（1）外购的存货	由购买价款、应计入存货采购成本的税费以及其他可归属于存货成本的费用等构成
（2）自行生产的存货	包括采购成本、加工成本和其他成本
（3）委托加工的存货	包括实际耗用的原材料或者半成品成本、加工费、往返运杂费以及按规定计入加工成本的税金；由受托方代收代交的消费税，收回后直接对外销售的计入委托加工物资的成本，收回后用于继续加工应税消费品的不计入委托加工物资的成本
（4）投资者投入的存货	应当按照投资合同或协议约定的价值确定，但合同或协议约定价值不公允的情况除外
（5）接受捐赠的存货	按照捐赠方提供的有关单据上记载的金额、同类或类似存货的市场价格加上应支付的相关税费作为入账价值；如果不存在同类或类似存货的市场价格，则按该接受捐赠存货的预计未来现金流量的现值，作为入账价值
（6）存货在采购过程中发生的毁损、短缺	属于运输途中的合理损耗应作为"其他可归属于存货采购成本的费用"计入存货的采购成本；应从供货单位、外部运输机构等收回的物资短缺或其他赔款，冲减物资的采购成本；因遭受意外灾害发生的损失和尚待查明原因的途中损耗，不得增加物资的采购成本

3. 发出存货的计量

在实际成本法下，企业应当采用先进先出法、加权平均法、个别计价法确定发出存货的实际成本。在计划成本法下，企业存货的收入、发出和结存均按照预先制定的计划成本计价，同时设置"材料成本差异"科目来核算实际成本与计划成本的差额；月末，再通过对存货成本差异的分摊，将发出存货和结存存货的计划成本调整为实际成本。发出存货应负担的成本差异应当按期（月）分摊，不得在季末或年末一次计算。在毛利率法下，企业根据本期销售净额乘以上期实际（或本期计划）毛利率计算本期销售毛利，并据以计算发出存货和期末存货成本。在零售价法下，企业用成本占零售价的比重乘以期末存货的售价总额，估算期末存货成本，并据以计算本期发出存货成本。

4. 期末存货的计量

资产负债表日，企业存货应当按照成本与可变现净值孰低计量。其中，可变现净值是指在日常活动中，存货的估计售价减去至完工时估计将要发生的成本、估计的销售费用以及相关税费后的金额。存货可变现净值的确定如表3-9所示。资产负债表日，存货发生减值的，按存货可变现净值低于成本的差额，借记"资产减值损失"科目，贷记"存货跌价准备"科目。已计提跌价准备的存货价值以后又得以恢复，按照应在原已计提的存货跌价准备金额内恢复增加的金额，借记"存货跌价准备"科目，贷记"资产减值损失"科目。

表3-9　可变现净值的确定

存货类型	情形		估计售价	存货的可变现净值
产品或商品	存在销售合同	持有存货数量 = 合同订购数量	合同价格	合同价格减去估计的销售费用和相关税费后的金额
		持有存货数量 > 合同订购数量	合同部分：合同价格 超过部分：一般销售价格	合同部分：合同价格减去估计的销售费用和相关税费后的金额 超过部分：一般销售价格减去估计的销售费用和相关税费等后的金额
		持有存货数量 < 合同订购数量	实际持有与该销售合同相关的存货：合同价格	合同价格减去估计的销售费用和相关税费后的金额
	不存在销售合同		一般销售价格	一般销售价格减去估计的销售费用和相关税费后的金额
材料	出售的材料		通常以市场价格作为估计的售价；存在销售合同约定的，应按合同价格作为估计的售价	一般销售价格减去估计的销售费用和相关税费后的金额 合同价格减去估计的销售费用和相关税费后的金额
	生产而持有的材料		生产的产成品的可变现净值高于成本的	材料应当按照成本计量
			材料价格的下降表明产成品的可变现净值低于成本	材料应当按可变现净值计量。可变现净值 = 产品的估计售价 - 至完工时估计将要发生的成本 - 估计的销售费用 - 估计相关税费

5. 存货清查

期末存货数量的确定方法主要有永续盘存制和实地盘存制。企业可根据存货类别和管理要求，对有些存货实行永续盘存制，而另一些存货实行实地盘存制，不论采用何种盘存方法，前后各期应当保持一致。企业进行存货清查盘点，应当编制"存货盘存报告单"，对于盘盈、盘亏的存货要记入"待处理财产损溢"科目，并应在查明原因后或期末结账前处理完毕。

课堂讨论题

1. 对于已经验收入库的存货，月末发票账单仍未到，为什么需要暂估入账？
2. 发出存货的各种计价方法对企业的财务状况和经营成果的影响有何差异？请登录沪深交易所网站，打开部分上市公司的年报，试归纳分析我国上市公司发出存货主要采用什么计价方法？
3. 企业发出存货计价方法的变更对企业当期及以后期间的损益有何影响？
4. 简述实际成本核算法和计划成本核算法的优缺点。
5. 企业期末存货为什么需要采用成本与可变现净值孰低法计价？
6. 企业在什么情况下需要转销存货，为什么需要转销这些存货？
7. 永续盘存制和实地盘存制对企业的财务状况和经营成果的影响有何差异？

课后练习题

习题一

【目的】练习存货核算的实际成本法。

【资料】东方公司是增值税一般纳税人，适用的增值税税率为16%。该公司的A材料采用实际成本法核算。20×9年6月，该公司发生了下列经济业务：

（1）1日，将上月末已收料发票未到而暂估入账的A材料采购用红字冲回，金额为75 000元。

（2）5日，上月已付款的在途A材料已验收入库，材料成本为50 000元。

（3）8日，向甲公司购入A材料，收到的增值税专用发票上注明的价款100 000元，增值税额16 000元，甲公司已代垫运费1 500元（准予抵扣的增值税额150元），材料已验收入库。东方公司签发并承兑一张票面金额为117 500元，2个月期限的商业汇票结算该款项。

（4）9日，按照合同规定，开出转账支票向乙公司预付A材料购料款80 000元。

（5）10日，向丙公司采购A材料，收到的增值税专用发票上注明的价款30 000元，增值税额4 800元，款项用银行本票支付，材料已验收入库。

（6）12日，向丁公司采购A材料1 000千克，收到的增值税专用发票上注明的价款120 000元，增值税额19 200元，丁公司已代垫运杂费2 000元（其中1 000元为运费，准予抵扣的增值税额100元），款项已通过银行转账支付，材料尚未收到。

（7）20日，向丁公司购买的A材料运抵公司，验收入库950千克，短缺50千克，原因待查。

（8）25日，向乙公司采购的A材料已验收入库，收到的增值税专用发票上注明的价款70 000元，增值税额11 200元，公司当即开出一张转账支票补付款项1 200元。

(9) 28 日，向丁公司购买的 A 材料短缺 50 千克的原因已查明，是丁公司少发货所致，丁公司已同意退款但款项尚未收到。

(10) 30 日，向戊公司购买的 A 材料已验收入库，结算单据等仍未到达，暂估价 60 000 元。

(11) 30 日，发料凭证汇总表显示，本月 A 材料发出情况如下：基本生产车间领用 423 000 元，车间一般性消耗领用 80 500 元，厂部管理部门领用 78 600 元，销售部门领用 52 300 元。

【要求】根据上述资料，编制东方公司的会计分录。

习题二

【目的】练习存货核算的实际成本法。

【资料】甲公司是增值税一般纳税人，适用的增值税税率为 16%，材料采用实际成本法核算。20×9 年 6 月，甲公司发生了下列经济业务：

(1) 9 日，购入原材料一批，收到的增值税专用发票上注明的价款 10 000 元，增值税额 1 600 元，材料已验收入库，货款尚未支付。

(2) 19 日，接受乙投资者投入材料一批，双方约定材料的价值 50 000 元，收到的增值税专用发票上注明的价款 50 000 元，增值税额 8 000 元，材料已验收入库。

(3) 21 日，收到丙公司捐赠的原材料一批（假定不考虑所得税的影响），收到的增值税专用发票上注明的价款 200 000 元，增值税额 32 000 元。甲公司另支付运杂费 5 000 元。

(4) 22 日，委托丁公司加工原材料一批（属于应税消费品，消费税税率为 10%），发出材料的成本 150 000 元；加工过程中，支付加工费 10 000 元，增值税 1 600 元；委托加工材料已收回并用于连续生产应税消费品，加工费和相关税金已用银行存款支付。

(5) 30 日，盘盈材料一批，重置成本为 75 000 元，月末经批准后转入损益。

【要求】根据上述资料，编制甲公司的会计分录。

习题三

【目的】练习发出存货的计量。

【资料】甲公司 20×9 年 5 月有关 A 材料的收入、发出和库存情况如表 3-10 所示。

表 3-10　　　　　　　　　A 材料的收入、发出和库存情况

日期	项目	数量（千克）	单价（元）	金额（元）
1 日	月初结存	300	1 000	300 000
10 日	购入	900	1 200	1 080 000
12 日	发出	800		
15 日	购入	600	1 400	840 000
20 日	发出	800		
24 日	购入	200	1 600	320 000
31 日	月末结存	400		

【要求】请分别采用个别计价法（A 材料期末结存 400 千克，经确认属于以下各批留存：期初结存 100 千克、5 月 10 日购入 100 千克、5 月 24 日购入 200 千克）、先进先出法、全月一次加权平均法和移动平均法计算甲公司本月 A 材料的发出成本和月末结存成本，并比较各种计价方法对甲公司期末存货成本和当期利润的影响。

习题四

【目的】练习发出存货的计价方法。

【资料】甲公司为增值税一般纳税人，适用的增值税税率为 16%，所得税税率为 25%，按净利润

的 10% 提取法定盈余公积。原材料按实际成本法核算。20×9 年 12 月初，A 材料结存为零。甲公司 20×9 年 12 月份发生如下经济业务：

(1) 2 日，向乙公司购入 A 材料 1 000 吨，收到的增值税专用发票上注明的价款 20 000 元，增值税额 3 200 元，款项已通过银行转账支付，A 材料验收入库过程中发生检验费用 500 元，检验完毕后 A 材料验收入库。

(2) 5 日，生产产品领用 A 材料 300 吨。

(3) 8 日，向丙公司购入 A 材料 1 900 吨，收到的增值税专用发票上注明的价款 54 150 元，增值税额 8 664 元，材料已验收入库，款项已通过银行转账支付。

(4) 10 日，生产产品领用 A 材料 600 吨。

(5) 12 日，发出 A 材料 1 000 吨委托外单位加工（月末尚未加工完成）。

(6) 15 日，向丁公司购入 A 材料 1 000 吨，收到的增值税专用发票上注明的价款 30 000 元，增值税额 4 800 元，款项已通过银行转账支付，材料已验收入库。

(7) 17 日，生产产品领用 A 材料 1 500 吨。

假定甲公司领用 A 材料生产的产品在 20×9 年度全部完工，且全部对外售出，不考虑其他因素。

【要求】

(1) 计算各批购入 A 材料的单位实际成本；

(2) 分别按先进先出法、全月一次加权平均法计算 12 月份各批 A 材料发出的实际成本和月末结存成本；

(3) 计算分别采用先进先出法和全月一次加权平均法计价对甲公司 20×9 年度净利润的影响数和年末未分配利润的影响数。

习题五

【目的】练习存货核算的计划成本法。

【资料】甲公司为增值税一般纳税人，增值税率为 16%（假设不考虑其他税费）。材料按类别计算成本差异。甲类材料包括 A、B 两种，A 材料单位计划成本为每千克 100 元，B 材料单位计划成本为每千克 85 元。按每笔业务结转入库材料的计划成本，入库材料的成本差异于月末一次结转。发出材料按每笔业务结转材料的计划成本及应负担的材料成本差异。甲类材料的月初余额为 350 000 元，甲类材料的材料成本差异月初贷方余额为 6 024 元。甲公司 8 月份发生如下业务：

(1) 8 日，采购 A 材料 16 000 千克，收到的增值税专用发票上注明的价款 1 690 000 元，增值税额 270 400 元，销货方代垫运杂费 2 000 元，材料尚未运达。根据货款、增值税额及代垫运杂费的金额，签发为期 3 个月的商业承兑汇票一张。

(2) 16 日，本月 8 日购入的 A 材料已运达，验收时实际数量为 15 920 千克。经查实，A 材料短缺的 80 千克为定额内自然损耗。

(3) 18 日，从本市购入 B 材料 8 080 千克，收到的增值税专用发票上注明的价款 646 400 元，增值税额 103 424 元，企业已用银行存款支付材料价款及增值税，材料已验收入库。

(4) 20 日，从外地购入 B 材料 2 500 千克，收到的增值税专用发票上注明的价款 220 000 元，增值税额 35 200 元，材料尚未运到，货款及增值税已通过银行汇出。

(5) 25 日，企业从外地购入 A 材料 500 千克，材料已验收入库，但发票等单据尚未收到，货款未付。

(6) 31 日，本月 25 日购入并已验收入库的材料，发票等单据仍未收到。

(7) 31 日，发料凭证汇总表显示，本月基本生产车间生产产品耗用 A 材料 14 000 千克，车间一般耗用 B 材料 200 千克，管理部门耗用 B 材料 800 千克。

(8) 31 日，在建工程领用 B 材料 2 000 千克，应由在建工程负担的增值税，按材料实际成本和规定的增值税率 16% 计算。

(9) 31 日，产品发出汇总表显示，本月份销售 A 材料 3 000 千克，每千克不含税售价 120 元，销售价款及收取的增值税已收到并存入银行。

(10) 31 日，发料凭证汇总表显示，本月份用 A 材料 2 000 千克向乙公司投资，双方协商投资额按材料的实际成本作价，计税价格为材料的实际成本，增值税率为 16%。

【要求】根据上述资料计算甲公司本月材料成本差异率（不包括暂估材料在内），并编制有关的会计分录。

习题六

【目的】练习期末存货的计量。

【资料】甲公司采用成本与可变现净值孰低法对期末存货计价，按单项存货计提跌价准备。20×9 年 12 月 31 日，经检查有关存货情况如下：

(1) 甲商品的账面成本为 2 000 万元，估计售价为 2 300 万元，估计的销售费用及相关税金为 60 万元。年末计提跌价准备前，甲商品跌价准备的余额为 110 万元。

(2) A 材料的账面成本为 60 万元，因用该材料生产的产品陈旧过时，决定停产；公司拟将 A 材料出售。年末估计 A 材料的售价为 50 万元，估计材料的销售费用及相关税金为 2 万元。年末计提跌价准备前，A 材料跌价准备的余额为零。

(3) B 材料的账面成本为 400 万元，B 材料的估计售价为 390 万元；B 材料用于生产乙商品，年末已签订供货合同，乙商品市场紧缺，全部被客户包销，合同价格 750 万元。据估计，将 B 材料生产成乙商品还应发生其他成本 100 万元，生产完成后总成本为 500 万元。估计的乙商品销售费用及相关税金为 15 万元。年末计提跌价准备前，B 材料跌价准备的余额为零。

(4) C 材料的账面成本为 600 万元，C 材料的估计售价为 520 万元；C 材料全部用于生产 D 商品。根据生产计划，用 C 材料生产的 D 商品的成本为 740 万元，即至完工估计将要发生其他成本 140 万元。因同类商品的冲击，D 商品的市价下跌，估计售价为 730 万元，D 商品的估计销售费用及相关税金为 50 万元。年末计提跌价准备前，C 材料跌价准备的余额为 15 万元。

【要求】计算甲公司 20×9 年 12 月 31 日应计提的跌价准备并进行账务处理。

习题七

【目的】练习期末存货的计量。

【资料】甲公司为增值税一般纳税人，增值税税率为 16%。发出材料采用全月一次加权平均法计价，半年末和年度终了按单个存货项目计提存货跌价准备。甲公司 20×9 年 12 月初 A 材料结存 400 千克，实际成本 36 000 元，A 材料的跌价准备余额为零。12 月发生有关 A 材料的业务如下：

(1) 1 日，从外地购入 A 材料 600 千克，收到的增值税专用发票上注明的价款 48 000 元，增值税额 7 680 元，发生运杂费 400 元，装卸费 140 元，款项已用银行存款支付，材料已验收入库。

(2) 8 日，从本市购入 A 材料 200 千克，收到的增值税专用发票注明的价款 15 000 元，增值税额 2 400 元，货款未付，材料已验收入库。

(3) 15 日，收到丙公司投入 A 材料 800 千克，双方确认的价值为 68 000 元（含税），丙公司未提供增值税专用发票。甲公司注册资本 60 万元，按投资协议规定，丙公司占甲公司 10% 的股份。

(4) 31 日，经汇总，本月发出 A 材料 1 700 千克，其中生产产品领用 1 500 千克，管理部门领用 200 千克。

(5) 31 日，A 材料的估计售价为 25 000 元；A 材料用于生产丁商品，假设用 A 材料生产成丁商品的成本为 41 000 元，至完工估计将要发生的成本为 15 869 元，丁商品的估计售价为 40 000 元，估计丁商品的销售费用及相关税金为 120 元。

【要求】编制与 A 材料初始计量有关的会计分录；编制发出 A 材料的会计分录；编制年末计提 A 材料跌价准备的会计分录。

第四章 金融资产

【本章导言】

　　金融是现代经济的核心，金融工具的创新与运用是企业迅速发展和做大做强的主要途径。规范金融工具会计处理，提升金融工具信息披露透明度，推动企业加强金融风险管理，及时预警企业面临的金融风险，有效防范和化解金融风险，显得尤为重要。本章主要介绍应收款项、债权投资、其他债权投资、其他权益工具投资、交易性金融资产的确认、计量及核算。

【本章内容框架】

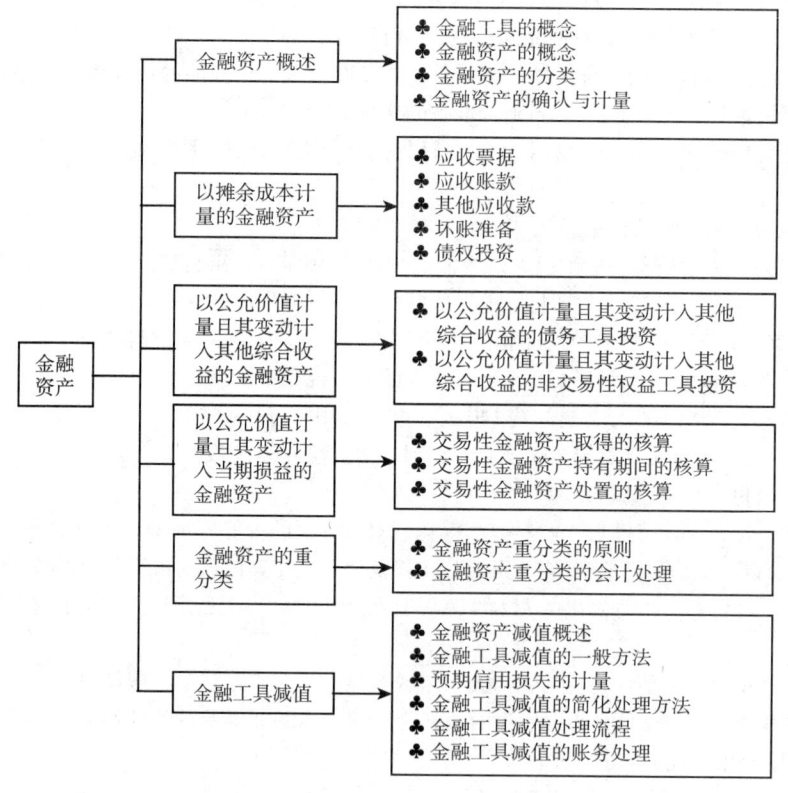

第四章 金融资产

【本章学习目标】

- 了解金融工具的概念，掌握金融资产的概念与分类、确认与计量。
- 掌握应收票据、应收账款、其他应收款、坏账准备的核算。
- 掌握债权投资取得、持有期间、到期和到期前处置的核算。
- 掌握其他债权投资、其他权益工具投资取得和持有期间以及处置的核算。
- 掌握交易性金融资产取得、持有期间和处置的核算。
- 熟悉金融资产重分类的会计处理原理及其账务处理。
- 掌握金融资产减值处理原理及其账务处理。

第一节 金融资产概述

一、金融工具的概念

金融工具，是指形成一方的金融资产，并形成其他方的金融负债或权益工具的合同。该合同既可以采用书面形式，也可以不采用书面形式。实务中，金融工具合同通常采用书面形式。非合同的资产和负债不属于金融工具。一般来说，金融工具包括金融资产、金融负债（见第十一章）和权益工具（见第十四章），也可能包括一些尚未确认的项目。按是否与直接信用活动相关，金融工具可分类为基础金融工具和衍生工具。

1. 基础金融工具

基础金融工具，也称原生金融工具，是指在实际信用活动中出具的能证明债权债务关系或所有权关系的合同或合法凭证，主要有商业票据、债券等债权债务凭证和股票、基金等所有权凭证。基础金融工具是金融市场上使用最广泛的工具，其价格和收益直接取决于发行者的经营业绩，也是衍生工具赖以生存的基础。基础金融工具主要包括企业持有的现金、存放于金融机构的款项、普通股，以及代表在未来期间收取或支付金融资产的合同权利或义务等，如应收款项、应付款项、客户贷款、客户存款、债券投资、应付债券等。

2. 衍生工具

衍生工具，是指属于金融工具确认与计量准则范围并同时具备下列特征的金融工具或其他合同：①其价值随特定利率、金融工具价格、商品价格、汇率、价格指数、费率指数、信用等级、信用指数或其他变量的变动而变动，变量为非金融变量（如特定区域的地震损失指数、特定城市的气温指数等），该变量不应与合同的任何一方存在特定关系；②不要求初始净投资，或者与对市场因素变化预期有类似反应的其他合同相比，要求较少的初始净投资；③在未来某一日期结算。衍生工具其价值是基础金融工具的价值派生出来。常见的衍生工具包括远期合同、期货合同、互换合同和期权合同等。

二、金融资产的概念

金融资产,是指企业持有的现金、其他方的权益工具以及符合下列条件之一的资产:

(1) 从其他方收取现金或其他金融资产的合同权利。例如,企业的银行存款、应收账款、应收票据和发放的贷款等均属于金融资产。而预付账款不是金融资产,因其产生的未来经济利益是商品或服务,不是收取现金或其他金融资产的权利。

(2) 在潜在有利条件下,与其他方交换金融资产或金融负债的合同权利。例如,企业购入的看涨期权或看跌期权等衍生工具。

(3) 将来须用或可用企业自身权益工具进行结算的非衍生工具合同,且企业根据该合同将收到可变数量的自身权益工具。

(4) 将来须用或可用企业自身权益工具进行结算的衍生工具合同,但以固定数量的自身权益工具交换固定金额的现金或其他金融资产的衍生工具合同除外。其中,企业自身权益工具不包括应当按照金融工具列报准则分类为权益工具的可回售工具或发行方仅在清算时才有义务向另一方按比例交付其净资产的金融工具,也不包括本身就要求在未来收取或交付企业自身权益工具的合同。

金融资产,主要包括库存现金、银行存款、其他货币资金、应收票据、应收账款、其他应收款、债权投资、股权投资、基金投资、衍生金融资产等。本章内容不包括库存现金、银行存款和其他货币资金(见第二章)和长期股权投资(见第五章)。

三、金融资产的分类

(一) 金融资产的分类原则

企业应当根据其管理金融资产的业务模式和金融资产的合同现金流量特征,将金融资产划分为以下三类:一是以摊余成本计量的金融资产;二是以公允价值计量且其变动计入其他综合收益的金融资产;三是以公允价值计量且其变动计入当期损益的金融资产。上述分类一经确定,不得随意变更。企业应当对其管理金融资产的业务模式和金融资产的合同现金流量特征进行测试和评估。

1. 企业管理金融资产的业务模式(业务模式测试与评估)

企业管理金融资产的业务模式,是指企业如何管理其金融资产以产生现金流量。业务模式决定企业所管理金融资产现金流量的来源是收取合同现金流量、出售金融资产还是两者兼有。企业可能会采用多个业务模式管理其金融资产。例如,企业持有一组以收取合同现金流量为目标的投资组合,同时还持有另一组既以收取合同现金流量为目标又以出售该金融资产为目标的投资组合。

企业在确定其管理金融资产的业务模式时,应当注意以下方面:

第一,企业应当以企业关键管理人员决定的对金融资产进行管理的特定业务目标为基础,确定管理金融资产的业务模式。

第二,企业应当在金融资产组合的层次上确定管理金融资产的业务模式,而不必按照单个金融资产逐项确定业务模式。金融资产组合的层次应当反映企业管理该金融资产的层次。在有些情况下,企业可能将金融资产组合分拆为更小的组合,以合理反映企业管理该金融资产的层次。

第三,企业管理金融资产的业务模式,应当以客观事实为基础,不得以合理预期不会发生的情形为基础确定。例如,对于某金融资产组合,如果企业预期仅会在压力情形下将其出售,且企业合理预期该压力情形不会发生,则该压力情形不得影响企业对该类金融资产的业务模式的评估。客观事实,通常可以从企业为实现其目标而开展的特定活动中得以反映。企业应当考虑在业务模式评估日可获得的所有相关证据,包括企业评价和向关键管理人员报告金融资产业绩的方式、影响金融资产业绩的风险及其管理方式以及相关业务管理人员获得报酬的方式(如报酬是基于所管理资产的公允价值还是所收取的合同现金流量)等,来确定管理金融资产的业务模式。

此外,如果金融资产实际现金流量的实现方式不同于评估业务模式时的预期,只要企业在评估业务模式时已经考虑了当时所有可获得的相关信息,这一差异不构成企业财务报表的前期差错,也不改变企业在该业务模式下持有的剩余金融资产的分类。但是,企业在评估新的金融资产的业务模式时,应当考虑这些信息。

概而言之,企业管理金融资产的业务模式可以分为三种:一是以收取合同现金流量为目标的业务模式;二是既以收取合同现金流量又以出售金融资产为目标的业务模式;三是其他业务模式。

(1) 以收取合同现金流量为目标的业务模式。在该业务模式下,企业管理金融资产旨在通过在金融资产存续期内收取合同付款来实现现金流量,而不是通过持有并出售金融资产产生整体回报。

①在该业务模式下,尽管企业持有金融资产是以收取合同现金流量为目标,但是企业无须将所有此类金融资产持有至到期。因此,即使企业出售金融资产或者预计未来会出售金融资产,此类金融资产的业务模式仍然可能是以收取合同现金流量为目标。企业在评估金融资产是否属于该业务模式时,应当考虑此前出售此类金融资产的原因、时间、频率和出售的价值,以及对未来出售的预期。但是,此前出售金融资产的事实只是为企业提供相关依据,而不能决定业务模式。

②在该业务模式下,金融资产的信用质量影响着企业收取合同现金流量的能力。为减少因信用恶化所导致的潜在信用损失而进行的风险管理活动与以收取合同现金流量为目标的业务模式并不矛盾。因此,即使企业在金融资产的信用风险增加时为减少信用损失而将其出售,金融资产的业务模式仍然可能是以收取合同现金流量为目标的业务模式。

③在该业务模式下,如果企业在金融资产到期日前出售金融资产,即使与信用风险管理活动无关,在出售时只是偶然发生(即使价值重大),或者单独及汇总出售的价值非常小(即使频繁发生)的情况下,金融资产的业务模式仍然可能是以收取合同现金流量为目标。如果企业能够解释出售的原因并且证明出售并不反映业务模式的改变,出售

频率或者出售价值在特定时期内增加不一定与以收取合同现金流量为目标的业务模式相矛盾。此外,如果出售发生在金融资产临近到期时,且出售所得接近待收取的剩余合同现金流量,金融资产的业务模式仍然可能是以收取合同现金流量为目标。

【例4-1】甲公司购买了一个贷款组合,且该组合中包含已发生信用减值的贷款。如果贷款不能按时偿付,甲公司将通过各种方式尽可能实现合同现金流量,如通过邮件、电话或其他方法与借款人联系催收。同时,甲公司签订了一项利率互换合同,将贷款组合的利率由浮动利率转换为固定利率。在本例中,甲公司管理该贷款组合的业务模式是以收取合同现金流量为目标,即使甲公司预期无法收取全部合同现金流量(部分贷款已发生信用减值),但并不影响其业务模式。此外,该公司签订利率互换合同也不影响该贷款组合的业务模式。

(2)既以收取合同现金流量又以出售金融资产为目标的业务模式。在该业务模式下,企业的关键管理人员认为收取合同现金流量和出售金融资产对于实现其管理目标而言都是不可或缺的。与以收取合同现金流量为目标的业务模式相比,该业务模式通常涉及频率更高、金额更大的出售。因为出售金融资产是该业务模式的目标之一。但是,在该业务模式下不存在出售金融资产的频率或者价值的明确界限,因为收取合同现金流量和出售金融资产是实现该目标不可分割的一部分。

【例4-2】甲公司持有金融资产组合以满足其每日流动性需求,为降低其管理流动性需求的成本,高度关注该金融资产组合的回报,包括收取的合同现金流量和出售金融资产的利得或损失。本例中,甲公司管理该金融资产组合的业务模式就是以收取合同现金流量和出售金融资产为目标。

(3)其他业务模式。在该业务模式下,若企业管理金融资产的业务模式既不是以收取合同现金流量为目标,也不是以收取合同现金流量和出售金融资产为目标,则该金融资产应当分类为以公允价值计量且其变动计入当期损益的金融资产。例如,企业持有金融资产的目的是交易性的或者基于金融资产的公允价值作出决策并对其进行管理。在这种情况下,企业管理金融资产的目标是通过出售金融资产以实现现金流量。即使企业在持有金融资产的过程中会收取合同现金流量,企业管理金融资产的业务模式也不是以收取合同现金流量和出售金融资产为目标,因为收取合同现金流量对实现该业务模式目标来说只是附带性质的活动。

2. 金融资产的合同现金流量特征(合同现金流量特征测试与评估)

金融资产的合同现金流量特征,是指金融工具合同约定的、反映相关金融资产经济特征的现金流量属性。金融资产的合同现金流量特征包括仅为对本金和以未偿付本金金额为基础的利息的支付(以下简称"本金加利息的合同现金流量特征")和合同现金流量特征评估的其他特殊情形。

(1)本金加利息的合同现金流量特征。企业分类为"以摊余成本计量的金融资产"和"以公允价值计量且其变动计入其他综合收益的金融资产",其合同现金流量特征,应当与基本借贷安排相一致。即相关金融资产在特定日期产生的合同现金流量仅为对本金和以未偿付本金金额为基础的利息的支付,其中,本金是指金融资产在初始确认时的公允价值,本金金额可能因提前偿付等原因在金融资产的存续期内发生变动;利息包括对货币时间价值、与特定时期未偿付本金金额相关的信用风险，以及其他基本借贷风险、成本和利润的对价。其中，货币时间价值是利息要素中仅因为时间流逝而提供对价的部分，不包括为所持有金融资产的其他风险或成本提供的对价，但货币时间价值要素有时可能存在修正。在货币时间价值要素存在修正的情况下，企业应当对相关修正进行评估，以确定其是否满足上述合同现金流量特征的要求。此外，金融资产包含可能导致其合同现金流量的时间分布或金额发生变更的合同条款（如包含提前偿付特征）的，企业应当对相关条款进行评估（如评估提前偿付特征的公允价值是否非常小），以确定其是否满足上述合同现金流量特征的要求。

（2）合同现金流量特征评估的其他特殊情形。

第一，某些金融资产的合同现金流量特征中包含杠杆因素，杠杆导致合同现金流量的变动性增加，不符合利息的经济特征。例如，期权、远期合同和互换合同等，均属于这种情况。因此，此类合同不符合本金加利息的合同现金流量特征。

第二，某些金融资产合同中使用本金和利息描述合同现金流量，但此类合同可能并不符合本金加利息的合同现金流量特征。如果金融资产代表对特定资产或现金流量的投资，则可能属于这种情况。例如，借款合同规定，随着使用特定收费公路的车辆数目增多，借款合同的利息将增加，此合同产生了与基本借贷安排无关的合同现金流量风险敞口，因此该金融资产不符合本金加利息的合同现金流量特征。

第三，在一般的借款合同中，通常都会规定债权人持有的金融工具相对于债务人的其他债权人持有的工具的优先劣后顺序。对于劣后于其他工具的工具，如果债务人不付款构成违约，并且即使在债务人破产的情况下债权人也拥有收取本金及以未偿付本金金额为基础的利息的合同权利，则该工具可能符合本金加利息的合同现金流量特征。反之，如果次级特征以任何方式限制了合同现金流量或产生了任何形式的其他现金流量，则该工具不符合本金加利息的合同现金流量特征。

第四，如果合同现金流量特征仅对金融资产的合同现金流量构成极其微小的影响，则不会影响金融资产的分类。

（二）金融资产的具体分类

1. 以摊余成本计量的金融资产

金融资产同时符合下列条件的，应当分类为以摊余成本计量的金融资产：①企业管理该金融资产的业务模式是以收取合同现金流量为目标。②该金融资产的合同条款规定，在特定日期产生的现金流量，仅为对本金和以未偿付本金金额为基础的利息的支付。

【例4-3】企业正常商业往来形成的具有一定信用期限的应收账款，如果企业拟根据应收账款的合同现金流量收取现金，且不打算提前处置应收账款，则该应收账款可以分类为以摊余成本计量的金融资产。

【例4-4】银行向企业客户发放的固定利率贷款，在没有其他特殊安排的情况下，贷款通常可能符合本金加利息的合同现金流量特征。如果银行管理该贷款的业务模式是以收取合同现金流量为目标，则该贷款可以分类为以摊余成本计量的金融资产。

【例 4-5】普通债券的合同现金流量是到期收回本金及按约定利率在合同期间按时收取固定或浮动利息。在没有其他特殊安排的情况下，普通债券通常可能符合本金加利息的合同现金流量特征。如果企业管理该债券的业务模式是以收取合同现金流量为目标，则该债券可以分类为以摊余成本计量的金融资产。

2. 以公允价值计量且其变动计入其他综合收益的金融资产

金融资产同时符合下列条件的，应当分类为以公允价值计量且其变动计入其他综合收益的金融资产：①企业管理该金融资产的业务模式，既以收取合同现金流量为目标，又以出售该金融资产为目标。②该金融资产的合同条款规定，在特定日期产生的现金流量，仅为对本金和以未偿付本金金额为基础的利息的支付。

【例 4-6】甲公司在销售中通常会给予客户一定期间的信用期。为了盘活存量资产，提高资金使用效率，甲公司与银行签订应收账款无追索权保理总协议，银行向甲公司一次性授信 1 亿元人民币，甲公司可以在需要时随时向银行出售应收账款。历史上甲公司频繁向银行出售应收账款，且出售金额重大，上述出售满足金融资产终止确认的规定。本例中，应收账款的业务模式符合"既以收取合同现金流量为目标，又以出售该金融资产为目标"，且该应收账款符合本金加利息的合同现金流量特征，因此应当分类为以公允价值计量且其变动计入其他综合收益的金融资产。

3. 以公允价值计量且其变动计入当期损益的金融资产

企业分类为以摊余成本计量的金融资产和以公允价值计量且其变动计入其他综合收益的金融资产之外的金融资产，应当分类为以公允价值计量且其变动计入当期损益的金融资产。企业持有的股票、基金（包括股票型基金、债券型基金、货币基金或混合基金等）、可转换债券等投资产品，通常分类为以公允价值计量且其变动计入当期损益的金融资产。

此外，在初始确认时，如果能够消除或显著减少会计错配，企业可以将金融资产指定为以公允价值计量且其变动计入当期损益的金融资产。该指定一经作出，不得撤销。会计错配，是指当企业以不同的会计确认方法和计量属性对在经济上相关的资产进行确认或计量由此产生的利得或损失时，可能导致会计确认和计量上的不一致。

（三）金融资产分类的特殊规定

权益工具投资一般不符合本金加利息的合同现金流量特征，因此应当分类为以公允价值计量且其变动计入当期损益的金融资产。然而，在初始确认时，企业可以将非交易性权益工具投资指定为以公允价值计量且其变动计入其他综合收益的金融资产，并按照规定确认股利收入。该指定一经作出，不得撤销。企业投资其他上市公司股票或者非上市公司股权的，都可能属于这种情形。

金融资产满足下列条件之一的，表明企业持有该金融资产的目的是交易性的：

（1）取得相关金融资产的目的，主要是为了近期出售或回购。例如，企业以赚取差价为目的从二级市场购入的股票、债券和基金等。

（2）相关金融资产在初始确认时属于集中管理的可辨认金融工具组合（金融资产组合）的一部分，且有客观证据表明近期实际存在短期获利模式。在这种情况下，即使组合中有某个组成项目持有的期限稍长也不受影响。

（3）相关金融资产属于衍生工具，但符合财务担保合同定义的衍生工具以及被指定为有效套期工具的衍生工具除外。例如，未作为套期工具的利率互换或外汇期权。

只有不符合上述条件的非交易性权益工具投资才可以指定为以公允价值计量且其变动计入其他综合收益的金融资产。此处权益工具投资中的"权益工具"，是指对于工具发行方来说，满足金融工具列报准则中权益工具定义的工具。例如，普通股对于发行方而言，满足权益工具定义，对于投资方而言，属于权益工具投资。

需要注意的是，企业在非同一控制下的企业合并中确认的或有对价构成金融资产的，该金融资产应当分类为以公允价值计量且其变动计入当期损益的金融资产，不得指定为以公允价值计量且其变动计入其他综合收益的金融资产。

综上所述，金融资产分类的流程如图4-1所示。

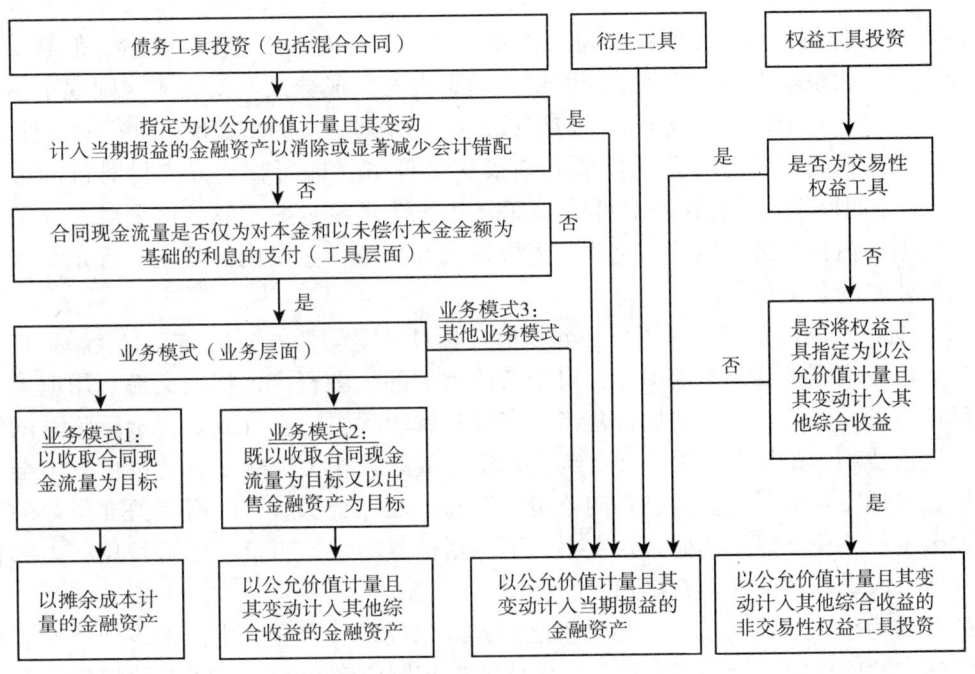

图4-1 金融资产分类流程

四、金融资产的确认与计量

（一）金融资产的确认

1. 金融资产的确认条件

企业成为金融工具合同的一方时，应当确认一项金融资产或金融负债。对于以常规方式购买或出售金融资产的，企业应当在交易日确认将收到的资产，或者在交易日终止确认已出售的资产，同时确认处置利得或损失以及应向买方收取的应收款项。

2. 金融资产的终止确认

金融资产终止确认，是指企业将之前确认的金融资产从其资产负债表中予以转出。金融资产满足下列条件之一的，应当终止确认：①收取该金融资产现金流量的合同权利终止。②该金融资产已转移，且该转移满足金融资产转移准则关于金融资产终止确认的规定。

以下情形也会导致金融资产的终止确认：①合同的实质性修改。企业与交易对手方修改或者重新议定合同而且构成实质性修改的，将导致企业终止确认原金融资产，同时按照修改后的条款确认一项新金融资产。②核销。当企业合理预期不再能够全部或部分收回金融资产合同现金流量时，应当直接减记该金融资产的账面余额。这种减记构成相关金融资产的终止确认。

（二）金融资产的初始计量

（1）公允价值计量。企业初始确认金融资产，应当按照公允价值计量。但是，企业初始确认的应收账款未包含收入准则所定义的重大融资成分或根据收入准则规定不考虑不超过一年的合同中的融资成分的，应当按照收入准则定义的交易价格进行初始计量。

金融资产初始确认时的公允价值通常指交易价格（即所收到或支付对价的公允价值），但是，如果收到或支付的对价的一部分并非针对该金融工具，该金融工具的公允价值应根据估值技术进行估计。企业应当根据公允价值计量准则的规定，确定金融资产在初始确认时的公允价值。

（2）交易费用的处理。对于以公允价值计量且其变动计入当期损益的金融资产，相关交易费用应当直接计入当期损益；对于其他类别的金融资产，相关交易费用应当计入初始确认金额。其中，交易费用，是指可直接归属于购买、发行或处置金融工具的增量费用。增量费用，是指企业没有发生购买、发行或处置相关金融工具的情形就不会发生的费用，包括支付给代理机构、咨询公司、券商、证券交易所、政府有关部门等的手续费、佣金、相关税费以及其他必要支出，不包括债券溢价、折价、融资费用、内部管理成本和持有成本等与交易不直接相关的费用。

（3）金融资产公允价值与交易价格之间差异的处理。企业应当区别下列情况进行处理：①在初始确认时，金融资产的公允价值依据相同资产在活跃市场上的报价或者以仅使用可观察市场数据的估值技术确定的，企业应当将该公允价值与交易价格之间的差额确认为一项利得或损失。②在初始确认时，金融资产的公允价值以其他方式确定的，企业应当将该公允价值与交易价格之间的差额递延。初始确认后，企业应当根据某一因素在相应会计期间的变动程度将该递延差额确认为相应会计期间的利得或损失。该因素应当仅限于市场参与者对该金融工具定价时将予考虑的因素，包括时间等。

（4）包含的已宣告但尚未发放的利息或现金股利的处理。企业取得金融资产所支付的价款中包含的已宣告但尚未发放的利息或现金股利，应当单独确认为应收项目处理。

（三）金融资产的后续计量

金融资产的后续计量与金融资产的分类密切相关。企业应当对不同类别的金融资产，分别以摊余成本、以公允价值计量且其变动计入其他综合收益或以公允价值计量且其变动计入当期损益进行后续计量。需要注意的是，企业在对金融资产进行后续计量时，如果一项金融工具以前被确认为一项金融资产并以公允价值计量，而现在它的公允价值低于零，企业应将其确认为一项负债。

企业只有在同时符合下列条件时，股权投资才能确认股利收入并计入当期损益：①企业收取股利的权利已经确立；②与股利相关的经济利益很可能流入企业；③股利的金额能够可靠计量。

第二节 以摊余成本计量的金融资产

企业分类为以摊余成本计量的金融资产主要包括银行存款、其他货币资金、应收票据、应收账款、其他应收款、贷款和债权投资等。本节主要介绍应收款项①和债权投资。

一、应收票据

应收票据，是指以摊余成本计量的、因销售商品、提供劳务等而收到的商业汇票，包括银行承兑汇票和商业承兑汇票。

（一）不带息应收票据的核算

企业收到不带息的商业汇票，按票面金额，借记"应收票据"科目，按确认的营业收入，贷记"主营业务收入"等科目，按专用发票注明的增值税额，贷记"应交税费——应交增值税（销项税额）"科目。商业汇票到期，应按票面金额，借记"银行存款"科目，贷记"应收票据"科目；如果承兑人无力支付票据款，借记"应收账款"科目，贷记"应收票据"科目。

【例4-7】20×8年9月1日，甲公司销售一批商品给乙公司，开具的增值税专用发票上注明的价款20万元，增值税额3.2万元。乙公司已取得商品的控制权，甲公司当日收到乙公司签发的一张面值为23.2万元、期限为3个月、不带息的商业汇票。甲公司的账务处理如下：

(1) 9月1日，取得商业汇票。

借：应收票据——乙公司　　　　　　　　　　　　　　　　　232 000
　　贷：主营业务收入　　　　　　　　　　　　　　　　　　　200 000
　　　　应交税费——应交增值税（销项税额）　　　　　　　　 32 000

(2) 12月1日，收到票据款存入银行。

借：银行存款　　　　　　　　　　　　　　　　　　　　　　232 000

---

① 对于应收款项，需注意的是，也有可能分类为以公允价值计量的金融资产。为了便于叙述，安排在本节介绍。

贷：应收票据——乙公司　　　　　　　　　　　　　　　　　　232 000

该票据到期，如果乙公司无力偿还票据款。

借：应收账款——乙公司　　　　　　　　　　　　　　　　　　232 000
　　贷：应收票据——乙公司　　　　　　　　　　　　　　　　　　232 000

（二）带息应收票据的核算

企业收到的带息应收票据，除了比照不带息应收票据的基本原理进行核算外，还应在中期期末和年度终了，按规定计提票据利息收入，借记"应收利息"科目，贷记"财务费用"科目。应收票据利息的计算公式为：

应收票据的利息 = 票面面值 × 票面年利率 × 票据期限（月数） ÷ 12　（按月数计算）
　　　　　　　　= 票面面值 × 票面年利率 × 票据期限（天数） ÷ 360　（按天数计算）

式中，"票据期限"是指票据签发日至到期日的时间间隔，其表示方式有以下两种：

（1）按月表示票据期限时，应以到期月份中与出票日相同的那一天为到期日。例如，3月10日签发的3个月到期的票据，其到期日应为6月10日。若为月末签发的票据，则不论月份大小，以到期月份的月末那一天为到期日。如2月28日签发的3个月期限的票据，其到期日应为5月31日。同时，计算利息使用的利率要换成月利率，即利率与期限的计算口径应保持一致。

（2）按日表示票据期限时，应从出票日起按实际经历天数计算。通常，出票日和到期日只能计算其中的一天，即"算头不算尾"或"算尾不算头"。例如，4月15日签发的90天到期的票据，其到期日应为7月14日。同时，计算利息使用的利率要换成日利率，按日计息。为了方便起见，常把一年定为360天。

带息的商业汇票到期，按照实际收到或应收的本息，借记"银行存款"或"应收账款"科目，按照票面金额，贷记"应收票据"科目，按照已计提的票据利息，贷记"应收利息"科目，按照未计提的票据利息，贷记"财务费用"科目。

【例4-8】 20×8年9月1日，甲公司销售一批产品给乙公司，开具的增值税专用发票上注明的价款10万元，增值税额1.6万元。乙公司已取得商品的控制权，甲公司当日收到乙公司签发的一张面值为11.6万元、期限为6个月、票面年利率为3%的商业汇票。甲公司的账务处理如下：

（1）20×8年9月1日，取得商业汇票。

借：应收票据——乙公司　　　　　　　　　　　　　　　　　　116 000
　　贷：主营业务收入　　　　　　　　　　　　　　　　　　　　100 000
　　　　应交税费——应交增值税（销项税额）　　　　　　　　　　16 000

（2）20×8年12月31日，计提票据利息。

票据利息 = 116 000 × 3% × 4 ÷ 12 = 1 160（元）

借：应收利息——乙公司　　　　　　　　　　　　　　　　　　1 160
　　贷：财务费用　　　　　　　　　　　　　　　　　　　　　　1 160

（3）20×9年3月1日，票据到期。

票据到期值 = 116 000 × (1 + 3% × 6 ÷ 12) = 117 740（元）
未计提的票据利息 = 116 000 × 3% × 2 ÷ 12 = 580（元）

借：银行存款（或应收账款） 117 740
　　贷：应收票据——乙公司 116 000
　　　　应收利息——乙公司 1 160
　　　　财务费用 580

（三）应收票据贴现的核算

应收票据贴现，是指票据持有人将未到期的商业汇票经过背书交给银行，银行受理后，从商业汇票到期值中扣除按银行规定的贴现率计算确定的贴现利息后，将余额付给贴现持票人，作为银行对企业的短期贷款。票据贴现实质上是企业资金融通的一种方式。

在商业汇票贴现中，企业付给银行的利息称为贴现息，所用的利率称为贴现率，票据到期值与贴现息的差额称为贴现实收金额。应收票据贴现的计算公式如下：

票据的到期值 = 票面面值或票面面值 × (1 + 票面年利率 × 票据期限)

票据的贴现息 = 到期值 × 贴现率 × 贴现期（其中，贴现期 = 票据期限 − 票据已持有期限）票据的贴现实收金额 = 票据到期值 − 票据贴现息

【例 4-9】 沿用【例 4-7】的资料，假定甲公司于 20×8 年 10 月 1 日向银行贴现，贴现率为 6%。甲公司的会计处理如下：

票据的到期值 = 232 000（元）
票据的贴现息 = 232 000 × 6% × 2 ÷ 12 = 2 320（元）
票据的贴现实收金额 = 232 000 − 2 320 = 229 680（元）

(1) 假定为不带追索权的商业汇票，且符合金融资产终止确认的条件。

借：银行存款 229 680
　　财务费用 2 320
　　贷：应收票据——乙公司 232 000

(2) 假定为带追索权的商业汇票，则不符合金融资产终止确认的条件，甲公司应将贴现所得确认为一项金融负债（短期借款）。

借：银行存款 229 680
　　短期借款——乙公司（利息调整） 2 320
　　贷：短期借款——乙公司（本金） 232 000

【例 4-10】 沿用【例 4-8】的资料，假定甲公司于 20×9 年 1 月 1 日向银行贴现，贴现率为 6%。甲公司的会计处理如下：

票据的到期值 = 116 000 × (1 + 3% × 6 ÷ 12) = 117 740（元）
票据的贴现息 = 117 740 × 6% × 2 ÷ 12 = 1 177.4（元）
票据的贴现实收金额 = 117 740 − 1 177.4 = 116 562.6（元）

(1) 假定为不带追索权的商业汇票，且符合金融资产终止确认的条件。

借：银行存款　　　　　　　　　　　　　　　　　　　　116 562.6
　　财务费用　　　　　　　　　　　　　　　　　　　　　　597.4
　　贷：应收票据——乙公司　　　　　　　　　　　　　　　　116 000
　　　　应收利息　　　　　　　　　　　　　　　　　　　　　1 160

（2）假定为带追索权的商业汇票，则不符合金融资产终止确认的条件，甲公司应将贴现所得确认为一项金融负债（短期借款）。

借：银行存款　　　　　　　　　　　　　　　　　　　　116 562.6
　　贷：短期借款——乙公司（本金）　　　　　　　　　　　　116 000
　　　　短期借款——乙公司（利息调整）　　　　　　　　　　562.6

（四）应收票据转让的核算

企业将持有的商业汇票背书转让以取得所需物资，按应计入取得物资成本的金额，借记"在途物资""材料采购""原材料""库存商品"等科目，按商业汇票的面值，贷记"应收票据"科目，如有差额，借记或贷记"银行存款"等科目。涉及增值税的，还应进行相应的会计处理。

【例4-11】20×8年9月1日，甲公司销售一批产品给乙公司，开具的增值税专用发票上注明的价款10万元，增值税额1.6万元。当日收到乙公司签发的一张期限为6个月、面值为11.6万元的不带息商业汇票。20×8年12月1日，甲公司将该票据背书转让给材料供应商丙公司，以取得所需物资，收到的增值税专用发票上注明的价款11万元，增值税额1.76万元，材料已验收入库，差额由甲公司开具转账支票付讫。甲公司的账务处理如下：

（1）9月1日，收到票据。

借：应收票据——乙公司　　　　　　　　　　　　　　　116 000
　　贷：主营业务收入　　　　　　　　　　　　　　　　　　100 000
　　　　应交税费——应交增值税（销项税额）　　　　　　　16 000

（2）12月1日，将该票据背书转让。

借：原材料　　　　　　　　　　　　　　　　　　　　　110 000
　　应交税费——应交增值税（进项税额）　　　　　　　　17 600
　　贷：应收票据——乙公司　　　　　　　　　　　　　　　116 000
　　　　银行存款　　　　　　　　　　　　　　　　　　　　11 600

二、应收账款

（一）应收账款的确认与计量

应收账款，是指以摊余成本计量的，企业因销售商品、提供劳务等日常活动应收取的款项。应收账款通常应按实际交易价格入账，但是如果存在商业折扣和现金折扣等因素时，应收账款入账金额的计量还需要考虑以下因素的影响。

1. 商业折扣

商业折扣，是指企业为促进商品销售而在商品标价上给予的价格扣除。它是企业最常用的促销手段之一，通常以百分比来表示，如5%、10%等。商业折扣一般在交易发生时即已确定，因此，企业应当按照扣除商业折扣后的金额确定应收账款的入账价值。

2. 现金折扣

现金折扣，是指债权人为鼓励债务人在规定的期限内付款而向债务人提供的债务扣除。通常用符号"折扣率/付款期限"来表示现金折扣。例如，"2/10、1/20、n/30"分别表示买方在10天内付款可按售价给予2%的折扣，在20天内付款可按售价给予1%的折扣，超过20天后付款则不给予折扣，信用期为30天。企业应当按照扣除现金折扣前的金额作为应收账款的入账价值。企业只有当客户在折扣期内支付款项时，现金折扣才予以确认，并将现金折扣视为理财费用，作为财务费用处理。

（二）应收账款的一般账务处理

1. 在无折扣的情况下，应收账款按总额入账

【例4-12】甲公司销售一批商品给客户乙公司，不含税价格为10 000元，适用的增值税率为16%，消费税率为10%，另为乙公司垫付运费200元，已向银行办妥委托收款手续，乙公司已取得商品的控制权。该批商品的实际成本为8 000元。甲公司的账务处理如下：

（1）确认商品销售收入。

借：应收账款——乙公司　　　　　　　　　　　　　　　　　11 800
　　贷：主营业务收入　　　　　　　　　　　　　　　　　　10 000
　　　　应交税费——应交增值税（销项税额）　　　　　　　　1 600
　　　　银行存款　　　　　　　　　　　　　　　　　　　　　 200

（2）结转销售成本。

借：主营业务成本　　　　　　　　　　　　　　　　　　　　 8 000
　　贷：库存商品　　　　　　　　　　　　　　　　　　　　 8 000

（3）计算销售税金。

借：税金及附加　　　　　　　　　　　　　　　　　　　　　 1 000
　　贷：应交税费——应交消费税　　　　　　　　　　　　　 1 000

2. 存在商业折扣的情况下，应收账款按扣除商业折扣后的金额入账

【例4-13】甲公司销售一批商品给乙公司，按商品价目表标明的价格计算，金额为20 000元，由于是成批销售，甲公司给予乙公司10%的折扣，适用的增值税率为16%，销售额与折扣额开具在同一张发票上，款项尚未收到。乙公司已取得商品的控制权。甲公司的账务处理如下：

借：应收账款——乙公司　　　　　　　　　　　　　　　　　20 880
　　贷：主营业务收入　　　　　　　　　　　（20 000×90%）18 000
　　　　应交税费——应交增值税（销项税额）（18 000×16%）2 880

3. 存在现金折扣的情况下,应收账款按总额入账,实际发生的现金折扣作为财务费用

【例 4-14】甲公司销售一批商品给乙公司,开具的增值税专用发票上注明的价款 10 000 元,适用的增值税率为 16%,规定的现金折扣条件为"2/10、1/20、n/30",已向银行办妥委托收款手续。乙公司已取得商品的控制权,计算现金折扣时不考虑增值税因素。甲公司的账务处理如下:

(1) 确认商品销售收入。

借:应收账款——乙公司　　　　　　　　　　　　　　　　11 600
　　贷:主营业务收入　　　　　　　　　　　　　　　　　　10 000
　　　　应交税费——应交增值税(销项税额)　　　　　　　 1 600

(2) 收到款项,账务处理见表 4-1。

表 4-1　　　　　　　　甲公司收到款项的账务处理　　　　　　　　单位:元

会计处理	10 天内收到款	10 天后 20 天内收到款	超过折扣期后收到款
借:银行存款	11 400	11 500	11 600
财务费用	200	100	
贷:应收账款——乙公司	11 600	11 600	11 600

(三) 应收账款融资的核算

在现实生活中,当企业暂时发生现金短缺并且不能通过正常渠道筹资时,可以利用应收账款融资来盘活资金,加速资金周转。应收账款融资,是指企业将应收账款转移给金融机构获得现金的行为。常见的应收账款融资方式有:应收账款质押借款和应收账款出售。

1. 应收账款融资的核算原则

企业将应收账款出售给银行等金融机构,有明确的证据表明与应收账款有关的风险和报酬实质上已经发生转移,应按照应收账款出售进行会计处理,并确认相关损益。否则,应作为应收账款质押借款进行会计处理。

2. 应收账款质押借款的核算

应收账款质押借款,是指应收账款的持有人(承借人)以应收账款作为质押,向银行或其他金融机构(出借人)借入资金。企业将应收账款质押借款后,与应收账款有关的风险和报酬并未转移出企业,企业应按期向银行等金融机构支付利息,并向顾客收回货款后偿还金融机构借款。

在应收账款质押借款情况下,企业应按照实际收到的款项,借记"银行存款"科目,按支付的手续费,借记"财务费用"科目,按银行贷款本金,贷记"短期借款"等科目。企业发生的借款利息及向银行等金融机构偿付借款本息时的会计处理,应按有关借款核算的规定进行处理。

【例 4-15】20×8 年 2 月 5 日,甲公司销售一批商品给乙公司,增值税专用发票上注明的价款 20 万元,增值税额 3.2 万元,款项尚未收到。双方约定,乙公司于 20×8 年

9月30日付款。20×8年4月1日,甲公司因急需流动资金,经与银行协商,以应收乙公司款项为质押,取得5个月期限的借款18万元,年利率为6%,每月末偿付利息。假定不考虑其他因素,甲公司的账务处理如下:

(1) 2月5日,销售商品。

借:应收账款——乙公司　　　　　　　　　　　　　　　　232 000
　　贷:主营业务收入　　　　　　　　　　　　　　　　　　　　200 000
　　　　应交税费——应交增值税(销项税额)　　　　　　　　　32 000

(2) 4月1日,取得短期借款。

借:银行存款　　　　　　　　　　　　　　　　　　　　　180 000
　　贷:短期借款　　　　　　　　　　　　　　　　　　　　　　180 000

(3) 每月末偿付利息。

借:财务费用　　　　　　　　　　　　　　　　　　　　　　　900
　　贷:银行存款　　　　　　　　　　　　　　　　　　　　　　　900

(4) 8月31日,偿付本金及最后一期利息。

借:短期借款　　　　　　　　　　　　　　　　　　　　　180 000
　　财务费用　　　　　　　　　　　　　　　　　　　　　　　　900
　　贷:银行存款　　　　　　　　　　　　　　　　　　　　　180 900

3. 应收账款出售的核算

(1) 不附追索权的应收账款出售。企业将应收账款出售给银行等金融机构,根据企业、债务人及银行之间的协议,在所售应收账款到期无法收回时,银行等金融机构不能够向出售应收账款的企业进行追偿的,企业应将所售应收账款予以转销,结转计提的相关坏账准备,确认按协议约定预计将发生的销售退回、销售折让、现金折扣等,并确认出售损益。

【例4-16】20×8年3月15日,甲公司销售一批商品给乙公司,开具的增值税专用发票上注明的价款300 000元,增值税额48 000元,款项尚未收到。双方约定,乙公司应于20×8年10月31日付款。20×8年6月4日,经与银行协商后约定,甲公司将应收乙公司的款项出售给银行,收到款项为263 250元;在应收乙公司款项到期无法收回时,银行不能向甲公司追偿。甲公司根据以往经验,预计该批商品将发生的销售退回金额为23 200元(含增值税额3 200元),该退回商品的成本为13 000元,实际发生的销售退回由甲公司承担。20×8年8月3日,甲公司收到乙公司退回的商品,退回金额为23 200元。假定不考虑其他因素,甲公司的账务处理如下:

①3月15日,销售商品。

借:应收账款——乙公司　　　　　　　　　　　　　　　　348 000
　　贷:主营业务收入　　　　　　　　　　　　　　　　　　　　300 000
　　　　应交税费——应交增值税(销项税额)　　　　　　　　　48 000

②6月4日,出售应收债权。

借:银行存款　　　　　　　　　　　　　　　　　　　　　263 250
　　其他应收款——乙公司　　　　　　　　　　　　　　　　23 200

    财务费用   61 550
     贷：应收账款——乙公司   348 000

③8月3日，收到退回的商品。

    借：主营业务收入   20 000
     应交税费——应交增值税（销项税额）   3 200
     贷：其他应收款——乙公司   23 200
    借：库存商品   13 000
     贷：主营业务成本   13 000

假定最终没有发生销售退回。

    借：财务费用   23 200
     贷：其他应收款——乙公司   23 200

  （2）附追索权的应收账款出售。企业在出售应收账款的过程中，如附有追索权，即在应收账款到期无法从债务人处收回时，银行有权向出售应收账款的企业追偿，或按照协议约定，企业有义务按照约定金额从银行等金融机构回购部分应收账款，应收账款的坏账风险仍由售出企业负担。在这种情况下，企业应按应收账款质押取得借款进行会计处理。

三、其他应收款

  其他应收款，是指以摊余成本计量的，企业除存出保证金、买入返售金融资产、应收票据、应收账款、预付账款、应收股利、应收利息、长期应收款等经营活动以外的其他各种应收、暂付的款项。主要包括：①应收的各种赔款、罚款；②应收出租包装物的租金；③应向职工收取的各种垫付款项；④备用金；⑤存出保证金（如支付的押金）；⑥其他各种应收、暂付款项。

四、坏账准备

（一）坏账准备的概述

  坏账准备，是指企业以摊余成本计量的应收款项等金融资产以预期信用损失为基础计提的损失准备。预期信用损失，是指以违约概率为权重的、金融工具现金流缺口（即合同现金流量与预期收到的现金流量之间的差额）的现值的加权平均值。

  企业对于收入准则所规定的不含重大融资成分（包括根据该准则不考虑不超过1年的合同中融资成分的情况）的应收款项和合同资产，应当始终按照整个存续期内预期信用损失的金额计量其损失准备（企业对这种简化处理没有选择权）。除此之外，还允许企业作出会计政策选择，对包含重大融资成分的应收款项、合同资产和租赁准则规范的租赁应收款（可分别对应收款项、合同资产和应收租赁款作出不同的会计政策选择），始终按照相当于整个存续期内预期信用损失的金额计量其损失准备。

(二) 坏账准备的核算

(1) 资产负债表日,如果该预期信用损失大于该类金融资产当前减值准备的账面金额,企业应当将其差额确认为减值损失,借记"信用减值损失"科目,贷记"坏账准备"科目。如果预期该信用损失小于该类金融资产当前减值准备的账面金额,则应当将差额确认为减值利得,借记"坏账准备"科目,贷记"信用减值损失"科目。

(2) 对于确实无法收回的应收款项,按管理权限报经批准后作为坏账,转销应收款项,借记"坏账准备"科目,贷记"应收票据""应收账款"等科目。

(3) 已确认并转销的应收款项以后又收回的,按实际收回的金额,借记"应收票据""应收账款"等科目,贷记"坏账准备"科目;同时,借记"银行存款"科目,贷记"应收票据""应收账款"等科目。对于已确认并转销的应收款项以后又收回的,也可以按照实际收回的金额,借记"银行存款"科目,贷记"坏账准备"科目。

【例4-17】甲公司是一家制造业企业,其经营地域单一且固定。20×8年12月31日,甲公司应收账款合计为3 000万元。考虑到客户群由众多小客户构成,甲公司根据代表偿付能力的客户共同风险特征对应收账款进行分类。上述应收账款不包含重大融资成分。甲公司对上述应收账款始终按整个存续期内的预期信用损失计量损失准备。甲公司使用逾期天数与违约损失率对照表确定该应收账款组合的预期信用损失,如表4-2所示。

表4-2 逾期天数与违约损失率对照表

应收账款逾期情况	未逾期	逾期1~30日	逾期31~60日	逾期61~90日	逾期>90日
违约损失率(%)	0.3	1.6	3.6	6.6	10.6

该对照表以此类应收账款预计存续期的历史违约损失率为基础,并根据前瞻性估计予以调整。在每个资产负债表日,甲公司都将分析前瞻性估计的变动,并据此对历史违约损失率进行调整。甲公司据逾期天数违约损失率计算其预期信用损失,如表4-3所示。

表4-3 预期信用损失计算表 单位:元

应收账款逾期情况	账面余额 ①	违约损失率(%) ②	按整个存续期内预期信用损失确认的损失准备 ③=①×②
未逾期	15 000 000	0.3	45 000
逾期1~30日	7 500 000	1.6	120 000
逾期31~60日	4 000 000	3.6	144 000
逾期61~90日	2 500 000	6.6	165 000
逾期>90日	1 000 000	10.6	106 000
合计	30 000 000	—	580 000

如表 4-3 所示，甲公司 20×8 年 12 月 31 日"坏账准备"科目的余额为 58 万元。甲公司应根据前期"坏账准备"科目的账面余额，计算本期应入账的金额。假设存在以下两种情况：

（1）假设前期"坏账准备"科目的贷方余额为 40 万元，则本期计提坏账准备 18 万元。

借：信用减值损失　　　　　　　　　　　　　　　　　　180 000
　　贷：坏账准备　　　　　　　　　　　　　　　　　　　　180 000

（2）假设调整前"坏账准备"科目的借方余额为 10 万元，则本期计提坏账准备 68 万元。

借：信用减值损失　　　　　　　　　　　　　　　　　　680 000
　　贷：坏账准备　　　　　　　　　　　　　　　　　　　　680 000

【例 4-18】甲公司根据以前年度应收款项的实际损失率为基础，确定按应收款项余额的 3‰ 计算确定各年减值损失。20×6 年初坏账准备无余额，20×6 年末应收账款余额为 100 万元。20×7 年，发生坏账 2 500 元，应收账款年末余额为 120 万元。20×8 年末应收账款余额为 80 万元。20×9 年，已确认的坏账又收回 1 000 元，应收账款年末余额为 150 万元。甲公司的账务处理如下：

（1）20×6 年 12 月 31 日。

本年计提的坏账准备 = 1 000 000 × 3‰ = 3 000（元）

借：信用减值损失　　　　　　　　　　　　　　　　　　3 000
　　贷：坏账准备　　　　　　　　　　　　　　　　　　　　3 000

（2）20×7 年度。

①实际发生坏账损失。

借：坏账准备　　　　　　　　　　　　　　　　　　　　2 500
　　贷：应收账款　　　　　　　　　　　　　　　　　　　　2 500

②年末计提坏账准备。

年末"坏账准备"科目的贷方余额 = 1 200 000 × 3‰ = 3 600（元）

本年应补提的坏账准备 = 3 600 – (3 000 – 2 500) = 3 100（元）

借：信用减值损失　　　　　　　　　　　　　　　　　　3 100
　　贷：坏账准备　　　　　　　　　　　　　　　　　　　　3 100

（3）20×8 年度。

年末"坏账准备"科目的贷方余额 = 800 000 × 3‰ = 2 400（元）

本年冲回的坏账准备 = 3 600 – 2 400 = 1 200（元）

借：坏账准备　　　　　　　　　　　　　　　　　　　　1 200
　　贷：信用减值损失　　　　　　　　　　　　　　　　　　1 200

（4）20×9 年度。

①收回已确认的坏账损失。

借：应收账款　　　　　　　　　　　　　　　　　　　　1 000
　　贷：坏账准备　　　　　　　　　　　　　　　　　　　　1 000

借:银行存款 1 000
　　贷:应收账款 1 000

②年末计提坏账准备。

年末"坏账准备"科目的贷方余额 = 1 500 000 × 3‰ = 4 500(元)

本年应补提的坏账准备 = 4 500 − (2 400 + 1 000) = 1 100(元)

借:信用减值损失 1 100
　　贷:坏账准备 1 100

五、债权投资

企业对债权投资进行会计核算的内容主要包括:取得时的核算,持有期间计提利息和利息调整摊销、计提减值准备的核算,提前处置和到期日的核算等。

(一) 债权投资取得的核算

1. 初始确认金额的确定

债权投资,应当按取得时的公允价值和相关交易费用之和作为初始确认金额。企业取得债权投资,有的按债券面值购入,有的按高于债券面值购入(溢价购入)或低于债券面值的价格购入(折价购入)。债券的溢价或折价是由于债券的名义利率(或票面利率)与实际利率(或市场利率)不一致所引起的,实际上是该债券的入账价值与其票面面值的差额,实质上是对企业以后期间按照票面利率计算收取的票面利息与按实际利率计算确认的实际利息之间差额的调整。

2. 账务处理

企业取得债权投资时,应按该债券面值,借记"债权投资——成本"科目,按支付的价款中包含的已到付息期但尚未领取的利息和未到付息期的利息,分别借记"应收利息""债权投资——应计利息"科目,按实际支付的金额,贷记"银行存款"等科目,按其差额,借记或贷记"债权投资——利息调整"科目。收到已到付息期但尚未领取的利息,借记"银行存款"科目,贷记"应收利息"科目。

(二) 债权投资持有期间的核算

1. 确认利息收入及利息调整的摊销

企业以摊余成本对债权投资进行后续计量,并采用实际利率法确认利息收入。

(1) 实际利率法,是指计算该金融资产的摊余成本以及将利息收入分摊计入各会计期间的方法。实际利率,是指将该金融资产在预计存续期的估计未来现金流量,折现为该金融资产账面余额所使用的利率。在确定实际利率时,应当在考虑金融资产所有合同条款的基础上估计预期现金流量,但不应当考虑预期信用损失。

(2) 摊余成本,应当以该金融资产的初始确认金额经下列调整后的结果确定:①扣除已偿还的本金。②加上或减去采用实际利率法将该初始确认金额与到期日金额之间的差额进行摊销形成的累计摊销额。③扣除累计计提的损失准备。

(3) 确认利息收入。企业应当按照实际利率法确认利息收入。利息收入应当根据金融资产账面余额乘以实际利率计算确定，但下列情况除外：

①对于购入或源生的已发生信用减值的金融资产，企业应当自初始确认起，按照该金融资产的摊余成本和经信用调整的实际利率计算确定其利息收入。

②对于购入或源生的未发生信用减值，但在后续期间成为已发生信用减值的金融资产，企业应当在后续期间，按照该金融资产的摊余成本和实际利率计算确定其利息收入。企业按照上述规定对金融资产的摊余成本运用实际利率法计算利息收入的，若该金融资产在后续期间因其信用风险有所改善而不再存在信用减值，并且这一改善在客观上可与应用上述规定之后发生的某一事件相联系，企业应当转按实际利率乘以该金融资产账面余额来计算确定利息收入。

经信用调整的实际利率，是指将购入或源生的已发生信用减值的金融资产在预计存续期的估计未来现金流量，折现为该金融资产摊余成本的利率。在确定经信用调整的实际利率时，应当在考虑金融资产的所有合同条款（如提前还款、展期、看涨期权或其他类似期权等）以及初始预期信用损失的基础上估计预期现金流量。

当对金融资产预期未来现金流量具有不利影响的一项或多项事件发生时，该金融资产成为已发生信用减值的金融资产。金融资产已发生信用减值的证据包括下列可观察信息：①发行方或债务人发生重大财务困难；②债务人违反合同，如偿付利息或本金违约或逾期等；③债权人出于与债务人财务困难有关的经济或合同考虑，给予债务人在任何其他情况下都不会作出的让步；④债务人很可能破产或进行其他财务重组；⑤发行方或债务人财务困难导致该金融资产的活跃市场消失；⑥以大幅折扣购买或源生一项金融资产，该折扣反映了发生信用损失的事实。金融资产发生信用减值，有可能是多个事件的共同作用所致，未必是可单独识别的事件所致。

(4) 账务处理。资产负债表日，企业应按该债券票面面值和票面利率计算确定的利息，借记"应收利息"科目（分期付息、到期还本）或"债权投资——应计利息"科目（一次还本付息），按其账面余额或摊余成本和实际利率计算确定的利息收入，贷记"投资收益"科目，按其差额，借记或贷记"债权投资——利息调整"科目。收到分期支付的利息，借记"银行存款"科目，贷记"应收利息"科目。

2. 确认减值损失

企业应当在资产负债表日计算该资产（或资产组合）的预期信用损失。如果该预期信用损失大于该资产（或组合）当前减值准备的账面金额，企业应当将其差额确认为减值损失，借记"信用减值损失"科目，贷记"债权投资减值准备"科目；如果预期信用损失小于该资产（或组合）当前减值准备的账面金额，则应当将差额确认为减值利得，做相反的会计分录。

（三）债权投资到期前处置或到期的核算

(1) 企业在到期前出售债权投资，应按实际收到的金额，借记"银行存款"等科目，按已计提的减值准备，借记"债权投资减值准备"科目，按其账面余额，贷记"债权投资——成本、应计利息"科目，贷记或借记"债权投资——利息调整"科目，按其差额，贷记或借记"投资收益"科目。

（2）企业到期收回债券本息，借记"银行存款"科目，贷记"债权投资——成本"科目，按最后一期的利息金额或持有期间累计的利息金额，贷记"应收利息"科目或"债权投资——应计利息"科目。

【例4-19】20×6年1月2日，甲公司以1 000万元购入乙公司当日发行的面值为1 000万元、4年期，票面年利率和实际年利率均为4%，每年1月15日支付上年度的利息，到期一次归还本金和最后一期利息的债券。甲公司根据其管理该债券的业务模式和该债券的合同现金流量特征，将其分类为以摊余成本计量的金融资产。假定不考虑其他相关税费，甲公司账务处理如下：

（1）20×6年1月2日，购买债券。

借：债权投资——成本　　　　　　　　　　　　　　　　10 000 000
　　贷：银行存款　　　　　　　　　　　　　　　　　　　　　10 000 000

（2）每年末确认利息收入。

借：应收利息　　　　　　　　　　　（10 000 000×4%）400 000
　　贷：投资收益　　　　　　　　　　　　　　　　　　　　　　400 000

（3）每年1月15日收到利息。

借：银行存款　　　　　　　　　　　　　　　　　　　　　400 000
　　贷：应收利息　　　　　　　　　　　　　　　　　　　　　　400 000

（4）到期收回本金和最后一期利息。

借：银行存款　　　　　　　　　　　　　　　　　　　　10 400 000
　　贷：债权投资——成本　　　　　　　　　　　　　　　　　10 000 000
　　　　应收利息　　　　　　　　　　　　　　　　　　　　　　400 000

【例4-20】20×6年1月2日，甲公司以992.77万元购入乙公司20×5年1月1日发行的面值为1 000万元、4年期，票面年利率为4%，实际年利率为5%，每年1月15日支付利息，到期一次归还本金和最后一期利息的债券，另支付相关费用20万元。甲公司根据其管理该债券的业务模式和该债券的合同现金流量特征，将其分类为以摊余成本计量的金融资产。甲公司的账务处理如下：

（1）20×6年1月2日，购买债券。

债权投资的入账价值=992.77+20-1 000×4%=972.77（万元）
债券的利息调整=票面面值-入账价值=1 000-972.77=27.23（万元）

借：债权投资——成本　　　　　　　　　　　　　　　　10 000 000
　　应收利息　　　　　　　　　　　　　　　　　　　　　400 000
　　贷：银行存款　　　　　　　　　　　　　　　　　　　　10 127 700
　　　　债权投资——利息调整　　　　　　　　　　　　　　　272 300

（2）20×6年1月15日，收到债券利息。

借：银行存款　　　　　　　　　　　　　　　　　　　　　400 000
　　贷：应收利息　　　　　　　　　　　　　　　　　　　　　　400 000

（3）计算确认各期的利息及利息调整的摊销额，如表4-4所示。

表 4-4　　　　　　　　　债券利息调整（折价）摊销表　　　　　　　单位：万元

时间	票面利息 ①＝面值×4%	实际利息 ②＝期初④×5%	利息调整的摊销额 ③＝②－①	摊余成本 ④＝期初摊余成本＋③
20×6.01.02	—	—	—	972.77
20×6.12.31	40	48.64	8.64	981.41
20×7.12.31	40	49.07	9.07	990.48
20×8.12.31	40	49.52	9.52	0*
合　计	120	147.23	27.23	—

*20×8年末该债券的摊余成本 = 990.48 + 9.52 − 1 000 = 0（元）。

根据表4-4数据，甲公司每年末计提利息收入的账务处理，如表4-5所示。

表 4-5　　　　　计提利息收入及利息调整摊销的账务处理　　　　　单位：元

会计分录	20×6.12.31	20×7.12.31	20×8.12.31
借：应收利息	400 000	400 000	400 000
债权投资——利息调整	86 400	90 700	95 200
贷：投资收益	486 400	490 700	495 200

（4）每年1月15日收到利息。

借：银行存款　　　　　　　　　　　　　　　　　　　　　400 000
　贷：应收利息　　　　　　　　　　　　　　　　　　　　　　　　400 000

（5）到期收回本金和最后一期利息。

借：银行存款　　　　　　　　　　　　　　　　　　　　10 400 000
　贷：债权投资——成本　　　　　　　　　　　　　　　　　　10 000 000
　　　应收利息　　　　　　　　　　　　　　　　　　　　　　　　400 000

假定甲公司在20×8年1月10日，以1 050万元提前出售该债券，相关账务处理如下：

借：银行存款　　　　　　　　　　　　　　　　　　　　10 500 000
　　债权投资——利息调整　　　　　　　　　　　　　　　　　95 200
　贷：债权投资——成本　　　　　　　　　　　　　　　　　10 000 000
　　　应收利息　　　　　　　　　　　　　　　　　　　　　　　　400 000
　　　投资收益　　　　　　　　　　　　　　　　　　　　　　　　195 200

【例4-21】20×6年1月2日，甲公司以106万元购入乙公司当日发行的面值为100万元、3年期，票面年利率为10%，实际年利率为7.685%，每年1月15日支付上年度的利息，到期一次归还本金和最后一期利息的债券。甲公司根据其管理该债券的业务模式和该债券的合同现金流量特征，将其分类为以摊余成本计量的金融资产。假定不考虑其他相关因素，甲公司的账务处理如下：

（1）20×6年1月2日，购买债券。

债权投资的入账价值 = 106（万元）

债券的利息调整 = 入账价值 – 票面面值 = 106 – 100 = 6（万元）

借：债权投资——成本　　　　　　　　　　　　　　　　1 000 000
　　　　　　——利息调整　　　　　　　　　　　　　　　　60 000
　　贷：银行存款　　　　　　　　　　　　　　　　　　　1 060 000

(2) 计算确认各期的利息收入及利息调整的摊销额，如表 4–6 所示。

表 4–6　　　　　　　　　　债券利息调整（溢价）摊销表　　　　　　　　　单位：万元

时　间	票面利息 ①=面值×10%	实际利息 ②=期初④×7.685%	利息调整的摊销额 ③=①–②	摊余成本 ④=期初摊余成本–③
20×6.01.02	—	—	—	106
20×6.12.31	10	8.15	1.85	104.15
20×7.12.31	10	8.00	2.00	102.15
20×8.12.31	10	7.85	2.15	0*
合　计	30	24.00	6.00	—

注：*20×8 年末该债券的摊余成本 = 102.15 – 2.15 – 100 = 0（元）。

根据表 4–6 数据，甲公司每年计提利息及利息调整摊销的账务处理，如表 4–7 所示。

表 4–7　　　　　　　　计提利息收入及利息调整摊销的账务处理　　　　　　　　单位：元

会计分录	20×6.12.31	20×7.12.31	20×8.12.31
借：应收利息	100 000	100 000	100 000
贷：投资收益	81 500	80 000	78 500
债权投资——利息调整	18 500	20 000	21 500

(3) 每年 1 月 15 日收到利息。

借：银行存款　　　　　　　　　　　　　　　　　　　　　100 000
　　贷：应收利息　　　　　　　　　　　　　　　　　　　　100 000

(4) 到期收回本金和最后一期利息。

借：银行存款　　　　　　　　　　　　　　　　　　　　1 100 000
　　贷：债权投资——成本　　　　　　　　　　　　　　　1 000 000
　　　　应收利息　　　　　　　　　　　　　　　　　　　　100 000

假定在 20×8 年 1 月 10 日，甲公司以 108 万元提前出售该债券，相关账务处理如下：

借：银行存款　　　　　　　　　　　　　　　　　　　　1 080 000
　　投资收益　　　　　　　　　　　　　　　　　　　　　　41 500
　　贷：债权投资——成本　　　　　　　　　　　　　　　1 000 000
　　　　　　　　——利息调整　　　　　　　　　　　　　　21 500
　　　　应收利息　　　　　　　　　　　　　　　　　　　　100 000

【例4-22】20×6年1月2日,甲公司以1 005.35万元购入乙公司20×5年1月1日发行的面值1 000万元,5年期,票面年利率5%,实际年利率6%,每年1月5日支付上年度的利息,到期一次还本和最后一次利息的债券,另支付相关费用10万元。甲公司根据其管理该债券的业务模式和该债券的合同现金流量特征,将其分类为以摊余成本计量的金融资产。20×6年12月31日,该债券自初始确认后信用风险未显著增加,甲公司按照未来12个月内确认预期信用损失准备50万元。20×7年12月31日,该债券信用风险显著增加但未发生信用减值,甲公司按照这个存续期确认预计信用损失150万元。20×8年1月25日,甲公司以980万元出售该债券。甲公司的会计处理如下:

(1) 20×6年1月2日,购入债券。

借:债权投资——成本　　　　　　　　　　　　　　　　10 000 000
　　应收利息　　　　　　　　　　　(10 000 000×5%)500 000
　　贷:银行存款　　　　　　　　　　　　　　　　　　10 153 500
　　　　债权投资——利息调整　　　　　　　　　　　　　346 500

(2) 20×6年1月5日,收到债券利息。

借:银行存款　　　　　　　　　　　　　　　　　　　　500 000
　　贷:应收利息　　　　　　　　　　　　　　　　　　500 000

(3) 20×6年12月31日。

①计提利息收入及利息调整的摊销。

应确认的利息收入 = (1 000 - 34.65)×6% = 57.92 (万元)

借:应收利息　　　　　　　　　　　(10 000 000×5%)500 000
　　债权投资——利息调整　　　　　　　　　　　　　　79 200
　　贷:投资收益　　　　　　　　　　　　　　　　　　579 200

②确认减值准备。

借:信用减值损失　　　　　　　　　　　　　　　　　　500 000
　　贷:债权投资减值准备　　　　　　　　　　　　　　500 000

(4) 20×7年1月5日,收到利息收入。

借:银行存款　　　　　　　　　　　　　　　　　　　　500 000
　　贷:应收利息　　　　　　　　　　　　　　　　　　500 000

(5) 20×7年12月31日。

①计提利息收入及利息调整的摊销。

因未发信用减值,应以账面余额为基础计算利息收入。

甲公司应确认的利息收入 = (1 000 - 34.65 + 7.92)×6% = 58.3962 (万元)

借:应收利息　　　　　　　　　　　(10 000 000×5%)500 000
　　债权投资——利息调整　　　　　　　　　　　　　　83 962
　　贷:投资收益　　　　　　　　　　　　　　　　　　583 962

②确认减值准备。

借:信用减值损失　　　　　　　　　(1 500 000 - 500 000)1 000 000
　　贷:债权投资减值准备　　　　　　　　　　　　　1 000 000

(6) 20×8年1月5日，收到利息收入。

借：银行存款　　　　　　　　　　　　　　　　　　500 000
　　　贷：应收利息　　　　　　　　　　　　　　　　　　500 000

(7) 20×8年1月31日，出售债券。

借：银行存款　　　　　　　　　　　　　　　　　　9 800 000
　　债权投资——利息调整　　　　　　　　　　　　　　183 338
　　债权投资减值准备　　　　　　　　　　　　　　　1 500 000
　　　贷：债权投资——成本　　　　　　　　　　　　　10 000 000
　　　　　投资收益　　　　　　　　　　　　　　　　　1 483 338

第三节　以公允价值计量且其变动计入
其他综合收益的金融资产

企业分类为以公允价值计量且其变动计入其他综合收益的金融资产包括：以公允价值计量且其变动计入其他综合收益的债务工具投资和指定为以公允价值计量且其变动计入其他综合收益的非交易性权益工具投资。

一、以公允价值计量且其变动计入其他综合收益的债务工具投资

其他债权投资，是指企业分类为以公允价值计量且其变动计入其他综合收益的债务工具投资。该类金融资产所产生的所有利得或损失，除减值损失或利得和汇兑损益之外，均应当计入其他综合收益，直至该类金融资产终止确认或被重分类。但是，采用实际利率法计算的该金融资产的利息应当计入当期损益（投资收益）。该类金融资产计入各期损益的金额应当与视同其一直按摊余成本计量而计入各期损益的金额相等。该类金融资产终止确认时，之前计入其他综合收益的累计利得或损失应当从其他综合收益中转出，计入当期损益（投资收益）。该类金融资产的会计核算主要包括：取得时的核算，持有期间确认利息收入、公允价值发生变动、信用减值准备的核算，处置的核算等。

（一）其他债权投资取得的核算

其他债权投资，应当按照公允价值和相关交易费用之和作为初始入账金额。企业取得该金融资产时，按债券的面值，借记"其他债权投资——成本"科目，按支付的价款中包含的已到付息期但尚未领取的利息、未到付息期的利息，分别借记"应收利息"科目、"其他债权投资——应计利息"科目，按实际支付的金额，贷记"银行存款"科目，按其差额，借记或贷记"其他债权投资——利息调整"科目。收到已到付息期但尚未领取的利息，借记"银行存款"科目，贷记"应收利息"科目。

(二) 其他债权投资持有期间的核算

1. 资产负债表日确认债券利息收入

资产负债表日，企业应按该债券票面面值和票面利率计算确定的应收利息，借记"应收利息"科目（分期付息、一次还本的债权投资）或"其他债权投资——应计利息"科目（一次还本付息的债权投资），按该债券账面余额或摊余成本和实际利率计算确定的利息收入，贷记"投资收益"科目，按其差额，借记或贷记"其他债权投资——利息调整"科目。

2. 资产负债表日公允价值发生变动

资产负债表日，该债券的公允价值上升时，借记"其他债权投资——公允价值变动"科目，贷记"其他综合收益"科目；该债券的公允价值下降时，借记"其他综合收益"科目，贷记"其他债权投资——公允价值变动"科目。

3. 资产负债表日确认减值准备

企业应在资产负债表日计算该资产（或资产组合）预期信用损失。如果该预期信用损失大于该资产（或组合）当前减值准备的账面金额，企业应当将其差额确认为减值损失，借记"信用减值损失"科目，贷记"其他综合收益——信用减值准备"科目；如果预期信用损失小于当前减值准备的账面金额，则应当将差额确认为减值利得，做相反的会计分录。

(三) 其他债权投资处置的核算

企业出售该债券，应按实际收到的金额，借记"银行存款"等科目，按其面值及尚未收到的利息，贷记"其他债权投资——成本、应计利息"科目或"应收利息"科目，按照其"公允价值变动、利息调整"等明细科目的余额，借记或贷记"其他债权投资——公允价值变动、利息调整"科目，按其差额，贷记或借记"投资收益"科目。同时，按之前计入其他综合收益的累计利得或损失，借记或贷记"其他综合收益"科目，贷记或借记"投资收益"科目。

【例4-23】20×5年1月1日，甲公司支付价款1 000万元（含交易费用）购入乙公司同日发行的面值为1 250万元、票面年利率为4.72%、实际年利率为10%、期限为5年、每年年末支付利息、到期一次还本的债券。甲公司根据其管理该债券的业务模式和该债券的合同现金流量特征，将该债券分类为以公允价值计量且其变动计入其他综合收益的金融资产。该债券在20×5年末、20×6年末、20×7年末、20×8年末的公允价值分别为1 200万元、1 300万元、1 250万元、1 200万元，均不含利息。20×9年1月20日，甲公司以1 270万元的价格出售了乙公司债券。假定不考虑其他因素，甲公司的账务处理如下（单位：万元）：

(1) 20×5年1月1日，购入乙公司债券。

借：其他债权投资——成本　　　　　　　　　　　　　　　1 250
　　贷：银行存款　　　　　　　　　　　　　　　　　　　　　　1 000
　　　　其他债权投资——利息调整　　　　　　　　　　　　　　　250

（2）计算出售之前各年末的利息收入及公允价值变动额，如表4-8所示。

表4-8　　　　　　　　各年末的利息收入及公允价值变动额　　　　　　　　单位：万元

日期	票面利息 ①＝面值× 4.72%	实际利息 ②＝期初 ④×10%	已收回本金 ③＝①－②	摊余成本余额 ④＝期初 ④－③	公允价值 ⑤	公允价值变动额 ⑥＝⑤－④－期初⑦	公允价值变动累计金额 ⑦＝期初 ⑦＋⑥
20×5.01.01	—			1 000	1 000	0	0
20×5.12.31	59	100	−41	1 041	1 200	159	159
20×6.12.31	59	104	−45	1 086	1 300	55	214
20×7.12.31	59	109	−50	1 136	1 250	−100	114
20×8.12.31	59	113	−54	1 190	1 200	−104	10

（3）每年末确认债券实际利息收入、公允价值变动和收到债券利息，如表4-9所示。

表4-9　　　各年末确认债券实际利息收入、公允价值变动和收到债券利息　　　单位：万元

经济业务	会计分录	20×5.12.31	20×6.12.31	20×7.12.31	20×8.12.31
①确认利息收入	借：应收利息 　　其他债权投资——利息调整 　贷：投资收益	59 41 　　100	59 45 　　104	59 50 　　109	59 54 　　113
②收到利息收入	借：银行存款 　贷：应收利息	59 　59	59 　59	59 　59	59 　59
③确认公允价值变动	借：其他债权投资——公允价值变动 　贷：其他综合收益——公允价值变动 借：其他综合收益——公允价值变动 　贷：其他债权投资——公允价值变动	159 　159	55 　55	100 　100	104 　104

（4）20×9年1月20日，出售乙公司债券。

借：银行存款　　　　　　　　　　　　　　　　　　　　　　1 270
　　其他债权投资——利息调整　　　　　　　　　　　　　　　60
　贷：其他债权投资——成本　　　　　　　　　　　　　　　1 250
　　　其他债权投资——公允价值变动　　　　　　　　　　　　10
　　　投资收益　　　　　　　　　　　　　　　　　　　　　　70
借：其他综合收益——公允价值变动　　　　　　　　　　　　10
　贷：投资收益　　　　　　　　　　　　　　　　　　　　　　10

【例 4-24】20×7 年 1 月 1 日，甲公司以 97 万元购入乙公司 20×6 年 1 月 1 日发行的面值 100 万元、期限为 5 年、票面年利率为 3%、市场年利率为 4%、每年 1 月 5 日支付上年度利息的债券。购入时另支付相关税费 3.22 万元。甲公司根据其管理该债券的业务模式和该债券的合同现金流量特征，将该债券分类为以公允价值计量且其变动计入其他综合收益的金融资产。20×7 年 12 月 31 日，该债券投资自初始确认后信用风险未显著增加，甲公司按照未来 12 个月内确认预期信用损失准备 10 万元，该债券当日的公允价值为 110 万元（不含利息）。20×8 年 12 月 31 日，该债券信用风险显著增加，但未发生信用减值，甲公司按照整个存续期内确认的预期信用损失准备余额 30 万元，该债券当日的公允价值为 80 万元（不含利息）。20×9 年 1 月 10 日，甲公司将上述债券全部出售，收到款项 90.2 万元存入银行。假定不考虑其他因素，甲公司的账务处理如下：

(1) 20×7 年 1 月 1 日，购买债券。

借：其他债权投资——成本　　　　　　　　　　　　　　1 000 000
　　应收利息　　　　　　　　　　　　　　(1 000 000×3%) 30 000
　　贷：银行存款　　　　　　　　　　　　　　　　　　1 002 200
　　　　其他债权投资——利息调整　　　　　　　　　　　27 800

(2) 20×7 年 1 月 5 日，收到利息。

借：银行存款　　　　　　　　　　　　　　　　　　　　　30 000
　　贷：应收利息　　　　　　　　　　　　　　　　　　　30 000

(3) 20×7 年 12 月 31 日。

①确认利息收入。

该债券的利息收入 = (1 000 000 - 27 800) × 4% = 38 888（元）

借：应收利息　　　　　　　　　　　　　　　　　　　　　30 000
　　其他债权投资——利息调整　　　　　　　　　　　　　8 888
　　贷：投资收益　　　　　　　　　　　　　　　　　　　38 888

②确认公允价值变动。

该债券的账面余额 = 1 000 000 - 27 800 + 8 888 = 981 088（元）

应确认的公允价值变动额 = 1 100 000 - 981 088 = 118 912（元）

借：其他债权投资——公允价值变动　　　　　　　　　　118 912
　　贷：其他综合收益——其他债权投资公允价值变动　　118 912

③确认信用减值准备。

借：信用减值损失　　　　　　　　　　　　　　　　　　100 000
　　贷：其他综合收益——信用减值准备　　　　　　　　100 000

(4) 20×8 年 1 月 5 日，收到上年度利息。

借：银行存款　　　　　　　　　　　　　　　　　　　　　30 000
　　贷：应收利息　　　　　　　　　　　　　　　　　　　30 000

(5) 20×8 年 12 月 31 日。

①确认利息收入。

该债券因未发生信用减值，应按照账面余额计算利息收入。
该债券的利息收入 = 981 088 × 4% = 39 243.52（元）

借：应收利息　　　　　　　　　　　　　　　　　　　　　　30 000
　　其他债权投资——利息调整　　　　　　　　　　　　　　9 243.52
　　贷：投资收益　　　　　　　　　　　　　　　　　　　　　39 243.52

②确认公允价值变动。
该债券的账面余额 = 1 000 000 – 27 800 + 8 888 + 9 243.52 = 990 331.52（元）
应确认的公允价值变动额 = 990 331.52 – 800 000 = 190 331.52（元）

借：其他综合收益——其他债权投资公允价值变动　　　　　190 331.52
　　贷：其他债权投资——公允价值变动　　　　　　　　　　190 331.52

③确认信用减值准备。

借：信用减值损失　　　　　　　　　（300 000 – 100 000）200 000
　　贷：其他综合收益——信用减值准备　　　　　　　　　　200 000

(6) 20×9年1月5日，收到上年度利息。

借：银行存款　　　　　　　　　　　　　　　　　　　　　　30 000
　　贷：应收利息　　　　　　　　　　　　　　　　　　　　　30 000

(7) 20×9年1月10日，出售该债券。

借：银行存款　　　　　　　　　　　　　　　　　　　　　　902 000
　　其他债权投资——利息调整　　　　　　　　　　　　　　9 668.48
　　　　　　　　——公允价值变动　　　　　　　　　　　　71 419.52
　　投资收益　　　　　　　　　　　　　　　　　　　　　　16 912
　　贷：其他债权投资——成本　　　　　　　　　　　　　　1 000 000
借：其他综合收益——信用减值准备　　　　　　　　　　　　300 000
　　贷：其他综合收益——其他债权投资公允价值变动　　　　71 419.52
　　　　投资收益　　　　　　　　　　　　　　　　　　　　　228 580.48

二、以公允价值计量且其变动计入其他综合收益的非交易性权益工具投资

企业初始确认时，可基于单项非交易性权益工具投资，将其指定为以公允价值计量且其变动计入其他综合收益的金融资产，其公允价值的后续变动计入其他综合收益，不需计提减值准备。除了获得的股利收入（明确作为投资成本部分收回的股利收入除外）计入当期损益外，其他相关的利得和损失（包括汇兑损益）均应当计入其他综合收益，且后续不得转入损益。当金融资产终止确认时，之前计入其他综合收益的累计利得或损失应当从其他综合收益中转出，计入留存收益。

企业应当设置"其他权益工具投资"科目核算企业指定为以公允价值计量且其变动计入其他综合收益的非交易性权益工具投资。该类金融资产的会计核算主要包括：取得时的核算，持有期间分得股利、公允价值发生变动的核算，处置的核算等。

(一) 其他权益工具投资取得的核算

其他权益工具投资，应当按照公允价值和相关交易费用之和作为初始入账金额。企业取得该金融资产时，按初始入账金额，借记"其他权益工具投资——成本"科目，按支付的价款中包含的已宣告但尚未发放的现金股利，借记"应收股利"科目，按实际支付的金额，贷记"银行存款"科目。收到已宣告但尚未发放的现金股利时，借记"银行存款"科目，贷记"应收股利"科目。

(二) 其他权益工具投资持有期间的核算

(1) 持有期间分得现金股利。企业持有该金融资产的期间，当被投资单位宣告发放的现金股利，按应享有的份额，借记"应收股利"科目，贷记"投资收益"科目。实际收到现金股利或利润时，借记"银行存款"等科目，贷记"应收股利"科目等。

(2) 资产负债表日公允价值发生变动。资产负债表日，该资产的公允价值上升，借记"其他权益工具投资——公允价值变动"科目，贷记"其他综合收益"科目；该资产的公允价值下降，借记"其他综合收益"科目，贷记"其他权益工具投资——公允价值变动"科目。

(三) 其他权益工具投资处置的核算

当该金融资产终止确认时，之前计入其他综合收益的累计利得或损失应当从其他综合收益中转出，计入留存收益。企业处置该金融资产时，按实际收到的金额，借记"银行存款"等科目，按其账面余额，贷记"其他权益工具投资——成本"科目，借记或贷记"其他权益工具投资——公允价值变动"科目，按其差额，贷记或借记"盈余公积""利润分配——未分配利润"科目。同时，按原记入"其他综合收益"科目的账面余额，借记或贷记"其他综合收益"科目，贷记或借记"盈余公积""利润分配——未分配利润"科目。

【例4-25】20×6年3月10日，甲公司购买乙公司发行的股票300万股，每股成交价为15元（含已宣告尚未发放的每股现金股利0.3元），另支付交易费用30万元，占乙公司5%的表决权。甲公司将其指定为以公允价值计量且其变动计入其他综合收益的非交易性权益工具投资。20×6年4月20日，甲公司收到现金股利。20×6年12月31日，乙公司宣告分派现金股利1 200万元，该股票当日每股市价为15.2元。20×7年4月25日收到现金股利。20×7年12月31日，乙公司宣告分派现金股利1 000万元，该股票当日每股市价为15元。20×8年4月20日收到现金股利。20×8年5月20日，甲公司以每股14元的价格将股票全部转让。甲公司按照净利润的10%提取盈余公积。假定不考虑其他因素，甲公司的账务处理如下：

(1) 20×6年3月10日，购买股票。

借：其他权益工具投资——成本　(3 000 000×14.7+300 000)44 400 000
　　应收股利　　　　　　　　　　　　　　　　　　　　　　900 000

贷：银行存款	45 300 000

（2） 20×6 年 4 月 20 日，收到现金股利。

借：银行存款	900 000
贷：应收股利	900 000

（3） 20×6 年 12 月 31 日，乙公司宣告分派现金股利。

借：应收股利	600 000
贷：投资收益	（12 000 000×5%）600 000

（4） 20×6 年 12 月 31 日，确认公允价值变动。

公允价值上升金额＝300×15.2－4 440＝120（万元）

借：其他权益工具投资——公允价值变动	1 200 000
贷：其他综合收益——公允价值变动	1 200 000

（5） 20×7 年 4 月 25 日，收到现金股利。

借：银行存款	600 000
贷：应收股利	600 000

（6） 20×7 年 12 月 31 日，乙公司宣告分派现金股利。

借：应收股利	500 000
贷：投资收益	（10 000 000×5%）500 000

（7） 20×7 年 12 月 31 日，确认公允价值变动。

公允价值下降金额＝300×（15.2－15）＝60（万元）

借：其他综合收益——公允价值变动	600 000
贷：其他权益工具投资——公允价值变动	600 000

（8） 20×8 年 4 月 20 日，收到现金股利。

借：银行存款	500 000
贷：应收股利	500 000

（9） 20×8 年 5 月 20 日，将持有乙公司股票全部转让。

借：银行存款	（3 000 000×14）42 000 000
盈余公积	300 000
利润分配——未分配利润	2 700 000
贷：其他权益工具投资——成本	44 400 000
——公允价值变动	600 000
借：其他综合收益——公允价值变动	600 000
贷：盈余公积	60 000
利润分配——未分配利润	540 000

第四节　以公允价值计量且其变动计入当期损益的金融资产

企业应当设置"交易性金融资产"科目，核算企业分类为以公允价值计量且其变动计入当期损益的金融资产。该科目可按金融资产的类别和品种，分别以"成本""公允价值变动"等进行明细核算。企业持有的指定为以公允价值计量且其变动计入当期损益的金融资产可在该科目下单设"指定类"明细科目核算。衍生金融资产在"衍生工具"科目核算。企业对该金融资产的会计核算主要包括：取得时的核算，持有期间分得现金股利或利息及资产负债表日公允价值变动的核算，处置时的核算等。

一、交易性金融资产取得的核算

企业取得交易性金融资产，按其公允价值，借记"交易性金融资产——成本"科目，按发生的交易费用，借记"投资收益"科目，按支付的价款中包含的已宣告但尚未发放的利息或现金股利，借记"应收利息"或"应收股利"科目，按实际支付金额，贷记"银行存款"等科目。企业收到已宣告但尚未发放的利息或现金股利，借记"银行存款"科目，贷记"应收利息"或"应收股利"科目。

二、交易性金融资产持有期间的核算

1. 持有期间分得现金股利或债券利息

企业在持有交易性金融资产的期间，当被投资单位宣告分配现金股利或在资产负债表日按分期付息、到期一次还本的票面利率计算的利息，借记"应收股利"或"应收利息"科目，贷记"投资收益"科目。企业收到该现金股利或利息，借记"银行存款"科目，贷记"应收股利"或"应收利息"科目。

2. 资产负债表日公允价值发生变动

资产负债表日，交易性金融资产公允价值变动形成的利得或损失，除与套期会计有关外，计入当期损益。该资产的公允价值上升时，借记"交易性金融资产——公允价值变动"科目，贷记"公允价值变动损益"科目；该资产的公允价值下降时，借记"公允价值变动损益"科目，贷记"交易性金融资产——公允价值变动"科目。

三、交易性金融资产处置的核算

企业处置交易性金融资产时，应按实际收到的金额，借记"银行存款"等科目，按其账面余额，贷记"交易性金融资产——成本"科目，借记或贷记"交易性金融资产——公允价值变动"科目，按其差额，贷记或借记"投资收益"科目。

【例4-26】20×8年2月6日，甲公司以赚取差价为目的从二级市场购入乙公司发行的股票100万股，取得时公允价值为每股5.20元（含已宣告但尚未发放的每股现金股利0.20元），另支付交易费用5万元，全部价款以银行存款支付。甲公司根据其管理该股票的业务模式和该股票的合同现金流量特征，将该股票分类为以公允价值计量且其变动计入当期损益的金融资产。20×8年3月6日，收到乙公司发放的现金股利。20×8年6月30日，该股票公允价值为每股4.50元。20×8年12月31日，该股票公允价值为每股5.30元。20×9年1月5日，甲公司将该股票以每股5.10元全部处置，交易费用为5万元。假定不考虑其他因素，甲公司的账务处理如下：

(1) 20×8年2月6日，购入股票。

借：交易性金融资产——成本（股票） 5 000 000
　　应收股利 200 000
　　投资收益 50 000
　贷：银行存款 5 250 000

(2) 20×8年3月6日，收到现金股利。

借：银行存款 200 000
　贷：应收股利 200 000

(3) 20×8年6月30日，该股票公允价值发生变动。

借：公允价值变动损益 500 000
　贷：交易性金融资产——公允价值变动（股票） 500 000

(4) 20×8年12月31日，该股票公允价值发生变动。

借：交易性金融资产——公允价值变动（股票） 800 000
　贷：公允价值变动损益 800 000

(5) 20×9年1月5日，将该股票全部处置。

借：银行存款 5 050 000
　　投资收益 250 000
　贷：交易性金融资产——成本（股票） 5 000 000
　　　交易性金融资产——公允价值变动（股票） 300 000

【例4-27】20×8年1月2日，甲公司以103万元的价格购入乙公司20×7年1月1日发行的3年期债券，债券面值为100万元，票面年利率为6%，每半年计息一次，分别于每年的1月15日和7月15日支付利息，另外发生交易费用2万元，全部价款以银行存款支付。甲公司根据其管理该债券的业务模式和该债券的合同现金流量特征，将该债券分类为以公允价值计量且其变动计入当期损益的金融资产。20×8年1月15日，收到20×7年下半年的利息3万元。20×8年6月30日，该债券公允价值为110万元（不含利息）。20×8年7月15日，收到该债券半年利息。20×8年12月31日，该债券公允价值为98万元（不含利息）。20×9年1月15日，收到该债券20×8年下半年利息。20×9年1月20日，将该债券全部处置，实际收到价款120万元。假定不考虑其他因素，甲公司的账务处理如下：

(1) 20×8年1月2日，购入债券。

借：交易性金融资产——成本（债券） 1 000 000
　　应收利息 (1 000 000×6%÷2) 30 000
　　投资收益 20 000
　贷：银行存款 1 050 000

(2) 20×8年1月15日，收到利息。

借：银行存款 30 000

  贷：应收利息 30 000

(3) 20×8年6月30日。

① 确认利息收入。

借：应收利息 30 000
  贷：投资收益 30 000

② 确认债券公允价值变动损益。

借：交易性金融资产——公允价值变动（债券） 100 000
  贷：公允价值变动损益 100 000

(4) 20×8年7月15日，收到该债券利息。

借：银行存款 30 000
  贷：应收利息 30 000

(5) 20×8年12月31日，确认债券利息收入和公允价值变动损益。

①确认利息收入。

借：应收利息 30 000
  贷：投资收益 30 000

②确认债券公允价值变动损益。

借：公允价值变动损益 120 000
  贷：交易性金融资产——公允价值变动（债券） 120 000

(6) 20×9年1月15日，收到该债券利息。

借：银行存款 30 000
  贷：应收利息 30 000

(7) 20×9年1月20日，将该债券全部处置。

借：银行存款 1 200 000
  交易性金融资产——公允价值变动（债券） 20 000
  贷：交易性金融资产——成本（债券） 1 000 000
    投资收益 220 000

第五节　金融资产的重分类

  当企业改变其管理金融资产的业务模式时，金融资产（即非衍生债权资产）可以在以摊余成本计量、以公允价值计量且其变动计入其他综合收益和以公允价值计量且其变动计入当期损益的金融资产之间进行重分类。

一、金融资产重分类的原则

  企业改变其管理金融资产的业务模式时，应当按照规定对所有受影响的相关金融资产进行重分类。企业管理金融资产业务模式的变更是一种极其少见的情形，该变更源自外部或内部的变化，必须由企业的高级管理层进行决策，且其必须对企业的经营非常重要，并能够向外部各方证实。因此，只有当企业开始或终止某项对其经营影响重大的活动时（如当企业收购、处置或终止某一业务线时），其管理金融资产的业务模式才会发生变更。需要注意的是，企业业务模式的变更必须在重分类日之前生效。重分类日，是指导致企业对金融资产进行重分类的业务模式发生变更后的首个报告期间的第一天。

【例4-28】甲上市公司决定于20×7年3月22日改变其管理某金融资产的业务模式，则重分类日为20×7年4月1日（即下一个季度会计期间的期初）；乙上市公司决定于20×7年10月15日改变其管理某金融资产的业务模式，则重分类日为20×8年1月1日。

【例4-29】甲银行决定于20×7年10月15日终止其零售抵押贷款业务，并在20×8年1月1日对所有受影响的金融资产进行重分类。在20×7年10月15日之后，其不应开展新的零售抵押贷款业务，或另外从事与之前零售抵押贷款业务模式相同的活动。

【例4-30】甲公司持有拟在短期内出售的某商业贷款组合。甲公司近期收购了一家从事资产管理的乙公司，乙公司持有贷款的业务模式是以收取合同现金流量为目标。甲公司决定，对该商业贷款组合的持有不再以出售为目标，而是将该组合与资产管理公司持有的其他贷款一起管理，以收取合同现金流量为目标，则甲公司管理该商业贷款组合的业务模式发生了变更。

以下情形不属于业务模式变更：①企业持有特定金融资产的意图改变。企业即使在市场状况发生重大变化的情况下改变对特定资产的持有意图，也不属于业务模式变更。②金融资产特定市场暂时性消失从而暂时影响金融资产出售。③金融资产在企业具有不同业务模式的各部门之间转移。需要注意的是，如果企业管理金融资产的业务模式没有发生变更，而金融资产的条款发生变更但未导致终止确认的，不允许重分类。如果金融资产条款发生变更导致金融资产终止确认的，不涉及重分类问题，企业应当终止确认原金融资产，同时按照变更后的条款确认一项新金融资产。

二、金融资产重分类的会计处理

企业对金融资产进行重分类，应当自重分类日起采用未来适用法进行相关会计处理，不得对以前已经确认的利得、损失（包括减值损失或利得）或利息进行追溯调整。

（一）以摊余成本计量的金融资产的重分类

（1）企业将一项以摊余成本计量的金融资产重分类为以公允价值计量且其变动计入当期损益的金融资产的，应当按照该资产在重分类日的公允价值进行计量。原账面价值与公允价值之间的差额计入当期损益。

【例4-31】沿用【例4-22】的资料，20×7年10月15日，甲公司变更了其管理该债券投资组合的业务模式，其变更符合重分类的要求。因此，甲公司于20×8年1月1日将该债券重分类为以公允价值计量且其变动计入当期损益的金融资产。20×8年1月1日，该债券的公允价值为790万元。甲公司的账务处理如下：

借：交易性金融资产——成本（债券）	7 900 000	
债权投资——利息调整	183 338	
债权投资减值准备	1 500 000	
公允价值变动损益	416 662	
贷：债权投资——成本		10 000 000

（2）企业将一项以摊余成本计量的金融资产重分类为以公允价值计量且其变动计入其他综合收益的金融资产的，应当按照该金融资产在重分类日的公允价值进行计量。原账面价值与公允价值之间的差额计入其他综合收益。该金融资产重分类不影响其实际利率和预期信用损失的计量。

【例 4-32】沿用【例 4-22】的资料，20×7 年 10 月 15 日，甲公司变更了其管理该债券投资组合的业务模式，其变更符合重分类的要求。因此，甲公司于 20×8 年 1 月 1 日将该债券重分类为以公允价值计量且其变动计入其他综合收益的金融资产，该债券当日的公允价值为 790 万元。甲公司的账务处理如下：

借：其他债权投资——成本	7 900 000	
债权投资——利息调整	183 338	
债权投资减值准备	1 500 000	
其他综合收益——其他债权投资公允价值变动	1 916 662	
贷：债权投资——成本		10 000 000
其他综合收益——信用减值准备		1 500 000

（二）以公允价值计量且其变动计入其他综合收益的金融资产的重分类

（1）企业将一项以公允价值计量且其变动计入其他综合收益的金融资产重分类为以摊余成本计量的金融资产的，应当将之前计入其他综合收益的累计利得或损失转出，调整该金融资产在重分类日的公允价值，并以调整后的金额作为新的账面价值，即视同该金融资产一直以摊余成本计量。该金融资产重分类不影响其实际利率和预期信用损失的计量。

【例 4-33】沿用【例 4-24】的资料，20×8 年 10 月 15 日，甲公司变更了其管理债券投资组合的业务模式，其变更符合重分类的要求。因此，甲公司于 20×9 年 1 月 1 日将该债券重分类为以摊余成本计量的金融资产。甲公司的账务处理如下：

借：债权投资——成本	1 000 000	
其他债权投资——利息调整	9 668.48	
——公允价值变动	71 419.52	
其他综合收益——信用减值准备	300 000	
贷：其他债权投资——成本		1 000 000
债权投资——利息调整		9 668.48
其他综合收益——其他债权投资公允价值变动		71 419.52
债权投资减值准备		300 000

（2）企业将一项以公允价值计量且其变动计入其他综合收益的金融资产重分类为以公允价值计量且其变动计入当期损益的金融资产的，应当继续以公允价值计量该金融资

产。同时，企业应当将之前计入其他综合收益的累计利得或损失从其他综合收益转入当期损益。

【例4-34】 沿用【例4-24】的资料，20×8年10月15日，甲公司变更了其管理债券投资组合的业务模式，其变更符合重分类的要求。因此，甲公司于20×9年1月1日将该债券重分类为以公允价值计量且其变动计入当期损益的金融资产。20×9年1月1日，甲公司的账务处理如下：

借：交易性金融资产——成本　　　　　　　　　　　　　918 912
　　其他债权投资——利息调整　　　　　　　　　　　　9 668.48
　　　　　　　　——公允价值变动　　　　　　　　　　71 419.52
　　其他综合收益——信用减值准备　　　　　　　　　　300 000
　贷：其他债权投资——成本　　　　　　　　　　　　　1 000 000
　　　其他综合收益——其他债权投资公允价值变动　　　71 419.52
　　　公允价值变动变动损益　　　　　　　　　　　　　228 580.48

（三）以公允价值计量且其变动计入当期损益的金融资产的重分类

（1）企业将一项以公允价值计量且其变动计入当期损益的金融资产重分类为以摊余成本计量的金融资产的，应当以其在重分类日的公允价值作为新的账面余额。

【例4-35】 沿用【例4-27】的资料，20×8年10月15日，甲公司变更了其管理该债券投资组合的业务模式，其变更符合重分类的要求。因此，甲公司于20×9年1月1日将该债券重分类为以摊余成本计量的金融资产，该债券当日的公允价值为110万元。甲公司的账务处理如下：

借：债权投资——成本　　　　　　　　　　　　　　　　1 100 000
　　交易性金融资产——公允价值变动（债券）　　　　　20 000
　贷：交易性金融资产——成本（债券）　　　　　　　　1 000 000
　　　公允价值变动损益　　　　　　　　　　　　　　　80 000

（2）企业将一项以公允价值计量且其变动计入当期损益的金融资产重分类为以公允价值计量且其变动计入其他综合收益的金融资产的，应当继续以公允价值计量该金融资产。

【例4-36】 沿用【例4-27】的资料，20×8年10月15日，甲公司变更了其管理该债券投资组合的业务模式，其变更符合重分类的要求。因此，甲公司于20×9年1月1日将该债券重分类为以公允价值计量且其变动计入其他综合收益的金融资产，该债券的公允价值为110万元。甲公司的账务处理如下：

借：其他债权投资——成本　　　　　　　　　　　　　　9 800 000
　　交易性金融资产——公允价值变动（债券）　　　　　20 000
　贷：交易性金融资产——成本（债券）　　　　　　　　1 000 000

对以公允价值计量且其变动计入当期损益的金融资产进行重分类的，企业应当根据该金融资产在重分类日的公允价值确定其实际利率。同时，企业应当自重分类日起对该金融资产适用金融工具确认与计量准则关于金融资产减值的相关规定，并将重分类日视为初始确认日。

第六节 金融工具减值

企业应采用"预期信用损失法"对金融工具减值进行会计处理。在预期信用损失法下，减值准备的计提不以减值的实际发生为前提，而是以未来可能的违约事件造成的损失的期望值来计量当前（资产负债表日）应当确认的减值准备。

一、金融资产减值概述

（一）金融资产减值的范围

企业应当以预期信用损失为基础，对下列项目进行减值会计处理并确认损失准备：①分类为以摊余成本计量的金融资产和分类为以公允价值计量且其变动计入其他综合收益的金融资产。②租赁应收款。③合同资产。合同资产是指收入准则定义的合同资产。④部分贷款承诺和财务担保合同。

这里的损失准备，是指针对按照以摊余成本计量的金融资产、租赁应收款和合同资产的预期信用损失计提的准备，按照以公允价值计量且其变动计入其他综合收益的金融资产的累计减值金额以及针对贷款承诺和财务担保合同的预期信用损失计提的准备。

（二）预期信用损失的含义

预期信用损失，是指以发生违约的风险为权重的金融工具信用损失的加权平均值。

信用损失，是指企业按照原实际利率折现的、根据合同应收的所有合同现金流量与预期收取的所有现金流量之间的差额，即全部现金短缺的现值。其中，对于企业购买或源生的已发生信用减值的金融资产应按照该金融资产经信用调整的实际利率折现。由于预期信用损失考虑付款的金额和时间分布，因此即使企业预计可以全额收款但收款时间晚于合同规定的到期期限，也会产生信用损失。

在估计现金流量时，企业应当考虑金融工具在整个预计存续期的所有合同条款（如提前还款、展期、看涨期权或其他类似期权等）。企业所考虑的现金流量应当包括出售所持担保品获得的现金流量，以及属于合同条款组成部分的其他信用增级所产生的现金流量。

企业通常能够可靠估计金融工具的预计存续期。在极少数情况下，金融工具预计存续期无法可靠估计的，企业在计算确定预期信用损失时，应当基于该金融工具的剩余合同期间。

二、金融工具减值的一般方法

1. 金融工具减值的三阶段

一般情况下，企业应当在每个资产负债表日评估相关金融工具的信用风险自初始确

认后是否已显著增加,可以将金融工具发生信用减值的过程分为三个阶段:

(1) 信用风险自初始确认后未显著增加(第一阶段)。对于处于该阶段的金融工具,企业应当按照相当于该金融工具未来 12 个月内预期信用损失的金额计量其损失准备,并按其账面余额(即未扣除减值准备)和实际利率计算利息收入。其中,未来 12 个月内预期信用损失,是指因资产负债表日后 12 个月内(若金融工具的预计存续期少于 12 个月,则为预计存续期)可能发生的金融工具违约事件而导致的预期信用损失,是整个存续期预期信用损失的一部分。

(2) 信用风险自初始确认后已显著增加但尚未发生信用减值(第二阶段)。对于处于该阶段的金融工具,企业应当按照相当于该金融工具整个存续期内预期信用损失的金额计量其损失准备,并按其账面余额和实际利率计算利息收入。整个存续期预期信用损失,是指因金融工具整个预计存续期内所有可能发生的违约事件而导致的预期信用损失。

(3) 初始确认后发生信用减值(第三阶段)。对于处于该阶段的金融工具,企业应当按照该工具整个存续期的预期信用损失计量损失准备,但对利息收入的计算不同于处于前两阶段的金融资产。对于已发生信用减值的金融资产,企业应当按其摊余成本(账面余额减已计提减值准备,也即账面价值)和实际利率计算利息收入。

上述三阶段的划分,适用于购买或源生时未发生信用减值的金融工具。对于处于信用减值第一和第二阶段的金融资产,以及按照本节规定适用实务简化处理的应收款项、合同资产和租赁应收款,企业应当按照该金融资产的账面余额(即不考虑减值影响)乘以实际利率的金额确定其利息收入。对于购买或源生时已发生信用减值的金融资产,企业应当仅将初始确认后整个存续期内预期信用损失的变动确认为损失准备,并按其摊余成本和经信用调整的实际利率计算利息收入。

2. 对风险显著增加的判断

(1) 企业在评估金融工具的信用风险自初始确认后是否已显著增加时,应当考虑金融工具预计存续期内发生违约风险的变化,而不是预期信用损失金额的变化。

(2) 企业通常应当在金融工具逾期前确认该工具整个存续期预期信用损失。无论企业采用何种方式评估信用风险是否显著增加,通常情况下,如果逾期超过 30 日,则表明金融工具的信用风险已经显著增加。除非企业在无须付出不必要的额外成本或努力的情况下即可获得合理且有依据的信息,证明即使逾期超过 30 日,信用风险自初始确认后仍未显著增加。如果企业在合同付款逾期超过 30 日前已确定信用风险显著增加,则应当按照整个存续期的预期信用损失确认损失准备。如果交易对手方未按合同规定时间支付约定的款项,则表明该金融资产发生逾期。

(3) 企业在评估金融工具的信用风险自初始确认后是否已显著增加时,应当考虑违约风险的相对变化,而非违约风险变动的绝对值。在同一后续资产负债表日,对于违约风险变动的绝对值相同的两项金融资产,初始确认时违约风险较低的金融工具比初始确认时违约风险较高的金融工具的信用风险变化更为显著。

(4) 企业确定金融工具在资产负债表日只具有较低的信用风险的,可以假设该金融工具的信用风险自初始确认后并未显著增加。如果金融工具的违约风险较低,借款人在短期内履行其合同现金流量义务的能力很强,并且较长时期内经济形势和经营环境的不利变化可能但未必降低借款人履行其合同现金流量义务的能力，该金融工具被视为具有较低的信用风险。

（5）企业与交易对手方修改或重新议定合同，未导致金融资产终止确认，但导致合同现金流量发生变化的，企业在评估相关金融工具的信用风险是否已经显著增加时，应当将基于变更后的合同条款在资产负债表日发生违约的风险与基于原合同条款在初始确认时发生违约的风险进行比较。

三、预期信用损失的计量

企业计量金融工具预期信用损失的方法应当反映下列各项要素：一是通过评价一系列可能的结果而确定的无偏概率加权平均金额；二是货币时间价值；三是在资产负债表日无须付出不必要的额外成本或努力即可获得的有关过去事项、当前状况以及未来经济状况预测的合理且有依据的信息。

对于适用金融工具减值规定的各类金融工具，企业应当按照下列方法确定其信用损失：

（1）对于金融资产，信用损失应为企业应收取的合同现金流量与预期收取的现金流量之间差额的现值。

（2）对于租赁应收款项，信用损失应为企业应收取的合同现金流量与预期收取的现金流量之间差额的现值。其中，用于确定预期信用损失的现金流量，应与按照租赁准则用于计量租赁应收款项的现金流量保持一致。

（3）对于未提用的贷款承诺，信用损失应为在贷款承诺持有人提用相应贷款的情况下，企业应收取的合同现金流量与预期收取的现金流量之间差额的现值。企业对贷款承诺预期信用损失的估计，应当与其对该贷款承诺提用情况的预期保持一致。

（4）对于财务担保合同，信用损失应为企业就该合同持有人发生的信用损失向其作出赔付的预计付款额，减去企业预期向该合同持有人、债务人或任何其他方收取的金额之间差额的现值。

（5）对于资产负债表日已发生信用减值但并非购买或源生已发生信用减值的金融资产，信用损失应为该金融资产账面余额与按原实际利率折现的估计未来现金流量的现值之间的差额。

企业应当以概率加权平均为基础对预期信用损失进行计量。企业对预期信用损失的计量应当反映发生信用损失的各种可能性，但不必识别所有可能的情形。

在计量预期信用损失时，企业需考虑的最长期限为企业面临信用风险的最长合同期限（包括考虑续约选择权），而不是更长期间，即使该期间与业务实践相一致。

四、金融工具减值的简化处理方法

对于下列各项目，企业应当始终按照相当于整个存续期内预期信用损失的金额计量其损失准备。

（1）由收入准则规范的交易形成的应收款项或合同资产，且符合下列条件之一：

①该项目未包含收入准则所定义的重大融资成分,或企业根据收入准则规定不考虑不超过 1 年的合同中的融资成分。②该项目包含收入准则所定义的重大融资成分,同时企业作出会计政策选择,按照相当于整个存续期内预期信用损失的金额计量损失准备。企业应当将该会计政策选择适用于所有此类应收款项和合同资产,但可对应收款项类和合同资产类分别作出会计政策选择。

(2) 由租赁准则规范的交易形成的租赁应收款,同时企业作出会计政策选择,按照相当于整个存续期内预期信用损失的金额计量损失准备。企业应当将该会计政策选择适用于所有租赁应收款,但可对应收融资租赁款和应收经营租赁款分别作出会计政策选择。企业可对应收款项、合同资产和租赁应收款分别选择减值会计政策。

五、金融工具减值处理流程

综上所述,金融工具减值的判断和处理流程总结如图 4-2 所示。

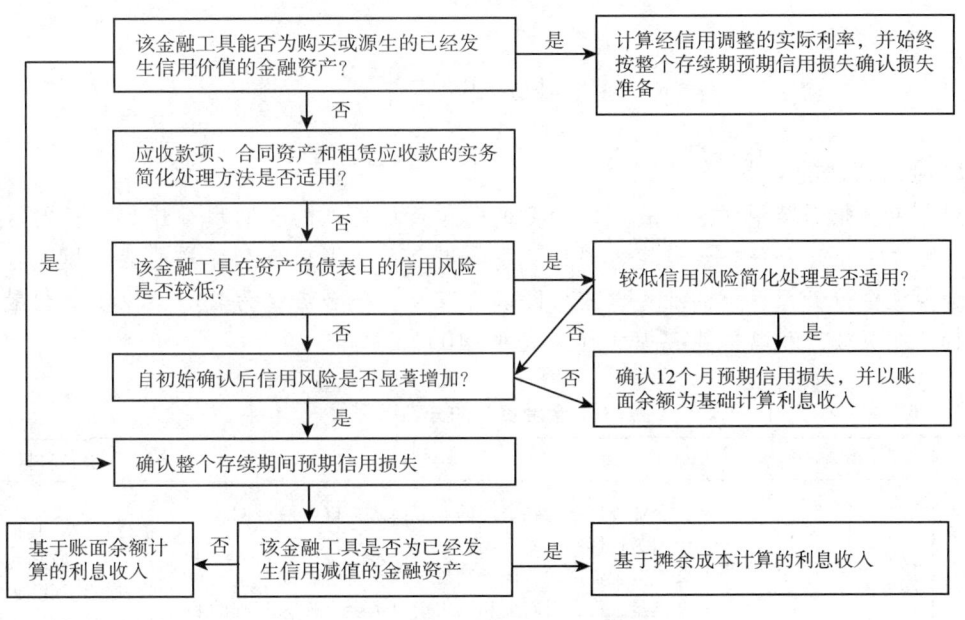

图 4-2 金融资产减值处理流程

六、金融工具减值的账务处理

1. 减值准备的计提和转回

企业应当在资产负债表日计算金融工具(或金融工具组合)预期信用损失。如果该预期信用损失大于该工具(或组合)当前减值准备的账面金额,企业应当将其差额确认为减值损失,借记"信用减值损失"科目,根据金融工具的种类,贷记"贷款损失准备""债权投资减值准备""坏账准备""合同资产减值准备""租赁应收款减值准备"

"预计负债"(用于贷款承诺及财务担保合同)或"其他综合收益"(用于以公允价值计量且其变动计入其他综合收益的债权类资产,企业可以设置二级科目"其他综合收益——信用减值准备"核算此类工具的减值准备)等科目(上述贷记科目,以下统称"贷款损失准备"等科目);如果资产负债表日计算的预期信用损失小于该工具(或组合)当前减值准备的账面金额(例如,从按照整个存续期预期信用损失计量损失准备转为按照未来12个月预期信用损失计量损失准备时,可能出现这一情况),则应当将差额确认为减值利得,做相反的会计分录。

2. 已发生信用损失金融资产的核销

企业实际发生信用损失,认定相关金融资产无法收回,经批准予以核销的,应当根据批准的核销金额,借记"贷款损失准备"等科目,贷记相应的资产科目,如"贷款""应收账款""合同资产"等。若核销金额大于已计提的损失准备,还应按其差额借记"信用减值损失"科目。

金融工具减值账务处理的相关例题见【例4-17】【例4-18】【例4-22】【例4-22】。

本章小结

1. 金融资产的分类

企业应当根据其管理金融资产的业务模式和金融资产的合同现金流量特征对金融资产进行分类。上述分类一经确定,不得随意变更。企业管理金融资产的业务模式包括以收取合同现金流量为目标的业务模式,既以收取合同现金流量为目标又以出售金融资产为目标的业务模式和其他业务模式(见表4-10)。

表4-10　　　　　　　　　　　金融资产的分类

序号	金融资产类型	分类条件	会计科目
(1)	以摊余成本计量的金融资产	①企业管理该金融资产的业务模式是以收取合同现金流量为目标 ②该金融资产的合同条款规定,在特定日期产生的现金流量,仅为对本金和以未偿付本金金额为基础的利息的支付	银行存款、其他货币资金、应收票据、应收账款、其他应收款、债权投资等
(2)	以公允价值计量且其变动计入其他综合收益的金融资产	①企业管理该金融资产的业务模式既以收取合同现金流量为目标又以出售该金融资产为目标 ②该金融资产的合同条款规定,在特定日期产生的现金流量,仅为对本金和以未偿付本金金额为基础的利息的支付	其他债权投资
		③在初始确认时,企业可以将非交易性权益工具投资指定以公允价值计量且其变动计入其他综合收益的金融资产	其他权益工具投资

续表

序号	金融资产类型	分类条件	会计科目
（3）	以公允价值计量且其变动计入当期损益的金融资产	①企业分类为以摊余成本计量的金融资产和以公允价值计量且其变动计入其他综合收益的金融资产之外的金融资产 ②在初始确认时，如果能够消除或显著减少会计错配，企业可以将金融资产指定为以公允价值计量且其变动计入当期损益的金融资产	交易性金融资产

2. 金融资产的确认与计量

企业成为金融工具合同的一方时，应当确认一项金融资产。金融资产满足下列条件之一的，应当终止确认：①收取该金融资产现金流量的合同权利终止。②该金融资产已转移，且该转移满足金融资产转移准则关于金融资产终止确认的规定。

企业初始确认金融资产，应当按照公允价值计量。对于以公允价值计量且其变动计入当期损益的金融资产，相关交易费用应当直接计入当期损益；对于其他类别的金融资产，相关交易费用应当计入初始确认金额。初始确认后，企业应当对不同类别的金融资产，分别以摊余成本、以公允价值计量且其变动计入其他综合收益或以公允价值计量且其变动计入当期损益进行后续计量。

3. 金融资产的会计处理（见表4-11）

表4-11　　　　　　　　　金融资产的会计处理

金融资产类型	会计处理
（1）债权投资	①取得时，应当按取得时的公允价值和相关交易费用之和作为初始确认金额，实际支付的价款中包含的已到付息期但尚未领取的利息确认为应收利息。②资产负债表日，企业按该金融资产的账面余额或摊余成本和实际利率计算确定的利息收入；计算确认的预期信用损失计入债权投资减值准备。③处置时，应将所取得价款与该投资账面价值之间的差额计入投资收益
（2）其他债权投资	①取得时，应当按照公允价值和相关交易费用之和作为初始入账金额，实际支付的价款中包含的已到付息期但尚未领取的利息确认为应收利息。②该投资所产生的利得或损失，除减值损失或利得和汇兑损益外，均应当计入其他综合收益，直至该金融资产终止确认或被重分类。③资产负债表日，企业按其账面余额或摊余成本和实际利率计算确定的利息收入应当计入投资收益；公允价值变动额计入其他综合收益；确认的预期信用损失计入其他综合收益。④终止确认时，之前计入其他综合收益的累计利得或损失应当从其他综合收益中转出，计入投资收益
（3）其他权益工具投资	①取得时，应当按照公允价值和相关交易费用之和作为初始入账金额，实际支付的价款中包含的已宣告但尚未发放的现金股利确认为应收股利。②除了获得的股利（属于投资成本收回部分的除外）计入当期损益外，其他相关的利得和损失（包括汇兑损益）均应计入其他综合收益，且后续不得转入当期损益。③当其终止确认时，之前计入其他综合收益的累计利得或损失应当从其他综合收益中转出，计入留存收益

续表

金融资产类型	会计处理
（4）交易性金融资产	①取得时，应当按公允价值作为初始确认金额，发生的交易费用计入当期损益，支付的价款中包含的已宣告但尚未发放的利息或现金股利，确认为应收利息或应收股利。②持有期间取得现金股利的利息计入投资收益。③资产负债表日，该资产公允价值变动形成的利得或损失，除与套期会计有关外，计入公允价值变动损益。④处置时，应将所取得价款与该投资账面价值之间的差额计入投资收益

4. 金融资产的重分类

企业改变其管理金融资产的业务模式时，应当按照规定对所有受影响的相关金融资产进行重分类。企业对金融资产进行重分类，应当自重分类日起采用未来适用法进行相关会计处理，不得对以前已经确认的利得、损失（包括减值损失或利得）或利息进行追溯调整（见表4-12）。

表4-12　　　　　　　　　　　　金融资产的重分类

序号	原分类	新分类	具体形式	会计处理
（1）	以摊余成本计量的金融资产	以公允价值计量且其变动计入当期损益的金融资产	债权投资→交易性金融资产（债券）	应当按照该金融资产在重分类日的公允价值进行计量。原账面价值与公允价值之间的差额计入当期损益
（2）		以公允价值计量且其变动计入其他综合收益的金融资产	债权投资→其他债权投资	应当按照该金融资产在重分类日的公允价值进行计量。原账面价值与公允价值之间的差额计入其他综合收益。该重分类不影响其实际利率和预期信用损失的计量
（3）	以公允价值计量且其变动计入其他综合收益的金融资产	以摊余成本计量的金融资产	其他债权投资→债权投资	应当将之前计入其他综合收益的累计利得或损失转出，调整该金融资产在重分类日的公允价值，并以调整后的金额作为新的账面价值，即视同该金融资产一直以摊余成本计量。该重分类不影响其实际利率和预期信用损失的计量
（4）		以公允价值计量且其变动计入当期损益的金融资产	其他债权投资→交易性金融资产（债券）；其他权益工具投资→交易性金融资产（股票）	应当继续以公允价值计量该金融资产。同时，企业应当将之前计入其他综合收益的累计利得或损失从其他综合收益转入当期损益
（5）	以公允价值计量且其变动计入当期损益的金融资产	以摊余成本计量的金融资产	交易性金融资产（债券）→债权投资	应当以其在重分类日的公允价值作为新的账面余额；应根据该金融资产在重分类日的公允价值确定其实际利率。同时，应自重分类日起对该金融资产适用关于金融资产减值的相关规定，并将重分类日视为初始确认日

续表

序号	原分类	新分类	具体形式	会计处理
(6)	以公允价值计量且其变动计入当期损益的金融资产	以公允价值计量且其变动计入其他综合收益的金融资产	交易性金融资产（债券）→其他债权投资；交易性金融资产（股票）→其他权益工具投资	应当继续以公允价值计量该金融资产；应当根据该金融资产在重分类日的公允价值确定其实际利率。同时，应当自重分类日起对该金融资产适用关于金融资产减值的相关规定，并将重分类日视为初始确认日

5. 金融资产的减值

企业应当以预期信用损失为基础，对以摊余成本计量的金融资产、以公允价值计量且其变动计入其他综合收益的金融资产、租赁应收款、合同资产、部分贷款承诺和财务担保合同进行减值会计处理并确认损失准备。企业应当在每个资产负债表日评估相关金融工具的信用风险自初始确认后是否已显著增加，可以将金融工具发生信用减值的过程分为三个阶段（见表4-13）。

表4-13　　　　　　　金融工具减值的三阶段及其会计处理

事项	第一阶段	第二阶段	第三阶段
(1) 特点	初始确认后，信用风险并未显著增加的金融工具（包括在资产负债表日信用风险较低的金融工具）	初始确认后，信用风险发生显著增加的金融工具，但未发生信用减值（不存在表明发生信用损失的客观证据）	在资产负债表日（含购买或源生）发生减值（存在表明发生减值的客观证据）的金融工具
(2) 损失准备的确认	按照相当于该金融工具未来12个月内预期信用损失的金额计量其损失准备	按照相当于该金融工具整个存续期内预期信用损失的金额计量其损失准备	按照相当于该金融工具整个存续期内预期信用损失的金额计量其损失准备
(3) 利息收入的计算	应当按照该金融资产的账面余额（即不考虑减值影响）乘以实际利率的金额确定其利息收入（总额法）	应当按照该金融资产的账面余额（即不考虑减值影响）乘以实际利率的金额确定其利息收入（总额法）	应当按照该金融资产的摊余成本（即账面余额减已计提减值）乘以实际利率或经信用调整的实际利率的金额确定其利息收入（净额法）

对于下列各项目，企业应当始终按照相当于整个存续期内预期信用损失的金额计量其损失准备（金融工具减值的简化处理方法）：①企业对于收入准则所规定的、不含重大融资成分（包括根据该准则不考虑不超过1年的合同中融资成分的情况）的应收款项和合同资产，应当始终按照整个存续期内预期信用损失的金额计量其损失准备（企业对这种简化处理没有选择权）。②企业作出会计政策选择，对包含重大融资成分的应收款项、合同资产和租赁准则规范的租赁应收款（可分别对应收款项、合同资产和应收租赁款作出不同的会计政策选择），始终按照相当于整个存续期内预期信用损失的金额计量其损失准备。

上述内容的归纳，见表4-14。

表 4-14　　　　　　　　　　金融资产会计处理总结

会计事项	债权投资	其他债权投资	其他权益工具投资	交易性金融资产
(1) 初始计量	公允价值和相关交易费用之和	公允价值和相关交易费用之和	公允价值和相关交易费用之和	公允价值计量，交易费用计入当期损益
(2) 后续计量	摊余成本	以公允价值计量且其变动计入其他综合收益	以公允价值计量且其变动计入其他综合收益	以公允价值计量且其变动计入当期损益
(3) 计算利息收入	按照账面余额或摊余成本和实际利率计算的利息收入，计入投资收益	按照账面余额或摊余成本和实际利率计算的利息收入，计入投资收益	—	计入投资收益
(4) 分得股利	—	—	计入投资收益	计入投资收益
(5) 公允价值变动	—	计入其他综合收益	计入其他综合收益	计入公允价值变动损益
(6) 计提减值准备	计入债权投资减值准备	计入其他综合收益	—	—
(7) 处置	应将取得的价款与其账面价值之间的差额计入当期损益	应将出售价款与其账面价值之间的差额计入当期损益。应将之前计入其他综合收益的累计利得或损失从其他综合收益中转出，计入当期损益	应将出售价款与其账面价值之间的差额计入留存收益。应将之前计入其他综合收益的累计利得或损失从其他综合收益中转出，计入留存收益	应将取得的价款与其账面价值之间的差额计入当期损益

❓ 课堂讨论题

1. 在会计实务中，如何判断企业管理金融资产的模式和合同的现金流量特征，请举例说明。

2. 金融资产的分类突出了企业持有金融资产的"业务模式"和金融资产的"合同现金流量特征"，为什么有助于推动企业在战略决策、业务管理和合同管理层面提升金融资产的精细化管理水平？

3. 企业购买的股票，在满足何种条件下分别确认为交易性金融资产、其他权益工具投资和长期股权投资？企业购买的债券，在满足何种条件下分别确认为债权投资、其他债权投资和交易性金融资产？

4. 应收票据贴现与应收账融资在企业现实实践中有何意义？

5. 为什么取得交易性金融资产发生的相关交易费用计入当期损益，而取得其他类别的金融资产发生的相关交易费用计入初始确认金额？

6. 为什么交易性金融资产的公允价值变动计入当期损益，而其他债权投资和其他权益工具投资的公允价值变动计入其他综合收益?

7. 当其他权益工具投资终止确认时,为什么之前计入其他综合收益的累计利得或损失应当从其他综合收益中转出,计入留存收益?而其他债权投资终止确认时,为什么之前计入其他综合收益的累计利得或损失应当从其他综合收益中转出,计入当期损益?

8. 现行金融资产减值的相关规定对促进资本市场健康发展有何重要意义?

课后练习题

习题一

【目的】练习应收款项及坏账准备的核算。

【资料】甲公司为增值税一般纳税人,适用的增值税税率为16%;销售价格均为公允价格且不含增值税,客户已经取得商品的控制权。每年6月30日和12月31日,按应收款项余额的1%计提坏账准备。20×9年5月31日,"应收账款"科目借方余额为500万元,全部为向戊公司赊销商品应收的账款,"坏账准备"科目贷方余额为5万元。甲公司20×9年6月至12月有关业务资料如下:

(1) 6月1日,向乙公司赊销一批商品,开出的增值税专用发票上注明的销售价格为1 000万元,增值税为160万元,合同规定的收款日期为20×9年12月1日。

(2) 6月10日,向丙公司赊销一批商品,开出的增值税专用发票上注明的销售价格为200万元,增值税为32万元,合同规定的收款日期为20×9年10月10日。

(3) 6月20日,向丁公司赊销一批商品,开出的增值税专用发票上注明的销售价格为500万元,增值税为80万元;收到丁公司开具的不带息商业承兑汇票,到期日为20×9年12月20日。

(4) 6月25日,收到戊公司前欠货款400万元,款项已存入银行。

(5) 6月30日,甲公司对上述应收款项计提坏账准备。假定6月份除上述业务外,甲公司没有发生其他有关应收款项的业务。

(6) 9月1日,将应收乙公司的账款质押给中国工商银行,取得期限为3个月的流动资金借款1 080万元,年利率为4%,到期一次还本付息。假定甲公司月末不预提流动资金借款利息。

(7) 9月10日,将应收丙公司的账款出售给中国工商银行,取得价款190万元。协议约定,中国工商银行在账款到期日不能从丙公司收回时,不得向甲公司追偿。

(8) 10月20日,将6月20日收到的丁公司商业承兑汇票向中国工商银行贴现,贴现实收金额575万元。协议约定,中国工商银行在票据到期日不能从丁公司收到票款时,可向甲公司追偿。假定贴现利息于票据到期日一并进行会计处理。

(9) 12月1日,向中国工商银行质押借入的流动资金借款到期,以银行存款支付借款本息。至12月31日,甲公司尚未收到6月1日向乙公司赊销商品的账款。

(10) 12月20日,丁公司因财务困难未向中国工商银行支付票款。当日,甲公司收到中国工商银行退回已贴现的商业承兑汇票,并以银行存款支付全部票款;同时将应收票据转为应收账款。至12月31日,甲公司尚未收到6月20日向丁公司赊销商品的账款。

(11) 12月31日,甲公司对各项应收账款计提坏账准备。假定除上述业务外,甲公司在20×9年下半年没有发生其他有关应收款项的业务。

【要求】根据上述资料,编制甲公司的相关会计分录。

习题二

【目的】练习债权投资的核算。

【资料】20×3年1月1日,甲公司支付价款1 000万元(含交易费用)从上海证券交易所购入乙公司同日发行的 5 年期公司债券 12 500 份，债券票面价值总额为 1 250 万元，票面年利率为 4.72%，票面年利率为 10%，于年末支付本年度债券利息，本金在债券到期时一次性偿还。甲公司根据其管理该债券的业务模式和该债券的合同现金流量特征，将其分类为以摊余成本计量的金融资产。假定不考虑所得税、减值损失等因素。

【要求】

（1）根据上述资料编制甲公司的相关会计分录。

（2）假定在 20×5 年 1 月 1 日（过了两年），甲公司预计本金的一半将会在该年末收回，而其余的一半本金将于 20×7 年末付清，编制甲公司的相关会计分录。

（3）假定甲公司购买的乙公司债券不是分期付息，而是到期一次还本付息，且利息不是以复利计算，经计算实际年利率为 9.05%，编制甲公司的相关会计分录。

习题三

【目的】练习债权投资及其重分类的核算。

【资料】20×5 年 1 月 2 日，甲公司从证券市场上购入乙公司于 20×4 年 1 月 1 日发行的 5 年期、票面年利率 5%、实际年利率 6%、按年计提利息，每年 1 月 5 日支付上年度的利息，到期日一次归还本金和最后一次利息的债券。甲公司购入该债券的面值为 2 000 万元，实际支付价款为 2 010.7 万元，另支付相关费用 20 万元。甲公司根据其管理该债券的业务模式和该债券的合同现金流量特征，将其分类为以摊余成本计量的金融资产。假定不考虑所得税、减值损失等因素。

【要求】

（1）根据上述资料，编制甲公司的相关会计分录。

（2）假定 20×7 年 10 月 15 日，甲公司变更了其管理该债券投资组合的业务模式且符合变更要求。甲公司于 20×8 年 1 月 1 日将该债券分别重分类为以公允价值计量且其变动计入当期损益或其他综合收益的金融资产，该债券当日的公允价值为 1 500 万元，分别编制甲公司重分类日的相关会计分录。

习题四

【目的】练习债权投资及其重分类的核算。

【资料】20×5 年 1 月 1 日，甲公司从证券市场上购入乙公司当日发行的 5 年期、票面年利率 6%、实际年利率 4.72%、按年计提利息，每年 1 月 5 日支付上年度的利息，到期日一次归还本金和最后一次利息的债券。甲公司购入该债券的面值为 500 万元，实际支付价款为 528 万元（含相关费用）。甲公司根据其管理该债券的业务模式和该债券的合同现金流量特征，将其分类为以摊余成本计量的金融资产。假定不考虑所得税、减值损失等因素。

【要求】

（1）根据上述资料编制甲公司的相关会计分录。

（2）假定 20×7 年 10 月 15 日，甲公司变更了其管理该债券投资组合的业务模式且符合变更要求。甲公司于 20×8 年 1 月 1 日将其分别重分类为以公允价值计量且其变动计入当期损益或其他综合收益的金融资产，该债券当日的公允价值为 450 万元，分别编制甲公司重分类日的相关会计分录。

习题五

【目的】练习其他债权投资及其重分类的核算。

【资料】20×7 年 1 月 1 日，甲公司支付价款 1 028.24 万元购入乙公司发行的 3 年期公司债券，该债券的票面总金额为 1 000 万元，票面年利率 4%，实际年利率 3%，利息每年年末支付，本金到期支付。甲公司根据其管理该债券的业务模式和该债券的合同现金流量特征，将其分类为以公允价值计量且其变动计入其他综合收益的金融资产。20×7 年 12 月 31 日，该债券的市场价格为 1 000.09 万元。20×8 年 12 月 31 日，该债券的市场价格为 995.66 万元。20×9 年 1 月 6 日，甲公司将该债券以 999.66 万元出售。假定无交易费用和其他因素的影响。

【要求】

(1) 根据上述资料，编制甲公司的相关会计分录。

(2) 假定 20×8 年 10 月 15 日，甲公司变更了其管理该债券投资组合的业务模式且符合变更要求。甲公司于 20×9 年 1 月 1 日将其分别重分类为以摊余成本计量的金融资产或以公允价值计量且其变动计入当期损益的金融资产，该债券当日的公允价值为 950 万元，分别编制甲公司重分类日的相关会计分录。

习题六

【目的】练习其他权益工具投资和交易性金融资产的核算。

【资料】20×8 年 5 月 6 日，甲公司支付价款 1 016 万元（含交易费用 1 万元和已宣告发放现金股利 15 万元），购入乙公司发行的股票 200 万股，占乙公司有表决权股份的 0.5%。20×8 年 5 月 10 日，甲公司收到乙公司发放的现金股利 15 万元。20×8 年 6 月 30 日，该股票市价为每股 5.20 元。20×8 年 12 月 31 日，甲公司仍持有该股票；当日，该股票市价为每股 5.00 元。20×9 年 5 月 9 日，乙公司宣告发放股利 4 000 万元。20×9 年 5 月 13 日，甲公司收到乙公司发放的现金股利。20×9 年 5 月 20 日，甲公司由于某特殊原因，以每股 4.9 元的价格将股票全部转让。假定不考虑其他因素。

【要求】

(1) 假定甲公司将其指定为以公允价值计量且其变动计入其他综合收益的非交易性权益工具投资。根据上述资料编制甲公司的相关会计分录。

(2) 假定甲公司将其分类为以公允价值计量且其变动计入当期损益的金融资产，20×8 年 12 月 31 日，该股票市价为每股 4.8 元，其他资料不变。根据上述资料编制甲公司的相关会计分录。

习题七

【目的】练习交易性金融资产及其重分类的核算。

【资料】20×8 年 1 月 1 日，甲公司从二级市场购入乙公司债券，支付价款合计 102 万元（含已到付息期但尚未领取的利息 2 万元），另支付交易费用 2 万元。该债券面值 100 万元，剩余期限为 2 年，票面年利率为 4%，每半年末付息一次。甲公司根据其管理该债券的业务模式和该债券的合同现金流量特征，将该债券分类为以公允价值计量且其变动计入当期损益的金融资产。20×8 年 1 月 5 日，收到该债券 20×7 年下半年利息 2 万元。20×8 年 6 月 30 日，该债券的公允价值为 1 15 万元（不含利息）。20×8 年 7 月 5 日，收到该债券 20×8 年上半年的利息。20×8 年 12 月 31 日，该债券的公允价值为 110 万元（不含利息）。20×9 年 1 月 5 日，收到该债券 20×8 年下半年的利息。20×9 年 6 月 20 日，通过二级市场全部出售公司债券，取得价款 118 万元（含 1 季度利息 1 万元）。

【要求】

(1) 根据上述资料，编制甲公司的相关会计分录。

(2) 假定 20×8 年 10 月 15 日，甲公司变更了其管理该债券投资组合的业务模式。甲公司于 20×9 年 1 月 1 日将该债券分别重分类为以摊余成本计量的金融资产或以公允价值计量且其变动计入其他综合收益的金融资产，该债券当日的公允价值为 98 万元，分别编制甲公司重分类日的相关会计分录。

第五章　长期股权投资

【本章导言】

在现代市场经济中，企业除经过加工制造、销售等传统方式获取利润外，还通过对外投资等方式以提高企业获利能力。长期股权投资是企业为了获得收益或实现资本增值而向被投资单位投放资金的经济行为，其目的不仅在于获取投资收益，还可以通过对被投资单位实施控制或重大影响，从而达到控制原材料供应、销售渠道、分散经营风险和实现规模效益等目的。本章主要介绍投资方对子公司投资、对合营企业投资、对联营企业投资的初始计量，长期股权投资核算的成本法和权益法，长期股权投资核算方法转换的核算。

【本章内容框架】

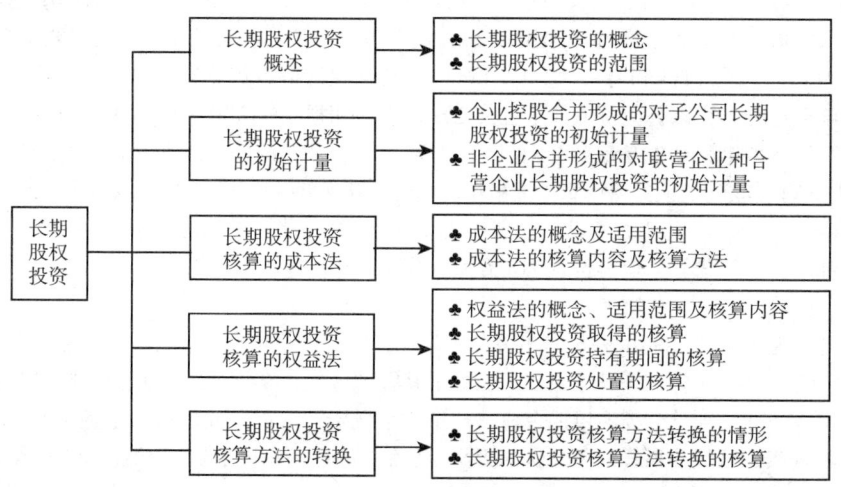

【本章学习目标】

- 熟悉长期股权投资的概念与核算范围。
- 掌握同一控制下与非同一控制下控股合并形成的对子公司投资的初始计量。
- 掌握非企业合并形成的对合营企业投资、联营企业投资的初始计量。
- 掌握成本法下长期股权投资取得、持有期间和处置时的核算方法。

- 掌握权益法下长期股权投资取得、持有期间和处置时的核算方法。
- 熟悉长期股权投资的成本法与权益法转换的核算。
- 熟悉长期股权投资与金融资产之间重分类的核算。

第一节　长期股权投资概述

投资是企业为了获得收益或实现资本增值而向被投资单位投放资金的经济行为。股权投资，是投资方通过取得被投资单位的股份或股权，相应地享有被投资单位净资产的有关份额，通过自被投资单位分得股利或利润，以及待股权增值后出售等方式获利的权益性投资。根据投资方在投资后对被投资单位能施加影响的程度，可以将股权投资分为按照金融工具确认与计量准则核算的股权投资（见第四章）和长期股权投资。本章主要介绍长期股权投资的确认、计量及列报。

一、长期股权投资的概念

长期股权投资，是指投资方能够对被投资单位实施控制、重大影响的权益性投资，以及对其合营企业的权益性投资。长期股权投资，实质上是投资方的一项金融资产和被投资方的所有者权益。企业进行长期股权投资的目的，不仅为了获取投资收益，还可能通过对被投资单位实施控制或施加重大影响，从而达到控制原材料供应、销售渠道、分散经营风险和实现规模效益等目的。

二、长期股权投资的范围

长期股权投资主要包括三个方面：一是对子公司投资；二是对合营企业投资；三是对联营企业投资。长期股权投资的范围如图 5-1 所示。

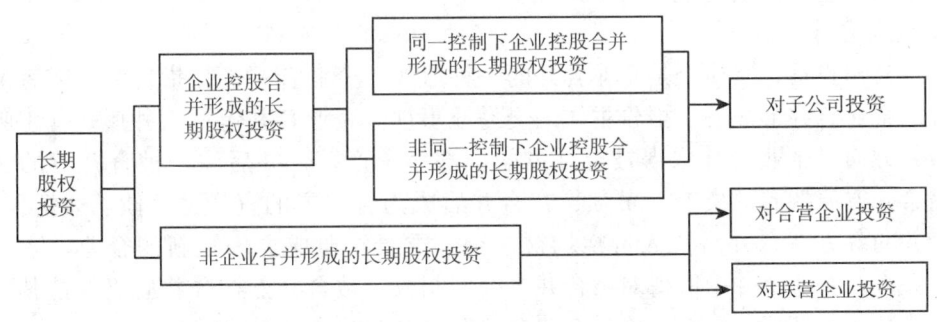

图 5-1　长期股权投资的范围

长期股权投资准则规范的权益性投资不包括：①风险投资机构、共同基金以及类似主体持有的、在初始确认时按照金融工具确认和计量准则的规定以公允价值计量且其变动计入当期损益的金融资产，这类金融资产即使符合持有待售条件也应继续按该准则进行会计处理；②投资性主体对不纳入合并财务报表的子公司的权益性投资，应按照公允价值计量且其变动计入当期损益。

（一）对子公司投资

对子公司投资，是指投资方能够对被投资单位实施控制的权益性投资。此时，投资方为母公司，被投资单位为其子公司。

1. 控制的含义及其判断标准

控制，是指投资方拥有对被投资单位的权力，通过参与被投资单位的相关活动而享有可变回报，并且有能力运用对被投资单位的权力影响其回报金额。其中，相关活动，是指对被投资方的回报产生重大影响的活动。被投资方的相关活动应当根据具体情况进行判断，通常包括商品或劳务的销售和购买、金融资产的管理、资产的购买和处置、研究与开发活动以及融资活动等。

控制的定义包含三项基本要素：①投资方拥有对被投资方的权力；②因参与被投资方的相关活动而享有可变回报；③有能力运用对被投资方的权力影响其回报金额。在判断投资方是否能够控制被投资方时，当且仅当投资方具备上述三要素时，才能表明投资方能够控制被投资方。

投资方应当在综合考虑所有相关事实和情况的基础上对是否控制被投资方进行判断。相关事实和情况主要包括：①被投资方的设立目的；②被投资方的相关活动以及如何对相关活动作出决策；③投资方享有的权利是否使其目前有能力主导被投资方的相关活动；④投资方是否通过参与被投资方的相关活动而享有可变回报；⑤投资方是否有能力运用对被投资方的权力影响其回报金额；⑥投资方与其他方的关系。需要强调的是，识别被投资方并评估其设立目的与设计，贯穿于控制判断的各个环节，也是分析上述其他事实和情况的基础。一旦上述相关事实和情况的变化导致对控制定义所涉及的相关要素发生变化的，投资方应当进行重新评估。

投资方在确定能否对被投资单位实施控制时，应当按照合并财务报表准则中"第二章合并范围"的有关规定进行分析判断。

2. 企业合并

对子公司投资，实质上是企业合并的一种形式。企业合并，是指将两个或者两个以上单独的企业合并形成一个报告主体的交易或事项。企业合并包括三种形式：①吸收合并，合并方通过企业合并取得被合并方的全部净资产，合并后注销被合并方的法人资格，被合并方原持有的资产、负债，在合并后成为合并方的资产、负债。②新设合并。参与合并的各方在合并后法人资格均被注销，重新注册成立一家新的企业。③控股合并。合并方在企业合并中取得对被合并方的控制权，被合并方在合并后仍保持其独立的法人资格并继续经营，合并方确认企业合并形成的对被合并方的投资。

在上述三种合并方式中，只有控股合并才会形成长期股权投资。企业控股合并所形成的长期股权投资可以进一步分为：

（1）同一控制下企业控股合并形成的长期股权投资。同一控制下的企业控股合并，是指参与控股合并的企业在合并前后均受同一方或相同的多方最终控制且该控制并非暂时性的（大于或等于1年）。在合并方式下，在合并日取得对其他参与合并企业控制权的一方为合并方（即为母公司），参与合并的其他企业为被合并方（即为子公司）。通常情况下，同一控制下的企业控股合并是指发生在同一企业集团内部企业之间的控股合并。除此之外，一般不作为同一控制下的企业控股合并。例如，乙公司和丙公司都是甲公司的子公司，则乙公司和丙公司同受甲公司所控制，如果乙公司再控股合并丙公司，那么该合并为同一控制下的企业控股合并。控股合并完成后，乙公司为母公司，丙公司为子公司。

（2）非同一控制下企业控股合并形成的长期股权投资。非同一控制下的企业控股合并，是指参与控股合并的各方在合并前后不受同一方或相同的多方最终控制。在合并方式下，在购买日取得对其他参与合并企业控制权的一方为购买方（即为母公司），参与合并的其他企业为被购买方（即为子公司）。例如，甲公司与乙公司在控股合并前不存在关联方关系，那么甲公司与乙公司之间的控股合并为非同一控制下的企业控股合并。控股合并完成后，甲公司为母公司，乙公司为子公司。

（二）对合营企业投资

对合营企业投资，是指投资方与其他合营方一同对被投资方实施共同控制且对被投资方净资产享有权利的权益性投资。

1. 共同控制及其判断标准

共同控制，是指按照相关约定对某项安排所共有的控制，并且该安排的相关活动（即对该安排的回报具有重大影响的活动）必须经过分享控制权的参与方一致同意后才能决策。

企业在判断是否存在共同控制时，首先判断是否由所有参与方或参与方组合集体控制该安排；其次再判断该安排相关活动的决策是否必须经过这些参与方一致同意。其中：①集体控制。如果所有参与方或一组参与方必须一致行动才能决定某项安排的相关活动，则称所有参与方或一组参与方集体控制该安排。②相关活动的决策主体应当在确定是由参与方组合集体控制该安排，而不是某一参与方单独控制该安排后，再判断这些集体控制该安排的参与方是否共同控制该安排。当且仅当相关活动的决策要求集体控制该安排的参与方一致同意时，才存在共同控制。③仅享有保护性权利的参与方不享有共同控制。

2. 合营企业

合营企业，是指共同控制一项安排的参与方仅对该安排的净资产享有权利的合营安排。其中：①合营安排，是指一项由两个或两个以上的参与方共同控制的安排。合营安排同时具有以下特征：一是各参与方受到该安排的约束；二是两个或两个以上的参与方对该安排实施共同控制。②认定一项安排是合营安排后，应当根据合营方获得回报的方式这一经济实质，来判断该合营安排应当被划分为共同经营还是合营企业。即如果合营方通过对合营安排的资产享有权利，并对合营安排的义务承担责任来获得回报，则该合营安排应当被划分为共同经营；如果合营方仅对合营安排的净资产享有权利，则该合营安排应当被划分为合营企业。

关于共同控制和合营企业的理解及具体判断，见合营安排准则及其应用指南的相关内容。

（三）对联营企业投资

对联营企业投资，是指投资方对被投资单位具有重大影响的权益性投资。

1. 重大影响

重大影响，是指对一个企业的财务和经营政策有参与决策的权力，但并不能够控制或者与其他方一起共同控制这些政策的制定。实务中，较为常见的重大影响体现为在被投资单位的董事会或类似权力机构中派有代表，通过在被投资单位财务和经营决策制定过程中的发言权实施重大影响。投资方直接或通过子公司间接持有被投资单位20%以上但低于50%的表决权时，一般认为对被投资单位具有重大影响，除非有明确的证据表明该种情况下不能参与被投资单位的生产经营决策，不形成重大影响。在确定能否对被投资单位施加重大影响时，一方面应考虑投资方直接或间接持有被投资单位的表决权股份，同时要考虑投资方及其他方持有的当期可执行潜在表决权在假定转换为对被投资单位的股权后产生的影响，如被投资单位发行的当期可转换的认股权证、股份期权及可转换公司债券等的影响。

2. 关于重大影响的判断

企业通常可以通过以下一种或几种情形来判断是否对被投资单位具有重大影响。

（1）在被投资单位的董事会或类似权力机构中派有代表。在这种情况下，由于在被投资单位的董事会或类似权力机构中派有代表，并相应享有实质性的参与决策权，投资方可以通过该代表参与被投资单位财务和经营政策的制定，达到对被投资单位施加重大影响。

（2）参与被投资单位财务和经营政策制定过程。这种情况下，在制定政策过程中可以为其自身利益提出建议和意见，从而可以对被投资单位施加重大影响。

（3）与被投资单位之间发生重要交易。有关的交易因对被投资单位的日常经营具有重要性，进而一定程度上可以影响被投资单位的生产经营决策。

（4）向被投资单位派出管理人员。在这种情况下，管理人员有权力主导被投资单位的相关活动，从而能够对被投资单位施加重大影响。

（5）向被投资单位提供关键技术资料。因被投资单位的生产经营需要依赖投资方的技术或技术资料，表明投资方对被投资单位具有重大影响。

存在上述一种或多种情形并不意味着投资方一定对被投资单位具有重大影响。企业需要综合考虑所有事实和情况来作出恰当的判断。

第二节 长期股权投资的初始计量

一、企业控股合并形成的对子公司长期股权投资的初始计量

（一）同一控制下控股合并形成的对子公司长期股权投资

1. 初始投资成本的确定

（1）企业通过一次交易取得同一控制下被投资单位的股权。同一控制下企业控股合

并形成的对子公司投资，合并方应当在合并日，按照被合并方所有者权益在最终控制方合并财务报表中的账面价值的份额，作为长期股权投资的初始投资成本。合并方的长期股权投资初始投资成本与其支付的合并对价账面价值（或发行股份面值总额）的差额，应当调整资本公积（资本溢价或股本溢价）；资本公积（资本溢价或股本溢价）不足冲减的，调整留存收益。合并方确定对子公司投资的初始投资成本时，还需注意以下事项：

①企业合并前合并方与被合并方采用的会计政策不同的，应基于重要性原则，统一合并方与被合并方的会计政策。在按照合并方的会计政策对被合并方净资产的账面价值进行调整的基础上，计算确定长期股权投资的初始投资成本。

②被合并方在合并日的净资产账面价值为负数的，长期股权投资成本按零确定，同时在备查簿中予以登记。

③如果被合并方在被合并以前，是最终控制方通过非同一控制下的企业合并所控制的，则合并方长期股权投资的初始投资成本还应包含相关的商誉金额。

④如果被合并方编制合并财务报表，则应当以合并日被合并方的合并财务报表为基础确认长期股权投资的初始投资成本。

⑤合并方支付的合并对价中包含被投资单位已宣告但尚未发放的现金股利或利润，应作为应收股利处理，不构成长期股权投资的初始投资成本。

⑥合并方发生的审计、法律服务、评估咨询等中介费用以及其他相关管理费用，于发生时计入当期损益（管理费用）。

⑦与发行权益性工具作为合并对价直接相关的交易费用，应当冲减资本公积（资本溢价或股本溢价），资本公积（资本溢价或股本溢价）不足冲减的，依次冲减盈余公积和未分配利润。与发行债务性工具作为合并对价直接相关的交易费用，应当计入债务性工具的初始确认金额。

（2）企业通过多次交易分步取得同一控制下被投资单位的股权。通过多次交易分步取得同一控制下被投资单位的股权，最终形成企业控股合并的，合并方应按合并财务报表准则的有关规定判断多次交易是否属于"一揽子交易"。合并方在个别财务报表中，按照以下方式进行会计处理：

①属于"一揽子交易"的，合并方应将各项交易作为一项取得控制权的交易进行会计处理。

②不属于"一揽子交易"的，应在取得控制权日，按以下步骤进行会计处理：

第一步，在合并日，根据合并后应享有被合并方净资产在最终控制方合并财务报表中的账面价值的份额，确定长期股权投资的初始投资成本。

第二步，合并日长期股权投资的初始投资成本，与达到合并前的股权投资账面价值加上合并日进一步取得股份新支付对价的账面价值之和的差额，调整资本公积（资本溢价或股本溢价），资本公积不足冲减的，冲减留存收益。

第三步，合并日之前持有的股权投资，因采用权益法核算或金融工具确认和计量准则核算而确认的其他综合收益，暂不进行会计处理，直至处置该项投资时采用与被投资单位直接处置相关资产或负债相同的基础进行会计处理；因采用权益法核算而确认的被投资单位净资产中除净损益、其他综合收益和利润分配以外的所有者权益变动，暂不进行会计处理，直至处置该项投资时转入当期损益。其中，处置后的剩余股权采用成本法或权益法核算的，其他综合收益和其他所有者权益应按比例结转，处置后的剩余股权改按金融工具确认和计量准则进行会计处理的，其他综合收益和其他所有者权益应全部结转。

具体的会计处理分别见本章第五节"权益法转换为成本法""公允价值计量的金融资产转换为成本法核算的长期股权投资"的相关例题【例5-23】【例5-26】。

2. 会计核算

（1）合并方以支付现金、转让非现金资产或承担债务方式作为合并对价的，应当在合并日按照被合并方所有者权益在最终控制方合并财务报表中的账面价值的份额作为长期股权投资的初始投资成本。长期股权投资的初始投资成本与支付的现金、转让的非现金资产以及所承担债务账面价值之间的差额，应当调整资本公积；资本公积不足冲减的，调整留存收益。

具体进行会计处理时，合并方应在合并日，按取得被合并方所有者权益在最终控制方合并财务报表中的账面价值的份额，借记"长期股权投资"科目，按享有被投资单位已宣告但尚未发放的现金股利或利润，借记"应收股利"科目，按照合并对价的账面价值，贷记或借记有关资产、负债科目，按其贷方差额，贷记"资本公积——资本溢价或股本溢价"科目；如为借方差额，借记"资本公积——资本溢价或股本溢价"科目，资本公积（资本溢价或股本溢价）不足冲减的，应依次借记"盈余公积""利润分配——未分配利润"科目。涉及增值税的，还应进行相应的会计处理。

（2）合并方以发行权益性证券作为合并对价的，应当在合并日按照被合并方所有者权益在最终控制方合并财务报表中的账面价值的份额作为长期股权投资的初始投资成本。按照发行股份的面值总额作为股本，长期股权投资的初始投资成本与所发行股份面值总额之间的差额，应当调整资本公积；资本公积不足冲减的，调整留存收益。

具体进行会计处理时，合并方应在合并日，按取得被合并方所有者权益在最终控制方合并财务报表中的账面价值的份额，借记"长期股权投资"科目，按享有被投资单位已宣告但尚未发放的现金股利或利润，借记"应收股利"科目，按照发行权益性证券的面值总额，贷记"股本"科目，按其贷方差额，贷记"资本公积——资本溢价或股本溢价"科目；如为借方差额，借记"资本公积——资本溢价或股本溢价"科目，资本公积（资本溢价或股本溢价）不足冲减的，应依次借记"盈余公积""利润分配——未分配利润"科目。涉及增值税的，还应进行相应的会计处理。

3. 会计核算举例

（1）以支付现金作为合并对价。

【例5-1】甲、乙公司同为丙公司的子公司。20×9年4月1日，甲公司以银行存款取得乙公司80%的股份，并能够对乙公司实施控制，支付价款含已宣告但尚未发放的现金股利10万元；当日丙公司合并财务报表中的乙公司所有者权益的账面价值为1 500万元；甲公司的资本公积（股本溢价）为150万元。假定不考虑其他相关税费，甲公司在合并日的账务处理如下：

①若甲公司支付1 000万元作为对价。

借：长期股权投资——乙公司　　　　　　　　　　(15 000 000×80%)12 000 000
　　应收股利　　　　　　　　　　　　　　　　　　　　　　　　　1 000 000
　　　贷：银行存款　　　　　　　　　　　　　　　　　　　　　　　10 000 000
　　　　　资本公积——资本溢价　　　　　　　　　　　　　　　　　　3 000 000

②若甲公司支付1 300万元作为对价。

借：长期股权投资——乙公司　　　　　　　　　　(15 000 000×80%)12 000 000
　　应收股利　　　　　　　　　　　　　　　　　　　　　　　　　　 100 000
　　资本公积——资本溢价　　　　　　　　　　　　　　　　　　　　　 900 000
　　　贷：银行存款　　　　　　　　　　　　　　　　　　　　　　　13 000 000

如果资本公积不足冲减的，则应冲减留存收益。

(2) 以转让非现金资产作为合并对价。

【例5-2】甲、乙公司为丙公司的子公司。20×9年4月1日，甲公司以原值1 300万元、已计提折旧200万元、已计提减值准备100万元、公允价值1 100万元的一项固定资产作为对价，取得乙公司60%的股份，并能够对乙公司实施控制。当日丙公司合并财务报表中的乙公司所有者权益的账面价值为1 500万元，甲公司的资本公积（股本溢价）为150万元。假定不考虑其他相关税费，甲公司在合并日的账务处理如下：

①固定资产转入清理。

借：固定资产清理　　　　　　　　　　　　　　　　　　　　　　　10 000 000
　　累计折旧　　　　　　　　　　　　　　　　　　　　　　　　　 2 000 000
　　固定资产减值准备　　　　　　　　　　　　　　　　　　　　　　1 000 000
　　　贷：固定资产清理　　　　　　　　　　　　　　　　　　　　　13 000 000

②以固定资产对外投资。

借：长期股权投资——乙公司　　　　　　　　　　(15 000 000×60%) 9 000 000
　　资本公积——资本溢价　　　　　　　　　　　　　　　　　　　　1 000 000
　　　贷：固定资产清理　　　　　　　　　　　　　　　　　　　　　10 000 000

如果资本公积不足冲减的，则应冲减留存收益。

(3) 以支付现金、转让非现金资产和承担债务方式作为合并对价。

【例5-3】甲、乙公司同为丙公司的子公司。20×9年4月1日，甲公司以1 000万元现金、账面价值为1 000万元的固定资产和承担乙公司200万元债务（长期借款）作为合并对价，取得乙公司60%的股权，并能够对乙公司实施控制。当日丙公司合并财务报表中的乙公司所有者权益的账面价值为4 000万元。假定不考虑其他相关税费，甲公司在合并日的账务处理如下：

借：长期股权投资——乙公司　　　　　　　　　　(40 000 000×60%)24 000 000
　　　贷：银行存款　　　　　　　　　　　　　　　　　　　　　　　10 000 000
　　　　　固定资产清理　　　　　　　　　　　　　　　　　　　　　10 000 000
　　　　　长期借款　　　　　　　　　　　　　　　　　　　　　　　 2 000 000
　　　　　资本公积——资本溢价　　　　　　　　　　　　　　　　　　2 000 000

(4) 以发行权益性证券作为合并对价。

【例 5 - 4】甲、乙公司同为丙公司的子公司。20×9 年 6 月 30 日，甲公司向乙公司定向增发普通股（每股面值为 1 元，每股市价为 5 元），取得乙公司 60% 的股权，相关手续于当日完成，并能够对乙公司实施控制。当日丙公司合并财务报表中的乙公司净资产账面价值为 4 500 万元；甲公司的资本公积（股本溢价）为 100 万元，盈余公积为 150 万元，未分配利润为 500 万元。假定不考虑其他相关税费，甲公司在合并日的账务处理如下：

①若甲公司发行 2 000 万普通股作为合并对价。

借：长期股权投资——乙公司　　　　　（45 000 000×60%）27 000 000
　　贷：股本　　　　　　　　　　　　　（20 000 000×1）20 000 000
　　　　资本公积——股本溢价　　　　　　　　　　　　　　7 000 000

②若甲公司发行 3 000 万股普通股作为合并对价。

借：长期股权投资——乙公司　　　　　（45 000 000×60%）27 000 000
　　资本公积——股本溢价　　　　　　　　　　　　　　　1 000 000
　　盈余公积　　　　　　　　　　　　　　　　　　　　　1 500 000
　　利润分配——未分配利润　　　　　　　　　　　　　　　500 000
　　贷：股本　　　　　　　　　　　　　（30 000 000×1）30 000 000

（二）非一控制下控股合并形成的对子公司长期股权投资

1. 初始投资成本的确定

非同一控制下企业控股合并形成的对子公司投资，购买方应当按照企业合并准则的有关规定确定的企业合并成本，作为长期股权投资的初始投资成本。

（1）企业通过一次交易取得非同一控制下被投资单位的股权。通过一次交换交易实现的企业合并，合并成本为购买方付出的资产、发生或承担的负债、发行的权益性工具或债务性工具的公允价值。

购买方付出资产的公允价值与其账面价值的差额，按照以下规定进行会计处理：

①以存货作为合并对价的，应当作为销售处理，以其公允价值确认收入，同时结转相应的成本。

②以固定资产、无形资产作为合并对价的，其公允价值与账面价值的差额，计入资产处置损益。

③以金融工具确认和计量准则规范的金融资产、长期股权投资作为合并对价的，其公允价值与账面价值的差额及相关利得和损失的结转，分别按照本书第四章和本章的相关规定进行会计处理。

④以投资性房地产作为合并对价的，以其公允价值确认其他业务收入，同时结转相应的成本。此外，还相应结转其他综合收益和公允价值变动损益。

购买方为企业合并发生的审计、法律服务、评估咨询等中介费用以及其他相关管理费用，于发生时计入管理费用。购买方作为合并对价发行的权益性证券或债务性证券的交易费用，应当计入权益性证券或债务性证券的初始确认金额。

购买方支付的对价中包含被投资单位已宣告但尚未发放的现金股利或利润，应作为应收股利处理，不构成长期股权投资的初始投资成本。

（2）企业通过多次交易取得非同一控制下被投资单位的股权。企业通过多次交易分步实现非同一控制下企业合并的，在编制个别财务报表时，应当按照原持有的股权投资的账面价值加上新增投资成本之和，作为改按成本法核算的初始投资成本。

①购买日之前持有的股权采用权益法核算的，相关其他综合收益应当在处置该项投资时采用与被投资单位直接处置相关资产或负债相同的基础进行会计处理，因被投资方除净损益、其他综合收益和利润分配以外的其他所有者权益变动而确认的所有者权益，应当在处置该项投资时相应转入处置期间的当期损益。其中，处置后的剩余股权根据本准则采用成本法或权益法核算的，其他综合收益和其他所有者权益应按比例结转，处置后的剩余股权改按金融工具确认和计量准则进行会计处理的，其他综合收益和其他所有者权益应全部结转。具体的会计处理见本章第五节"权益法转换为成本法"，相关例题见【例5-24】。

②购买日之前持有的股权投资，采用金融工具确认和计量准则进行会计处理的，应当将按照该准则确定的股权投资的公允价值加上新增投资成本之和，作为改按成本法核算的初始投资成本，原持有股权的公允价值与账面价值之间的差额，以及原计入其他综合收益的累计公允价值变动，应当全部转入改按成本法核算的当期投资收益。具体的会计处理见本章第五节"公允价值计量的金融资产转换为成本法核算的长期股权投资"，相关例题见【例5-27】。

2. 会计核算

（1）购买方以支付现金、转让非现金资产或承担债务方式等作为合并对价的，应在购买日按照确定的合并成本，借记"长期股权投资"科目，按享有被投资方已宣告但尚未发放的现金股利或利润，借记"应收股利"科目，按发生的直接相关费用（如资产处置费用），贷记"银行存款"等科目，按付出的合并对价的账面价值，贷记或借记有关资产、负债科目，按付出的固定资产、无形资产、长期股权投资的公允价值与账面价值的差额，贷记或借记"资产处置损益""投资收益"等科目；以存货、投资性房地产等作为合并对价的，应按存货、投资性房地产的公允价值，贷记"主营业务收入""其他业务收入"科目，并同时结转相关的成本；以金融资产作为合并对价的，其公允价值与账面价值的差额，按照金融工具确认和计量准则相关规定进行会计处理。涉及增值税的，还应进行相应的会计处理。

（2）购买方以发行权益性证券作为合并对价的，应在购买日按照发行的权益性证券的公允价值，借记"长期股权投资"科目，按享有被投资单位已宣告但尚未发放的现金股利或利润，借记"应收股利"科目，按照发行的权益性证券的面值总额，贷记"股本"科目，按权益性证券的公允价值与面值总额的差额，借记或贷记"资本公积——资本溢价或股本溢价"科目。涉及增值税的，还应进行相应的会计处理。

为企业合并发生的审计、法律服务、评估咨询等中介费用以及其他相关管理费用，企业应当于发生时借记"管理费用"科目，贷记"银行存款"等科目。

3. 会计核算举例

（1）以存货作为合并对价。

【例5-5】 甲、乙公司在合并前不存在关联方关系。20×9年3月1日，甲公司以库存商品和承担乙公司的短期还贷款义务，取得乙公司70%的股权，能够对乙公司实施控制。购买日，乙公司可辨认净资产的公允价值为1 000万元。甲公司投出商品的账面余额500万元，已计提存货跌价准备50万元，公允价值600万元，增值税额96万元；承担归还贷款义务的公允价值为300万元。假定不考虑其他相关税费，甲公司在购买日的账务处理如下：

借：长期股权投资——乙公司　（6 000 000＋960 000＋3 000 000）9 960 000
　　贷：主营业务收入　　　　　　　　　　　　　　　　　　　　6 000 000
　　　　应交税费——应交增值税（销项税额）　　　　　　　　　　960 000
　　　　短期借款　　　　　　　　　　　　　　　　　　　　　　3 000 000
借：主营业务成本　　　　　　　　　　　　　　　　　　　　　　4 500 000
　　存货跌价准备　　　　　　　　　　　　　　　　　　　　　　　500 000
　　贷：库存商品　　　　　　　　　　　　　　　　　　　　　　5 000 000

【例5-6】 甲、乙公司在合并前不存在关联方关系。20×9年1月1日，甲公司以一批材料对乙公司投资，取得乙公司60%的股权，能够对乙公司实施控制。甲公司投出材料的账面余额为500万元，公允价值600万元，增值税额96万元。购买日乙公司可辨认净资产的公允价值为800万元。假定不考虑其他相关税费，甲公司在购买日的账务处理如下：

借：长期股权投资——乙公司　　　　（6 000 000＋960 000）6 960 000
　　贷：其他业务收入　　　　　　　　　　　　　　　　　　　　6 000 000
　　　　应交税费——应交增值税（销项税额）　　　　　　　　　　960 000
借：其他业务成本　　　　　　　　　　　　　　　　　　　　　　5 000 000
　　贷：原材料　　　　　　　　　　　　　　　　　　　　　　　5 000 000

（2）以固定资产和无形资产作为合并对价。

【例5-7】 甲、乙公司在合并前不存在关联方关系。20×9年1月1日，甲公司以固定资产对乙公司投资，取得乙公司70%的股权，能够对乙公司实施控制。该固定资产的账面原值为800万元，已计提折旧50万元，已计提减值准备50万元，公允价值900万元。甲公司另外支付企业合并发生的审计、法律服务、评估咨询等中介费用5万元。假定不考虑其他相关税费，甲公司在购买日的账务处理如下：

①固定资产转入清理。

借：固定资产清理　　　　　　　　　　　　　　　　　　　　　　7 000 000
　　累计折旧　　　　　　　　　　　　　　　　　　　　　　　　　500 000
　　固定资产减值准备　　　　　　　　　　　　　　　　　　　　　500 000
　　贷：固定资产　　　　　　　　　　　　　　　　　　　　　　8 000 000

②取得乙公司股权。

借：长期股权投资——乙公司　　　　　　　　　　　　　　　　　9 000 000

贷：固定资产清理		7 000 000
资产处置损益		2 000 000
借：管理费用	50 000	
贷：银行存款		50 000

【例5-8】甲、乙公司在合并前不存在关联方关系。20×9年5月1日，甲公司以一项专利权和银行存款20万元向乙公司投资，取得乙公司70%的股权，能够对乙公司实施控制。该专利权的账面余额为500万元，已计提累计摊销60万元，已计提减值准备20万元，公允价值400万元。假定不考虑其他相关税费，甲公司在购买日的账务处理如下：

借：长期股权投资——乙公司	4 200 000	
累计摊销	600 000	
无形资产减值准备	200 000	
资产处置损益	200 000	
贷：无形资产		5 000 000
银行存款		200 000

(3) 以发行权益性证券作为合并对价。

【例5-9】甲、乙公司在合并前不存在关联方关系。甲公司于20×9年12月31日发行100万股股票（每股面值1元）作为对价，取得乙公司的全部股权，乙公司保留法人资格。该股票的公允价值为400万元。假定不考虑其他相关税费，甲公司在购买日的账务处理如下：

借：长期股权投资——乙公司	4 000 000	
贷：股本		1 000 000
资本公积——股本溢价		3 000 000

二、非企业合并形成的对联营企业和合营企业长期股权投资的初始计量

（一）初始投资成本的确定

非企业合并形成的长期股权投资（即对合营企业投资和对联营企业投资），应当按照下列规定确定其初始投资成本。

(1) 以支付现金取得的长期股权投资，应按照实际支付的购买价款作为初始投资成本。初始投资成本包括与取得长期股权投资直接相关的费用、税金及其他必要支出。

(2) 以发行权益性证券取得的长期股权投资，应当按照发行权益性证券的公允价值作为初始投资成本。为发行权益性证券发生的交易费用（例如登记费，承销费，法律、会计、评估及其他专业服务费用，印刷成本和印花税等），可直接归属于权益性交易的，应从发行权益性证券的溢价发行收入中扣除，溢价收入不足冲减的，应依次冲减盈余公积和未分配利润。

(3) 通过非货币性资产交换和债务重组取得的长期股权投资，其初始投资成本应按

照本书"非货币性资产交换"和"债务重组"有关章节的规定进行确定。

投资方所支付的对价中包含被投资单位已宣告但尚未发放的现金股利或利润，应作为应收股利核算，不构成长期股权投资的初始投资成本。

投资方对合营企业投资和对联营企业投资，其取得时的账务处理可参照"非同一控制下控股合并形成的对子公司长期股权投资"进行账务处理。

（二）会计核算

（1）以支付现金取得的长期股权投资。

【例5-10】甲公司于20×9年4月1日从证券市场上购入乙公司发行在外普通股10万股，每股买价6.2元（含已宣告但尚未发放的每股现金股利0.2元），另支付相关税费5万元。甲公司取得乙公司25%的股权，并对乙公司具有重大影响。假定不考虑其他相关税费，甲公司的账务处理如下：

借：长期股权投资——乙公司（投资成本） 　　　　　650 000
　　应收股利　　　　　　　　　　　　　　　　　　 20 000
　　贷：银行存款　　　　　　　　　　　　　　　　　　 670 000

（2）以发行权益性证券取得的长期股权投资。

【例5-11】甲公司于20×9年4月1日增发50万股普通股（每股面值1元，每股市价3元），取得乙公司30%的股权，对乙公司具有重大影响，相关手续于增发当日完成。甲公司向证券承销机构等支付了4万元的佣金和手续费。假定不考虑其他相关税费，甲公司的账务处理如下：

借：长期股权投资——乙公司（投资成本）　　　　　　1 500 000
　　贷：股本　　　　　　　　　　　　　　（500 000×1）500 000
　　　　资本公积——股本溢价　　　　　（500 000×2）1 000 000
借：资本公积——股本溢价　　　　　　　　　　　　　　 40 000
　　贷：银行存款　　　　　　　　　　　　　　　　　　 40 000

第三节 长期股权投资核算的成本法

投资方在持有长期股权投资的期间，应根据对被投资单位的影响程度分别采用成本法及权益法进行核算。对子公司的长期股权投资应当按成本法核算，对合营企业、联营企业的长期股权投资应当按权益法核算，不允许选择按照金融工具确认和计量准则进行会计处理。本节介绍成本法。

一、成本法的概念及适用范围

成本法，是指长期股权投资按初始投资成本进行计价，除追加或收回投资以外，投资方一般不应当调整长期股权投资成本的方法。

投资方能够对被投资方实施控制的长期股权投资（即对子公司投资）应当采用成本法核算，投资方为投资性主体且子公司不纳入其合并财务报表的除外。具体包括：①同一控制下企业控股合并形成的对子公司投资；②非同一控制下企业控股合并形成的对子公司投资。

投资方在判断对被投资单位是否具有控制时，应综合考虑直接持有的股权和通过子公司间接持有的股权。在个别财务报表中，投资方进行成本法核算时，应仅考虑直接持有的股权份额。

二、成本法的核算内容及核算方法

长期股权投资成本法核算的内容包括：一是取得投资时初始投资成本确定的核算；二是持有期间，被投资单位分派现金股利或利润及资产负债表日计提减值准备的核算；三是处置投资的核算。

（一）长期股权投资取得的核算

投资方采用成本法核算的长期股权投资应当按照初始投资成本计价。具体而言，投资方应当分别"同一控制下企业控股合并形成的对子公司投资"和"非同一控制下企业控股合并的对子公司投资"两种情况确定其初始投资成本，见本章第二节相关例题。在追加投资时，按照追加投资支付的成本的公允价值及发生的相关交易费用增加长期股权投资的账面价值。

（二）长期股权投资持有期间的核算

1. 被投资单位宣告分派股利或利润的核算

在持有期间，被投资单位宣告分派现金股利或利润的，投资方根据应享有的部分确认当期投资收益，借记"应收股利"科目，贷记"投资收益"科目。实际收到现金股利时，借记"银行存款"科目，贷记"应收股利"科目；当被投资单位宣告分派股票股利，投资方应于除权日作备查记录，登记持股股数的增加，不作账务处理。当被投资方实现盈利或发生净亏损以及其他所有者权益发生变动时，投资方均无须进行账务处理。

2. 资产负债表日计提减值准备的核算

投资方在确认自被投资单位应分得的现金股利或利润后，应当考虑长期股权投资是否发生减值。在判断该类长期股权投资是否存在减值迹象时，应当关注长期股权投资的账面价值是否大于享有被投资单位净资产（包括相关商誉）账面价值的份额等类似情况。在资产负债表日，出现类似情况时，投资方应当按照资产减值准则对长期股权投资进行减值测试，当可收回金额低于长期股权投资账面价值的，应当计提减值准备，借记"资产减值损失"科目，贷记"长期股权投资减值准备"科目。长期股权投资减值准备在提取后，以后期间不允许转回。

（三）长期股权投资处置的核算

（1）投资方全部处置按成本法核算的长期股权投资时，应按实际收到的金额，借记

"银行存款"等科目,原已计提的减值准备,借记"长期股权投资减值准备"科目,按其账面余额,贷记"长期股权投资"科目,按照尚未领取的现金股利或利润,贷记"应收股利"科目,按其差额,贷记或借记"投资收益"科目。

(2)投资方部分处置按成本法核算的长期股权投资,可分别见本章第五节"成本法转换为权益法""成本法核算的长期股权投资转换为公允价值计量的金融资产"的相关例题【例5-25】【例5-28】。

【例5-12】甲、乙公司同为丙集团公司的子公司。20×7年1月1日,甲公司发行2 000万股普通股(每股面值1元)作为对价,取得了乙公司70%的控股权,能对乙公司实施控制。合并日,集团丙公司合并财务报表中的乙公司的账面净资产为2 500万元。甲公司在合并日"资本公积——股本溢价"科目的余额为90万元,盈余公积为120万元,未分配利润为2 000万元。20×7年5月2日,乙公司宣告分派现金股利100万元。20×7年5月12日,甲公司收到现金股利。乙公司20×7年实现净利润400万元。20×8年5月1日,乙公司宣告分派20×7年度的现金股利350万元。20×8年5月12日,甲公司收到现金股利。20×8年12月31日,甲公司对乙公司投资的可收回金额为1 650万元。20×9年1月20日,甲公司将持有乙公司的全部股权转让给丙公司,收到股权转让款1 900万元。假定不考虑其他相关税费,甲公司的账务处理如下:

(1)20×7年1月1日,取得乙公司投资。

借:长期股权投资——乙公司　　　　　(25 000 000×70%)17 500 000
　　资本公积——股本溢价　　　　　　　　　　　　　　　 900 000
　　盈余公积　　　　　　　　　　　　　　　　　　　　　1 200 000
　　利润分配——未分配利润　　　　　　　　　　　　　　　 400 000
　　贷:股本　　　　　　　　　　　　　　　　　　　　　 20 000 000

(2)20×7年5月2日,乙公司宣告分派现金股利。

借:应收股利　　　　　　　　　　　　(1 000 000×70%)700 000
　　贷:投资收益　　　　　　　　　　　　　　　　　　　 700 000

(3)20×7年5月12日,甲公司收到现金股利。

借:银行存款　　　　　　　　　　　　　　　　　　　　　 700 000
　　贷:应收股利　　　　　　　　　　　　　　　　　　　 700 000

(4)乙公司20×7年实现净利润,无须进行账务处理。

(5)20×8年5月1日,乙公司宣告分派现金股利。

借:应收股利　　　　　　　　　　　　(3 500 000×70%)2 450 000
　　贷:投资收益　　　　　　　　　　　　　　　　　　　 2 450 000

(6)20×8年5月12日,收到现金股利。

借:银行存款　　　　　　　　　　　　　　　　　　　　 2 450 000
　　贷:应收股利　　　　　　　　　　　　　　　　　　　 2 450 000

(7)20×8年12月31日,计提减值准备。

长期股权投资的账面价值=1 750(万元)

长期股权投资的可收回金额=1 650(万元)

计提长期股权投资减值准备 = 1 750 - 1 650 = 100（万元）
借：资产减值损失　　　　　　　　　　　　　　　　 1 000 000
　　贷：长期股权投资减值准备　　　　　　　　　　　　　　 1 000 000
(8) 20×9年1月20日，甲公司将股权全部转让。
借：银行存款　　　　　　　　　　　　　　　　　　 19 000 000
　　长期投资减值准备　　　　　　　　　　　　　　　 1 000 000
　　贷：长期股权投资——乙公司　　　　　　　　　　　　 17 500 000
　　　　投资收益　　　　　　　　　　　　　　　　　　　　 2 500 000

第四节　长期股权投资核算的权益法

投资方在持有长期股权投资的期间，应根据对被投资单位的影响程度分别采用成本法及权益法进行核算。对子公司的长期股权投资应当按成本法核算，对合营企业、联营企业的长期股权投资应当按权益法核算，不允许选择按照金融工具确认和计量准则进行会计处理。本节介绍成本法。

一、权益法的概念、适用范围及核算内容

（一）权益法的概念及适用范围

权益法，是指长期股权投资取得时以初始投资成本计量后，在持有期间内，投资方应根据享有（或应分担）被投资单位所有者权益份额的变动对长期股权投资的账面价值进行调整的方法。

投资方对被投资单位具有共同控制或重大影响的长期股权投资应当采用权益法核算，具体包括：①对合营企业的长期股权投资；②对联营企业的长期股权投资。

投资方在判断对被投资单位是否具有共同控制、重大影响时，应综合考虑直接持有的股权和通过子公司间接持有的股权。在综合考虑直接持有的股权和通过子公司间接持有的股权后，如果认定投资方在被投资单位拥有共同控制或重大影响，在个别财务报表中，投资方进行权益法核算时，应仅考虑直接持有的股权份额；在合并财务报表中，投资方进行权益法核算时，应同时考虑直接持有和间接持有的份额。

投资方对联营企业的权益性投资，其中一部分通过风险投资机构、共同基金、信托公司或包括投连险基金在内的类似主体间接持有的，无论以上主体是否对这部分投资具有重大影响，投资方都可以按照金融工具确认和计量准则的有关规定，对间接持有的该部分投资选择以公允价值计量且其变动计入损益，并对其余部分采用权益法核算。

（二）权益法的核算内容

投资方采用权益法对长期股权投资进行核算的内容：一是取得投资时初始投资成本

确定及其调整的核算;二是持有期间,被投资单位实现净利润或发生净亏损、分派现金股利或利润、其他综合收益发生变动、所有者权益其他变动、资产负债表日计提减值准备的核算;三是处置投资的核算。具体而言:

(1)初始投资或追加投资时,按照初始投资成本或追加投资的投资成本,增加长期股权投资的账面价值。比较初始投资成本与投资时应享有被投资单位可辨认净资产公允价值的份额,前者大于后者的,不调整长期股权投资账面价值;前者小于后者的,应当按照二者之间的差额调增长期股权投资的账面价值,同时计入取得投资当期损益。

(2)持有投资期间,随着被投资单位所有者权益的变动相应调整增加或减少长期股权投资的账面价值,并分别以下情况处理:①对于因被投资单位实现净损益和其他综合收益而产生的所有者权益的变动,投资方应当按照应享有的份额,增加或减少长期股权投资的账面价值,同时确认投资损益和其他综合收益;②对于被投资单位宣告分派的利润或现金股利计算应分得的部分,相应减少长期股权投资的账面价值;③对于被投资单位除净损益、其他综合收益以及利润分配以外的因素导致的其他所有者权益变动,相应调整长期股权投资的账面价值,同时确认资本公积(其他资本公积);④在持有投资期间,被投资单位编制合并财务报表的,应当以合并财务报表中净利润、其他综合收益和其他所有者权益变动中归属于被投资单位的金额为基础进行会计处理。

长期股权投资采用权益法核算时,"长期股权投资"科目可按被投资单位进行明细核算。此外,还应当分别"投资成本""损益调整""其他综合收益""其他权益变动"科目进行明细核算。

二、长期股权投资取得的核算

(一)初始投资成本的确定

投资方对合营企业和联营企业的投资,其初始投资成本的确定见本章第二节"非企业合并形成的对联营企业和合营企业长期股权投资的初始计量"及相关例题。

(二)初始投资成本的调整

投资方取得对联营企业或合营企业的投资以后,对于取得投资时初始投资成本与应享有被投资单位可辨认净资产公允价值份额之间的差额,应区别情况处理。

(1)初始投资成本大于取得投资时应享有被投资单位可辨认净资产公允价值份额的,该部分差额是投资方在取得投资过程中通过作价体现出的与所取得股权份额相对应的商誉价值,这种情况下不要求对长期股权投资的成本进行调整。

(2)初始投资成本小于取得投资时应享有被投资单位可辨认净资产公允价值份额的,两者之间的差额体现为双方在交易作价过程中转让方的让步,该部分经济利益流入应计入取得投资当期的营业外收入,同时调整增加长期股权投资的账面价值,借记"长期股权投资(投资成本)"科目,贷记"营业外收入"科目。

被投资单位可辨认净资产的公允价值，应当比照企业合并准则的有关规定确定。

【例5-13】甲公司于20×9年9月1日支付200万元现金取得乙公司30%的股权，能够对乙公司施加重大影响。假定在该时点乙公司可辨认净资产的公允价值与其账面价值相同。不考虑其他相关税费，甲公司的账务处理如下：

（1）若投资时乙公司可辨认净资产的公允价值为600万元。

借：长期股权投资①——乙公司（投资成本） 2 000 000
　　贷：银行存款 2 000 000

（2）若投资时乙公司可辨认净资产的公允价值为700万元。

借：长期股权投资——乙公司（投资成本） 2 000 000
　　贷：银行存款 2 000 000
借：长期股权投资——乙公司（投资成本） 100 000
　　贷：营业外收入② 100 000

【例5-14】甲公司为增值税一般纳税人，房屋及库存商品适用的增值税率为10%、16%。20×8年1月2日，甲公司与丙公司签订资产置换协议（具有商业实质），以一幢房屋及库存商品换取丙公司所持有乙公司股权的40%（具有重大影响）。上述协议涉及的股权及资产的所有权变更手续于20×8年4月1日完成。资产置换日，换出房屋的原价为2 200万元，已计提折旧300万元，已计提减值准备100万元，公允价值和计税价格均为2 200万元；换出商品成本为200万元，未计提存货跌价准备，公允价值和计税价格均为250万元。20×8年4月1日，乙公司可辨认净资产的公允价值为7 000万元。假定不考虑其他相关税费，甲公司的账务处理如下：

（1）固定资产转入清理。

借：固定资产清理 18 000 000
　　累计折旧 3 000 000
　　固定资产减值准备 1 000 000
　　贷：固定资产 22 000 000

（2）股权变更日。

长期股权投资的初始成本 = 2 200 × (1 + 10%) + 250 × (1 + 16%) = 2 710（万元）

借：长期股权投资——乙公司（投资成本） 27 100 000
　　贷：固定资产清理 18 000 000
　　　　资产处置损益 (22 000 000 − 18 000 000) 4 000 000
　　　　主营业务收入 2 500 000
　　　　应交税费——应交增值税（销项税额） 2 600 000
借：主营业务成本 2 000 000
　　贷：库存商品 2 000 000

---

① 甲公司支付的代价为200万元，享有被投资单位可辨认净资产公允价值的份额为180万元（600万×30%），多付的20万元，仍保留在长期股权投资的余额中。

② 甲公司支付的代价为200万元，享有被投资单位可辨认净资产公允价值的份额为210万元（700万×30%），少付的10万元视同接受捐赠，计入营业外收入。

借：长期股权投资——乙公司（投资成本）　　　　　　　　　　900 000
　　贷：营业外收入①　　　　　　　　　　　　　　　　　　　　900 000

三、长期股权投资持有期间的核算

（一）被投资单位其他综合收益发生变动的核算

投资方在持有长期股权投资的期间，当被投资单位其他综合收益发生变动时，应当按照归属于本企业的部分，相应调整长期股权投资的账面价值，同时增加或减少其他综合收益，借记或贷记"长期股权投资（其他综合收益）"科目，贷记或借记"其他综合收益"科目。其他综合收益的内容及其核算见第十四章第二节"其他综合收益"。

【例5-15】甲公司于20×9年1月1日支付500万元取得乙公司30%的股份，能够对乙公司施加重大影响，乙公司当日各项可辨认净资产的公允价值等于其账面价值。20×9年6月15日，乙公司将作为存货的房地产转换为以公允价值模式计量的投资性房地产，转换当日其公允价值大于账面价值100万元，并计入了其他综合收益。双方采用的会计政策、会计期间相同，在以前期间未发生过内部交易。假定不考虑所得税影响因素，甲公司的账务处理如下：

借：长期股权投资——乙公司（其他综合收益）　　　　　　　300 000
　　贷：其他综合收益　　　　　　　　　　　　（1 000 000 × 30%）300 000

（二）被投资单位净损益发生变动的核算

在持有长期股权投资的期间，投资方应当按照应享有（或分担）被投资单位的净利润（或净亏损）的份额，调整长期股权投资的账面价值，并确认为当期投资收益。

1. 被投资单位实现净利润的核算

当被投资单位实现净利润时，投资方应当根据被投资单位实现的净利润或经调整的净利润计算确认应享有的份额，借记"长期股权投资（损益调整）"科目，贷记"投资收益"科目。

投资方在确认应享有（或分担）被投资单位的净利润（或净亏损）时，应在被投资单位账面净利润的基础上，应考虑以下因素的影响进行适当调整：

（1）统一会计政策及其会计期间。被投资单位采用的会计政策及会计期间与投资方不一致的，应当按照投资方的会计政策及会计期间对被投资单位的财务报表进行调整，并据以确认投资收益和其他综合收益等。

（2）应当以取得投资时被投资单位可辨认净资产的公允价值为基础进行调整。投资方在确认应享有被投资单位净损益的份额时，应当以取得投资时被投资单位可辨认净资产的公允价值为基础，对被投资单位的净利润进行调整后确认。例如，投资方应考虑以取得投资时被投资单位固定资产、无形资产等的公允价值为基础计提的折旧额或摊销

---

① 甲公司支付的代价为2 710万元，享有被投资单位可辨认净资产公允价值的份额为2 800万元（7 000万 × 40%），少付的90万元视同接受捐赠，计入营业外收入。

额,以及有关资产减值准备金额等对被投资单位净利润的影响。

被投资单位个别利润表中的净利润是以其持有的资产、负债账面价值为基础持续计算的,而投资方在取得投资时,是以被投资单位有关资产、负债的公允价值为基础确定投资成本,取得投资后应确认的投资收益代表的是被投资单位资产、负债,在公允价值计量的情况下,在未来期间通过经营产生的损益中归属于投资方的部分。所以,投资方取得投资时,被投资单位有关资产、负债的公允价值与其账面价值不同的,未来期间,在计算归属于投资方应享有的净利润或应承担的净亏损时,应考虑被投资单位计提的折旧额、摊销额以及资产减值准备金额等进行调整。

在对上述项目进行有关调整时,应当考虑具有重要性的项目。存在下列情况之一的,投资方可以按照被投资单位的账面净损益与持股比例计算确认投资损益,但应在附注中说明这一事实及其原因:①投资方无法可靠确定投资时被投资单位各项可辨认资产等的公允价值;②投资时被投资单位可辨认资产等的公允价值与其账面价值之间的差额较小;③其他原因导致无法对被投资单位净损益进行调整的。

【例5-16】甲公司于20×8年1月10日支付2 000万元购入乙公司30%的股份,并对乙公司具有重大影响。乙公司当日可辨认净资产的公允价值为5 000万元,除表5-1所列项目外,其他资产、负债的公允价值与其账面价值相同。

表5-1　　　　　　　　　乙公司部分资产的账面价值与公允价值　　　　　　　　单位:万元

项目	账面原价	已提折旧或摊销	公允价值	乙公司预计使用年限	甲公司取得投资后剩余使用年限
存货	500	—	700	—	—
固定资产	1 000	200	1 200	20	16
无形资产	600	—	800	10	8
小计	2 100	200	2 700	—	—

假定乙公司20×8年实现净利润600万元。其中,在甲公司取得投资时,账面存货有80%对外出售。甲公司与乙公司的会计年度及采用的会计政策相同。固定资产、无形资产均按直线法提取折旧或摊销,预计净残值为0。

甲公司在确定其应享有的投资收益时,应在乙公司实现的账面净利润的基础上,根据取得投资时有关资产的账面价值与其公允价值差额的影响进行调整(假定不考虑所得税影响):

①存货公允价值与账面价值的差额应调减的利润 = (700 - 500) × 80% = 160(万元)

②固定资产公允价值与账面价值的差额应调增的折旧额 = 1 200 ÷ 16 - 1 000 ÷ 20 = 25(万元)

③无形资产公允价值与账面价值的差额应调增的摊销额 = 800 ÷ 8 - 600 ÷ 10 = 40(万元)

④调整后乙公司的净利润 = 600 - 160 - 25 - 40 = 375(万元)

⑤甲公司应享有乙公司净损益的份额 = 375 × 30% = 112.5(万元)

甲公司的账务处理如下：

借：长期股权投资——乙公司（损益调整）　　　　　1 125 000
　　贷：投资收益　　　　　　　　　　　　　　　　　　　1 125 000

（3）未实现内部交易损益予以抵销。对于投资方或纳入投资方合并财务报表范围的子公司与其联营企业及合营企业之间发生的未实现内部交易损益应予抵销。即投资方与联营企业及合营企业之间发生的未实现内部交易损益，按照应享有的比例计算归属于投资方的部分，应当予以抵销，在此基础上确认投资收益。投资方与被投资单位发生的内部交易损失，按照资产减值准则等的有关规定属于资产减值损失的，应当全额确认。

①投出或出售的资产不构成业务的处理。当投资方与其联营企业、合营企业之间投出或出售的资产不构成业务的，由于其未实现内部交易损益（即有关资产未对外部独立第三方出售或未被消耗）体现在投资方或其联营企业、合营企业持有的资产账面价值中，所以投资方在计算确认投资损益时应予抵销。投资方应当分别顺流交易和逆流交易进行会计处理。

第一，顺流交易。顺流交易是指投资方向其联营企业或合营企业投出或出售资产。对于顺流交易，在该交易存在未实现内部交易损益的情况下，投资方在采用权益法计算确认应享有联营企业或合营企业的投资损益时，应抵销该未实现内部交易损益的影响，同时调整对联营企业或合营企业长期股权投资的账面价值；投资方因投出或出售资产给其联营企业或合营企业而产生的损益中，应仅限于确认归属于联营企业或合营企业其他投资方的部分。即在顺流交易中，投资方投出资产或出售资产给其联营企业或合营企业产生的损益中，按照应享有比例计算确定归属于本企业的部分不予确认。

【例5-17】甲公司持有乙公司有表决权股份的30%，能够对乙公司施加重大影响。甲公司取得该项投资时，乙公司各项可辨认净资产的公允价值与其账面价值相同。20×8年11月，甲公司将其账面价值为400万元的商品以520万元的价格出售给乙公司，乙公司将取得的商品作为管理用固定资产，预计使用寿命为10年，净残值为0。乙公司20×8年度的净利润为519万元。双方采用的会计政策、会计期间相同，在以前期间未发生过内部交易。假定不考虑所得税以及其他相关税费。

本例中，甲公司在该项内部交易中实现利润120万元（520万-400万），其中的36万元（120万×30%），是针对本公司持有乙公司的权益份额，在采用权益法计算确认投资损益时应予抵销，同时应考虑乙公司将取得的商品作为管理用固定资产所计提的折旧费1万元（120万÷10÷12）对损益的影响。因此，乙公司经调整后的净利润为400万元（519万-120万+1万）。甲公司确认应享有乙公司的投资收益为120万元（400万×30%）。甲公司的账务处理如下：

借：长期股权投资——乙公司（损益调整）　　　　　1 200 000
　　贷：投资收益　　　　　　　　　　　　　　　　　　　1 200 000

第二，逆流交易。逆流交易是指联营企业或合营企业向投资方投出或出售资产。对于逆流交易，比照上述顺流交易处理。

【例5-18】沿用【例5-17】的资料，20×8年11月，假定乙公司将其账面价值为

400万元的商品以500万元的价格出售给甲公司,甲公司将取得的商品作为存货。至20×8年12月31日,该批商品尚未对外部第三方出售。乙公司20×8年度实现的净利润为600万元。

本例中,乙公司在该项内部交易中实现利润100万元(500万-400万),其中的30万元(100万×30%),是针对甲公司持有联营企业的权益份额,在采用权益法计算确认投资损益时应予抵销;因此,乙公司经调整后的净利润为500万元(600万-100万)。甲公司确认应享有乙公司的投资收益为150万元(500万×30%)。甲公司的账务处理如下:

借:长期股权投资——乙公司(损益调整)   1 500 000
  贷:投资收益   1 500 000

第三,未实现内部交易损失。投资方与其联营企业或合营企业之间发生的无论是顺流交易还是逆流交易产生的未实现内部交易损失,按照资产减值准则等的有关规定属于所转让资产发生减值损失的,应当全额确认,有关的未实现内部交易损失不应予以抵销。

【例5-19】沿用【例5-17】的资料,20×8年11月,假定甲公司将其账面价值为500万元的商品以420万元的价格出售给乙公司。至20×8年12月31日,该批商品尚未对外部第三方出售。乙公司20×8年实现的净利润为1 000万元。

在本例中,甲公司在按照权益法确认应享有乙公司20×8年度净损益时,如果有证据表明交易价格500万元与甲公司该商品账面价值420万元之间的差额是该资产发生了减值损失,在确认投资损益时应当全额确认,不应予以抵销。甲公司的账务处理如下:

借:长期股权投资——乙公司(损益调整)   3 000 000
  贷:投资收益   (10 000 000×30%)3 000 000

②投出或出售的资产构成业务的处理。投资方与联营企业、合营企业之间发生投出或出售资产的交易所构成的业务,应当分别情况进行会计处理:一是当联营企业、合营企业向投资方出售业务的,投资方应按企业合并准则的规定进行会计处理。投资方应全额确认与交易相关的利得或损失。二是当投资方向联营企业、合营企业投出业务,投资方因此取得长期股权投资但未取得控制权的,应以投出业务的公允价值作为新增长期股权投资的初始投资成本,初始投资成本与投出业务的账面价值之差,全额计入当期损益。投资方向联营、合营企业出售业务,取得的对价与业务的账面价值之间的差额,全额计入当期损益。

(4)考虑潜在表决权的影响。尽管在评估投资方对被投资单位是否具有重大影响时,应当考虑潜在表决权的影响,但在确定应享有的被投资单位实现的净损益(包括后文所述的"其他综合收益变动"和"其他所有者权益变动")的份额时,潜在表决权所对应的权益份额不应予以考虑。

(5)考虑法规或章程规定的影响。投资方在确认应享有或应分担的被投资单位实现净利润或发生净亏损的份额时,法规或章程规定不属于投资企业的净损益应当予以剔除后再进行计算。例如,被投资单位发行了分类为权益的可累积优先股等类似的权益工具,无论被投资单位是否宣告分配优先股股利,投资方计算应享有被投资单位的净利润时,均应将归属于其他投资方的累积优先股股利予以扣除。

2. 被投资单位发生投资净损失①的核算

投资方确认应分担被投资单位发生的净亏损或其他综合收益减少净额，应当以长期股权投资的账面价值以及其他实质上构成对被投资单位净投资的长期权益（简称"其他长期权益"）减记至零为限，投资方负有承担额外损失义务的除外。当被投资单位在以后期间实现净利润或其他综合收益增加净额时，投资方应当按照以前确认或登记有关投资净损失时的相反顺序进行会计处理。

"其他实质上构成对被投资单位净投资的长期权益"通常是指长期应收项目，如投资方对被投资单位的长期债权，该债权没有明确的清收计划且在可预见的未来期间不准备收回的，实质上构成对被投资单位的净投资。应予说明的是，该类长期权益不包括投资方与被投资单位之间因销售商品、提供劳务等日常活动所产生的长期债权。

（1）投资方确认应分担被投资单位发生的投资净损失。首先，冲减长期股权投资的账面价值，按照应分担被投资单位其他综合收益减少净额的份额，借记"其他综合收益"科目，贷记"长期股权投资（其他综合收益）"科目；按照应分担被投资单位净亏损的份额，借记"投资收益"科目，贷记"长期股权投资（损益调整）"科目。其次，如果长期股权投资的账面价值不足以冲减的，应当以其他实质上构成对被投资单位净投资的长期权益账面价值为限继续确认投资净损失，冲减长期应收项目等的账面价值，借记"其他综合收益""投资收益"科目，贷记"长期应收款"科目。再次，在进行上述处理后，如果在投资合同或协议中约定将履行其他额外的损失补偿义务，还应按或有事项准则的规定确认预计将承担的损失金额，借记"其他综合收益""投资收益"科目，贷记"预计负债"科目。最后，除上述情况仍未确认的应分担被投资单位发生的投资净损失，应在账外备查登记。

（2）被投资单位在以后期间实现净利润或其他综合收益增加。被投资单位在以后期间实现净利润或其他综合收益增加净额时，投资方应当按照以前确认或登记有关投资净损失时的相反顺序进行会计处理。即依次减记未确认投资净损失金额、恢复其他长期权益和恢复长期股权投资的账面价值，同时，投资方还应当重新复核预计负债的账面价值。有关会计处理如下：

①投资方当期对被投资单位净利润和其他综合收益增加净额的分享额小于或等于前期未确认投资净损失的，根据登记的未确认投资净损失的类型，弥补前期未确认的应分担的被投资单位净亏损或其他综合收益减少净额等投资净损失。即投资方不进行账务处理。

②投资方当期对被投资单位净利润和其他综合收益增加净额的分享额大于前期未确认投资净损失的：首先，按照上述的规定弥补前期未确认投资净损失；其次，对于前者大于后者的差额部分，依次恢复其他长期权益的账面价值和恢复长期股权投资的账面价值，同时按权益法确认该差额。即投资方首先扣除未确认的投资净损失分担额后，应按

---

① 参见《企业会计准则解释第 9 号——关于权益法下有关投资净损失的会计处理》，该解释自 2018 年 1 月 1 日起施行。此处"投资净损失"既包括被投资单位发生的净亏损，也包括其他综合收益减少净额。编者认为，投资方确认应分担被投资单位发生的投资净损失，应当分类型和分步骤进行确认，首先应分担被投资单位其他综合收益减少净额的份额，其次分担被投资单位净亏损的份额。目前我国会计准则缺乏相关具体的指引。

与上述账务处理相反的顺序,减记已确认预计负债的账面余额、恢复其他长期权益以及长期股权投资的账面价值,同时确认投资收益和其他综合收益;即按先后顺序分别借记"预计负债""长期应收款""长期股权投资(损益调整)""长期股权投资(其他综合收益)"科目,贷记"其他综合收益""投资收益"科目。

投资方应当按照或有事项准则的有关规定,对预计负债的账面价值进行复核,并根据复核后的最佳估计数予以调整。

【例 5-20】 甲公司持有乙公司 40% 的股权,能够对乙公司施加重大影响,乙公司当日各项资产的公允价值等于账面价值。20×7 年 12 月 31 日,该项长期股权投资的账面价值为 2 000 万元。甲公司另有一项对乙公司的长期应收款 500 万元,该债权在未来期间不准备收回。20×7 年 12 月 31 日,乙公司确认发生了亏损 3 000 万元。20×8 年 12 月 31 日,乙公司继续亏损 4 000 万元。20×9 年 12 月 31 日,乙公司确认实现净利润 5 000 万元。假定除了上述事项的影响外,甲公司的长期股权投资的账面价值未发生变化。假定不考虑所得税及其他相关税费,甲公司的账务处理如下:

(1) 20×7 年 12 月 31 日。

借:投资收益　　　　　　　　　　(30 000 000 × 40%)12 000 000
　　贷:长期股权投资——乙公司(损益调整)　　　　　12 000 000

(2) 20×8 年 12 月 31 日。

借:投资收益　　　　　　　　　　　　　　　　　　13 000 000
　　贷:长期股权投资①——乙公司(损益调整)　　　　 8 000 000
　　　　长期应收款——乙公司　　　　　　　　　　　 5 000 000

(3) 20×9 年 12 月 31 日。

借:长期应收款——乙公司　　　　　　　　　　　　 5 000 000
　　长期股权投资——乙公司(损益调整)　　　　　　 12 000 000
　　贷:投资收益②　　　　(50 000 000 × 40% - 3 000 000)17 000 000

若假定投资合同约定甲公司仍需要负担额外损失,并符合预计负债确认条件,则甲公司在 20×8 年 12 月 31 日的账务处理:

借:投资收益　　　　　　　　　　　　　　　　　　16 000 000
　　贷:长期股权投资——乙公司(损益调整)　　　　　 8 000 000
　　　　长期应收款——乙公司　　　　　　　　　　　 5 000 000
　　　　预计负债　　　　　　　　　　　　　　　　　 3 000 000

20×9 年 12 月 31 日,甲公司的账务处理:

---

① 20×8 年 12 月 31 日,甲公司长期股权投资的账面价值为 800 万元(2 000 万 - 1 200 万)。甲公司应分担乙公司 20×8 年度亏损的份额为 1 600 万元(4 000 万 × 40%)。但是,甲公司确认分担乙公司发生的净亏损,应当以长期股权投资的账面价值(800 万元)以及其他实质上构成对被投资单位净投资的长期权益(500 万元)减记至零为限,所以甲公司未确认的亏损分担额为 300 万元(4 000 万 × 40% - 800 万 - 500 万),应在账外进行备查登记。

② 甲公司应分享乙公司 20×9 年度实现净利润的份额为 2 000 万元(5 000 万 × 40%)。首先,2 000 万元应弥补甲公司未确认的亏损分担额 300 万元;其次,剩余的 1700 万元(2 000 万 - 300 万)依次恢复其他长期权益(500 万元)以及长期股权投资的账面价值(1 200 万元)。

借：预计负债	3 000 000	
长期应收款——乙公司	5 000 000	
长期股权投资——乙公司（损益调整）	12 000 000	
贷：投资收益		20 000 000

（三）被投资单位进行利润分配的核算

（1）在投资期间，投资方从被投资单位分得利润或现金股利时，应减少长期股权投资的账面价值，借记"应收股利"科目，贷记"长期股权投资（损益调整）"科目。

（2）在投资期间，当投资方收到被投资企业分派的股票股利时，不进行账务处理，但应于除权日在备查簿中登记所增加的股数。

（四）被投资单位所有者权益的其他变动的核算

当被投资单位除其他综合收益、净损益以及利润分配以外的所有者权益的其他变动（简称"被投资单位所有者权益的其他变动"）时，投资方按照持股比例计算应享有或承担的部分，借记或贷记"长期股权投资（其他权益变动）"科目，贷记或借记"资本公积（其他资本公积）"科目，并在备查簿中予以登记。投资方在后续处置股权投资但对剩余股权仍采用权益法核算时，应按处置比例将这部分资本公积转入当期投资收益；对剩余股权终止权益法核算时，将这部分资本公积全部转入当期投资收益。

被投资单位所有者权益的其他变动，是指导致被投资单位的"实收资本（或股本）""资本公积""其他权益工具""盈余公积"等发生变动的事项，主要包括被投资单位接受其他股东的资本性投入、被投资单位发行可分离交易的可转债中包含的权益成分、以权益结算的股份支付、其他股东对被投资单位增资导致投资方持股比例变动等。

注意：被投资单位所有者权益内部结构变动不会对投资方的长期股权投资的账面价值产生影响。例如，企业按规定提取盈余公积、分配股票股利、资本公积转增资本、盈余公积转增资本、盈余公积弥补亏损、派送新股等，不会引起所有者权益的增减变动。

【例 5–21】 甲公司持有乙公司 40% 的股份，能够对乙公司施加重大影响。20×8 年 12 月 31 日，乙公司因确认一项附服务年限条件的权益结算股份支付，从而确认了资本公积 50 万元。甲公司的账务处理如下：

借：长期股权投资——乙公司（其他权益变动）	200 000	
贷：资本公积——其他资本公积	（500 000×40%）	200 000

（五）投资方持股比例增加但仍采用权益法核算的处理

投资方在投资期间增加投资等原因对被投资单位的持股比例增加，但被投资单位仍然是投资方的联营企业或合营企业时，投资方应当按照新的持股比例对股权投资继续采用权益法进行核算。在新增投资日，如果新增投资成本大于按新增持股比例计算的被投资单位可辨认净资产于新增投资日的公允价值份额，不调整长期股权投资成本；如果新增投资成本小于按新增持股比例计算的被投资单位可辨认净资产于新增投资日的公允价值份额，应按该差额，调整长期股权投资成本和营业外收入。进行上述调整时，应当综合考虑与原持有投资和追加投资相关的商誉或计入损益的金额。

（六）资产负债表日计提减值准备的核算

投资方应当关注长期股权投资的账面价值是否大于享有被投资单位净资产（包括相关商誉）账面价值的份额等类似情况。在资产负债表日，出现类似情况时，投资方应当按照资产减值准则对长期股权投资进行减值测试，当可收回金额低于长期股权投资账面价值的，应当计提减值准备，借记"资产减值损失"科目，贷记"长期股权投资减值准备"科目。长期股权投资减值准备在提取后，以后期间不允许转回。

四、长期股权投资处置的核算

投资方出售权益法核算的长期股权投资时，应按实际收到的金额，借记"银行存款"等科目，原已计提减值准备的，借记"长期股权投资减值准备"科目，按照投资成本的账面余额，贷记"长期股权投资（投资成本）"科目，按照"损益调整""其他综合收益""其他权益变动"等明细科目的账面余额，贷记或借记"长期股权投资（损益调整）""长期股权投资（其他综合收益）""长期股权投资（其他权益变动）"科目，按尚未领取的现金股利或利润，贷记"应收股利"科目，按其差额，贷记或借记"投资收益"科目。此外，还需要注意以下事项：

（1）投资方全部处置权益法核算的长期股权投资时，原权益法核算的相关其他综合收益应当在终止采用权益法核算时采用与被投资单位直接处置相关资产或负债相同的基础进行会计处理，因被投资方除净损益、其他综合收益和利润分配以外的其他所有者权益变动而确认的所有者权益（资本公积），应当在终止采用权益法核算时全部转入当期投资收益。

（2）投资方部分处置权益法核算的长期股权投资，剩余股权仍采用权益法核算的，原权益法核算的相关其他综合收益应当采用与被投资单位直接处置相关资产或负债相同的基础处理并按比例结转①，因被投资方除净损益、其他综合收益和利润分配以外的其他所有者权益变动而确认的所有者权益（资本公积），应当按比例结转入当期投资收益。

（3）投资方部分处置权益法核算的长期股权投资，导致其对被投资单位不具有共同控制或重大影响的，可见本章第五节"权益法核算的长期股权投资转换为公允价值计量的金融资产"的相关例题【例5-31】。

投资方按照上述原则，对于可以转入当期损益的其他综合收益②和其他所有者权益变动的金额，借记或贷记"其他综合收益""资本公积——其他资本公积"科目，贷记或借记"投资收益"科目。对于不可以转入当期损益的其他综合收益③，应按照相关规

---

① 被投资方重新计量设定受益计划净负债或净资产变动而引起的其他综合收益除外。
② 可以转入当期损益的其他综合收益主要包括：其他债权投资公允价值变动，金融资产重分类计入其他综合收益，其他债权投资信用减值准备，现金流量套期储备，外币财务报表折算差额等。
③ 不可以转入当期损益的其他综合收益主要包括：重新计量设定受益计划变动，其他权益工具投资公允价值变动，企业自身信用风险公允价值变动等。

定进行会计处理。

【例 5 – 22】 甲公司对乙公司的长期股权投资的有关资料如下：

（1）20×4 年 12 月 31 日，甲公司以 1 005 万元（含已宣告尚未收到的现金股利 5 万元）的价格购入乙公司 30% 的股份，并自取得股份之日起派人参与乙公司的生产经营决策，受让股权时乙公司的可辨认净资产的公允价值为 3 400 万元。取得投资时，乙公司固定资产的公允价值为 80 万元，原价为 60 万元，预计使用年限为 6 年，剩余使用年限 5 年，净残值为零，按照直线法计提折旧。

（2）20×5 年 4 月 2 日，收到乙公司分来的现金股利 5 万元。20×5 年 6 月 30 日，乙公司的一项指定为以公允价值计量且其变动计入其他综合收益的债权投资的公允价值下降 80 万元。20×5 年度乙公司实现净利润 200 万元，提取盈余公积 30 万元。经测试计算，20×5 年末甲公司对乙公司投资的可收回金额为 1 044.2 万元。

（3）20×6 年 3 月 5 日，乙公司宣告分配现金股利 100 万元。20×6 年 4 月 2 日，收到乙公司分来的现金股利。20×6 年度乙公司发生净亏损 994 万元。

（4）20×7 年度乙公司发生净亏损 2 494 万元。经查至 20×7 年末甲公司账上有应收乙公司长期应收款 20 万元，同时按照投资合同或协议约定企业仍承担额外义务。

（5）20×8 年度乙公司实现净利润 3 006 万元，提取盈余公积 20 万元。

（6）20×9 年 1 月 20 日，甲公司将持有的乙公司的全部股权转让给丙公司，收到股权转让款 900 万元。

假定不考虑所得税及其他相关税费，甲公司的账务处理如下：

（1）20×4 年 12 月 31 日。

①确认初始投资成本。

借：长期股权投资——乙公司（投资成本）　　　　　　　　　10 000 000
　　应收股利　　　　　　　　　　　　　　　　　　　　　　　　50 000
　　贷：银行存款　　　　　　　　　　　　　　　　　　　　　10 050 000

②调整初始投资成本。

借：长期股权投资——乙公司（投资成本）　　　　　　　　　　　200 000
　　贷：营业外收入　　　　（34 000 000×30% – 10 000 000）200 000

（2）20×5 年 4 月 2 日。

借：银行存款　　　　　　　　　　　　　　　　　　　　　　　　50 000
　　贷：应收股利　　　　　　　　　　　　　　　　　　　　　　　50 000

（3）20×5 年 6 月 30 日。

借：其他综合收益　　　　　　　　　　　　　（800 000×30%）240 000
　　贷：长期股权投资——乙公司（其他综合收益）　　　　　　　240 000

（4）20×5 年 12 月 31 日。

①乙公司实现净利润。

固定资产公允价值与账面价值的差额应调增的折旧额 = 80÷5 – 60÷6 = 6（万元）

调整后乙公司的净利润 = 200 – 6 = 194（万元）

甲公司应享有被投资单位净损益的份额 = 194×30% = 58.2（万元）

借：长期股权投资——乙公司（损益调整） 582 000
　　贷：投资收益 582 000

②乙公司提取盈余公积，甲公司无须进行账务处理。

③计提减值准备。

长期股权投资的账面价值 = 1 000 + 20 - 24 + 58.2 = 1 054.2（万元）

长期股权投资的可收回金额 = 1 044.2 万元

计提长期股权投资减值准备 = 1 054.2 - 1 044.2 = 10（万元）

借：资产减值损失 100 000
　　贷：长期股权投资减值准备 100 000

（5）20×6 年 3 月 5 日。

借：应收股利 （1 000 000×30%）300 000
　　贷：长期股权投资——乙公司（损益调整） 300 000

（6）20×6 年 4 月 2 日。

借：银行存款 300 000
　　贷：应收股利 300 000

（7）20×6 年 12 月 31 日。

固定资产公允价值与账面价值的差额应调增的折旧额 = 80÷5 - 60÷6 = 6（万元）

调整后乙公司的净亏损 = 994 + 6 = 1 000（万元）

甲公司应负担被投资单位净亏损的份额 = 1 000×30% = 300（万元）

借：投资收益 3 000 000
　　贷：长期股权投资——乙公司（损益调整） 3 000 000

（8）20×7 年 12 月 31 日。

固定资产公允价值与账面价值的差额应调增的折旧额 = 80÷5 - 60÷6 = 6（万元）

调整后乙公司的净亏损 = 2 494 + 6 = 2 500（万元）

甲公司应负担被投资单位净亏损的份额 = 2 500×30% = 750（万元）

长期股权投资的账面价值 = 1 000 + 20 - 24 + 58.2 - 10 - 30 - 300 = 714.2（万元）

借：投资收益 7 500 000
　　贷：长期股权投资——乙公司（损益调整） 7 142 000
　　　　长期应收款——乙公司 200 000
　　　　预计负债 158 000

（9）20×8 年 12 月 31 日。

① 乙公司实现净利润。

固定资产公允价值与账面价值的差额应调增的折旧额 = 80÷5 - 60÷6 = 6（万元）

调整后乙公司的净利润 = 3 006 - 6 = 3 000（万元）

甲公司应享有被投资单位净损益的份额 = 3 000×30% = 900（万元）

借：预计负债 158 000
　　长期应收款——乙公司 200 000
　　长期股权投资——乙公司（损益调整） 8 642 000

            贷：投资收益   9 000 000
②乙公司提取盈余公积，甲公司无须进行账务处理。
(10) 20×9年1月20日，出售全部股权。
借：银行存款   9 000 000
    长期股权投资减值准备   100 000
    长期股权投资——乙公司（其他综合收益）   240 000
                ——乙公司（损益调整）   1 218 000
    贷：长期股权投资——乙公司（投资成本）   10 200 000
            投资收益   358 000
借：投资收益   240 000
    贷：其他综合收益   240 000

第五节 长期股权投资核算方法的转换

投资方因追加投资或处置部分股权等原因，导致其持有的长期股权投资的核算方法，在成本法与权益法之间的相互转换，或者导致长期股权投资与以公允价值计量且其变动计入当期损益或其他综合收益的股权投资（交易性金融资产或其他权益工具投资）之间的重分类。

一、长期股权投资核算方法转换的情形

长期股权投资核算方法转换的类型包括：一是长期股权投资核算的成本法与权益法之间的转换；二是成本法核算的长期股权投资与公允价值计量的金融资产之间的转换；三是权益法核算的长期股权投资与公允价值计量的金融资产之间的转换。后两种实质上为股权投资类别的重分类。具体而言，上述转换类型包括以下六种情形，如图5-2所示。

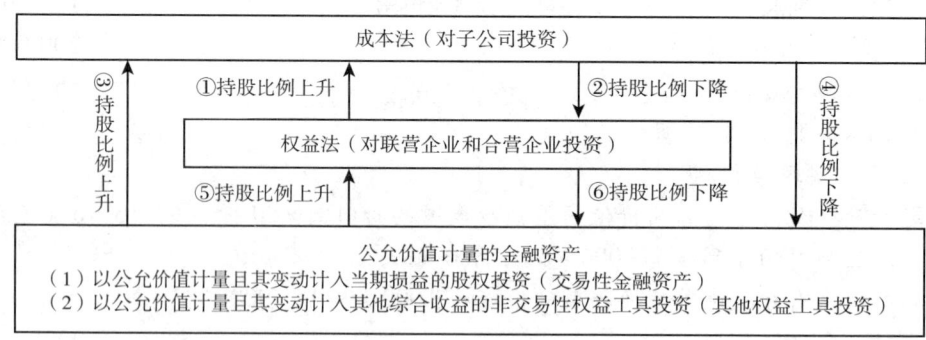

图5-2 长期股权投资核算方法转换的情形

1. 长期股权投资核算的成本法与权益法之间转换的情形

（1）追加投资。投资方原持有的对被投资单位具有共同控制或重大影响的长期股权投资（即对联营企业或合营企业的投资），因追加投资致使其持股比例上升，从而导致其能够对被投资单位实施控制（即对子公司的投资）的情形（简称"权益法转换为成本法"），如图 5-2 中箭头①所示。

（2）减少投资。投资方原持有的能够对被投资单位实施控制的长期股权投资（即对子公司的投资），因处置部分投资等原因致使其持股比例下降，从而导致其对被投资单位具有共同控制或重大影响（对联营企业或合营企业的投资）的情形（简称"成本法转换为权益法"），如图 5-2 中箭头②所示。

2. 成本法核算的长期股权投资与公允价值计量的金融资产之间转换的情形

（1）追加投资。投资方原持有的对被投资单位不具有控制、共同控制或重大影响的股权投资（即以公允价值计量且其变动计入当期损益或其他综合收益的股权投资），因追加投资致使其持股比例上升，从而导致其能够对被投资单位实施控制（即对子公司的投资）的情形（简称"公允价值计量的金融资产转换为成本法核算的长期股权投资"），如图 5-2 中箭头③所示。

（2）减少投资。投资方原持有的能够对被投资单位实施控制的长期股权投资（即对子公司的投资），因处置部分投资等原因致使其持股比例下降，导致其对被投资单位不具有控制、共同控制或重大影响（即以公允价值计量且其变动计入当期损益或其他综合收益的股权投资）的情形（简称"成本法核算的长期股权投资转换为公允价值计量的金融资产"），如图 5-2 中箭头④所示。

3. 权益法核算的长期股权投资与公允价值计量的金融资产之间转换的情形

（1）追加投资。投资方原持有的对被投资单位不具有控制、共同控制或重大影响的股权投资（即以公允价值计量且其变动计入当期损益或其他综合收益的股权投资），因追加投资致使其持股比例上升，从而导致其对被投资单位具有共同控制或重大影响（对联营企业或合营企业的投资）的情形（简称"公允价值计量的金融资产转换为权益法核算的长期股权投资"），如图 5-2 中箭头⑤所示。

（2）减少投资。投资方原持有的对被投资单位具有共同控制或重大影响的长期股权投资（即对联营企业或合营企业的投资），因处置部分投资等原因致使其持股比例下降，导致其对被投资单位不具有控制、共同控制或重大影响（即以公允价值计量且其变动计入当期损益或其他综合收益的股权投资）的情形（简称"权益法的长期股权投资转换为公允价值计量的金融资产"），如图 5-2 中箭头⑥所示。

二、长期股权投资核算方法转换的核算

（一）权益法转换为成本法

投资方因追加投资，导致对联营企业或合营企业的投资转为对子公司投资的，在个

别财务报表中,投资方在转换日应按照本章关于对子公司投资初始计量的相关规定进行会计处理,具体如下:

(1) 因追加投资形成同一控制下对子公司投资的,投资方应根据合并后应享有被合并方净资产在最终控制方合并财务报表中的账面价值的份额,作为改按成本法核算的长期股权投资的初始投资成本。合并日,长期股权投资的初始投资成本,与达到合并前的股权投资的账面价值加上合并日进一步取得股份新支付对价的账面价值之和的差额,调整资本公积(资本溢价或股本溢价),资本公积不足冲减的,冲减留存收益。

(2) 因追加投资形成非同一控制下对子公司投资的,投资方应按照原持有股权投资的账面价值加上新增投资成本之和,作为改按成本法核算的长期股权投资的初始投资成本。

(3) 合并日(购买日)之前持有的股权投资,因采用权益法核算而确认的其他综合收益,暂不进行会计处理,直至处置该项投资时采用与被投资单位直接处置相关资产或负债相同的基础进行会计处理;因被投资方除净损益、其他综合收益和利润分配以外的其他所有者权益变动而确认的所有者权益,暂不进行会计处理,应当在处置该项投资时相应转入处置期间的当期损益。

【例5-23】20×6年1月1日,甲公司支付6 000万元取得同一控制下的乙公司25%的股份,能够对乙公司施加重大影响,乙公司当日可辨认净资产账面价值为22 000万元(假定与其公允价值相同)。20×6年度及20×7年度,乙公司共实现净利润1 000万元,无其他所有者权益变动。20×8年1月1日,甲公司以定向增发2 000万股普通股(每股面值1元,每股市价4.5元)的方式购买同一控制下另一企业所持有的乙公司40%的股权,能够对乙公司实施控制,乙公司当日在最终控制方合并财务报表中的净资产的账面价值为23 000万元。该交易不属于一揽子交易,交易相关手续均于当日完成。甲、乙公司采用的会计政策和会计期间相同。假定不考虑相关税费,甲公司在合并日个别财务报表中的会计处理如下:

(1) 确定合并日长期股权投资的初始投资成本。

追加投资后甲公司持有乙公司的股权比例=25%+40%=65%。

合并日长期股权投资的初始投资成本=合并日甲公司享有乙公司净资产在最终控制方合并财务报表中的账面价值的份额=23 000×65%=14 950(万元)

(2) 长期股权投资的初始投资成本与合并对价的账面价值之和的差额。

原采用权益法核算的股权投资(25%)在合并日的账面价值=6 000+1 000×25%=6 250(万元)

追加投资(45%)所支付对价的账面价值=2 000(万元)

追加投资后该股权投资的账面价值=6 250+2 000=8 250(万元)

合并日长期股权投资的初始投资成本与追加投资后该股权投资的账面价值之间的差额=14 950-8 250=6 700(万元),应调增资本公积。

借:长期股权投资——乙公司　　　　　　　　　　　149 500 000
　　贷:长期股权投资——乙公司(投资成本)　　　　　　60 000 000

——乙公司（损益调整）	2 500 000
股本	20 000 000
资本公积——股本溢价	67 000 000

【例5-24】20×8年1月1日，甲公司以300万元取得非关联方乙公司20%的股权，并能够对其施加重大影响。20×9年6月1日，甲公司支付现金800万元，自另一非关联方处取得乙公司40%的股权，并取得对乙公司的控制权。购买日，甲公司原持有乙公司20%股权的公允价值为400万元，账面价值为350万元（包括甲公司采用权益法确认与乙公司相关的累计其他综合收益为40万元，其他所有者权益变动10万元）。该交易不构成"一揽子交易"，交易相关手续均于当日完成。假定不考虑相关税费，甲公司在购买日个别财务报表中的会计处理如下：

购买日前，甲公司原持股的账面价值350万元（300万+40万+10万）。追加投资支付对价的公允价值为800万元。购买日对乙公司改按成本法核算的初始投资成本为1 150万元（800万+350万）。

借：长期股权投资——乙公司	11 500 000
贷：长期股权投资——乙公司（投资成本）	3 000 000
——乙公司（其他综合收益）	400 000
——乙公司（其他权益变动）	100 000
银行存款	8 000 000

购买日之前，甲公司原确认的其他综合收益40万元以及其他所有者权益变动10万元，在购买日均暂不进行会计处理。

（二）成本法转换为权益法

投资方因处置投资等原因，导致对子公司投资转为对联营企业或合营企业投资的，在个别财务报表中，投资方在转换日的会计处理如下：

1. 终止确认已处置长期股权投资的成本

投资方按处置或收回投资的比例结转应终止确认的长期股权投资成本。

2. 剩余长期股权投资成本的调整

投资方将剩余长期股权投资的成本与按照剩余持股比例计算确定原投资时应享有被投资单位可辨认净资产公允价值的份额进行比较，如果前者大于后者，属于投资作价中体现的商誉部分，不调整长期股权投资的账面价值；如果前者小于后者，应调整长期股权投资的账面价值，同时调整留存收益（借记"长期股权投资——投资成本"科目，贷记"盈余公积""利润分配——未分配利润"科目）。

3. 原取得投资时至处置投资时之间被投资单位可辨认净资产公允价值变动的处理

（1）对于原取得投资时至处置投资当期期初被投资单位实现的净损益（扣除已宣告发放的现金股利和利润），投资方按照剩余持股比例计算确定应享有的份额，应当调整长期股权投资的账面价值，同时调整留存收益（借记或贷记"长期股权投资——损益调整"科目，贷记或借记"盈余公积""利润分配——未分配利润"科目）。

（2）对于处置投资当期期初至处置投资之日被投资单位实现的净损益，投资方按照剩余持股比例计算确定应享有的份额,在调整长期股权投资账面价值的同时,应调整当期损益(借记或贷记"长期股权投资——损益调整"科目,贷记或借记"投资收益"科目)。

(3) 对于原取得投资时至处置投资之日之间被投资单位的其他综合收益变动,投资方按照剩余持股比例计算确定应享有的份额,在调整长期股权投资账面价值的同时,应计入其他综合收益(借记或贷记"长期股权投资——其他综合收益"科目,贷记或借记"其他综合收益"科目);对于除净损益、其他综合收益和利润分配外的其他原因导致被投资单位其他所有者权益变动,投资方按照剩余持股比例计算确定应享有的份额,在调整长期股权投资账面价值的同时,应计入资本公积(借记或贷记"长期股权投资——其他权益变动"科目,贷记或借记"资本公积——其他资本公积"科目)。

【例5-25】20×8年1月1日,甲公司支付3 000万元取得乙公司60%的股权,能对乙公司实施控制,乙公司当日可辨认净资产的公允价值为4 500万元(假定与其账面价值相同)。20×8年,乙公司持有的一项其他债权投资的公允价值上升1 000万元,乙公司当年实现净利润2 000万元,未计提减值准备。20×9年3月31日,乙公司当日可辨认净资产的公允价值为8 000万元(假定与其账面价值相同),甲公司将持有乙公司的1/3股权出售,取得出售价款1 800万元。20×9年1月至3月,乙公司实现的净利润为500万元。甲公司持股期间,乙公司未进行利润分配。甲、乙公司按净利润的10%提取盈余公积。假定不考虑其他因素,甲公司在个别财务报表中的会计处理如下:

(1) 确认股权处置损益。

借:银行存款　　　　　　　　　　　　　　　　　　　　　　18 000 000
　　贷:长期股权投资——乙公司　　　　　　　(30 000 000×1/3)10 000 000
　　　　投资收益　　　　　　　　　　　　　　　　　　　　　 8 000 000

(2) 将剩余股权按照权益法核算科目进行调整。

借:长期股权投资——乙公司(投资成本)　　　　　　　　　　 20 000 000
　　贷:长期股权投资——乙公司　　　　　　　(30 000 000×2/3)20 000 000

(3) 调整剩余长期股权投资的账面价值。

甲公司剩余股权投资的账面价值为2 000万元,与甲公司按照剩余持股比例40%计算确定的原投资时应享有乙公司可辨认净资产公允价值的份额为1 800万元(4 500万×40%)之间的差额200万元,属于投资作价中体现的商誉,对该部分商誉,甲公司无须对长期股权投资的成本进行调整。

(4) 原取得投资日至处置投资之日之间,乙公司可辨认净资产公允价值变动的处理。

① 20×8年1月1日至20×9年1月1日,乙公司实现的净利润中,甲公司按剩余持股比例40%计算确定应享有的份额为800万元(2 000万×40%),应调增长期股权投资和留存收益。其中,调增盈余公积80万元,调增未分配利润720万元。

② 20×9年1月1日至20×9年3月15日,乙公司实现的净利润中,甲公司按剩余

持股比例40%计算确定应享有的份额为200万元（500万×40%），应调增长期股权投资和投资收益。

③20×8年1月1日至20×9年3月15日，乙公司持有的一项其他债权投资的公允价值上升1 000万元，甲公司按剩余持股比例40%计算确定应享有的份额为400万元（1 000万×40%），应调增长期股权投资和其他综合收益。

根据上述计算分析，甲公司的账务处理如下：

借：长期股权投资——乙公司（损益调整）　　　　　　　　10 000 000
　　　　　　　　——乙公司（其他综合收益）　　　　　　 4 000 000
　　贷：盈余公积　　　　　　　　　　　　　　（8 000 000×10%）800 000
　　　　利润分配——未分配利润　　　　　　 （8 000 000×90%）7 200 000
　　　　投资收益　　　　　　　　　　　　　　（5 000 000×40%）2 000 000
　　　　其他综合收益　　　　　　　　　　　（10 000 000×40%）4 000 000

此外，投资方因其他投资方对其子公司增资而导致本投资方持股比例下降，从而丧失控制权但能实施共同控制或施加重大影响的，投资方在个别财务报表中，应当对该项长期股权投资从成本法转为权益法核算①。首先，按照新的持股比例确认本投资方应享有的原子公司因增资扩股而增加净资产的份额，与应结转持股比例下降部分所对应的长期股权投资原账面价值之间的差额计入当期损益；然后，按照新的持股比例视同自取得投资时即采用权益法核算进行调整。

（三）公允价值计量的金融资产转换为成本法核算的长期股权投资

投资方因追加投资，导致持有的交易性金融资产或其他权益工具投资重分类为对子公司投资的，在个别财务报表中，投资方在重分类日或转换日，应按照本章关于对子公司投资初始计量的相关规定进行会计处理，具体如下：

（1）因追加投资形成同一控制下对子公司投资的，应在合并日根据合并后应享有被合并方净资产在最终控制方合并财务报表中的账面价值的份额，作为长期股权投资的初始投资成本。长期股权投资的初始投资成本，与达到合并前的股权投资账面价值加上合并日进一步取得股份支付对价的账面价值之和的差额，调整资本公积（资本溢价或股本溢价），资本公积不足冲减的，冲减留存收益。原持有的金融资产所确认的其他综合收益，暂不进行会计处理，直至处置该项投资时采用与被投资单位直接处置相关资产或负债相同的基础进行会计处理。

（2）因追加投资形成非同一控制下对子公司投资的，应在购买日按照金融工具确认和计量准则确定的原持有股权的公允价值加上新增投资成本之和，作为长期股权投资的初始投资成本。原持有股权的公允价值与账面价值之间的差额，以及原计入公允价值变动损益或其他综合收益的累计公允价值变动，应当全部转入改按成本法核算的当期投资收益（交易性金融资产）或留存收益（其他权益工具投资）。

【例5-26】20×8年2月1日，甲公司支付120万元取得同一控制下的乙公司10%

---

① 参见《企业会计准则解释第7号》（2015）。

股权，对乙公司不具有重大影响，甲公司将其分类为以公允价值计量且其变动计入当期损益的金融资产。20×8年12月31日，甲公司持有该股权的公允价值上升了50万元，乙公司未宣告发放现金股利。20×9年3月10日，甲公司支付800万元取得乙公司另外50%的股权，最终达到对乙公司的控制，乙公司当日在最终控制方合并财务报表中的净资产的账面价值为2 000万元。假定不考虑其他相关税费，甲公司在购买日个别财务报表中的会计处理如下：

（1）确定合并日长期股权投资的初始投资成本。

合并日追加投资后甲公司持有乙公司股权比例＝10%＋50%＝60%

合并日长期股权投资的初始投资成本＝合并日甲公司享有乙公司在最终控制方合并财务报表中净资产的账面价值份额＝2 000×60%＝1 200（万元）

（2）长期股权投资的初始投资成本与合并对价的账面价值之和的差额。

原股权投资（10%）在合并日的账面价值＝120＋50＝170（万元）

追加投资（50%）所支付对价的账面价值＝800（万元）

追加投资后合并对价的账面价值＝170＋800＝970（万元）

合并日长期股权投资的初始投资成本，与达到合并前的金融资产账面价值加上合并日进一步取得股份支付对价的账面价值之和的差额＝1 200－970＝230（万元），调增资本公积。

借：长期股权投资——乙公司　　　　　　　　　　　　　　12 000 000
　　贷：交易性金融资产——成本　　　　　　　　　　　　　1 200 000
　　　　　　　　　　　　——公允价值变动　　　　　　　　　500 000
　　　　银行存款　　　　　　　　　　　　　　　　　　　8 000 000
　　　　资本公积——资本溢价　　　　　　　　　　　　　　2 300 000

甲公司原持有乙公司10%股权所确认的相关累计公允价值变动损益50万元，在合并日暂不进行会计处理。

【例5－27】甲公司与丙公司不存在任何关联方关系。甲公司于20×8年2月1日支付120万元取得乙公司10%的股权，对乙公司不具有重大影响，甲公司将其分类为以公允价值计量且其变动计入其他综合收益的非交易性权益工具投资。20×8年12月31日，甲公司持有该股权的公允价值上升了50万元。20×9年3月10日，甲公司又斥资800万元，从丙公司取得乙公司另外50%股权，最终达到对乙公司的控制。甲公司原持有乙公司10%的股权在购买日的公允价值为150万元。假定甲公司在取得对乙公司的股权投资后，乙公司未宣告发放现金股利。甲公司按照净利润的10%提取盈余公积。假定不考虑其他相关税费，甲公司在购买日个别财务报表中的会计处理如下：

（1）购买日长期股权投资的初始投资成本＝150＋800＝950（万元）

（2）原股权投资（10%）在购买日的账面价值＝120＋50＝170（万元）。原股权投资的公允价值与账面价值之间的差额＝150－170＝－20（万元），全部调减当期留存收益。其中，调减盈余公积2万元（20万×10%），调减未分配利润18万元（20万×90%）。

借：长期股权投资——乙公司　　　　　　　　　　　　　　9 500 000

盈余公积	20 000
利润分配——未分配利润	180 000
贷：其他权益工具投资——成本	1 200 000
——公允价值变动	500 000
银行存款	8 000 000

（3）原计入其他综合收益的累计公允价值变动 50 万元，全部转入留存收益。其中，调增盈余公积 5 万元（50 万×10%），调增未分配利润 45 万元（50 万×90%）。

借：其他综合收益	500 000
贷：盈余公积	50 000
利润分配——未分配利润	450 000

（四）成本法核算的长期股权投资转换为公允价值计量的金融资产

投资方因处置投资等原因，导致对子公司的投资重分类为交易性金融资产或其他权益工具投资的，在个别财务报表中，投资方在重分类日或转换日的会计处理如下：

（1）按处置投资的比例结转应终止确认的长期股权投资成本。

（2）按金融工具确认和计量准则的有关规定对剩余股权进行会计处理。即在丧失控制权之日，对剩余股权改按公允价值计量，公允价值与其账面价值之间的差额计入当期损益。

【例 5-28】20×7 年 1 月 10 日，甲公司支付 800 万元取得乙公司 60% 的股份，能够对乙公司实施控制。20×8 年 6 月 1 日，甲公司将该股权的 80% 出售给非关联方丙公司，取得价款 700 万元。甲公司将剩余的 12% 股权投资分类为以公允价值计量的金融资产。出售当日，剩余股权的公允价值为 200 万元。假定不考虑相关税费，甲公司在个别财务报表中的账务处理如下：

（1）确认股权处置损益。

借：银行存款	7 000 000
贷：长期股权投资——乙公司	（8 000 000×80%）6 400 000
投资收益	600 000

（2）剩余股权的处理。

借：交易性金融资产（或其他权益工具投资）	2 000 000
贷：长期股权投资——乙公司	（8 000 000×20%）1 600 000
投资收益	400 000

（五）公允价值计量的金融资产转换为权益法核算的长期股权投资

投资方因追加投资，导致持有的交易性金融资产或其他权益工具投资重分类为对合营企业或联营企业投资的，投资方在重分类日或转换日的会计处理如下：

（1）投资方应当按照金融工具确认和计量准则确定的原股权投资的公允价值加上为

取得新增投资而应支付对价的公允价值,作为改按权益法核算的初始投资成本。

(2) 原持有股权的公允价值与账面价值之间的差额,以及原计入公允价值变动损益或其他综合收益的累计公允价值变动,应当全部转入改按权益法核算的当期投资收益(交易性金融资产)或留存收益(其他权益工具投资)。

(3) 比较上述计算所得的初始投资成本,与按照追加投资后全新的持股比例计算确定的应享有被投资单位在追加投资日可辨认净资产公允价值份额之间的差额,前者大于后者的,不调整长期股权投资的账面价值;前者小于后者的,应调整长期股权投资的账面价值,并计入营业外收入。

【例5-29】20×8年1月1日,甲公司支付现金900万元取得乙公司10%的股权,对乙公司不具有控制、共同控制和重大影响,甲公司将其指定为以公允价值计量且其变动计入其他综合收益的非交易性权益工具投资。20×8年12月31日,甲公司持有该项投资的公允价值上升了100万元,当年乙公司实现净利润1 200万元,未派发现金股利。20×9年1月2日,甲公司又支付现金1 800万元取得乙公司15%的股权,能对乙公司施加重大影响。当日,甲公司原持有乙公司10%股权的公允价值为1 300万元,乙公司可辨认净资产公允价值总额为12 000万元(假定与其账面价值相同)。双方未发生任何内部交易,甲公司按照净利润的10%提取盈余公积。假定不考虑相关税费等其他因素影响,甲公司的会计处理如下:

(1) 20×8年1月1日。

借:其他权益工具投资——成本　　　　　　　　　　　　　　　9 000 000
　　贷:银行存款　　　　　　　　　　　　　　　　　　　　　　9 000 000

(2) 20×8年12月31日。

借:其他权益工具投资——公允价值变动　　　　　　　　　　　1 000 000
　　贷:其他综合收益　　　　　　　　　　　　　　　　　　　　1 000 000

(3) 20×9年1月2日,追加投资。

①改按权益法核算的长期股权投资的初始投资成本=1 300+1 800=3 100(万元)

②原投资在转换日的账面价值=900+100=1 000(万元)

③原投资在转换日的公允价值与账面价值之间的差额=1 300-1 000=300(万元)

④原计入其他综合收益的累计公允价值变动额=100(万元)

⑤按照追加投资后新持股比例计算确定的应享有乙公司在追加投资日可辨认净资产公允价值的份额=12 000×25%=3 000(万元)

⑥长期股权投资初始投资成本与按照追加投资后新持股比例计算确定的应享有乙公司在追加投资日可辨认净资产公允价值的份额之间的差额=3 100-3 000=100(万元),前者大于后者,不调整长期股权投资的账面价值。

甲公司对上述的账务处理如下:

借:长期股权投资——乙公司(投资成本)　　　　　　　　　　31 000 000
　　贷:其他权益工具投资——成本　　　　　　　　　　　　　　9 000 000
　　　　　　　　　　　　——公允价值变动　　　　　　　　　　1 000 000
　　　　银行存款　　　　　　　　　　　　　　　　　　　　　18 000 000

	盈余公积	(3 000 000×10%) 300 000
	利润分配——未分配利润	(3 000 000×90%) 2 700 000
借：其他综合收益		1 000 000
	贷：盈余公积	(1 000 000×10%) 100 000
	利润分配——未分配利润	(1 000 000×90%) 900 000

假定乙公司在20×9年1月2日可辨认净资产公允价值总额为13 000万元（若与其账面价值相同）。则长期股权投资的初始投资成本为3 100万元，与按照新持股比例计算确定的应享有被投资单位在追加投资日可辨认净资产公允价值的份额3 250万元（13 000万×25%）之间的差额为150万元，前者小于后者，应调增长期股权投资的账面价值和营业外收入。甲公司的账务处理如下：

借：长期股权投资——乙公司（投资成本）　　　　　1 500 000
　　贷：营业外收入　　　　　　　　　　　　　　　　1 500 000

【例5-30】沿用【例5-29】的资料，假定甲公司将其分类为以公允价值计量且其变动计入当期损益的金融资产。甲公司的会计处理如下：

（1）20×8年1月1日。

借：交易性金融资产——成本　　　　　　　　　　　9 000 000
　　贷：银行存款　　　　　　　　　　　　　　　　　9 000 000

（2）20×8年12月31日。

借：交易性金融资产——公允价值变动　　　　　　　1 000 000
　　贷：公允价值变动损益　　　　　　　　　　　　　1 000 000

（3）20×9年1月2日，追加投资。

借：长期股权投资——乙公司（投资成本）　　　　　31 000 000
　　贷：交易性金融资产——成本　　　　　　　　　　9 000 000
　　　　　　　　　　　——公允价值变动　　　　　　1 000 000
　　　　银行存款　　　　　　　　　　　　　　　　　18 000 000
　　　　投资收益　　　　　(13 000 000－10 000 000) 3 000 000
借：公允价值变动损益　　　　　　　　　　　　　　　1 000 000
　　贷：投资收益　　　　　　　　　　　　　　　　　1 000 000

（六）权益法的长期股权投资转换为公允价值计量的金融资产

投资方因处置投资等原因，导致对联营企业投资或合营企业投资重分类为交易性金融资产或其他权益工具投资的，投资方在重分类日或转换日的会计处理如下：

（1）按处置投资的比例结转应终止确认的长期股权投资成本。

（2）按金融工具确认和计量准则的有关规定对剩余股权进行会计处理。即在丧失共同控制或重大影响之日，对剩余股权改按公允价值计量，公允价值与其账面价值之间的差额计入当期损益。

（3）原采用权益法核算的相关其他综合收益，应当在终止采用权益法核算时，采用与被投资单位直接处置相关资产或负债相同的基础进行会计处理;因被投资方除净损益、其他综合收益和利润分配以外的其他所有者权益变动而确认的所有者权益,应当在终止采用权益法核算时全部转入当期损益。

【例 5-31】 甲公司持有乙公司 30% 的有表决权股份,能够对乙公司施加重大影响,对该股权投资采用权益法核算。20×8 年 9 月 1 日,甲公司将该项投资中的 50% 出售给非关联方丙公司,取得价款 1 200 万元,相关手续于当日完成。甲公司无法再对乙公司施加重大影响,将剩余的 15% 股权投资指定为以公允价值计量的金融资产,该剩余股权在出售当日的公允价值为 1 200 万元。出售当日,该项长期股权投资的账面价值为 2 200 万元,其中,"长期股权投资(投资成本)"科目借方余额 2 100 万元,"长期股权投资(损益调整)"科目贷方余额 300 万元,"长期股权投资(其他综合收益)"科目借方余额 200 万元(甲公司享有乙公司其他债权投资形成的累计公允价值变动的份额),"长期股权投资(其他权益变动)"科目借方余额 200 万元。甲、乙公司按照净利润的 10% 提取盈余公积。假定不考虑相关税费,甲公司的账务处理如下:

(1) 确认股权处置损益。

借:银行存款　　　　　　　　　　　　　　　　　　　　　　　12 000 000
　　长期股权投资——乙公司(损益调整)　(3 000 000×50%) 1 500 000
　贷:长期股权投资——乙公司(投资成本)(21 000 000×50%)10 500 000
　　　　　　　　——乙公司(其他综合收益)　　　　　　　　1 000 000
　　　　　　　　——乙公司(其他权益变动)　　　　　　　　1 000 000
　　　投资收益　　　　　　　　　　　　　　　　　　　　　　1 000 000

(2) 由于终止采用权益法核算,将原确认的相关其他综合收益全部转入当期损益。

借:其他综合收益　　　　　　　　　　　　　　　　　　　　　2 000 000
　贷:投资收益　　　　　　　　　　　　　　　　　　　　　　2 000 000

(3) 由于终止采用权益法核算,将原计入资本公积的其他所有者权益变动全部转入当期损益。

借:资本公积——其他资本公积　　　　　　　　　　　　　　　2 000 000
　贷:投资收益　　　　　　　　　　　　　　　　　　　　　　2 000 000

(4) 将剩余股权投资当日公允价值为 1 200 万元,账面价值为 1 100 万元(2 200 万×50%),两者差异 100 万元应计入当期投资收益。

借:交易性金融资产(或其他权益工具投资)　　　　　　　　　12 000 000
　　长期股权投资——乙公司(损益调整)　(3 000 000×50%) 1 500 000
　贷:长期股权投资——乙公司(投资成本)(21 000 000×50%)10 500 000
　　　　　　　　——乙公司(其他综合收益)　　　　　　　　1 000 000
　　　　　　　　——乙公司(其他权益变动)　　　　　　　　1 000 000
　　　投资收益　　　　　　　　　　　　　　　　　　　　　　1 000 000

本章小结

1. 长期股权投资的初始计量和后续计量（见表5-2）。

表5-2　　　　　　　　　　　长期股权投资的初始计量和后续计量

长期股权投资的类型		初始计量	后续计量
（1）对子公司投资	同一控制下对子公司投资	①长期股权投资的初始投资成本＝合并日按照被合并方所有者权益在最终控制方合并财务报表中的账面价值×合并方持股比例。②长期股权投资初始投资成本与支付的现金、转让的非现金资产以及所承担债务账面价值（或所发行股份面值总额）之间的差额，应当调整资本公积；资本公积不足冲减的，调整留存收益。③合并方为企业合并发生的审计、法律服务、评估咨询等中介费用以及其他相关管理费用，应当于发生时计入当期损益	成本法
	非同一控制下对子公司投资	①长期股权投资的初始投资成本为购买方付出的资产、发生或承担的负债、发行的权益性工具或债务性工具的公允价值。②购买方付出资产的公允价值与其账面价值的差额，按照相关规定处理。③购买方为企业合并发生的审计、法律服务、评估咨询等中介费用以及其他相关管理费用，应当于发生时计入当期损益	
（2）对合营企业投资		①以支付现金取得的长期股权投资，应当按照实际支付的购买价款作为初始投资成本。初始投资成本包括与取得长期股权投资直接相关的费用、税金及其他必要支出。②以发行权益性证券取得的长期股权投资，应当按照发行权益性证券的公允价值作为初始投资成本。为发行权益性证券发生的交易费用应从发行权益性证券的溢价发行收入中扣除，溢价收入不足冲减的，应依次冲减留存收益。③通过非货币性资产交换和债务重组取得的长期股权投资，其初始投资成本应按照本书有关章节的规定进行确定	权益法
（3）对联营企业投资			

投资方取得的长期股权投资，实际支付价款或对价中包含被投资方已宣告但尚未发放的现金股利或利润，应作为应收股利处理，不构成长期股权投资的初始投资成本。

2. 长期股权投资的成本法与权益法（见表5-3）

表5-3　　　　　　　　　　　长期股权投资的成本法与权益法

交易或事项	成本法	权益法
（1）取得长期股权投资	按照表5-2"初始计量"的规定确定对子公司投资的初始投资成本	按照表5-2"初始计量"的规定确定对合营企业投资和对联营企业投资的初始投资成本。初始投资成本大于投资时应享有被投资方可辨认净资产公允价值份额的，不调整长期股权投资的初始投资成本；初始投资成本小于投资时应享有被投资方可辨认净资产公允价值份额的，调整长期股权投资的成本，同时应计入营业外收入
（2）被投资方分派现金股利或利润	确认为投资收益	减少长期股权投资的账面价值

续表

交易或事项	成本法	权益法
（3）被投资方分派的股票股利	不进行账务处理，但应于除权日注明所增加的股数，以反映股份的变化情况	
（4）被投资方实现净利润	不进行账务处理	增加长期股权投资的账面价值，同时确认投资收益
（5）被投资方发生投资净损失	不进行账务处理	投资方确认应分担被投资单位发生的净亏损或其他综合收益减少净额，应以长期股权投资的账面价值以及其他实质上构成对被投资方净投资的长期权益减记至零为限，投资方负有承担额外损失义务的除外。当被投资方在以后期间实现净利润或其他综合收益增加净额时，投资方应当按照以前确认或登记有关投资净损失时的相反顺序进行会计处理
（6）被投资方其他综合收益发生变动	不进行账务处理	调整长期股权投资的账面价值，并计入其他综合收益
（7）被投资方所有者权益的其他变动	不进行账务处理	调整长期股权投资的账面价值，并计入资本公积（其他资本公积）
（8）计提长期股权投资减值准备	投资方应当按照资产减值准则对长期股权投资进行减值测试，可收回金额低于账面价值的，应当计提减值准备；计提的减值准备不允许转回	
（9）处置长期股权投资	结转与所售股权的账面价值，出售所得款与所售股权账面价值之间的差额，计入投资收益	结转与所售股权的账面价值，出售价款与所售股权账面价值之间的差额，计入投资收益；其相关的其他综合收益应当采用与被投资方直接处置相关资产或负债相同的基础处理并按比例结转，因被投资方除净损益、其他综合收益和利润分配以外的其他所有者权益变动而确认的所有者权益，应当按比例结转入当期投资收益

3. 长期股权投资核算方法的转换（见表5-4）

表5-4　　　　　　　　长期股权投资核算方法的转换

转换类型	转换情形	会计处理
长期股权投资的成本法与权益法之间的转换	（1）权益法转换为成本法（增资）	①因追加投资形成同一控制下对子公司投资的，投资方应根据合并后应享有被合并方净资产在最终控制方合并财务报表中的账面价值的份额，作为改按成本法核算的长期股权投资的初始投资成本。合并日的初始投资成本，与达到合并前的股权投资的账面价值加上合并日进一步取得股份新支付对价的账面价值之和的差额，调整资本公积（资本溢价或股本溢价），资本公积不足冲减的，冲减留存收益。②因追加投资形成非同一控制下对子公司投资的，投资方应按照原持有股权投资的账面价值加上新增投资成本之和，作为长期股权投资的初始投资成本。③合并日（购买日）之前持有的股权投资，因采用权益法核算而确认的其他综合收益，暂不进行会计处理，直至处置该项投资时采用与被投资方直接处置相关资产或负债相同的基础进行会计处理；因被投资方除净损益、其他综合收益和利润分配以外的其他所有者权益变动而确认的所有者权益，暂不进行会计处理，应当在处置该项投资时相应转入处置期间的当期损益

续表

转换类型	转换情形		会计处理
长期股权投资的成本法与权益法之间的转换	减资	（2）成本法转换为权益法	①按处置或收回投资的比例结转应终止确认的长期股权投资成本。 ②将剩余长期股权投资的成本与按照剩余持股比例计算确定原投资时应享有被投资方可辨认净资产公允价值的份额进行比较，如果前者大于后者，不调整长期股权投资的账面价值；如果前者小于后者，应调整长期股权投资的账面价值，同时调整留存收益。 ③原取得投资时至处置投资当期期初被投资方实现的净损益（扣除已宣告发放的现金股利和利润），按照剩余持股比例计算确定应享有的份额，应调整长期股权投资的账面价值，同时调整留存收益。处置投资当期期初至处置投资之日被投资方实现的净损益，按照剩余持股比例计算确定应享有的份额，应调整长期股权投资的账面价值，同时调整当期损益。 ④原取得投资时至处置投资之日之间被投资方其他综合收益变动，按照剩余持股比例计算确定应享有的份额，应调整长期股权投资的账面价值，同时应计入其他综合收益；对于除净损益、其他综合收益和利润分配外的其他原因导致被投资方其他所有者权益变动，按照剩余持股比例计算确定应享有的份额，在调整长期股权投资账面价值的同时，应当计入资本公积
成本法核算的长期股权投资与公允价值计量的金融资产之间的转换	增资	（3）公允价值计量转换为成本法	①因增资形成同一控制下对子公司的投资，应在合并日根据合并后应享有被合并方净资产在最终控制方合并财务报表中的账面价值的份额，作为长期股权投资的初始投资成本。初始投资成本与达到合并前的金融资产账面价值加上合并日进一步取得股份支付对价的账面价值之和的差额，调整资本公积，资本公积不足冲减的，冲减留存收益。合并日之前因采用金融工具确认和计量准则核算而确认的公允价值变动损益或其他综合收益，暂不进行会计处理，直至处置该项投资时采用与被投资方直接处置相关资产或负债相同的基础进行会计处理。 ②因增资形成非同一控制下对子公司的投资，应在购买日按金融工具确认和计量准则确定的原持有股权的公允价值加上新增投资成本之和，作为长期股权投资的初始投资成本。原持有股权的公允价值与账面价值之间的差额，以及原计入公允价值变动损益或其他综合收益的累计公允价值变动，应当全部转入改按成本法核算的当期投资收益或留存收益
	减资	（4）成本法转换为公允价值计量	①按处置投资的比例结转应终止确认的长期股权投资成本。 ②按金融工具确认和计量准则的有关规定对剩余股权进行会计处理。即，在丧失控制权之日，对剩余股权改按公允价值计量，公允价值与其账面价值之间的差额计入当期损益
权益法核算的长期股权投资与公允价值计量的金融资产之间的转换	增资	（5）公允价值计量转换为权益法	①按照金融工具确认和计量准则确定的原股权投资的公允价值加上为取得新增投资而应支付对价的公允价值，作为初始投资成本。 ②原持有股权的公允价值与账面价值之间的差额，以及原计入公允价值变动损益或其他综合收益的累计公允价值变动，应当全部转入改按权益法核算的当期投资收益或留存收益。 ③比较上述计算所得的初始投资成本，与按照追加投资后全新的持股比例计算确定的应享有被投资方在追加投资日可辨认净资产公允价值份额之间的差额，前者大于后者的，不调整长期股权投资的账面价值；前者小于后者的，应调整长期股权投资的账面价值，并计入营业外收入

续表

转换类型	转换情形	会计处理
权益法核算的长期股权投资与公允价值计量的金融资产之间的转换	减资	（6）权益法转换为公允价值计量	①按处置投资的比例结转应终止确认的长期股权投资成本。 ②按金融工具确认和计量准则的有关规定对剩余股权进行会计处理。即，在丧失共同控制或重大影响之日，对剩余股权改按公允价值计量，公允价值与其账面价值之间的差额计入当期损益。 ③原采用权益法核算的相关其他综合收益，应当在终止采用权益法核算时，采用与被投资方直接处置相关资产或负债相同的基础进行会计处理；因被投资方除净损益、其他综合收益和利润分配以外的其他所有者权益变动而确认的所有者权益，应当在终止采用权益法核算时全部转入当期损益

课堂讨论题

1. 为什么只有控股合并才会形成长期股权投资？

2. 请登录上海证券交易所和深圳证券交易所网站，查阅上市公司相关资料，并列举哪些公司之间是同一控制下企业合并形成的母子公司？哪些是非同一控制下企业合并形成的母子公司？有何区别？

3. 为什么同一控制下对子公司投资，应当在合并日按照被合并方所有者权益在最终控制方合并财务报表中的账面价值的份额作为长期股权投资的初始投资成本？而非同一控制下对子公司投资和非企业合并形成的长期股权投资，应当按照支付合并对价的公允价值作为长期股权投资的初始投资成本？

4. 在权益法下，为什么长期股权投资初始投资成本大于应享有投资时被投资单位可辨认净资产公允价值的份额，无须调整长期股权投资成本？而小于应享有投资时被投资单位可辨认净资产公允价值的份额，应调整长期股权投资成本并同时确认为营业外收入？

5. 在权益法下，当投资企业确认被投资单位发生的投资净损失时，为什么应当以长期股权投资的账面价值以及其他实质上构成对被投资单位净投资的长期权益减记至零为限？

6. 对子公司投资，母公司平常核算时采用成本法核算，而在编制合并财务报表时须改为按照权益法调整对子公司的投资，这种做法是基于何种考虑，有什么优缺点？

课后练习题

习题一

【目的】练习长期股权投资核算的成本法。

【资料】甲公司与乙公司在合并之前不具有关联关系。20×7年1月1日，甲公司支付800万元取得乙公司55%的股权，能对乙公司实施控制。甲公司另支付相关法律咨询费5万元。20×7年4月1日，乙公司宣告分派20×6年度的现金股利100万元，甲公司于20×7年5月2日收到现金股利。20×7年乙公司实现净利润300万元。20×8年3月2日，乙公司宣告20×7年度的现金股利80万元，甲公司于20×8年4月2日收到现金股利。20×8年度乙公司发生巨额亏损，20×8年末甲公司对乙公司投资的可收回金额为 750 万元。20×9 年 1 月 20 日，甲公司将持有乙公司的股权全部对外转让，收到股权转让款 900 万元存入银行。假定不考虑相关税费等其他因素影响。

【要求】根据上述资料，编制甲公司相关的会计分录。

习题二

【目的】练习长期股权投资核算的成本法。

【资料】甲公司为增值税一般纳税人，适用的增值税税率为 16%。20×6 年 1 月 1 日，甲公司以一台设备和一批库存商品作为对价，取得乙公司 70% 的股权，能对乙公司实施控制。合并当日，乙公司所有者权益在最终控制方合并财务报表中的账面价值总额为 4 800 万元，乙公司可辨认净资产的公允价值为 5 200 万元。该设备原价 5 000 万元，已计提折旧 2 200 万元，已计提减值准备 800 万元，公允价值 2 200 万元。该批商品成本 1 000 万元，已计提跌价准备 300 万元，公允价值和计税价格 800 万元。在企业合并过程中，甲公司支付相关法律咨询费 50 万元。20×6 年 5 月 1 日，乙公司宣告分派现金股利 500 万元。20×6 年 5 月 15 日，甲公司收到乙公司分派的现金股利。20×6 年乙公司实现净利润 800 万元。20×7 年 5 月 1 日，乙公司宣告分派现金股利 200 万元。20×7 年 5 月 15 日，甲公司收到乙公司分派的现金股利。20×7 年末甲公司对乙公司投资的可收回金额为 3 100 万元。20×8 年 1 月 20 日，甲公司将持有的乙公司股权全部转让，收到股权转让款 3 300 万元存入银行。假定不考虑固定资产的增值税及其他相关税费。

【要求】
（1）假定合并前，甲公司与乙公司同属于丙集团公司的子公司，编制甲公司有关的会计分录；
（2）假定合并前，甲公司与乙公司不具有关联方关系，编制甲公司相关的会计分录。

习题三

【目的】练习长期股权投资核算的权益法。

【资料】甲公司为增值税一般纳税人，适用的增值税税率为 16%。20×7 年 1 月 1 日，甲公司以库存商品投资取得乙公司 20% 的股权，对乙公司具有重大影响，乙公司当日可辨认净资产公允价值 12 000 万元。该商品成本 1 800 万元，公允价值和计税价格均为 2 000 万元。20×7 年 4 月 1 日，乙公司宣告分派 20×6 年度的现金股利 1 000 万元，甲公司于 20×7 年 5 月 2 日收到现金股利。20×7 年度乙公司实现净利润 6 000 万元。20×8 年 3 月 2 日，乙公司宣告 20×7 年度的现金股利 800 万元，甲公司于 20×8 年 4 月 2 日收到现金股利。20×8 年度乙公司发生亏损 22 000 万元，甲公司账上有应收乙公司长期应收款 700 万元。20×9 年度乙公司实现净利润 10 000 万元。假定不考虑相关税费等其他因素影响。

【要求】根据上述资料，编制甲公司相关的会计分录。

习题四

【目的】练习长期股权投资核算的权益法。

【资料】甲公司于 20×7 年 1 月 1 日支付银行存款 1 000 万元取得乙公司 20% 的股权（具有重大影响），乙公司当日可辨认净资产公允价值为 4 000 万元。20×7 年度乙公司实现净利润 600 万元，其他权益性工具投资的公允价值上升 150 万元。20×8 年 3 月 12 日，乙公司宣告分配 20×7 年度的现金股利 200 万元，甲公司于 20×8 年 4 月 5 日收到现金股利。20×8 年度乙公司发生亏损 2 000 万元，20×8 年末甲公司对乙公司投资的可收回金额为 700 万元。20×9 年 1 月 20 日，甲公司将持有乙公司股权全部对外转让，收到股权转让款 800 万元存入银行。假定不考虑相关税费等其他因素影响。

【要求】根据上述资料，编制甲公司相关的会计分录。

习题五

【目的】练习长期股权投资核算的权益法。

【资料】甲公司于 20×7 年 1 月 1 日以 10 350 万元（含直接相关费用 10 万元）购入乙公司发行在

外股票 4 000 万股（每股面值 1 元）取得乙公司 30% 的股权（具有重大影响）。20×7 年 1 月 1 日，乙公司可辨认净资产的公允价值为 30 000 万元。20×7 年 1 月 1 日，乙公司某台设备的公允价值为 3 000 万元，账面价值为 2 000 万元，预计使用年限 10 年，净残值为零，按照直线法计提折旧；乙公司某项专利的公允价值 1 000 万元，账面价值 500 万元，预计使用年限为 5 年，净残值为零，按照直线法摊销。20×7 年 4 月 1 日，乙公司宣告分派 20×6 年度的现金股利 1 000 万元，甲公司于 20×7 年 5 月 2 日收到现金股利。20×7 年度乙公司实现净利润 2 200 万元，提取盈余公积 400 万元。20×8 年 3 月 2 日，乙公司宣告 20×7 年度的现金股利 800 万元，甲公司于 20×8 年 4 月 2 日收到现金股利。20×8 年 12 月 31 日，乙公司持有的其他债权投资的公允价值上升 1 000 万元，20×8 年度乙公司发生亏损 40 000 万元。20×9 年度乙公司实现净利润 5 200 万元。假定不考虑相关税费等其他因素影响。

【要求】根据上述资料，编制甲公司相关的会计分录。

习题六

【目的】练习权益法转换为成本法的核算。

【资料】20×5 年 12 月 31 日，A 公司与甲、乙、丙和丁公司出资设立 B 公司，各方共同控制 B 公司。A 公司与甲、乙、丙和丁公司持股比例分别为 20%。A 公司以公允价值为 2 500 万元的设备出资，该设备系 A 公司于一年前自行建造取得，至投资设立 B 公司时，该设备的账面价值为 500 万元，尚可使用 10 年，采用直线法计提折旧。A 公司开出增值税专用发票上记载的增值税销项税额为 400 万元，A 公司另支付相关税费 100 万元。20×6 年 11 月，A 公司将其账面价值为 600 万元的商品以 840 万元的价格出售给 B 公司，B 公司将取得的商品作为管理用固定资产，预计使用寿命为 10 年，净残值为 0，采用直线法计提折旧。B 公司自 20×6 年初至 20×8 年 6 月 30 日期间，累计实现净利润 3 162 万元，债务工具分类为以公允价值计量且其变动计入其他综合收益的金融资产的公允价值上升 750 万元，其他所有者权益变动增加 250 万元。20×8 年 7 月 1 日，A 公司另支付银行存款 8 000 万元，自甲、乙公司处取得 B 公司 40% 股权，并取得对 B 公司的控制权。购买日，A 公司原持有的对 B 公司的 20% 股权的公允价值为 4 000 万元，B 公司可辨认净资产公允价值为 18 000 万元。假设 A 公司购买 B 公司 20% 股权和后续购买 40% 的股权的交易不构成"一揽子交易"。以上交易的相关手续均于当日完成，不考虑相关税费等其他因素影响。

【要求】根据上述资料，编制 A 公司相关的会计分录。

习题七

【目的】练习成本法转换为权益法的核算。

【资料】20×7 年 1 月 1 日，甲公司支付 600 万元取得乙公司 100% 的股权，投资当时乙公司可辨认净资产的公允价值为 500 万元，商誉为 100 万元。20×7 年 1 月 1 日至 20×8 年 12 月 31 日，乙公司的净资产增加了 75 万元，其中按购买日公允价值计算实现的净利润 50 万元，其他综合收益上升 25 万元（假设均为乙公司持有的非交易性权益工具投资以公允价值计量且其变动计入其他综合收益的金融资产公允价值）。20×9 年 1 月 8 日，甲公司转让乙公司 60% 的股权，收取现金 480 万元存入银行，转让后甲公司对乙公司的持股比例为 40%，能对其施加重大影响。20×9 年 1 月 8 日，即甲公司丧失对乙公司的控制权日，乙公司剩余 40% 股权的公允价值为 320 万元。假定甲、乙公司提取盈余公积的比例均为 10%，假定乙公司未分配现金股利，并不考虑其他因素。

【要求】根据上述资料，编制甲公司相关的会计分录。

习题八

【目的】练习公允价值计量转换为成本法的核算。

【资料】20×7 年 6 月 1 日，甲公司以每股 5 元的价格购入某上市公司乙公司的股票 1 000 万股，并由此持有乙公司 5% 的股权。甲公司与乙公司不存在关联方关系。甲公司将对乙公司的投资根据其管理乙公司股票的业务模式和乙公司股票的合同现金流量特征，将乙公司股票直接指定为以公允价值计量且其变动计入其他综合收益的金融资产进行会计处理。20×7年12月31日，该股票的收盘价格为每股7元。20×8年4月1日，甲公司以银行存款105 600万元为对价，向乙公司大股东收购乙公司55%的股权，相关手续于当日完成。甲公司取得乙公司控制权之日，原5%股权的公允价值为9 600万元。假设甲公司购买乙公司5%的股权和后续购买55%的股权不构成"一揽子交易"，不考虑相关税费等其他因素影响。

【要求】根据上述资料，编制甲公司相关的会计分录。

习题九

【目的】练习成本法转换为公允价值计量的核算。

【资料】甲公司于20×8年1月1日支付1 000万元自非关联方购入乙公司80%的股份，当日乙公司可辨认净资产额的公允价值为900万元。20×8年5月12日，乙公司宣告分红30万元，于6月4日发放。20×8年度乙公司实现净利润200万元，其他综合收益增加100万元。20×9年8月1日，甲公司将乙公司70%的股份卖给了非关联方，售价为900万元，甲公司持有的乙公司剩余股份当日公允价值为130万元。不考虑相关税费等其他因素影响。

【要求】根据上述资料，编制甲公司相关的会计分录。

习题十

【目的】练习公允价值计量转换为权益法的核算。

【资料】甲公司于20×8年1月1日以银行存款200万元购入乙公司6%的有表决权股份，甲公司划分为以公允价值计量且其变动计入当期损益的金融资产。20×8年12月31日，该股票公允价值为240万元。20×9年1月1日，甲公司又以840万元的价格从乙公司其他股东取得该公司14%的股权，至此持股比例达到20%，对乙公司具有重大影响。当日原持有的股权投资的公允价值为360万元，乙公司可辨认净资产公允价值总额为6 000万元。不考虑相关税费等其他因素影响。

【要求】根据上述资料，编制甲公司相关的会计分录。

习题十一

【目的】练习权益法转换为公允价值计量的核算。

【资料】甲公司于20×7年1月1日以银行存款1 000万元购入乙公司40%的股权，对乙公司具有重大影响，乙公司当日可辨认净资产的公允价值为2 000万元。20×7年乙公司全年实现净利润500万元，20×7年末乙公司持有的其他权益工具投资增值了100万元。20×8年1月1日，甲公司出售其持有的乙公司30%的股权，出售股权后甲公司持有乙公司10%的股权，对乙公司不具有重大影响，改按其他权益工具投资进行会计核算。出售取得价款为1 200万元，剩余10%的股权公允价值为400万元。不考虑相关税费等其他因素影响。

【要求】根据上述资料，编制甲公司相关的会计分录。

第六章　固定资产

【本章导言】

　　固定资产是企业赖以生存和发展的物质基础，直接决定一个企业的生产能力和生产效益。固定资产计提的折旧和减值准备也直接影响企业的经营业绩。因此，加强固定资产的管理和核算，确保固定资产的安全完整、提高固定资产的使用效率，对于降低企业生产成本、提高企业生产经营能力和获利能力具有重要意义。本章主要介绍固定资产的概念、特征及分类，取得固定资产的初始计量及核算，固定资产计提折旧、发生后续支出及减值测试的核算，固定资产清查及处置的核算。

【本章内容框架】

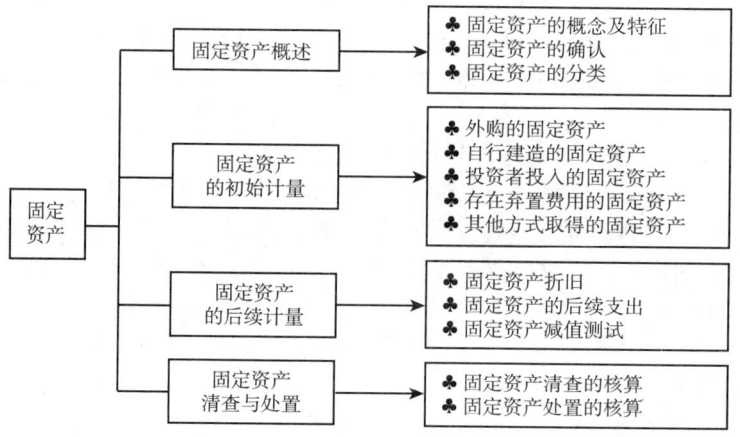

【本章学习目标】

- 熟悉固定资产的概念、特征、确认条件及其分类。
- 掌握外购、自行建造、投入的固定资产的初始计量及核算。
- 熟悉固定资产计提折旧的含义、范围及其核算。
- 掌握直线法、工作量法、双倍余额递减法和年数总和法的计算原理。
- 掌握固定资产资本化和费用化后续支出的核算。
- 了解固定资产减值测试的基本原理。
- 掌握固定资产清查及出售、报废和毁损的核算。

第一节　固定资产概述

一、固定资产的概念及特征

固定资产，是指为生产商品、提供劳务、出租或经营管理而持有的并且使用寿命超过一个会计年度的有形资产。从固定资产的定义可以看出，固定资产具有以下特征：

（1）固定资产是为生产商品、提供劳务、出租或经营管理而持有的。固定资产是企业的劳动工具或手段，而不是直接用于出售的产品或商品。该特征使其与存货区分开来。其中，出租的固定资产是指出租的机器设备类固定资产，不包括经营租赁出租的建筑物，后者属于投资性房地产。

（2）固定资产使用寿命超过一个会计年度。使用寿命，是指企业使用固定资产的预计期间，或者该固定资产所能生产产品或提供劳务的数量。通常情况下，固定资产的使用寿命是指使用固定资产的预计期间，如自用房屋建筑物的使用寿命按使用年限表示。对于某些机器设备或运输设备等固定资产，其使用寿命往往以该固定资产所能生产产品或提供劳务的数量表示。固定资产使用寿命超过一个会计年度，意味着有关固定资产的支出属于资本性支出，并随着使用和磨损，通过计提折旧方式逐渐减少其账面价值，这也有别于存货等流动资产。

（3）固定资产是有形资产。该特征将其与无形资产区分开来。有些无形资产可能同时符合固定资产的其他特征，如无形资产也是为生产商品、提供劳务、出租或经营管理而持有的，使用寿命也超过一个会计年度，但是，由于其没有实物形态，所以不属于固定资产。

二、固定资产的确认

1. 固定资产的确认条件

企业将某项资产确认为固定资产时，首先要满足固定资产的定义，同时还应满足下列条件：①与该固定资产有关的经济利益很可能流入企业；②该固定资产的成本能够可靠地计量。

2. 固定资产确认条件的具体运用

企业在将某资产确认为固定资产时，通常需要会计人员作出职业判断，不能简单地、机械地套用固定资产的确认条件。在会计实务中，对固定资产确认时，需要注意以下事项：

（1）对于制造企业所持有的工具、模具、管理用具、玻璃器皿、备品备件、维修设备等资产，尽管这些资产具有固定资产的特征，如使用期限超过一年，也能够给企业带来经济利益，但由于数量繁多、价值低，遵循"重要性"信息质量要求，企业通常将其确认为存货。但是，如果这些资产符合固定资产定义及确认条件的，比如民用航空运输企业的高价周转件，应当确认为固定资产。

（2）企业购置的环保设备和安全设备等资产，虽然它们不能直接给企业带来经济利益，但是它们有助于企业从其他相关资产的使用中获得未来经济利益，或者将减少企业未来经济利益的流出，也应确认为固定资产。

（3）对于构成固定资产的各组成部分，如果各自具有不同使用寿命或以不同方式为企业提供经济利益，适用不同折旧率或折旧方法的，应当分别将各组成部分确认为单项固定资产。比如，飞机的发动机、引擎，如果与飞机机身具有不同的使用寿命，适用不同折旧率或折旧方法，则企业将其确认为单项固定资产。

三、固定资产的分类

企业的固定资产种类繁多，企业可以根据经营管理的不同需要和不同的分类标准对固定资产进行分类，以满足经营管理的需要。

1. 按固定资产的经济用途分类

按经济用途的不同，可将固定资产分为生产经营用固定资产和非生产经营用固定资产。

（1）生产经营用固定资产，是指直接服务于企业生产经营过程中的各种固定资产，如生产经营用的房屋、建筑物、机器、设备等。

（2）非生产经营用固定资产，是指不直接服务于生产、经营过程中的各种固定资产，如职工宿舍、食堂、浴室、理发室、歌舞厅等使用的房屋、设备和其他固定资产。

按照经济用途对固定资产进行分类，可以反映和监督企业经营用固定资产和非经营用固定资产，以及经营用各类固定资产的构成及其变化情况，借以考核和分析企业固定资产的利用情况、促使企业合理地培植固定资产，提高固定资产的生产能力和利用效益。

2. 按固定资产的使用情况分类

按照使用情况，固定资产可以分为使用中、未使用、不需用和持有待售的固定资产。

（1）使用中的固定资产，是指正在使用中的经营性和非经营性固定资产。由于季节性经营或大修理等原因暂时停止使用的固定资产、企业出租给其他单位使用的固定资产和内部替换使用的固定资产，仍应属于使用中的固定资产。

（2）未使用的固定资产，是指已完工或购建的尚未交付使用的新增固定资产，以及因改建扩建等原因而暂停使用的固定资产。

（3）不需用的固定资产，是指多余或不适用，待处置的固定资产。例如，技术陈旧、报废毁损待处置的固定资产。

（4）持有待售的固定资产，是指在当前情况下仅根据出售同类固定资产的惯例就可以直接出售且极有可能出售的固定资产。例如，已经与买主签订了不可撤销的销售协议等固定资产。

按照使用情况对固定资产进行分类，有利于反映企业固定资产的使用状况及其比例关系，便于分析固定资产的利用效率，挖掘固定资产的使用潜力，促使企业合理地使用固定资产，也便于企业合理地计提固定资产的折旧。

3. 按固定资产的所有权分类

按照所有权分类，固定资产可分为自有和租入的固定资产。

（1）自有的固定资产，是指企业拥有可供企业自行支配使用的固定资产，包括自用的固定资产和出租给其他单位的固定资产。

（2）租入的固定资产，是指企业采用租赁方式从其他单位租入的固定资产。在租赁开始日，承租人应当对租赁确认使用权资产和租赁负债；在租赁开始日后，采用成本模式对使用权资产进行后续计量，并计提折旧。

按照所有权对固定资产进行分类，有利于企业考核和监督使用中的固定资产的产权结构，促使企业挖掘自有固定资产的潜力，节约租金费用。

4. 按固定资产的经济用途、使用情况和所有权的综合分类

采用这一分类方法，通常可把企业的固定资产分为：①生产经营用固定资产；②非生产经营用固定资产；③租出的固定资产；④不需用的固定资产；⑤未使用的固定资产；⑥持有待售的固定资产；⑦土地；⑧租入的固定资产。

由于企业的经营内容、经营规模等各不相同，固定资产的分类标准也不可能强求绝对一致，各企业应根据企业自身的具体情况和管理要求，制定适合本企业实际情况的固定资产目录、分类方法、每类或每项固定资产的折旧年限、折旧方法，作为固定资产核算的依据，一经确定后不得随意变更。

第二节　固定资产的初始计量

固定资产应当按照成本进行初始计量。固定资产的成本，是指使购建的固定资产达到预定可使用状态前所发生的一切合理、必要的支出。由于固定资产取得方式不同，其成本构成有所不同。

一、外购的固定资产

外购固定资产的成本，包括购买价款、相关税费、使固定资产达到预定可使用状态前所发生的可归属于该项资产的运输费、装卸费、安装费和专业人员服务费等。

一般而言，当满足下列条件之一的，可认定购建的固定资产已经达到预定可使用状态：①固定资产的实体建造（包括安装）已经全部完成或者实质上已经完成；②所购建的固定资产与设计要求、合同规定相符或者基本相符，即使有极个别与设计、合同要求不相符的地方，也不影响其正常使用；③继续发生在所购建固定资产上的支出金额很少或者几乎不再发生。购建的固定资产需要试生产或者试运行的，在试生产结果表明固定资产能够正常生产出合格产品或者试运行结果表明固定资产能够正常运转或者营业时，应当认为该固定资产已经达到预定可使用状态。

（一）购入不需要安装的固定资产

企业购入不需要安装的固定资产，按应计入固定资产成本的金额，借记"固定资产"科目，贷记"银行存款"等科目。涉及增值税的，还应进行相应的会计处理。

【例6-1】甲公司为增值税一般纳税人，20×8年7月购入一台不需要安装的设备，收到的增值税专用发票上注明的价款50 000元，增值税税额8 000元，发生运杂费1 500元，款项全部通过银行付讫，设备已交付使用。甲公司的账务处理如下：

借：固定资产　　　　　　　　　　　　　　　　　　　　　51 500
　　应交税费——应交增值税（进项税额）　　　　　　　　　 8 000
　　贷：银行存款　　　　　　　　　　　　　　　　　　　　59 500

【例6-2】甲公司为增值税一般纳税人，20×8年7月5日购买一栋办公楼，收到的增值税专用发票上注明的价款为800万元，增值税税额为80万元（适用分期抵扣的相关规定①），款项全部通过银行付讫，办公楼已交付使用。甲公司的账务处理如下：

（1）20×8年7月5日。

借：固定资产——办公楼　　　　　　　　　　　　　　　　8 000 000
　　应交税费——应交增值税（进项税额）　　（800 000×60%）480 000
　　　　　　——待抵扣进项税额　　　　　　（800 000×40%）320 000
　　贷：银行存款　　　　　　　　　　　　　　　　　　　 8 800 000

（2）20×9年。

借：应交税费——应交增值税（进项税额）　　　　　　　　　320 000
　　贷：应交税费——待抵扣进项税额　　　　　　　　　　　 320 000

（二）购入需要安装的固定资产

企业购入需要安装的固定资产，在达到预定可使用状态前，按应计入固定资产成本的金额，借记"在建工程"科目，贷记"银行存款""原材料""应付职工薪酬"等科目；涉及增值税的，还应进行相应的会计处理。在达到预定可使用状态后，借记"固定资产"科目，贷记"在建工程"科目。

【例6-3】甲公司为增值税一般纳税人，20×8年7月购入一台需要安装的设备，收到的增值税专用发票上注明的价款为40 000元，增值税税额6 400元，发生运杂费3 200元，款项通过银行付讫。安装该设备时，领用外购材料10 000元，发生安装工人工资800元。甲公司的账务处理如下：

（1）支付设备价款、税金及运杂费。

借：在建工程　　　　　　　　　　　　　　　　　　　　　43 200
　　应交税费——应交增值税（进项税额）　　　　　　　　　 6 400

---

① 按照财税〔2016〕36号文件规定，适用一般计税方法的一般纳税人，2016年5月1日后取得并在会计制度上按固定资产核算的不动产或者2016年5月1日后取得的不动产在建工程，其进项税额应自取得之日起分2年从销项税额中抵扣，第一年抵扣比例为60%，第二年抵扣比例为40%。取得不动产，包括以直接购买、接受捐赠、接受投资入股、自建以及抵债等各种形式取得不动产，不包括房地产开发企业自行开发的房地产项目。

贷：银行存款		49 600

（2）领用安装材料、发生工资等安装费用。

借：在建工程		10 800
贷：原材料		10 000
应付职工薪酬		800

（3）设备达到预定可使用状态。

借：固定资产	（43 200 + 10 800）	54 000
贷：在建工程		54 000

（三）以一笔款项购入多项没有单独标价的固定资产

企业以一笔款项购入多项没有单独标价的固定资产。如果这些资产均符合固定资产的定义，并满足固定资产的确认条件，则应将各项资产单独确认为固定资产，并按各项固定资产公允价值的比例对总成本进行分配，分别确定各项固定资产的入账价值。

【例6-4】甲公司为增值税一般纳税人，为了降低采购成本，20×8年7月向乙公司一次性购入3台不同型号且具有不同生产能力的设备A、设备B和设备C，取得的增值税专用发票上注明的设备总价款为117万元，增值税税额18.72万元，发生运杂费3万元，款项全部通过银行转账支付。假定设备A、B、C均满足固定资产定义及其确认条件，公允价值分别为80万元、20万元、20万元，不考虑其他相关税费。甲公司的账务处理如下：

（1）确定三台设备的入账价值。

三台设备的入账价值 = 117 + 3 = 120（万元）

（2）确定设备A、B、C的入账价值。

成本分配比例 = 120 ÷ (80 + 20 + 20) = 1

设备A的入账价值 = 80 × 1 = 80（万元）

设备B的入账价值 = 20 × 1 = 20（万元）

设备C的入账价值 = 20 × 1 = 20（万元）

（3）编制会计分录。

借：固定资产——A设备	800 000
——B设备	200 000
——C设备	200 000
应交税费——应交增值税（进项税额）	187 200
贷：银行存款	1 387 200

（四）分期付款购入的固定资产

企业购入固定资产超过正常信用条件延期支付价款，实质上具有融资性质的，按照应付购买价款的现值，借记"固定资产"或"在建工程"等科目，按应支付的金额，贷记"长期应付款"科目，按其差额，借记"未确认融资费用"科目。按期支付价款，借记"长期应付款"科目,贷记"银行存款"科目。采用实际利率法分期摊销未确认融资费用,借记"在建工程"(资本化的借款费用)"财务费用"(费用化的借款费用)等科目,贷记"未确认融资费用"科目。

【例6-5】 20×4年12月28日,甲公司与乙公司签订一项购货合同,甲公司从乙公司购入一台需要安装的大型设备。合同约定,甲公司采用分期付款方式支付价款,该设备价款总计100万元,付款期为5年,并于20×5年至20×9年的每年年末支付20万元。20×5年1月1日,该设备运达甲公司并开始安装,发生运杂费6万元,已用银行存款支付。20×5年12月31日,该设备安装完毕并达到预定可使用状态,发生安装人员工资4万元。甲公司按照合同约定如期支付了每年年末应支付的价款。假定折现率为10%,不考虑增值税等相关税费,甲公司的账务处理如下:

(1) 20×5年1月1日。

①确认分期付款形成的长期负债。

购买价款的现值 = 200 000 × (P/A,10%,5) = 200 000 × 3.7908 = 758 160(元)

借:在建工程　　　　　　　　　　　　　　　758 160
　　未确认融资费用　　　　　　　　　　　　241 840
　　贷:长期应付款　　　　　　　　　　　　　　　1 000 000

②支付运杂费。

借:在建工程　　　　　　　　　　　　　　　 60 000
　　贷:银行存款　　　　　　　　　　　　　　　　 60 000

(2) 20×5年至20×9年确认未确认融资费用的分摊额如表6-1所示。

表6-1　　　　　　　　　　未确认融资费用分摊表　　　　　　　　　　单位:元

日　期	分期付款额 ①	确认的融资费用 ②=期初④×10%	应付本金减少额 ③=①-②	应付本金余额 期末④=期初④-③
20×5.01.01				758 160
20×5.12.31	200 000	75 816	124 184	633 976
20×6.12.31	200 000	63 397.60	136 602.40	497 373.6
20×7.12.31	200 000	49 737.36	150 262.64	347 110.96
20×8.12.31	200 000	34 711.10	165 288.90	181 822.06
20×9.12.31	200 000	18 177.94*	181 822.06*	0
合计	1 000 000	241 840	758 160	

注:*尾数调整:18 177.94 = 200 000 - 181 822.06;181 822.06为期初应付本金余额。

(3) 20×5年12月31日。

①发生安装人员工资。

借:在建工程　　　　　　　　　　　　　　　 40 000
　　贷:应付职工薪酬　　　　　　　　　　　　　　 40 000

②20×5年属于安装期间,确认未确认融资费用的分摊额符合资本化条件,计入工

程成本。

  借：在建工程   75 816
    贷：未确认融资费用   75 816

③安装完毕，交付使用。

设备的入账价值 = 758 160 + 60 000 + 40 000 + 75 816 = 933 976（元）

  借：固定资产   933 976
    贷：在建工程   933 976

④支付购买价款。

  借：长期应付款   200 000
    贷：银行存款   200 000

（4）20×5年以后，设备已达到预定可使用状态，未确认融资费用的分摊额不符合资本化条件，计入当期损益（财务费用）。甲公司相关的账务处理如表6-2所示。

表6-2   甲公司相关账务处理情况   单位：元

相关账务处理	20×6.12.31	20×7.12.31	20×8.12.31	20×9.12.31
①每年年末确认未确认融资费用的分摊额				
借：财务费用	63 397.60	49 737.36	34 711.10	18 177.94
贷：未确认融资费用	63 397.60	49 737.36	34 711.10	18 177.94
②每年年末支付购买价款				
借：长期应付款	200 000	200 000	200 000	200 000
贷：银行存款	200 000	200 000	200 000	200 000

二、自行建造的固定资产

  企业自行建造的固定资产的成本，按建造该项资产达到预定可使用状态前所发生的必要支出构成，主要包括工程耗用的物资成本、人工成本、交纳的相关税费、应予以资本化的借款费用以及应分摊的其他间接费用等。企业为建造固定资产通过出让方式取得的土地使用权而支付的土地出让金不计入在建工程成本，应确认为无形资产。

（一）自营方式建造固定资产

  企业自营在建工程的主要账务处理如下：

  （1）在建工程发生的管理费、征地费、可行性研究费、临时设施费、公证费、监理费及应负担的税费等，借记"在建工程——待摊支出"科目，贷记"银行存款"等科目。

  （2）购入为工程准备的物资，按照实际支付的价款、运输费、保险费等，借记"工程物资"科目，贷记"银行存款""其他应付款"等科目。涉及增值税的，还应进行相应的会计处理。

(3) 建设期间在建工程发生的支出。

①在建工程领用工程物资、原材料或库存商品的，借记"在建工程"科目，贷记"工程物资""原材料""库存商品"等科目；采用计划成本核算的，应同时结转应分摊的成本差异。涉及增值税的，还应进行相应的会计处理。

②在建工程应负担的职工薪酬，借记"在建工程"科目，贷记"应付职工薪酬"科目。

③辅助生产部门为工程提供的水、电、设备安装、修理、运输等劳务，借记"在建工程"科目，贷记"生产成本——辅助生产成本"等科目。

④在建工程发生的借款费用满足借款费用资本化条件的，借记"在建工程"科目，贷记"长期借款""应付利息"等科目。

⑤建设期间发生的工程物资盘亏、报废及毁损净损失，计入在建工程成本，借记"在建工程"科目，贷记"工程物资"科目；盘盈的工程物资或处置净收益，冲减所建工程项目的成本，借记"工程物资"科目，贷记"在建工程"科目。

⑥由于自然灾害等原因造成的在建工程报废或毁损，减去残料价值和过失人或保险公司等赔款后的净损失，借记"营业外支出——非常损失"科目，贷记"在建工程"科目。

（4）在建工程进行负荷联合试车发生的费用，借记"在建工程——待摊支出"科目，贷记"银行存款""原材料"等科目；试车形成的产品或副产品对外销售或转为库存商品的，借记"银行存款""库存商品"等科目，贷记"在建工程——待摊支出"科目。

（5）在建工程达到预定可使用状态时，应计算分配待摊支出，借记"在建工程——××工程"科目，贷记"在建工程——待摊支出"科目。

（6）工程达到预定可使用状态且办理竣工决算手续的固定资产，借记"固定资产"科目，贷记"在建工程"科目。已达到预定可使用状态，但尚未办理竣工决算手续的固定资产，应按估计价值入账，待确定实际成本后再进行调整。

（7）在建工程完工已领出的剩余物资办理退库，借记"工程物资"科目，贷记"在建工程"科目；工程完工后剩余的工程物资转作本企业存货的，借记"原材料"等科目，贷记"工程物资"科目。

（8）工程完工后发生的工程物资盘盈、盘亏、报废、毁损，计入营业外收支。

【例6-6】20×8年7月至12月，甲公司自行建造一间厂房，为此发生如下经济业务：（1）7月1日，购入工程物资一批100万元，款项全部支付。（2）7月5日，工程领用外购材料30万元。（3）7月1日至12月31日，工程先后领用工程物资90万元。（4）工程建设期间，辅助生产部门发生的劳务支出5万元。（5）工程建设期间，发生的工程人员薪酬5万元。（6）12月31日，公司对工程物资进行清查，发现工程物资盘亏5万元，经调查属于保管员过失所致，由其赔偿3万元。剩余工程物资转作公司的材料。（7）12月31日，工程完工并达到预定可使用状态。假定不考虑增值税等相关税费的影响，甲公司的账务处理如下：

（1）购入工程物资。

借：工程物资　　　　　　　　　　　　　　　　　　　　1 000 000
　　贷：银行存款　　　　　　　　　　　　　　　　　　　　　1 000 000
（2）工程领用外购材料。
借：在建工程——厂房　　　　　　　　　　　　　　　　300 000
　　贷：原材料　　　　　　　　　　　　　　　　　　　　　　300 000
（3）领用工程物资。
借：在建工程——厂房　　　　　　　　　　　　　　　　900 000
　　贷：工程物资　　　　　　　　　　　　　　　　　　　　　900 000
（4）辅助生产部门提供的劳务支出。
借：在建工程——厂房　　　　　　　　　　　　　　　　 50 000
　　贷：生产成本——辅助生产成本　　　　　　　　　　　　　 50 000
（5）发生的工程人员薪酬。
借：在建工程——厂房　　　　　　　　　　　　　　　　 50 000
　　贷：应付职工薪酬　　　　　　　　　　　　　　　　　　　 50 000
（6）12月31日，对工程物资进行清查。
①工程物资盘亏。
借：其他应收款　　　　　　　　　　　　　　　　　　　 30 000
　　在建工程——厂房　　　　　　　　　　　　　　　　 20 000
　　贷：工程物资　　　　　　　　　　　　　　　　　　　　　 50 000
②剩余工程物资转作公司的材料。
剩余工程物资的实际成本＝100－90－5＝5（万元）
借：原材料　　　　　　　　　　　　　　　　　　　　　 50 000
　　贷：工程物资　　　　　　　　　　　　　　　　　　　　　 50 000
（7）12月31日，工程完工并达到预定可使用状态。
固定资产的入账价值＝30＋90＋5＋5＋2＝132（万元）
借：固定资产——厂房　　　　　　　　　　　　　　　　1 320 000
　　贷：在建工程——厂房　　　　　　　　　　　　　　　　　1 320 000

（二）出包方式建造固定资产

企业以出包方式建造固定资产，其成本应当按照建造该项固定资产达到预定可使用状态前所发生的必要支出构成，主要包括发生的建筑工程支出、安装工程支出以及应分摊计入各固定资产价值的待摊支出。具体如下：

（1）建筑工程、安装工程支出。由于建筑工程、安装工程采用出包方式发包给建造承包商承建，因此工程的具体支出，如人工费、材料费、机械使用费等由建筑承包商核算。对于发包企业而言，建筑工程支出、安装工程支出是构成工程成本的主要部分，发包企业按照建造合同约定的结算方式和工程进度定期与建造承包商办理工程价款结算，结算的工程价款计入在建工程成本。

（2）待摊支出。待摊支出是指在建设期间发生的、不能直接计入某项固定资产价值，而由所建造固定资产共同负担的相关费用，主要包括：①在建工程发生的管理费、征地费、可行性研究费、临时设施费、公证费、监理费及应负担的税费；②满足资本化条件的借款费用；③建设期间发生的工程物资盘亏、报废及毁损净损失；④在建工程进行负荷联合试车发生的费用等等。工程达到预定可使用状态：

首先应计算分配待摊支出，待摊支出的分配率可按以下公式计算：

$$待摊支出分配率 = \frac{累计发生的待摊支出}{建筑工程支出 + 安装工程支出 + 在安装设备支出} \times 100\%$$

××工程应分配的待摊支出 = (××工程的建筑工程支出 + 安装工程支出 + 在安装设备支出) × 待摊支出分配率

其次，计算确定已完工的固定资产成本。

房屋、建筑物等固定资产的成本 = 建筑工程支出 + 应分摊的待摊支出

需要安装设备的成本 = 设备成本 + 为设备安装发生的基础、支座等建筑工程支出 + 安装工程支出

【例6-7】20×8年1月15日，甲公司经当地有关部门批准新建一座污水处理厂。污水处理厂由污水处理车间和污水处理设备安装等两个单项工程构成。20×8年1月20日，甲公司与乙公司签订一项建造合同，合同约定将污水处理厂工程出包给乙公司承建。双方约定，建造污水处理车间的价款为6 000万元，污水处理设备的安装费用为400万元。20×8年发生的有关事项如下：(1) 2月1日，甲公司按照合同约定预付给乙公司承建污水处理车间的备料款2 000万元。(2) 3月11日，甲公司购入需要安装的污水处理设备，取得的增值税专用发票上注明的价款3 600万元，款项以银行存款付讫。(3) 6月30日，污水处理车间工程的完工进度达到50%，甲公司与乙公司计算价款3 000万元，甲公司扣除预付备料款后，将余款以银行存款付讫。(4) 9月30日，污水处理车间工程的主体已完工，甲公司与乙公司计算价款3 000万元，款项全部以银行存款付讫。(5) 10月10日，甲公司将污水处理设备运抵现场，交付给乙公司安装。(6) 11月30日，污水处理设备安装完毕，甲公司与乙公司计算价款400万元，款项全部以银行存款付讫。(7) 工程发生的管理费、可行性研究费、公证费、监理费等共计20万元，均以支票付讫。(8) 12月，进行负荷联合试车领用材料10万元，发生其他费用5万元，均以银行存款付讫。试车期间取得收入5万元存入银行。(9) 12月31日，完成试车，各项指标达到设计要求。假定不考虑增值税等相关税费的影响，甲公司的账务处理如下：

(1) 2月1日，预付备料款。

借：预付账款　　　　　　　　　　　　　　　　　　　20 000 000
　　贷：银行存款　　　　　　　　　　　　　　　　　　　20 000 000

(2) 3月11日，购入污水处理设备。

借：工程物资——污水处理设备　　　　　　　　　　　36 000 000
　　贷：银行存款　　　　　　　　　　　　　　　　　　　36 000 000

(3) 6月30日，办理价款结算。

借：在建工程——建筑工程（污水处理车间工程）　　　30 000 000

```
        贷：预付账款                                      20 000 000
            银行存款                                      10 000 000
```
(4) 9月30日，办理价款结算。
```
    借：在建工程——建筑工程（污水处理车间工程）          30 000 000
        贷：银行存款                                     30 000 000
```
(5) 10月10日，污水处理设备交付安装。
```
    借：在建工程——在安装设备（污水处理设备）            36 000 000
        贷：工程物资——污水处理设备                      36 000 000
```
(6) 11月30日，支付安装费。
```
    借：在建工程——安装工程（污水处理设备）               4 000 000
        贷：银行存款                                      4 000 000
```
(7) 支付工程发生的管理费、可行性研究费、公证费、监理费。
```
    借：在建工程——待摊支出                                 200 000
        贷：银行存款                                        200 000
```
(8) 12月，进行负荷联合试车。
```
    借：在建工程——待摊支出                                 150 000
        贷：原材料                                          100 000
            银行存款                                         50 000
    借：银行存款                                             50 000
        贷：在建工程——待摊支出                              50 000
```
(9) 12月31日，结转工程成本。

① 计算分配待摊支出。

$$\text{待摊支出分配率} = \frac{200\,000 + 150\,000 - 50\,000}{30\,000\,000 + 3\,000\,000 + 36\,000\,000 + 4\,000\,000} \times 100\% = 0.3\%$$

污水处理车间分摊的待摊支出 = 6 000 × 0.3% = 18（万元）

污水处理设备（安装工程）分摊的待摊支出 = 400 × 0.3% = 1.2（万元）

污水处理设备（在安装设备）分摊的待摊支出 = 3 600 × 0.3% = 10.8（万元）
```
    借：在建工程——建筑工程（污水处理车间工程）              180 000
               ——安装工程（污水处理设备）                    12 000
               ——在安装设备（污水处理设备）                  108 000
        贷：在建工程——待摊支出                                200 000
```
② 计算完工的固定资产成本。

污水处理车间的成本 = 6 000 + 18 = 6 018（万元）

污水处理设备的成本 = 3 600 + 400 + 1.2 + 10.8 = 4 012（万元）
```
    借：固定资产——污水处理车间                           60 180 000
               ——污水处理设备                            40 120 000
        贷：在建工程——建筑工程（污水处理车间工程）        60 180 000
                   ——安装工程（污水处理设备）              4 012 000
```

　　　　——在安装设备（污水处理设备）　　　　　　36 108 000

三、投资者投入的固定资产

　　企业接受投资者投入的固定资产，按照投资合同或协议约定的价值或公允价值加上支付的相关税费，借记"固定资产"科目，按其在企业注册资本或股本中所占的份额，贷记"实收资本"或"股本"科目，按其差额，贷记"资本公积——资本溢价或股本溢价"科目。

　　【例6-8】甲公司为增值税一般纳税人，增值税税率为16%。20×9年1月15日，甲公司接受乙公司投入设备一台，投资协议约定的价值300万元，取得甲公司20%的股份。甲公司注册资本为1 600万元。甲公司的账务处理如下：

借：固定资产　　　　　　　　　　　　　　　　　　　　3 000 000
　　应交税费——应交增值税（进项税额）　　　　　　　　480 000
　　贷：实收资本　　　　　　　　　　　　（16 000 000×20%）3 200 000
　　　　资本公积——资本溢价　　　　　　　　　　　　　280 000

四、存在弃置费用的固定资产

　　对于特殊行业的特定固定资产，在确定其成本时，应当考虑预计弃置费用等因素。弃置费用，通常是指根据国家法律和行政法规、国际公约等规定，企业承担的环境保护和生态恢复等义务所确定的支出，如核电站设施等的弃置和恢复义务。通常情况下，弃置费用的金额与其现值相差较大，需要考虑货币时间价值。对于这些特殊行业的特定固定资产，按照弃置费用的现值确定应计入固定资产成本的金额和相应的预计负债。在固定资产的使用寿命内按照预计负债的摊余成本和实际利率计算的利息费用应计入财务费用。注意，一般工商企业的固定资产发生的报废清理费用不属于弃置费用，应当在发生时作为固定资产处置费用处理。

　　【例6-9】经国家审批，甲公司计划建造一个核电站，其主体设备核反应堆将会对当地的生态环境产生一定影响。根据法律规定，企业应在该项设备使用期满后将其拆除，并对造成的污染进行整治。20×6年1月1日，该项设备建造完成并交付使用，建造成本共计1 000万元，预计使用寿命10年，预计弃置费用为100万元。假定折现率（实际利率）为10%。甲公司的账务处理如下：

　　（1）计算已完工固定资产的成本。
　　由于核反应堆属于特殊行业的特定固定资产，确定其成本应考虑弃置费用。
　　20×6年1月1日，弃置费用的现值=100×(P/F,10%,10)=100×0.3855=38.55（万元）
　　固定资产的入账价值=1 000+38.55=1 038.55（万元）

借：固定资产　　　　　　　　　　　　　　　　　　　　10 385 500
　　贷：在建工程　　　　　　　　　　　　　　　　　　　10 000 000

　　　　预计负债　　　　　　　　　　　　　　　　　　　　　385 500
（2）按实际利率法计算20×6年应负担的利息。
借：财务费用　　　　　　　　　　　　　　（385 500×10%）38 550
　　贷：预计负债　　　　　　　　　　　　　　　　　　　　38 550
（3）按实际利率法计算20×7年应负担的利息。
应负担的利息=（38.55+3.855）×10%=4.2405（万元）
借：财务费用　　　　　　　　　　　　　　　　　　　　　　42 405
　　贷：预计负债　　　　　　　　　　　　　　　　　　　　42 405
以后会计年度的会计处理略。

五、其他方式取得的固定资产

（1）租入的固定资产，按照《企业会计准则第21号——租赁》的相关规定进行会计处理。

（2）通过非货币性资产交换、债务重组、企业合并等取得固定资产的成本，按照有关会计准则和本书相关章节的规定处理，本章暂不涉及。

第三节　固定资产的后续计量

固定资产的后续计量主要包括计提折旧、后续支出的计量以及减值损失的确定。

一、固定资产折旧

（一）固定资产折旧的性质

固定资产折旧，是指在固定资产使用寿命内，按照确定的方法对应计折旧额进行系统分摊。固定资产计提折旧的过程，实质上是一个成本分配的过程，其目的在于将固定资产的取得成本按合理方式，在其使用寿命期限内分期计入相关资产的成本或者当期损益中。企业对固定资产不计提折旧或不正确计提折旧，都将造成产品成本、营业成本和当期损益的信息严重失真。

（二）影响固定资产折旧的因素

固定资产的应计折旧额应当在其使用寿命期限内系统而合理地分摊。因此，企业各期应计提折旧的金额大小取决于固定资产的应计折旧额、使用寿命以及计提方法等因素的影响。

1. 应计折旧额

应计折旧额，是指应当计提折旧的固定资产的原价扣除其预计净残值后的金额。如果已对固定资产计提了固定资产减值准备的，还应当扣除已计提的固定资产减值准备累计金额。用公式表示为：

固定资产应计折旧额＝固定资产原价－预计净残值－固定资产减值准备累计金额

式中：①固定资产原价，是指固定资产的取得成本；②预计净残值，是指假定固定资产预计使用寿命已满并处于使用寿命终了时的预期状态，企业目前从该项资产处置中获得的扣除预计处置费用后的金额；③固定资产减值准备累计金额，是指当固定资产账面价值高于可收回金额时，企业在各期已计提的固定资产减值准备的总和。

2. 使用寿命

固定资产的使用寿命，是指企业使用固定资产的预计期间，或者该固定资产所能生产产品或提供劳务的数量。企业确定固定资产的使用寿命，应当考虑下列因素：

（1）预计生产能力或实物产量。有些固定资产的使用寿命也可以用该资产所能生产的产品或提供的服务的数量来表示，如估计的生产量、工作时间或行驶里程等。

（2）预计的有形损耗和无形损耗。无论有形损耗和无形损耗，其损耗程度越严重，固定资产的使用寿命将会缩短。

（3）法律或者类似规定对资产使用的限制。具体到某一固定资产的预计使用寿命，企业应在考虑以上因素的基础上，根据不同固定资产的性质、消耗方式、所处环境等因素做出判断。在相同环境条件下，对于同样的固定资产的预计使用寿命应具有相同的预期。

3. 折旧方法

固定资产采用不同的折旧方法，虽然不会影响应计提的折旧总额，但是它会影响到各期分摊折旧金额的大小，从而影响各期利润的计算。折旧方法将在本节后面详细介绍。

需要注意的是，企业应根据固定资产的性质和使用用途，合理确定固定资产的使用寿命和预计净残值。固定资产的预计净残值、使用寿命一经确定，不得随意变更。企业应根据与固定资产有关的经济利益的预期消耗方式，合理选择折旧方法。由于收入可能受到投入、生产过程、销售等因素的影响，这些因素与固定资产有关经济利益的预期消耗方式无关。因此，企业不应以包括使用固定资产在内的经济活动所产生的收入为基础进行折旧。固定资产的折旧方法一经确定，不得随意变更。

（三）固定资产计提折旧的范围

除以下情况外，企业应对所有固定资产计提折旧：
（1）已提足折旧仍然继续使用的固定资产；
（2）作为固定资产单独计价入账的土地。

在确定固定资产计提折旧的范围时，还应注意以下几点：

（1）固定资产应当按月计提折旧，并根据用途计入相关资产的成本或者当期损益。当月增加的固定资产，当月不计提折旧，从下月起计提折旧；当月减少的固定资产，当月仍计提折旧，从下月起不计提折旧。

(2) 固定资产提足折旧后，不论能否继续使用，均不再计提折旧；提前报废的固定资产，也不再补提折旧。提足折旧，是指已经提足该项固定资产的应计折旧额。

(3) 已达到预定可使用状态但尚未办理竣工决算的固定资产，应当按照估计价值确定其成本，并计提折旧；待办理竣工决算后，再按实际成本调整原来的暂估价值，但不需要调整原已计提的折旧额。

(4) 处于更新改造期间停止使用的固定资产，应将其账面价值转入在建工程，不再计提折旧，待更新改造项目达到可使用状态转为固定资产后，再按重新确定的折旧方法和该项固定资产尚可使用年限计提折旧。处于大修理期间停止使用的固定资产，应当照常计提折旧。

（四）固定资产计提折旧的方法

企业应当根据与固定资产有关的经济利益的预期消耗方式，合理选择固定资产折旧方法。可选用的折旧方法包括年限平均法、工作量法、双倍余额递减法和年数总和法等。固定资产的折旧方法一经确定，不得随意变更。

1. 年限平均法

年限平均法，又称直线法，是将固定资产的应计折旧额平均分摊到固定资产预计使用寿命内的一种方法。采用这种方法计算的每期折旧额均是相等的。计算公式如下：

$$年折旧率 = (1 - 预计净残值率) \div 预计使用寿命(年) \times 100\%$$

$$月折旧率 = 年折旧率 \div 12$$

$$月折旧额 = 固定资产原价 \times 月折旧率$$
$$= 固定资产原价 \times (1 - 预计净残值率) \div (预计使用寿命 \times 12)$$
$$= (固定资产原价 - 预计净残值) \div (预计使用寿命 \times 12)$$

年限平均法直观、容易理解、计算简便，是会计实务中使用最为广泛的一种方法。但是，年限平均法只考虑固定资产的使用时间，而忽视固定资产的使用状况。一般来说，固定资产在前期的使用效率高于其后期的使用效率，其所带来的经济利益也就相对高于后期，如果按照使用时间平均分摊折旧费用，这显然不合理。同时，虽然在年限平均法下，各年分摊的折旧费用相等，但是固定资产在后期发生的维修、保养等费用高于前期，这就使固定资产各年负担的使用成本（折旧费用加上维修、保养等费用）不均衡。

【例6-10】甲公司于20×8年12月购入设备一台，原价为61 000元，预计净残值1 000元，预计使用寿命为5年，按年限平均法计算折旧。甲公司每月计提的折旧额计算如下：

年折旧额 = (61 000 - 1 000) ÷ 5 = 12 000(元)

月折旧额 = 12 000 ÷ 12 = 1 000(元)

2. 工作量法

工作量法，是根据实际工作量计提固定资产折旧额的一种方法。计算公式如下：

$$单位工作量折旧额 = 固定资产原价 \times (1 - 预计净残值率) \div 预计总工作量$$
$$= (固定资产原价 - 预计净残值) \div 预计总工作量$$

某项固定资产的月折旧额 = 该项固定资产当月实际工作量 × 单位工作量折旧额

工作量法具有计算简便实用、与固定资产实物磨损程度假设相一致的优点，但是该方法将固定资产的有形损耗作为影响固定资产的主要因素，没有考虑无形损耗的影响，而且在计提折旧之前，需要估计的总工作量往往带有较大的主观性。

【例6-11】 甲公司于20×7年12月购入设备一台，原价61 000元，预计净残值1 000元，在使用寿命内预计运转小时数为10 000小时。20×8年6月实际运转小时数为300小时。按工作量法计算折旧，该月的折旧额计算如下：

单位工作量折旧额 = (61 000 - 1 000) ÷ 10 000 = 6（元/小时）

20×8年6月计提的折旧额 = 300 × 6 = 1 800（元）

3. 双倍余额递减法

双倍余额递减法，是在不考虑固定资产预计净残值的情况下，根据每年年初固定资产净值和双倍的直线法折旧率计算折旧额的一种方法。应用该方法计算折旧额时，由于每年年初固定资产净值没有扣除预计净残值，所以在计算固定资产折旧额时，应在其折旧年限到期前两年内，将固定资产的净值扣除预计净残值后的余额平均摊销。计算公式如下：

年折旧率 = 2 ÷ 预计使用寿命(年) × 100%

年折旧额 = 每年年初固定资产净值 × 年折旧率

= (固定资产原价 - 已计提的累计折旧) × 年折旧率

月折旧额 = 年折旧额 ÷ 12

最后两年年折旧额 = (固定资产原价 - 预计净残值 - 已计提的累计折旧) ÷ 2

【例6-12】 甲公司20×4年12月购入设备一台，原价61 000元，预计净残值1 000元，预计使用寿命为5年，按双倍余额递减法计算折旧，每年折旧额计算见表6-3。

表6-3　　　　　　　　　折旧计算表（双倍余额递减法）　　　　　　　　　单位：元

年份	年折旧率 ①	年折旧额 ②	累计折旧 ③ = Σ②	期末账面净值 ④ = 期初账面净值④ - ②
20×5.01.01	—	—	—	61 000
20×5	40%	24 400	24 400	36 600
20×6	40%	14 640	39 040	21 960
20×7	40%	8 784	47 824	13 176
20×8	—	6 088	53 912	7 088
20×9		6 088	60 000	1 000

注：前三年的折旧率 = 2 ÷ 5 × 100% = 40%；
最后两年改为直线法的年折旧额 = (61 000 - 1000 - 47 824) ÷ 2 = 6 088（元）。

4. 年数总和法

年数总和法，又称年限合计法，是将固定资产的原价减去预计净残值后的余额，乘以一个以固定资产尚可使用寿命为分子、以预计使用寿命逐年数字之和为分母的逐年递减的分数计算每年的折旧额。计算公式如下：

年折旧率 = 尚可使用寿命 ÷ 预计使用寿命的年数总和
月折旧率 = 年折旧率 ÷ 12
月折旧额 = (固定资产原价 – 预计净残值) × 月折旧率

【例 6-13】 甲公司 20×4 年 12 月购入设备一台，原价为 61 000 元，预计净残值 1 000 元，预计使用寿命为 5 年，按年数总和法计算折旧，每年折旧额计算见表 6-4。

表 6-4　　　　　　　　折旧计算表（年数总和法）　　　　　　　　　单位：元

年份	原价减去预计净残值 ①	年折旧率 ②	年折旧额 ③ = ① × ②	累计折旧 ④ = Σ③
20×5	60 000	5/15	20 000	20 000
20×6	60 000	4/15	16 000	36 000
20×7	60 000	3/15	12 000	48 000
20×8	60 000	2/15	8 000	56 000
20×9	60 000	1/15	4 000	60 000

双倍余额递减法和年数总和法，又统称加速折旧法。加速折旧法具有以下特点：

(1) 可以均衡各期固定资产的使用成本。固定资产的使用成本包括折旧费和修理维护等费用。通常而言，随着使用年限的增加，固定资产发生的修理维护等费用也会逐年增加，而计提的折旧逐年递减，可以使固定资产的使用成本在各年大致保持均衡。

(2) 使收入和费用更为合理地配比。通常情况下，固定资产在前期给企业带来的经济利益大于后期，因为在固定资产的使用后期，随着资产的老化和毁损，其给企业带来的经济利益逐年减少。因此，就应该在固定资产使用的前期多提折旧、后期少提折旧。

(3) 能够给企业带来一定的财务利益。尽管加速折旧法不会改变应计折旧额，但是前期多提折旧、后期少提折旧。在这种情况，当企业收入一定的情况，前期利润少，后期利润多，应交纳的所得税前期少后期多，延缓了企业交纳所得税的时间，相当于国家给予企业若干年的免息贷款。所以，加速折旧法在一定程度上能够刺激企业的生产，促进国民经济的增长。

(4) 降低无形损耗给企业带来的经济损失。当今技术飞速发展，技术的更新速度加快，固定资产面临淘汰或报废的可能性加大，加速折旧法可以使固定资产的使用成本尽早收回，可以使无形损耗给企业带来的经济损失降低到最低。

(五) 固定资产折旧的核算

在实际工作中，折旧的计算是通过编制折旧计算表进行的。折旧计算表是在上月份计提折旧额的基础上，调整上月固定资产增减对本月折旧的影响而确定计算出本月折旧额。其计算公式如下：

本月应计折旧额 = 上月计提折旧额 + 上月增加固定资产应计提折旧额
– 上月减少固定资产应计提折旧额

企业应当设置"累计折旧"科目核算企业固定资产的累计折旧,该科目可按固定资产的类别或项目进行明细核算,该科目期末贷方余额,反映企业固定资产的累计折旧额。

企业按月计提的折旧费用,应按固定资产的用途计入相关资产的成本或者当期损益。具体如下:①生产产品使用的固定资产计提的折旧费用,应计入制造费用;②管理部门使用和未使用的固定资产计提的折旧费用,应计入管理费用;③销售部门使用的固定资产计提的折旧费用,应计入销售费用;④经营租出的固定资产计提的折旧费用,应计入其他业务成本;⑤在建工程中使用的固定资产计提的折旧费用,应计入在建工程;⑥企业研发无形资产时使用的固定资产计提的折旧费用,应计入管理费用。⑦提供给职工非货币性薪酬的固定资产计提的折旧费用,应计入应付职工薪酬。

【例6-14】20×8年6月,甲公司各部门编制了"固定资产折旧计算表",然后再由财会部门根据各部门编制的"固定资产折旧计算表"汇编成"固定资产折旧计算汇总表",如表6-5所示。

表6-5　　　　　　　　　　固定资产折旧计算汇总表　　　　　　　　　　单位:元

固定资产类别	固定资产原值	月折旧率(%)	上月折旧额	上月增加固定资产		上月减少固定资产		本月折旧额
				原值	折旧额	原值	折旧额	
房屋及建筑物	800 000	0.5	4 000					4 000
机器设备	400 000	0.1	400	200 000	200	100 000	100	500
运输设备	200 000	0.3	600	400 000	1 200			1 800
其他设备	80 000	0.6	480			20 000	120	360
合计	1 480 000	—	5 480	600 000	1 400	120 000	220	6 660

财会部门根据"固定资产折旧计算汇总表",编制"固定资产折旧费用分配表",如表6-6所示。

表6-6　　　　　　　　　　固定资产折旧费用分配表　　　　　　　　　　单位:元

使用部门	固定资产类别				合计
	房屋及建筑物	机器设备	运输设备	其他设备	
基本生产车间	1 000	180	300	110	1 590
辅助生产车间	1 500	20	240	90	1 850
管理部门	800	160	260	60	1 280
销售部门	700	140	1 000	100	1 940
合计	4 000	500	1 800	360	6 660

根据表6-6的资料,甲公司的账务处理如下:

借:制造费用——基本生产车间　　　　　　　　　　　　　　　　1 590
　　　　　　——辅助生产车间　　　　　　　　　　　　　　　　1 850
　　管理费用　　　　　　　　　　　　　　　　　　　　　　　　1 280
　　销售费用　　　　　　　　　　　　　　　　　　　　　　　　1 940

贷：累计折旧　　　　　　　　　　　　　　　　　　　　　　　　　　　　6 660

(六) 固定资产使用寿命、预计净残值和折旧方法的复核

　　企业在使用固定资产的过程中，其所处的经济环境、技术环境以及其他环境的变化有可能对固定资产的使用寿命、预计净残值和折旧方法产生重大影响。因此，企业至少应当于每年年度终了，对固定资产的使用寿命、预计净残值和折旧方法进行复核：(1) 使用寿命预计数与原先估计数有差异的，应当调整固定资产使用寿命；(2) 预计净残值预计数与原先估计数有差异的，应当调整预计净残值；(3) 与固定资产有关的经济利益预期实现方式有重大改变的，应当改变固定资产折旧方法。

　　固定资产使用寿命，预计净残值和折旧方法的改变应当作为会计估计变更。

　　【例6-15】甲公司20×4年12月购入一台管理用的设备，设备成本为84 000元，预计使用寿命为8年，净残值为4 000元，自20×5年1月1日开始按年限平均法计提折旧。20×9年1月，由于技术更新等原因，需要对原预计的使用寿命和净残值作出修正，修改后的预计使用寿命为6年，净残值为2 000元。假定税法允许按变更后的折旧额在税前扣除。甲公司的会计处理如下：

　　(1) 20×5~20×8年，各年计提折旧。

　　年折旧额 = (84 000 - 4 000) ÷ 8 = 10 000 (元)

　　借：管理费用　　　　　　　　　　　　　　　　　　　　　　　　　　　10 000
　　　　贷：累计折旧　　　　　　　　　　　　　　　　　　　　　　　　　　10 000

　　(2) 20×9年1月，不再调整前4年已经计提的折旧额。

　　(3) 20×9年1月起，按照新预计的使用寿命和净残值计提折旧：

　　按原先的估计，每年计提10 000元，累计已计提折旧40 000元，固定资产净值为44 000元。原先预计使用寿命为8年，新预计的使用寿命为6年，已经计提了4年的折旧，剩余使用寿命为2年，则剩余2年各年计提的折旧额为：

　　年折旧额 = (84 000 - 40 000 - 2 000) ÷ 2 = 21 000 (元)

　　借：管理费用　　　　　　　　　　　　　　　　　　　　　　　　　　　21 000
　　　　贷：累计折旧　　　　　　　　　　　　　　　　　　　　　　　　　　21 000

二、固定资产的后续支出

　　固定资产的后续支出，是指固定资产在使用过程中发生的更新改造支出、修理费用等。固定资产的后续支出的会计处理原则：固定资产的更新改造等后续支出，满足固定资产定义及其确认条件的，应计入固定资产成本（即应予以资本化），如有被替换的部分，应扣除其账面价值；不满足固定资产定义及其确认条件的固定资产修理费用等，应在发生时计入当期损益（即应予以费用化）。

(一) 资本化的后续支出

　　固定资产发生可资本化的后续支出时，企业应将该固定资产的账面价值转入在建工

程,借记"在建工程""累计折旧""固定资产减值准备"科目,贷记"固定资产"科目,并停止计提折旧。在该固定资产完工并达到预定可使用状态时,再从在建工程转为固定资产,借记"固定资产"科目,贷记"在建工程"科目,并按重新确定的固定资产成本、使用寿命、预计净残值和折旧方法计提折旧。

【例6-16】甲公司为增值税一般纳税人,其有关设备的业务资料如下:

(1) 20×4年12月25日,购入车间使用的设备,收到的增值税专用发票上注明的价款58 500元,增值税额9 360元,发生运杂费2 500元,款项均以银行存款支付。该设备预计使用寿命5年,预计净残值1 000元,采用年限平均法计提折旧,自20×5年1月1日起计提折旧。

(2) 20×7年1月1日,由于生产的产品适销对路,该设备现有生产能力已难以满足公司生产发展的需要,于是公司决定对现有设备进行改扩建,以提高其生产能力。

(3) 20×7年1月1日~3月31日为改扩建期间。改扩建过程中,领用外购材料11 700元,应付工程人员薪酬为8 300元。

(4) 20×7年3月31日,该设备改扩建完毕并达到预定可使用状态后,生产能力大大提高,预计使用年限为6年,预计净残值为3 000元,仍按年限平均法计提折旧。

假定不考虑其他相关税费,公司按年计提折旧,甲公司的账务处理如下:

(1) 20×4年12月25日,购入车间使用的设备。

固定资产的入账价值 = 58 500 + 2 500 = 61 000(元)

借:固定资产	61 000
应交税费——应交增值税(进项税额)	9 360
贷:银行存款	70 360

(2) 20×5~20×6年,每年计提折旧。

年折旧额 = (61 000 - 1 000) ÷ 5 = 12 000(元)

借:制造费用	12 000
贷:累计折旧	12 000

(3) 20×7年1月1日,将该设备交付更新改造。

该固定资产已计提折旧24 000元(12 000×2),账面净值为37 000元(61 000 - 24 000)。

借:在建工程	37 000
累计折旧	24 000
贷:固定资产	61 000

(4) 20×7年1月1日~3月31日,发生改扩建支出。

借:在建工程	20 000
贷:原材料	11 700
应付职工薪酬	8 300

(5) 20×7年3月31日,该设备改扩建完毕并达到预定可使用状态。

改扩建后固定资产的入账价值 = 37 000 + 20 000 = 57 000(元)

借:固定资产	57 000

贷：在建工程　　　　　　　　　　　　　　　　　　　　　　　57 000
(6) 20×7年计提折旧额。
折旧额＝(57 000－3 000)÷6×9/12＝6 750（元）
借：制造费用　　　　　　　　　　　　　　　　　　　　　　　 6 750
　　贷：累计折旧　　　　　　　　　　　　　　　　　　　　　　 6 750
20×7年以后各年计提的折旧额＝(57 000－3 000)÷6＝9 000（元）
借：制造费用　　　　　　　　　　　　　　　　　　　　　　　 9 000
　　贷：累计折旧　　　　　　　　　　　　　　　　　　　　　　 9 000

(二) 费用化的后续支出

固定资产的日常修理费用、大修理费用等支出只是确保固定资产的正常工作状态，一般不产生经济利益。因此，与固定资产发生的修理费用等后续支出，通常不符合不满足固定资产定义及其确认条件，除与存货的生产和加工相关的固定资产的修理费用按照存货成本确定原则进行处理外，企业生产车间（部门）和行政管理部门发生的固定资产修理费用计入管理费用，企业专设销售机构发生的固定资产修理费用等计入销售费用。

【例6－17】甲公司于20×8年5月，对车间的设备进行维修，维修过程领用外购材料10 000元，另外发生维修人员的薪酬3 000元。甲公司的账务处理如下：
借：管理费用　　　　　　　　　　　　　　　　　　　　　　　13 000
　　贷：原材料　　　　　　　　　　　　　　　　　　　　　　　10 000
　　　　应付职工薪酬　　　　　　　　　　　　　　　　　　　　 3 000

在具体会计实务中，对于固定资产发生的下列各项后续支出，通常的处理方法如下：

(1) 固定资产修理费用，应当计入当期损益。

(2) 固定资产改良支出，应当计入固定资产账面价值。

(3) 如果不能区分是固定资产修理还是固定资产改良，或固定资产修理和改良结合在一起，则企业应判断与固定资产有关的后续支出是否满足固定资产的确认条件。如果该后续支出满足固定资产的确认条件，应当计入固定资产账面价值，否则应当计入当期损益。

(4) 固定资产装修费用，如果满足固定资产的确认条件，装修费用应当计入固定资产的成本，并在"固定资产"科目下单设"固定资产装修"明细科目核算，并在两次装修期间与固定资产尚可使用年限两者中较短的期间内，采用合理的方法单独计提折旧。如果在下次装修时，该项固定资产相关的"固定资产装修"明细科目仍有余额，应将该余额一次全部计入当期营业外支出。

三、固定资产减值测试

在固定资产使用寿命内，由于市价下跌、技术陈旧、实体损坏等原因可能会导致固定资产发生减值。有确凿证据表明固定资产存在减值迹象的（见本书第九章），应当在资产负债表日进行减值测试，估计资产的可收回金额，当其可收回金额低于其账面价值时，应当计提固定资产减值准备。其中：①固定资产的账面价值，是指固定资产的原价减去累计折旧和固定资产减值准备后的金额；②可收回金额，应当根据固定资产的公允价值减去处置费用后的净额与固定资产预计未来现金流量的现值两者之间较高者确定。

已经计提减值准备的固定资产，应当按照该固定资产的账面价值以及尚可使用年限重新计算确定折旧率和折旧额。固定资产减值损失一经确认，在以后会计期间不得转回。但是，当固定资产出售、对外投资、以非货币性资产交换换出、债务重组中抵偿债务等情况，同时符合资产终止确认条件的，企业应当将相关资产减值准备予以转销。

【例6-18】甲公司为增值税一般纳税人。20×4年12月，甲公司购入一台不需要安装供车间使用的设备一台，收到的增值税专用发票上注明的价款58 500元，增值税额9 360元，发生运杂费2 500元，款项均以银行存款支付。该设备预计使用寿命5年，预计净残值1 000元，采用年限平均法计提折旧。20×7年12月31日，由于公司所处环境发生变化，该设备的可收回金额20 000元，预计净残值500元，使用寿命未发生改变。甲公司的账务处理如下：

(1) 20×4年12月，购入车间使用的设备。

固定资产的入账价值 = 58 500 + 2 500 = 61 000（元）

借：固定资产　　　　　　　　　　　　　　　　　　　　　　61 000
　　应交税费——应交增值税（进项税额）　　　　　　　　　9 360
　　　贷：银行存款　　　　　　　　　　　　　　　　　　　70 360

(2) 20×5～20×7年各年计提折旧。

每年计提的折旧额 = (61 000 - 1 000) ÷ 5 = 12 000（元）

借：制造费用　　　　　　　　　　　　　　　　　　　　　　12 000
　　　贷：累计折旧　　　　　　　　　　　　　　　　　　　12 000

(3) 20×7年12月31日。

固定资产的账面价值 = 61 000 - 12 000 × 3 = 25 000（元）

固定资产的可收回金额 = 20 000（元）

计提的减值准备 = 25 000 - 20 000 = 5 000（元）

借：资产减值损失　　　　　　　　　　　　　　　　　　　　5 000
　　　贷：固定资产减值准备　　　　　　　　　　　　　　　5 000

(4) 20×8～20×9年各年计提折旧。

每年计提的折旧额 = (20 000 - 500) ÷ 2 = 9 750（元）

借：制造费用　　　　　　　　　　　　　　　　　　　　　　9 750
　　　贷：累计折旧　　　　　　　　　　　　　　　　　　　9 750

第四节 固定资产清查与处置

一、固定资产清查的核算

企业应当定期对固定资产进行清查盘点,每年至少要实地清查盘点一次,以保证固定资产核算的真实性,充分挖掘企业现有固定资产的潜力。在固定资产清查盘点过程中,如发现盘盈、盘亏的固定资产,应填制"固定资产清查盘点报告单"和及时查明原因,并在期末结账前处理完毕。

(一)固定资产盘亏

(1)盘亏的固定资产,按该项固定资产的账面价值,借记"待处理财产损溢"科目,按已计提的累计折旧,借记"累计折旧"科目,按已计提的减值准备,借记"固定资产减值准备"科目,按固定资产的账面原价,贷记"固定资产"科目。

(2)盘亏的固定资产,按管理权限报经批准后处理时,按残料价值,借记"原材料"等科目,按可收回的保险赔偿或过失人赔偿,借记"其他应收款"科目,按"待处理财产损溢"科目余额,贷记"待处理财产损溢"科目,按其借方差额,借记"营业外支出"科目。

【例6-19】20×8年12月,甲公司盘亏一台设备,原价5万元,已计提折旧2万元,已计提减值准备1万元。按管理权限报经批准,收到残料价值0.5万元,保险公司赔偿1万元,其余转入营业外支出。假定不考虑其他相关税费,甲公司的账务处理如下:

(1)盘亏时。
借:待处理财产损溢　　　　　　　　　　　　　　　　20 000
　　累计折旧　　　　　　　　　　　　　　　　　　　20 000
　　固定资产减值准备　　　　　　　　　　　　　　　10 000
　　贷:固定资产　　　　　　　　　　　　　　　　　　50 000
(2)按管理权限报经批准。
借:原材料　　　　　　　　　　　　　　　　　　　　5 000
　　其他应收款　　　　　　　　　　　　　　　　　　10 000
　　营业外支出　　　　　　　　　　　　　　　　　　5 000
　　贷:待处理财产损溢　　　　　　　　　　　　　　　20 000

(二)固定资产盘盈

盘盈固定资产的,应作为前期差错通过"以前年度损益调整"科目核算。

【例6-20】20×8年12月,甲公司盘盈一台设备,该设备当前市场价格10 000元,根据其新旧程度估计其价值损耗2 000元。甲公司按照净利润的10%提取盈余公积。假定不考虑所得税影响，甲公司的账务处理如下：

（1）盘盈时。

借：固定资产　　　　　　　　　　　　　　　　　　　　　8 000
　　贷：以前年度损益调整　　　　　　　　　　　　　　　　　　　8 000

（2）结转以前年度损益调整。

借：以前年度损益调整　　　　　　　　　　　　　　　　　　8 000
　　贷：盈余公积　　　　　　　　　　　　　　　　　　　　　　　800
　　　　利润分配——未分配利润　　　　　　　　　　　　　　　7 200

二、固定资产处置的核算

固定资产的处置，是指通过出售、转让、报废、对外投资转出、非货币性资产交换换出、债务重组转出等方式导致固定资产减少的经济业务或事项。企业出售、转让、报废固定资产或发生固定资产毁损，应当将处置收入扣除账面价值和相关税费后的金额计入当期损益。

企业出售、转让划归为持有待售类别的固定资产，按照持有待售非流动资产、处置组的相关规定进行会计处理。未划归为持有待售类别的固定资产的处置，企业在确定处置时点以及计量处置损益时，应按照《企业会计准则第14号——收入》的有关规定进行处理，其处置一般通过"固定资产清理"科目进行核算，其核算如下：

（1）固定资产转入清理。企业处置转出的固定资产，按该固定资产的账面价值，借记"固定资产清理"科目，按已计提的累计折旧，借记"累计折旧"科目，按已计提的累计减值准备，借记"固定资产减值准备"科目，按固定资产的账面原价，贷记"固定资产"科目。

（2）发生的清理费用。企业处置过程中发生的清理费用，借记"固定资产清理"科目，贷记"银行存款"等科目。

（3）取得的清理收入。企业收回残料或出售价款等，借记"银行存款""原材料"等科目，贷记"固定资产清理"科目；应由保险公司或过失人赔偿的损失，借记"其他应收款"等科目，贷记"固定资产清理"等科目，涉及增值税的，还应进行相关的会计处理。

（4）结转清理净损益。①因已丧失使用功能或因自然灾害发生毁损而报废清理产生的利得或损失应计入营业外收入或营业外支出。其中，属于生产经营期间正常的处理损失，借记"营业外支出——处置非流动资产损失"科目，属于自然灾害等非正常原因造成的损失，借记"营业外支出——非常损失"科目，贷记"固定资产清理"科目。若为净收益，借记"固定资产清理"科目，贷记"营业外收入"科目。②因出售、转让等原因产生的固定资产处理利得或损失，应计入资产处置损益，借记或贷记"固定资产清理"科目，贷记或借记"资产处置损益"科目。

【例6-21】20×8年10月9日，甲公司出售一间办公室，该办公室的原价18 000元，已提折旧17 000元，已计提减值准备300元。在处置过程中，以银行存款支付清理费用 4 000 元；收到残料变卖收入为 5 000 元。假定不考虑增值税等相关税费，甲公司的账务处理如下：

（1）固定资产转入清理。

借：固定资产清理　　　　　　　　　　　　　　　　　　700
　　累计折旧　　　　　　　　　　　　　　　　　　　17 000
　　固定资产减值准备　　　　　　　　　　　　　　　　300
　　贷：固定资产　　　　　　　　　　　　　　　　　18 000

（2）发生清理费用。

借：固定资产清理　　　　　　　　　　　　　　　　　4 000
　　贷：银行存款　　　　　　　　　　　　　　　　　4 000

（3）收到残料变卖收入。

借：银行存款　　　　　　　　　　　　　　　　　　　5 000
　　贷：固定资产清理　　　　　　　　　　　　　　　5 000

（4）结转固定资产净损益。

固定资产处置净收益 = 5 000 - (700 + 4 000) = 300（元）

借：固定资产清理　　　　　　　　　　　　　　　　　　300
　　贷：资产处置损益　　　　　　　　　　　　　　　　300

本章小结

1. 固定资产的概念及确认条件

固定资产，是指同时具有下列特征的有形资产：为生产商品、提供劳务、出租或经营管理而持有的；使用寿命超过一个会计年度。使用寿命，是指企业使用固定资产的预计期间或者该固定资产所能生产产品或提供劳务的数量。固定资产同时满足下列条件的，才能予以确认：与该固定资产有关的经济利益很可能流入企业；该固定资产的成本能够可靠地计量。固定资产的各组成部分具有不同使用寿命或者以不同方式为企业提供经济利益，适用不同折旧率或折旧方法的，应当分别将各组成部分确认为单项固定资产。

2. 固定资产的初始计量

固定资产应当按照成本进行初始计量。具体如下：（1）外购固定资产的成本，包括购买价款、相关税费、使固定资产达到预定可使用状态前所发生的可归属于该项资产的运输费、装卸费、安装费和专业人员服务费等。（2）以一笔款项购入多项没有单独标价的固定资产，应当按照各项固定资产公允价值比例对总成本进行分配，分别确定各项固定资产的成本。（3）购买固定资产的价款超过正常信用条件延期支付，实质上具有融资性质的，固定资产的成本以购买价款的现值为基础确定。实际支付的价款与购买价款的现值之间的差额，除应予资本化的外，应当在信用期间内计入当期损益。（4）自行建造固定资产的成本，由建造该项资产达到预定可使用状态前所发生的必要支出构成。（5）投资者投入固定资产的成本，应当按照投资合同或协议约定的价值确定，但合同或协议约定价值不公允的除外。(6) 确定固定资产成本时，应当考虑预计弃置费用因素。

3. 固定资产的后续计量

固定资产的后续计量主要包括计提折旧、后续支出的计量以及减值损失的确定。

(1) 计提折旧。①折旧，是指在固定资产使用寿命内，按照确定的方法对应计折旧额进行系统分摊。应计折旧额，是指应当计提折旧的固定资产的原价扣除其预计净残值后的金额。已计提减值准备的固定资产，还应当扣除已计提的固定资产减值准备累计金额。预计净残值，是指假定固定资产预计使用寿命已满并处于使用寿命终了时的预期状态，企业目前从该项资产处置中获得的扣除预计处置费用后的金额。企业应当根据固定资产的性质和使用情况，合理确定固定资产的使用寿命和预计净残值。固定资产的使用寿命、预计净残值一经确定，不得随意变更。②企业应当对所有固定资产计提折旧。但是，已提足折旧仍继续使用的固定资产和单独计价入账的土地除外。固定资产应当按月计提折旧，当月增加的固定资产，当月不计提折旧，从下月起计提折旧；当月减少的固定资产，当月仍需计提折旧，从下月起不计提折旧。③企业应当根据与固定资产有关的经济利益的预期消耗方式，合理选择固定资产折旧方法。可选用的折旧方法包括年限平均法、工作量法、双倍余额递减法和年数总和法等。折旧方法一经确定，不得随意变更。④固定资产应当按月计提折旧，并根据用途计入相关资产的成本或者当期损益。⑤企业至少应当于每年度终了，对固定资产的使用寿命、预计净残值和折旧方法进行复核。

(2) 核算后续支出。与固定资产有关的后续支出，满足固定资产定义及确认条件的，应计入固定资产成本；否则，应在发生时计入当期损益。

(3) 计提减值准备。当固定资产可收回金额低于其账面价值时，应当按其差额计提固定资产减值准备，并在以后期间不能转回。已经计提减值准备的固定资产，应当按照该固定资产的账面价值以及尚可使用年限重新计算确定折旧率和折旧额。

4. 固定资产清查与处置

企业出售、转让、报废固定资产或发生固定资产毁损，应当将处置收入扣除账面价值和相关税费后的金额计入当期损益。因已丧失使用功能或因自然灾害发生毁损而报废清理产生的利得或损失应计入营业外收入或营业外支出。因出售、转让等原因产生的固定资产处理利得或损失，应计入资产处置损益。固定资产盘亏造成的损失，应当计入当期损益；盘盈固定资产的，应作为前期差错进行核算。

课堂讨论题

1. 固定资产确认的条件是什么？如何区分固定资产与低值易耗品？
2. 在会计实务中，如何判断固定资产已经达到预定可使用状态？"固定资产已经达到预定可使用状态"对于固定资产的确认、初始计量及计提折旧等有何财务影响？
3. 影响固定资产计提折旧的因素有哪些？企业应如何选择折旧方法，各种折旧方法对企业的所得税费用、净利润、现金流量有何影响？
4. 固定资产的后续支出分别于何时应予以资本化或费用化？如果企业将应予以资本

化的后续支出误为费用化的后续支出，或将应予以费用化的后续支出误为资本化的后续支出，对企业当期和以后各期的资产、利润有何影响？

5. 企业计提固定资产减值准备后，对企业计提的折旧费用有何影响？

6. 盘盈固定资产的，为什么应作为前期差错进行核算？

课后练习题

习题一

【目的】练习自行建造固定资产的核算。

【资料】甲公司为增值税一般纳税人，适用的增值税税率为16%。20×9年1~6月，甲公司准备自行建造一间仓库，有关资料如下：(1) 1月8日，购入工程物资一批，取得的增值税专用发票上注明的价款30万元，增值税额4.8万元，款项以银行存款支付。(2) 2月3日，领用生产用原材料一批3.2万元。(3) 1月8日~6月30日，工程先后领用工程物资25万元。(4) 6月30日，对工程物资进行清查，发现工程物资减少3万元，经调查属保管员过失造成，由其赔偿2万元。剩余工程物资转为企业原材料。(5) 建设期间，辅助生产车间为工程提供有关的劳务支出3万元。(6) 建设期间，发生工程人员薪酬6万元。(7) 6月30日，工程完工并交付使用。

【要求】假定不考虑其他相关税费，根据上述资料，编制甲公司相关的会计分录。

习题二

【目的】练习自行建造固定资产的核算。

【资料】甲公司为增值税一般纳税人，适用的增值税税率为16%。20×8年1~5月，甲公司自行建造一条生产线，相关业务的资料如下：(1) 1月10日，购进为工程准备的一批物资，取得的增值税专用发票上注明的价款140万元，增值税额22.4万元。该批物资已验收入库，款项以银行存款支付。(2) 1月20日，工程领用工程物资130万元，工程进入实体建造阶段。(3) 3月25日，由于水灾原因，造成建造中生产线的某一单位工程发生损毁。经测算，工程毁损部分的实际成本17.5万元；毁损后残料变价收入2.5万元，保险公司根据保险合同确认的理赔款5万元。残料变价收入和保险公司的理赔款已存入银行。(4) 4月16日，工程领用生产用原材料23万元。(5) 5月20日，以银行存款支付工程管理费和监理费16.5万元。(6) 建造期间，发生工程人员薪酬16万元，辅助生产费用7.5万元。(7) 5月30日，该生产线达到预定可使用状态并交付使用。该生产线预计使用寿命5年，预计净残值3万元。假定甲公司对其采用双倍余额递减法于每年年末计提折旧。(8) 5月30日，将剩余的工程物资10万元转为公司生产用原材料。

【要求】假定不考虑其他相关税费，根据上述资料，编制甲公司相关的会计分录和计提该固定资产20×8年各月的折旧费用。

习题三

【目的】练习固定资产计提折旧的计算。

【资料】甲公司为增值税一般纳税人，适用的增值税税率为16%。20×4年2月购入设备一台，取得的增值税专用发票上注明的价款380万元，增值税额60.8万元，运杂费1.8万元，款项已支付并立即投入安装。安装中领用工程物资22万元，发生人员工资5万元；领用外购原材料20万元；领用库存商品的实际成本18万元，计税价格20万元。该设备安装完毕投入使用，预计使用年限5年，预计净残值20万元。

【要求】

(1) 计算安装完毕投入使用固定资产的成本。

(2) 假定20×4年4月10日安装完毕并交付使用,采用平均年限法计算20×4~20×9年各年折旧额。

(3) 假定20×4年12月10日安装完毕并交付使用,分别采用双倍余额递减法、年数总和法计算20×4~20×9年各年折旧额。

(4) 假定20×4年9月10日安装完毕并交付使用,分别采用双倍余额递减法、年数总和法计算20×4~20×9年各年折旧额。

(5) 假定20×4年3月10日安装完毕并交付使用,分别采用双倍余额递减法、年数总和法计算20×4~20×9年各年折旧额。

习题四

【目的】练习分期付款购入固定资产的核算。

【资料】20×8年1月1日,甲公司从乙公司购入大型机器一台,该机器已收到当即投入使用。购货合同约定,该机器的总价款为5 000万元,分2年支付,20×8年12月31日支付3 000万元,20×9年12月31日支付2 000万元。假设不考虑其他相关税费,所采用的折现率为8%。

【要求】假定不考虑其他相关税费,根据上述资料,编制甲公司相关的会计分录。

习题五

【目的】练习固定资产后续支出的核算。

【资料】20×5年9月5日,甲公司对生产线进行改扩建,改扩建前该生产线的原价900万元,已提折旧200万元,已提减值准备50万元。改扩建过程中领用工程物资300万元,领用原材料50万元,发生人员工资80万元,支付其他费用70万元。该生产线改扩建后,于20×5年12月20日达到预定可使用状态。改扩建后的生产线采用直线法提折旧,预计尚可使用年限10年,预计净残值50万元。20×7年12月31日,该生产线的公允价值减去处置费用后的净额为690万元,预计未来现金流量现值670万元。假定计提减值准备不影响生产线的预计使用年限和预计净残值。

【要求】假定不考虑其他相关税费,根据上述资料,编制甲公司相关的会计分录。

习题六

【目的】练习固定资产的初始计量、后续计量和处置的核算。

【资料】甲公司为增值税一般纳税人。20×5~20×9年,甲公司与固定资产有关的业务资料如下:(1) 20×5年12月12日,甲公司购进一台不需要安装的设备,取得的增值税专用发票上注明的价款350万元,增值税额56万元,另外发生运输费1万元,款项以银行存款支付。该设备于当日投入使用,预计使用年限10年,预计净残值1万元,采用直线法计提折旧。(2) 20×6年12月31日,甲公司在对该设备进行检查时发现其预计可收回金额为320万元;计提固定资产减值准备后,该设备原预计使用年限、预计净残值、折旧方法保持不变。(3) 20×7年12月31日,甲公司因生产经营方向调整,决定采用出包方式对该设备进行改良,改良工程验收合格后支付工程价款。该设备于当日停止使用,开始进行改良。(4) 20×8年3月12日,改良工程完工并验收合格,以银行存款支付工程总价款25万元。当日,改良后的设备投入使用,预计尚可使用年限8年,采用直线法计提折旧,预计净残值5万元。(5) 20×9年12月31日,该设备因遭受自然灾害发生严重毁损,丙公司决定进行处置,取得残料变价收入10万元、获得保险公司赔偿款30万元,发生清理费用3万元,款项均以银行存款收付。

【要求】假定不考虑其他相关税费,根据上述资料,编制甲公司相关的会计分录。

第七章 无形资产

【本章导言】

当前,科技创新与科技进步日新月异,加大研发投入,加强技术创新,提高企业自主创新能力,强化无形资产管理,对于培育企业核心竞争力和提升企业价值显得尤为关键。本章主要介绍无形资产的概念、内容及确认条件,取得无形资产的初始计量,内部研究开发支出的核算,使用寿命有限和使用寿命不确定的无形资产的后续计量,无形资产出租、出售和转销的核算。

【本章内容框架】

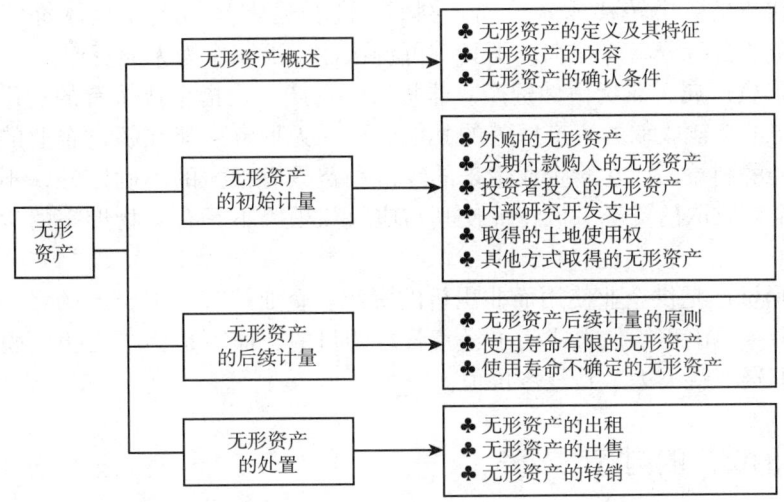

【本章学习目标】

- 熟悉无形资产的概念、特征及其内容;掌握无形资产的确认条件。
- 掌握外购、分期付款购入、投资者投入的无形资产的初始计量及核算。
- 掌握内部研究与开发支出的核算。
- 掌握使用寿命有限无形资产进行摊销及计提减值准备的会计处理。
- 掌握使用寿命不确定无形资产计提减值准备的会计处理。
- 掌握无形资产出租、出售及转销的会计处理。

第一节　无形资产概述

一、无形资产的定义及其特征

无形资产，是指企业拥有或者控制的没有实物形态的可辨认非货币性资产。根据无形资产的定义，无形资产一般具有以下特征：

（1）无形资产不具有实物形态。无形资产通常表现为某种权利、某项技术或是某种获取超额利润的综合能力，它们通常不具有实物形态。不具备实物形态，是无形资产区别于存货、固定资产等有形资产的特征之一，这一特征使得其价值确认较为困难，而且其价值损耗主要表现为无形损耗。

（2）无形资产具有可辨认性。作为无形资产核算的资产必须是能够区别于其他资产可单独辨认的，如企业持有的专利权、非专利技术、商标权、土地使用权、特许权等。资产满足下列条件之一的，符合无形资产定义中的可辨认性标准：①能够从企业中分离或者划分出来，并能够单独或者与相关合同、资产或负债一起，用于出售、转移、授予许可、租赁或者交换；②源自合同性权利或其他法定权利，无论这些权利是否可以从企业或其他权利和义务中转移或者分离。例如，商誉通常是与企业整体价值联系在一起的，无法与企业自身分离而存在，不具有可辨认性，不能作为无形资产。

（3）无形资产属于非货币性资产。非货币性资产，是指企业持有的货币资金和将以固定或可确定的金额收取的资产以外的其他资产。无形资产能在超过企业的一个营业周期内为创造经济利益，但它给企业带来的经济利益具有很大的不确定性，不属于以固定或可确定的金额收取的资产。该特征使其与应收款项等不具有实物形态的货币性资产相区分开来。

（4）无形资产是供企业使用而非出售的资产。企业持有无形资产的目的是用于生产商品或提供劳务、出租给他人或为了经营管理的目的，而不是为了出售。脱离了生产经营活动，无形资产就失去了其经济价值。

二、无形资产的内容

无形资产主要包括专利权、非专利技术、商标权、著作权、特许权、土地使用权等。

1. 专利权

专利权，是指国家专利主管部门依法授予发明创造专利申请人，对其发明创造在法定期限内所享有的专有权利，包括发明专利权、实用新型专利权和外观设计专利权。发明专利权的期限为 20 年，实用新型专利权和外观设计专利权的期限为 10 年，均自申请日起计算。

2. 非专利技术

非专利技术，又称专有技术，是指发明人垄断的、不公开的、未申请专利的、不享有法律保护的、具有实用价值的先进技术、技能、知识和资料。非专利技术一般包括工业专有技术、商业贸易专有技术、管理专有技术等。

3. 商标权

商标权，是指专门在某类指定的商品或产品上使用特定的名称或图案的权利。根据我国《商标法》规定，经商标局核准注册的商标为注册商标，包括商品商标、服务商标和集体商标、证明商标，商标注册人享有商标专用权，受法律保护。商标权包括独占使用权和禁止权两个方面。商标权的价值在于它能使享有人获得较高的盈利能力。商标权具有地域性和时间性的特点，我国《商标法》规定，商标权的有效期限为10年，自核准注册之日起计算，期满前可继续申请延长注册期。

4. 著作权

著作权，又称版权，是指著作人对其著作依法享有出版、发行等方面的专有权利。我国《著作权法》中规定，著作权包括人身权和财产权两种不同的民事权利。其中，人身权包括发表权、署名权、修改权和保护作品完整权；财产权是通过使用权和获得报酬权来体现的。著作人身权不能继承和转让，而著作财产权可以继承和转让。著作权必须通过一定的物质载体来体现，如书籍、唱片、录像带、录音带等。

5. 特许权

特许权，又称经营特许权、专营权，是指企业在某一地区经营或销售某种特定商品的权利或某一家企业接受另一家企业使用其商标、商号、技术秘密等权利。通常有两种形式：一是由政府机构授权，准许企业使用或者在一定地区享有经营某种业务的特权，如水、电、邮电通信等专营权、烟草专卖权等；二是指企业间依照签订的合同，有期限或无期限使用另一家企业的某种权利，如连锁店的分店。通常在特许权转让合同中规定了特许权转让的期限、转让人和受让人的权利和义务。转让人一般要向受让人提供商标、商号等使用权，传授专用技术，并负责培训营业人员，提供经营所需的设备和特殊原料。受让人则需要向转让人支付取得特许权的费用，开业后则按营业收入的一定比例或其他计算方法支付享用特许权费用。此外，还要为转让人保守商业秘密。

6. 土地使用权

土地使用权，也称场地使用权，是指国家允许某一企业在一定期间对国有土地享有开发、利用、经营的权力。我国土地管理法的规定，我国土地实行公有制，任何单位和个人不得侵占、买卖或者以其他形式非法转让。企业取得土地使用权的方式大致有：一是企业通过行政划拨无偿取得土地使用权，当在将土地使用权有偿转让、出租、质押、作价投资入股或投资时，应按规定补交土地出让金；二是通过向政府土地管理部门申请，交纳一定的土地出让金后取得的土地使用权。土地使用权通常作为无形资产核算，但属于房地产企业的土地使用权、作为投资性房地产或者固定资产核算的土地使用权，应当分别按存货、投资性房地产或固定资产的核算原则进行会计处理。

三、无形资产的确认条件

某项资产要确认为无形资产，除了符合无形资产的定义外，还要符合以下条件：

1. 与该无形资产有关的经济利益很可能流入企业

企业在判断无形资产产生的经济利益是否很可能流入时,应当对无形资产在预计使用寿命内可能存在的各种经济因素作出合理估计,并且应当有明确证据支持。这些因素主要包括:①该资产的使用期限;②该资产经营行业的稳定性和该资产用于生产的产品或劳务的市场需求变化;③该资产的技术、工艺或其他方面是否过时;④国内外类似无形资产的发展趋势和更新换代情况;⑤为稳定无形资产的未来经济利益所需要的维护支出和可行性;⑥现在和潜在的竞争者预期采取的行动。

2. 该无形资产的成本能够可靠地计量

成本能够可靠地计量是资产确认的一项基本条件。例如,企业内部产生的品牌、报刊名、刊头、客户名单和实质上类似项目的支出,由于不能与整个业务开发成本区分开来,其成本无法可靠地计量,因此不能确认为无形资产。

第二节 无形资产的初始计量

无形资产应当按照成本进行初始计量。即以取得无形资产并使之达到预定用途前而发生的相关支出作为无形资产的成本。对于不同来源的无形资产,其成本构成有所不同。

一、外购的无形资产

外购无形资产的成本,包括购买价款、相关税费以及直接归属于使该项资产达到预定用途所发生的其他支出。其中,直接归属于使该项资产达到预定用途所发生的其他支出,是指使无形资产达到预定用途所发生的专业服务费用、测试无形资产是否能够正常发挥作用的费用等,但不包括为引入新产品进行宣传发生的广告费、管理费及其他间接费用,也包括无形资产已经达到预定用途后发生的费用。企业外购无形资产时,按应计入其成本的金额,借记"无形资产"等科目,贷记"银行存款"等科目。涉及增值税的,还应进行相关会计处理。

【例7-1】甲公司为增值税一般纳税人。20×9年1月2日,甲公司从乙公司购入一项专利权,取得的增值税发票上注明的价款为30万元,增值税额为1.8万元,另外发生专业服务费用1万元,款项均已通过银行转账支付。假定不考虑其他相关税费,甲公司的账务处理如下:

借:无形资产——专利权　　　　　　　　　　　　　　　310 000
　　应交税费——应交增值税(进项税额)　　　　　　　　18 000
　　贷:银行存款　　　　　　　　　　　　　　　　　　　328 000

二、分期付款购入的无形资产

企业购买无形资产的价款超过正常信用条件延期支付,实质上具有融资性质的,在这种情况下,无形资产的初始成本应以购买价款的现值为基础来确定。实际支付的价款与购买价款的现值之间的差额,除按照借款费用准则的有关规定应予资本化的以外,应当在信用期间内采用实际利率法进行摊销,计入当期损益(财务费用)。

【例7-2】20×8年1月1日,甲公司从乙公司购入一项商标权,双方达成协议,采用分期付款方式支付款项。合同规定,该商标权总计600万元,每年末支付300万元,2年内付清。同期银行贷款利率为6%。假定不考虑其他相关税费,甲公司的账务处理如下:

(1) 20×8年1月1日,购入商标权。

购买价款的现值 = 300 × (P/A,6%,2) = 300 × 1.8334 = 550.02(万元)

未确认融资费用 = 购买价款 - 购买价款的现值 = 600 - 550.02 = 49.98(万元)

借:无形资产——商标权　　　　　　　　　　　　　5 500 200
　　未确认融资费用　　　　　　　　　　　　　　　　499 800
　　贷:长期应付款　　　　　　　　　　　　　　　　　　　6 000 000

(2) 20×8年12月31日,确认融资费用和支付第一期款项。

借:财务费用　　　　　　　　　　　　　　　　　　330 012
　　贷:未确认融资费用　　　　　　　　　(5 500 200 × 6%)330 012
借:长期应付款　　　　　　　　　　　　　　　　3 000 000
　　贷:银行存款　　　　　　　　　　　　　　　　　　3 000 000

(3) 20×9年12月31日,确认融资费用和支付第二期款项。

借:财务费用　　　　　　　　　　　　　　　　　　169 788
　　贷:未确认融资费用　　　　　　　(499 800 - 330 012)169 788
借:长期应付款　　　　　　　　　　　　　　　　3 000 000
　　贷:银行存款　　　　　　　　　　　　　　　　　　3 000 000

三、投资者投入的无形资产

投资者投入无形资产的成本,应当按照投资合同或协议约定的价值确定,但合同或协议约定价值不公允的除外。投资合同或协议约定的价值不公允的,按照公允价值计量。

【例7-3】20×9年12月,甲公司接受乙公司以其所拥有的专利权作为出资,双方协议约定的价值为48万元,乙公司取得甲公司10%的股份。甲公司的注册资本为500万元,双方已办妥相关手续。假定不考虑其他相关税费,甲公司的账务处理如下:

借:无形资产　　　　　　　　　　　　　　　　　　480 000
　　资本公积——资本溢价　　　　　　　　　　　　　20 000
　　贷:实收资本　　　　　　　　　　　　　　　　　　　500 000

四、内部研究开发支出

企业内部研究开发项目的支出,应当区分研究阶段支出与开发阶段支出。

(一) 研究阶段

研究，是指为获取并理解新的科学或技术知识而进行的独创性的有计划调查。研究活动的例子包括：意在获取知识而进行的活动；研究成果或其他知识的应用研究、评价和最终选择；材料、设备、产品、工序、系统或服务替代品的研究；新的或经改进的材料、设备、产品、工序、系统或服务的可能替代品的配制、设计、评价和最终选择等。从研究活动的特点看，已进行的研究活动将来是否会转入开发、开发后是否会形成无形资产等均具有较大的不确定性，企业也无法证明其研究活动是否一定能够形成带来未来经济利益的无形资产。因此，研究阶段支出应当于发生时计入当期损益。

(二) 开发阶段

开发，是指在进行商业性生产或使用前，将研究成果或其他知识应用于某项计划或设计，以生产出新的或具有实质性改进的材料、装置、产品等。相对于研究阶段而言，开发阶段应当是已完成研究阶段的工作，在很大程度上具备了形成一项新产品或新技术的基本条件，进入开发阶段的研发项目往往形成成果的可能性较大。

(三) 开发阶段有关支出资本化的条件

企业内部研究开发项目开发阶段的支出，同时满足下列条件的，才能确认为无形资产：①完成该无形资产以使其能够使用或出售在技术上具有可行性；②具有完成该无形资产并使用或出售的意图；③无形资产产生经济利益的方式，包括能够证明运用该无形资产生产的产品存在市场或无形资产自身存在市场，无形资产将在内部使用的，应当证明其有用性；④有足够的技术、财务资源和其他资源支持，以完成该无形资产的开发，并有能力使用或出售该无形资产；⑤归属于该无形资产开发阶段的支出能够可靠地计量。

(四) 内部开发的无形资产的计量

企业内部开发活动形成的无形资产，其成本由可直接归属于该资产的创造、生产并使用该项资产能够以管理层预定的方式运作的所有必要支出构成。可直接归属该资产的成本包括：①开发该无形资产时耗用的材料、劳务成本、注册费等；②开发该无形资产过程中使用其他专利权和特许权的摊销额；③按照借款费用准则的规定予以资本化的支出；④使该项资产达到预定用途所发生的其他支出。在开发无形资产过程中发生的除上述可直接归属该无形资产开发活动的其他销售费用、管理费用等间接费用、无形资产达到预定意图前发生的可辨认的无效和初始运作损失、为运行该无形资产发生的培训支出等不构成无形资产的开发成本。

值得注意的是，企业内部开发无形资产的成本仅包括在同时满足无形资产的确认条件及其资本化条件的时点至无形资产达到预定用途前发生的支出总额，对于同一项无形资产在开发过程中达到资本化条件之前已经费用化计入当期损益的支出不再进行调整。

(五) 内部研究开发支出的会计处理

1. 会计处理原则

对于企业内部研究开发的项目：①研究阶段的支出，应当在发生时计入当期损益（管理费用）。②开发阶段的支出，符合资本化条件的，才能确认为无形资产；否则，计入当期损益（管理费用）。③无法区分研究阶段和开发阶段的支出，应当在发生时计入当期损益（管理费用）。企业取得的已作为无形资产确认的正在进行中的研究开发项目，在取得后发生的支出按照上述原则进行会计处理。

2. 会计核算

企业应当设置"研发支出"科目核算企业进行研究与开发无形资产过程中发生的各项支出。"研发支出"科目可按研究开发项目，分别以"费用化支出""资本化支出"进行明细核算。

（1）自行开发无形资产发生的研发支出，不满足资本化条件的，借记"研发支出——费用化支出"科目，满足资本化条件的，借记"研发支出——资本化支出"科目，贷记"原材料""银行存款""应付职工薪酬"等科目。

（2）期（月）末，应将"研发支出"科目归集的费用化支出金额转入"管理费用"科目，借记"管理费用"科目，贷记"研发支出——费用化支出"科目。

（3）研究开发项目达到预定用途形成无形资产的，应按"研发支出——资本化支出"科目的余额，借记"无形资产"科目，贷记"研发支出——资本化支出"科目。

【例7-4】甲公司于20×9年1月起，自行研究开发一项新产品专利技术，在研究开发过程中发生材料费用30万元、人工费用20万元及其他费用8万元。其中，符合资本化条件的支出为35万元。20×9年12月31日，该项新技术已经达到预定用途。甲公司的账务处理如下：

（1）发生研发支出。

借：研发支出——资本化支出　　　　　　　　　　　　　　350 000
　　　　　——费用化支出　　　　　　　　　　　　　　　230 000
　　贷：原材料　　　　　　　　　　　　　　　　　　　　300 000
　　　　应付职工薪酬　　　　　　　　　　　　　　　　　200 000
　　　　银行存款　　　　　　　　　　　　　　　　　　　 80 000

（2）20×9年12月31日，该项新型技术已经达到预定用途。

借：无形资产　　　　　　　　　　　　　　　　　　　　　350 000
　　管理费用　　　　　　　　　　　　　　　　　　　　　230 000
　　贷：研发支出——费用化支出　　　　　　　　　　　　230 000
　　　　　　——资本化支出　　　　　　　　　　　　　　350 000

五、取得的土地使用权

（1）企业取得的土地使用权，通常应当按照取得时所支付的价款及相关税费确认为无形资产。

（2）企业将土地使用权用于自行开发建造厂房等地上建筑物时，土地使用权的账面价值不与地上建筑物合并计算其成本，应仍作为无形资产进行核算，土地使用权与地上建筑物分别进行摊销和计提折旧。但下列情况除外：

①企业外购房屋建筑物所支付的价款中包括土地使用权以及建筑物的价值的，则应当对实际支付的价款按照合理的方法（如公允价值的相对比例）在土地使用权和地上建筑物之间进行分配，分别确认为固定资产和无形资产；如果确实无法在土地使用权和地上建筑物之间进行合理分配的，应当全部作为固定资产，按照固定资产确认和计量的原则进行处理。

②房地产开发企业取得的土地使用权用于建造对外出售的房屋建筑物的，其相关的土地使用权的价值应当计入所建造的房屋建筑物成本。

（3）企业改变土地使用权的用途，停止自用土地使用权而用于赚取租金或资本增值时，应将其转换为投资性房地产。

【例7-5】20×9年1月1日，甲公司以200万元购入一块土地，并在该土地上自行建造厂房，领用工程物资100万元，发生人员工资费用80万元，其他相关费用20万元。该工程已经完工并达到预定可使用状态。假定土地使用权、厂房的使用期分别为50年、25年，两者均无残值，均采用直线法进行摊销和计提折旧。假定不考虑增值税等相关税费，甲公司的账务处理如下：

(1) 支付土地使用权的转让价款。

借：无形资产——土地使用权　　　　　　　　　　　　　　2 000 000
　　贷：银行存款　　　　　　　　　　　　　　　　　　　2 000 000

(2) 在土地上自行建造厂房。

借：在建工程　　　　　　　　　　　　　　　　　　　　　2 000 000
　　贷：工程物资　　　　　　　　　　　　　　　　　　　1 000 000
　　　　应付职工薪酬　　　　　　　　　　　　　　　　　　800 000
　　　　银行存款　　　　　　　　　　　　　　　　　　　　200 000

(3) 厂房达到预定可使用状态。

借：固定资产　　　　　　　　　　　　　　　　　　　　　2 000 000
　　贷：在建工程　　　　　　　　　　　　　　　　　　　2 000 000

(4) 每年分期对土地使用权进行摊销和对厂房计提折旧。

借：管理费用　　　　　　　　　　　　　　　　　　　　　　40 000
　　制造费用　　　　　　　　　　　　　　　　　　　　　　80 000
　　贷：累计摊销　　　　　　　　　　　　　　　　　　　　40 000
　　　　累计折旧　　　　　　　　　　　　　　　　　　　　80 000

【例7-6】20×8年1月1日，甲公司从乙公司购入土地使用权及地上建筑物，支付价款2 000万元，已办妥相关手续。从目前市场得知，该土地使用权的公允价值为1 500万元，该建筑物的公允价值1 000万元。假定不考虑增值税等其他相关税费，甲公司的账务处理如下：

土地使用权的入账价值＝2 000×1 500÷(1 500＋1 000)＝1 200（万元）
建筑物的入账价值＝2 000×1 000÷(1 500＋1 000)＝800（万元）
借：无形资产——土地使用权　　　　　　　　　　　　12 000 000
　　　固定资产　　　　　　　　　　　　　　　　　　 8 000 000
　　贷：银行存款　　　　　　　　　　　　　　　　　　20 000 000
假如甲公司确实无法在土地使用权和地上建筑物之间进行合理分配，则应：
借：固定资产　　　　　　　　　　　　　　　　　　　20 000 000
　　贷：银行存款　　　　　　　　　　　　　　　　　　20 000 000

六、其他方式取得的无形资产

企业采用非货币性资产交换、债务重组等方式取得的无形资产，其成本应当分别按照本书"非货币性资产交换""债务重组"的有关规定确定。

第三节　无形资产的后续计量

无形资产的后续计量主要涉及无形资产的摊销和减值测试。一般而言，使用寿命有限的无形资产应当进行摊销和计提减值准备，使用寿命不确定的无形资产不摊销只计提减值准备。

一、无形资产后续计量的原则

无形资产的后续计量是以其使用寿命为基础的。企业应当于取得无形资产时分析判断其使用寿命。无形资产的使用寿命若为有限的，应当估计该使用寿命的年限或者构成使用寿命的产量等类似计量单位数量，若无法预见为企业带来经济利益期限的，应当视为使用寿命不确定的无形资产。

（一）估计无形资产的使用寿命

估计无形资产使用寿命通常应当考虑以下因素：①运用该资产生产的产品通常的寿命周期、可获得的类似资产使用寿命的信息；②技术、工艺等方面的现阶段情况及对未来发展趋势的估计；③以该资产生产的产品或提供的服务的市场需求情况；④现在或潜在的竞争者预期将采取的行动；⑤为维持该资产带来经济利益能力的预期维护支出，以及企业预计支付有关支出的能力；⑥对该资产控制期限的相关法律规定或类似限制，如特许使用期、租赁期等；⑦与企业持有的其他资产使用寿命的关联性等。

（二）无形资产使用寿命的确定

企业持有的无形资产，通常来源于合同性质权利或其他法定权利，且合同规定或法律规定有明确的使用年限。企业应根据以下具体情况来确定无形资产的使用寿命：

1. 来源于合同性权利或其他法定权利的无形资产

来源于合同性权利或其他法定权利的无形资产，其使用寿命不应超过合同性权利或其他法定权利规定的期限。如果合同性权利或其他法定权利能够在到期时因续约等延续，且有证据表明企业续约不需要付出大额成本时，续约期应当计入使用寿命。

如果企业使用无形资产的预期期限短于合同性权利或其他法定权利规定的期限，则应当按照企业预期使用无形资产的期限来确定其使用寿命。

2. 没有明确的合同或法律规定使用寿命的无形资产

合同或法律没有规定使用寿命的，企业应当综合各方面因素判断，以确定无形资产能为企业带来经济利益的期限。比如，与同行业的情况进行比较、参考历史经验，或聘请相关专家进行论证等。

按照上述方法仍无法合理确定无形资产为企业带来经济利益期限的，该项无形资产应作为使用寿命不确定的无形资产。

二、使用寿命有限的无形资产

使用寿命有限的无形资产，应在其预计使用寿命内采用系统合理的方法对应摊销金额进行摊销。资产负债表日发生减值的，还应计提减值准备。

（一）无形资产摊销

1. 无形资产的应摊销金额

无形资产的应摊销金额，是指无形资产的成本扣除预计残值后的金额。已计提减值准备的无形资产，还应扣除已计提的无形资产减值准备累计金额。用公式可以表示为：

无形资产的应摊销金额＝无形资产的成本－预计残值－无形资产减值准备

2. 无形资产的摊销期间和摊销方法

（1）摊销期间。企业摊销无形资产，应当自无形资产可供使用时起，至不再作为无形资产确认时止。一般而言，当月增加的无形资产，当月开始摊销；当月减少的无形资产当月不再摊销。

（2）摊销方法。企业选择的无形资产摊销方法，应当反映与该项无形资产有关的经济利益的预期消耗方式。企业选择的无形资产摊销方法，包括直线法、产量法等；无法可靠确定其预期消耗方式的，应当采用直线法进行摊销。

（3）使用寿命及摊销方法的复核。企业至少应当于每年年度终了，对使用寿命有限的无形资产的使用寿命及摊销方法进行复核，如果有证据表明无形资产的使用寿命及摊销方法不同于以前的估计，则应改变其摊销期限和摊销方法，并按照会计估计变更进行处理。

3. 无形资产的残值

使用寿命有限的无形资产，其残值应当视为零，但下列情况除外：①有第三方承诺在无形资产使用寿命结束时购买该无形资产；②可以根据活跃市场得到预计残值信息，并且该市场在无形资产使用寿命结束时可能存在。

估计无形资产的残值应以资产处置时的可收回金额为基础,此时的可收回金额是指在预计出售日,出售一项使用寿命已满且处于类似使用状况下,同类无形资产预计的处置价格(扣除相关税费)。

残值确定以后,在持有无形资产的期间内,至少应于每年年末进行复核,预计其残值与原估计金额不同的,应按照会计估计变更进行处理。如果无形资产的残值重新估计以后高于其账面价值的,则无形资产不再摊销,直至残值降至低于账面价值时再恢复摊销。

4. 无形资产摊销的核算

企业按期(月)计提无形资产的摊销额,借记"管理费用""制造费用""销售费用""其他业务成本""研发支出"等科目,贷记"累计摊销"科目。处置无形资产还应同时结转累计摊销。

【例7-7】20×8年1月,甲公司购入专利和商标权各一项。专利权的成本600万元,估计使用寿命8年,该项专利用于产品的生产;商标权的成本800万元,估计使用寿命10年;购买价款均以银行存款支付。假定这两项无形资产的净残值均为零,采用直线法摊销。假定不考虑相关税费,甲公司的账务处理如下:

(1)取得无形资产。

借:无形资产——专利权　　　　　　　　　　　　　　　　6 000 000
　　　　　　——商标权　　　　　　　　　　　　　　　　8 000 000
　　贷:银行存款　　　　　　　　　　　　　　　　　　　14 000 000

(2)按年摊销。

借:制造费用——专利权摊销　　　　　　　　　　　　　　750 000
　　管理费用——商标权摊销　　　　　　　　　　　　　　800 000
　　贷:累计摊销　　　　　　　　　　　　　　　　　　　1 550 000

(二)无形资产减值测试

资产负债表日,无形资产发生减值的,按应减记的金额,借记"资产减值损失"科目,贷记"无形资产减值准备"科目。处置无形资产还应同时结转减值准备。

三、使用寿命不确定的无形资产

企业根据可获得的相关信息判断,存在确凿证据表明无法合理估计某项无形资产的使用寿命的,则应将其作为使用寿命不确定的无形资产。

对于使用寿命不确定的无形资产,在持有期间内不应摊销。如果期末重新复核后仍不能确定的,则应当在每个会计期间进行减值测试。资产负债表日,无形资产发生减值的,按应减记的金额,借记"资产减值损失"科目,贷记"无形资产减值准备"科目。处置无形资产还应同时结转减值准备。

企业应当在每个会计期间对使用寿命不确定的无形资产的使用寿命进行复核,如果有证据表明其使用寿命是有限的,则应视为会计估计变更,应当估计其使用寿命并按照使用寿命有限的无形资产的处理原则进行会计处理。

【例7-8】甲公司于20×8年1月1日以300万元购入一项商标,该商标按照法律规定还有5年的使用寿命,但是在保护期届满时,甲公司可每10年以较低的手续费申请延期,同时,甲公司有充分的证据表明其有能力申请延期。此外,有关的调查表明,根据产品生命周期、市场竞争等方面情况综合判断,该商标将在不确定的期间内为企业带来现金流量。根据上述情况,该商标可视为使用寿命不确定的无形资产。20×9年底,甲公司对该商标进行减值测试,该商标的可收回金额为200万元。假定不考虑其他相关税费,甲公司的账务处理如下:

(1) 20×8年购入商标。

借:无形资产——商标权　　　　　　　　　　　　　　　3 000 000
　　贷:银行存款　　　　　　　　　　　　　　　　　　　3 000 000

(2) 20×9年发生减值损失100万元。

借:资产减值损失　　　　　　　　　(3 000 000 - 2 000 000) 1 000 000
　　贷:无形资产减值准备——商标权　　　　　　　　　　　1 000 000

第四节　无形资产的处置

无形资产的处置,主要包括无形资产对外出租、出售、对外捐赠、非货币性资产交换换出、债务重组换出等。企业处置无形资产,在确定处置时点以及计量处置损益时,应当按照《企业会计准则第14号——收入》的有关规定进行处理。无形资产无法为企业带来经济利益时,应予以转销并终止确认。

一、无形资产的出租

企业将所拥有的无形资产使用权让渡给他人使用时,当收取的租金满足收入确认条件的情况下,应确认租金收入,借记"银行存款"等科目,贷记"其他业务收入"科目。租赁期内对使用寿命有限的无形资产进行摊销时,借记"其他业务成本"科目,贷记"累计摊销"科目。

【例7-9】20×9年1月1日,甲公司将账面价值为12万元、剩余摊销年限为5年的专利权出租给乙公司,租期3年,每年收取租金收入5万元。假定不考虑相关税费,甲公司的账务处理如下:

(1) 每年收取租金。

借:银行存款　　　　　　　　　　　　　　　　　　　　50 000
　　贷:其他业务收入　　　　　　　　　　　　　　　　　　50 000

(2) 每年摊销无形资产成本。

借:其他业务成本　　　　　　　　　　　　　(120 000÷5) 24 000
　　贷:累计摊销　　　　　　　　　　　　　　　　　　　　24 000

二、无形资产的出售

企业出售无形资产时,应按实际收到的金额,借记"银行存款"等科目,按累计计提的摊销额,借记"累计摊销"科目,按累计计提的减值准备,借记"无形资产减值准备"科目,按发生或支付的相关税费,贷记"应交税费""银行存款"等科目,按其账面余额,贷记"无形资产"科目,按其差额,贷记或借记"资产处置损益"科目。

【例7-10】甲公司为增值税一般纳税人,20×5年1月1日起研发一项非专利技术,以用于产品生产。研究阶段发生支出70万元,均以银行存款支付。开发阶段发生支出150万元,其中职工薪酬60万元,设备折旧90万元;经董事会研究,其中100万元符合资本化条件。20×5年12月31日,非专利技术达到预定用途,预计可使用10年,预计净残值0,按直线法摊销。20×8年12月31日,该非专利技术的可收回金额60万元,估计还可使用4年,摊销方法不变。20×9年6月30日,以30万元的价格转让该非专利技术,增值税税率为6%。甲公司的账务处理如下:

(1) 研究阶段支出。

借:研发支出——费用化支出　　　　　　　　　　　　　700 000
　　贷:银行存款　　　　　　　　　　　　　　　　　　　　700 000
借:管理费用　　　　　　　　　　　　　　　　　　　　700 000
　　贷:研发支出——费用化支出　　　　　　　　　　　　　700 000

(2) 开发阶段支出。

借:研发支出——费用化支出　　　　　　　　　　　　　500 000
　　　　　　——资本化支出　　　　　　　　　　　　1 000 000
　　贷:应付职工薪酬　　　　　　　　　　　　　　　　　600 000
　　　　累计折旧　　　　　　　　　　　　　　　　　　　900 000

(3) 20×5年12月31日,非专利技术达到预定用途。

借:管理费用　　　　　　　　　　　　　　　　　　　　500 000
　　无形资产——非专利技术　　　　　　　　　　　　1 000 000
　　贷:研发支出——费用化支出　　　　　　　　　　　　　500 000
　　　　　　　——资本化支出　　　　　　　　　　　　1 000 000

(4) 20×6~20×8年,每年年末摊销。

借:制造费用　　　　　　　　　　　　(1 000 000÷10)100 000
　　贷:累计摊销　　　　　　　　　　　　　　　　　　　100 000

(5) 20×8年末,计提减值准备。

借:资产减值损失　　　　　　　　　　　　　　　　　　100 000
　　贷:无形资产减值准备　(1 000 000-100 000×3-600 000)100 000

(6) 20×9年6月30日计提摊销额。

借:制造费用　　　　　　　　　　　　　　　　　　　　75 000
　　贷:累计摊销　　　　　　　　　　　　(600 000÷4÷2)75 000

(7) 20×9 年 6 月 30 日，对外转让。

借：银行存款　　　　　　　　　　　　　　　　　　　　　300 000
　　累计摊销　　　　　　　　　　　　　（300 000＋75 000）375 000
　　无形资产减值准备　　　　　　　　　　　　　　　　　　100 000
　　资产处置损益　　　　　　　　　　　　　　　　　　　　243 000
　贷：无形资产——非专利技术　　　　　　　　　　　　　1 000 000
　　　应交税费——应交增值税（销项税额）　　（300 000×6%）18 000

三、无形资产的转销

如果无形资产预期不能为企业带来经济利益，例如，该无形资产已被其他新技术所替代，则应将其报废并予转销，其账面价值转作当期损益。转销时，应按已计提的累计摊销，借记"累计摊销"科目；按其账面余额，贷记"无形资产"科目；按其差额，借记"营业外支出"科目。已计提减值准备的，还应同时结转减值准备。

【例 7-11】甲公司拥有的某项专利，其账面余额为 500 万元，摊销期限为 10 年，采用直线法摊销，已摊销 5 年，该项专利无残值，计提的减值准备为 150 万元，今年用其生产的产品没有市场，现将该专利应予转销。甲公司的账务处理如下：

借：累计摊销　　　　　　　　　　　　　　　　　　　　2 500 000
　　无形资产减值准备　　　　　　　　　　　　　　　　1 500 000
　　营业外支出——处置非流动资产损失　　　　　　　　1 000 000
　贷：无形资产——专利权　　　　　　　　　　　　　　5 000 000

本章小结

1. 无形资产的定义及内容

无形资产，是指企业拥有或者控制的没有实物形态的可辨认非货币性资产。无形资产主要包括专利权、非专利技术、商标权、著作权、土地使用权和特许权。商誉、研究阶段支出以及企业内部产生的品牌、报刊名等，不能确认为无形资产。

2. 无形资产的初始计量

无形资产应当按照成本进行初始计量：（1）外购的无形资产，其成本包括购买价款、相关税费以及直接归属于使该项资产达到预定用途所发生的其他支出。（2）购买无形资产的价款超过正常信用条件延期支付的，无形资产的成本以购买价款的现值为基础确定。实际支付的价款与购买价款的现值之间的差额，除按照借款费用的有关规定应予资本化的以外，应当在信用期间内采用实际利率法进行摊销，计入当期损益。（3）企业内部研究开发项目的支出，应当区分研究阶段支出与开发阶段支出。其中：研究阶段的支出应当于发生时计入当期损益（管理费用）；开发阶段的支出，在同时满足一定条件的情况下，才能确认为无形资产，其成本包括在同时满足无形资产确认条件及其资本化条件的时点至达到预定用途前发生的支出总额，但对以前已经费用化的支出不再调整。

3. 无形资产的后续计量

无形资产的后续计量是以其使用寿命为基础的：（1）使用寿命有限的无形资产，应当自无形资产达到预定用途时起，至不再作为无形资产确认时止，采用系统合理的方法（无法可靠确定其预期实现方式的，应当采用直线法进行摊销）对应摊销金额进行摊销。摊销金额一般应当计入当期损益，但专门用于生产某种产品或者其他资产，其摊销金额应当计入相关资产的成本。资产负债表日，无形资产发生减值的，应计提减值准备。（2）使用寿命不确定的无形资产不应摊销。资产负债表日发生减值的，应计提无形资产减值准备。

4. 无形资产的处置

企业将无形资产使用权让渡给他人使用时，形成的租金收入和发生的相关费用，分别确认为其他业务收入和其他业务成本。企业出售无形资产，应当将出售价款与该无形资产账面价值的差额计入资产处置损益。如果无形资产预期不能为企业带来经济利益，应当将该无形资产的账面价值予以转销，计入营业外支出。

❓ 课堂讨论题

1. 如何理解无形资产的"可辨认性"，请举例说明？
2. 企业自创商誉以及内部产生的品牌、报刊名等，为什么不能确认为无形资产？
3. 企业内部研究开发项目研究阶段的支出，为什么应当于发生时计入当期损益？而开发阶段的支出，何时计入当期损益，何时计入无形资产？
4. 企业取得的土地使用权，在什么情况下，分别计入存货、无形资产、固定资产和投资性房地产？
5. 估计无形资产使用寿命通常应当考虑哪些因素？如何确定无形资产的使用寿命？
6. 使用寿命有限的无形资产，为什么需要进行摊销和计提减值准备？而使用寿命不确定的无形资产不需要进行摊销，只计提减值准备？
7. 当一项无形资产界定为使用寿命有限的无形资产或使用寿命不确定的无形资产，对企业有何财务影响？

💡 课后练习题

习题一

【目的】练习研发项目支出、无形资产摊销及处置的核算。

【资料】甲公司为增值税一般纳税人。20×4年1月1日，甲公司开始研发一项非专利技术，以用于产品生产。研究阶段发生支出80万元，全部以银行存款支付；开发阶段共支出50万元，其中，职工薪酬20万元，设备折旧30万元，经董事会研究，其中40万元符合资本化条件。20×5年1月1日，专利技术达到预定用途，预计使用年限8年，净残值为0，按直线法摊销。20×6年计提减值准备10万元，估计还可使用4年，残值和摊销方法不变。20×8年6月30日，转让该非专利技术，转让价格20万元，增值税税率为6%，价税款已收存银行。

【要求】假定不考虑其他相关税费，编制甲公司上述业务的会计分录。

习题二

【目的】练习无形资产取得、摊销及处置的核算。

【资料】甲公司为增值税一般纳税人。20×6年1月1日，甲公司购入一项商标权300万元，取得的增值税专用发票上注明的增值税额为18万元，款项已经支付。该商标权预计使用年限10年，无残值，采用直线法摊销。20×8年12月31日对该商标权进行减值测试时，预计未来现金流量现值190万元，公允价值减去处置费用后的金额180万元。减值测试后，该商标权的使用年限、残值和摊销方法不变。20×9年4月1日，甲公司以260万元的价格将该商标权对外出售，增值税税率为6%，价税款已收存银行。

【要求】假定不考虑其他相关税费，编制甲公司上述业务的会计分录。

习题三

【目的】练习无形资产取得、摊销及处置的核算。

【资料】甲公司为增值税一般纳税人。20×5年1月1日，甲公司支付810万元购入一项专利，取得的增值税专用发票上注明的增值税额为48.6万元，另外支付相关税费90万元。该专利有效使用年限8年，公司估计使用年限6年，预计残值为0，采用直线法摊销。20×6年12月31日，由于与该专利相关的经济因素发生不利变化，致使其发生减值，估计其可收回金额为375万元。20×8年12月31日，由于与该专利相关的经济因素继续发生不利变化，估计可收回金额为150万元。20×9年3月1日，甲公司以200万元的价格出售该专利，增值税税率为6%，价税款已收存银行。该专利在计提减值准备后的使用年限、残值和摊销方法不变。

【要求】假定不考虑其他相关税费，编制甲公司上述业务的会计分录。

习题四

【目的】练习无形资产取得、摊销及处置的核算。

【资料】甲公司为增值税一般纳税人，有关土地使用权、专有技术的业务资料如下：（1）20×6年1月2日，甲公司以600万元的价格购入一项土地使用权，取得的增值税专用发票上注明的增值税额为60万元，款项已支付，预计使用年限30年。（2）20×6年6月1日，甲公司开始研究开发一项专有技术。在研究阶段，以银行存款支付了相关费用400万元。（3）20×6年8月，专有技术转入开发阶段，发生的研发人员工资、材料费，以及相关设备折旧费分别为500万元、450万元和200万元，同时支付了其他相关费用50万元，以上支出均满足无形资产的确认条件。（4）20×6年10月，专有技术达到预定用途，预计使用年限10年，但无法可靠确定与该专有技术有关的经济利益的预期实现方式。（5）20×7年4月，甲公司在外购的土地上自行建造厂房。厂房于20×7年9月达到预定可使用状态，累计所发生的必要支出1 200万元（不包含土地使用权），均以银行存款支付。该厂房预计使用寿命5年，预计净残值15万元，采用年数总和法计提折旧。（6）20×9年5月，甲公司研发的专有技术预期不能为企业带来经济利益，经批准将其予以转销。

【要求】假定不考虑其他相关税费，编制甲公司上述业务的会计分录。

第八章 投资性房地产及其他资产

【本章导言】

在现代经济社会生活中，房地产交易及交易市场日趋活跃，企业持有的房地产不仅可用于生产商品、提供劳务或经营管理等目的，还可以用于赚取租金或资本增值，这不仅可以提高房地产的利用效率，而且还可以提高企业的获利能力。本章主要介绍投资性房地产的概念、特征及范围，采用成本模式进行后续计量的投资性房地产的核算，采用公允价值模式进行后续计量的投资性房地产的核算，投资性房地产计量模式转换的核算，投资性房地产与非投资性房地产之间转换的核算。

【本章内容框架】

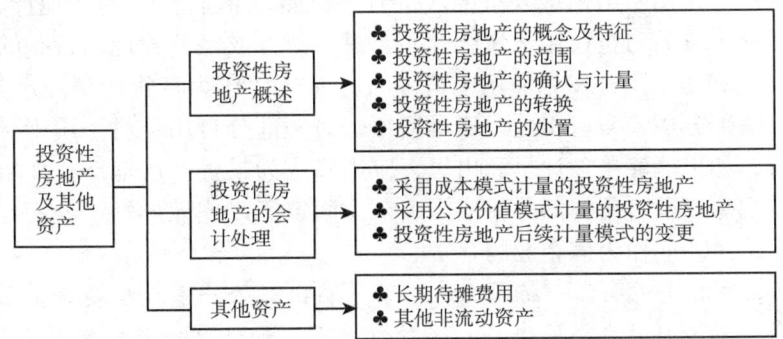

【本章学习目标】

- 熟悉投资性房地产的概念、特征及其范围。
- 掌握投资性房地产的初始计量。
- 掌握投资性房地产采用成本模式进行后续计量计提折旧或摊销、减值准备的核算。
- 掌握采用成本计量模式下投资性房地产与非投资性房地产之间转换的核算。
- 掌握采用公允价值模式进行后续计量的投资性房地产公允价值变动的核算。
- 掌握采用公允价值计量模式下投资性房地产与非投资性房地产之间转换的核算。
- 了解投资性房地产计量模式变更的会计处理。
- 熟悉长期待摊费用的会计处理。

第一节　投资性房地产概述

一、投资性房地产的概念及特征

投资性房地产,是指为赚取租金或资本增值,或两者兼有而持有的房地产。其中,房地产是土地和房屋及其权属的总称。房地产中的土地是指土地使用权,房屋是指土地上的房屋等建筑物及构筑物。投资性房地产主要具有以下特征:

1. 投资性房地产业务是企业的一项经营性活动

投资性房地产的主要形式是出租建筑物和出租土地使用权,这实质上属于让渡资产使用权的行为,房地产租金就是让渡资产使用权而取得的使用费收入,是企业为完成其经营目标所从事的经营性活动及与之相关的其他活动形成的经济利益的总流入。投资性房地产的另一种形式是持有并准备在增值后转让的土地使用权,其目的是为了增值后转让以赚取增值收益,也是企业为完成其经营目标所从事的经营性活动及与之相关的其他活动形成的经济利益的总流入。

2. 投资性房地产应当能够单独计量和出售

投资性房地产是用于出租赚取租金或持有并准备增值后转让的房地产,其在用途、状态和持有目的等方面与企业用于生产商品、提供劳务或经营管理而持有的房地产(即自用的房地产)和房地产开发企业用于销售的房地产(作为存货的房地产)是不同的。某项房地产,一部分用于赚取租金或资本增值,另一部分自用,对于用于赚取租金或资本增值的部分,如果能够单独计量和出售,应当确认为投资性房地产;如果不能够单独计量和出售的部分以及自用的部分,应当确认为固定资产或无形资产。房地产开发企业用于销售的房地产,应作为该企业的存货。

【例8-1】甲公司购买了一栋商品房,第一层出租给一家大型超市,已签订经营租赁合同,其余楼层为公司办公用楼房。这种情况下,如果第一层能够单独计量和出售,应当确认为甲公司的投资性房地产,其余楼层确认为甲公司的固定资产。

二、投资性房地产的范围

(一) 属于投资性房地产的项目

1. 已出租的土地使用权

已出租的土地使用权,是指企业通过出让或转让方式取得并以经营租赁方式出租的土地使用权。企业取得的土地使用权通常包括在一级市场上以交纳土地出让金的方式取得的土地使用权,也包括在二级市场上接受其他单位转让的土地使用权。企业计划用于出租但尚未出租的土地使用权,以及企业租入土地使用权再转租给其他单位的,不能确认为投资性房地产。

【例8-2】甲公司与乙公司签订了土地使用权经营租赁合同，甲公司以年租金80万元租赁使用乙公司持有的10万平方米土地使用权，租期10年。如果甲企业又将这块土地转租给丙公司，以赚取租金差价，租期4年。那么，对于甲公司而言，这项土地使用权不能予以确认，也不属于投资性房地产。对于乙公司而言，自租赁期开始日起，该项土地使用权属于投资性房地产。

2. 持有并准备增值后转让的土地使用权

持有并准备增值后转让的土地使用权，是指企业取得的、准备增值后转让的土地使用权。例如，企业发生转产或厂址搬迁，部分土地使用权停止自用，管理层决定继续持有这部分土地使用权，待其增值后转让以赚取增值收益。需要注意的是，按照国家有关规定认定的闲置土地，不属于持有并准备增值后转让的土地使用权，因此不属于投资性房地产。

3. 已出租的建筑物

已出租的建筑物，是指企业拥有产权的、以经营租赁方式出租的建筑物，包括自行建造或开发活动完成后用于出租的建筑物。例如，甲公司将其拥有的某栋厂房整体出租给乙公司，租赁期2年。对于甲公司而言，自租赁期开始日起，该栋厂房就属于甲公司的投资性房地产。企业在判断和确认已出租的建筑物时，应当把握以下要点：

（1）用于出租的建筑物是指企业拥有产权的建筑物。企业以经营租赁方式租入再转租的建筑物不属于投资性房地产。

【例8-3】甲公司与乙公司签订了一项经营租赁合同，甲公司将其持有产权的一栋办公楼出租给乙公司，租期5年。乙公司租入该办公楼后用于办公。3年后，由于连续亏损，乙公司将该办公楼转租给丙公司，以赚取租金差价。这种情况下，对于甲公司而言，该办公楼属于投资性房地产。对于乙公司而言，该办公楼不能确认为固定资产，也不属于投资性房地产。

（2）已出租的建筑物是企业已经与其他方签订了租赁协议，约定以经营租赁方式出租的建筑物。自租赁协议规定的租赁期开始日起，经营租出的建筑物才属于已出租的建筑物。对企业持有以备经营出租的空置建筑物或在建建筑物，如董事会或类似机构作出书面决议，明确表明将其用于经营出租且持有意图短期内不再发生变化的，即使尚未签订租赁协议，也应视为投资性房地产。企业计划用于出租但尚未出租的建筑物，不属于已出租的建筑物。

【例8-4】甲公司自行建造了一栋办公楼，拟用于整体出租，但尚未找到合适的承租人。那么，这栋办公楼不属于甲公司的投资性房地产。直到甲公司与承租人签订经营租赁合同，自租赁期开始日起，这栋办公楼才能转换为投资性房地产。

（3）企业将建筑物出租，按租赁协议向承租人提供的相关辅助服务在整个协议中不重大的，应当将该建筑物确认为投资性房地产。

【例8-5】甲公司购买了一栋写字楼，并将其出租给乙公司。甲公司同时为该写字楼提供保安、维修等日常辅助服务。本例中，甲公司将写字楼出租，同时提供的辅助服务不重大。对于甲公司而言，这栋写字楼就属于公司的投资性房地产。

（二）不属于投资性房地产的项目

1. 自用房地产

自用房地产，是指为生产商品、提供劳务或者经营管理而持有的房地产。例如，企业生产经营用的厂房和办公楼属于固定资产，企业生产经营用的土地使用权属于无形资产。自用房地产的特征在于服务企业自身的生产经营活动，其价值会随房地产的使用而逐渐转移到企业的产品或服务中去，并通过销售商品或提供服务为企业带来经济利益。

【例8-6】 甲企业出租给本企业职工居住的宿舍，虽然也收取租金，但间接为企业自身的生产经营服务，因此具有自用房地产的性质。同时，甲企业拥有并自行经营的旅馆饭店，旅馆饭店的经营者在向顾客提供住宿服务的同时，还提供餐饮、娱乐等其他服务，其经营目的是通过向客户提供服务取得服务收入，因此，企业自行经营的旅馆饭店是企业的经营场所，应当属于自用的房地产。

2. 作为存货的房地产

作为存货的房地产，通常是指房地产开发企业在正常经营过程中销售的或为销售而正在开发的商品房和土地。这部分房地产属于房地产开发企业的存货，其生产、销售构成企业的主营业务活动。因此，具有存货性质的房地产不属于投资性房地产。

从事房地产经营开发的企业依法取得的、用于开发后出售的土地使用权，属于房地产开发企业的存货，即使房地产开发企业决定待增值后再转让其开发的土地，也不得将其确认为投资性房地产。

三、投资性房地产的确认与计量

（一）投资性房地产的确认

投资性房地产的确认，首先应当符合投资性房地产的定义，同时还要满足以下条件：①与该投资性房地产有关的经济利益很可能流入企业；②该投资性房地产的成本能够可靠地计量。

（二）投资性房地产的计量

1. 投资性房地产的初始计量

（1）投资性房地产应当按照成本进行初始计量。具体而言：①外购投资性房地产的成本，包括购买价款、相关税费和可直接归属于该资产的其他支出。②自行建造投资性房地产的成本，由建造该项房地产达到预定可使用状态前发生的必要支出构成。③以其他方式取得的投资性房地产，按照相关会计准则的规定确定。

（2）与投资性房地产有关的后续支出，满足投资性房地产的确认条件的，应当计入投资性房地产成本；不满足投资性房地产的确认条件的，应当在发生时计入当期损益。

2. 投资性房地产的后续计量

企业应当在资产负债表日采用成本模式对投资性房地产进行后续计量。有确凿证据表明投资性房地产的公允价值能够持续可靠取得的,可以对投资性房地产采用公允价值模式进行后续计量。

(1) 成本计量模式。采用成本模式计量的,对于建筑物和土地使用权等投资性房地产,应当分别按照固定资产和无形资产的有关规定,按期(月)计提折旧或摊销。资产负债表日,存在减值迹象的,还应计提投资性房地产减值准备。

(2) 公允价值计量模式。采用公允价值模式计量的,不对投资性房地产计提折旧或进行摊销,也不应计提减值准备,应当以资产负债表日投资性房地产的公允价值为基础调整其账面价值,公允价值与原账面价值之间的差额计入当期损益。

采用公允价值模式计量的投资性房地产,应当同时满足下列条件:①投资性房地产所在地有活跃的房地产交易市场;②企业能够从活跃的房地产交易市场上取得同类或类似房地产的市场价格及其他相关信息,从而对投资性房地产的公允价值作出合理的估计。

3. 投资性房地产后续计量模式的变更

(1) 同一企业只能采用一种模式对所有的投资性房地产进行后续计量,不得同时采用两种计量模式。企业对投资性房地产的计量模式一经确定,不得随意变更。

(2) 成本模式转为公允价值模式的,应当作为会计政策变更处理。

(3) 已采用公允价值模式计量的投资性房地产,不得从公允价值模式转为成本模式。

四、投资性房地产的转换

(一) 房地产转换的形式

房地产的转换,实质上是因房地产用途发生改变而对房地产进行的重新分类。企业有确凿证据表明房地产用途发生改变,满足下列条件之一的,应当将投资性房地产转换为其他资产或者将其他资产转换为投资性房地产:①投资性房地产开始自用;②作为存货的房地产,改为出租;③自用土地使用权停止自用,用于赚取租金或资本增值;④自用建筑物停止自用,改为出租。

(二) 房地产转换的核算

(1) 在成本模式下,应当将房地产转换前的账面价值作为转换后的入账价值。

(2) 采用公允价值模式计量的投资性房地产转换为自用房地产时,应当以其转换当日的公允价值作为自用房地产的账面价值,公允价值与原账面价值的差额计入当期损益(公允价值变动损益)。

(3) 自用房地产或存货转换为采用公允价值模式计量的投资性房地产时,投资性房地产按照转换当日的公允价值计价,转换当日的公允价值小于原账面价值的,其差额计入当期损益(公允价值变动损益);转换当日的公允价值大于原账面价值的,其差额计入所有者权益(其他综合收益)。

五、投资性房地产的处置

当投资性房地产被处置,或者永久退出使用且预计不能从其处置中取得经济利益时,应当终止确认该项投资性房地产。企业出售、转让、报废投资性房地产或者发生投资性房地产毁损,应当将处置收入扣除其账面价值和相关税费后的金额计入当期损益。

第二节 投资性房地产的会计处理

投资性房地产应当按照成本进行初始计量。企业应当在资产负债表日采用成本模式对投资性房地产进行后续计量;有确凿证据表明投资性房地产的公允价值能够持续可靠取得的,可以对投资性房地产采用公允价值模式进行后续计量。

一、采用成本模式计量的投资性房地产

采用成本模式进行后续计量的投资性房地产,应当比照固定资产或无形资产的有关规定,按期计提折旧或摊销;存在减值迹象的,还应按照资产减值准则的有关规定进行减值测试。

采用成本模式计量的投资性房地产,企业应设置"投资性房地产""投资性房地产累计折旧(摊销)""投资性房地产减值准备"等科目,并可比照"固定资产""无形资产""累计折旧""累计摊销""固定资产减值准备""无形资产减值准备"等科目进行相关会计处理。

(一)投资性房地产取得的核算

1. 外购的投资性房地产

企业外购房地产的成本包括购买价款、相关税费和可直接归属于该资产的其他支出。如果企业外购的房地产,部分用于出租(或资本增值)、部分自用,用于出租(或资本增值)的部分应当予以单独确认的,应按照不同部分的公允价值占公允价值总额的比例将成本在不同部分之间进行合理分配。企业外购的投资性房地产,应按照确定的实际成本,借记"投资性房地产"科目,贷记"银行存款"等科目。涉及增值税的,还应进行相应的会计处理。

【例8-7】20×8年9月7日,甲公司与乙公司签订了一项经营租赁合同,约定将计划购入的一栋办公楼自购买日起将其出租给乙公司,租期10年。9月20日,甲公司以500万元的价格购入办公楼,款项已支付。假定不考虑其他相关税费,甲公司的账务处理如下:

借:投资性房地产——办公楼   5 000 000
    贷:银行存款   5 000 000

【例8-8】20×8年4月20日,甲公司以200万元购买土地使用权,另支付手续费30万元,款项已支付。购买后准备等其增值后予以转让。假定不考虑其他相关税费,甲公司的账务处理如下:

借:投资性房地产——土地使用权　　　　　　　　　　　　 2 300 000
　　贷:银行存款　　　　　　　　　　　　　　　　　　　　 2 300 000

2. 自行建造的投资性房地产

自行建造的投资性房地产,其成本由建造该项资产达到预定可使用状态前发生的必要支出构成,包括土地开发费、建筑安装成本、应予以资本化的借款费用、支付的其他费用以及分摊的间接费用等。建造过程中发生的非正常性损失直接计入当期损益(营业外支出),不计入建造成本。企业自行建造的投资性房地产,按计入投资性房地产成本的金额,借记"投资性房地产"科目,贷记"在建工程""开发产品"等科目。涉及增值税的,还应进行相应的会计处理。

【例8-9】20×8年1月1日,甲公司以60万元的价格从其他单位购入一块土地的使用权,并在该块土地上开始自行建造三栋厂房。在厂房建造过程,领用工程物资200万元,发生工程人员工资40万元,另外支付其他相关费用60万元。20×8年12月5日,三栋厂房同时完工并达到预定可使用状态,甲公司与乙公司签订了经营租赁合同,将其中的一栋厂房租赁给乙公司使用,即日起租。三栋厂房的造价均为100万元,能够单独出售。假定不考虑其他相关税费,甲公司的账务处理如下:

(1) 20×8年1月1日,购入土地使用权。

借:无形资产——土地使用权　　　　　　　　　　　　　　　 600 000
　　贷:银行存款　　　　　　　　　　　　　　　　　　　　　 600 000

(2) 建造厂房。

借:在建工程——厂房　　　　　　　　　　　　　　　　　 3 000 000
　　贷:工程物资　　　　　　　　　　　　　　　　　　　　 2 000 000
　　　　应付职工薪酬　　　　　　　　　　　　　　　　　　　 400 000
　　　　银行存款　　　　　　　　　　　　　　　　　　　　　 600 000

(3) 20×8年12月5日,厂房完工。

①自用部分。

借:固定资产——厂房　　　　　　　　　(1 000 000×2)2 000 000
　　贷:在建工程——厂房　　　　　　　　　　　　　　　　 2 000 000

②出租部分。

借:投资性房地产——土地使用权　　　　　　　　　　　　　 200 000
　　　　　　　　——厂房　　　　　　　　　　　　　　　　 1 000 000
　　贷:无形资产——土地使用权　　　　　　(600 000÷3)200 000
　　　　在建工程——厂房　　　　　　　　　　　　　　　　 1 000 000

3. 非投资性房地产转换为投资性房地产

(1) 存货的房地产转换为投资性房地产。企业将作为存货的房地产转换为采用成本模式计量的投资性房地产,应当按该项存货在转换日的账面价值,借记"投资性房地产"科目,按累计计提的跌价准备,借记"存货跌价准备"科目,按其账面余额,贷记"开发产品"等科目。

【例8-10】20×8年9月1日,甲房地产开发公司于20×7年9月1日将已完工的商品房经营租赁给乙公司作为办公楼。该商品房的账面余额50万元,已计提跌价准备5万元。甲公司的账务处理如下:

借:投资性房地产——商品房　　　　　　　　　　　　　450 000
　　存货跌价准备　　　　　　　　　　　　　　　　　　 50 000
　　贷:开发产品　　　　　　　　　　　　　　　　　　　　　500 000

(2) 自用的房地产转换为投资性房地产。企业将自用土地使用权或建筑物转换为以成本模式计量的投资性房地产时,应当按该项建筑物或土地使用权在转换日的账面余额,借记"投资性房地产"科目,贷记"固定资产"或"无形资产"科目,按累计计提的折旧或摊销,借记"累计折旧"或"累计摊销"科目,贷记"投资性房地产累计折旧(摊销)"科目,原已计提减值准备的,借记"固定资产减值准备"或"无形资产减值准备"科目,贷记"投资性房地产减值准备"科目。

【例8-11】20×8年9月1日,甲公司将自用的办公楼经营租赁给乙公司使用,该办公楼原价100万元,已计提折旧30万元,已计提减值准备5万元。租赁期开始日,甲公司的账务处理如下:

借:投资性房地产——办公楼　　　　　　　　　　　　1 000 000
　　累计折旧　　　　　　　　　　　　　　　　　　　　 300 000
　　固定资产减值准备　　　　　　　　　　　　　　　　　50 000
　　贷:固定资产　　　　　　　　　　　　　　　　　　　　1 000 000
　　　　投资性房地产累计折旧　　　　　　　　　　　　　　 300 000
　　　　投资性房地产减值准备　　　　　　　　　　　　　　　50 000

(二) 投资性房地产持有期间的核算

(1) 企业取得的租金收入,借记"银行存款""其他应收款"等科目,贷记"其他业务收入"等科目。涉及增值税的,还应进行相应的会计处理。

(2) 企业按期(月)对投资性房地产计提折旧或进行摊销,借记"其他业务成本"科目,贷记"投资性房地产累计折旧(摊销)"科目。

(3) 投资性房地产存在减值迹象的,还应当进行减值测试,当投资性房地产的账面价值高于其可收回金额,还应计提减值准备,借记"资产减值损失"科目,贷记"投资性房地产减值准备"科目。已经计提的投资性房地产减值准备在以后期间不得转回。

【例8-12】20×7年12月31日,甲公司将当日以1 510万元的价格购入的一栋写字楼经营租赁给乙公司使用,甲公司于当日起将该写字楼确认为投资性房地产,并采用成本模式进行后续计量。该写字楼的使用寿命10年,预计净残值10万元。按照经营租赁合同约定,租期4年,乙公司每月向甲公司支付租金10万元。20×9年12月31日,该写字楼的可收回金额为1 000万元。假定不考虑其他相关税费,甲公司的账务处理如下:

(1) 20×7年12月31日。

借：投资性房地产——写字楼　　　　　　　　　　　　15 100 000
　　贷：银行存款　　　　　　　　　　　　　　　　　　　　　　15 100 000

(2) 每月末确认租金收入。

借：银行存款（或其他应收款）　　　　　　　　　　　100 000
　　贷：其他业务收入　　　　　　　　　　　　　　　　　　　　100 000

(3) 20×8年起，每月末计提折旧。

计提的折旧额=(1 510-10)÷10÷12=12.5（万元）

借：其他业务成本　　　　　　　　　　　　　　　　　125 000
　　贷：投资性房地产累计折旧　　　　　　　　　　　　　　　　125 000

(4) 20×9年12月31日，计提减值准备。

投资性房地产的账面价值为1 210万元（1 510-12.5×24），可收回金额1 000万元；计提减值准备210万元（1 210-1 000）。

借：资产减值损失　　　　　　　　　　　　　　　　　2 100 000
　　贷：投资性房地产减值准备　　　　　　　　　　　　　　　　2 100 000

（三）投资性房地产后续支出的核算

1. 资本化的后续支出

与投资性房地产有关的后续支出，满足投资性房地产确认条件的，应当计入投资性房地产成本，应借记"投资性房地产（在建）""投资性房地产累计折旧（摊销）""投资性房地产减值准备"等科目，贷记"投资性房地产"科目。发生的改良或装修支出，借记"投资性房地产（在建）"科目，贷记"原材料""应付职工薪酬""银行存款"等科目。达到预定可使用状态，继续作为投资性房地产的，借记"投资性房地产"科目，贷记"投资性房地产（在建）"科目。

【例8-13】20×8年7月1日，甲公司与乙公司的一项厂房经营租赁合同已到期，该厂房原价300万元，已计提折旧50万元，已计提减值准备30万元。为了提高厂房的租金收入，甲公司决定从7月1日起对厂房进行改建，并与丙公司签订了经营租赁合同，约定自改建完工时将厂房出租给丙公司。12月20日，厂房改建工程完工并达到预定可使用状态，共发生支出20万元，均以银行存款支付，并于当日按照租赁合同出租给丙公司。甲公司的账务处理如下：

(1) 20×8年7月1日，投资性房地产转入改建工程。

借：投资性房地产——在建　　　　　　　　　　　　　2 200 000
　　投资性房地产累计折旧　　　　　　　　　　　　　　500 000
　　投资性房地产减值准备　　　　　　　　　　　　　　300 000
　　贷：投资性房地产——厂房　　　　　　　　　　　　　　　　3 000 000

(2) 20×8年7月1日~12月20日，发生改扩建支出。

借：投资性房地产——在建　　　　　　　　　　　　　200 000
　　贷：银行存款　　　　　　　　　　　　　　　　　　　　　　200 000

(3) 20×8年12月20日，改建完工并出租给丙公司。

借：投资性房地产——厂房　　　　　(2 200 000+200 000) 2 400 000
　　贷：投资性房地产——在建　　　　　　　　　　　　　　　2 400 000

2. 费用化的后续支出

与投资性房地产有关的后续支出，不满足投资性房地产确认条件的，如企业对投资性房地产进行日常维修的支出，应当计入当期损益，借记"其他业务成本"科目，贷记"银行存款"等科目。

【例8-14】甲公司对其某项投资性房地产进行日常维修，发生维修支出0.5万元。甲公司的账务处理如下：

借：其他业务成本　　　　　　　　　　　　　　　　　　　　　　5 000
　　贷：银行存款　　　　　　　　　　　　　　　　　　　　　　　5 000

（四）投资性房地产转换为非投资性房地产的核算

1. 投资性房地产转换为自用的房地产

企业将采用成本模式进行后续计量的投资性房地产转换为自用房地产时，按投资性房地产的账面余额，借记"固定资产"或"无形资产"科目，贷记"投资性房地产"科目，按已计提的折旧或摊销，借记"投资性房地产累计折旧（摊销）"科目，贷记"累计折旧"或"累计摊销"科目，原已计提的减值准备，借记"投资性房地产减值准备"科目，贷记"固定资产减值准备"或"无形资产减值准备"科目。

【例8-15】20×8年9月1日，甲公司将出租的厂房收回用于本企业产品的生产。该厂房原价500万元，已计提折旧220万元，在转换前采用成本模式进行后续计量。甲公司的账务处理如下：

借：固定资产　　　　　　　　　　　　　　　　　　　　　　　5 000 000
　　投资性房地产累计折旧　　　　　　　　　　　　　　　　　　2 200 000
　　贷：投资性房地产——厂房　　　　　　　　　　　　　　　　5 000 000
　　　　累计折旧　　　　　　　　　　　　　　　　　　　　　　2 200 000

2. 投资性房地产转换为存货的房地产

企业将采用成本模式进行后续计量的投资性房地产转换为存货房地产时，应当按照该项投资性房地产在转换日的账面价值，借记"开发产品"科目，按照已计提的折旧或摊销，借记"投资性房地产累计折旧（摊销）"科目，按原已计提的减值准备，借记"投资性房地产减值准备"科目，按其账面余额，贷记"投资性房地产"科目。

（五）投资性房地产处置的核算

企业处置采用成本模式进行后续计量的投资性房地产时，应当按实际收到的金额，借记"银行存款"等科目，贷记"其他业务收入"等科目；按该项投资性房地产的账面价值，借记"其他业务成本"科目，按照已计提的折旧或摊销，借记"投资性房地产累计折旧（摊销）"科目，按原已计提的减值准备，借记"投资性房地产减值准备"科目，按其账面余额，贷记"投资性房地产"科目。涉及增值税的，还应进行相应的会计处理。

【例 8-16】甲公司将其出租的一栋写字楼确认为采用成本模式进行后续计量的投资性房地产。租赁期满后,甲公司将该栋写字楼收回后以 300 万元的价格出售给乙公司,款项收存银行。出售时,该写字楼的成本 250 万元,已计提折旧 100 万元。假定不考虑相关税费,甲公司的账务处理如下:

(1) 确认出售收入。

借:银行存款	3 000 000
贷:其他业务收入	3 000 000

(2) 结转相关成本。

借:其他业务成本	1 500 000
投资性房地产累计折旧	1 000 000
贷:投资性房地产——写字楼	2 500 000

【例 8-17】甲公司为了扩大再生产,将生产车间从市中心搬迁到郊区。20×6 年 1 月,公司管理层决定,将原厂区陈旧厂房拆除平整后,持有已备增值后转让。土地使用权的账面余额为 2 000 万元,已计提摊销 500 万元,剩余使用年限 20 年,按照直线法摊销,无残值。20×9 年 1 月,甲公司将原厂区出售,取得转让收入 2 500 万元。假设不考虑相关税费,甲公司的账务处理如下:

(1) 20×6 年 1 月。

借:投资性房地产——土地使用权	20 000 000
累计摊销	5 000 000
贷:无形资产——土地使用权	20 000 000
投资性房地产累计摊销	5 000 000

(2) 每年末计提摊销。

借:其他业务成本	750 000
贷:投资性房地产累计摊销	(15 000 000÷20)750 000

(3) 20×9 年 1 月,对外出售。

①确认出售收入。

借:银行存款	25 000 000
贷:其他业务收入	25 000 000

②结转相关成本。

借:其他业务成本	17 850 000
投资性房地产累计折旧	(750 000×3)2 150 000
贷:投资性房地产——土地使用权	20 000 000

二、采用公允价值模式计量的投资性房地产

投资性房地产应当按照成本进行初始计量。如果投资性房地产满足前述采用公允价值进行后续计量的条件,可以采用公允价值模式进行后续计量。在公允价值计量模式下,企业无须对投资性房地产计提折旧或进行摊销,无须计提减值准备。但是,在资产

负债表日，应确认投资性房地产的公允价值变动损益。

(一) 投资性房地产取得的核算

1. 外购或自行建造的投资性房地产

企业外购或自行建造的投资性房地产，应当按照取得时的成本进行初始计量，其实际成本的确定与采用成本模式计量的外购或自行建造的投资性房地产一致。企业按计入投资性房地产成本的金额，借记"投资性房地产——成本"科目，贷记"银行存款""在建工程"等科目。

【例8-18】20×8年1月1日，甲公司购入的商业用房当日租赁给乙公司。购买价款300万元，另外发生相关税费8万元，均以银行存款支付。甲公司采用公允价值模式进行后续计量。假设不考虑其他相关税费，甲公司的账务处理如下：

借：投资性房地产——成本　　　　　　　　　　　　　3 080 000
　　贷：银行存款　　　　　　　　　　　　　　　　　　3 080 000

2. 非投资性房地产转换为投资性房地产

(1) 存货的房地产转换为投资性房地产。

企业将作为存货的房地产转换为采用公允价值计量的投资性房地产时，应按其在转换日的公允价值，借记"投资性房地产——成本"科目，按原已计提的跌价准备，借记"存货跌价准备"科目，按其账面余额，贷记"开发产品"等科目，按其差额，贷记"其他综合收益"科目（转换当日的公允价值大于原账面价值）或借记"公允价值变动损益"科目（转换当日的公允价值小于原账面价值）。待该项投资性房地产处置时，应将原计入其他综合收益的部分转入当期损益，借记"其他综合收益"科目，贷记"其他业务收入"科目。

【例8-19】20×9年9月1日，甲房地产开发公司将20×8年7月1日已开发完工的商品房租赁给乙公司作为办公楼，该商品房的账面余额50万元，已计提存货跌价准备5万元。甲公司采用公允价值模式进行后续计量。租赁期开始日，甲公司的账务处理如下：

(1) 假定该商品房在租赁期开始日的公允价值为55万元。

借：投资性房地产——成本　　　　　　　　　　　　　550 000
　　存货跌价准备　　　　　　　　　　　　　　　　　　50 000
　　贷：开发产品　　　　　　　　　　　　　　　　　　500 000
　　　　其他综合收益　　　　　　　　　　　　　　　　100 000

(2) 假定该商品房在租赁期开始日的公允价值为40万元。

借：投资性房地产——成本　　　　　　　　　　　　　400 000
　　存货跌价准备　　　　　　　　　　　　　　　　　　50 000
　　公允价值变动损益　　　　　　　　　　　　　　　　50 000
　　贷：开发产品　　　　　　　　　　　　　　　　　　500 000

(2) 自用的房地产转换为投资性房地产。

企业将自用的房地产转换为采用公允价值模式计量的投资性房地产时，应当按该项土地使用权或建筑物在转换日的公允价值，借记"投资性房地产——成本"科目；按已计提的累计摊销或累计折旧，借记"累计摊销"或"累计折旧"科目，原已计提的减值准备，借记"无形资产减值准备""固定资产减值准备"科目，按其账面余额，贷记"固定资产"或"无形资产"科目，按其差额，贷记"其他综合收益"科目（转换日的公允价值大于原账面价值）或借记"公允价值变动损益"科目（转换日的公允价值小于原账面价值）。待该项投资性房地产处置时，应将原计入其他综合收益的部分转入当期损益，借记"其他综合收益"科目，贷记"其他业务收入"科目。

【例 8-20】20×8 年 9 月 1 日，甲公司将自用的办公楼租赁给乙公司使用，该办公楼原价 100 万元，已计提的折旧 30 万元，已计提减值准备 5 万元。甲公司采用公允价值模式进行后续计量。租赁期开始日，甲公司的账务处理如下：

(1) 假定该办公楼在租赁期开始日的公允价值为 80 万元。

借：投资性房地产——成本	800 000
累计折旧	300 000
固定资产减值准备	50 000
贷：固定资产——办公楼	1 000 000
其他综合收益	150 000

(2) 假定该办公楼在租赁期开始日的公允价值为 55 万元。

借：投资性房地产——成本	550 000
累计折旧	300 000
固定资产减值准备	50 000
公允价值变动损益	100 000
贷：固定资产	1 000 000

（二）投资性房地产持有期间的核算

(1) 企业取得的租金收入，借记"银行存款""其他应收款"等科目，贷记"其他业务收入"等科目。涉及增值税的，还应进行相应的会计处理。

(2) 采用公允价值模式进行后续计量的投资性房地产，不计提折旧或摊销。

(3) 资产负债表日，投资性房地产的公允价值与其账面余额的差额计入当期损益，借记或贷记"投资性房地产——公允价值变动"科目，贷记或借记"公允价值变动损益"科目。

【例 8-21】20×8 年 1 月 1 日，甲房地产开发公司将当日完工的商品房出租给乙公司，商品房完工成本为 300 万元，均以银行存款支付。20×8 年 12 月 31 日，该商品房的公允价值为 280 万元。20×9 年 12 月 31 日，该商品房的公允价值为 310 万元。甲公司采用公允价值模式进行后续计量，其账务处理如下：

(1) 20×8 年 1 月 1 日。

借：投资性房地产——成本	3 000 000

贷：银行存款　　　　　　　　　　　　　　　　　　　　　　　　　3 000 000
（2）20×8年12月31日，公允价值下降。
　　借：公允价值变动损益　　　　　　　　　　　　　　　　　　　　 200 000
　　　　贷：投资性房地产——公允价值变动　　　　　　　　　　　　　　 200 000
（3）20×9年12月31日，公允价值上升。
　　借：投资性房地产——公允价值变动　　　　　　　　　　　　　　 300 000
　　　　贷：公允价值变动损益　　　　　　　　　　　　　　　　　　　　 300 000

（三）投资性房地产后续支出的核算

1. 资本化的后续支出

采用公允价值模式计量的投资性房地产进入改良或装修阶段后，借记"投资性房地产（在建）"等科目，借记或贷记"投资性房地产——公允价值变动"科目，贷记"投资性房地产——成本"科目。发生的改良或装修支出，借记"投资性房地产（在建）"科目，贷记"原材料""应付职工薪酬""银行存款"等科目。达到预定可使用状态，继续作为投资性房地产的，借记"投资性房地产——成本"科目，贷记"投资性房地产（在建）"科目。

【例8-22】 20×8年7月1日，甲公司与乙公司的一项厂房租赁合同已到期，该厂房账面余额300万元，其中，成本为250万元，累计公允价值变动50万元。为了提高厂房的租金收入，甲公司决定从7月1日起对厂房进行改建，并与丙公司签订了租赁合同，约定自改建完工时将厂房出租给丙公司。12月20日，厂房改建工程完工并达到预定可使用状态，共发生支出20万元，均以银行存款支付，并于当日按照租赁合同出租给丙公司。甲公司的账务处理如下：

（1）20×8年7月1日，投资性房地产转入改建工程。
　　借：投资性房地产——在建　　　　　　　　　　　　　　　　　　 3 000 000
　　　　贷：投资性房地产——成本　　　　　　　　　　　　　　　　　 2 500 000
　　　　　　　　　　　——公允价值变动　　　　　　　　　　　　　　　 500 000
（2）20×8年7月1日~12月20日，发生改建支出。
　　借：投资性房地产——在建　　　　　　　　　　　　　　　　　　　 200 000
　　　　贷：银行存款　　　　　　　　　　　　　　　　　　　　　　　　 200 000
（3）20×8年12月20日，改建完工并出租给丙公司。
　　借：投资性房地产——成本　　　　　　　　　　　　　　　　　　 3 200 000
　　　　贷：投资性房地产——在建　　　　　　　　　　　　　　　　　 3 200 000

2. 费用化的后续支出

与投资性房地产有关的后续支出，不满足投资性房地产确认条件的，如企业对投资性房地产进行日常维修的支出，应当计入当期损益，借记"其他业务成本"科目，贷记"银行存款"等科目。

(四) 投资性房地产转换为非投资性房地产的核算

1. 投资性房地产转换为自用的房地产

企业将采用公允价值模式计量的投资性房地产转换为自用的房地产，应当以其转换日的公允价值作为自用房地产的账面价值，公允价值与原账面价值的差额计入当期损益（公允价值变动损益）。

转换日，按投资性房地产的公允价值，借记"固定资产"或"无形资产"科目，按投资性房地产的成本，贷记"投资性房地产——成本"科目，按投资性房地产的累计公允价值变动，贷记或借记"投资性房地产——公允价值变动"科目，按其差额，贷记或借记"公允价值变动损益"科目。

【例8-23】20×8年8月1日，甲公司将出租在外的厂房（采用公允价值模式进行后续计量）收回，开始用于本企业产品的生产。转换当日厂房的公允价值为520万元，原账面价值为500万元（其中，成本550万元，累计公允价值变动50万元）。甲公司的账务处理如下：

借：固定资产　　　　　　　　　　　　　　　　　　　　5 200 000
　　投资性房地产——公允价值变动　　　　　　　　　　　500 000
　贷：投资性房地产——成本　　　　　　　　　　　　　　5 500 000
　　　公允价值变动损益　　　　　　　　　　　　　　　　　200 000

2. 投资性房地产转换为存货的房地产

企业将采用公允价值模式计量的投资性房地产转换为存货房地产时，应当以其转换当日的公允价值作为存货的账面价值，公允价值与原账面价值的差额计入当期损益（公允价值变动损益）。

转换日，按投资性房地产的公允价值，借记"开发产品"科目，按投资性房地产的成本，贷记"投资性房地产——成本"科目，按投资性房地产的累计公允价值变动，贷记或借记"投资性房地产——公允价值变动"科目，按其差额，贷记或借记"公允价值变动损益"科目。

(五) 投资性房地产处置的核算

企业处置采用公允价值进行后续计量的投资性房地产，应按实收或应收金额，借记"银行存款"等科目，贷记"其他业务收入"科目。按该项投资性房地产的账面余额，借记"其他业务成本"科目，贷记"投资性房地产——成本"科目，贷记或借记"投资性房地产——公允价值变动"科目；同时，按该项投资性房地产的公允价值变动，借记或贷记"公允价值变动损益"科目，贷记或借记"其他业务收入"科目。按原计入其他综合收益的金额，借记"其他综合收益"科目，贷记"其他业务收入"科目。

【例8-24】20×6年12月1日，甲公司与乙公司签订协议，将自用的办公楼租赁给乙公司。经营租赁合同约定，租赁期开始日为20×7年1月1日，租期为3年，每年末收取租金100万元，并采用公允价值模式对其进行后续计量。当日，该办公楼的公允价值2 500万元，账面价值1 000万元（其中，原价2 000万元，已计提累计折旧500万元,已计提减值准备 500 万元)。20×7 年 12 月 31 日,该办公楼的公允价值 2 800 万元。20×8 年 12 月 31 日,该办公楼的公允价值 2 400 万元。20×9 年 6 月 5 日,租赁到期,公司以 2 600 万元将该办公楼出售。假设不考虑其他相关税费,甲公司的账务处理如下:

(1) 20×7 年 1 月 1 日。

借:投资性房地产——成本	25 000 000
累计折旧	5 000 000
固定资产减值准备	5 000 000
贷:固定资产	20 000 000
其他综合收益	15 000 000

(2) 每年末收取租金。

借:银行存款	1 000 000
贷:其他业务收入	1 000 000

(3) 20×7 年 12 月 31 日,公允价值上升。

借:投资性房地产——公允价值变动	3 000 000
贷:公允价值变动损益	3 000 000

(4) 20×8 年 12 月 31 日,公允价值下降。

借:公允价值变动损益	4 000 000
贷:投资性房地产——公允价值变动	4 000 000

(5) 20×9 年 6 月 5 日。

①取得出售收入。

借:银行存款	26 000 000
贷:其他业务收入	26 000 000

②结转成本。

借:其他业务成本	24 000 000
投资性房地产——公允价值变动	1 000 000
贷:投资性房地产——成本	25 000 000

③结转公允价值变动损益。

借:其他业务收入	1 000 000
贷:公允价值变动损益	1 000 000

④结转其他综合收益。

借:其他综合收益	15 000 000
贷:其他业务收入	15 000 000

三、投资性房地产后续计量模式的变更

企业对投资性房地产的后续计量模式一经确定,不得随意变更。只有在房地产市场比较成熟、能够满足采用公允价值模式计量条件的情况下,才允许企业对投资性房地产从成本模式计量变更为公允价值模式计量,并作为会计政策变更处理,将计量模式变更

时公允价值与账面价值的差额，调整期初留存收益。已采用公允价值模式计量的投资性房地产，不得从公允价值模式转为成本模式。

投资性房地产从成本模式计量转为公允价值模式计量，应当按照转换当日投资性房地产的公允价值，借记"投资性房地产——成本"科目，按照已计提的折旧或摊销，借记"投资性房地产累计折旧（摊销）"科目，按原已计提的减值准备，借记"投资性房地产减值准备"科目，按照账面余额，贷记"投资性房地产"科目，按其差额，贷记或借记"盈余公积""利润分配——未分配利润"等科目。

【例8-25】 20×7年1月1日，甲公司将其一栋写字楼租赁给乙公司使用，租赁期3年，甲公司采用成本模式进行后续计量。20×8年1月1日，甲公司认为出租给乙公司使用的写字楼，其所在地的房地产交易市场比较成熟，具备了采用公允价值模式计量的条件，决定对该项写字楼从成本模式计量转换为公允价值模式计量。20×8年1月1日，该写字楼的公允价值为240万元，账面价值200万元（其中，原价300万元，已计提折旧100万元）。假定甲公司按净利润的10%计提盈余公积，同时不考虑所得税及其他相关税费的影响。甲公司的账务处理如下：

借：投资性房地产——成本　　　　　　　　　　　　　　2 400 000
　　投资性房地产累计折旧　　　　　　　　　　　　　　1 000 000
　　贷：投资性房地产　　　　　　　　　　　　　　　　3 000 000
　　　　盈余公积　　　　　　　[（2 400 000 - 2 000 000）×10%] 40 000
　　　　利润分配——未分配利润　[（2 400 000 - 2 000 000）×90%] 360 000

第三节　其他资产

其他资产，是指除货币资金、金融资产、存货、长期股权投资、固定资产、无形资产、投资性房地产等以外的其他资产，主要包括长期待摊费用和其他非流动资产。

一、长期待摊费用

长期待摊费用，是指企业已经发生但应由本期和以后各期负担的分摊期限在1年以上的各项费用，如开办费等。开办费，是指企业在筹建期间发生的各项支出，包括筹建期间发生的职工薪酬、办公费、培训费、差旅费、印刷费、注册登记费等以及不能计入固定资产和无形资产成本的筹资费用等，但不包括筹建期间为取得固定资产、无形资产、投资性房地产所发生的支出。开办费应当在企业开始生产经营的当月起进行摊销。

企业应当设置"长期待摊费用"科目核算长期待摊费用的发生、摊销和摊余等情况，其借方登记企业发生的各种长期待摊费用，贷方登记长期待摊费用的摊销，期末借方余额反映企业尚未摊销完毕的长期待摊费用。该科目可按费用项目进行明细核算。企业发生的长期待摊费用，借记"长期待摊费用"科目，贷记"银行存款""原材料"等科目。摊销长期待摊费用，借记"管理费用""销售费用"等科目，贷记"长期待摊用"科目。

二、其他非流动资产

其他非流动资产主要包括特种储备物资、冻结物资、银行冻结存款、诉讼中的财产等。特种储备物资是指经国家批准的在正常范围以外储备的、具有专门用途、不参加生产经营周转的物资。冻结物资是指由于某种原因，被冻结不能正常处置的资产。银行冻结存款是指被银行冻结、不能支取的存款。诉讼中的财产是指由于发生产权纠纷、进入司法程序后被法院认定为涉及诉讼、尚未判定所有权归属的资产。其他非流动资产一般参与企业的正常生产经营周转，不需要进行摊销。

本章小结

1. 投资性房地产的概念与范围

投资性房地产，是指为赚取租金或资本增值，或两者兼有而持有的房地产。投资性房地产应当能够单独计量和出售。投资性房地产的范围限定为：①已出租的土地使用权；②持有并准备增值后转让的土地使用权；③已出租的建筑物。下列不属于投资性房地产：①自用的房地产；②作为存货的房地产。需要注意的是，持有并准备增值后转让的建筑物不属于投资性房地产。

2. 投资性房地产的初始计量

投资性房地产应当按照成本进行初始计量：①外购投资性房地产的成本，包括购买价款、相关税费和可直接归属于该资产的其他支出。②自行建造投资性房地产的成本，由建造该项房地产达到预定可使用状态前发生的必要支出构成。③与投资性房地产有关的后续支出，满足投资性房地产的确认条件的，应当计入投资性房地产成本；不满足投资性房地产的确认条件的，应当在发生时计入当期损益。

3. 投资性房地产的后续计量

企业应当在资产负债表日采用成本模式对投资性房地产进行后续计量。有确凿证据表明投资性房地产的公允价值能够持续可靠取得的，可以对投资性房地产采用公允价值模式进行后续计量。在成本模式计量模式下：①需要对投资性房地产按期（月）计提折旧或摊销；②资产负债表日，存在减值迹象的，还需对投资性房地产进行减值测试。在公允价值计量模式下：①不计提折旧、不摊销和不计提减值准备；②资产负债表日，应当以投资性房地产的公允价值为基础调整其账面价值，公允价值与原账面价值之间的差额计入当期损益（公允价值变动损益）。

同一企业只能采用一种模式对所有的投资性房地产进行后续计量，不得同时采用两种计量模式。企业对投资性房地产的计量模式一经确定，不得随意变更。成本模式转为公允价值模式的，应当作为会计政策变更处理，并按计量模式变更时公允价值与账面价值的差额调整期初留存收益。已采用公允价值模式计量的投资性房地产，不得从公允价值模式转为成本模式。

4. 非投资性房地产与投资性房地产之间的转换（见表 8 – 1）

表 8 – 1　　　　　　　　非投资性房地产与投资性房地产之间的转换

转换形式	成本模式下的转换	公允价值模式下的转换
非投资性房地产转换为投资性房地产	应按存货房地产或自用房地产在转换当日的账面价值作为投资性房地产的入账价值，不产生转换差额	应按存货房地产或自用房地产在转换当日的公允价值作为投资性房地产的入账价值；转换当日的公允价值小于原账面价值，其差额计入当期损益（借记"公允价值变动损益"科目）；转换当日的公允价值大于原账面价值，其差额计入所有者权益（贷记"其他综合收益"科目）
投资性房地产转换为非投资性房地产	应按投资性房地产在转换当日的账面价值作为存货房地产或自用房地产的入账价值，不产生转换差额	应按投资性房地产在转换当日的公允价值作为存货或自用房地产的入账价值。转换当日的公允价值小于原账面价值，其差额计入当期损益（借记"公允价值变动损益"科目）；转换当日的公允价值大于原账面价值，其差额计入当期损益（贷记"公允价值变动损益"科目）

5. 投资性房地产的处置

当投资性房地产被处置，或者永久退出使用且预计不能从其处置中取得经济利益时，应当终止确认该项投资性房地产。企业出售、转让、报废投资性房地产或者发生投资性房地产毁损，应当将处置收入扣除其账面价值和相关税费后的金额计入当期损益。

课堂讨论题

1. 一项房地产，在何种情况下，分别归入投资性房地产、固定资产、无形资产或存货？
2. 在会计实践中，如何判定投资性房地产可以采用公允价值模式进行后续计量？
3. 为什么所有投资性房地产应当按照成本进行初始计量，而在后续计量时却存在成本模式和公允价值模式两种计量模式？这两种计量模式对企业的财务影响有何差异？
4. 为什么成本模式可以转为公允价值模式，而已采用公允价值模式计量的投资性房地产却不得从公允价值模式计量转为成本模式计量？
5. 在成本模式下，为什么应当将房地产转换前的账面价值作为转换后的入账价值？
6. 在公允价值计量模式下，当投资性房地产转为存货房地产或自用房地产时，其转换当日的公允价值与原账面价值之间的差额为什么计入当期损益？而当自用房地产或存货房地产转换为投资性房地产时，其转换当日的公允价值小于原账面价值的差额为什么计入当期损益，而公允价值大于原账面价值的差额为什么计入其他综合收益？

课后练习题

习题一

【目的】练习成本模式下投资性房地产的核算。

【资料】20×3年12月8日，甲公司以银行存款购入一幢写字楼，价款51 000万元（包括土地使用权1 000万元），写字楼预计尚可使用年限40年，相关手续于当日办理完毕；土地使用权预计尚可使用年限50年，相关手续于20×4年1月1日办理完毕。写字楼和土地使用权的预计净残值为0，均采用直线法按年计提折旧或摊销。20×6年1月，甲公司与乙公司签订租赁协议将该写字楼整体出租给乙公司，租期为3年，每年年末收取租金2 000万元，并采用成本模式对投资性房地产进行后续计量。租赁期满后，将写字楼转为自用办公楼。

【要求】假定不考虑其他相关税费，编制甲公司的有关会计分录。

习题二

【目的】练习成本模式下投资性房地产的核算。

【资料】20×6年12月28日，甲公司以银行存款910万元购入一幢建筑物，预计使用寿命15年，预计净残值10万元，采用年限平均法按年计提折旧。甲公司将该幢建筑物自当日起用于对外经营租赁，每年年末收取租金90万元，并采用成本模式对投资性房地产进行后续计量。20×9年12月，甲公司将出租的建筑物收回，作为企业经营管理用厂房。

【要求】假定不考虑其他相关税费，编制甲公司的有关会计分录。

习题三

【目的】练习成本模式下投资性房地产的核算。

【资料】20×5年7月1日，甲公司对生产用厂房进行改扩建，改扩建当日该厂房的原价2 000万元，已提折旧200万元，已提减值准备100万元。在改扩建过程中领用工程物资400万元，领用生产用原材料一批232万元，发生改扩建人员薪酬50万元，用银行存款支付其他费用68万元。该厂房于20×5年12月20日达到预定可使用状态。改扩建后的厂房采用年限平均法计提折旧，预计尚可使用年限20年，预计净残值50万元。20×7年12月10日，由于所生产的产品停产，甲公司决定将上述厂房以经营租赁方式对外出租，租期为2年，每年末收取租金180万元，起租日为20×8年1月1日，并采用成本模式对投资性房地产进行后续计量。租出后，该厂房仍按原折旧方法、折旧年限和预计净残值计提折旧。

【要求】假定不考虑其他相关税费，编制甲公司的有关会计分录。

习题四

【目的】练习成本模式下投资性房地产转换的核算。

【资料】甲公司采用成本模式对投资性房地产进行后续计量。20×4年12月31日，甲公司将一栋自用的办公楼对外出租，租期3年，每年末收取租金150万元。当日，办公楼的成本2 800万元，已提折旧500万元，已提减值准备300万元，尚可使用年限20年，公允价值1 800万元，采用年限平均法计提折旧，无残值。20×5年12月31日，该办公楼的公允价值减去处置费用后的净额为2 000万元，预计未来现金流量现值1 950万元。20×6年12月31日，该办公楼的公允价值减去处置费用后的净额为1 650万元，预计未来现金流量现值1 710万元。20×7年12月31日，该办公楼的公允价值减去处置费用后的净额为1 650万元，预计未来现金流量现值1 700万元。20×7年12月31日，租赁期满，将该办公楼收回转为行政管理部门使用。假定转换后该办公楼的折旧方法、预计折旧年限和预计净残值未发生变化。20×8年12月31日，该办公楼的公允价值减去处置费用后的净额为1 540万元，预计未来现金流量现值1 560万元。20×9年1月5日，将该办公楼对外出售，收到价款1 530万元存入银行。

【要求】假定不考虑其他相关税费，编制甲公司的有关会计分录。

习题五

【目的】练习公允价值模式下投资性房地产的核算。

【资料】甲公司采用公允价值模式对投资性房地产进行后续计量。20×5年12月31日，甲公司将一栋自用的办公楼对外出租,租期3年,每年末收取租金150万元。出租时,该办公楼的成本2 800万元,已计提折旧500万元,已计提减值准备300万元,尚可使用年限20年,公允价值1 800万元。20×6年12月31日,该办公楼的公允价值为1 850万元。20×7年12月31日,该办公楼的公允价值为1 820万元。20×8年12月31日,该办公楼的公允价值1 780万元。20×8年12月31日租赁协议到期,将该办公楼收回并对外出售,收到价款1 800万元存入银行。

【要求】假定不考虑其他相关税费,编制甲公司的有关会计分录。

习题六

【目的】练习公允价值模式下投资性房地产的核算。

【资料】甲公司采用公允价值模式计量投资性房地产。20×6年11月10日,甲公司与乙公司签订协议,将自用的职工餐厅出租给乙公司,租期3年,每年末收取租金500万元。20×7年1月1日开始起租,当日该餐厅原值3 000万元,已计提折旧2 000万元,未计提减值准备,公允价值900万元。20×7年12月31日,该餐厅的公允价值为1 200万元。20×8年12月31日,该餐厅的公允价值为1 800万元。20×9年12月31日,该餐厅的公允价值为1 700万元。20×9年12月31日租赁协议到期,甲公司将该职工餐厅的出售,收到价款3 000万元存入银行。

【要求】假定不考虑其他相关税费,编制甲公司的有关会计分录。

习题七

【目的】练习公允价值模式下投资性房地产的核算。

【资料】甲公司为一般纳税人,增值税税率为16%,对投资性房地产采用公允价值模式计量。20×6年1月,甲公司自行建造办公大楼。在建设期间,购进工程物资一批,收到的增值税专用发票上注明的价款1 400万元,增值税额224万元,该批物资已验收入库,款项已支付,该批物资全部用于办公楼建设。在建设期间,领用本企业自产商品一批,成本160万元,计税价格200万元,另支付在建工程人员薪酬362万元。20×6年8月,该办公楼的建设达到了预定可使用状态并投入使用,预计使用寿命20年,预计净残值54万元,采用直线法计提折旧。20×7年12月,甲公司与丙公司签订了租赁协议,将该办公大楼租赁给丙公司,租赁期10年,每年末收取租金240万元,租赁期开始日为20×8年1月1日,当日与该办公大楼同类房地产的公允价值为2 200万元。20×8年末该办公大楼的公允价值2 400万元。20×9年1月,甲公司与丙公司达成协议并办理过户手续,以2 500万元的价格将该项办公大楼转让给丙公司,全部款项已收到并存入银行。

【要求】假定不考虑其他相关税费,编制甲公司的有关会计分录。

习题八

【目的】练习投资性房地产从成本计量模式转为公允价值计量模式的核算。

【资料】20×8年9月,甲公司准备将自用的一栋写字楼出租,采用成本模式进行后续计量,与乙公司签订了租赁协议,租赁开始日为20×8年10月1日,租赁期1年,每月末收取12万元租金。该办公楼的原价3 600万元,采用直线法计提折旧,使用年限30年,预计净残值为0,已计提折旧300万元,未计提减值准备。20×8年12月,甲公司对这栋写字楼进行日常维修,发生维修支出1.4万元。20×9年3月31日,该写字楼所在地有活跃的房地产交易市场,并能够从房地产交易市场上取得同类的市场价格及相关信息,甲公司决定采用公允价值模式对该写字楼进行计量,该写字楼公允价值4 000万元。20×9年10月,租赁合同到期,为了提高写字楼的租金收入,甲公司对写字楼进行装修,并与丙公司签订了租赁合同,约定自装修完工时将写字楼出租给丙公司。20×9年12月,写字楼装修完工,发生支出120万元。假设甲公司按净利润的10%计提盈余公积。

【要求】假定不考虑其他相关税费,编制甲公司的有关会计分录。

第九章 资产减值

【本章导言】

资产是预期能够给企业带来经济利益的资源。但由于受到企业内外部环境因素变化的不利影响，资产在使用过程中给企业带来的经济利益可能会低于其预期，进而导致资产可能发生减值。当资产存在减值迹象时，企业应当将其账面价值与可收回金额进行比较，进而确认该资产是否发生减值，以便准确地反映资产的真实价值，否则会导致企业资产虚增和利润虚增，从而误导使用者作出错误的经济决策。本章主要介绍资产减值的含义，资产减值迹象的判断，资产减值测试的基本程序与方法，单项资产、资产组、总部资产及商誉的减值测试方法及具体运用。

【本章内容框架】

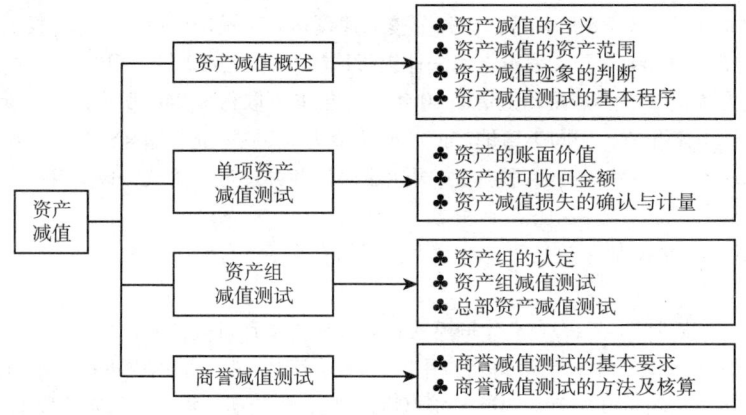

【本章学习目标】

- 熟悉资产减值的含义，了解资产减值测试的资产范围。
- 掌握资产减值迹象的判断以及资产减值测试的基本程序。
- 掌握资产的公允价值减处置费用后的净额的计量。
- 掌握资产预计未来现金流量现值的计量。
- 掌握资产的账面价值和可收回金额的计量。
- 掌握单项资产减值测试的程序与方法。

- 掌握资产组的认定及其减值测试的程序与方法。
- 掌握总部资产的认定及其减值测试的程序与方法。

第一节 资产减值概述

一、资产减值的含义

资产减值,是指资产的可收回金额低于其账面价值。即,当企业资产的可收回金额低于其账面价值时,表明资产发生了减值,企业应当确认资产减值损失,并将资产的账面价值减记至其可收回金额。本章所指资产,除特别说明外,包括单项资产和资产组。

二、资产减值的资产范围

企业所有的资产在发生减值时,原则上都应当及时地加以确认和计量,但由于不同资产的特性不同,其减值会计处理有所不同。本章涉及的资产主要是企业所持有的非流动资产,主要包括:①对子公司、联营企业和合营企业的长期股权投资;②采用成本模式进行后续计量的投资性房地产;③固定资产;④生产性生物资产;⑤无形资产;⑥商誉;⑦探明石油天然气矿区等。

本章不涉及下列资产减值的会计处理:①存货;②消耗性生物资产;③以公允价值模式进行后续计量的投资性房地产;④建造合同形成的资产;⑤递延所得税资产;⑥融资租赁中出租人未担保余值;⑦金融资产;⑧未探明石油天然气矿区权益等。

三、资产减值迹象的判断

企业应当在资产负债表日判断资产是否存在可能发生减值的迹象。企业可以从外部信息来源和内部信息来源加以判断,当存在下列迹象的,表明资产可能发生了减值:

(1) 资产的市价当期大幅度下跌,其跌幅明显高于因时间的推移或者正常使用而预计的下跌。

(2) 企业经营所处的经济、技术或者法律等环境以及资产所处的市场在当期或者将在近期发生重大变化,从而对企业产生不利影响。

(3) 市场利率或者其他市场投资报酬率在当期已经提高,从而影响企业计算资产预计未来现金流量现值的折现率,导致资产可收回金额大幅度降低。

(4) 有证据表明资产已经陈旧过时或者其实体已经损坏。

(5) 资产已经或者将被闲置、终止使用或者计划提前处置。

(6) 企业内部报告的证据表明资产的经济绩效已经低于或者将低于预期,如资产所创造的净现金流量或者实现的营业利润(或者亏损)远远低于(或者高于)预计金额等。

(7) 表明资产可能已经发生减值的其他迹象。

上述列举的资产减值迹象并不能穷尽所有的减值迹象，企业应当根据实际情况来认定资产可能发生减值的迹象。企业只有在有确凿证据的情况下，才能确认资产发生了减值。

因企业合并所形成的商誉和使用寿命不确定的无形资产，无论是否存在减值迹象，每年都应当进行减值测试。因为企业合并所形成的商誉和使用寿命不确定的无形资产在后续计量中不再进行摊销，但是考虑到这两类资产的价值和产生的未来经济利益有较大的不确定性，为了避免资产价值高估，及时确认商誉和使用寿命不确定的无形资产的减值损失，如实反映企业财务状况和经营成果，对于这两类资产，企业至少应当于每年度终了进行减值测试。

四、资产减值测试的基本程序

资产存在减值迹象是资产是否需要进行减值测试的必要前提。有确凿证据表明资产存在减值迹象的，应当在资产负债表日进行减值测试，估计该资产的可收回金额。当该资产的可收回金额低于其账面价值时，应当按照可收回金额低于账面价值的差额，计提减值准备。

企业进行资产减值测试的基本程序如图9-1所示。

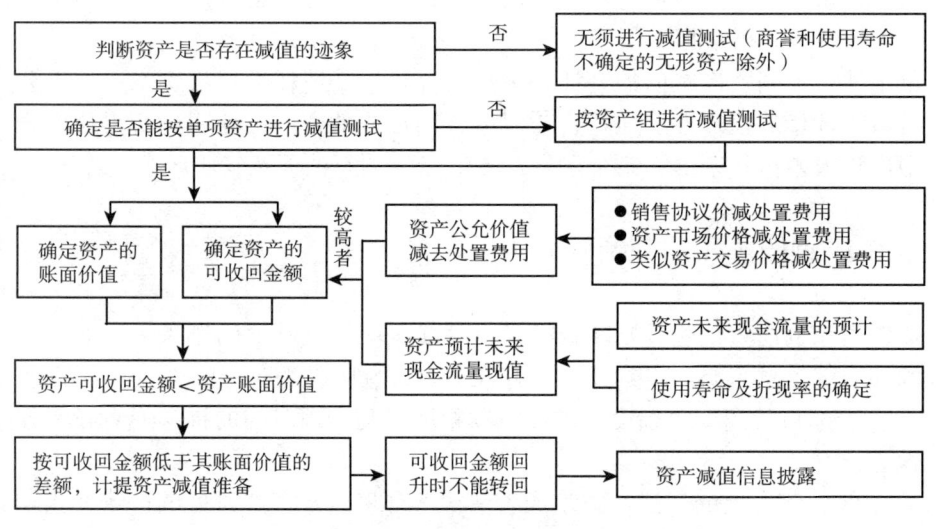

图9-1 资产减值测试的基本程序

如图9-1所述，资产减值测试的程序主要分为以下步骤：

第一步，判断资产是否存在减值的迹象；

第二步，确定是按单项资产还是按资产组进行减值测试；

第三步，确定单项资产或资产组的账面价值及其可收回金额；

第四步，确定资产的可收回金额是否低于账面价值，如果前者小于后者，应确认资产减值损失。

第二节 单项资产减值测试

当存在迹象表明一项资产可能发生减值的,企业应当以单项资产为基础估计其可收回金额。可收回金额低于账面价值的,应当按照可收回金额低于账面价值的金额,计提减值准备。

一、资产的账面价值

资产的账面价值,是指资产的账面余额扣减累计折旧(或累计摊销)和累计减值准备后的金额。例如,固定资产的账面价值是指固定资产的账面余额扣减累计折旧和固定资产减值准备后的金额;无形资产的账面价值是指无形资产的账面余额扣减累计摊销和无形资产减值准备后的金额。

二、资产的可收回金额

资产的可收回金额,应当根据资产的公允价值减去处置费用后的净额与资产预计未来现金流量的现值两者之间较高者确定。因此,资产可收回金额的计量,就涉及资产公允价值的确定、资产处置费用的确定,以及在计算资产未来现金流量现值时对资产未来现金流量的估计以及折现率的确定等问题。

(一) 资产可收回金额计量概述

1. 估计资产可收回金额应当遵循重要性要求

(1) 以前报告期间的计算结果表明,资产可收回金额显著高于其账面价值,之后又没有发生消除这一差异的交易或者事项的,资产负债表日可以不重新估计该资产的可收回金额。

(2) 以前报告期间的计算与分析表明,资产可收回金额相对于某种减值迹象反应不敏感,在本报告期间又发生了该减值迹象的,可以不因该减值迹象的出现而重新估计该资产的可收回金额。

2. 估计资产可收回金额的基本方法与步骤

企业在估计资产的可收回金额时,通常需要同时估计该资产的公允价值减去处置费用后的净额与资产预计未来现金流量的现值,但是,在下列情况,可以有例外或者作特殊考虑:

(1) 资产的公允价值减去处置费用后的净额与资产预计未来现金流量的现值,只要有一项超过了资产的账面价值,就表明资产没有发生减值,不需再估计另一项金额。

(2) 没有确凿证据或者理由表明,资产预计未来现金流量现值显著高于其公允价值减去处置费用后的净额的,可以将资产的公允价值减去处置费用后的净额视为资产的可收回金额。

(3) 资产的公允价值减去处置费用后的净额如果无法可靠估计的,应当以该资产预计未来现金流量的现值作为其可收回金额。

除了上述例外或者作特殊考虑的情况外,计算确定资产可收回金额应当经过以下步骤:

第一步,计算确定资产的公允价值减去处置费用后的净额;

第二步,计算确定资产预计未来现金流量的现值;

第三步,比较资产的公允价值减去处置费用后的净额和资产预计未来现金流量的现值,取其较高者作为资产的可收回金额。

(二) 资产的公允价值减去处置费用后的净额的估计

资产的公允价值减去处置费用后的净额,通常反映的是资产如果被出售或者处置时可以收回的净现金收入。其中:

(1) 资产的公允价值,是指市场参与者在计量日发生的有序交易中,出售一项资产所能收到的价格。

(2) 处置费用,是指可以直接归属于资产处置的增量成本,包括与资产处置有关的法律费用、相关税费、搬运费以及为使资产达到可销售状态所发生的直接费用等,但是财务费用和所得税费用等不包括在内。

企业在估计资产的公允价值减去处置费用后的净额时,应当按照下列顺序进行:

(1) 资产的公允价值减去处置费用后的净额,应当根据公平交易中销售协议价格减去可直接归属于该资产处置费用的金额确定。

(2) 不存在销售协议但存在资产活跃市场的,应当按照该资产的市场价格减去处置费用后的金额确定。资产的市场价格通常应当根据资产的买方出价确定。

(3) 在不存在销售协议和资产活跃市场的情况下,应当以可获取的最佳信息为基础,估计资产的公允价值减去处置费用后的净额,该净额可以参考同行业类似资产的最近交易价格或者结果进行估计。

(4) 企业按照上述规定仍然无法可靠估计资产的公允价值减去处置费用后的净额的,应当以该资产预计未来现金流量的现值作为其可收回金额。

【例 9-1】甲公司某项固定资产在公平交易中的销售协议价格为 300 万元,可直接归属于该资产的处置费用(包括有关的法律费用、相关税费、搬运费等直接费用)为 20 万元。则该固定资产的公允价值减去处置费用后的净额为 280 万元。

【例 9-2】甲公司某项固定资产不存在销售协议但存在活跃市场,其市场价格为 500 万元,估计的处置费用为 25 万元。则该固定资产的公允价值减去处置费用后的净额为 475 万元。

【例 9-3】甲公司某项固定资产不存在销售协议,也不存在活跃市场。甲公司通过调查同行业类似资产最近的交易价格估计该固定资产的公允价值为 200 万元,可直接归属于该固定资产的处置费用为 5 万元。则该固定资产的公允价值减去处置费用后的净额为 195 万元。

(三) 资产预计未来现金流量现值的估计

资产预计未来现金流量现值，应当按照资产在持续使用过程中和最终处置时所产生的预计未来现金流量，选择恰当的折现率对其进行折现后的金额加以确定。

1. 资产的预计未来现金流量

（1）预计资产未来现金流量的基础。

①预计资产未来现金流量时，企业管理层应当在合理和有依据的基础上对资产剩余使用寿命内整个经济状况进行最佳估计。

预计资产的未来现金流量，应当以经企业管理层批准的最近财务预算或者预测数据，以及该预算或者预测期之后年份稳定的或者递减的增长率为基础。企业管理层如能证明递增的增长率是合理的，可以以递增的增长率为基础。建立在预算或者预测基础上的预计现金流量最多涵盖 5 年，企业管理层如能证明更长的期间是合理的，可以涵盖更长的期间。

②预计资产的未来现金流量，应当以资产的当前状况为基础，不应当包括与将来可能会发生的、尚未作出承诺的重组事项或者与资产改良有关的预计未来现金流量。

③预计资产的未来现金流量也不应当包括筹资活动产生的现金流入或者流出以及与所得税收付有关的现金流量。

（2）预计资产未来现金流量应当考虑的因素。

①预计资产未来现金流量和折现率，应当在一致的基础上考虑因一般通货膨胀而导致物价上涨等因素的影响。如果折现率考虑了这一影响因素，资产预计未来现金流量也应予以考虑；如果折现率没有考虑这一影响因素的，资产预计未来现金流量则不予考虑。

②预计资产未来现金流量，应当分析以前期间现金流量预计数与实际数的差异情况，以评判预计当期现金流量所依据的假设的合理性。通常应当确保当期预计现金流量所依据假设与前期实际结果相一致。

③预计资产未来现金流量应当以资产的当前状况为基础，不应当包括与将来可能会发生的、尚未作出承诺的重组事项或者与资产改良有关（包括提高资产的营运绩效）的预计未来现金流量。未来发生的现金流出如果是为了维持资产正常运转或者原定正常产出水平所必要的，预计资产未来现金流量时将其考虑在内。

④对于在建工程、开发过程中的无形资产等，企业在预计其未来现金流量时，应当包括预期为使该类资产达到预定可使用（或者可销售）状态而发生的全部现金流出数。

⑤资产的未来现金流量受内部转移价格影响的，应当采用在公平交易前提下企业管理层能够达成的最佳的价格估计数进行预计。

（3）预计的资产未来现金流量应当包括的内容。

预计的资产未来现金流量应当包括下列各项：①资产持续使用过程中预计产生的现金流入。②为实现资产持续使用过程中产生的现金流入所必须的预计现金流出（包括为使资产达到预定可使用状态所发生的现金流出）。该现金流出应当是可直接归属于或可通过合理和一致的基础分配到资产中的现金流出，后者通常是指那些与资产直接相关的间接费用。③资产使用寿命结束时,处置资产所收到或者支付的净现金流量。该现金流量应当是在公平交易中,熟悉情况的交易双方自愿进行交易时,企业预期可从资产的处置中获取或者支付的、减去预计处置费用后的金额。

(4) 预计资产未来现金流量的方法。

①传统法。预计资产未来现金流量,通常应当根据资产未来每期最有可能产生的现金流量进行预测。传统法使用单一的未来每期预计现金流量和单一的折现率计算资产未来现金流量的现值。

【例9-4】甲公司拥有一台设备,该设备剩余使用年限为4年。企业预计,在正常的情况下,未来4年该设备每年可为企业产生的净现金流量分别为:第1年为80万元;第2年为60万元;第3年为40万元;第4年为20万元。该现金流量通常即为最有可能产生的现金流量,企业应以该现金流量的预计数为基础计算该设备未来现金流量的现值。

②期望现金流量法。采用期望现金流量法更为合理,企业应当采用该方法预计资产未来现金流量。采用期望现金流量法,资产未来现金流量应当根据每期现金流量期望值进行预计,每期现金流量期望值按照各种可能情况下的现金流量乘以可能的发生概率加总计算。

【例9-5】甲公司拥有一台设备,20×9年该设备在不同的经营情况下产生的现金流量分别为:公司经营好的可能性为50%,由此产生的现金流量60万元;经营一般的可能性为30%,由此产生的现金流量50万元;经营差的可能性为20%,由此产生的现金流量40万元。则甲公司该设备在20×9年的预计现金流量为53万元(60×50% + 50×30% +40×20%)。

2. 折现率的确定方法

折现率,是指反映当前市场货币时间价值和资产特定风险的税前利率。该折现率是企业在购置或者投资资产时所要求的必要报酬率。确定折现率时应注意:

(1) 在预计资产的未来现金流量时已经对资产特定风险的影响作了调整的,估计折现率不需要考虑这些特定风险。

(2) 如果用于估计折现率的基础是税后,应当将其调整为税前的折现率,以便于与资产未来现金流量的估计基础相一致。

(3) 折现率的确定,应当首先以该资产的市场利率为依据。如果该资产的市场利率无法从市场上获得,可以使用替代利率估计折现率。替代利率可以根据企业加权平均资金成本、增量借款利率或者其他相关市场借款利率作适当调整后确定。调整时,应当考虑与资产预计现金流量有关的特定风险以及其他有关货币风险和价格风险等。

(4) 企业在估计资产未来现金流量现值时,通常应当使用单一的折现率。但是,如果资产未来现金流量的现值对未来不同期间的风险差异或者利率的期限结构反应敏感,企业应当在未来各不同期间采用不同的折现率。

3. 资产未来现金流量现值的预计

在预计资产的未来现金流量和折现率的基础上,企业将该资产的预计未来现金流量按照预计折现率在预计期限内予以折现后,即可确定该资产未来现金流量的现值。用公式表示为：

$$资产未来现金流量现值(PV) = \sum \left[\frac{第 t 年预计资产未来现金流量(NCF_t)}{(1 + 折现率 r)^t}\right]$$

三、资产减值损失的确认与计量

（一）资产减值损失确认与计量的一般原则

（1）按照前述步骤，计算出资产的公允价值减去处置费用后的净额和资产未来现金流量的现值后，取其两者之间较高者作为资产的可收回金额。可收回金额的计量结果表明，资产的可收回金额低于其账面价值的，企业应当将资产的账面价值减记至可收回金额，减记的金额确认为资产减值损失，计入当期损益，同时计提相应的资产减值准备。

（2）资产减值损失确认后，减值资产的折旧或者摊销费用应当在未来期间作相应调整，以使该资产在剩余使用寿命内，系统地分摊调整后的资产账面价值（扣除预计净残值）。

（3）资产减值损失一经确认，在以后会计期间不得转回。但是，遇到资产处置、出售、对外投资、以非货币性资产交换方式换出、在债务重组中抵偿债务等情况，同时符合资产终止确认条件的，企业应当将相关资产减值准备予以转销。

（二）资产减值损失的账务处理

当企业确定资产发生了减值时，应当根据所确认的资产减值金额，借记"资产减值损失"科目，贷记"固定资产减值准备""在建工程减值准备""投资性房地产减值准备""无形资产减值准备""商誉减值准备""长期股权投资减值准备"等科目。在期末，企业应当将"资产减值损失"科目余额转入"本年利润"科目，结转后该科目应当没有余额。各资产减值准备科目累积每期计提的资产减值准备，直至相关资产处置时才予以转出。

【例 9-6】20×9 年 12 月 31 日，甲公司发现 20×6 年 12 月 31 日购入的一项利用专利的技术设备，由于类似的专利技术在市场上已经出现，此项设备可能减值。该设备账面原价 700 万元，已计提折旧 200 万元，已计提减值准备 50 万元；如果该企业准备出售，市场上厂商愿意以 220 万元的销售净价收购该设备；如继续使用，尚可使用 5 年，未来 4 年预计现金流量及第 5 年使用和期满处置的预计现金流量分别为 50 万元、48 万元、46 万元、44 万元、42 万元。假定购置该设备所要求的必要报酬率为 5%（注：利率为 5%、期数 1~5 期的复利现值系数分别为：0.9524、0.9070、0.8638、0.8227、0.7835）。甲公司的会计处理如下：

（1）该设备的账面价值 = 700 - 200 - 50 = 450（万元）

（2）该设备的可收回金额。

①该设备预计未来现金流量的现值 = 50 × 0.9524 + 48 × 0.9070 + 46 × 0.8638 + 44 × 0.8227 + 42 × 0.7835 = 199.9966（万元）

②该设备公允价值减去处置费用后的净额为 220 万元。

③资产的可收回金额应当根据资产的公允价值减去处置费用后的净额与资产预计未来现金流量的现值两者之间较高者确定，则该设备的可收回金额为 199.9966 万元。

(3) 该设备确认的资产减值损失 = 450 - 199.9966 = 250.0034（万元）

借：资产减值损失　　　　　　　　　　　　　250.0034
　　贷：固定资产减值准备　　　　　　　　　　　　250.0034

第三节　资产组减值测试

当存在迹象表明一项资产可能发生减值的，企业应当以单项资产为基础估计其可收回金额。企业难以对单项资产的可收回金额进行估计的，应当以该资产所属的资产组为基础确定资产的可收回金额。即难以对单项资产进行减值测试的，应当对以该资产所属的资产组进行减值测试。

一、资产组的认定

（一）资产组的概念

资产组，是指企业可以认定的最小资产组合，其产生的现金流入应当基本上独立于其他资产或者资产组。资产组应当由创造现金流入相关的资产组成。

（二）认定资产组应当考虑的因素

(1) 资产组的认定，应当以资产组产生的主要现金流入是否独立于其他资产或者资产组的现金流入为依据。因此，认定资产组最关键的因素是该资产组合能否独立产生现金流入。

【例 9-7】甲公司的某一生产线、营业网点、业务部门等，如果能够独立于其他部门或者单位等创造收入、产生现金流量，或者其创造的收入和现金流入绝大部分独立于其他部门或者单位的，且属于可认定的最小的资产组合的，通常应将该生产线、营业网点、业务部门等认定为一个资产组。

(2) 资产组的认定，应当考虑企业管理层管理生产经营活动的方式（如是按照生产线、业务种类还是按照地区或者区域等）和对资产的持续使用或者处置的决策方式等。

【例 9-8】甲公司有童装、西装、衬衫三个工厂，每个工厂在核算、考核和管理等方面都相对独立，在这种情况下，每个工厂通常为一个资产组。

【例 9-9】甲公司有 A 车间和 B 车间两个生产车间，A 车间专门生产家具部件，生产完后由 B 车间负责组装并对外销售，甲公司对 A 车间和 B 车间资产的使用和处置等决策是一体的，在这种情况下，A 车间和 B 车间通常应当认定为一个资产组。

(3) 几项资产的组合生产的产品（或者其他产出）存在活跃市场的，无论这些产品

（或者其他产出）是用于对外出售还是仅供企业内部使用，均表明这几项资产的组合能够独立产生现金流入，应当将这些资产的组合认定为资产组。如果该资产组的现金流入受内部转移价格的影响，应当按照企业管理层在公平交易中对未来价格的最佳估计数来确定资产组的未来现金流量。

（三）资产组认定后不得随意变更

资产组一经确定后，在各个会计期间应当保持一致，不得随意变更。但是，如果由于企业重组、变更资产用途等原因，导致资产组构成确需变更的，企业可以进行变更，但企业管理层应当证明该变更是合理的，并应当在附注中作相应说明。

二、资产组减值测试

资产组的减值测试与单项资产减值测试的原理基本一致，即企业需要预计资产组的可收回金额和计算资产组的账面价值，并将两者进行比较，如果资产组的可收回金额低于其账面价值的，应当确认相应的减值损失。

（一）资产组账面价值和可收回金额的确定

（1）资产组的账面价值，包括可直接归属于资产组与可以合理和一致地分摊至资产组的资产账面价值，通常不应当包括已确认负债的账面价值，但如不考虑该负债金额就无法确认资产组可收回金额的除外。

（2）资产组的可收回金额，应当按照该资产组的公允价值减去处置费用后的净额与其预计未来现金流量的现值两者之间较高者确定。

（3）资产组在处置时如要求购买者承担一项负债（如环境恢复负债等）、该负债金额已经确认并计入相关资产账面价值，而且企业只能取得包括上述资产和负债在内的单一公允价值减去处置费用后的净额的，为了比较资产组的账面价值和可收回金额，在确定资产组的账面价值及其预计未来现金流量的现值时，应当将已确认的负债金额扣除。

【例9-10】甲公司属于矿业生产企业，根据我国有关法律规定，企业必须在完成矿山开采后应将该地区恢复原貌。恢复费用为表土覆盖层复原费用（比如恢复植被等），因为表土覆盖层在矿山开采前必须挖走。因此，表土覆盖层挖走后，甲公司为恢复费用确认了一项账面金额为1 500万元的预计负债，并计入矿山成本。20×9年12月31日，随着开采进展，公司发现矿产品储量远低于预期，因此，公司对该矿山进行了减值测试，并将整个矿山认定为一个资产组。20×9年12月31日，该资产组的账面价值为3 000万元（包括确认的恢复表土覆盖层原貌的预计负债）。20×9年12月31日，甲公司已经收到某买家出价2 600万元（包括恢复表土覆盖层原貌的成本，即已经扣减了这一成本因素）购买该矿山的合同，预计处置费用为200万元。该矿山的预计未来现金流量现值为3 600万元，不包括恢复费用。甲公司减值测试程序如下：

（1）资产组的公允价值减去处置费用后的净额为2 400万元，该金额考虑了恢复费用。

(2) 预计未来现金流量的现值减去恢复费用为 2 100 万元（3 600 - 1 500）。

(3) 因此，确定资产组的可收回金额应为 2 400 万元。

(4) 资产组的账面价值在扣除了已确认的恢复原貌预计负债后的金额为 1 500 万元 (3 000 - 1 500)。

(5) 资产组的可收回金额 2 400 万元大于资产组的账面价值 1 500 万元，该资产没有发生减值，不必确认减值损失。

（二）资产组减值损失的会计处理

根据减值测试的结果，资产组的可收回金额低于其账面价值的，应当确认相应的减值损失。减值损失金额应当按照以下顺序进行分摊：

(1) 抵减分摊至资产组中商誉的账面价值；

(2) 根据资产组中除商誉之外的其他各项资产的账面价值所占比重，按比例抵减其他各项资产的账面价值。

以上资产账面价值的抵减，应当作为各单项资产（包括商誉）的减值损失处理，计入当期损益。抵减后的各资产的账面价值不得低于以下三者之中最高者：该资产的公允价值减去处置费用后的净额（如可确定的）、该资产预计未来现金流量的现值（如可确定的）和零。因此而导致的未能分摊的减值损失金额，应当按照相关资产组中其他各项资产的账面价值所占比重进行分摊。

【例 9 - 11】甲公司拥有一条产品生产线，该生产线由 A、B、C 三个机器设备组成并同时运转可生产出乙产品。该生产线于 20×4 年 12 月达到预定可以使用状态并交付使用，A、B、C 三个机器设备的入账价值分别为 600 万元、900 万元、1 500 万元，预计使用年限为 10 年，预计净残值为 0，采用年限平均法计提折旧。三个机器设备无法单独使用，不能单独产生现金流量，因此作为一个资产组。20×9 年，市场上出现了替代乙产品的新产品，乙产品市场销量大幅度的减少。因此，20×9 年末，A 机器设备的公允价值减去处置费用后净额 225 万元，B 和 C 机器设备的公允价值减去处置费用后净额以及预计未来现金流量现值无法单独确定。该生产线的预计未来现金流量现值为 900 万元，但公司无法合理估计该生产线的公允价值减去处置费用后的净额。甲公司减值测试程序如下：

(1) 计算资产组的账面价值。

A 机器设备的账面价值 = 600 - 600 ÷ 10 × 5 = 300（万元）

B 机器设备的账面价值 = 900 - 900 ÷ 10 × 5 = 450（万元）

C 设备的账面价值 = 1 500 - 1 500 ÷ 10 × 5 = 750（万元）

该资产组的账面价值 = 300 + 450 + 750 = 1 500（万元）

(2) 计算资产组的减值损失。

由于无法合理估计生产线的公允价值减去处置费用后的净额，因此应将该生产线的预计未来现金流量现值 900 万元作为其可收回金额。

资产组的减值损失 = 1 500 - 900 = 600（万元）

(3) 将减值损失分摊至该资产组中的 A、B 和 C 三个机器设备。

A 机器设备应分摊的资产减值损失 = 600 × (300 ÷ 1 500) = 120（万元）
B 机器设备应分摊的资产减值损失 = 600 × (450 ÷ 1 500) = 180（万元）
C 机器设备应分摊的资产减值损失 = 600 × (750 ÷ 1 500) = 300（万元）

（4）计算将减值损失分摊给资产组后，A、B 和 C 三个机器设备的账面价值。

A 机器设备的账面价值 180 万元（300 - 120），由于抵减后的 A 机器的账面价值不得低于其公允价值减去处置费用后的净额 225 万元；因此 A 机器设备应分摊减值损失为 75 万元（300 - 225），A 机器设备的账面价值应为 225 万元，未分摊至 A 机器设备的减值损失 45 万元（120 - 75），需要再次在 B、C 机器设备之间进行再分摊。

B 机器设备的账面价值 = 450 - 180 = 270（万元）
C 机器设备的账面价值 = 750 - 300 = 450（万元）

（5）计算将未分摊至 A 机器设备的减值损失再次在 B、C 机器设备之间进行分配。

B 机器设备再次应分摊的资产减值损失 = 45 × [270 ÷ (270 + 450)] = 16.88（万元）
C 机器设备再次应分摊的资产减值损失 = 45 × [450 ÷ (270 + 450)] = 28.12（万元）

（6）计算两次分摊后 A、B 和 C 三个机器设备的减值损失。

A 机器设备的减值损失 = 75（万元）
B 机器设备的减值损失 = 180 + 16.88 = 196.88（万元）
C 机器设备的减值损失 = 300 + 28.12 = 328.12（万元）

上述具体分摊过程如表 9-1 所示。

表 9-1 资产减值损失分摊表 单位：万元

项 目	设备 A	设备 B	设备 C	整个生产线（资产组）
账面价值	300	450	750	1 500
可收回金额				900
减值损失				600
减值损失分摊比例	20%(300÷1 500)	30%(450÷1 500)	50%(750÷1 500)	
分摊减值损失	75	180(600×30%)	300(600×50%)	555
分摊后账面价值	225	270	450	
尚未分摊的减值损失				45
二次分摊比例		37.5%(270÷720)	62.5%(270÷720)	
二次分摊减值损失		16.88(45×37.5%)	28.12(45×62.5%)	
二次分摊后应确认减值损失总额		196.88(180+16.88)	328.12(300+28.12)	
二次分摊后账面价值	225	253.12	421.88	900

（7）会计分录。

借：资产减值损失　　　　　　　　　　　　　　　　　　　　　　6 000 000

贷：固定资产减值准备——A机器	750 000
——B机器	1 968 800
——C机器	3 281 200

三、总部资产减值测试

（一）总部资产的概念及其特征

企业总部资产包括企业集团或其事业部的办公楼、电子数据处理设备、研发中心等资产。总部资产的显著特征是难以脱离其他资产或者资产组产生独立的现金流入，而且其账面价值难以完全归属于某一资产组。因此，总部资产通常难以单独进行减值测试，需要结合其他相关资产组或者资产组组合进行。资产组组合，是指由若干个资产组组成的最小资产组组合，包括资产组或者资产组组合，以及按合理方法分摊的总部资产部分。

（二）总部资产的减值测试

在资产负债表日，如果有迹象表明某项总部资产可能发生减值的，企业应当计算确定该总部资产所归属的资产组或者资产组组合的可收回金额，然后将其与相应的账面价值相比较，据以判断是否需要确认减值损失。

企业在对某一资产组进行减值测试时，应当先认定所有与该资产组相关的总部资产，再根据相关总部资产能否按照合理和一致的基础分摊至该资产组，分别下列情况处理：

（1）对于相关总部资产能够按照合理和一致的基础分摊至该资产组的部分，应当将该部分总部资产的账面价值分摊至该资产组，再据以比较该资产组的账面价值（包括已分摊的总部资产的账面价值部分）和可收回金额，并按照前述有关资产组减值测试的顺序和方法处理。

（2）对于相关总部资产中有部分资产难以按照合理和一致的基础分摊至该资产组的，应当按照下列步骤处理：

首先，在不考虑相关总部资产的情况下，估计和比较资产组的账面价值和可收回金额，并按照前述有关资产组减值测试的顺序和方法处理。

其次，认定由若干个资产组组成的最小的资产组组合，该资产组组合应当包括所测试的资产组与可以按照合理和一致的基础将该部分总部资产的账面价值分摊其上的部分。

最后，比较所认定的资产组组合的账面价值（包括已分摊的总部资产的账面价值部分）和可收回金额，并按照前述有关资产组减值测试的顺序和方法处理。

【例9-12】甲公司拥有A、B和C三个资产组，在20×9年末，这三个资产组的账面价值分别为100万元、150万元和200万元，没有商誉。这三个资产组为三条生产线，预计剩余使用寿命分别为10年、20年和20年，采用直线法计提折旧。由于甲公司的竞争对手通过技术创新推出了更高技术含量的产品，受到市场欢迎，从而对甲公司产品产生了重大不利影响，为此，甲公司于20×9年末对各资产组进行减值测试。甲公司的经营管理活动由总部负责，总部资产包括一栋办公大楼和一个研发中心。其中，办公大楼的账面价值为150万元，研发中心的账面价值为50万元。办公大楼的账面价值可以在合理和一致的基础上分摊至各资产组，但是研发中心的账面价值难以在合理和一致的基础上分摊至各相关资产组。各资产组的公允价值减去处置费用后的净额难以确定，但甲公司通过计算得知，资产组A、B、C的未来现金流量现值分别为199万元、164万元、271万元。甲公司计算得知，包括研发中心在内的最小资产组组合（甲公司）的未来现金流量现值为720万元。

甲公司的减值测试如下：

（1）考虑到办公大楼的账面价值可以在合理和一致的基础上分摊至各资产组。因此，对于办公大楼的账面价值，企业应当首先根据各资产组的账面价值和剩余使用年限加权平均计算的账面价值分摊比例进行分摊，具体见表9-2。

表9-2　　　　　　　　　　　　　　总部资产减值测试表　　　　　　　　　　　　　单位：万元

项目	资产组A	资产组B	资产组C	小计	办公大楼	研发中心	总部资产
账面价值	100	150	200	450	150	50	650
各资产组剩余使用寿命	10	20	20				
按使用寿命计算的权重	1	2	2				
加权计算后的账面价值	100	300	400	800			
办公大楼分摊比例（各资产组加权计算后的账面价值/各资产组加权平均计算后的账面价值合计）	12.5%	37.5%	50%	100%			
办公大楼账面价值分摊到各资产组的金额	18.75	56.25	75	150			
包括分摊的办公大楼账面价值后的账面价值	118.75	206.25	275	600			
可收回金额	199	164	271	634			
确认的减值损失	—	42.25	4	46.25			46.25
确认的减值损失在办公大楼与各资产组之间分摊的金额		30.72	3	33.72	12.53		
确认减值损失后的账面价值	100	119.28	197	416.28	137.47	50	603.75

（2）甲公司应当确定各资产组的可收回金额，并将其与账面价值（包括已分摊的办公大楼的账面价值部分）相比较，以确定相应的减值损失。

①资产组A的账面价值118.75万元，资产组A的可收回金额199万元，可收回金额大于账面价值，未发生减值损失。

②资产组B的账面价值206.25万元，资产组B的可收回金额164万元，确认的减值损失42.25万元（206.25-164）。

③资产组C的账面价值275万元，资产组C的可收回金额271万元，确认的减值损失4万元（275-271）。

(3) 将资产组 B、C 的资产减值损失在办公大楼和资产组之间进行分摊。

①资产组 B 确认的减值损失为 42.25 万元。其中：

办公大楼分摊的减值损失 = 42.25 × (56.25 ÷ 206.25) = 11.52（万元）

资产组 B 本身分摊的减值损失 = 42.25 × (150 ÷ 206.25) = 30.73（万元）

②资产组 C 确认的减值损失为 4 万元，其中：

办公大楼分摊的减值损失 = 4 × (75 ÷ 275) = 1（万元）

资产组 C 本身分摊的减值损失 = 4 × (200 ÷ 275) = 3（万元）

经过上述减值测试后，资产组 A、B、C 和办公大楼的账面价值分别为 100 万元、119.27 万元（150 - 30.73）、197 万元（200 - 3）和 137.48 万元（150 - 11.52 - 1）。

(4) 考虑到研发中心的账面价值难以在合理和一致的基础上分摊至各相关资产组，按照下列步骤处理。

①在不考虑相关总部资产的情况下，比较资产组 A、B、C 的账面价值和可收回金额。比较结果表明，资产组 A、B、C 均未发生减值。

②确定由 A、B、C 三个资产组组成最小资产组组合（在本例中即为甲公司），通过计算该资产组组合的可收回金额，并将其与账面价值（包括已分摊的办公大楼和研发中心的账面价值部分）相比较，以确定相应的减值损失。研发中心的账面价值为 50 万元，由此包括研发中心在内的最小资产组组合（即甲公司）的账面价值总额为 603.75 万元（100 + 119.27 + 197 + 137.48 + 50），但其可收回金额为 720 万元，高于其账面价值，因此，企业不必再确认进一步的减值损失（包括研发中心的减值损失）。

(5) 会计分录。根据以上计算与分析结果，甲公司资产组 A 没有发生减值，资产组 B 和 C 发生了减值，应当对其所包括资产分别确认减值损失 30.73 万元和 3 万元。总部资产中，办公楼发生了减值，应当确认减值损失 12.52 万元（11.52 + 1），但是研发中心没有发生减值。甲公司的账务处理如下：

借：资产减值损失　　　　　　　　　　　　　462 500
　　贷：固定资产——资产组 B　　　　　　　307 200
　　　　　　　　——资产组 C　　　　　　　 30 000
　　　　　　　　——办公大楼　　　　　　　125 300

第四节　商誉减值测试

一、商誉减值测试的基本要求

企业对于因企业合并形成的商誉进行减值测试，应遵循以下要求：①企业合并所形成的商誉，至少应当在每年年度终了进行减值测试。②商誉应当结合与其相关的资产组或者资产组组合进行减值测试。相关的资产组或者资产组组合应当是能够从企业合并的协同效应中受益的资产组或者资产组组合，不应当大于企业所确定的报告分部。③对于已经分摊商誉的资产组或资产组组合，不论是否存在资产组或资产组组合可能发生减值的迹象，每年都应当通过比较包含商誉的资产组或资产组组合的账面价值与可收回金额进行减值测试。

二、商誉减值测试的方法及核算

(一) 商誉账面价值的分摊

(1) 对于因企业合并形成的商誉的账面价值，应当自购买日起按照合理的方法分摊至相关的资产组；难以分摊至相关的资产组的，应当将其分摊至相关的资产组组合。

(2) 在将商誉的账面价值分摊至相关的资产组或者资产组组合时，应当按各资产组或者资产组组合的公允价值占资产组或资产组组合公允价值总额的比例进行分摊。公允价值难以可靠计量的，按照各资产组或者资产组组合的账面价值占资产组或资产组组合账面价值总额的比例进行分摊。

(3) 企业因重组等原因改变了其报告结构，从而影响到已分摊商誉的一个或者若干个资产组或者资产组组合构成的，应当按照合理的分摊方法，将商誉重新分摊至受影响的资产组或资产组组合。

(二) 商誉减值损失的会计处理

1. 非同一控制下吸收合并所产生的商誉

企业在对包含商誉的相关资产组或者资产组组合进行减值测试时，如与商誉相关的资产组或者资产组组合存在减值迹象的，应当按照下列步骤处理：

第一，对不包含商誉的资产组或者资产组组合进行减值测试，计算可收回金额，并与相关账面价值相比较，确认相应的减值损失。

第二，再对包含商誉的资产组或者资产组组合进行减值测试，将这些相关资产组或者资产组组合的账面价值（包括所分摊的商誉的账面价值部分）与可收回金额比较，如相关资产组或者资产组组合的可收回金额低于其账面价值的，应当确认相应的减值损失。

第三，减值损失金额应当先抵减分摊至相关的资产组或者资产组组合中商誉的账面价值，再根据资产组或者资产组组合中除商誉之外的其他各项资产的账面价值所占比重，按比例抵减其他各项资产的账面价值。

以上资产账面价值的抵减，应当作为各单项资产（包括商誉）的减值损失处理，计入当期损益。抵减后的各资产的账面价值不得低于以下三者之中最高者：该资产的公允价值减去处置费用后的净额（如可确定的）、该资产预计未来现金流量的现值（如可确定的）和零。因此而导致的未能分摊的减值损失金额，应当按照相关资产组中其他各项资产的账面价值所占比重进行分摊。

2. 非同一控制下控股合并所形成的商誉

如果因企业控股合并所形成的商誉是母公司根据其在子公司所拥有的权益而确认的商誉，在这种情况下，子公司中归属于少数股东权益的商誉并没有在合并财务报表中予以确认。因此，在对与商誉相关的资产组（或者资产组组合）进行减值测试时，由于其可收回金额的预计包括了归属于少数股东权益的商誉价值部分，为了使减值测试建立在一致的基础上，企业应当调整资产组的账面价值，将归属于少数股东权益的商誉包括在内，然后根据调整后的资产组账面价值与其可收回金额进行比较，以确定资产组（包括商誉）是否发生了减值。

上述资产组如发生减值的，企业应当首先抵减商誉的账面价值，由于根据上述方法计算的商誉减值损失包括了应由少数股东权益承担的部分，而少数股东权益享有的商誉价值及其减值损失都没有在合并财务报表中反映，合并财务报表只反映归属于母公司的商誉，因此应当将商誉减值损失在可归属于母公司和少数股东权益之间按比例进行分摊，以确认归属于母公司的商誉减值损失，并将其反映于合并财务报表中。

本章小结

1. 资产减值的概念与范围

资产减值，是指资产的可收回金额低于其账面价值。按照资产减值准则规定的资产是非流动资产或长期资产，包括对子公司、联营企业和合营企业的长期股权投资、采用成本模式进行后续计量的投资性房地产、固定资产、无形资产和商誉等。

2. 资产减值迹象判断及减值测试

企业应当在资产负债表日根据外部信息来源和内部信息来源判断资产是否存在可能发生减值的迹象。有确凿证据表明资产存在减值迹象的，应当进行减值测试，估计其可收回金额。以前报告期间的计算结果表明，资产可收回金额显著高于其账面价值，之后又没有出现减值迹象，则不需要再进行减值测试；以前期间的计算和分析表明，资产可收回金额对一些减值迹象反应不敏感，在本报告期又没有出现别的迹象，则本报告期不需要再进行减值测试。当可收回金额低于其账面价值时，应当按照两者的差额计提减值准备。因企业合并所形成的商誉和使用寿命不确定的无形资产，无论是否存在减值迹象，每年都应当进行减值测试。资产减值损失一经确认，在以后会计期间不得转回。

3. 单项资产减值测试

当存在迹象表明一项资产可能发生减值的，企业应当以单项资产为基础估计其可收回金额。当其可收回金额低于其账面价值时，应当按照其的差额计提减值准备。资产的账面价值是指资产的账面余额扣减累计折旧（或累计摊销）和累计减值准备后的金额。资产的可收回金额应当根据资产的公允价值减去处置费用后的净额与资产预计未来现金流量的现值两者之间较高者确定。其中：公允价值按照销售协议价格、资产的买方出价和同行业类似资产的最近交易价格或者结果进行确定；处置费用是指与资产处置有关的法律费用、相关税费、搬运费以及为使资产达到可销售状态所发生的直接费用；资产预计未来现金流量的现值是按照资产在持续使用过程中和最终处置时所产生的预计未来现金流量，选择恰当的折现率对其进行折现后的金额加以确定。

4. 资产组减值测试

企业难以对单项资产的可收回金额进行估计的，应当以该资产所属的资产组为基础确定资产的可收回金额。资产组的账面价值，包括可直接归属于资产组与可以合理和一致地分摊至资产组的资产账面价值，通常不应当包括已确认负债的账面价值，但如不考虑该负债金额就无法确认资产组可收回金额的除外。资产组的可收回金额，应当按照该资产组的公允价值减去处置费用后的净额与其预计未来现金流量的现值两者之间较高者确定。资产组减值损失金额首先抵减分摊至资产组中商誉的账面价值；其次根据资产组中除商誉之外的其他各项资产的账面价值所占比重，按比例抵减其他各项资产的账面价值。以上资产账面价值的抵减，应当作为各单项资产（包括商誉）的减值损失处理，计入当期损益。抵减后的各资产的账面价值不得低于以下三者之中最高者：该资产的公允价值减去处置费用后的净额（如可确定的）、该资产预计未来现金流量的现值（如可确定的）和零。

5. 总部资产减值测试

总部资产通常难以单独进行减值测试，需要结合其他相关资产组或者资产组组合进行。对于相关总部资产能够按照合理和一致的基础分摊至该资产组的部分，应当将该部分总部资产的账面价值分摊至该资产组，再据以比较该资产组的账面价值（包括已分摊的总部资产的账面价值部分）和可收回金额，并按照资产组减值测试的顺序和方法处理。对于相关总部资产中有部分资产难以按照合理和一致的基础分摊至该资产组的，首先，在不考虑相关总部资产的情况下，估计和比较资产组的账面价值和可收回金额，并按照资产组减值测试的顺序和方法处理；其次，认定由若干个资产组组成的最小的资产组组合，该资产组组合应当包括所测试的资产组与可以按照合理和一致的基础将该部分总部资产的账面价值分摊其上的部分；最后，比较所认定的资产组组合的账面价值（包括已分摊的总部资产的账面价值部分）和可收回金额，并按照资产组减值测试的顺序和方法处理。

6. 商誉减值测试

企业合并所形成的商誉，至少应当在每年年度终了进行减值测试。对于因企业合并形成的商誉的账面价值，应当自购买日起按照合理的方法分摊至相关的资产组；难以分摊至相关的资产组的，应当将其分摊至相关的资产组组合。

❓课堂讨论题

1. 资产发生减值的迹象主要包括哪些？企业应当如何进行判断？
2. 企业为什么需要定期对资产进行减值测试？
3. 企业如何估计资产的公允价值减去处置费用后的净额？
4. 认定资产组应当遵循什么原则？应当如何确定相关资产的减值损失？
5. 资产组减值测试所确认的减值损失金额为什么首先抵减分摊至资产组中商誉的账面价值？
6. 总部资产应当如何认定？如何对总部资产进行减值测试？
7. 资产减值损失一经确认，为什么不能转回？这对企业财务状况和经营成果有何影响？

8. 请登录上海证券交易所和深圳证券交易所网站，查阅上市公司计提资产减值的情况？并分析这些公司计提减值准备的原因及其对公司资产和利润的影响？

课后练习题

习题一

【目的】练习单项资产减值测试。

【资料】20×9年12月31日，甲公司对A设备进行减值测试后，发现A设备存在明显的减值迹象。A设备的原值3 000万元，已计提折旧800万元，已计提减值准备200万元。如果公司当日出售A设备，买方愿意以1 800万元的销售净价收购；如果继续使用，尚可使用年限为5年，未来4年的现金流量净值以及第5年使用期满处置的现金流量净值分别为600万元、550万元、400万元、320万元、180万元。假定购置该设备所要求的必要报酬率为5%（利率为5%、期数1~5期的复利现值系数分别为：0.9524、0.9070、0.8638、0.8227、0.7835）。

【要求】计算确定该资产是否发生减值？如果发生了减值，计算减值损失并进行相关的账务处理（金额单位用万元表示，保留两位小数）。

习题二

【目的】练习单项资产减值测试。

【资料】20×9年12月31日，甲公司对下列资产进行减值测试，有关资料如下：

（1）对A机器进行检查时发现该机器可能发生减值。该机器原值8 000万元，累计折旧5 000万元，公允价值2 000万元，直接归属于该机器处置费用为100万元，尚可使用5年。预计该机器未来4年内产生的现金流量分别为600万元、540万元、480万元、370万元，第5年产生的现金流量以及使用寿命结束时处置形成的现金流量合计为300万元。在考虑相关因素的基础上，公司决定采用5%的折现率。

（2）专有技术B的账面成本190万元，已摊销额100万元，已计提减值准备为0，该专有技术已被其他新的技术所代替，其为企业创造经济利益的能力受到重大不利影响。公司经分析，认定该专有技术虽然价值受到重大影响，但仍有30万元的剩余价值。

（3）对某项管理用设备C进行减值测试，发现其销售净价2 380万元，预计该设备持续使用和使用寿命结束时进行处置所形成的现金流量的现值2 600万元。该设备系20×5年12月购入并投入使用，账面原价4 900万元，预计使用年限8年，预计净残值100万元，采用年限平均法计提折旧。20×8年12月31日，甲公司对该设备计提减值准备360万元，此前未计提减值准备，计提减值准备后，设备的使用年限、折旧方法和预计净残值均不改变。

（4）对D公司的长期股权投资进行减值测试，发现D公司经营不善，亏损严重，对该公司长期股权投资的可收回金额下跌至2 100万元。该项投资是20×9年8月以一栋写字楼从另一家公司置换取得的（具有商业实质）。甲公司换出写字楼的账面原价8 000万元，累计折旧5 000万元，公允价值2 700万元。长期股权投资采用成本法核算。

【要求】计算确定上述资产是否发生减值？如果发生减值了，计算其减值损失并进行相关的账务处理（金额单位用万元表示）。

习题三

【目的】练习资产组减值测试。

【资料】20×4年12月20日，甲公司购入专门生产钢材的乙生产线，生产线由A、B、C三部机器构成，初始成本分别为600万元、600万元和800万元。使用年限均10年，预计净残值为0，采用直线

第九章 资产减值

法计提折旧。三部机器均无法单独产生现金流量,但整条生产线构成完整的产销单位,属于一个资产组。20×9年该生产线所生产钢材有替代产品上市,到年底导致公司钢材销路锐减40%,因此,公司于年末对该条生产线进行减值测试。经估计,生产线未来5年现金流量及其折现率,得到其现值为820万元。而公司无法合理估计其公允价值减去处置费用后的净额,则以预计未来现金流量的现值作为其可收回金额。20×9年末,C机器的公允价值减去处置费用后的净额388万元,A、B机器都无法合理估计其公允价值减去处置费用后的净额以及未来现金流量的现值。整条生产线已使用5年,预计尚可使用5年。

【要求】(1)确定20×9年12月31日资产组账面价值。

(2)计算资产减值损失,将计算结果填入表9-3。

(3)编制计提资产减值损失的会计分录。

表9-3 资产减值损失计算表 单位:万元

项 目	机器A	机器B	机器C	整个生产线(资产组)
账面价值				
可收回金额				
减值损失				
减值损失分摊比例				
分摊减值损失				
分摊后账面价值				
尚未分摊的减值损失				
二次分摊比例				
二次分摊减值损失				
二次分摊后应确认减值损失总额				
二次分摊后账面价值				

习题四

【目的】练习资产组减值测试。

【资料】20×9年12月31日,甲公司对某资产组进行减值测试,该资产组包括固定资产A、B、C、D、E设备外,还包括一项负债,同时规定该资产组在处置时要求购买者承担该负债,该负债金额已经确认并计入相关资产账面价值。20×9年末,固定资产的账面价值为4 350万元,其中A、B、C、D、E设备的账面价值分别为885万元、1 170万元、1 425万元、270万元、600万元;要求购买者承担该负债的账面价值为225万元。五个设备无法单独使用,不能单独产生现金流量,因此作为一个资产组。20×9年末,甲公司确定C设备的公允价值减去处置费用后的净额为1 233万元,另外四个设备的公允价值减去处置费用后净额以及预计未来现金流量现值均无法单独确定,但甲公司确定该资产组的公允价值减去处置费用后的净额为3 225万元,预计未来现金流量的现值为3 075万元。

【要求】(1)计算资产组的减值准备。

(2)根据该资产组中各设备的账面价值,按比例分摊减值损失至该资产组中的各项设备。

(3)编制会计分录(金额单位用万元表示)。

习题五

【目的】练习总部资产减值测试。

【资料】20×9年12月31日,甲公司由总部、第一分公司、第二分公司和第三分公司组成,三家分公司的经营活动由总部统一负责。20×9年末,总部资产总额为600万元,第一分公司、第二分公司、第三分公司的资产账面价值分别为800万元、500万元、1 200万元(含合并取得时产生的商誉50万元)。20×9年末,由于经济不景气,甲公司经营发生巨额亏损,出现资产减值的迹象。在减值测试过程中,由于三个分公司均能独立产生现金流,因而可作为三个资产组分别进行减值测试。经比较有关资产的公允价值减去处置费用后的净额与预计未来现金流量现值,得到第一分公司、第二分公司、第三分公司的资产可收回金额分别为960万元、450万元、1 190万元。假设总部资产能够按照各资产组账面价值的比例进行合理分摊,总部资产、第一分公司资产、第二分公司和第三分公司资产的使用寿命均为15年。

【要求】对涉及总部资产的资产组进行减值测试,并对计提资产减值准备进行相应处理(填列总部资产分摊表(见表9-4)、资产减值准备计提表(见表9-5),金额单位用万元表示)。

表9-4　　　　　　　　　　　　　　总部资产分摊表　　　　　　　　　　　　　　单位:万元

资产组合	分摊总部资产前账面价值	分摊比例	分摊总部资产	分摊总部资产后账面价值
第一分公司				
第二分公司				
第三分公司				
合计				

表9-5　　　　　　　　　　　　　　资产减值准备计提表　　　　　　　　　　　　　　单位:万元

资产组合	分摊总部资产后账面价值	可收回金额	应计提减值准备金额
第一分公司			
第二分公司			
第三分公司			

习题六

【目的】练习商誉减值测试。

【资料】20×9年1月1日,甲公司以1 600万元购入乙公司80%的股权,购买日时乙公司可辨认净资产公允价值为1 500万元,不考虑负债、或有负债等。假定乙公司所有资产被认定为一个资产组,且该资产组包含商誉,需要至少每年年末进行减值测试。20×9年末,乙公司可辨认净资产账面价值为1 350万元。乙公司资产组的可收回金额为1 000万元。乙公司资产组可辨认资产包括一项固定资产和一项无形资产,固定资产账面价值为1 000万元,无形资产账面价值为350万元。

【要求】确定乙公司资产组20×9年末的减值损失,并将减值损失分摊至商誉以及相关的资产中。

第十章 非货币性资产交换

【本章导言】

非货币性资产交换是交易双方主要以存货、固定资产、无形资产和长期股权投资等非货币性资产进行的交换。交易双方通过非货币性资产交换,一方面可以满足各自生产经营的需要,同时可在一定程度上减少货币性资产的流出。但是,在会计实务中,企业利用非货币性资产交换损益来操纵利润。因此,加强非货币性资产交换的认定、计量及披露显得尤为重要。本章主要介绍非货币性资产交换的概念及认定、商业实质的判断标准、以账面价值计量和公允价值计量的非货币性资产交换的会计处理,以及涉及多项资产的非货币性资产交换的核算。

【本章内容框架】

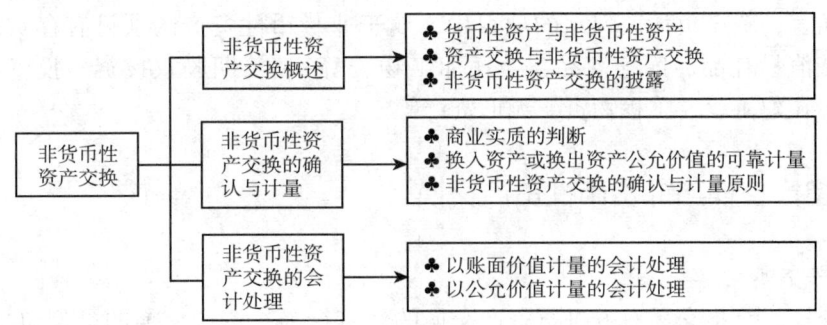

【本章学习目标】

- 掌握货币性资产与非货币性资产的概念。
- 掌握非货币性资产交换的认定。
- 掌握非货币性资产交换具有商业实质的判断标准。
- 掌握换入资产或换出资产公允价值能可靠地计量的判断标准。
- 掌握成本计量基础下的非货币性资产交换的会计处理。
- 掌握公允价值计量基础下的非货币性资产交换的会计处理。
- 熟悉涉及多项资产的非货币性资产交换的会计处理。

第一节 非货币性资产交换概述

随着我国证券市场的迅速发展以及企业经营方式的不断变化，包括资产置换、股权交换在内的非货币性资产交换业务越来越多。这些交换业务既可以满足交易双方各自生产经营的需要，又可以在一定程度上减少货币性资产的流出。但是，企业利用非货币性资产交换进行利润操纵的现象时有发生。因此，加强非货币性资产交换的认定、确认与计量、披露显得尤为重要。

一、货币性资产与非货币性资产

1. 货币性资产

货币性资产，是指企业持有的货币资金及将以固定或可确定的金额收取的资产。一般而言，资产负债表所列示的项目中，属于货币性资产的项目有货币资金、应收账款、应收票据、应收股利、应收利息、其他应收款等。

2. 非货币性资产

非货币性资产，是指货币性资产以外的资产。非货币性资产有别于货币性资产的最基本特征是，其在将来为企业带来的经济利益，即货币金额，是不固定的，或不可确定的。一般而言，资产负债表列示的项目中，属于非货币性资产的项目有存货（原材料、包装物、低值易耗品、库存商品、委托加工物资等）、长期股权投资、投资性房地产、固定资产、在建工程、工程物资、无形资产等。

二、资产交换与非货币性资产交换

1. 资产交换

资产交换，是指交易双方进行资产交换的经济行为。资产交换的类型包括：①货币性资产与货币性资产之间的交换。例如，企业将现金存入银行存款；②货币性资产与非货币性资产之间的交换。例如，企业以银行存款购入固定资产等；③非货币性资产与非货币性资产之间的交换。例如，企业以材料换取另一企业的设备。本章主要讲述的是非货币性资产与非货币性资产之间的交换。

2. 非货币性资产交换的认定

非货币性资产交换，是指交易双方主要以存货、固定资产、无形资产和长期股权投资等非货币性资产进行的交换。该交换不涉及或只涉及少量的货币性资产（即补价）。

认定涉及少量货币性资产的交换为非货币性资产交换，通常以补价占整个资产交换金额的比例是否低于25%作为参考比例。补价占整个资产交换金额的比例高于25%（含25%）的，视为货币性资产交换，适用收入等相关准则的规定。具体如下：

（1）对于支付补价的企业来说，认定涉及少量货币性资产的交换为非货币性资产交换的判定标准：支付的补价÷换入资产的公允价值<25%，或支付的补价÷（换出资产的公允价值+支付的补价）<25%。

（2）对于收到补价的企业来说，认定涉及少量货币性资产的交换为非货币性资产交换的判定标准：收到的补价÷换出资产的公允价值<25%，或收到的补价÷（换入资产的公允价值+收到的补价）<25%。

【例10-1】甲公司20×9年6月发生如下业务：（1）甲公司以一台设备换取乙公司的一辆汽车。该设备的账面价值14万元，公允价值12万元；汽车的账面价值13万元，公允价值15万元。甲公司向乙公司支付了补价3万元。（2）甲公司以一批设备换取丙公司的建筑物。该批设备的账面价值200万元，公允价值200万元；建筑物的账面价值150万元，公允价值140万元。甲公司向乙公司收取了补价60万元。

在本例中，针对事项（1），甲公司支付的补价占换入资产公允价值的比例为20%（3÷15），小于25%，因此甲公司与乙公司的交易为非货币性资产交换；针对事项（2），甲公司收到的补价÷换出资产公允价值的比例为30%（60÷200），大于25%，因此甲公司与丙公司的交易为货币性资产交换。

3. 非货币性资产交换不涉及的交易和事项

本章所指非货币性资产交换不涉及以下交易和事项：

（1）与所有者或所有者以外方面的非货币性资产非互惠转让。非互惠转让，是指企业将其拥有的非货币性资产无代价地转让给其所有者或其他企业，或由其所有者或其他企业将非货币性资产无代价地转让给企业。非货币性资产交换是企业之间主要以非货币性资产形式的互惠转让，即企业取得一项非货币性资产，必须以付出自己拥有的非货币性资产作为代价，而不是单方向的非互惠转让。实务中，与所有者的非互惠转让，如以非货币性资产作为股利发放给股东等，属于资本性交易，适用《企业会计准则第37号——金融工具列报》。企业与所有者以外方面发生的非互惠转让，如政府无偿提供非货币性资产给企业建造固定资产，属于政府以非互惠方式提供非货币性资产，适用《企业会计准则第16号——政府补助》。

（2）在企业合并、债务重组中和发行股票取得的非货币性资产。在企业合并、债务重组中取得的非货币性资产，其成本确定分别适用《企业会计准则第20号——企业合并》和《企业会计准则第12号——债务重组》；企业以发行股票形式取得的非货币性资产，相当于以权益工具换入非货币性资产，其成本确定适用《企业会计准则第37号——金融工具列报》。

（3）换出资产为存货的非货币性资产交换。企业以存货换取客户的存货、固定资产、无形资产等，应按照《企业会计准则第14号——收入》的规定进行会计处理；其他非货币性资产，按照《企业会计准则第7号——非货币性资产交换》的规定进行会计处理。

三、非货币性资产交换的披露

为了让利益相关者更好地了解企业发生的非货币性资产交换，企业应当在附注中披露与非货币性资产交换有关的下列信息：换入资产、换出资产的类别；换入资产成本的确定方式；换入资产、换出资产的公允价值以及换出资产的账面价值；非货币性资产交换确认的损益，等等。

第二节 非货币性资产交换的确认与计量

企业应当根据非货币性资产交换是否具有商业实质，以及换入资产或换出资产的公允价值是否能够可靠地计量，分别采用账面价值计量基础和公允价值计量基础，来确定换入资产的成本和确认该非货币性资产交换是否产生损益。

一、商业实质的判断

企业应当遵循实质重于形式的要求判断非货币性资产交换是否具有商业实质。根据换入资产的性质和换入企业经营活动的特征等，换入资产与换入企业其他现有资产相结合能够产生更大的效用，从而导致换入企业受该换入资产影响产生的现金流量与换出资产明显不同，表明该项资产交换具有商业实质。

（一）判断标准

满足下列条件之一的非货币性资产交换具有商业实质：

1. 换入资产的未来现金流量在风险、时间和金额方面与换出资产显著不同

换入资产的未来现金流量在风险、时间和金额方面与换出资产显著不同，通常包括但不仅限于以下几种情况：

（1）未来现金流量的风险、金额相同，时间不同。此种情形是指换入资产和换出资产产生的未来现金流量总额相同，获得这些现金流量的风险相同，但现金流量流入企业的时间不同。

【例10-2】甲企业以一批存货换入一项设备，因存货流动性强，能够在较短的时间内产生现金流量，设备作为固定资产要在较长的时间内为企业带来现金流量，假定两者产生的未来现金流量风险和总额均相同，但由于两者产生现金流量的时间跨度相差较大，则可以判断上述存货与固定资产的未来现金流量显著不同，因而该两项资产的交换具有商业实质。

（2）未来现金流量的时间、金额相同，风险不同。此种情形是指换入资产和换出资产产生的未来现金流量时间和金额相同，但企业获得现金流量的不确定性程度存在明显差异。

【例10-3】甲企业以其用于经营出租的一幢公寓楼与乙企业同样用于经营出租的一幢公寓楼进行交换，两幢公寓楼的租期、每期租金总额均相同，但是甲企业是租给一家财务及信用状况良好的企业（该企业租用该公寓是给其单身职工居住），乙企业的客户则都是单个租户，相比较而言，甲企业取得租金的风险较小，乙企业由于租给散户，租金的取得依赖于各单个租户的财务和信用状况，因此，两者现金流量流入的风险或不确定性程度存在明显差异，则两幢公寓楼的未来现金流量显著不同，进而可判断该两项资产的交换具有商业实质。

(3) 未来现金流量的风险、时间相同，金额不同。此种情形是指换入资产和换出资产的未来现金流量总额相同，预计为企业带来现金流量的时间跨度相同，风险也相同，但各年产生的现金流量金额存在明显差异。

【例10-4】甲企业以一项商标权换取乙企业的一项专利技术，预计两项无形资产的使用寿命相同，在使用寿命内预计为企业带来的现金流量总额相同，但是换入的专利技术是新开发的，预计开始阶段产生的未来现金流量明显少于后期，而甲企业拥有的商标每年产生的现金流量比较均衡，则两者各年产生的现金流量金额差异明显，则上述商标权与专利技术的未来现金流量显著不同，因而该两项资产的交换具有商业实质。

2. 换入资产与换出资产的预计未来现金流量现值不同，且其差额与换入资产和换出资产的公允价值相比是重大的

企业如按照上述第一项条件难以判断某项非货币性资产交换是否具有商业实质，再根据第二项条件，通过计算换入资产和换出资产的预计未来现金流量现值，进行比较后判断。资产的预计未来现金流量现值，应当按照资产在持续使用过程中和最终处置时所产生的预计税后未来现金流量，根据企业自身而不是市场参与者对资产特定风险的评价，选择恰当的折现率对其进行折现后的金额加以确定。

【例10-5】甲企业以一项非专利技术换入乙企业拥有的长期股权投资，该项非专利技术与该项长期股权投资的公允价值相同，两项资产未来现金流量的风险、时间和金额亦相同，但对甲企业而言，换入该项长期股权投资使其对被投资方由重大影响变为控制关系，从而对乙企业的特定价值即预计未来现金流量现值与换出的非专利技术有较大差异；乙企业换入的非专利技术能够解决生产中的技术难题，从而对其特定价值即预计未来现金流量现值与换出的长期股权投资存在明显差异，因而两项资产的交换具有商业实质。

(二) 交换涉及的资产类别与商业实质的关系

1. 不同类别非货币性资产交换与商业实质

由于不同类别非货币性资产因其产生经济利益的方式不同，一般来说其产生的未来现金流量、风险、时间和金额也不相同，因而不同类别非货币性资产之间的交换，通常是具有商业实质。不同类别非货币性资产，是指在资产负债表中列示的不同大类的非货币性资产，比如存货、固定资产、投资性房地产、长期股权投资、无形资产等都是不同类别的资产。

【例10-6】某企业以一项用于出租的投资性房地产交换一项固定资产自用，在这种情况下，企业就将未来现金流量由每期产生的租金流，转化为该项资产独立产生或包括该项资产的资产组协同产生的现金流。通常情况下，由定期租金带来的现金流量与用于生产经营用的固定资产产生的现金流量在风险、时间和金额方面有所差异，因此，该两项资产的交换应当视为具有商业实质。

2. 同类别非货币性资产交换与商业实质

由于同类资产产生的未来现金流量既可能相同，也可能显著不同，它们之间的交换因而可能具有商业实质，也可能不具有商业实质。例如，企业将自己拥有的一幢建筑物，与另一企业拥有的在同一地点的另一幢建筑物相交换，两幢建筑物的建造时间、建造成本等均相同，但两者未来现金流量的风险、时间和金额可能不同，在这种情况下，该两项资产的交换视为具有商业实质。

3. 关联方之间交换资产与商业实质的关系

在确定非货币性资产交换是否具有商业实质时，企业应当关注交易各方之间是否存在关联方关系。关联方关系的存在可能导致发生的非货币性资产交换不具有商业实质。

二、换入资产或换出资产公允价值的可靠计量

符合下列情形之一的，表明换入资产或换出资产的公允价值能够可靠地计量：

（1）换入资产或换出资产存在活跃市场。对于存在活跃市场的存货、长期股权投资、固定资产、无形资产等非货币性资产，应当以该资产的市场价格为基础确定其公允价值。

（2）换入资产或换出资产本身不存在活跃市场，但同类或类似资产存在活跃市场。对于同类或类似资产存在活跃市场的存货、长期股权投资、固定资产、无形资产等非货币性资产，应当以同类或类似资产市场价格为基础确定其公允价值。

（3）换入资产或换出资产不存在同类或类似资产的可比市场交易，应当采用估值技术确定其公允价值。该公允价值估计数的变动区间很小，或者在公允价值估计数变动区间内，各种用于确定公允价值估计数的概率能够合理确定的，视为公允价值能够可靠计量。

三、非货币性资产交换的确认与计量原则

根据非货币性资产交换是否具有商业实质以及换入资产或换出资产的公允价值是否能够可靠地计量，非货币性资产交换的计量基础包括：

1. 账面价值计量

非货币性资产交换不具有商业实质或交换涉及资产的公允价值均不能可靠计量的，应当按照换出资产的账面价值和应支付的相关税费，作为换入资产的成本，不确认损益。

2. 公允价值计量

非货币性资产交换具有商业实质且换入资产或换出资产的公允价值能够可靠地计量的，应当以公允价值和应支付的相关税费作为换入资产的成本，公允价值与换出资产账面价值的差额为非货币性资产交换损益。换入资产和换出资产公允价值均能够可靠计量的，应当以换出资产的公允价值作为确定换入资产成本的基础；但有确凿证据表明换入资产的公允价值更加可靠的，应当以换入资产公允价值为基础确定换入资产的成本。

第三节　非货币性资产交换的会计处理

一、以账面价值计量的会计处理

非货币性资产交换不具有商业实质，或者虽然具有商业实质但换入资产和换出资产的公允价值均不能可靠计量的，应当以换出资产账面价值为基础确定换入资产的成本，无论是否支付补价，均不确认损益。

（一）换入资产成本的确定

非货币性资产以账面价值计量的，换入资产成本的确定分以下三种情况：

（1）不涉及补价的，应当以换出资产的账面价值和应支付的相关税费作为换入资产的成本，不确认损益。用公式表示为：

　　　　换入资产成本 = 换出资产的账面价值 + 支付的相关税费

（2）支付补价的，应当以换出资产的账面价值，加上支付的补价和应支付的相关税费，作为换入资产的成本，不确认损益。用公式表示为：

　　　　换入资产成本 = 换出资产的账面价值 + 支付的补价 + 支付的相关税费

（3）收到补价的，应当以换出资产的账面价值，减去收到的补价并加上应支付的相关税费，作为换入资产的成本，不确认损益。用公式表示为：

　　　　换入资产成本 = 换出资产的账面价值 − 收到的补价 + 支付的相关税费

需要注意的是，换入资产与换出资产交易涉及相关税费的，如换出资产计算确认的增值税销项税额，换入资产计算确认的增值税进项税额，应按照《增值税会计处理规定》进行会计处理。

（二）会计核算

1. 不涉及补价的情况

（1）企业换出资产为存货的（对方为收入准则界定的非客户）[①]，按照存货的账面价值和应支付的相关税费作为换入资产的成本，借记有关资产科目，按照已计提的存货跌价准备，借记"存货跌价准备"科目，按照存货的账面余额，贷记"原材料""库存商品"等科目，按支付的其他相关税费，贷记"银行存款"等科目。涉及的增值税，还应进行相应的会计处理。

[①] 对方为收入准则界定的客户，按照收入准则和本书第十五章有关"非现金对价"的规定进行会计处理。即，当企业因转让商品而有权向客户收取的对价是非现金形式时，如实物资产、无形资产、股权、客户提供的广告服务等。企业通常应当按照非现金对价在合同开始日的公允价值确定交易价格。非现金对价公允价值不能合理估计的，企业应当参照其承诺向客户转让商品的单独售价间接确定交易价格。

（2）企业换出资产为固定资产的，按照固定资产的账面价值，借记"固定资产清理"科目，按已计提的累计折旧或减值准备，借记"累计折旧"科目或"固定资产减值准备"科目，按固定资产的账面原价，贷记"固定资产"科目；按照应支付的相关税费，借记"固定资产清理"科目，贷记"银行存款"等科目。按照固定资产的账面价值和应支付的相关税费作为换入资产的成本，借记有关资产科目，按照"固定资产清理"科目的余额，贷记"固定资产清理"科目。涉及的增值税，还应进行相应的会计处理。

（3）企业换出资产为无形资产的，按照无形资产的账面价值和应支付的相关税费作为换入资产的成本，借记有关资产科目，按已计提的累计摊销或减值准备，借记"累计摊销"科目或"无形资产减值准备"科目，按无形资产的账面余额，贷记"无形资产"科目，按应支付的相关税费，贷记"银行存款"等科目。涉及增值税的，还应进行相应的会计处理。

（4）企业换出资产为长期股权投资的，按照长期股权投资的账面价值和应支付的相关税费作为换入资产的成本，借记有关资产科目，按已计提的减值准备，借记"长期股权投资减值准备"科目，按照长期股权投资的账面余额，贷记"长期股权投资"科目，按应支付的相关税费，贷记"银行存款"等科目。涉及增值税的，还应进行相应的会计处理。

【例10-7】甲公司和乙公司为收入准则界定的非客户关系，均为增值税一般纳税人。20×8年10月，甲公司以一台账面价值为10万元的机器设备（账面原价12万元，已计提折旧1万元，已计提减值准备1万元）与乙公司生产的一批账面价值为11万元的商品（账面余额14万元，已计提跌价准备3万元）进行交换。甲公司以银行存款支付了清理费用0.1万元。甲公司换入的商品作为固定资产。乙公司换入的机器设备作为原材料。机器设备和商品的计税价格均为10万元，但其公允价值均无法可靠计量。假定不考虑其他相关税费。

(1) 甲公司的账务处理。

换出机器设备的增值税销项税额 = 10 × 16% = 1.6（万元）

换入的商品作为固定资产的增值税进项税额 = 10 × 16% = 1.6（万元）

借：固定资产清理	100 000
累计折旧	10 000
固定资产减值准备	10 000
贷：固定资产	120 000
借：固定资产清理	1 000
贷：银行存款	1 000
借：固定资产	101 000
应交税费——应交增值税（进项税额）	16 000
贷：固定资产清理	101 000
应交税费——应交增值税（销项税额）	16 000

(2) 乙公司的账务处理。

借：原材料	110 000	
应交税费——应交增值税（进项税额）	16 000	
存货跌价准备	30 000	
贷：库存商品		140 000
应交税费——应交增值税（销项税额）		16 000

2. 涉及补价的情况

企业在以账面价值为基础确定换入资产成本的情况下，如果涉及补价，其账务处理的基本原理与不涉及补价的账务处理基本相同。当支付补价的，企业还应按支付的补价，贷记"银行存款"等科目；收到补价的，还应按收取的补价，借记"银行存款"等科目。

【例10-8】甲公司和乙公司均为增值税一般纳税人。20×8年11月，甲公司以一台账面价值为120万元的设备（账面原价450万元，已计提折旧300万元，已计提减值准备30万元）与乙公司拥有的一间账面价值为90万元的厂房（账面原价300万元，已计提折旧200万元，已计提减值准备10万元）进行交换。专有设备（增值税税率为16%）和厂房（增值税税率为10%）的计税价格均为100万元，但其公允价值均不能可靠计量。甲公司决定将换入的厂房拟改造为办公室使用。乙公司支付了甲公司20万元补价。假定不考虑其他相关税费。

（1）甲公司的账务处理。

换出设备的增值税销项税额 = 100 × 16% = 16（万元）

换入的厂房拟改造为办公室的增值税进项税额 = 100 × 10% = 10（万元）

借：固定资产清理	1 200 000	
累计折旧	3 000 000	
固定资产减值准备	300 000	
贷：固定资产——设备		4 500 000
借：固定资产——办公室	1 060 000	
应交税费——应交增值税（进项税额）	100 000	
银行存款	200 000	
贷：固定资产清理		1 200 000
应交税费——应交增值税（销项税额）		160 000

（2）乙公司的账务处理。

换出厂房的增值税销项税额 = 100 × 10% = 10（万元）

换入设备的增值税进项税额 = 100 × 16% = 16（万元）

借：固定资产清理	900 000	
累计折旧	2 000 000	
固定资产减值准备	100 000	
贷：固定资产——厂房		3 000 000
借：固定资产——设备	1 040 000	
应交税费——应交增值税（进项税额）	160 000	

贷：固定资产清理		900 000
应交税费——应交增值税（销项税额）		100 000
银行存款		200 000

3. 涉及多项非货币性资产的交换

涉及多项非货币性资产的交换，企业应当按照换入各项资产的原账面价值占换入资产原账面价值总额的比例，对换入资产的成本总额进行分配，确定各项换入资产的成本。

【例 10-9】 20×8 年 11 月，甲公司经与乙公司协商，将其专用设备连同专利技术与乙公司正在建造过程中的一幢建筑物、对丙公司的长期股权投资（采用成本法核算）进行交换。甲公司换出专有设备的账面原价为 120 万元，已提折旧 75 万元；专利技术账面原价为 45 万元，已摊销金额为 27 万元。乙公司在建工程截止到交换日的成本为 52.5 万元，对丙公司的长期股权投资账面余额为 15 万元。甲公司持有的专有设备和专利技术市场的公允价值不能可靠计量。乙公司的在建工程因完工程度难以合理确定，其公允价值不能可靠计量。乙公司对丙公司长期股权投资的公允价值也不能可靠计量。假定甲、乙公司均未对上述资产计提减值准备，且不考虑资产交换中的相关税费。

（1）甲公司的账务处理。

①计算换入资产、换出资产账面价值总额。

换入资产账面价值总额 = 52.5 + 15 = 67.5（万元）

换出资产账面价值总额 =（120 - 75）+（45 - 27）= 63（万元）

②确定换入资产总成本。

换入资产总成本 = 换出资产账面价值总额 = 63（万元）

③计算各项换入资产账面价值占换入资产账面价值总额的比例。

在建工程占换入资产账面价值总额的比例 = 52.5 ÷ 67.5 = 77.8%

长期股权投资占换入资产账面价值总额的比例 = 15 ÷ 67.5 = 22.2%

④确定各项换入资产成本。

在建工程成本 = 63 × 77.8% = 49.014（万元）

长期股权投资成本 = 63 × 22.2% = 13.986（万元）

⑤会计分录。

借：固定资产清理		450 000
累计折旧		750 000
贷：固定资产——专有设备		1 200 000
借：在建工程		490 140
长期股权投资		139 860
累计摊销		270 000
贷：固定资产清理		450 000
无形资产——专利技术		450 000

（2）乙公司的账务处理。

① 计算换入资产、换出资产账面价值总额。
换入资产账面价值总额 =（120 − 75）+（45 − 27）= 63（万元）
换出资产账面价值总额 = 52.5 + 15 = 67.5（万元）
② 确定换入资产总成本。
换入资产总成本 = 换出资产账面价值总额 = 67.5（万元）
③ 计算各项换入资产账面价值占换入资产账面价值总额的比例。
专有设备占换入资产账面价值总额的比例 = 45 ÷ 63 = 71.4%
专利技术占换入资产账面价值总额的比例 = 18 ÷ 63 = 28.6%
④ 确定各项换入资产成本。
专有设备成本 = 67.5 × 71.4% = 48.195（万元）
专利技术成本 = 67.5 × 28.6% = 19.305（万元）
⑤ 会计分录。

借：固定资产——专有设备　　　　　　　　　　　　　481 950
　　无形资产——专利技术　　　　　　　　　　　　　193 050
　　贷：在建工程　　　　　　　　　　　　　　　　　525 000
　　　　长期股权投资　　　　　　　　　　　　　　　150 000

二、以公允价值计量的会计处理

非货币性资产交换具有商业实质且换入资产或换出资产的公允价值能够可靠计量的，应当以公允价值和支付的相关税费作为换入资产的成本，换出资产的公允价值与其账面价值的差额计入当期损益（即非货币性资产交换损益）。换入资产和换出资产的公允价值均能够可靠计量的，应当以换出资产的公允价值作为确定换入资产成本的基础，但有确凿证据表明换入资产的公允价值更加可靠的除外。

（一）换入资产成本的确定

非货币性资产交换具有商业实质且公允价值能够可靠计量的，按是否涉及补价，换入资产成本的确定分以下三种情况：

（1）不涉及补价的，应当以换出资产的公允价值和应支付的相关税费作为换入资产的成本。用公式表示：

换入资产成本 = 换出资产的公允价值 + 支付的相关税费

（2）支付补价的，应当以换出资产的公允价值加上支付的补价和应支付的相关税费，作为换入资产的成本。用公式表示：

换入资产成本 = 换出资产的公允价值 + 支付的补价 + 支付的相关税费

（3）收到补价的，应当以换出资产的公允价值减去收到的补价和应支付的相关税费，作为换入资产的成本。用公式表示：

换入资产成本 = 换出资产的公允价值 - 收到的补价 + 支付的相关税费

需要注意的是：(1) 如果有确凿证据表明换入资产的公允价值更加可靠的，应当以换入资产公允价值为基础确定换入资产的成本。(2) 换入资产与换出资产交易涉及相关增值税的，如换出资产计算确认的销项税额，换入资产计算确认的进项税额，应按照《增值税暂行条例》《增值税会计处理规定》的相关规定进行计算及会计处理。

（二）非货币性资产交换损益的确认与计量

在以公允价值计量的情况下，不论是否涉及补价，只要换出资产的公允价值与其账面价值不相同，就一定会产生非货币性资产交换损益。非货币性资产交换损益可用以下公式表示：

非货币性资产交换损益 = 换出资产的公允价值 - 换出资产的账面价值

非货币性资产交换损益，分别下列情况处理：(1) 企业换出资产为存货的（对方为收入准则界定的非客户），应当作为销售处理，以其公允价值确认收入，同时结转销售成本。(2) 企业换出资产为固定资产、无形资产的，其公允价值与账面价值的差额，计入资产处置损益。(3) 换出资产为金融工具确认和计量准则规范的金融资产、长期股权投资的，其公允价值与账面价值的差额及相关利得和损失的结转，分别按照本书第四章、第五章的相关规定进行会计处理。(4) 换出资产为投资性房地产的，以其公允价值确认其他业务收入，同时结转相应的成本。此外，还相应结转其他综合收益和公允价值变动损益。

（三）会计核算

1. 不涉及补价的情况

(1) 换出资产为存货的（对方为收入准则界定的非客户），按照存货的公允价值和应支付的相关税费作为换入资产的成本，借记有关资产科目，按照存货的公允价值，贷记"主营业务收入""其他业务收入"科目，按支付的其他相关税费，贷记"银行存款"等科目。按照存货的账面价值，借记"主营业务成本"或"其他业务成本"科目，按照已计提的存货跌价准备，借记"存货跌价准备"科目，按照存货的账面余额，贷记"原材料""库存商品"等科目。涉及增值税的，还应进行相应的会计处理。

(2) 换出资产为固定资产的，按照固定资产的账面价值，借记"固定资产清理"，按已计提的累计折旧或减值准备，借记"累计折旧"或"固定资产减值准备"科目，按固定资产的账面原价，贷记"固定资产"科目；按照应支付的相关税费，借记"固定资产清理"科目，贷记"银行存款"等科目。按照固定资产的公允价值和应支付的相关税费作为换入资产的成本，借记有关资产科目，按照"固定资产清理"科目的余额，贷记"固定资产清理"科目，按照固定资产的公允价值与其账面价值的差额，借记或贷记"资产处置损益"科目。涉及增值税的，还应进行相应的会计处理。

(3) 换出资产为无形资产的，按照无形资产的公允价值和应支付的相关税费作为换入资产的成本，借记有关资产科目，按已计提的累计摊销或减值准备，借记"累计摊销"或"无形资产减值准备"科目,按无形资产的账面余额,贷记"无形资产"科目,按应支付的相关税费,贷记"银行存款"等科目,按无形资产的公允价值与其账面价值的差额,借记或贷记"资产处置损益"科目。涉及的增值税,还应进行相应的会计处理。

(4) 换出资产为长期股权投资的,按照长期股权投资的公允价值和应支付的相关税费作为换入资产的成本,借记有关资产科目,按已计提的减值准备,借记"长期股权投资减值准备"科目,按照长期股权投资的账面余额,贷记"长期股权投资"科目,按应支付的相关税费,贷记"银行存款"等科目,按长期股权投资的公允价值与其账面价值的差额,借记或贷记"投资收益"科目。涉及增值税的,还应进行相应的会计处理。

【例10-10】甲公司和乙公司为收入准则界定的非客户关系,均为增值税一般纳税人,产品和设备适用的增值税税率均为16%,资产的计税价格均等于公允价值。20×8年1月,甲公司以生产的一批产品(账面余额120万元,已计提跌价准备25万元)交换乙公司生产使用中的一台设备(原价150万元,累计折旧30万元,已计提减值准备5万元)。该批产品和设备的公允价值均为100万元。甲公司换入的设备作为固定资产管理,乙公司换入的产品作为生产产品的材料。整个交易过程中,甲公司支付运杂费1.5万元,乙公司支付运杂费1.2万元。假定不考虑资产交易中的其他相关税费。

(1) 甲公司的账务处理。

借:固定资产　　　　　　　　　　　　　　　　　　　　1 015 000
　　应交税费——应交增值税(进项税额)　　　　　　　　170 000
　　贷:主营业务收入　　　　　　　　　　　　　　　　　　　1 000 000
　　　　应交税费——应交增值税(销项税额)　　　　　　　　170 000
　　　　银行存款　　　　　　　　　　　　　　　　　　　　　　15 000
借:主营业务成本　　　　　　　　　　　　　　　　　　　950 000
　　存货跌价准备　　　　　　　　　　　　　　　　　　　250 000
　　贷:库存商品　　　　　　　　　　　　　　　　　　　　1 200 000

(2) 乙公司的账务处理。

借:固定资产清理　　　　　　　　　　　　　　　　　　1 150 000
　　累计折旧　　　　　　　　　　　　　　　　　　　　　300 000
　　固定资产减值准备　　　　　　　　　　　　　　　　　50 000
　　贷:固定资产　　　　　　　　　　　　　　　　　　　　1 500 000
借:固定资产清理　　　　　　　　　　　　　　　　　　　12 000
　　贷:银行存款　　　　　　　　　　　　　　　　　　　　　12 000
借:原材料　　　　　　　　　　　　　　　　　　　　　1 012 000
　　应交税费——应交增值税(进项税额)　　　　　　　　170 000
　　资产处置损益　　　　　　　　　　　　　　　　　　　150 000
　　贷:固定资产清理　　　　　　　　　　　　　　　　　　1 162 000
　　　　应交税费——应交增值税(销项税额)　　　　　　　　170 000

【例10-11】20×8年5月,甲公司将其持有的对丙公司的长期股权投资(账面余额 400 万元，已计提减值准备 30 万元）交换乙公司拥有的一项专利技术（账面原价 385 万元，累计摊销 80 万元，已计提减值准备 15 万元）。在交换日，两项资产的公允价值均为 300 万元。假设不考虑整个交易过程中的相关税费。

(1) 甲公司的账务处理。

借：无形资产——专利权	3 000 000
长期股权投资减值准备	300 000
投资收益	700 000
贷：长期股权投资——丙公司	4 000 000

(2) 乙公司的账务处理。

借：长期股权投资——丙公司	3 000 000
累计摊销	800 000
无形资产减值准备	150 000
贷：无形资产——专利权	3 850 000
资产处置损益	100 000

2. 涉及补价的情况

企业在以公允价值为基础确定换入资产成本的情况下，如果涉及补价，其账务处理的基本原理与不涉及补价的账务处理基本相同。当支付补价的，企业还应按支付的补价，贷记"银行存款"等科目；收到补价的，还应按收取的补价，借记"银行存款"等科目。

【例 10-12】甲公司和乙公司均为增值税一般纳税人，资产的计税价格等于公允价值。20×9 年 7 月，甲公司将其使用中的办公楼（账面原价 150 万元，累计折旧 20 万元，已计提减值准备 5 万元）与乙公司拥有的一项商标权（账面原价 130 万元，累计摊销 20 万元，已计提减值准备 10 万元）进行交换。办公楼的公允价值为 100 万元，增值税税率为 10%；商标权的公允价值为 110 万元，增值税税率为 6%。甲公司另外向乙公司支付了 10 万元补价。假设整个交易过程中没有发生其他相关税费。

(1) 甲公司的账务处理。

换出办公楼的增值税销项税额 = 100 × 10% = 10（万元）

换入商标权的增值税进项税额 = 110 × 6% = 6.6（万元）

借：固定资产清理	1 250 000
累计折旧	200 000
固定资产减值准备	50 000
贷：固定资产——办公楼	1 500 000
借：无形资产——专利权	1 134 000
应交税费——应交增值税（进项税额）	66 000
资产处置损益	250 000
贷：固定资产清理	1 250 000
应交税费——应交增值税（销项税额）	100 000
银行存款	100 000

(2) 乙公司的账务处理。

借：固定资产——办公楼	966 000
应交税费——应交增值税（进项税额）	100 000
累计摊销	200 000
无形资产减值准备	100 000
银行存款	100 000
贷：无形资产——专利权	1 300 000
应交税费——应交增值税（销项税额）	66 000
资产处置损益	100 000

【例 10-13】 20×9 年 8 月，甲公司以其持有的交易性金融资产（账面价值为 60 万元）与乙公司拥有的用于经营出租目的的一幢公寓楼（账面原价 90 万元，已提折旧 10 万元，计提减值准备 5 万元）进行交换。甲公司持有的交易性金融资产的公允价值为 75 万元；乙公司的公寓楼已确认为按成本模式进行后续计量的投资性房地产，其公允价值为 80 万元。由于乙公司急于处理该幢公寓楼，甲公司仅支付给乙公司 4.5 万元的补价。甲公司换入公寓楼后仍然继续用于经营出租目的，并拟采用公允价值计量模式，乙公司换入股票投资后也仍然用于交易目的。假设整个交易过程中没有发生其他相关税费。

(1) 甲公司的账务处理。

借：投资性房地产	795 000
贷：交易性金融资产	600 000
银行存款	45 000
投资收益	150 000

(2) 乙公司的账务处理。

借：其他业务成本	750 000
投资性房地产累计折旧	100 000
投资性房地产减值准备	50 000
贷：投资性房地产	900 000
借：交易性金融资产	755 000
银行存款	45 000
贷：其他业务收入	800 000

3. 涉及多项非货币性资产的交换

在涉及多项非货币性资产交换的情况下，企业应当首先确定换入资产的总成本，再按照换入各项资产的公允价值占换入资产公允价值总额的比例对换入资产的总成本进行分配，确定各项换入资产的成本。

【例 10-14】 甲公司和乙公司为收入准则界定的非客户关系，均为增值税一般纳税人，资产的计税价格均等于公允价值。20×9 年 9 月，甲公司决定以生产经营过程中使用的厂房（账面原价 225 万元，已计提折旧 45 万元，公允价值为 160 万元）、设备（账面原价 180 万元，已计提折旧 90 万元，公允价值为 120 万元）、库存商品（账面余额 450 万元，公允价值为 525 万元）换入乙公司生产经营过程中使用的 10 辆货运汽车（账面原价 225 万元，已计提折旧 75 万元，公允价值为 225 万元）、5 辆轿车（300 万元，已计提折旧 135 万元，公允价值为 250 万元）、20 辆客运汽车（账面原价 450 万元，已计提折旧 120 万元，公允价值为 360 万元）。乙公司另外向甲公司收取以银行存款支付的 44.4 万元，其中包括由于换出和换入资产公允价值不同而支付的补价 30 万元，以及换出资产销项税额与换入资产进项税额的差额 14.4 万元。甲公司换入乙公司的货运汽车、轿车、客运汽车均作为固定资产使用和管理；乙公司换入甲公司的厂房、设备作为固定资产使用和管理，换入的库存商品作为原材料使用和管理。假设整个交易过程中没有发生除增值税外的其他相关税费。

（1）甲公司的账务处理。

①计算相关税费。

换出厂房的增值税销项税额 = 160 × 10% = 16（万元）

换出设备的增值税销项税额 = 120 × 16% = 19.2（万元）

换出库存商品的增值税销项税额 = 525 × 16% = 84（万元）

换出资产的增值税销项税额 = 16 + 19.2 + 84 = 119.2（万元）

换入资产的增值税进项税额 =（225 + 250 + 360）× 16% = 133.6（万元）

②计算换入资产、换出资产公允价值总额。

换出资产公允价值总额 = 160 + 120 + 525 = 805（万元）

换入资产公允价值总额 = 225 + 250 + 360 = 835（万元）

③计算换入资产总成本。

换入资产总成本 = 805 + 119.2 − 133.6 + 44.4 = 835（万元）

④计算确定换入各项资产的成本。

货运汽车的成本 = 835 ×（225 ÷ 835）× 100% = 225（万元）

轿车的成本 = 835 ×（250 ÷ 835）× 100% = 250（万元）

客运汽车的成本 = 835 ×（360 ÷ 835）× 100% = 360（万元）

⑤会计分录。

借：固定资产清理	2 700 000
累计折旧	1 350 000
贷：固定资产——厂房	2 250 000
——设备	1 800 000
借：固定资产——货运汽车	2 250 000
——轿车	2 500 000
——客运汽车	3 600 000
应交税费——应交增值税（进项税额）	1 336 000
贷：固定资产清理	2 700 000
资产处置损益	100 000
主营业务收入	5 250 000
应交税费——应交增值税（销项税额）	1 192 000
银行存款	444 000

借：主营业务成本	4 500 000	
贷：库存商品		4 500 000

（2）乙公司的账务处理。

①计算相关税费。

换入厂房的增值税进项税额 = 160 × 10% = 16（万元）

换入设备的增值税进项税额 = 120 × 16% = 19.2（万元）

换入库存商品作为材料的增值税进项税额 = 525 × 16% = 84（万元）

换入资产的增值税进项税额 = 16 + 19.2 + 84 = 119.2（万元）

换出资产的增值税销项税额 = (225 + 250 + 360) × 16% = 133.6（万元）

②计算换入资产、换出资产公允价值总额。

换入资产公允价值总额 = 160 + 120 + 525 = 805（万元）

换出资产公允价值总额 = 225 + 250 + 360 = 835（万元）

③计算换入资产总成本。

换入资产总成本 = 835 + 133.6 − 119.2 − 44.4 = 805（万元）

④计算确定换入各项资产的成本。

厂房的成本 = 805 × (160 ÷ 805) × 100% = 160（万元）

设备的成本 = 805 × (120 ÷ 805) × 100% = 120（万元）

材料的成本 = 805 × (525 ÷ 835) × 100% = 525（万元）

⑤会计分录。

借：固定资产清理	6 450 000	
累计折旧	3 300 000	
贷：固定资产——货运汽车		2 250 000
——轿车		3 000 000
——客运汽车		4 500 000
借：固定资产——厂房	1 600 000	
——设备	1 200 000	
原材料	5 250 000	
应交税费——应交增值税（进项税额）	1 192 000	
银行存款	444 000	
贷：固定资产清理		6 450 000
应交税费——应交增值税（销项税额）		1 336 000
资产处置损益		1 900 000

| 本章小结 |

1. 货币性资产与非货币性资产

货币性资产，是指企业持有的货币资金及将以固定或可确定的金额收取的资产，包括库存现金、银行存款、其他货币资金、应收账款和应收票据等。非货币性资产，是指货币性资产以外的资产。非货币性资产有别于货币性资产的最基本的特征是，其在将来为企业带来的经济利益，即货币金额是不固定的或不可确定的。非货币性资产主要包括存货、长期股权投资、投资性房地产、固定资产、在建工程、工程物资、无形资产等。

2. 非货币性资产交换的认定

非货币性资产交换，是指交易双方主要以存货、固定资产、无形资产和长期股权投资等非货币性资产进行的交换。该交换不涉及或只涉及少量的货币性资产（即补价）。认定涉及少量货币性资产的交换为非货币性资产交换，通常以补价占整个资产交换金额的比例是否低于25%作为参考。需要注意的是，企业以存货换取客户的存货、固定资产、无形资产等，应按照收入准则的规定进行会计处理，其他非货币性资产按照非货币性资产交换准则的规定进行会计处理。

3. 非货币性资产交换具有商业实质的判断标准

满足下列条件之一的非货币性资产交换具有商业实质：（1）换入资产的未来现金流量在风险、时间和金额方面与换出资产显著不同。这种情况通常包括但不仅限于以下几种情况：①未来现金流量的风险、金额相同，时间不同；②未来现金流量的时间、金额相同，风险不同；③未来现金流量的风险、时间相同，金额不同。（2）换入资产与换出资产的预计未来现金流量现值不同，且其差额与换入资产和换出资产的公允价值相比是重大的。

4. 换入资产或换出资产公允价值能够可靠计量的判断标准

符合下列情形之一的，表明换入资产或换出资产的公允价值能够可靠地计量：（1）换入资产或换出资产存在活跃市场；（2）换入资产或换出资产本身不存在活跃市场，但同类或类似资产存在活跃市场；（3）换入资产或换出资产不存在同类或类似资产的可比市场交易，应当采用估值技术确定其公允价值。

5. 以账面价值计量的非货币性资产交换的会计处理

非货币性资产不具有商业实质，或者虽然具有商业实质但换出资产或换入资产的公允价值均不能可靠地计量的：（1）不涉及补价的，应当按照换出资产的账面价值为基础确定换入资产的成本，不确认损益；（2）支付补价的，应当以换出资产的账面价值，加上支付的补价和应支付的相关税费，作为换入资产的成本，不确认损益；（3）收到补价的，应当以换出资产的账面价值，减去收到的补价并加上应支付的相关税费，作为换入资产的成本，不确认损益；（4）同时换入多项资产的，应当按照换入各项资产的原账面价值占换入资产原账面价值总额的比例，对换入资产的成本总额进行分配，确定各项换入资产的成本。

6. 以公允价值计量的非货币性资产交换的会计处理

非货币性资产交换具有商业实质且换入资产或换出资产的公允价值能够可靠计量的：（1）不涉及补价的，应当以换出资产的公允价值和应支付的相关税费作为换入资产的成本，换出资产公允价值与账面价值的差额计入当期损益；（2）支付补价方，应当以换出资产的公允价值加上支付的补价和应支付的相关税费，作为换入资产的成本，换出资产公允价值与账面价值的差额计入当期损益；（3）收到补价方，应当以换出资产的公允价值减去补价加上应支付的相关税费，作为换入资产的成本，换出资产公允价值与账面价值的差额计入当期损益；(4) 同时换入多项资产的，应当按照换入各项资产的公允价值占换入资产公允价值总额的比例，对换入的资产成本总额进行分配，以确定各项换入资产的成本。

换出资产的公允价值与其账面价值的差额计入当期损益（非货币性资产交换损益），分为下列情况处理：(1) 换出资产为存货的（对方为收入准则界定的非客户），应当视同销售处理，按照公允价值确认销售收入，同时结转销售成本；(2) 换出资产为固定资产、无形资产的，换出资产公允价值和换出资产账面价值的差额，计入资产处置损益；(3) 换出资产为长期股权投资等金融资产的，换出资产公允价值和换出资产账面价值的差额，计入投资收益；(4) 换出资产为投资性房地产的，按照公允价值确认其他业务收入，同时结转其他业务成本。

课堂讨论题

1. 货币性资产与非货币性资产有何区别？
2. 货币性资产交换与非货币性资产交换主要有哪些区别？举例说明哪些交易属于非货币性资产交换？
3. 什么是商业实质？判断是否具有商业实质的主要依据是什么？在会计实务中，如何判断非货币性资产交换具有商业实质？
4. 成本计量基础与公允价值计量基础的非货币性资产交换，应当分别如何计量换入资产的成本？
5. 成本计量基础的非货币性资产交换与公允价值计量的非货币性资产交换，对企业财务状况和当期损益的影响有何差异？
6. 换入多项非货币性资产时，应当如何计量各项换入资产的成本？

课后练习题

习题一

【目的】练习成本计量基础下，非货币性资产交换的核算。

【资料】甲公司和乙公司为收入准则界定的非客户关系，均为增值税一般纳税人，除无形资产、金融商品的增值税税率为6%，其余交换的资产的增值税税率为16%。资产的计税价格均等于公允价值。20×9年，甲公司与乙公司进行了如下资产交换业务：

(1) 4月，甲公司以账面价值8万元、公允价值10万元的A产品，换入乙公司账面价值11万元、公允价值10万元的B产品，甲公司支付运费0.5万元，乙公司支付运费0.2万元。甲、乙两公司均未对存货计提跌价准备，换入的产品均作为材料入账，双方均已收到换入的产品。

(2) 8月，甲公司以其一项无形资产与乙公司作为固定资产的货运汽车交换。甲公司的无形资产原价150万元，已提累计摊销50万元，公允价值160万元，增值税税率为6%；乙公司的货运汽车原价200万元，已提折旧60万元，公允价值150万元。乙公司向甲公司支付补价10万元。

(3) 12月，甲公司以一项长期股权投资与乙公司交换一台设备和一项无形资产。甲公司的长期股权投资的账面余额为250万元，计提减值准备30万元，公允价值190万元。乙公司的设备原价80万元，累计折旧 40 万元，公允价值 50 万元；无形资产的账面价值 170 万元，公允价值 150 万元。乙公司发生固定资产清理费用 5 万元，甲公司向乙公司支付补价 10 万元。

【要求】假定上述交易不具有商业实质，不考虑其他税费，编制甲公司和乙公司的会计分录。

习题二

【目的】练习成本计量基础下，非货币性资产交换涉及多项资产交换的核算。

【资料】甲公司和乙公司为增值税一般纳税人，不动产、动产适用的增值税税率分别为 10%、16%，计税价格等于公允价值。20×9 年 7 月，甲公司将其持有的厂房（原价 150 万元，累计折旧 30 万元，公允价值 100 万元）、机床（原价 120 万元，累计折旧 60 万元，公允价值 50 万元）和原材料（账面余额 300 万元，计税价格和公允价值 350 万元）与乙公司持有的办公楼（原价 150 万元，累计折旧 50 万元）、轿车（原价 200 万元，累计折旧 90 万元）和客车（原价 300 万元，累计折旧 80 万元）进行交换。假设以上资产均未计提资产减值准备，乙公司向甲公司支付银行存款 40 万元。该交换不具有商业实质，且假定不考虑其他相关税费。

【要求】编制甲公司和乙公司的会计分录。

习题三

【目的】练习公允价值计量基础下，非货币性资产交换的核算。

【资料】甲、乙、丙、丁公司为收入准则界定的非客户关系，均为增值税一般纳税人，除无形资产、金融商品的增值税税率为 6%，其余资产的增值税税率为 16%，计税价格等于公允价值。20×9 年，甲公司发生如下资产交换业务：

（1）3 月，甲公司以其生产的产品一批换入丙公司的一台设备，产品的账面余额 42 万元，已提存货跌价准备 1 万元，公允价值 50 万元。交换过程中甲公司以现金支付给丙公司 1.5 万元作为补价，同时支付相关费用 0.5 万元。设备原价 80 万元，已提折旧 22 万元，已提减值准备 2 万元，公允价值 60 万元。

（2）7 月，甲公司以设备一台换入丁公司的专利权，设备原价 60 万元，已提折旧 22 万元，已提减值准备 4 万元，公允价值 40 万元。专利权的账面原价 50 万元，累计摊销 15 万元，公允价值 38 万元，营业税率为 5%。甲公司收到丁公司支付的现金 2 万元作为补价。

（3）9 月，甲公司以其持有的交易性金融资产换入乙公司的原材料。在交换日，交易性金融资产的账面余额 32 万元（其中，成本 24 万元，公允价值变动 8 万元），公允价值为 36 万元。原材料账面价值 28 万元，公允价值 30 万元。甲公司收到乙公司支付的补价 0.9 万元。

【要求】假定甲、乙、丙、丁公司之间的非货币性资产交换具有商业实质且公允价值能够可靠计量，不考虑其他相关税费，根据上述经济业务，编制甲、乙、丙、丁公司有关的会计分录。

习题四

【目的】练习公允价值计量基础下，非货币性资产交换涉及多项资产交换的核算。

【资料】甲公司和乙公司为收入准则界定的非客户关系，均为增值税一般纳税人，计税价格等于公允价值。20×9 年 7 月，甲公司将其持有的机床（原价 240 万元，累计折旧 20 万元，公允价值 260 万元）、专利权（账面余额 180 万元，计提减值准备 40 万元，公允价值 160 万元）和 A 商品（账面余额 160 万元，公允价值 200 万元）与乙公司持有的客运汽车（原价 280 万元，累计折旧 20 万元，公允价值为 280 万元）、货运汽车（原价 240 万元，累计折旧 40 万元，公允价值 200 万元）和 B 商品（账面余额 180 万元，公允价值 180 万元）进行交换。整个交易过程中没有发生除增值税（机床、汽车、A、B 商品的增值税税率为 16%，专利权、金融商品的增值税税率为 6%）以外的其他相关税费。甲公司另向乙公司支付 40 万元的补价。上述交换具有商业实质且公允价值能够可靠计量。

【要求】编制甲公司和乙公司的会计分录。

习题五

【目的】 练习公允价值计量基础下，非货币性资产交换涉及多项资产交换的核算。

【资料】 甲公司和乙公司为收入准则界定的非客户关系，均为增值税一般纳税人，除无形资产、金融商品的增值税税率为6%，其余资产的增值税税率为16%，计税价格等于公允价值。20×9年7月，甲公司以库存商品（账面余额150万元，公允价值和计税价格200万元）和交易性金融资产（账面余额为260万元，其中：成本210万元，公允价值变动50万元）与乙公司交换其持有的长期股权投资（账面余额为300万元，公允价值为336万元）和一台设备（账面原值240万元，已计提折旧100万元，公允价值144万元）。乙公司向甲公司支付银行存款54万元作为补价。甲公司和乙公司换入的资产均不改变其用途。假设甲公司和乙公司都没有为资产计提减值准备，整个交易过程中没有发生除增值税以外的其他相关税费，该资产交换具有商业实质且公允价值能够可靠计量。

【要求】 编制甲公司和乙公司的会计分录。

第十一章 负　债

【本章导言】

　　负债是债权人对企业资产所享有的要求权，也是企业对债权人承担的经济责任。负债是企业重要的资金来源，既可以给企业带来财务杠杆的效应，同时也给企业带来较大的财务风险。因此，负债的规模、期限及结构以及企业的偿债能力是投资者、债权人和企业管理者所共同关心的问题。本章主要介绍短期借款、应付票据、应付账款、应付职工薪酬、应交税费等流动负债的核算，长期借款、应付债券等非流动负债的核算。

【本章内容框架】

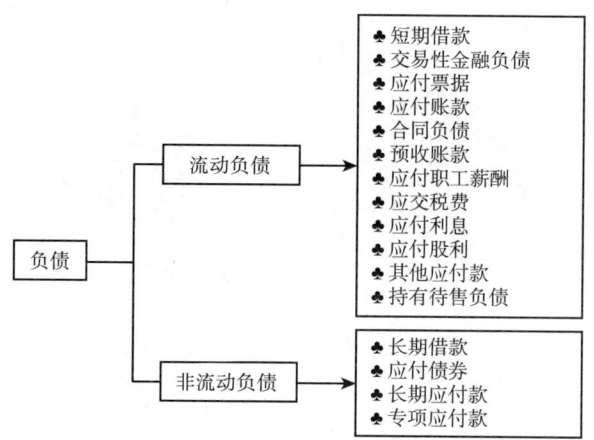

【本章学习目标】

- 掌握短期借款取得、计提利息及到期归还本息的核算。
- 熟悉交易性金融负债取得、持有期间及处置的核算。
- 掌握应付票据、应付账款、合同负债和预收账款的核算。
- 掌握短期薪酬、离职后福利、辞退福利和其他长期职工福利的核算。
- 掌握各项税费的核算，重点掌握增值税、消费税的核算。
- 熟悉应付利息、应付股利和其他应付款的核算。

- 掌握长期借款取得、计提利息以及到期归还本息的核算。
- 掌握一般公司债券和可转换公司债券的核算。

第一节 流动负债

一、短期借款

短期借款,是指企业向银行或其他金融机构借入的、期限在一年以下(含一年)的各种借款。企业借入的各种短期借款,借记"银行存款"科目,贷记"短期借款"科目。按期计算确定的利息费用,借记"财务费用"等科目,贷记"应付利息""银行存款"等科目。归还借款时,借记"短期借款"等科目,贷记"银行存款"科目。

【例11-1】20×8年1月1日,甲公司向中国工商银行取得短期流动资金借款3万元,年利率4%,借款期限6个月,按季结算利息。甲公司的账务处理如下:

(1) 1月1日,借入款项。

| 借:银行存款 | 30 000 |
| 贷:短期借款 | 30 000 |

(2) 1月末、2月末计提利息费用。

借:财务费用 (30 000×4%÷12) 100
　　贷:应付利息 100

(3) 3月末,支付借款利息。

借:应付利息 200
　　财务费用 100
　　贷:银行存款 300

4月末、5月末预提利息与1月末、2月末计提借款利息费用的处理相同。

(4) 6月30日,到期还本付息。

借:短期借款 30 000
　　应付利息 200
　　财务费用 100
　　贷:银行存款 30 300

二、交易性金融负债

交易性金融负债,是指企业承担的以公允价值计量且其变动计入当期损益的金融负债或指定为以公允价值计量且其变动计入当期损益的金融负债。交易性金融负债,应当按照公允价值进行初始计量,相关交易费用应当直接计入当期损益。按照公允价值进行后续计量其公允价值变动形成利得或损失,除与套期会计有关外,应当计入当期损益。处置时,应当将其账面价值与支付的对价之间的差额,计入当期损益。交易性金融负债的账务处理主要如下：

（1）企业承担的交易性金融负债，应按实际收到的金额，借记"银行存款"等科目，按发生的交易费用，借记"投资收益"科目，按其公允价值，贷记"交易性金融负债——本金"科目。

（2）按期计算确定的利息，借记"投资收益"科目，贷记"应付利息"科目。资产负债表日，按其公允价值高于账面余额的差额，借记"公允价值变动损益"科目，贷记"交易性金融负债——公允价值变动"科目；按其公允价值低于账面余额的差额，借记"交易性金融负债——公允价值变动"科目，贷记"公允价值变动损益"科目。

（3）处置交易性金融负债，应借记"交易性金融负债——本金"科目，借记或贷记"交易性金融负债——公允价值变动"科目，按实际支付的金额，贷记"银行存款"等科目，按其差额，贷记或借记"投资收益"科目。

【例11-2】20×8年3月1日，甲公司按面值发行为期1年的可赎回的公司债券10万元，年利率为6%，到期一次还本付息，另外支付交易费用1万元。该债券发行后即可上市交易，公司将该债券划分为以公允价值计量且其变动计入当期损益的金融负债。20×8年6月30日、12月31日，该债券的公允价值分别为9万元、11万元。20×9年2月1日，公司将该债券提前赎回，支付价款10.7万元。甲公司的账务处理如下：

（1）20×8年3月1日，公司发行债券。

借：银行存款	90 000
投资收益	10 000
贷：交易性金融负债——本金	100 000

（2）按月计提利息费用。

每月的利息费用 = 100 000 × 6% × 1 ÷ 12 = 500（元）

| 借：投资收益 | 500 |
| 贷：应付利息 | 500 |

（3）20×8年6月30日，公允价值变动下降。

| 借：交易性金融负债——公允价值变动 | 10 000 |
| 贷：公允价值变动损益 | 10 000 |

（4）20×8年12月31日，公允价值变动上升。

| 借：公允价值变动损益 | 20 000 |
| 贷：交易性金融负债——公允价值变动 | 20 000 |

（5）20×9年2月1日，提前赎回债券。

借：交易性金融负债——本金	100 000
——公允价值变动	10 000
应付利息	(500×11)5 500
贷：银行存款	107 000
投资收益	8 500

三、应付票据

应付票据,是指企业以摊余成本计量的购买材料、商品和接受劳务供应等而开出、承兑的商业汇票,包括银行承兑汇票和商业承兑汇票。应付票据的主要账务处理如下:

(1) 企业开出、承兑商业汇票或以承兑商业汇票抵付货款、应付账款等,借记"材料采购""库存商品""应付账款"等科目,贷记"应付票据"科目。涉及增值税的,还应进行相应的会计处理。

(2) 按期计算利息费用,借记"财务费用"等科目,贷记"应付利息""银行存款"等科目。

(3) 商业汇票到期,支付票款本息,借记"应付票据""应付利息""财务费用"等科目,贷记"银行存款"科目。商业汇票到期,企业无力支付到期的票据款,借记"应付票据"科目,贷记"应付账款"或"短期借款"科目。

【例11-3】甲公司为增值税一般纳税人。20×9年3月1日,甲公司向乙公司购入材料一批,收到的增值税专用发票上注明的价款10 000元,增值税额1 600元,开出一张面值为11 600元,期限为3个月的不带息商业汇票,材料已验收入库。甲公司的账务处理如下:

(1) 3月1日,购入材料。

借:原材料 10 000
　　应交税费——应交增值税(进项税额) 1 600
　　贷:应付票据 11 600

(2) 6月1日,商业汇票到期。

①假定甲公司支付了票据款。

借:应付票据 11 600
　　贷:银行存款 11 600

②假定甲公司无力支付票据款。

借:应付票据 11 600
　　贷:应付账款或短期借款 11 600

【例11-4】甲公司为增值税一般纳税人。20×9年3月1日,甲公司向乙公司购入材料一批,收到的增值税专用发票上注明的价款20 000元,增值税额3 200元,开出一张面值为23 200元、期限为6个月、年利率为6%的商业汇票,材料已验收入库。甲公司的账务处理如下:

(1) 3月1日,购入材料。

借:原材料 20 000
　　应交税费——应交增值税(进项税额) 3 200
　　贷:应付票据 23 200

(2) 6月30日,计提利息费用。

计提的利息费用 = 23 200 × 6% × 4 ÷ 12 = 464(元)

借：财务费用　　　　　　　　　　　　　　　　　　　　464
　　贷：应付利息　　　　　　　　　　　　　　　　　　　　　　464
(3) 9月1日，商业汇票到期。
①假定甲公司支付了票据款。
借：应付票据　　　　　　　　　　　　　　　　　　　　23 200
　　应付利息　　　　　　　　　　　　　　　　　　　　　464
　　财务费用　　　　　　　　　　　　　　　(23 200×6%×2÷12) 232
　　贷：银行存款　　　　　　　　　　　　　　　　　　　　　23 896
②假定甲公司无力支付票据款。
借：应付票据　　　　　　　　　　　　　　　　　　　　23 200
　　应付利息　　　　　　　　　　　　　　　　　　　　　464
　　财务费用　　　　　　　　　　　　　　　(23 400×6%×2÷12) 232
　　贷：应付账款或短期借款　　　　　　　　　　　　　　　　23 896

四、应付账款

应付账款，是指企业以摊余成本计量的因购买材料、商品和接受劳务供应等经营活动应支付的款项。应付账款是购销双方由于取得物资与支付货款在时间上不一致而产生的负债，本质上属于商业信用，是购买方充分利用商业信用和浮游资金来缓解企业资金压力的途径之一。

1. 应付账款的入账时间与入账金额

从理论上讲，应付账款的入账时间应为取得相关商品或劳务的控制权的时间。但在实务中，一般以收到发票账单的时间作为其入账时间。如果货物已到或劳务已接受但发票账单未到，企业应于月末暂估入账，下月初再用红字予以冲回，待收到发票账单等凭证后，再根据实际应付金额入账。

应付账款一般以取得相关商品或劳务的交易价格为基础确定入账金额。对于企业所购货物发生商业折扣的，应按照折扣后的金额作为应付账款的入账金额；对于企业所购货物发生现金折扣的，按照折扣前的金额作为应付账款的入账金额，实际发生的现金折扣作为理财收益，冲减财务费用。

2. 应付账款的会计处理

企业购买材料、商品和接受劳务，借记"在途物资"或"原材料""库存商品"等科目，按可抵扣的增值税额，借记"应交税费——应交增值税（进项税额）"科目，按应付金额，贷记"应付账款"科目。企业无须偿还的应付账款，借记"应付账款"科目，贷记"营业外收入"科目。

【例11-5】 甲公司为增值税一般纳税人。20×9年9月1日，甲公司从乙公司购入商品一批，价款20 000元，由于是批量采购，乙公司给予甲公司10%的商业折扣。当日商品已验收入库，发票账单已到，款项尚未支付，同时规定的现金折扣条件为"2/10、1/20、n/30"。假定计算现金折扣时不考虑增值税。甲公司的账务处理如下：

(1) 9月1日,购入商品。

借:库存商品 (20 000×90%)18 000
　　应交税费——应交增值税(进项税额) 2 880
　　贷:应付账款 20 880

(2) 甲公司支付款项时的账务处理见表11-1。

表11-1　　　　　　　　甲公司支付款项的账务处理　　　　　　　　单位:元

会计分录	10天内支付货款	10天后20天内支付货款	20天后支付货款
借:应付账款	20 880	20 880	20 880
贷:财务费用	3 600	1 800	
银行存款	17 280	19 080	20 880

五、合同负债

合同负债,是指企业已收或应收客户对价而应向客户转让商品的义务。企业在向客户转让商品之前,客户已经支付了合同对价或企业已经取得了无条件收取合同对价权利的,企业应当在客户实际支付款项与到期应支付款项孰早时点,按照该已收或应收的金额,借记"银行存款""应收账款""应收票据"等科目,贷记"合同负债"科目;企业向客户转让相关商品时,借记"合同负债"科目,贷记"主营业务收入""其他业务收入"等科目。涉及增值税的,还应进行相应的处理。企业因转让商品收到的预收款适用收入准则进行会计处理时,不再使用"预收账款"科目及"递延收益"科目。相关的例题见第十五章【例15-43】【例15-51】【例15-56】【例15-57】【例15-68】。

六、预收账款

预收账款,是指企业根据合同规定向购货方或接受劳务方预收的款项。企业预收款项时,借记"银行存款"科目,贷记"预收账款"科目;发出商品或提供劳务时,借记"预收账款"科目,贷记"主营业务收入""应交税费——应交增值税(销项税额)"科目。预收账款情况不多的,也可以不设置"预收账款"科目,将预收的款项直接记入"应收账款"科目。

【例11-6】甲公司为增值税一般纳税人。甲公司与乙公司签订协议,采用预收款方式向乙公司销售一批商品。该批商品的成本为7万元、销售价格为10万元。乙公司应在协议签订时预付销售价格的60%的货款,剩余货款于2个月后支付。甲公司的账务处理如下:

(1) 收到60%货款。

借:银行存款 60 000

　　　　贷：预收账款　　　　　　　　　　　　　　　（100 000×60%）60 000
（2）发出商品。
借：预收账款　　　　　　　　　　　　　　　　　　　　　　116 000
　　贷：主营业务收入　　　　　　　　　　　　　　　　　　100 000
　　　　应交税费——应交增值税（销项税额）　　　　　　　 16 000
借：主营业务成本　　　　　　　　　　　　　　　　　　　　 70 000
　　贷：库存商品　　　　　　　　　　　　　　　　　　　　 70 000
（3）2个月后收到剩余款。
借：银行存款　　　　　　　　　　　　　　　　　　　　　　 56 000
　　贷：预收账款　　　　　　　　　　　　　　　　　　　　 56 000

七、应付职工薪酬

（一）职工的定义及范围

职工，是指与企业订立劳动合同的所有人员，含全职、兼职和临时职工，也包括虽未与企业订立劳动合同但由企业正式任命的人员。具体而言，职工至少应当包括：

（1）与企业订立劳动合同的所有人员，含全职、兼职和临时职工。即与企业订立了固定期限、无固定期限或者以完成一定工作作为期限的劳动合同的所有人员。

（2）未与企业订立劳动合同但由企业正式任命的人员。例如，企业按照有关规定设立董事、监事，或者董事会、监事会的，如所聘请的独立董事、外部监事等，虽然没有与企业订立劳动合同，但属于由企业正式任命的人员，也属于职工。

（3）在企业的计划和控制下，虽未与企业订立劳动合同或未由其正式任命，但向企业所提供服务与职工所提供服务类似的人员，也属于职工的范畴，包括通过企业与劳务中介公司签订用工合同而向企业提供服务的人员，这些劳务用工人员属于职工。

（二）职工薪酬的定义及范围

职工薪酬，是指企业为获得职工提供的服务或解除劳动关系而给予的各种形式的报酬或补偿。企业提供给职工配偶、子女、受赡养人、已故员工遗属及其他受益人等的福利，也属于职工薪酬。职工薪酬主要包括短期薪酬、离职后福利、辞退福利和其他长期职工福利。

1. 短期薪酬

短期薪酬，是指企业预期在职工提供相关服务的年度报告期间结束后12个月内将全部予以支付的职工薪酬，因解除与职工的劳动关系给予的补偿除外。因解除与职工的劳动关系给予的补偿属于辞退福利的范畴。短期薪酬主要包括：

（1）职工工资、奖金、津贴和补贴。这是指企业按照构成工资总额的计时工资、计件工资、支付给职工的超额劳动报酬等的劳动报酬，为了补偿职工特殊或额外的劳动消耗和因其他特殊原因支付给职工的津贴，以及为了保证职工工资水平不受物价影响支付给职工的物价补贴等。其中，企业按照短期奖金计划向职工发放的奖金属于短期薪酬，按照长期奖金计划向职工发放的奖金属于其他长期职工福利。

（2）职工福利费。这是指企业向职工提供的生活困难补助、丧葬补助费、抚恤费、职工异地安家费、防暑降温费等职工福利支出。

（3）医疗保险费、工伤保险费和生育保险费等社会保险费。这是指企业按照国家规定的基准和比例计算，向社会保险经办机构交存的医疗保险费、工伤保险费和生育保险费。需要注意的是，养老保险和失业保险应作为离职后福利。

（4）住房公积金。这是指企业按照国家规定的基准和比例计算，向住房公积金管理机构交存的住房公积金。

（5）工会经费和职工教育经费。这是指企业为了改善职工文化生活、为职工学习先进技术和提高文化水平和业务素质，用于开展工会活动和职工教育及职业技能培训等相关支出。

（6）短期带薪缺勤。这是指职工虽然缺勤但企业仍向其支付报酬的安排，包括年休假、病假、婚假、产假、丧假、探亲假等。长期带薪缺勤属于其他长期职工福利。

（7）短期利润分享计划。这是指因职工提供服务而与职工达成的基于利润或其他经营成果提供薪酬的协议。长期利润分享计划属于其他长期职工福利。

（8）其他短期薪酬。这是指除上述薪酬以外的其他为获得职工提供的服务而给予的短期薪酬。

2. 离职后福利

离职后福利，是指企业为获得职工提供的服务而在职工退休或与企业解除劳动关系后，提供的各种形式的报酬和福利，属于短期薪酬和辞退福利的除外。

3. 辞退福利

辞退福利，是指企业在职工劳动合同到期之前解除与职工的劳动关系，或者为鼓励职工自愿接受裁减而给予职工的补偿。

4. 其他长期职工福利

其他长期职工福利，是指除短期薪酬、离职后福利、辞退福利之外所有的职工薪酬，包括长期带薪缺勤、长期残疾福利、长期利润分享计划等。

为了核算根据有关规定应付给职工的各种薪酬，企业应当设置"应付职工薪酬"科目，该科目可按"工资""社会保险费""住房公积金""工会经费""职工教育经费""职工福利""非货币性福利""累积带薪缺勤""非累积带薪缺勤""利润分享计划""设定受益计划义务""设定提存计划""辞退福利""其他长期职工福利"等进行明细分类核算。

（三）短期薪酬的确认与计量

1. 货币性短期薪酬

职工的工资、奖金、津贴和补贴，大部分的职工福利费，医疗保险费、工伤保险费和生育保险费等社会保险费，住房公积金，工会经费和职工教育经费等一般属于货币性短期薪酬。

(1) 货币性短期薪酬的确认与计量。企业应当在职工为其提供服务的会计期间，将实际发生的短期薪酬确认为负债，并计入当期损益，其他会计准则要求或允许计入资产成本的除外。具体如下：①企业应当根据职工提供服务情况和工资标准计算应计入职工薪酬的工资总额，按照受益对象计入当期损益或相关资产成本。②企业为职工交纳的医疗保险费、工伤保险费、生育保险费等社会保险费和住房公积金，以及按规定提取的工会经费和职工教育经费，应当在职工为其提供服务的会计期间，根据规定的计提基础和计提比例计算确定相应的职工薪酬金额，并确认相应负债，计入当期损益或相关资产成本。③企业发生的职工福利费，应当在实际发生时根据实际发生额计入当期损益或相关资产成本。

(2) 货币性短期薪酬的核算。企业计算和分配货币性短期薪酬：①应由生产部门人员负担的短期职工薪酬，借记"生产成本""制造费用"等科目，贷记"应付职工薪酬"科目。②应由工程人员、研发人员负担的短期职工薪酬，借记"在建工程""研发支出"等科目，贷记"应付职工薪酬"科目。③应由管理部门人员、销售人员、财务人员等负担的短期职工薪酬，借记"管理费用""销售费用"科目，贷记"应付职工薪酬"科目。

企业发放或实际支付货币性短期薪酬：①企业向职工支付工资、奖金、津贴等，以及应付职工薪酬中扣还的各种款项（如个人所得税等）等，借记"应付职工薪酬"科目，贷记"银行存款""应交税费——应交个人所得税"等科目。②按照有关规定交纳医疗保险费、工伤保险费、生育保险费和住房公积金，借记"应付职工薪酬"科目，贷记"银行存款"科目。③企业从提取的工会经费和职工教育经费中，支付开展工会活动、职工教育及职业技能培训等相关支出，借记"应付职工薪酬"科目，贷记"银行存款"等科目。

【例11-7】甲公司20×9年12月的"职工薪酬分配表"如表11-2所示。根据所在地政府规定，甲公司应当按照工资总额的10%、8%分别计提并交存医疗保险费和住房公积金，按照职工工资总额的2%和8%分别计提工会经费和职工教育经费。

表11-2　　　　　　　　　　　职工薪酬分配表　　　　　　　　　　　单位：元

部门	工资总额	医疗保险费（10%）	住房公积金（8%）	工会经费（2%）	职工教育经费（8%）	合计
基本生产车间	500 000	50 000	40 000	10 000	40 000	640 000
车间管理部门	100 000	10 000	8 000	2 000	8 000	128 000
行政管理部门	180 000	18 000	14 400	3 600	14 400	230 400
销售部门	500 000	50 000	40 000	10 000	40 000	640 000
工程部门	110 000	11 000	8 800	2 200	8 800	140 800
研发部门	60 000	6 000	4 800	1 200	4 800	76 800
合计	1 450 000	145 000	116 000	29 000	116 000	1 856 000

根据表11-2的资料，假定内部开发部门已处于软件开发阶段，并符合无形资产的

确认条件。不考虑其他因素以及所得税影响,甲公司的账务处理如下:

借:生产成本		640 000
制造费用		128 000
管理费用		230 400
销售费用		640 000
在建工程		140 800
研发支出——资本化支出		76 800
贷:应付职工薪酬——工资		1 450 000
——社会保险费		145 000
——住房公积金		116 000
——工会经费		29 000
——职工教育经费		116 000

【例11-8】沿用【例11-7】的资料,20×9年12月,甲公司向职工支付工资等125万元,代扣个人所得税20万元;向有关部门上交社会保险费14.50万元和住房公积金11.60万元;支付用于开展工会活动和职工职业技能培训的支出分别为10万元和8万元。甲公司的账务处理如下:

借:应付职工薪酬——工资		1 450 000
——社会保险费		145 000
——住房公积金		116 000
——工会经费		100 000
——职工教育经费		80 000
贷:银行存款		1 691 000
应交税费——应交个人所得税		200 000

2. 非货币性福利

(1)企业将自产产品作为福利发放给职工。企业以其生产的产品作为非货币性福利发放给职工的,应当按照该产品的公允价值和相关税费,计量应计入成本费用的职工薪酬金额,相关收入的确认、销售成本的结转和相关税费的处理,与正常商品销售相同。企业决定以其自产产品发放给职工时,借记"生产成本""制造费用""管理费用"等科目,贷记"应付职工薪酬"科目;企业将自产产品发放给职工时,借记"应付职工薪酬"科目,贷记"主营业务收入""应交税费——应交增值税(销项税额)"等科目,同时按应结转产品的成本,借记"主营业务成本"科目,贷记"库存商品"科目。

【例11-9】甲公司是为增值税一般纳税人,适用的增值税税率为16%。20×9年2月,公司将每台成本为800元、市场售价(计税价格)为1 000元的自产电热水器作为福利发放给全体职工。甲公司共有职工100名。其中,80名为直接参加生产的职工、15名为销售人员、5名为总部管理人员。甲公司的账务处理如下:

(1)甲公司决定发放电热水器时。

应计入生产成本的金额 = 80 × 1 000 × (1 + 16%) = 92 800(元)

应计入销售费用的金额 = 15 × 1 000 × (1 + 16%) = 17 400(元)

应计入管理费用的金额 = 5 × 1 000 × (1 + 16%) = 5 800 (元)

借：生产成本　　　　　　　　　　　　　　　　　　　92 800
　　销售费用　　　　　　　　　　　　　　　　　　　17 400
　　管理费用　　　　　　　　　　　　　　　　　　　 5 800
　　　贷：应付职工薪酬——非货币性福利　　　　　　116 000

(2) 实际发放电热水器。

借：应付职工薪酬——非货币性福利　　　　　　　　116 000
　　　贷：主营业务收入　　　　　　　　　(100 × 1 000)100 000
　　　　　应交税费——应交增值税(销项税额)　　　 16 000
借：主营业务成本　　　　　　　　　　　　　　　　 80 000
　　　贷：库存商品　　　　　　　　　　　　(100 × 800)80 000

(2) 企业将外购商品作为福利发放给职工。企业以外购商品作为非货币性福利发放给职工的，应当按照该商品的公允价值和相关税费，计量计入成本费用的职工薪酬金额。企业决定以外购商品发放给职工时，借记"生产成本""制造费用""管理费用"等科目，贷记"应付职工薪酬"科目；企业购入外购商品时，借"库存商品"科目，贷"银行存款"等科目；企业将外购商品发放给职工时，借记"应付职工薪酬"科目，贷记"库存商品"等科目。涉及增值税的，按照相关的规定进行会计处理。

【例 11 – 10】20 × 9 年 2 月，甲公司外购 30 桶花生油作为春节福利发放给职工，取得的增值税专用发票上注明的价款 3 000 元，增值税额 480 元，款项已支付。公司现有职工 30 人，其中，生产产品人员 20 人，车间人员 4 人，行政人员 2 人，销售人员 4 人。甲公司的账务处理如下：

(1) 甲公司决定发放花生油。

借：生产成本　　　　　　　　　　　　　(3 480 × 20 ÷ 30)2 320
　　制造费用　　　　　　　　　　　　　　(3 480 × 4 ÷ 30)464
　　管理费用　　　　　　　　　　　　　　(3 480 × 2 ÷ 30)232
　　销售费用　　　　　　　　　　　　　　(3 480 × 4 ÷ 30)464
　　　贷：应付职工薪酬——非货币性福利　　　　　　 3 480

(2) 甲公司外购花生油。

借：库存商品　　　　　　　　　　　　　　　　　　　 3 000
　　应交税费——应交增值税(进项税额)　　　　　　　 480
　　　贷：银行存款　　　　　　　　　　　　　　　　 3 480

(3) 实际发放花生油。

借：应付职工薪酬——非货币性福利　　　　　　　　　 3 480
　　　贷：库存商品　　　　　　　　　　　　　　　　 3 000
　　　　　应交税费——应交增值税(进项税额转出)　　 480

(3) 企业将拥有的房屋等资产无偿提供给职工使用。企业将拥有产权的房屋等资产无偿提供给职工使用的，应当根据受益对象，将该住房每期应计提的折旧计入相关资产成本或当期损益，同时确认应付职工薪酬。企业按期(月)计提该房屋的折旧额，借记

"生产成本""制造费用""管理费用"等科目，贷记"应付职工薪酬"科目；同时，借记"应付职工薪酬"科目，贷记"累计折旧"科目。

（4）企业租赁住房等资产供职工无偿使用。企业租赁住房等资产供职工无偿使用的，应当根据受益对象，将每期应付的租金计入相关资产成本或当期损益，并确认应付职工薪酬。企业按期计算应支付的租金，借记"生产成本""制造费用""管理费用"等科目，贷记"应付职工薪酬"科目。企业支付该租赁住房的租金时，借记"应付职工薪酬"科目，贷记"银行存款"等科目。

【例 11-11】甲公司为 25 名部门经理级别以上职工提供小轿车免费使用，每辆小轿车每月应计提折旧 500 元。同时，为 5 名副总裁以上高级管理人员每人租赁一套公寓，每套月租金 4 000 元。假定不考虑增值税等相关税费，甲公司每月的账务处理如下：

借：管理费用　　　　　　　　　　　　　(25×500+5×4 000)32 500
　　贷：应付职工薪酬——非货币性福利　　　　　　　　　　32 500
借：应付职工薪酬——非货币性福利　　　　　　　　　　32 500
　　贷：累计折旧　　　　　　　　　　　　　(25×500)12 500
　　　　银行存款　　　　　　　　　　　　　(5×4 000)20 000

（5）企业向职工提供企业支付了补贴的商品或服务。企业有时以低于企业取得资产或服务成本的价格向职工提供资产或服务，比如，企业以低于成本的价格向职工出售住房、以低于企业支付的价格向职工提供医疗保健服务。以提供包含补贴的住房为例，企业在出售住房等资产时，应当将出售价款与成本的差额（即相当于企业补贴的金额）分别情况处理：①如果出售住房的合同或协议中规定了职工在购得住房后至少应当提供服务的年限，且如果职工提前离开则应退回部分差价，企业应当将该项差额作为长期待摊费用处理，并在合同或协议规定的服务年限内平均摊销，根据受益对象分别计入相关资产成本或当期损益。②如果出售住房的合同或协议中未规定职工在购得住房后至少应当提供服务的年限，企业应当将该项差额直接计入出售住房的当期损益。

【例 11-12】20×9 年 8 月，甲公司购买了 10 套全新的公寓拟以优惠价格出售给部分职工。其中，出售给公司生产人员 7 套，出售价格为 60 万元，每套平均购买价为 80 万元；出售给公司管理人员 3 套，出售价格为 80 万元，每套平均购买价为 100 万元。该 10 名员工均在 20×9 年 10 月购买了公司出售的公寓。售房协议规定，员工在取得该公寓后必须在公司服务 10 年。假定不考虑增值税等相关税费，甲公司的账务处理如下：

（1）出售公寓给员工。

借：银行存款　　　　　　　　　(7×600 000+3×800 000)6 600 000
　　长期待摊费用　　　　　　　　(7×200 000+3×200 000)2 000 000
　　贷：固定资产　　　　　　　　(7×800 000+3×1 000 000)8 600 000

（2）每年摊销长期待摊费用。

借：生产成本　　　　　　　　　　　　　　　　　　　140 000
　　管理费用　　　　　　　　　　　　　　　　　　　　60 000
　　贷：应付职工薪酬——非货币性福利　　　　　　　　200 000
借：应付职工薪酬——非货币性福利　　　　　　　　　200 000

贷：长期待摊费用   200 000

3. 短期带薪缺勤

　　企业对各种原因产生的缺勤进行补偿，比如年休假、病假、短期伤残假、婚假、产假、丧假、探亲假等。根据其性质及其职工享有的权利，带薪缺勤分为累积带薪缺勤和非累积带薪缺勤。如果带薪缺勤属于长期带薪缺勤的，企业应当作为其他长期职工福利处理。

　　（1）累积带薪缺勤。累积带薪缺勤是指带薪权利可以结转下期的带薪缺勤，本期尚未用完的带薪缺勤权利可以在未来期间使用。企业应当在职工提供了服务从而增加了其未来享有的带薪缺勤权利时，确认与累积带薪缺勤相关的职工薪酬，并以累积未行使权利而增加的预期支付金额计量。

　　有些累积带薪缺勤在职工离开企业时，对未行使的权利职工有权获得现金支付。如果职工在离开企业时能够获得现金支付，企业就应当确认企业必须支付的、职工全部累积未使用权利的金额。如果职工在离开企业时不能获得现金支付，则企业应当根据资产负债表日因累积未使用权利而导致的预期支付的追加金额，作为累积带薪缺勤费用进行预计。

　　【例11-13】 甲公司共有100名职工，从20×8年1月1日起实行累积带薪缺勤制度。该制度规定，每个职工每年可享受5个工作日带薪年休假，未使用的年休假只能向后结转一个日历年度，超过1年未使用的权利作废；职工休年休假时，首先使用当年可享受的权利，不足部分再从上年结转的带薪年休假中扣除；职工离开公司时，对未使用的累积带薪年休假无权获得现金支付。20×8年12月31日，每个职工当年平均未使用带薪年休假为2天。公司预计20×9年有90名职工将享受不超过5天的带薪年休假，剩余10名职工每人将平均享受6天半年休假，假定这10名职工全部为总部管理人员，平均每名职工每个工作日工资为300元。

　　根据上述资料，甲公司在20×8年12月31日预计由于职工累积未使用的带薪年休假权利而导致预期将支付的工资负债，即为15天（10×1.5天）的年休假工资为4 500元（15×300）。甲公司的账务处理如下：

　　　借：管理费用   4 500
　　　　　贷：应付职工薪酬——累积带薪缺勤   4 500

　　20×9年，如果10名职工均未享受累积未使用的带薪年休假，则冲回上年度确认的费用。

　　　借：应付职工薪酬——累积带薪缺勤   4 500
　　　　　贷：管理费用   4 500

　　20×9年，如果10名职工均享受了累积未使用的带薪年休假，则20×9年确认的工资费用应扣除上年度已确认的累积带薪费用。

　　（2）非累积带薪缺勤。非累积带薪缺勤，是指带薪权利不能结转下期的带薪缺勤，本期尚未用完的带薪缺勤权利将予以取消，并且职工离开企业时也无权获得现金支付。我国企业职工休婚假、产假、丧假、探亲假、病假期间的工资通常属于非累积带薪缺勤。

由于职工提供服务本身不能增加其能够享受的福利金额，企业在职工未缺勤时不应当计提相关费用和负债。为此，企业应当在职工实际发生缺勤的会计期间确认与非累积带薪缺勤相关的职工薪酬。企业确认职工享有的与非累积带薪缺勤权利相关的薪酬，视同职工出勤确认的当期损益或相关资产成本。通常情况下，与非累积带薪缺勤相关的职工薪酬已经包括在企业每期向职工发放的工资等薪酬中，因此，不必额外作相应的账务处理。

4. 短期利润分享计划（或奖金计划）

企业制订有短期利润分享计划的，如当职工完成规定业绩指标，或者在企业工作了特定期限后，能够享有按照企业净利润的一定比例计算的薪酬。短期利润分享计划同时满足下列条件的，企业应当确认相关的应付职工薪酬，并计入当期损益或相关资产成本：①企业因过去事项导致现在具有支付职工薪酬的法定义务或推定义务；②因利润分享计划所产生的应付职工薪酬义务能够可靠估计。

企业在计量利润分享计划产生的应付职工薪酬时，应当反映职工因离职而没有得到利润分享计划支付的可能性。如果企业预期在职工为其提供相关服务的年度报告期间结束后12个月内，不需要全部支付利润分享计划产生的应付职工薪酬，该利润分享计划应当按照本章"其他长期职工福利"的有关规定进行会计处理。企业根据经营业绩或职工贡献等情况提取的奖金，属于奖金计划，应当比照短期利润分享计划进行处理。

【例11-14】20×8年初，甲公司制订和实施了一项短期利润分享计划，对全体职工（其中，生产人员100人，车间人员50人，销售人员40人，管理人员10人）进行激励。该计划规定，如果公司完成的净利润超过2 000万元，全体职工将可以分享超过2 000万元净利润部分的10%作为额外报酬。假定至20×8年12月31日，甲公司全年实际完成净利润2 500万元。假定不考虑离职、个人所得税等其他因素的影响。甲公司的账务处理如下：

公司全体职工分享的利润计划 =（2 500 - 2 000）×10% = 50（万元）

借：生产成本　　　　　　　　　　　　　（500 000×100÷200）250 000
　　制造费用　　　　　　　　　　　　　（500 000×50÷200）125 000
　　销售费用　　　　　　　　　　　　　（500 000×40÷200）100 000
　　管理费用　　　　　　　　　　　　　（500 000×10÷200）25 000
　　贷：应付职工薪酬——利润分享计划　　　　　　　　　500 000

（四）离职后福利的确认与计量

离职后福利包括退休福利（如养老金和一次性的退休支付）及其他离职后福利（如离职后人寿保险和离职后医疗保障）。企业向职工提供了离职后福利的，无论是否设立了单独主体接受提存金并支付福利，均应当适用职工薪酬准则的相关要求对离职后福利进行会计处理。职工的离职后福利，如职工正常退休时获得的养老金，是其与企业签订的劳动合同到期或者职工达到了国家规定的退休年龄时，获得的离职后生活补偿金额。企业给予补偿的事项是职工在职时提供的服务而不是退休本身，因此，企业应当在职工提供服务的会计期间对离职后福利进行确认和计量。

离职后福利计划，是指企业与职工就离职后福利达成的协议，或者企业为向职工提供离职后福利制定的规章或办法等。离职后福利计划按照企业承担的风险和义务情况，可以分为设定提存计划和设定受益计划。

1. 设定提存计划

设定提存计划，是指企业向独立的基金交存固定费用后，不再承担进一步支付义务的离职后福利计划。例如，企业提取的养老保险和失业保险等就属于设定提存计划。对于设定提存计划，企业应当根据在资产负债表日为换取职工在会计期间提供的服务而应向单独主体交存的提存金，确认为职工薪酬负债，并计入当期损益或相关资产成本。

【例 11 – 15】20×8 年 7 月，甲公司根据所在地政府规定，按照职工工资总额的 12% 计提基本养老保险费 120 万元，交存当地社保经办机构。甲公司共有职工 200 人，其中，生产人员 100 人，车间人员 50 人，销售人员 40 人，管理人员 10 人。假定不考虑相关税费，甲公司的账务处理如下：

借：生产成本　　　　　　　　　　　　（1 200 000×100÷200）600 000
　　制造费用　　　　　　　　　　　　（1 200 000×50÷200）300 000
　　销售费用　　　　　　　　　　　　（1 200 000×40÷200）240 000
　　管理费用　　　　　　　　　　　　（1 200 000×10÷200）60 000
　　贷：应付职工薪酬——设定提存计划　　　　　　　　　1 200 000

甲公司上交社保经办机构。

借：应付职工薪酬——设定提存计划　　　　　　　　　1 200 000
　　贷：银行存款　　　　　　　　　　　　　　　　　　1 200 000

2. 设定受益计划

设定受益计划，是指除设定提存计划以外的离职后福利计划。设定提存计划和设定受益计划的区分，取决于离职后福利计划的主要条款和条件所包含的经济实质。

当企业负有下列义务时，该计划就是一项设定受益计划：一是计划福利公式不仅仅与提存金金额相关，且要求企业在资产不足以满足该公式的福利时提供进一步的提存金；二是通过计划间接地或直接地对提存金的特定回报作出担保。企业对设定受益计划的会计处理通常包括下列四个步骤：第一步，确定设定受益计划义务的现值和当期服务成本；第二步，确定设定受益计划净负债或净资产；第三步，确定应当计入当期损益的金额；第四步，确定应当计入其他综合收益的金额。

企业按照重新计量设定受益计划净负债或净资产所产生的变动增加金额，借记"其他综合收益"科目，贷记"应付职工薪酬——设定收益计划义务"科目；企业按照重新计量设定受益计划净负债或净资产所产生的变动减少金额，借记"应付职工薪酬——设定收益计划义务"科目，贷记"其他综合收益"科目。需注意的是，重新计量设定受益计划变动额计入其他综合收益，在后续会计期间不允许转回至损益，但企业可以在权益范围内转移这些在其他综合收益中确认的金额。

（五）辞退福利的确认与计量

1. 辞退福利的内容

辞退福利主要包括：

（1）在职工劳动合同尚未到期前，不论职工本人是否愿意，企业决定解除与职工的劳动关系而给予的补偿。

（2）在职工劳动合同尚未到期前，为鼓励职工自愿接受裁减而给予的补偿，职工有权利选择继续在职或接受补偿离职。当公司控制权发生变动时，对辞退的管理层人员进行的补偿。

在确定企业提供的经济补偿是否为辞退福利时，应当注意以下问题：

（1）辞退福利与正常退休养老金应当区分开来。辞退福利是在职工与企业签订的劳动合同到期前，企业根据法律与职工本人或职工代表（如工会）签订的协议，或者基于商业惯例，承诺当其提前终止对职工的雇用关系时支付的补偿，引发补偿的事项是辞退，因此，企业应当在辞退职工时进行辞退福利的确认和计量。职工在正常退休时获得的养老金，是其与企业签订的劳动合同到期时，或者职工达到了国家规定的退休年龄时获得的退休后生活补偿金额，引发补偿的事项是职工在职时提供的服务，而不是退休本身，因此，企业应当在职工提供服务的会计期间进行确认和计量。

（2）职工虽然没有与企业解除劳动合同，但未来不再为企业提供服务，不能为企业带来经济利益，企业承诺提供实质上具有辞退福利性质的经济补偿的，如发生"内退"的情况，在其正式退休日期之前，应当比照"辞退福利"处理；在其正式退休日期之后，应当按照"离职后福利"处理。

2. 辞退福利的确认

企业向职工提供辞退福利的，应当在下列两者孰早日确认辞退福利产生的职工薪酬负债，并计入当期损益（管理费用）：

（1）企业不能单方面撤回因解除劳动关系计划或裁减建议所提供的辞退福利时。

（2）企业确认与涉及支付辞退福利的重组相关的成本或费用时。

由于被辞退的职工不再为企业带来未来经济利益，因此，对于所有的辞退福利，均应当于辞退计划满足负债确认条件的当期，一次计入当期损益（管理费用），不能计入相关资产的成本。

在确认辞退福利时，还需要注意以下两个方面：

（1）对于分期或分阶段实施的解除劳动关系计划或自愿裁减建议，企业应当将整个计划看作是由各单项解除劳动关系计划或自愿裁减建议组成，在每期或每阶段计划符合预计负债确认条件时，将该期或该阶段计划中由提供辞退福利产生的预计负债予以确认，计入该部分计划满足预计负债确认条件的当期管理费用，不能等全部计划都符合确认条件时再予以确认。

（2）对于企业实施的职工内部退休计划，由于这部分职工不再为企业带来经济利益，企业应当比照辞退福利处理。具体来说，在内退计划符合本准则规定的确认条件时，企业应当按照内退计划规定，将自职工停止提供服务日至正常退休日期间、企业拟支付的内退职工工资和交纳的社会保险费等,确认为应付职工薪酬,一次性计入当期损益,不能在职工内退后各期分期确认因支付内退职工工资和为其交纳社会保险费等产生的义务。

3. 辞退福利的计量

辞退福利的计量因辞退计划中职工有无选择权而有所不同。企业应当按照辞退计划条款的规定,合理预计并确认辞退福利产生的职工薪酬负债,并具体考虑下列情况:

(1) 对于职工没有选择权的辞退计划,企业应当根据计划条款规定拟解除劳动关系的职工数量、每一职位的辞退补偿等确认职工薪酬负债。

(2) 对于自愿接受裁减建议的辞退计划,由于接受裁减的职工数量不确定,企业应当根据或有事项准则规定,预计将会接受裁减建议的职工数量,根据预计的职工数量和每一职位的辞退补偿等确认职工薪酬负债。

(3) 对于辞退福利预期在其确认的年度报告期间期末后12个月内完全支付的辞退福利,企业应当适用短期薪酬的相关规定。

(4) 对于辞退福利预期在年度报告期间期末后12个月内不能完全支付的辞退福利,即实质性辞退工作在一年内实施完毕但补偿款项超过一年支付的辞退计划,企业应当选择恰当的折现率,以折现后的金额计量应计入当期损益的辞退福利金额。

企业确认辞退福利时,借记"管理费用"科目,贷记"应付职工薪酬——辞退福利"科目。企业实际支付辞退福利款项时,借记"应付职工薪酬——辞退福利"科目,贷记"银行存款"等科目。

【例11-16】甲公司是一家空调制造企业。20×8年9月,甲公司管理层制订的一项辞退计划规定:从20×9年1月1日起,企业将以职工自愿方式,辞退其柜式空调生产车间的职工。辞退计划的详细内容,包括拟辞退的职工所在部门、数量、各级别职工能够获得的补偿以及计划大体实施的时间等均已与职工沟通,并达成一致意见,辞退计划已于20×8年12月10日经董事会正式批准,辞退计划将于下一个年度内实施完毕。该项辞退计划的详细内容如表11-3所示。

表11-3　　　　　　　　　　　辞退计划详细内容　　　　　　　　　　　单位:万元

所属部门	职位	辞退数量(人)	工龄(年)	每人补偿
空调车间	车间主任 副主任	10	1~10	10
			10~20	20
			20~30	30
	高级技工	50	1~10	8
			10~20	18
			20~30	28
	一般技工	100	1~10	5
			10~20	15
			20~30	20
合计		160		

20×8年12月31日，甲公司预计各级别职工拟接受辞退职工数量的最佳估计数（最可能发生数）及应支付的补偿，如表11-4所示。

表11-4　　　　　　　　拟接受辞退职工数量及补偿金额　　　　　　　　单位：万元

所属部门	职位	辞退数量	工龄（年）	接受数量	每人补偿额	补偿金额
空调车间	车间主任 副主任	10	1~10	5	10	50
			10~20	2	20	40
			20~30	1	30	30
	高级技工	50	1~10	20	8	160
			10~20	10	18	180
			20~30	5	28	140
	一般技工	100	1~10	50	5	250
			10~20	20	15	300
			20~30	10	20	200
合计		160		123		1 350

按照或有事项准则有关计算最佳估计数的方法，预计接受辞退的职工数量可以根据最可能发生的数量确定。根据表11-4，愿意接受辞退职工的最可能数量为123名，预计补偿总额为1 350万元，则甲公司在20×8年（辞退计划是20×8年12月10日由董事会批准）应作如下账务处理：

借：管理费用　　　　　　　　　　　　　　　　　　　　13 500 000
　　贷：应付职工薪酬——辞退福利　　　　　　　　　　　　　13 500 000

（六）其他长期职工福利的确认与计量

1. 其他长期职工福利的内容

其他长期职工福利（假设预计在职工提供相关服务的年度报告期末以后12个月内不会全部结算）包括：长期带薪缺勤、长期残疾福利、长期利润分享计划、长期奖金计划、递延酬劳等。

2. 其他长期职工福利的核算

（1）符合设定提存计划条件的，应当按照设定提存计划的有关规定进行会计处理。

（2）企业向职工提供的其他长期职工福利，符合设定受益计划条件的，企业应当按照设定受益计划的有关规定，确认和计量其他长期职工福利净负债或净资产。在报告期末，企业应当将其他长期职工福利产生的职工薪酬成本确认为下列组成部分：①服务成本；②其他长期职工福利净负债或净资产的利息净额；③重新计量其他长期职工福利净负债或净资产所产生的变动。为了简化相关会计处理，上述项目的总净额应计入当期损益或相关资产成本。

（3）长期残疾福利。长期残疾福利水平取决于职工提供服务期间长短的，企业应当在职工提供服务的期间确认应付长期残疾福利义务，计量时应当考虑长期残疾福利支付的可能性和预期支付的期限。长期残疾福利与职工提供服务期间长短无关的，企业应当在导致职工长期残疾的事件发生的当期确认应付长期残疾福利义务。

（4）递延酬劳。递延酬劳，包括按比例分期支付或者经常性定额支付的递延奖金等。这类福利应当按照奖金计划的福利公式来对费用进行确认，或者按照直线法在相应的服务期间分摊确认。如果一个企业内部为其长期奖金计划或者递延酬劳设立一个账户，则这样的其他长期职工福利不符合设定提存计划的条件。

八、应交税费

企业作为商品生产者和经营者，在一定时期内取得营业收入、实现利润以及从事其他应税项目后，必须按照国家税法规定履行纳税义务。这些应交的税费应按权责发生制基础进行确认和计量，在尚未缴纳之前，暂时留在企业，形成企业的一项流动负债。

（一）增值税

1. 增值税概述

增值税，是对在我国境内销售货物或者加工、修理修配劳务（以下简称"劳务"），销售服务、无形资产、不动产以及进口货物的单位和个人，就其销售货物、劳务、服务、无形资产、不动产（以下统称"应税销售行为"）的增值额和货物进口金额为依据而课征的一种流转税。增值税的纳税人可分为一般纳税人和小规模纳税人。增值税的计税方法包括：

（1）一般计税方法。增值税一般纳税人发生应税销售行为的应纳税额，除适用简易征税办法外，均应该等于当期销项税额抵扣当期进项税额的余额。一般计税方法的公式是：

$$当期应纳增值税额 = 当期销项税额 - 当期进项税额$$

（2）简易计税方法。小规模纳税人发生应税销售行为适用简易计税方法计税；增值税一般纳税人发生财政部和国家税务总局规定的特定应税销售行为，也可以选择适用简易计税方法，但不得抵扣进项税额。简易计税方法的公式是：

$$当期应纳增值税税额 = 当期销售额(不含增值税) \times 征收率$$

（3）扣交计税方法。境外单位或者个人在境内发生应税销售行为，在境内未设有经营机构的，以其境内代理人为扣交义务人；在境内没有代理人的，以购买方为扣交义务人。扣交义务人应按照规定公式和适用税率计算应扣交税额。扣交计税方法的公式是：

$$应扣交税额 = 购买方支付的价款 \div (1 + 税率) \times 税率$$

2. 增值税核算的会计科目及专栏设置

（1）增值税一般纳税人应当在"应交税费"科目下设置"应交增值税""未交增值税""预交增值税""待抵扣进项税额""待认证进项税额""待转销项税额""简易计税""转让金融商品应交增值税""代扣代交增值税"等明细科目。此外，增值税一般纳税人还应在"应交税费——应交增值税"明细账内设置"进项税额""销项税额抵减""已交税金""转出未交增值税""减免税款""出口抵减内销产品应纳税额""销项税额""出口退税""进项税额转出""转出多交增值税"等专栏,如表 11-5 所示。

表 11-5　　　　　增值税一般纳税人核算的会计科目及专栏设置

二级科目		核算内容
应交增值税	进项税额	购进货物、加工修理修配劳务、服务、无形资产或不动产而支付或负担的、准予从当期销项税额中抵扣的增值税额
	销项税额抵减	按照现行增值税制度规定因扣减销售额而减少的销项税额
	已交税金	当月已交纳的应交增值税额
	转出未交增值税	月度终了转出当月应交未交的增值税额
	减免税款	按现行增值税制度规定准予减免的增值税额
	出口抵减内销产品应纳税额	实行"免、抵、退"办法的一般纳税人按规定计算的出口货物的进项税抵减内销产品的应纳税额
	销项税额	销售货物、加工修理修配劳务、服务、无形资产或不动产应收取的增值税额
	出口退税	出口货物、加工修理修配劳务、服务、无形资产按规定退回的增值税额
	进项税额转出	购进货物、加工修理修配劳务、服务、无形资产或不动产等发生非正常损失以及其他原因而不应从销项税额中抵扣、按规定转出的进项税额
	转出多交增值税	月度终了转出当月多交的增值税额
	前六个为借方专栏,后四个为贷方专栏	
未交增值税		月度终了从"应交增值税"或"预交增值税"明细科目转入当月应交未交、多交或预交的增值税额,以及当月交纳以前期间未交的增值税额
预交增值税		转让不动产、提供不动产经营租赁服务、提供建筑服务、采用预收款方式销售自行开发的房地产项目等,以及其他按现行增值税制度规定应预交的增值税额
待抵扣进项税额		已取得增值税扣税凭证并经税务机关认证,按照现行增值税制度规定准予以后期间从销项税额中抵扣的进项税额。包括:一般纳税人自 2016 年 5 月 1 日后取得并按固定资产核算的不动产或者 2016 年 5 月 1 日后取得的不动产在建工程,按现行增值税制度规定准予以后期间从销项税额中抵扣的进项税额;实行纳税辅导期管理的一般纳税人取得的尚未交叉稽核比对的增值税扣税凭证上注明或计算的进项税额
待认证进项税额		未经税务机关认证而不得从当期销项税额中抵扣的进项税额。包括:已取得增值税扣税凭证、按照现行增值税制度规定准予从销项税额中抵扣,但尚未经税务机关认证的进项税额;已申请稽核但尚未取得稽核相符结果的海关缴款书进项税额
待转销项税额		销售货物、加工修理修配劳务、服务、无形资产或不动产,已确认相关收入(或利得)但尚未发生增值税纳税义务而需于以后期间确认为销项税额的增值税额
简易计税		采用简易计税方法发生的增值税计提、扣减、预交、交纳等业务
转让金融商品应交增值税		转让金融商品发生的增值税额
代扣代交增值税		购进在境内未设经营机构的境外单位或个人在境内的应税行为代扣代缴的增值税

(2) 小规模纳税人只需在"应交税费"科目下设置"应交增值税"明细科目，不需要设置上述专栏及除"转让金融商品应交增值税""代扣代交增值税"外的明细科目。

3. 增值税的账务处理

(1) 取得资产或接受劳务等业务的账务处理。

①采购等业务进项税额允许抵扣的账务处理。根据《增值税暂行条例》的规定，下列进项税额准予从销项税额中抵扣：一是从销售方取得的增值税专用发票上注明的增值税额；二是从海关取得的海关进口增值税专用缴款书上注明的增值税额；三是购进农产品，除取得增值税专用发票或者海关进口增值税专用缴款书外，按照农产品收购发票或者销售发票上注明的农产品买价和规定的扣除率计算的进项税额，国务院另有规定的除外；四是自境外单位或者个人购进劳务、服务、无形资产或者境内的不动产，从税务机关或者扣缴义务人取得的代扣代缴税款的完税凭证上注明的增值税额；五是其他准予从销项税额中抵扣的情形。准予抵扣的项目和扣除率的调整，由国务院决定。

增值税一般纳税人购进货物、加工修理修配劳务、服务、无形资产或不动产，按应计入相关成本费用或资产的金额，借记"在途物资""原材料""库存商品""生产成本""无形资产""固定资产""管理费用"等科目，按当月已认证的可抵扣增值税额，借记"应交税费——应交增值税（进项税额）"科目，按当月未认证的可抵扣增值税额，借记"应交税费——待认证进项税额"科目，按应付或实际支付的金额，贷记"应付账款""应付票据""银行存款"等科目。发生退货的，如原增值税专用发票已做认证，应根据税务机关开具的红字增值税专用发票作相反的会计分录；如原增值税专用发票未做认证，应将发票退回并作相反的会计分录。

【例11-17】甲公司为增值税一般纳税人，20×8年6月发生如下业务：（1）购入一批原材料，收到的增值税发票上注明的价款20万元，增值税额3.2万元，款项尚未支付，材料已经验收入库。（2）向农业生产者收购农业产品一批已经验收入库，实际支付的价款为10万元。（3）以银行存款购入一辆汽车交付给公司总部使用，收到的增值税发票上注明的价款6万元，增值税额为0.96万元，7月才经税务机关认证。甲公司的账务处理如下：

(1) 购入一批原材料。

借：原材料　　　　　　　　　　　　　　　　　　　　　200 000
　　应交税费——应交增值税（进项税额）　　　　　　　32 000
　　贷：应付账款　　　　　　　　　　　　　　　　　　232 000

(2) 向农业生产者收购农业产品。

借：原材料　　　　　　　　　　　　　　　(100 000×90%) 90 000
　　应交税费——应交增值税（进项税额）　(100 000×10%) 10 000
　　贷：银行存款　　　　　　　　　　　　　　　　　　100 000

(3) 6月购入一辆汽车。

借：固定资产　　　　　　　　　　　　　　　　　　　　60 000
　　应交税费——待认证进项税额　　　　　　　　　　　9 600
　　贷：银行存款　　　　　　　　　　　　　　　　　　69 600

7月经税务机关认证后。

借：应交税费——应交增值税（进项税额）　　　　　　　　9 600
　　贷：应交税费——待认证进项税额　　　　　　　　　　　　　9 600

②采购等业务进项税额不得抵扣及进项税额抵扣情况发生改变的账务处理。下列项目的进项税额不得从销项税额中抵扣：一是用于简易计税方法计税项目、免征增值税项目、集体福利或者个人消费（包括交际应酬费）的购进货物、劳务、服务、无形资产和不动产。涉及的固定资产、无形资产、不动产，仅指专用于上述项目的固定资产、无形资产（不包括其他权益性无形资产）、不动产。但是，企业发生兼用于上述不允许抵扣项目情况的，该进项税额可以全额抵扣。二是非正常损失的购进货物，以及相关的劳务和交通运输服务。三是非正常损失的在产品、产成品所耗用的购进货物（不包括固定资产）、劳务和交通运输服务。四是非正常损失的不动产，以及该不动产所耗用的购进货物、设计服务和建筑服务。五是非正常损失的不动产在建工程所耗用的购进货物、设计服务和建筑服务。纳税人新建、改建、扩建、修缮、装饰不动产，均属于不动产在建工程。六是购进的旅客运输服务、贷款服务、餐饮服务、居民日常服务和娱乐服务。七是纳税人接受贷款服务向贷款方支付的与该笔贷款直接相关的投融资顾问费、手续费、咨询费等费用。八是国务院、财政部和国家税务总局规定的其他项目。

上述二至五项中所称的非正常损失，是指因管理不善造成货物被盗、丢失、霉烂变质，以及因违反法律法规造成货物或者不动产被依法没收、销毁、拆除的情形。上述四、五项中所称的货物，是指构成不动产实体的材料和设备，包括建筑装饰材料和给排水、采暖、卫生、通风、照明、通信、煤气、消防、中央空调、电梯、电气、智能化楼宇设备及配套设施。

采购等业务进项税额不得抵扣、进项税额抵扣情况发生改变的会计核算如下：

第一，一般纳税人购进货物、加工修理修配劳务、服务、无形资产或不动产，用于简易计税方法计税项目、免征增值税项目、集体福利或个人消费等，其进项税额按照现行增值税制度规定不得从销项税额中抵扣的，取得增值税专用发票时，应借记相关成本费用或资产科目，借记"应交税费——待认证进项税额"科目，贷记"银行存款""应付账款"等科目，经税务机关认证后，应借记相关成本费用或资产科目，贷记"应交税费——应交增值税（进项税额转出）"科目。

第二，一般纳税人发生上述二至五项的非正常损失或改变用途等，原已计入进项税额、待抵扣进项税额或待认证进项税额，但按现行增值税制度规定不得从销项税额中抵扣的，借记"待处理财产损溢""应付职工薪酬""固定资产""无形资产"等科目，贷记"应交税费——应交增值税（进项税额转出）""应交税费——待抵扣进项税额"或"应交税费——待认证进项税额"科目；原不得抵扣且未抵扣进项税额的固定资产、无形资产等，因改变用途等用于允许抵扣进项税额的应税项目的，应按允许抵扣的进项税额，借记"应交税费——应交增值税（进项税额）"科目，贷记"固定资产""无形资产"等科目。固定资产、无形资产等经上述调整后，应按调整后的账面价值在剩余尚可使用寿命内计提折旧或摊销。一般纳税人购进时已全额计提进项税额的货物或服务等转用于不动产在建工程的，对于结转以后期间的进项税额，应借记

"应交税费——待抵扣进项税额"科目,贷记"应交税费——应交增值税(进项税额转出)"科目。

③购进不动产或不动产在建工程按规定进项税额分年抵扣的账务处理。一般纳税人自 2016 年 5 月 1 日后取得并按固定资产核算的不动产或者 2016 年 5 月 1 日后取得的不动产在建工程,其进项税额按现行增值税制度规定自取得之日起分 2 年从销项税额中抵扣的,应当按取得成本,借记"固定资产""在建工程"等科目,按当期可抵扣的增值税额,借记"应交税费——应交增值税(进项税额)"科目,按以后期间可抵扣的增值税额,借记"应交税费——待抵扣进项税额"科目,按应付或实际支付的金额,贷记"应付账款""应付票据""银行存款"等科目。尚未抵扣的进项税额待以后期间允许抵扣时,按允许抵扣的金额,借记"应交税费——应交增值税(进项税额)"科目,贷记"应交税费——待抵扣进项税额"科目。相关的例题见【例 6-2】。

【例 11-18】甲公司为增值税一般纳税人,20×8 年 6 月发生如下业务:(1)原购买的一批材料时(增值税专用发票注明的价款 10 万元,进项税额 1.6 万元),因管理不善霉烂变质,无相关责任人赔偿。(2)以银行存款购入一辆汽车交付给职工食堂使用,收到的增值税发票上注明的价款 6 万元,增值税额为 0.96 万元,7 月才经税务机关认证。(3)将原购买的一批材料(增值税专用发票注明的价款 20 万元,进项税额 3.2 万元)用于不动产在建工程项目。甲公司的账务处理如下:

(1) 材料霉烂变质。

借:待处理财产损溢——待处理流动资产损溢　　　　　　116 000
　　贷:原材料　　　　　　　　　　　　　　　　　　　　100 000
　　　　应交税费——应交增值税(进项税额转出)　　　　 16 000
借:管理费用　　　　　　　　　　　　　　　　　　　　116 000
　　贷:待处理财产损溢——待处理流动资产损溢　　　　　116 000

(2) 购买汽车交付给职工食堂使用。

借:固定资产　　　　　　　　　　　　　　　　　　　　 60 000
　　应交税费——待认证进项税额　　　　　　　　　　　 　9 600
　　贷:银行存款　　　　　　　　　　　　　　　　　　　 69 600

7 月经税务机关认证后。

借:应交税费——应交增值税(进项税额)　　　　　　 　 9 600
　　贷:应交税费——待认证进项税额　　　　　　　　　 　9 600
借:固定资产　　　　　　　　　　　　　　　　　　　 　 9 600
　　贷:应交税费——应交增值税(进项税额转出)　　　 　 9 600

(3) 将外购材料用于不动产在建工程项目。

借:在建工程　　　　　　　　　　　　　　　　　　　　200 000
　　贷:原材料　　　　　　　　　　　　　　　　　　　　200 000
借:应交税费——待认证进项税额　　　　(32 000×60%)19 200
　　贷:应交税费——应交增值税(进项税额转出)　　　　 19 200

允许抵扣剩余的增值税时。

借：应交税费——应交增值税（进项税额）　　　　　　　　　19 200
　　贷：应交税费——待认证进项税额　　　　　　　　　　　　　19 200

④货物等已验收入库但尚未取得增值税扣税凭证的账务处理。增值税一般纳税人购进的货物等已到达并验收入库，但尚未收到增值税扣税凭证并未付款的，应在月末按货物清单或相关合同协议上的价格暂估入账，不需要将增值税的进项税额暂估入账。下月初，用红字冲销原暂估入账金额，待取得相关增值税扣税凭证并经认证后，按应计入相关成本费用或资产的金额，借记"原材料""库存商品""固定资产""无形资产"等科目，按可抵扣的增值税额，借记"应交税费——应交增值税（进项税额）"科目，按应付金额，贷记"应付账款"等科目。相关的例题见【例3-3】。

⑤小规模纳税人采购等业务的账务处理。小规模纳税人购买物资、服务、无形资产或不动产，取得增值税专用发票上注明的增值税应计入相关成本费用或资产，不通过"应交税费——应交增值税"科目核算。

【例11-19】甲公司为增值税小规模纳税人，20×8年6月购买一批材料，增值税专用发票注明的价款10万元，增值税额1.6万元，材料验收入库，款项已经支付。甲公司的账务处理如下：

借：原材料　　　　　　　　　　　　　　　　　　　　　　　116 000
　　贷：银行存款　　　　　　　　　　　　　　　　　　　　　116 000

⑥购买方作为扣缴义务人的账务处理。境外单位或个人在境内发生应税行为，在境内未设有经营机构的，以购买方为增值税扣缴义务人。境内增值税一般纳税人购进服务、无形资产或不动产，按应计入相关成本费用或资产的金额，借记"生产成本""无形资产""固定资产""管理费用"等科目，按可抵扣的增值税额，借记"应交税费——进项税额"科目（小规模纳税人应借记相关成本费用或资产科目），按应付或实际支付的金额，贷记"应付账款"等科目，按应代扣代缴的增值税额，贷记"应交税费——代扣代交增值税"科目。实际交纳代扣代交增值税时，按代扣代缴的增值税额，借记"应交税费——代扣代交增值税"科目，贷记"银行存款"科目。

(2) 销售等业务的账务处理。

①销售业务的账务处理。

第一，企业销售货物、加工修理修配劳务、服务、无形资产或不动产，应当按应收或已收的金额，借记"应收账款""应收票据""银行存款"等科目，按取得的收入金额，贷记"主营业务收入""其他业务收入""固定资产清理""工程结算"等科目，按规定计算的销项税额（或采用简易计税方法计算的应纳增值税额），贷记"应交税费——应交增值税（销项税额）"科目或"应交税费——简易计税"科目（小规模纳税人应贷记"应交税费——应交增值税"科目）。发生销售退回的，应根据按规定开具的红字增值税专用发票做相反的会计分录。

第二，按照国家统一的会计制度确认收入或利得的时点早于按照增值税制度确认增值税纳税义务发生时点的，应将相关销项税额记入"应交税费——待转销项税额"科目，待实际发生纳税义务时再转入"应交税费——应交增值税（销项税额）"科目或

"应交税费——简易计税"科目。

第三,按照增值税制度确认增值税纳税义务发生时点早于按照国家统一的会计制度确认收入或利得的时点的,应将应纳增值税额,借记"应收账款"科目,贷记"应交税费——应交增值税(销项税额)"科目或"应交税费——简易计税"科目,按照国家统一的会计制度确认收入或利得时,应按扣除增值税销项税额后的金额确认收入。

【例11-20】甲公司为增值税一般纳税人,20×8年6月发生如下业务:(1)向乙客户销售商品一批,开具的增值税专用发票注明的价款30万元,增值税税额4.8万元,款项已收,客户已经取得商品的控制权。(2)本月按完工进度的70%确认安装收入30万元,尚未发生增值税纳税义务。(3)向丙客户销售商品一批,开具的增值税专用发票注明的价款10万元,增值税税额1.6万元,款项尚未收到,客户尚未取得商品的控制权。甲公司的账务处理如下:

(1)向乙客户销售商品。

借:银行存款　　　　　　　　　　　　　　　　　　　　348 000
　　贷:主营业务收入　　　　　　　　　　　　　　　　　　300 000
　　　　应交税费——应交增值税(销项税额)　　　　　　　48 000

(2)确认安装收入。

借:应收账款　　　　　　　　　　　　　　　　　　　　330 000
　　贷:主营业务收入　　　　　　　　　　　　　　　　　　300 000
　　　　应交税费——待转销项税额　　　　　(300 000×10%)30 000

发生增值税纳税义务时。

借:应交税费——待转销项税额　　　　　　　　　　　　 30 000
　　贷:应交税费——应交增值税(销项税额)　　　　　　　30 000

(3)向丙客户销售商品,发生纳税义务。

借:应收账款　　　　　　　　　　　　　　　　　　　　 16 000
　　贷:应交税费——应交增值税(销项税额)　　　　　　　16 000

客户取得商品的控制权,确认收入时。

借:应收账款　　　　　　　　　　　　　　　　　　　　100 000
　　贷:主营业务收入　　　　　　　　　　　　　　　　　　100 000

②视同销售的账务处理。单位或者个体工商户的下列行为,视同发生应税销售行为:一是将货物交付其他单位或者个人代销。二是销售代销货物。三是设有两个以上机构并实行统一核算的纳税人,将货物从一个机构移送至其他机构用于销售,但相关机构设在同一县(市)的除外。四是将自产或者委托加工的货物用于非应税项目。五是将自产、委托加工的货物用于集体福利或者个人消费。六是将自产、委托加工或者购进的货物作为投资,提供给其他单位或者个体工商户。七是将自产、委托加工或者购进的货物分配给股东或者投资者。八是将自产、委托加工或者购进的货物无偿赠送其他单位或者个人。九是单位或者个体工商户向其他单位或者个人无偿销售应税服务、无偿转让无形资产或者不动产,但用于公益事业或者以社会公众为对象的除外。十是财政部和国家税

务总局规定的其他情形。

企业发生上述视同销售的行为，应当按照企业会计准则相关规定进行相应的会计处理，并按照现行增值税制度规定计算的销项税额（或采用简易计税方法计算的应纳增值税额），借记"应付职工薪酬""长期股权投资""应付股利""营业外支出"等科目，贷记"应交税费——应交增值税（销项税额）"科目或"应交税费——简易计税"科目（小规模纳税人应记入"应交税费——应交增值税"科目）。

【例 11-21】甲公司为增值税一般纳税人，20×8 年 12 月发生如下业务：（1）以自产的产品作为福利发给公司管理人员，该产品的公允价值为 10 万元。（2）将外购的一批商品投入到乙公司（具有商业实质），该商品的公允价值为 20 万元。（3）将自产的产品分配给股东，该产品的公允价值 100 万元。（4）将外购成本为 18 万元的一批商品捐赠给希望小学，该商品的公允价值为 20 万元。假定上述商品或产品的公允价值与计税价格相等，适用的增值税税率均为 16%。甲公司的账务处理如下：

(1) 自产的产品作为福利发给公司管理人员。

借：应付职工薪酬	116 000
贷：主营业务收入	100 000
应交税费——应交增值税（销项税额）	16 000

(2) 将外购的商品投入到乙公司。

借：长期股权投资	232 000
贷：主营业务收入	200 000
应交税费——应交增值税（销项税额）	32 000

(3) 将自产的产品分配给股东。

借：应付股利	1 160 000
贷：主营业务收入	1 000 000
应交税费——应交增值税（销项税额）	160 000

(4) 将外购的商品捐赠给希望小学。

借：营业外支出	212 000
贷：库存商品	180 000
应交税费——应交增值税（销项税额）	(200 000 × 16%)32 000

(3) 差额征税的账务处理。

①企业发生相关成本费用允许扣减销售额的账务处理。按现行增值税制度规定，企业发生相关成本费用允许扣减销售额的，发生成本费用时，按应付或实际支付的金额，借记"主营业务成本""存货""合同履行成本"等科目，贷记"应付账款""应付票据""银行存款"等科目。待取得合规增值税扣税凭证且纳税义务发生时，按照允许抵扣的税额，借记"应交税费——应交增值税（销项税额抵减）"科目或"应交税费——简易计税"科目（小规模纳税人应借记"应交税费——应交增值税"科目），贷记"主营业务成本""存货""合同履行成本"等科目。

②金融商品转让按规定以盈亏相抵后的余额作为销售额的账务处理。金融商品实际转让月末，如产生转让收益，则按应纳税额，借记"投资收益"等科目，贷记"应交税

费——转让金融商品应交增值税"科目;如产生转让损失,则按可结转下月抵扣税额,借记"应交税费——转让金融商品应交增值税"科目,贷记"投资收益"等科目。缴纳增值税时,应借记"应交税费——转让金融商品应交增值税"科目,贷记"银行存款"科目。年末,本科目如有借方余额,则借记"投资收益"等科目,贷记"应交税费——转让金融商品应交增值税"科目。

【例11-22】甲旅行社为增值税一般纳税人,选择差额征税的方式。20×8年6月,甲旅行社向旅游服务购买方收取的含税价款为530 000元(含增值税30 000元),应支付给其他接团旅行社的旅游费用和其他单位的相关费用为424 000元,其中因允许扣除销售额而减少的销项税额24 000元。甲旅行社的账务处理如下:

借:银行存款　　　　　　　　　　　　　　　　　　530 000
　　贷:主营业务收入　　　　　　　　　　　　　　　　500 000
　　　　应交税费——应交增值税(销项税额)　　　　　30 000
借:主营业务成本　　　　　　　　　　　　　　　　400 000
　　应交税费——应交税费(销项税额抵减)　　　　　24 000
　　贷:应付账款　　　　　　　　　　　　　　　　　424 000

【例11-23】甲公司为一般纳税人,按月度申报缴纳增值税。20×8年11月,当月出售以公允价值计量且其变动计入当期损益的金融资产,发生转让损失159万元。20×8年12月,当月转让出售以公允价值计量且其变动计入当期损益的金融资产,取得转让收入106万元。假定不考虑其他情况,甲公司有关增值税的账务处理如下:

(1) 11月,产生金融商品转让损失,则按可结转下月抵扣税额。

借:应交税费——转让金融商品应交增值税　　　　　　　　　　90 000
　　贷:投资收益　　　　　　　[1 590 000÷(1+6%)×6%]90 000

(2) 12月,取得金融商品转让收益。

借:投资收益　　　　　　　　　[1 060 000÷(1+6%)×6%]60 000
　　贷:应交税费——转让金融商品应交增值税　　　　　　　　60 000

(4) 出口退税的账务处理。

为了核算纳税人出口货物应收取的出口退税款,设置"应收出口退税款"科目,该科目借方反映销售出口货物按规定向税务机关申报应退回的增值税、消费税等,贷方反映实际收到的出口货物应退回的增值税、消费税等。期末借方余额,反映尚未收到的应退税额。

①未实行"免、抵、退"办法的一般纳税人出口货物按规定退税的,按规定计算的应收出口退税额,借记"应收出口退税款"科目,贷记"应交税费——应交增值税(出口退税)"科目,收到出口退税时,借记"银行存款"科目,贷记"应收出口退税款"科目;退税额低于购进时取得的增值税专用发票上的增值税额的差额,借记"主营业务成本"科目,贷记"应交税费——应交增值税(进项税额转出)"科目。

②实行"免、抵、退"办法的一般纳税人出口货物,在货物出口销售后结转产品销售成本时,按规定计算的退税额低于购进时取得的增值税专用发票上的增值税额的差额,借记"主营业务成本"科目,贷记"应交税费——应交增值税(进项税额转出)"

科目；按规定计算的当期出口货物的进项税抵减内销产品的应纳税额，借记"应交税费——应交增值税（出口抵减内销产品应纳税额）"科目，贷记"应交税费——应交增值税（出口退税）"科目。在规定期限内，内销产品的应纳税额不足以抵减出口货物的进项税额，不足部分按有关税法规定给予退税的，应在实际收到退税款时，借记"银行存款"科目，贷记"应交税费——应交增值税（出口退税）"科目。

（5）月末转出多交增值税和未交增值税的账务处理。

月度终了，企业应当将当月应交未交或多交的增值税自"应交增值税"明细科目转入"未交增值税"明细科目。对于当月应交未交的增值税，借记"应交税费——应交增值税（转出未交增值税）"科目，贷记"应交税费——未交增值税"科目；对于当月多交的增值税，借记"应交税费——未交增值税"科目，贷记"应交税费——应交增值税（转出多交增值税）"科目。

（6）缴纳增值税的账务处理。

①企业缴纳当月应交的增值税，借记"应交税费——应交增值税（已交税金）"科目（小规模纳税人应借记"应交税费——应交增值税"科目），贷记"银行存款"科目。

②企业缴纳以前期间未交的增值税，借记"应交税费——未交增值税"科目，贷记"银行存款"科目。

③企业预缴增值税时，借记"应交税费——预交增值税"科目，贷记"银行存款"科目。月末，企业应将"预交增值税"明细科目余额转入"未交增值税"明细科目，借记"应交税费——未交增值税"科目，贷记"应交税费——预交增值税"科目。房地产开发企业等在预缴增值税后，应直至纳税义务发生时方可从"应交税费——预交增值税"科目结转至"应交税费——未交增值税"科目。

④企业对于当期直接减免的增值税，借记"应交税金——应交增值税（减免税款）"科目，贷记损益类相关科目。

（7）增值税税控系统专用设备和技术维护费用抵减增值税额的账务处理。

企业初次购买增值税税控系统专用设备支付的费用以及交纳的技术维护费允许在增值税应纳税额中全额抵减的，按规定抵减的增值税应纳税额，借记"应交税费——应交增值税（减免税款）"科目（小规模纳税人应借记"应交税费——应交增值税"科目），贷记"管理费用"等科目。

（8）关于小微企业免征增值税的会计处理规定。

小微企业在取得销售收入时，应当按照税法的规定计算应交增值税，并确认为应交税费，在达到增值税制度规定的免征增值税条件时，将有关应交增值税转入当期损益。

4. 增值税在财务报表相关项目的列示

企业在"应交税费"科目下的"应交增值税""未交增值税""待抵扣进项税额""待认证进项税额""增值税留抵税额"等明细科目的期末借方余额，应根据情况，在资产负债表中的"其他流动资产"或"其他非流动资产"项目列示；"应交税费——待转销项税额"等科目的期末贷方余额，应根据情况，在资产负债表中的"其他流动负债"或"其他非流动负债"项目列示；"应交税费"科目下的"未交增值税""简易计税"

"转让金融商品应交增值税""代扣代交增值税"等科目的期末贷方余额,应在资产负债表中的"应交税费"项目列示。

(二) 消费税

1. 消费税概述

消费税,是对在我国境内生产、委托加工和进口规定的消费品的单位和个人,就其生产、委托加工、进口和销售消费品以及特定的消费行为,按流转额征收的一种商品税。消费税主要以消费品为课税对象,属于间接税,税收随价格转嫁给消费者负担,消费者是税款的实际负担者。消费税属于价内税,并实行单一环节征收,即一般在应税消费品的生产、委托加工和进口环节交纳,在以后的批发、零售环节中,由于价款中已含消费税,因此不必再交纳消费税。目前消费税的税目主要包括:烟、酒、高档化妆品、贵重首饰及珠宝玉石、鞭炮和焰火、成品油、小汽车、摩托车、高尔夫球及球具、高档手表、游艇、木制一次性筷子、实木地板、电池、涂料等15种消费品。

2. 消费税的账务处理

(1) 销售应税消费品应纳消费税的核算。企业将生产的应税消费品直接对外销售时,按规定计算出应交纳的消费税,借记"税金及附加"科目,贷记"应交税金——应交消费税"科目。

【例11-24】甲公司为增值税一般纳税人,本期销售应税消费品的不含税售价为300 000元,该产品适用的增值税税率、消费税税率分别为16%、10%,款项已收存银行。甲公司的账务处理如下:

借:银行存款　　　　　　　　　　　　　　　　　　　348 000
　　贷:主营业务收入　　　　　　　　　　　　　　　　300 000
　　　　应交税费——应交增值税(销项税额)　　　　　48 000
借:税金及附加　　　　　　　　　　　　　　　　　　 30 000
　　贷:应交税费——应交消费税　　　　　　　　　　　30 000

(2) 自产自用应税消费品应纳消费税的核算。所谓自产自用,是指纳税人生产应税消费品后,不是直接对外销售,而是用于连续生产应税消费品或用于其他方面。具体而言:①纳税人用于连续生产应税消费品的,不纳税。②纳税人除用于连续生产应税消费品外,凡用于其他方面的(如生产非应税消费品、在建工程、管理部门、非生产机构、提供劳务,以及用于馈赠、赞助、集资、广告、样品、职工福利、奖励等),于移送使用时计算出应交纳的消费税,借记"在建工程""长期股权投资""应付职工薪酬""营业外支出"等科目,贷记"应交税费——应交消费税"科目。

【例11-25】甲公司为增值税一般纳税人,将自产的应税消费品用于对外投资(具有商业实质),该产品的公允价格和计税价格均为50 000元,适用的增值税税率、消费税税率分别为16%、10%。甲公司的账务处理如下:

借:长期股权投资　　　　　　　　　　　　　　　　　 63 000
　　贷:主营业务收入　　　　　　　　　　　　　　　　 50 000
　　　　应交税费——应交增值税(销项税额)　　(50 000×16%)8 000

　　　　　　——应交消费税　　　　　　　　　　(50 000×10%)5 000

（3）委托加工环节应税消费品应纳消费税的核算。

委托加工的应税消费品，是指由委托方提供原料和主要材料，受托方只收取加工费和代垫部分辅助材料加工的应税消费品。委托加工的应税消费品，由受托方向委托方交货时代收代缴消费税款。

委托加工的应税消费品，按照受托方当月销售的同类消费品的销售价格计算纳税。如果当月同类消费品各期销售价格高低不同，应按销售数量加权平均计算。如果当月无销售或者当月未完结，应按照同类消费品上月或最近月份的销售价格计算纳税。没有同类消费品销售价格的，按照组成计税价格计算纳税。组成计税价格的计算公式为：

①实行从价定率办法计算纳税的，其组成计税价格计算公式：

$$组成计税价格=(材料成本+加工费)\div(1-比例税率)$$

②实行复合计税办法计算纳税的，其组成计税价格计算公式：

$$组成计税价格=(材料成本+加工费+委托加工数量\times定额税率)\div(1-比例税率)$$

委托加工环节应税消费品应纳消费税的账务处理如下：

①委托方将收回的委托加工应税消费品，直接用于销售的，应将受托方代收代缴的消费税计入委托加工物资的成本，借记"委托加工物资"科目，贷记"银行存款""应付账款"等科目，待其销售时，不需要再缴纳消费税。

②委托方将收回的委托加工应税消费品，用于连续生产应税消费品的，受托方代收代缴的消费税按规定准予抵扣的，委托方应按受托方代收代缴的消费税，借记"应交税费——应交消费税"科目，贷记"银行存款""应付账款"等科目，待该产品加工完毕出售时，再缴纳消费税，借记"税金及附加"科目，贷记"应交税金——应交消费税"科目。相关例题参见【例3-6】。

（4）进口应税消费品应交纳消费税的核算。

企业进口需要缴纳消费税的消费品，其缴纳的消费税应计入该进口消费品的成本，借记"固定资产""材料采购""原材料""库存商品"等科目，贷记"银行存款"等科目。

（三）其他应交税费

1. 城市维护建设税和教育费附加

（1）城市维护建设税，是国家对缴纳增值税、消费税的单位和个人就其实际缴纳的增值税和消费税作为计税依据而征收的一种附加税。企业按规定计算出的城市维护建设税，借记"税金及附加"等科目，贷记"应交税费——应交城市维护建设税"科目；实际上交时，借记"应交税费——应交城市维护建设税"科目，贷记"银行存款"科目。

（2）教育费附加和地方教育费附加，是国家对缴纳增值税、消费税的单位和个人就其实际缴纳的增值税和消费税作为计税依据而征收的一种附加费。企业按规定计算出的教育费附加，借记"税金及附加"等科目，贷记"应交税费——应交教育费附加"科目；实际上交时，借记"应交税费——应交教育费附加"科目，贷记"银行存款"科目。

【例 11-26】20×9 年 5 月，甲公司按照销售产品实际缴纳的增值税和消费税为 50 000 元，计算出本月应交城市维护建设税 3 500 元，应交教育费附加 1 500 元。甲公司的账务处理如下：

借：税金及附加　　　　　　　　　　　　　　　　　　　　5 000
　　贷：应交税费——应交城市维护建设税　　　　　　　　　　3 500
　　　　　　　　——应交教育费附加　　　　　　　　　　　　1 500

2. 房产税、土地使用税、车船税和印花税

企业按规定计算应交的房产税、土地使用税、车船税时，借记"税金及附加"科目，贷记"应交税费——应交房产税（土地使用税、车船税）"科目；上交时，借记"应交税费——应交房产税（土地使用税、车船税）"科目，贷记"银行存款"科目。企业交纳的印花税不需要通过"应交税费"科目核算，在购买印花税税票时，借记"税金及附加"科目，贷记"银行存款"科目。

3. 资源税

资源税，是国家对在我国领域及管辖海域开采应税矿产品或者生产盐的单位和个人所征收的一种税。企业应在"应交税费"科目下设置"应交资源税"明细科目进行核算，其会计核算如下：①企业销售应税资源计算出应交纳的资源税时，借记"税金及附加"科目，贷记"应交税费——应交资源税"科目。②企业将自产应税资源用于其他方面，计算出的应交纳的资源税，借记"生产成本""制造费用"科目，贷记"应交税费——应交资源税"科目。③企业收购未税矿产品，按规定需代扣代交资源税，则收购未税矿产品的成本为实际支付的收购款和代扣代缴的资源税，在收购时，借记"原材料"等科目，贷记"银行存款""应交税费——应交资源税"等科目。

4. 土地增值税

企业转让国有土地使用权，地上建筑物及其附着物并取得收入的单位和个人，应按规定缴纳土地增值税。土地增值税是按照转让房地产所取得的增值额和规定的税率计算征收的。其相关的税务会计处理为：①主营房地产和兼营房地产业务的企业，计算出应交的土地增值税时，借记"税金及附加"科目，贷记"应交税费——应交土地增值税"科目。②企业转让国有土地使用权连同地上建筑物及其附着物，转让时应缴纳的土地增值税，借记"固定资产清理"或"在建工程"等科目，贷记"应交税费——应交土地增值税"科目。如果企业是在工程竣工结算前转让房地产，其取得的转让收入按税法规定应预交土地增值税，预交时，借记"应交税费——应交土地增值税"科目，贷记"银行存款"科目；待该房地产出售，其销售收入实现时，按销售业务进行会计处理并清算应交土地增值税。收到退回的多交的土地增值税时，借记"银行存款"科目，贷记"应交税费——应交土地增值税"科目，补交的土地增值税作相反的会计分录。③企业实际缴纳土地增值税时，借记"应交税费——应交土地增值税"科目，贷记"银行存款"科目。

5. 耕地占用税

耕地占用税是国家为了利用土地资源、加强土地管理、保护农用耕地而征收的一种税。耕地占用税以实际占用的耕地面积计税，按照规定税额一次征收。企业缴纳的耕地占用税,不需要通过"应交税费"科目核算。企业按规定计算交纳耕地占用税,借记"在建工程"科目,贷记"银行存款"科目。

6. 所得税

企业的生产、经营所得和其他所得,依照有关所得税法及其细则的规定需要交纳所得税。企业应交纳的所得税,在"应交税费"科目下设置"应交所得税"明细科目核算;当期应计入损益的所得税,应作为一项费用,在净收益前扣除。企业按照一定方法计算,计入损益的所得税,借记"所得税费用"等科目,贷记"应交税费——应交所得税"等科目。

九、应付利息

应付利息,是指企业按照合同约定应支付的利息,包括吸收存款、分期付息到期还本的长期借款、企业债券等应支付的利息。资产负债表日,企业计算确定的利息费用,借记"在建工程""财务费用""研发支出"等科目,贷记"应付利息"科目。实际支付利息时,借记"应付利息"科目,贷记"银行存款"等科目。

十、应付股利

应付股利,是指企业经股东大会或类似机构审议批准分配的现金股利或利润。企业根据股东大会或类似机构审议批准的利润分配方案,按应支付的现金股利或利润,借记"利润分配"科目,贷记"应付股利"科目。实际支付现金股利或利润,借记"应付股利"科目,贷记"银行存款"等科目。董事会或类似机构通过的利润分配方案中拟分配的现金股利或利润,不作账务处理,但应在附注中披露。

十一、其他应付款

其他应付款,是指企业除应付票据、应付账款、合同负债、交易性金融负债、预收账款、应付职工薪酬、应付利息、应付股利、应交税费、长期应付款等以外的其他各项应付、暂收的款项。

企业采用售后回购方式融入资金的,应按实际收到的金额,借记"银行存款"科目,贷记"其他应付款""应交税费"科目。回购价格与原销售价格之间的差额,应在售后回购期间内按期计提利息费用,借记"财务费用"科目,贷记"其他应付款"科目。按照合同约定购回该项商品等时,应按实际支付的金额,借记"其他应付款"科目,贷记"银行存款"科目。相关的例题见【例15-66】。

企业发生的其他各种应付、暂收款项,借记"管理费用"等科目,贷记"其他应付款"科目;支付的其他各种应付、暂收款项,借记"其他应付款"科目,贷记"银行存款"等科目。

十二、持有待售负债

持有待售负债,是指持有待售的处置组中的负债。企业将相关处置组划分为持有待售类别时,按相关负债的账面余额,借记"应付账款""应付职工薪酬"等科目,贷记"持有待售负债"。企业应当在资产负债表负债项下"一年内到期的非流动负债"项目之上增设"持有待售负债"项目,反映资产负债表日处置组中与划分为持有待售类别的资产直接相关的负债的期末账面价值。

第二节 非流动负债

一、长期借款

1. 长期借款的性质

长期借款,是指企业以摊余成本计量向银行或其他金融机构借入的期限在 1 年以上(不含 1 年)的各项借款。企业筹集长期借款的主要目的是扩大经营规模、用于固定资产购建、改扩建和大修理工程,以及相应流动资金的正常需要。企业取得长期借款,必须按照规定的程序进行,一般要经过申请、审批、签订合同和划拨款项等步骤。企业在借款的使用期间,需要按期支付利息,或到期一次支付利息,并在到期时偿还本金。

2. 长期借款的核算

(1) 企业借入长期借款时,应按实际收到的金额,借记"银行存款"科目,贷记"长期借款——本金"科目。如存在差额,借记或贷记"长期借款——利息调整"科目。

(2) 在资产负债表日,企业应按长期借款的摊余成本和实际利率计算确定的利息费用,借记"在建工程""财务费用"等科目,按借款本金和合同利率计算确定的应付未付利息,贷记"应付利息"科目(分期付息)或"长期借款——应计利息"科目(一次还本付息),按其差额,贷记"长期借款——利息调整"科目。实际利率与合同利率差异较小的,也可以采用合同利率计算确定利息费用。

(3) 企业归还长期借款,按归还的长期借款本金,借记"长期借款——本金"科目,按转销的利息调整金额,贷记"长期借款——利息调整"科目,按实际归还的款项,贷记"银行存款"科目,按借贷双方之间的差额,借记"在建工程""财务费用"等科目。

【例 11-27】20×8 年 1 月 1 日,甲公司从中国工商银行借入一笔期限为 2 年、金额为 100 万元、合同规定的年利率为 12%、每年年底结算并支付利息的借款。该借款用于购建一项设备。该设备在 20×8 年底完工并交付使用。假定实际利率与合同利率差异较小。甲公司的账务处理如下:

(1) 20×8 年 1 月 1 日,借入款项。

借:银行存款 1 000 000

　　　　贷：长期借款——本金　　　　　　　　　　　　　　　　1 000 000
（2）20×8年12月31日，计算并支付利息费用。
　　借：在建工程　　　　　　　　　　　（1 000 000×12%）120 000
　　　　贷：应付利息　　　　　　　　　　　　　　　　　　　 120 000
　　借：应付利息　　　　　　　　　　　　　　　　　　　　　 120 000
　　　　贷：银行存款　　　　　　　　　　　　　　　　　　　 120 000
（3）20×9年12月31日，计算利息费用和归还本金。
　　借：财务费用　　　　　　　　　　　（1 000 000×12%）120 000
　　　　贷：应付利息　　　　　　　　　　　　　　　　　　　 120 000
　　借：长期借款——本金　　　　　　　　　　　　　　　　1 000 000
　　　　应付利息　　　　　　　　　　　　　　　　　　　　　 120 000
　　　　贷：银行存款　　　　　　　　　　　　　　　　　　 1 120 000

二、应付债券

（一）公司债券的性质

债券，是指企业为筹集资金而依照法定程序发行，约定在一定日期还本付息的有价证券。企业发行债券必须经过国家有关部门批准，委托银行或其他金融机构代理发行。发行方式可采用包销、代销和自营等方式。债券筹资是企业一种重要的筹资方式，其筹资范围很广。若发行的债券符合国家有关规定，债券可以在市场上自由转让、流通。企业发行的债券，其票面上一般都应载明以下内容：①企业名称；②债券面值；③票面利率；④还本期限和还本方式；⑤利息的支付方式；⑥债券的发行日期等。企业应当设置"企业债券备查簿"，详细登记企业债券的票面金额、债券票面利率、还本付息期限与方式、发行总额、发行日期和编号、委托代售单位、转换股份等资料。企业债券到期兑付，在备查簿中应予注销。

（二）公司债券的发行方式

企业债券的发行价格受同期市场利率影响较大，由此导致债券的发行方式有三种，即面值发行、溢价发行和折价发行。假设其他条件不变，债券的票面利率高于同期银行存款利率时，可按超过债券票面价值的价格发行，称为溢价发行。溢价是企业以后各期多付利息而事先得到的补偿。如果债券的票面利率低于同期银行存款利率，可按低于债券面值的价格发行，称为折价发行。折价是企业以后各期少付利息而预先给投资者的补偿。如果债券的票面利率与同期银行存款利率相同，可按票面价格发行，称为面值发行。溢价或折价是发行债券企业在债券存续期内对利息费用的一种调整。

（三）一般公司债券的核算

企业设置"应付债券"科目来核算企业以摊余成本计量的为筹集资金而发行的债券

（包括企业发行的归类为金融负债的优先股、永续债等）本金和利息，该本科目可按"面值""利息调整""应计利息"进行明细核算。

（1）债券发行的账务处理。企业发行债券，应按实际收到的金额，借记"银行存款"等科目，按债券票面金额，贷记"应付债券——面值"科目，存在差额（即债券的折价或溢价）的，还应借记或贷记"应付债券——利息调整"科目。

（2）债券利息费用的账务处理。资产负债表日，按债券的摊余成本和实际利率计算确定的债券利息费用，借记"在建工程""财务费用"等科目，按票面面值和票面利率计算确定的应付未付利息，贷记"应付利息"科目（分期付息、一次还本）或"应付债券——应计利息"科目（一次还本付息），按其差额，借记或贷记"应付债券——利息调整"科目。实际利率与票面利率差异较小的，也可以采用票面利率计算确定利息费用。分期支付利息时，借记"应付利息"科目，贷记"银行存款"等科目。

（3）债券到期的账务处理。采用一次还本付息方式的，企业到期支付债券本息时，借记"应付债券——面值、应计利息"科目，贷记"银行存款"等科目。采用分期付息、一次还本的，企业到期支付债券本金和最后一期利息时，借记"应付债券——面值""在建工程""财务费用"等科目，贷记"银行存款"等科目。

【例11-28】20×5年1月1日，甲公司发行了5年期，票面年利率为4.72%，实际年利率为10%，面值总额为1 250万元，发行价格为1 000万元、每年年末付息，到期还本的公司债券。公司发行债券筹集的资金专门用于建造一条生产线，该生产线于20×7年12月31日完工并达到预定可使用状态。假定不考虑其他因素，甲公司的账务处理如下：

(1) 20×5年1月1日，公司发行债券。

借：银行存款　　　　　　　　　　　　　　　　　　　10 000 000
　　应付债券——利息调整　　　　　　　　　　　　　　2 500 000
　　贷：应付债券——面值　　　　　　　　　　　　　　12 500 000

(2) 计算各期利息及利息调整的摊销见表11-6。

表11-6　　　　债券利息调整（折价）摊销　　　　　金额：万元

日　期	票面利息	实际利息	利息调整的摊销额	应付债券的摊余成本
	①=债券面值×4.72%	②=期初④×10%	③=②-①	④=期初摊余成本+③
20×5.01.01	—	—	—	1 000
20×5.12.31	59	100	41	1 041
20×6.12.31	59	104	45	1 086
20×7.12.31	59	109	50	1 136
20×8.12.31	59	113	54	1 190
20×9.12.31	59	119	60	0*
合　计	295	545	250	—

注：*20×9年末的摊余成本=1 190+60-1 250=0。

甲公司 20×5~20×7 年计提利息及利息调整摊销的账务处理见表 11-7。

表 11-7　　　　　20×5~20×7 年计提利息及利息调整摊销　　　　　金额：元

会计分录	20×5.12.31	20×6.12.31	20×7.12.31
借：在建工程	1 000 000	1 040 000	1 090 000
贷：应付利息	590 000	590 000	590 000
应付债券——利息调整	410 000	450 000	500 000

甲公司 20×8~20×9 年计提利息及利息调整摊销的账务处理见表 11-8。

表 11-8　　　　　20×8~20×9 年计提利息及利息调整摊销　　　　　金额：元

会计分录	20×8.12.31	20×9.12.31
借：财务费用	1 130 000	1 190 000
贷：应付利息	590 000	590 000
应付债券——利息调整	540 000	600 000

（3）每年末支付利息。

借：应付利息　　　　　　　　　　　　　　　　　　　　　590 000
　　贷：银行存款　　　　　　　　　　　　　　　　　　　　　　　590 000

（4）20×9 年 12 月 31 日，到期归还本金。

借：应付债券——面值　　　　　　　　　　　　　　　　12 500 000
　　贷：银行存款　　　　　　　　　　　　　　　　　　　　　12 500 000

【例 11-29】20×5 年 1 月 1 日，甲公司发行面值总额为 40 000 万元、票面年利率为 6%、市场年利率为 5%、每年年末付息，到期还本的公司债券，发行价格总额为 41 730.80 万元。公司发行债券筹集的资金专门用于建造一条生产线，该生产线于 20×6 年 12 月 31 日完工并达到预定可使用状态。假定不考虑其他因素，甲公司的账务处理如下（金额用万元表示）：

（1）20×5 年 1 月 1 日，发行债券。

借：银行存款　　　　　　　　　　　　　　　　　　　　　41 730.8
　　贷：应付债券——面值　　　　　　　　　　　　　　　　　　40 000
　　　　　　　　——利息调整　　　　　　　　　　　　　　　　1 730.8

（2）计算各期利息及利息调整的摊销见表 11-9。

表 11-9　　　　　　　　债券利息调整（溢价）摊销　　　　　　　金额：万元

时间	票面利息	实际利息	利息调整的摊销额	应付债券的摊余成本
	①=债券面值×6%	②=期初④×5%	③=①-②	④=期初摊余成本-③
20×5.01.01	—	—	—	41 730.80
20×5.12.31	2 400	2 086.54	313.46	41 417.34

续表

时间	票面利息 ① = 债券面值×6%	实际利息 ② = 期初④×5%	利息调整的摊销额 ③ = ① - ②	应付债券的摊余成本 ④ = 期初摊余成本 - ③
20×6.12.31	2 400	2 070.87	329.13	41 088.21
20×7.12.31	2 400	2 054.41	345.59	40 742.62
20×8.12.31	2 400	2 037.13	362.87	40 379.75
20×9.12.31	2 400	2 020.25	379.75	0*
合 计	12 000	10 269.20	1 730.80	—

注：*20×9年末的摊余成本 = 40 379.75 - 379.75 - 40 000 = 0。

甲公司20×5～20×6年计提利息及利息调整摊销的账务处理见表11-10。

表11-10　　　　　20×5～20×6年计提利息及利息调整摊销　　　　金额：万元

会计分录	20×5.12.31	20×6.12.31
借：在建工程	2 086.54	2 070.87
应付债券——利息调整	313.46	329.13
贷：应付利息	2 400	2 400

甲公司20×7～20×9年计提利息及利息调整摊销的账务处理见表11-11。

表11-11　　　　　20×7～20×9年计提利息及利息调整摊销　　　　金额：万元

会计分录	20×7.12.31	20×8.12.31	20×9.12.31
借：在建工程	2 054.41	2 037.13	2 020.25
应付债券——利息调整	345.59	362.87	379.75
贷：应付利息	2 400	2 400	2 400

(3) 每年末支付利息。

借：应付利息　　　　　　　　　　　　　　　　　　　　　　　2 400
　贷：银行存款　　　　　　　　　　　　　　　　　　　　　　　2 400

(4) 20×9年12月31日，到期归还本金。

借：应付债券——面值　　　　　　　　　　　　　　　　　　　40 000
　贷：银行存款　　　　　　　　　　　　　　　　　　　　　　40 000

(四) 可转换公司债券的核算

1. 可转换公司债券的核算原则

企业发行的可转换公司债券，既有负债成分又有权益工具成分，应当在初始确认时将其包含的负债成分和权益成分进行分拆，分别进行处理。

企业在进行分拆时，应当先确定负债成分的公允价值，并以此作为其初始确认金额，确认为应付债券；再按照该可转换公司债券整体的发行价格扣除负债成分初始确认金额后的金额确定权益成分的初始确认金额,确认为其他权益工具。负债成分的公允价值是合同规定的未来现金流量按一定利率折现的现值;其中,利率根据市场上具有可比信用等级并在相同条件下提供几乎相同的现金流量,但不具有转换权的工具适用利率确定。发行该可转换公司债券发生的交易费用,应当在负债成分和权益成分之间按照其初始确认金额的相对比例进行分摊。

2. 可转换公司债券的账务处理

企业发行的可转换公司债券在"应付债券"科目下设置"可转换公司债券"明细科目核算。

(1) 企业发行的可转换公司债券,应按实际收到的金额,借记"银行存款"等科目,按该项可转换公司债券包含的负债成分的面值,贷记"应付债券——可转换公司债券(面值)"科目,按权益成分的公允价值,贷记"其他权益工具"科目,按其差额,借记或贷记"应付债券——可转换公司债券(利息调整)"科目。

(2) 对于可转换公司债券的负债成分,在转换为股份前,其会计处理与一般公司债券相同。即,按照债券的摊余成本和实际利率确认利息费用,按照面值和票面利率确认票面利息,其差额作为利息调整的摊销。

(3) 可转换公司债券持有人行使转换权利,将其持有的债券转换为股票的,按可转换公司债券的账面余额,借记"应付债券——可转换公司债券(面值)"科目,借记或贷记"应付债券——可转换公司债券(利息调整)"科目,按其权益成分的金额,借记"其他权益工具"科目,按照尚未支付的利息,借记"应付利息""应付债券——可转换公司债券(应计利息)"科目,按股票面值和转换的股数计算的股票面值总额,贷记"股本"科目,按其差额,借记或贷记"资本公积——股本溢价"科目;如用现金支付不可转换股票的部分,贷记"库存现金""银行存款"等科目。

【例11-30】20×6年1月1日,甲公司经批准,按每份面值100元发行5年期、票面年利率为6%、到期一次还本的可转换公司债券20 000万元,款项已收存银行。发行一年后可转换为普通股股票,转股时每份债券可转换为10股普通股,股票面值为每股1元。20×7年1月1日,假定债券持有人将持有的可转换公司债券全部转换为本公司的普通股股票。甲公司发行可转换公司债券时二级市场上与之类似的没有附带转换权的债券市场年利率为9%。该可转换公司债券的利息费用不符合资本化条件,假定不考虑其他因素,甲公司的账务处理如下:

(1) 20×6年1月1日,发行可转换公司债券。

可转换债券负债成分的公允价值 = 200 000 000 × 0.6499 + 200 000 000 × 6% × 3.8897 = 176 656 400(元)

可转换债券权益成分的公允价值 = 200 000 000 - 176 656 400 = 23 343 600(元)

借:银行存款 2 000 000
　　应付债券——可转换公司债券(利息调整) 23 343 600
　贷:应付债券——可转换公司债券(面值) 2 000 000
　　　其他权益工具 23 343 600

(2) 20×6年12月31日,确认利息费用。

票面利息 = 200 000 000 × 6% = 12 000 000（元）
实际利息 = 176 656 400 × 9% = 15 899 076（元）

借：财务费用　　　　　　　　　　　　　　　　　　　　15 899 076
　　贷：应付债券——可转换公司债券（应计利息）　　　　12 000 000
　　　　　　　　——可转换公司债券（利息调整）　　　　 3 899 076

（3）20×7年1月1日，债券持有人行使转换权。

债券持有人在当期付息前行使转换权时，应按债券面值和应计利息之和计算转换的股份数。

转换的股份数 = [（200 000 000 + 12 000 000）÷100] × 10 股 = 21 200 000（股）

借：应付债券——可转换公司债券（面值）　　　　　　　200 000 000
　　　　　　——可转换公司债券（应计利息）　　　　　 12 000 000
　　其他权益工具　　　　　　　　　　　　　　　　　　 23 343 600
　　贷：股本　　　　　　　　　　　　　　　　　　　　 21 200 000
　　　　应付债券——可转换公司债券（利息调整）　　　　19 444 524
　　　　资本公积——资本溢价　　　　　　　　　　　　 1 94 699 076

企业发行附有赎回选择权的可转换公司债券，其在赎回日可能支付的利息补偿金，即债券约定赎回期届满日应当支付的利息减去应付债券票面利息的差额，应当在债券发行日至债券约定赎回届满日期间计提应付利息，计提的应付利息分别计入相关资产成本或财务费用。

企业发行认股权和债券分离交易的可转换公司债券，其认股权符合金融工具确认与计量准则有关权益工具定义的，应当按照分离交易可转换公司债券发行价格，减去不附认股权且其他条件相同的公司债券公允价值后的差额，确认一项权益工具（其他权益工具）。认股权持有人到期没有行权的，企业应当在到期时将原计入其他权益工具的部分转入资本公积（股本溢价）。

三、长期应付款

长期应付款，是指企业除长期借款和应付债券以外的其他各种长期应付款项，包括应付租入固定资产的租赁费、具有融资性质的延期付款购买资产等发生的应付款项等。具有融资性质的延期付款购买固定资产、无形资产的账务处理及相关例题参见【例6-5】【例7-2】。

四、专项应付款

专项应付款，是指企业取得政府作为企业所有者投入的具有专项或特定用途的款项。专项应付款的主要账务处理如下：(1) 企业收到或应收的资本性拨款，借记"银行存款"等科目，贷记"专项应付款"科目。将专项或特定用途的拨款用于工程项目，借记"在建工程"等科目，贷记"银行存款""应付职工薪酬"等科目。(2) 工程项目完工形成长期资产的部分,借记"专项应付款"科目,贷记"资本公积——资本溢价"科目;对未形成长期资产需要核销的部分,借记"专项应付款"科目,贷记"在建工程"等科目;拨款结余需要返还的,借记"专项应付款"科目,贷记"银行存款"科目。上述资本溢价转增实收资本或股本,借记"资本公积——资本溢价或股本溢价"科目,贷记"实收资本"或"股本"科目。

【例 11-31】20×9 年 1 月,甲公司收到当地政府部门作为所有者投入的、专门用于建造一条生产线的款项 100 万元。20×9 年 2 月,甲公司将拨款用于生产线建设,在建造过程中,领用外购材料 55 万元,发生工程人员薪酬 10 万元,支付其他相关费用 5 万元。20×9 年 10 月,工程完工并交付使用。假设不考虑其他相关税费,甲公司的账务处理如下:

(1) 20×9 年 1 月,收到政府投入款。

借:银行存款　　　　　　　　　　　　　　　　　1 000 000
　　贷:专项应付款　　　　　　　　　　　　　　　　1 000 000

(2) 20×9 年 2~9 月,建设生产线。

借:在建工程　　　　　　　　　　　　　　　　　700 000
　　贷:原材料　　　　　　　　　　　　　　　　　　550 000
　　　　应付职工薪酬　　　　　　　　　　　　　　100 000
　　　　银行存款　　　　　　　　　　　　　　　　 50 000

(3) 20×9 年 10 月工程完工并交付使用。

借:固定资产　　　　　　　　　　　　　　　　　700 000
　　贷:在建工程　　　　　　　　　　　　　　　　　700 000
借:专项应付款　　　　　　　　　　　　　　　　700 000
　　贷:资本公积——资本溢价　　　　　　　　　　700 000

(4) 拨款结余返还。

借:专项应付款　　　　　　　　　　　　　　　　300 000
　　贷:银行存款　　　　　　　　　　　　　　　　　300 000

本章小结

1. 流动负债

流动负债,是指企业需要在一年内或一个营业周期内偿还的债务。具体如下:(1) 短期借款,是指企业向银行或其他金融机构借入的、期限在一年以下(含一年)的各种借款。(2) 交易性金融负债,应当按照公允价值进行后续计量其公允价值变动形成利得或损失,除与套期会计有关外,应当计入当期损益。处置时,应当将其账面价值与支付的对价之间的差额,计入当期损益。(3) 应付票据,是指企业以摊余成本计量的购买材料、商品和接受劳务供应等而开出、承兑的商业汇票,包括银行承兑汇票和商业承兑汇票。(4) 应付账款,是指企业以摊余成本计量的因购买材料、商品和接受劳务供应等经营活动应支付的款项。(5) 合同负债,是指企业已收或应收客户对价而应向客户转让商品的义务。(6) 预收账款,是指企业根据合同规定向购货方或接受劳务方预收的款项。

(7) 应付职工薪酬,是指企业为获得职工提供的服务或解除劳动关系而给予的各种形式的报酬或补偿。职工,是指与企业订立劳动合同的所有人员,含全职、兼职和临时职工,也包括虽未与企业订立劳动合同但由企业正式任命的人员。职工薪酬主要包括短期薪酬、离职后福利、辞退福利和其他长期职工福利。(8) 应交税费,是企业按照税法等规定计算应交的增值税、消费税、资源税、所得税、城市维护建设税、房产税、土地使用税、车船税、教育费附加以及代扣代交的个人所得税等。(9) 应付利息,是指企业按照合同约定应支付的利息,包括吸收存款、分期付息到期还本的长期借款、企业债券等应支付的利息。(10) 应付股利,是指企业经股东大会或类似机构审议批准分配的现金股利或利润。(11) 其他应付款,是指企业除应付票据、应付账款、合同负债、交易性金融负债、预收账款、应付职工薪酬、应付利息、应付股利、应交税费、长期应付款等以外的其他各项应付、暂收的款项。(12) 持有待售负债,是指持有待售的处置组中的负债。

2. 非流动负债

非流动负债,是指企业偿还期限在一年或一个营业周期以上的负债。其中:(1) 长期借款,是企业向银行或其他金融机构借入的期限在 1 年以上(不含 1 年)的各项借款。(2) 应付债券,是企业为筹集资金而依照法定程序发行,约定在一定日期还本付息的有价证券。(3) 长期应付款,是指企业除长期借款和应付债券以外的其他各种长期应付款项,包括应付租入固定资产的租赁费、以分期付款方式购入固定资产等发生的应付款项等。(4) 专项应付款,是指企业取得政府作为企业所有者投入的具有专项或特定用途的款项。

课堂讨论题

1. 交易性金融负债的公允价值变动为什么计入当期损益?
2. 合同负债与预收账款有何联系与区别?
3. 职工薪酬包含哪些?如何计量非货币性短期薪酬?累积带薪缺勤与非累积带薪缺勤有何区别?设定提存计划与设定受益计划有何区别?辞退福利为什么计入管理费用?
4. 采购等业务进项税额不得抵扣及进项税额抵扣情况发生改变,如何进行账务处理?
5. 在增值税的视同销售行为中,发出存货是按成本结转还是确认为收入,为什么?
6. 企业购进货物、劳务、服务、无形资产和不动产所支付的增值税,哪些可以抵扣?哪些不可以抵扣?试分析增值税是否抵扣对企业资产和当期损益有何影响?
7. 发行的可转换公司债券,如何分拆包括的负债成分和权益成分?

课后练习题

习题一

【目的】练习短期借款、应付票据、应付账款、预收账款的核算。
【资料】甲公司为增值税一般纳税人,适用的增值税税率为16%,20×9年发生如下经济业务:

(1) 1月1日，向银行借入100万元，期限6个月，年利率6%。该借款到期后按期如数归还，利息分月计提，按季支付。

(2) 2月10日，向乙公司购入材料一批，收到的增值税专用发票上注明的价款10 000元，增值税额1 600元，开出一张面值为11 600元、期限6个月、年利率6%的商业汇票。商业汇票到期，甲公司无力支付票据款。

(3) 3月20日，从丙公司购入商品一批，价款30 000元，乙公司给予甲公司10%的商业折扣。当日商品已验收入库，发票账单已到，货款尚未支付，同时规定的现金折扣条件为"2/10、1/20、n/30"，甲公司于3月26日支付了款项。假定计算现金折扣时，不考虑增值税。

(4) 6月21日，向丁公司预收销售款80 000元。7月10日，发出商品一批，该批商品实际成本为100 000元，不含税销售价格为120 000元，公司收到剩余项存入银行。

【要求】根据上述资料，编制甲公司的相关会计分录。

习题二

【目的】练习货币性职工薪酬的核算。

【资料】甲公司20×9年5月的"职工薪酬汇总表"显示，本月应付职工工资990万元，其中：生产产品人员薪酬为500万元，车间管理人员200万元，销售部门人员工资100万元，工程人员工资50万元，总部管理人员薪酬为100万元，内部开发存货管理系统人员工资40万元。根据所在地政府规定，公司分别按照职工工资总额的10%、12%、2%、10.5%、2%和8%计提医疗保险费、养老保险费、失业保险费、住房公积金、工会经费和职工教育经费。20×9年5月，甲公司向职工支付工资等956万元，代扣个人所得税34万元；支付给职工生活困难补助10万元；支付用于开展工会活动和职工职业技能培训的支出分别为7万元和9万元；按规定，向国家有关部门上交了社会保险费和住房公积金。

【要求】根据上述资料，编制甲公司的相关会计分录。

习题三

【目的】练习非货币性职工福利。

【资料】甲公司20×9年发生如下业务：

(1) 5月7日，将自己生产的笔记本电脑作为福利发放给职工，每台电脑成本为1万元，计税价格（售价）为1.2万元，增值税税率为16%。其中，生产产品人员50人，车间管理人员10人，销售部门人员20人，总部管理人员15人。

(2) 自6月1日起，为总部部门经理级别以上职工每人提供一辆小轿车免费使用，该公司总部共有部门经理以上职工10名，假定每辆小轿车每月计提折旧0.2万元。

(3) 自7月1日起，为4名副总裁每人租赁一套公寓免费使用，每套月租金为2万元，以银行存款支付。

(4) 8月10日，购买10套全新的公寓拟以优惠价格出售给部分职工。其中，出售给公司管理人员3套，每套平均购买价为120万元，出售给管理人员的价格为100万元；出售给公司产品生产人员5套，每套平均购买价为90万元，出售给产品生产人的价格为70万元。该7名员工均在10月购买了公司出售的公寓，售房协议规定，员工在取得该公寓后必须在公司服务5年。

【要求】根据上述资料，编制甲公司的相关会计分录。

习题四

【目的】练习应交增值税的核算。

【资料】甲公司为增值税一般纳税人，适用的增值税税率为16%。20×9年6月30日，"应交税费——应交增值税"科目借方余额200万元，该借方余额均可用下月的销项税额抵扣。7月，公司发生如下经济业务：

(1) 销售产品一批，开具的增值税发票上注明的价款 400 万元，增值税额 64 万元，提货单和增值税专用发票已交购货方，货款尚未收到。该销售符合收入确认条件。

(2) 购买原材料一批，取得的增值税专用发票上注明的价款 600 万元，增值税额 96 万元，公司已开出承兑的商业汇票。该原材料已验收入库。

(3) 企业对现有一台生产设备进行修理，领用原材料 20 万元，为购买该原材料支付进项税额 3.20 万元，应付修理人员薪酬 1 万元。

(4) 企业将自己生产的产品用于在建工程，产品成本为 57 万元，计税价格（售价）为 60 万元，假如该产品为应税消费品，消费税税率为 10%。

(5) 企业福利部门领用生产用原材料一批，实际成本为 40 万元，原进项税额 6.40 万元。

(6) 企业以原材料与乙公司进行非货币性资产交换（具有商业实质），换入乙公司持有 A 公司的长期股权投资，存货账面实际成本为 200 万元，公允价值为 300 万元。

(7) 企业购入原材料，取得的增值税专用发票上注明的价款 200 万元，增值税额 32 万元，另支付运费 3 万元，（其中可以抵扣增值税 0.3 万元）。全部款项已经支付。

(8) 在建工程领用生产用原材料一批，实际成本为 50 万元，原进项税额 8 万元。

(9) 企业将自己生产的产品 300 件用于发放给 300 名职工作为福利，每人一件产品，每件产品成本为 1 万元，计税价格（售价）每件产品为 2 万元，假如该产品为应税消费品，消费税税率为 10%。其中，生产工人为 200 人，车间管理人员 60 人，总部管理人员 40 人。

(10) 原材料发生非常损失，其实际成本为 75 万元，原进项税额 12 万元。

(11) 企业以库存商品（应税消费品）抵偿所欠丁公司货款 26 万元。库存商品账面实际成本为 18 万元，公允价值为 20 万元，消费税税率为 10%。

(12) 企业库存商品发生非常损失，其实际成本为 37 万元，其中所耗外购原材料的成本为 20 万元。

(13) 本月交纳增值税 120 万元。

【要求】根据上述资料，编制甲公司的相关会计分录，并计算应交增值税余额。

习题五

【目的】练习长期借款的核算。

【资料】甲公司为增值税一般纳税人，适用的增值税税率为 17%。20×6 年 1 月 1 日，甲公司从银行借入专门借款 400 万元用于购建生产经营用固定资产，借款期限为 3 年，年利率为 5%，到期一次还本分期付息。次年 1 月 6 日支付利息。所借款项已存入银行。甲公司用该借款于当日购买安装的设备一台，取得的增值税专用发票上注明的价款 300 万元，增值税额 48 万元，设备已于当日投入安装并支付安装费用 100 万元。20×6 年 12 月 31 日安装完毕达到预定可以使用状态。该固定资产预计使用 10 年，预计净残值为 5 万元。采用双倍余额递减法计算折旧。

【要求】根据上述资料，编制甲公司相关的会计分录。

习题六

【目的】练习应付债券的核算。

【资料】甲公司经批准于 20×5 年 1 月 1 日起发行 2 年期面值为 100 元的债券 20 万张，票面年利率为 3%，实际年利率 4%。每年 7 月 1 日和 12 月 31 日付息两次，到期时归还本金和最后一次利息。该债券发行收款 1 961.92 万元，该债券所筹资金全部用于新生产线的建设，该生产线于 20×6 年 6 月底完工交付使用。债券溢折价采用实际利率法摊销，每年 6 月 30 日和 12 月 31 日计提利息。

【要求】根据上述资料，编制甲公司的相关会计分录。

习题七

【目的】练习应付债券的核算。

【资料】甲公司经批准于 20×5 年 1 月 1 日发行 5 年期、一次还本、分期付息的公司债券，每年 12

月 31 日支付利息。该公司债券票面年利率 5%，面值 30 000 万元，发行价格 31 334.7 万元；支付发行费用 12 万元，发行期间冻结资金利息 15 万元。假定该公司每年年末采用实际利率法摊销债券溢折价，实际年利率 4%。

【要求】根据上述资料，编制甲公司的相关会计分录。

习题八

【目的】练习可转换公司应付债券的核算。

【资料】20×6 年 1 月 1 日，甲公司发行了面值总额为 5 000 万元的可转换公司债券，发行总价格为 5 100 万元。该债券期限为 3 年，票面年利率为 3%，利息于次年 1 月 5 日支付；每份债券均可在债券发行 1 年后转换为该公司普通股，初始转股价格为每股 10 元（即每 100 元的面值可转换 10 股），股票面值为每股 1 元。该公司发行该债券时，二级市场上与之类似但没有转股权的债券的市场年利率为 5%。发行可转换公司债券所筹资金用于购建固定资产。20×6 年 1 月 1 日，支出 5 100 万元用于该项目。工程于当日开工，20×6 年 12 月 31 日，达到预定可使用状态。20×7 年 10 月 1 日，某债券持有者将面值为 1 000 万元可转换公司债券申请转换为股份，并于当日办妥相关手续。假定按照当日可转换公司债券的面值计算转股数；未转换为甲公司普通股的可转换公司债券持有至到期。

【要求】假定不考虑发行费用和其他因素，(P/A,5%,3) = 2.723；(P/F,5%,3) = 0.864。根据上述资料，编制甲公司的相关会计分录。

第十二章　或有事项

【本章导言】

随着市场经济的发展，企业在生产经营活动中会面临诸如未决诉讼、未决仲裁、债务担保、产品质量保证、亏损合同、重组义务、环境污染整治、承诺等具有较大不确定性的经济事项。这些不确定性经济事项对企业潜在的财务影响究竟有多大，企业由此而承担的潜在风险有多大，已引起投资者和债权人等信息使用者的特别关注。因此，通过充分披露或有事项产生的原因及预计的财务影响，显得尤为重要。本章主要介绍或有事项的定义、特征及分类，或有资产的认定及披露，或有负债的认定及披露，预计负债的确认、计量及披露。

【本章内容框架】

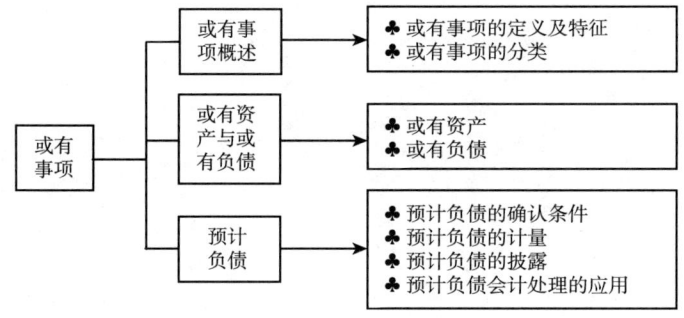

【本章学习目标】

- 熟悉或有事项的定义、特征及分类。
- 熟悉或有资产的定义及披露。
- 掌握或有负债的定义及披露。
- 掌握预计负债的确认、计量及披露。
- 掌握最佳估计数的确定，预期可获得补偿的会计处理。
- 掌握未决诉讼或未决仲裁、债务担保和产品质量保证的会计处理。
- 熟悉亏损合同和重组义务的会计处理。

第一节　或有事项概述

企业在经营活动中有时会面临具有较大不确定性的经济事项，这些不确定事项对企业的财务状况和经营成果可能会产生较大的影响，规范这些事项的确认、计量和相关信息的披露显得尤为重要。

一、或有事项的定义及特征

1. 或有事项的定义

或有事项，是指过去的交易或者事项形成的，其结果须由某些未来事项的发生或不发生才能决定的不确定事项。常见的或有事项主要包括未决诉讼或未决仲裁、债务担保、产品质量保证（含产品安全保证）、亏损合同、重组义务、环境污染整治、承诺等。

2. 或有事项的特征

根据或有事项的定义，或有事项通常具有以下特征：

（1）或有事项是由过去的交易或者事项形成的。或有事项作为一种不确定事项，是由企业过去的交易或者事项形成。即或有事项的现存状况是过去交易或者事项引起的客观存在。比如，未决诉讼虽然是正在进行中的诉讼，但该诉讼是企业因过去的经济行为导致起诉其他单位或被其他单位起诉。这是现存的一种状况而不是未来将要发生的事项。未来可能发生的自然灾害、交通事故、经营亏损等，不属于或有事项。

（2）或有事项的结果具有不确定性。或有事项的结果具有不确定性，主要表现在两个方面：①或有事项的结果是否发生具有不确定性。例如，企业被其他单位起诉，在法院判决之前，该企业胜诉或败诉的结果还无法最终确定。②或有事项的结果预计将会发生，但发生的具体时间或金额具有不确定性。例如，企业因专利侵权被其他单位起诉，如无特殊情况，该企业很可能败诉。但是，该企业因败诉将支出多少金额，或者何时将发生这些支出，可能难以确定。因此，应将或有事项与确定性事项区分开来。

（3）或有事项的结果须由未来事项决定。或有事项的结果只能由未来不确定事项的发生或不发生才能确定。例如，企业为其他单位提供的债务担保，该担保事项最终是否会要求企业履行偿还债务的连带责任以及履行连带责任实际发生的损失，需要由债务到期时债务单位的实际偿债情况所决定。

或有事项与不确定性联系在一起，但会计处理过程中存在的不确定性并不都形成或有事项，企业应当按照或有事项的定义和特征进行判断。例如，固定资产计提折旧虽然涉及对固定资产的净残值和使用寿命的估计，具有一定的不确定性，但固定资产原值是确定的，其价值最终会转移到成本或费用中也是确定的，因此对固定资产计提折旧就不属于或有事项。

二、或有事项的分类

或有事项通常包括或有义务（或有负债和预计负债）和或有资产，具体如图12-1所示。

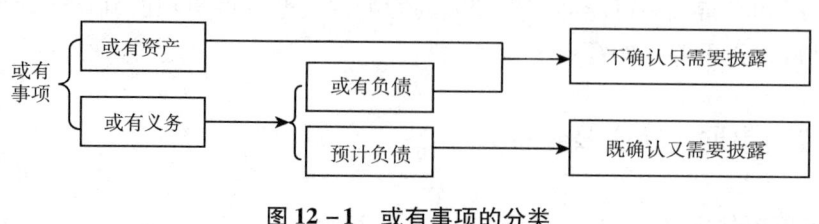

图12-1 或有事项的分类

第二节 或有资产与或有负债

一、或有资产

1. 或有资产的定义

或有资产，是指过去的交易或者事项形成的潜在资产，其存在须通过未来不确定事项的发生或不发生予以证实。或有资产作为一种潜在资产，其结果具有较大的不确定性，只有随着经济情况的变化，通过某些未来不确定事项的发生或不发生才能证实其是否会形成企业真正的资产。

【例12-1】甲公司向法院起诉乙公司侵犯了其专利权。法院尚未对该案件进行公开审理，甲公司是否胜诉尚难判断。对于甲公司而言，将来可能胜诉而获得的赔偿属于一项或有资产，但这项或有资产是否会转化为真正的资产，要由法院的判决结果确定。如果终审判决结果是甲公司胜诉，那么这项或有资产就有可能转化为甲公司的一项资产。如果终审判决结果是甲公司败诉，那么或有资产就消失了，不会形成甲公司的资产。

2. 或有资产的会计处理

（1）由于或有资产不符合资产的定义和确认条件，企业不应确认为资产，而应当按照或有事项准则的规定进行相应的披露。企业通常不应当披露或有资产。但或有资产很可能会给企业带来经济利益的，应当披露其形成的原因、预计产生的财务影响等。

（2）或有资产对应的潜在权利最终是否导致经济利益能够流入企业会随着时间推移和事态的进展，逐渐变得明确。如果在某一时点，企业基本确定能够收到这项潜在资产并且其金额能够可靠计量，应当将其确认为企业的资产。

二、或有负债

1. 或有负债的定义

或有负债,是指过去的交易或者事项形成的潜在义务,其存在须通过未来不确定事项的发生或不发生予以证实;或过去的交易或者事项形成的现时义务,履行该义务不是很可能导致经济利益流出企业或该义务的金额不能可靠计量。

或有负债涉及两类义务:一类是潜在义务;另一类是现时义务。

(1) 潜在义务,是指结果取决于不确定未来事项的可能义务。也就是说,潜在义务最终是否转变为现时义务,由某些未来不确定事项的发生或不发生才能决定。

(2) 现时义务,是指企业在现行条件下已承担的义务。该现时义务的履行不是很可能导致经济利益流出企业,或者该现时义务的金额不能可靠地计量。其中:①"不是很可能导致经济利益流出企业",是指该现时义务导致经济利益流出企业的可能性不超过50%(含50%);②"金额不能可靠计量",是指该现时义务导致经济利益流出企业的"金额"难以合理预计,现时义务履行的结果具有较大的不确定性。

2. 或有负债的会计处理

(1) 由于或有负债(无论是现时义务还是潜在义务)不符合负债的定义和确认条件,因而企业不应确认为负债,而只能在附注中披露。

(2) 通常情况下,企业应当在附注中披露与或有负债(不包括极小可能导致经济利益流出企业的或有负债)有关的下列信息:①或有负债的种类及其形成原因,包括已贴现商业承兑汇票、未决诉讼、未决仲裁、对外提供担保等形成的或有负债;②经济利益流出不确定性的说明;③或有负债预计产生的财务影响,以及获得补偿的可能性;无法预计的,应当说明原因。

(3) 在涉及未决诉讼、未决仲裁的情况下,披露全部或部分信息预期对企业造成重大不利影响的,企业无须披露这些信息,但应当披露该未决诉讼、未决仲裁的性质,以及没有披露这些信息的事实和原因。

(4) 由于影响或有负债的多种因素处于不断变化之中,企业应当持续地对这些因素予以关注。随着时间推移和事态的进展,或有负债对应的潜在义务可能转化为现时义务,原本不是很可能导致经济利益流出的现时义务也可能被证实将很可能导致企业流出经济利益,并且现时义务的金额也能够可靠计量。在这种情况下,或有负债就转化为企业的预计负债,应当予以确认。

第三节 预计负债

一、预计负债的确认条件

预计负债,必须是很可能导致经济利益流出企业且金额能够可靠计量的现时义务。

因此,与或有事项相关的义务同时满足下列三个条件的,才能确认为预计负债。

1. 该义务是企业承担的现时义务

首先,预计负债必须是企业承担的现时义务。即企业没有其他现实的选择,只能履行该现时义务,如法律要求企业必须履行,有关各方合理预期企业应当履行。这里所指的义务包括法定义务和推定义务。其中:①法定义务,是指因合同、法规或其他司法解释等产生的义务,通常是企业在经济管理和经济协调中,依照经济法律、法规的规定必须履行的责任。②推定义务,是指因企业的特定行为而产生的义务。企业的特定行为,泛指企业以往的习惯做法、已公开的承诺或已公开宣布的经营政策。由于以往的习惯做法,或通过这些承诺或公开的声明,企业向外界表明了它将承担特定的责任,从而使受影响的各方形成了其将履行那些责任的合理预期。

2. 履行该义务很可能导致经济利益流出企业

企业因或有事项承担了现时义务,并不说明该现时义务很可能导致经济利益流出企业。预计负债必须是很可能导致经济利益流出企业的现时义务。具体而言,通常是指履行与或有事项相关的现时义务时,导致经济利益流出企业的可能性超过 50% 但小于或等于 95%。

通常按照下列情况判断经济利益流出企业的可能性,如表 12 – 1 所示。

表 12 – 1   不确定性事项发生结果的概率

结果的可能性	对应的概率区间
基本确定	大于 95% 但小于 100%
很可能	大于 50% 但小于或等于 95%
可能	大于 5% 但小于或等于 50%
极小可能	大于 0 但小于或等于 5%

3. 该义务的金额能够可靠地计量

该义务的金额能够可靠地计量,是指与或有事项相关的现时义务的金额能够合理地估计。由于或有事项具有不确定性,因或有事项产生的现时义务的金额也具有不确定性,需要估计。对或有事项确认一项预计负债,相关现时义务的金额应当能够可靠估计。

二、预计负债的计量

预计负债应当按照履行相关现时义务所需支出的最佳估计数进行初始计量。具体而言,预计负债的计量主要涉及两个问题:一是最佳估计数的确定;二是预期可获得补偿的处理。

(一) 最佳估计数的确定

最佳估计数的确定应当分别两种情况处理:

(1) 所需支出存在一个连续范围,且该范围内各种结果发生的可能性相同,最佳估计数应当按照该范围内的中间值,即上下限金额的平均数确定。

【例12-2】20×8年11月20日,甲公司因合同违约而涉及一桩诉讼案。截至20×8年12月31日,甲公司尚未接到法院的判决。根据公司法律顾问的判断,法院最终的判决很可能对甲公司不利,预计将要支付的赔偿金额为150万元至200万元之间的某一金额(包括承担的诉讼费5万元),而且这个区间内每个金额的可能性都大致相同。此例中,甲公司应在20×8年12月31日的资产负债表中确认一项金额为175万元[(150+200)÷2]的预计负债。

(2) 所需支出不存在一个连续范围,或者虽然存在一个连续范围但该范围内各种结果发生的可能性不相同。在这种情况下,最佳估计数可按照如下方法确定:

①或有事项涉及单个项目的,按照最可能发生金额确定。"涉及单个项目"指或有事项涉及的项目只有一个,如一项未决诉讼、一项未决仲裁或一项债务担保等。

【例12-3】20×8年10月2日,甲公司涉及一桩诉讼案。截至20×8年12月31日,甲公司尚未接到法院的判决。根据公司法律顾问的判断,胜诉的可能性为30%,败诉的可能性为70%。如果败诉,需要赔偿200万元。此时,甲公司在资产负债表中确认预计负债的金额应为最可能发生的金额200万元。

②或有事项涉及多个项目的,按照各种可能结果及相关概率计算确定。"涉及多个项目"指或有事项涉及的项目不止一个,如在产品质量保证中,提出产品保修要求的可能有许多客户。相应地,企业对这些客户负有保修义务。

【例12-4】甲公司20×8年第一季度销售A产品的收入为4 000万元。根据公司的产品质量保证条款,该产品售出后一年内,如发生正常质量问题,公司将负责免费维修。根据以前年度的维修记录,如果发生较小的质量问题,发生的维修费用为销售收入的1%;如果发生较大的质量问题,发生的维修费用为销售收入的2%。根据公司技术部门的预测,本季度销售的产品中,80%不会发生质量问题;15%可能发生较小质量问题;5%可能发生较大质量问题。此例中,20×8年第一季度末,甲公司应在资产负债表中确认的预计负债金额为10万元[4 000×(1%×15%+2%×5%)]。

(二) 预期可获得补偿的处理

企业清偿预计负债所需支出全部或部分预期由第三方补偿的,补偿金额只有在基本确定能够收到时才能作为资产单独确认。确认的补偿金额不应当超过预计负债的账面价值。

(1) 企业预期从第三方获得的补偿,是一种潜在资产,其最终是否真的会转化为企业的资产具有较大的不确定性,企业只能在基本确定能够收到补偿时才能对其进行确认。同时,根据资产和负债不能随意抵销的原则,预期可获得的补偿在基本确定能够收到时应当确认为一项资产,而不能作为预计负债金额的扣减。

(2) 预期可获得补偿金额的确认涉及两个问题:①确认时间,补偿只有在"基本确定"能够收到时予以确认;②确认金额,确认的金额是基本确定能够收到的金额,而且不能超过相关预计负债的账面价值。

【例12-5】甲公司于20×8年12月因未决诉讼确认了一项预计负债30万元（其中赔偿支出28万元、诉讼费2万元）。同时，因该未决诉讼，甲公司还可从乙公司获得赔偿，且这项金额基本确定能收到。如果甲公司可从乙公司获得赔偿10万元，在这种情况下，甲公司应分别确认一项预计负债30万元和一项资产10万元。如果甲公司基本确定能从乙公司获得40万元的赔偿，则应分别确认一项预计负债30万元和一项资产30万元。

（三）预计负债计量需要考虑的因素

企业计量预计负债金额（最佳估计数）时，通常应当考虑下列情况：

（1）风险和不确定性。企业应当充分考虑与或有事项有关的风险和不确定性，在此基础上按照最佳估计数确定预计负债的金额。

（2）货币时间价值。预计负债的金额通常应当等于未来应支付的金额。如果预计负债的确认时点距离实际清偿有较长的时间跨度（通常时间为3年以上），导致未来应支付金额与其现值相差较大，应当按照未来应支付金额的现值确定最佳估计数。

（3）未来事项。如果有确凿证据表明相关未来事项将发生，如未来技术进步、相关法规出台等，确定预计负债金额时应考虑相关未来事项的影响。

（4）资产处置利得。确定预计负债金额时不应考虑预期处置相关资产形成的利得。

（四）预计负债账面价值的复核

企业应当在资产负债表日对预计负债的账面价值进行复核。有确凿证据表明该账面价值不能真实反映当前最佳估计数的，应当按照当前最佳估计数对该账面价值进行调整。

三、预计负债的披露

企业应当在附注中披露与预计负债有关的下列信息：①预计负债的种类、形成原因以及经济利益流出不确定性的说明；②各类预计负债的期初、期末余额和本期变动情况；③与预计负债有关的预期补偿金额和本期已确认的预期补偿金额。

四、预计负债会计处理的应用

（一）未决诉讼或未决仲裁

诉讼，是指当事人不能通过协商解决争议，因而在人民法院起诉、应诉，请求人民法院通过审判程序解决纠纷的活动。诉讼尚未裁决之前，对于被告来说，可能形成一项或有负债或者预计负债；对于原告来说，则可能形成一项或有资产。仲裁，是指经济法的各方当事人依照事先约定或事后达成的书面仲裁协议，共同选定仲裁机构并由其对争议依法做出具有约束力裁决的一种活动。作为当事人一方，仲裁的结果在仲裁决定公布以前是不确定的，会构成一项潜在义务或现时义务，或者潜在资产。当企业存在未决诉讼或未决仲裁产生的预计负债，按照最佳估计数，借记"营业外支出"科目，按照发生的诉讼费，借记"管理费用"科目，贷记"预计负债（未决诉讼或未决仲裁）"科目。

【例12-6】沿用【例12-2】的资料，甲公司的账务处理如下：

借：管理费用——诉讼费　　　　　　　　　　　　　　　　　50 000
　　营业外支出——赔偿支出　　　　　　　　　　　　　　1 700 000
　　贷：预计负债——未决诉讼　　　　　　　　　　　　　　　　1 750 000

此外，甲公司需要在报表附注披露该项未决诉讼的相关信息。

【例12-7】沿用【例12-3】的资料，甲公司的账务处理如下：

借：营业外支出——赔偿支出　　　　　　　　　　　　　　2 000 000
　　贷：预计负债——未决诉讼　　　　　　　　　　　　　　　　2 000 000

此外，甲公司需要在报表附注披露该项未决诉讼的相关信息。

需要注意的是，对于未决诉讼，企业当期实际发生的诉讼损失金额与已计提的相关预计负债之间的差额，应分别以下情况进行：

（1）企业在前期资产负债表日，依据当时实际情况和所掌握的证据合理确认预计负债后，应当将当期实际发生的诉讼损失金额与已计提的相关预计负债之间的差额，直接计入或冲减当期营业外支出。

（2）企业在前期资产负债表日，依据当时实际情况和所掌握的证据原本应当能够合理估计诉讼损失，但企业所作的估计却与当时的事实严重不符（如未合理预计损失或不恰当地多计或少计损失），应当按照重大前期差错更正的方法进行处理。

（3）企业在前期资产负债表日，依据当时实际情况和所掌握的证据，确实无法合理预计诉讼损失，因而未确认预计负债，则在该项损失实际发生的当期，直接计入当期营业外支出。

（4）资产负债表日后至财务报告批准报出日之间发生的需要调整或说明的未决诉讼，按照资产负债表日后事项准则的有关规定进行处理。

（二）债务担保

债务担保在企业中是较为普遍的现象。作为提供担保的一方，在被担保方无法履行合同的情况下，常常承担连带责任。因此，充分披露企业因债务担保而承担的潜在风险显得十分必要。企业对外提供债务担保常常会涉及诉讼，这时可以分别以下不同情况进行处理：

（1）企业已被判决败诉的，则应当按照法院判决的应承担的损失金额，确认为预计负债。

（2）已判决败诉，但企业正在上诉，或者经上一级法院裁定暂缓执行，或者由上一级法院发回重审等，企业应当在资产负债表日，根据已有判决结果合理估计损失金额，确认为预计负债。

（3）法院尚未判决的，企业应当向其律师或法律顾问等咨询，估计败诉的可能性以及败诉后可能发生的损失金额，并取得有关书面意见。如果败诉的可能性大于胜诉的可能性，并且损失金额能够合理估计的，应当在资产负债表日将预计损失金额确认为预计负债。

当企业存在因债务担保产生的预计负债，按照最佳估计数，借记"营业外支出"科目，贷记"预计负债（债务担保）"科目。

【例 12-8】20×8 年 7 月，乙公司从某银行贷款 500 万元，期限 1 年，甲公司为乙公司此项银行借款的本息提供 50% 的担保。20×9 年 7 月，此项银行借款到期，由于乙公司无力偿还到期债务，债权银行于 8 月向法院提起诉讼，要求乙公司及为其提供担保的甲公司偿还借款本息 520 万元，并支付罚息 30 万元。12 月 5 日，法院作出一审判决，乙公司和甲公司败诉，甲公司需为乙公司偿还借款本息的 50%。乙公司和甲公司对该判决不服，于 12 月 15 日上诉至二审法院。至 12 月 31 日，二审法院尚未作出终审判决，甲公司估计需为乙公司偿还借款本息 50% 的可能性为 80%。

此例中，法院已判决甲公司败诉，根据已有判决结果，甲公司需为乙公司偿还借款本息 260 万元（520×50%），而且很可能导致经济利益流出企业。12 月 31 日，甲公司的账务处理如下：

借：营业外支出　　　　　　　　　　　　　　　　　　　　2 600 000
　　贷：预计负债——债务担保　　　　　　　　　　　　　　　　2 600 000

此外，甲公司需要在报表附注披露该项债务担保的相关信息。

（三）产品质量保证

产品质量保证，通常指销售商或制造商在销售产品或提供劳务后，对客户提供服务的一种承诺。在约定期内（或终身保修），若产品或劳务在正常使用过程中出现质量或与之相关的其他属于正常范围的问题，企业负有更换产品、免费或只收成本价进行修理等责任。按照权责发生制的要求，上述相关支出就应该在销售收入实现时确认相关的预计负债。当企业存在因产品质量保证产生的预计负债，按照最佳估计数，借记"销售费用"科目，贷记"预计负债（产品质量保证）"科目。

【例 12-9】沿用【例 12-4】的资料，甲公司的账务处理如下：

借：销售费用——产品质量保证　　　　　　　　　　　　　　100 000
　　贷：预计负债——产品质量保证　　　　　　　　　　　　　　100 000

【例 12-10】甲公司为彩电生产制造企业。20×8 年第一季度、第二季度、第三季度、第四季度分别销售其生产的彩电 150 台、200 台、250 台和 100 台，每台售价为 4 000 元。对购买其彩电的消费者，甲公司做出如下承诺：该彩电售出后 3 年内如出现非意外事件造成的故障和质量问题，甲公司免费负责保修。根据以往的经验，发生的保修费一般为销售额的 1%~2% 之间。假定乙公司 20×8 年四个季度实际发生的维修费分别为 6 500 元、10 000 元、8 000 元和 5 000 元（假定用银行存款支付 50%，另 50% 为耗用的原材料）。

本例中，甲公司因销售其生产的彩电而承担了现时义务，该义务的履行很可能导致经济利益流出公司，且该义务的金额能够可靠地计量。甲公司应在每个季度末确认预计负债。

甲公司的会计处理如下：

（1）甲公司在每个季度末对预计负债进行计量：

第一季度末应确认的预计负债金额 =（150×4 000）×（1%+2%）÷2=9 000（元）

第二季度末应确认的预计负债金额 =（200×4 000）×（1%+2%）÷2=12 000（元）

第三季度末应确认的预计负债金额 =（250×4 000）×（1%+2%）÷2=15 000（元）

第四季度末应确认的预计负债金额 =（100×4 000）×（1%+2%）÷2=6 000（元）

（2）甲公司的账务处理见表12-2。

表12-2　　　　　　　　　　　　　甲公司各季度的账务处理　　　　　　　　　　　　　单位：元

会计事项	账务处理	第一季度	第二季度	第三季度	第四季度
①发生保修费	借：预计负债——产品质量保证 　　贷：银行存款 　　　　原材料	6 500 3 250 3 250	10 000 5 000 5 000	8 000 4 000 4 000	5 000 2 500 2 500
②确认预计负债	借：销售费用——产品质量保证 　　贷：预计负债——产品质量保证	9 000 9 000	12 000 12 000	15 000 15 000	6 000 6 000

关于产品质量保证确认为预计负债需要注意的是：①如果发现保证费用的实际发生额与预计数相差较大，应及时对预计比例进行调整；②如果企业针对特定批次产品确认预计负债，则在保修期结束时，应将"预计负债——产品质量保证"余额冲销，同时冲销销售费用；③已对其确认预计负债的产品，如企业不再生产了，那么应在相应的产品质量保证期满后，将"预计负债——产品质量保证"余额冲销，同时冲销销售费用。

（四）亏损合同

亏损合同，是指履行合同义务不可避免会发生的成本超过预期经济利益的合同。亏损合同产生的义务满足预计负债确认条件的，应当确认为预计负债。预计负债的计量应当反映退出该合同的最低净成本，即履行该合同的成本与未能履行该合同而发生的补偿或处罚两者之中的较低者。企业与其他单位签订的商品销售合同、劳务合同、租赁合同等，均可能变为亏损合同。

企业对亏损合同进行会计处理，需要遵循以下两点：

（1）如果与亏损合同相关的义务不需支付任何补偿即可撤销，企业通常就不存在现时义务，不应确认预计负债；如果与亏损合同相关的义务不可撤销，企业就存在了现时义务，同时满足该义务很可能导致经济利益流出企业和金额能够可靠地计量的，通常应当确认预计负债。

（2）亏损合同存在标的资产的，应当对标的资产进行减值测试并按规定确认减值损失，如果预计亏损超过该减值损失，应将超过部分确认为预计负债；合同不存在标的资产的，亏损合同相关义务满足预计负债确认条件时，应当确认为预计负债。

【例12-11】20×9年1月1日，甲公司与乙公司签订了一份不可撤销的产品销合同，约定在20×9年2月15日以每件100元的价格向乙公司提供1 500件丙产品，若不能按期交货，甲公司需向乙公司支付30 000元的违约金。签订合同时丙产品尚未开始生产，但甲公司开始筹备原材料以生产丙产品时，原材料价格突然上涨，预计生产每件丙产品的成本将超过合同单价。不考虑相关税费。甲公司的会计处理如下：

(1) 假定继续生产丙产品，其单位生产成本为115元。

履行合同产生的损失 = 1 500 × (115 - 100) = 22 500（元）

不履行合同产生的损失 = 30 000(元)

本例中，甲公司与乙公司签订了一份不可撤销合同，但是执行合同不可避免会发生的成本超过预期获得的经济利益，属于亏损合同，且该亏损合同不存在标的资产。甲公司按照履行合同产生的损失与不履行合同支付违约金的较低者确认为预计负债，即确认为预计负债的金额为22 500元。

借：营业外支出——亏损合同损失　　　　　　　　　　　　22 500
　　贷：预计负债——亏损合同损失　　　　　　　　　　　　　22 500

待产品完工时，将已经确认的预计负债冲减产品成本。

借：预计负债——亏损合同损失　　　　　　　　　　　　　22 500
　　贷：库存商品——丙产品　　　　　　　　　　　　　　　　22 500

(2) 假定继续生产丙产品，其单位生产成本为125元。

履行合同产生的损失 = 1 500 × (125 - 100) = 37 500（元）

不履行合同产生的损失 = 30 000(元)

甲公司确认预计负债的金额为30 000元。

借：营业外支出——亏损合同损失　　　　　　　　　　　　30 000
　　贷：预计负债——亏损合同损失　　　　　　　　　　　　　30 000

支付违约金时。

借：预计负债——亏损合同损失　　　　　　　　　　　　　30 000
　　贷：银行存款　　　　　　　　　　　　　　　　　　　　　30 000

【例12-12】20×8年11月，甲、乙公司签订了一份不可撤销的产品销售合同，约定在20×9年2月15日以每件100元的价格向乙公司提供1 500件丙产品。截至20×8年末，甲公司已生产1 000件丙产品，由于原材料价格上涨，每件丙产品的单位生产成本为120元。预计尚未生产的500件丙产品的单位生产成本也为120元。不考虑相关税费。甲公司的账务处理如下：

(1) 有标的部分（1 000件丙产品），合同为亏损合同，确认减值损失。

借：资产减值损失　　　　　　　　　　　　　　　　　　　20 000
　　贷：存货跌价准备　　　　　　　　[(120 - 100) × 1 000] 20 000

(2) 没有标的部分（500件丙产品），合同为亏损合同，确认为预计负债。

借：营业外支出——亏损合同损失　　　　　　　　　　　　10 000
　　贷：预计负债——亏损合同损失　　　　[(120 - 100) × 500] 10 000

待产品生产出来时，将已经确认的预计负债冲减产品成本。

借：预计负债——亏损合同损失　　　　　　　　　　　　　10 000

贷：库存商品——丙产品　　　　　　　　　　　　　　　　10 000

（五）重组义务

1. 重组及重组义务

重组，是指企业制定和控制的，将显著改变企业组织形式、经营范围或经营方式的计划实施行为。属于重组的事项主要包括：①出售或终止企业的部分业务；②对企业的组织结构进行较大调整；③关闭企业的部分营业场所，或将营业活动由一个国家或地区迁移到其他国家或地区。

当同时存在下列情况的，表明企业承担了重组义务：①有详细、正式的重组计划，包括重组涉及的业务、主要地点、需要补偿的职工人数、预计重组支出、计划实施时间等；②该重组计划已对外公告。

2. 重组义务的确认

企业因重组而承担了重组义务，并且同时满足预计负债确认条件时，才能确认预计负债。即判断其承担的重组义务是否是现时义务、履行重组义务是否很可能导致经济利益流出企业、重组义务的金额是否能够可靠计量。只有同时满足这三个确认条件，才能将重组义务确认为预计负债。

3. 重组义务的计量

企业应当按照与重组有关的直接支出确定预计负债金额，计入当期损益。其中，直接支出是企业重组必须承担的直接支出，不包括留用职工岗前培训、市场推广、新系统和营销网络投入等支出。在计量与重组义务相关的预计负债时，不考虑处置相关资产（厂房、店面，有时是一个事业部整体）可能形成的利得或损失，这些利得或损失应当单独确认。

【例12-13】20×8年12月2日，经董事会批准，甲公司对外公告了一项业务重组计划。公告的主要内容如下：①从20×9年1月1日起关闭A产品生产线；②从事A产品生产的员工除业务主管及技术骨干等20人留用转入其他部门外，其余50人都将被辞退。公司根据被辞退员工的职位、工作年限等因素，将一次性给予被辞退员工不同标准的补偿，补偿支出共计200万元；③A产品生产线关闭之日，撤销厂房租赁合同，将租用的厂房移交给出租方；④用于A产品生产的固定资产等将转移至公司的仓库。20×8年12月31日，上述业务重组计划尚未实际实施，员工补偿及相关支出尚未支付。为了实施上述业务重组计划，甲公司预计发生以下支出或损失：①因辞退员工将支付补偿款200万元；②因撤销厂房租赁合同将支付违约金5万元；③因将用于A产品生产的固定资产等转移至仓库将发生运输费3万元；④因对留用员工进行培训将发生支出1万元；⑤因推广新款B产品将发生广告费用100万元；⑥因处置用于A产品生产的固定资产将发生减值损失150万元。

在此例中，甲公司有详细、正式的重组计划且已对外公告，表明公司承担了重组义务。该重组义务是很可能导致经济利益流出且金额能够可靠计量的现时义务。因此，甲公司应按照与该重组有关的直接支出确定预计负债金额计入当期损益。与该重组有关的直接支出为辞退员工将支付补偿款200万元和撤销厂房租赁合同将支付违约金5万元。

甲公司有关的账务处理如下：

借：管理费用　　　　　　　　　　　　　　　　　　2 000 000
　　贷：应付职工薪酬　　　　　　　　　　　　　　　　　2 000 000
借：营业外支出——违约金　　　　　　　　　　　　　　50 000
　　贷：预计负债——重组义务　　　　　　　　　　　　　　50 000

本章小结

1. 或有事项的定义及特征

或有事项，是指过去的交易或者事项形成的，其结果须由某些未来事项的发生或不发生才能决定的不确定事项。或有事项通常具有以下特征：①由过去的交易或者事项形成的；②结果具有不确定性；③结果须由未来事项决定。常见的或有事项主要包括：未决诉讼或仲裁、债务担保、产品质量保证（含产品安全保证）、承诺、亏损合同、重组义务、环境污染整治等。或有事项通常包括或有负债、预计负债、或有资产。

2. 或有资产

或有资产，是指过去的交易或者事项形成的潜在资产，其存在须通过未来不确定事项的发生或不发生予以证实。或有资产不符合资产的定义和确认条件，企业不应当确认为资产。企业通常不应当披露或有资产，但或有资产很可能会给企业带来经济利益的，应当披露其形成的原因、预计产生的财务影响等。

3. 或有负债

或有负债，是指过去的交易或者事项形成的潜在义务，其存在须通过未来不确定事项的发生或不发生予以证实；或过去的交易或者事项形成的现时义务，履行该义务不是很可能导致经济利益流出企业或该义务的金额不能可靠计量。或有负债不符合负债的定义和确认条件，企业不应当确认为负债，而应当在附注中披露或有负债（不包括极小可能导致经济利益流出企业的或有负债）有关的下列信息：①或有负债的种类及其形成原因；②经济利益流出不确定性的说明；③或有负债预计产生的财务影响，以及获得补偿的可能性；无法预计的，应当说明原因。

4. 预计负债

预计负债，是指很可能导致经济利益流出企业且金额能够可靠地计量的现时义务。预计负债应当按照履行相关现时义务所需支出的最佳估计数进行初始计量。最佳估计数的确定应当分别两种情况处理：①所需支出存在一个连续范围，且该范围内各种结果发生的可能性相同，则最佳估计数应当按照该范围内的中间值，即上下限金额的平均数确定。②涉及单个项目的，按照最可能发生金额确定；涉及多个项目的，按照各种可能结果及相关概率计算确定。企业清偿预计负债所需支出全部或部分预期由第三方补偿的，补偿金额只有在基本确定能够收到时才能作为资产单独确认。确认的补偿金额不应当超过预计负债的账面价值。当企业存在预计负债，按照最佳估计数，借记"营业外支出""管理费用""销售费用"等科目，贷记"预计负债"科目。企业应当在附注中披露与预计负债有关的下列信息：①预计负债的种类、形成原因以及经济利益流出不确定性的说明；②各类预计负债的期初、期末余额和本期变动情况；③与预计负债有关的预期补偿金额和本期已确认的预期补偿金额。

课堂讨论题

1. 为什么或有资产、或有负债不能在财务报表内确认？
2. 企业应披露哪些或有负债、或有资产，如何进行披露？请登录上海证券交易所和深圳证券交易所，查阅上市公司或有事项披露的情况？并分析这些或有事项的种类、形成原因和预计产生的财务影响？
3. 为什么只有很可能导致经济利益流出企业且金额能够可靠计量的现时义务才确认为负债？
4. 企业清偿预计负债所需支出全部或部分预期由第三方补偿的，补偿金额为什么只有在基本确定能够收到时才能作为资产单独确认？
5. 与亏损合同相关的义务，在何时确认为预计负债，何时不能确认为预计负债？
6. 企业因重组而承担了重组义务，在何时确认为预计负债？

课后练习题

习题一

【目的】练习未决诉讼的会计处理。

【资料】甲公司欠乙公司货款 1 000 万元。按合同规定，甲公司应于 20×9 年 10 月 10 日前付清货款，但甲公司未按期付款。为此，乙公司于 20×9 年 12 月 10 日向法院提起诉讼，要求甲公司向乙公司全额支付货款，并按每日万分之二的利率支付货款延付期间的罚息 12.2 万元和诉讼费 2 万元，三项合计 1 014.2 万元。至 20×9 年 12 月 31 日，法院尚未判决，甲公司认为支付货款延付期间的罚息和承担诉讼费的可能性为 80%，金额在 8 万～10 万元之间（含诉讼费 2 万元）。

【要求】根据上述资料，为甲公司进行会计处理。

习题二

【目的】练习未决诉讼的会计处理。

【资料】甲公司于 20×9 年 9 月收到法院通知，被告知乙公司状告本公司侵犯专利权，要求公司赔偿 500 万元。甲公司经过反复测试认为其核心技术是委托丙公司研究开发的，丙公司应承担连带赔偿责任。至 20×9 年 12 月 31 日，法院尚未判决，甲公司根据法律诉讼的进展情况以及专业人士的意见，认为本公司对乙公司进行赔偿的可能性在 80% 以上，最有可能发生的赔偿金额为 60 万元，同时也可从丙公司得到补偿，最有可能获得的补偿金额为 40 万元，并基本确定能够收到。

【要求】根据上述资料，为甲公司进行会计处理。

习题三

【目的】练习产品质量保证的会计处理。

【资料】甲公司为生产制造企业，"预计负债——产品质量保证"科目年初余额为 70 000 元。20×9 年第一季度、第二季度、第三季度、第四季度分别销售其生产的产品 150 件、200 件、250 件和 100 件，每台售价为 2 万元。对购买其产品的消费者，甲公司做出如下承诺：该产品售出后 3 年内如出现非意外事件造成的机床故障和质量问题，甲公司免费负责保修。根据以往的经验，发生的保修费一般为销售额的 1%～2% 之间。甲公司 20×9 年四个季度实际发生的维修费分别为 1.5 万元、15 万元、8 万元和 2 万元（假定用银行存款支付 30%，另 40% 为耗用的原材料和发生的人员工资）。

【要求】根据上述资料，为甲公司进行会计处理，并计算每季度末预计负债的科目余额。

习题四

【目的】练习待执行合同转为亏损合同的会计处理。

【资料】甲公司于 20×8 年 12 月 10 日与乙公司签订合同，约定在 20×9 年 2 月 10 日以每件 40 元的价格向乙公司提供 A 产品 1 000 件，如果不能按期交货，将向乙公司支付总价款 20% 的违约金。签订合同时产品尚未开始生产，甲公司准备生产产品时，材料的价格突然上涨，预计生产 A 产品的单位成本将超过合同单价。

【要求】(1) 若生产 A 产品的单位成本为 50 元，为甲公司作相关的账务处理。(2) 若生产 A 产品的单位成本为 45 元，为甲公司作相关的账务处理。

习题五

【目的】练习预计负债的确认及账务处理。

【资料】甲公司 20×8 年有关资料如下：(1) 乙公司状告甲公司侵犯其专利权。法院已受理，至 20×8 年 12 月 31 日，法院尚未判决。甲公司的法律顾问对此事项进行分析，认为该案件败诉的可能性为 80%，如果败诉，按照目前类似案件的情况分析，估计很可能赔偿金额 60 万元，并承担诉讼费用 3 万元。(2) 甲公司向工商银行借款，采用的是无担保借款，现已逾期但没有偿还。20×8 年 12 月 1 日，银行向法院起诉甲公司，要求甲公司归还贷款的本息 120 万元，并支付罚息 6 万元。如果败诉，甲公司需承担诉讼费用 0.1 万元。20×8 年 12 月 31 日，法院尚未判决。(3) 甲公司向子公司提供债务担保。因被担保人（甲公司的子公司）财务状况恶化，无法支付逾期的银行借款，20×8 年 12 月 1 日，贷款银行要求甲公司按照合同约定履行债务担保责任 500 万元。银行尚未起诉甲公司。甲公司预计子公司很可能违约无法支付逾期的银行借款。(4) 甲公司生产的产品，造成某公司职工集体食物中毒。就赔偿一事，双方没有达成一致意见，对方起诉了本公司，要求本公司赔偿各种经济损失 50 万元。法律顾问建议本案不要公开审理，最后庭下协商，与对方协商解决。法律顾问和当事人接触后，经过双方讨价还价，最后商定为 30 万元。原告撤诉，30 万元已支付给对方。(5) 甲公司生产商品，因污染环境被周围村镇居民起诉了，法院已受理，但尚未判决。本公司法律顾问认为该诉讼败诉的可能性为 80%，但按目前有关法律规定，赔偿金额不能确定。

【要求】判断上述事项是否确认为预计负债？如果确认为预计负债，为甲公司作相关的账务处理。

第十三章　债务重组

【本章导言】

在激烈的市场竞争中，企业可能因经营管理不善或受到外部各种因素的不利影响，致使盈利能力下降或发生财务困难，导致其资金周转困难或经营陷入困境，无法或者没有能力按原定债务契约条件偿还债务。在此情况下，债权人为了避免债务人破产所带来更大的损失，往往同意与债务人进行债务重组。债务重组作为解决债务纠纷的一种有效机制，对于债务人和债权人都具有重要的积极作用。本章主要介绍债务重组的概念及特征，以资产清偿债务、债务转资本、修改其他债务条件及以上三种方式结合等债务重组方式下、债务人和债权人的会计处理。

【本章内容框架】

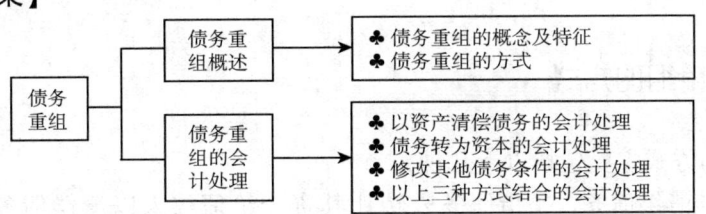

【本章学习目标】

- 掌握债务重组的概念及特征，熟悉债务重组的四种方式。
- 掌握以现金资产清偿债务方式下，债务人和债权人的会计处理。
- 掌握以非现金资产清偿债务方式下，债务人和债权人的会计处理。
- 掌握将债务转资本方式下，债务人和债权人的会计处理。
- 掌握修改其他债务条件方式下，债务人和债权人的会计处理。
- 熟悉混合债务重组方式下，债务人和债权人的会计处理。

第一节　债务重组概述

一、债务重组的概念及特征

债务重组，是指在债务人发生财务困难的情况下，债权人按照其与债务人达成的协议或者法院的裁定作出让步的事项。根据债务重组的定义，债务重组应同时具备以下基本特征：

1. 债务人发生财务困难

债务人发生财务困难，是指因债务人出现资金周转困难、经营陷入困境或者其他原因，导致其无法或者没有能力按原定条件偿还债务。因此，债务人未处于财务困难条件下的债务重组、处于清算或改组时的债务重组，不属于债务重组准则规范的内容。

2. 债权人作出让步

债权人作出让步，是指债权人同意发生财务困难的债务人现在或者将来以低于重组债务账面价值的金额或者价值偿还债务。"债权人作出让步"的情形包括：债权人减免债务人部分债务本金或者利息，降低债务人应付债务的利率等。如果债权人同意债务人用等值现金或非现金资产抵偿到期债务，但不调整偿还金额，实质上债权人并未作出让步，不属于债务重组准则规范的内容。

债务人发生财务困难，是债务重组的前提条件，而债权人作出让步是债务重组的必要条件。债权人作出让步的结果是，债务人减轻了债务负担，获得债务重组利得；债权人收回了部分债权，尽可能地减少了损失，但为此付出了代价，承担债务重组损失。由于债务重组是企业偶发的经济事项，由此而产生债务重组利得或损失，应计入营业外收入或营业外支出。

二、债务重组的方式

债务重组的方式主要包括以下几种：

（1）以资产清偿债务，是指债务人转让其资产给债权人以清偿债务的债务重组方式。债务人用于偿债的资产通常包括现金资产（库存现金、银行存款和其他货币资金）和非现金资产（债权投资、股权投资、存货、固定资产、无形资产等）。

（2）债务转为资本，是指债务人将债务转为资本，同时债权人将债权转为股权的债务重组方式。债务转为资本，对股份有限公司而言为将债务转为股本；对其他企业而言，是将债务转为实收资本。债务转为资本的结果是，债务人因此而增加股本（或实收资本），债权人因此而增加股权。但是，债务人根据转换协议，将应付可转换公司债券转为资本的，则属于正常情况下的债务转资本，不能作为债务重组处理。

（3）修改其他债务条件，是指债务人不以其资产清偿债务，也不将其债务转为资本，而是与债权人达成债务重组协议，以减少未来债务本金、降低利率、减少或免除债务利息等债务重组方式。

（4）以上三种方式的组合，是指采用以上三种方法共同清偿债务的债务重组形式。主要包括以下可能的方式：①债务的一部分以资产清偿，另一部分则转为资本；②债务的一部分以资产清偿，另一部分则修改其他债务条件；③债务的一部分转为资本，另一部分则修改其他债务条件；④债务的一部分以资产清偿，一部分转为资本，另一部分则修改其他债务条件。

第二节 债务重组的会计处理

一、以资产清偿债务的会计处理

(一) 以现金清偿债务

1. 债务人的会计处理

债务人以现金清偿债务的,债务人应当将重组债务的账面价值与支付的现金之间的差额确认为债务重组利得,计入营业外收入,其中,相关重组债务应当在满足金融负债终止确认条件时予以终止确认。重组债务的账面价值,一般为债务的面值或本金、原值,如应付账款;如有利息的,还应当加上应计未付利息,如长期借款等。

2. 债权人的会计处理

债务人以现金清偿债务的,债权人应当将重组债权的账面余额与收到的现金之间的差额确认为债务重组损失,计入营业外支出,其中,相关重组债权应当在满足金融资产终止确认条件时予以终止确认。重组债权已经计提减值准备的,应当先将上述差额冲减已计提的减值准备,冲减后仍有损失的,计入营业外支出;冲减后减值准备仍有余额的,应予转回并抵减当期信用减值损失。

【例13-1】甲公司应于20×9年6月7日前偿付向乙公司购货的价税款6.96万元。由于甲公司发生财务困难,无法按合同约定的期限偿付该债务。20×9年6月10日,双方进行债务重组,乙公司同意减免甲公司2万元债务,余款4.96万元用现金偿清,乙公司当日收到该余款。

(1) 6月10日,甲公司的账务处理。

借:应付账款——乙公司　　　　　　　　　　　　　　69 600
　　贷:银行存款　　　　　　　　　　　　　　　　　　49 600
　　　　营业外收入——债务重组利得　　　　(69 600-49 600) 20 000

(2) 6月10日,乙公司的账务处理。

①假定乙公司未计提坏账准备。

借:银行存款　　　　　　　　　　　　　　　　　　　49 600
　　营业外支出——债务重组损失　　　　　　　　　　20 000
　　贷:应收账款——甲公司　　　　　　　　　　　　69 600

②假定乙公司对该债权计提了坏账准备1.7万元。

借:银行存款　　　　　　　　　　　　　　　　　　　49 600
　　坏账准备　　　　　　　　　　　　　　　　　　　17 000
　　营业外支出——债务重组损失　　　　　　　　　　 3 000
　　贷:应收账款——甲公司　　　　　　　　　　　　69 600

③假定乙公司对该债权计提了坏账准备2.1万元。

借：银行存款	49 600	
坏账准备	20 000	
贷：应收账款——甲公司		69 600
借：坏账准备	1 000	
贷：信用减值损失		1 000

（二）以非现金资产清偿债务

1. 债务人的会计处理

债务人以非现金资产清偿某项债务的，债务人应当将重组债务的账面价值与转让的非现金资产的公允价值之间的差额确认为债务重组利得，计入营业外收入，其中，相关重组债务应当在满足金融负债终止确认条件时予以终止确认。转让的非现金资产的公允价值与其账面价值的差额，作为资产转让损益。债务人应当区分债务重组利得与资产转让损益。

其中，转让的非现金资产的公允价值与其账面价值之间的差额（资产转让损益），应当分别以下情况处理：

（1）非现金资产为存货的（对方为收入准则界定的非客户），应当作为销售处理，以其公允价值确认收入，同时结转销售成本。

（2）非现金资产为固定资产、无形资产的，其公允价值与账面价值的差额，计入资产处置损益。

（3）非现金资产为金融工具确认和计量准则规范的金融资产、长期股权投资的，其公允价值与账面价值的差额及相关利得和损失的结转，分别按照本书第四章、第五章的相关规定进行会计处理。

（4）非现金资产为投资性房地产的，以其公允价值确认其他业务收入，同时结转相应的成本。此外，还相应结转其他综合收益和公允价值变动损益。

债务人在转让非现金资产的过程中发生税费，如资产评估费、运杂费等，直接计入转让资产损益。对于增值税应税项目，如债权人不向债务人另行支付增值税，则债务重组利得应为转让非现金资产的公允价值和该非现金资产的增值税销项税额与重组债务账面价值的差额；如债权人向债务人另行支付增值税，则债务重组利得应为转让非现金资产的公允价值与重组债务账面价值的差额。

2. 债权人的会计处理

债务人以非现金资产清偿某项债务的，债权人应当对受让的非现金资产按其公允价值入账，重组债权的账面余额与受让的非现金资产的公允价值之间的差额，确认为债务重组损失，计入营业外支出，其中，相关重组债权应当在满足金融资产终止确认条件时予以终止确认。重组债权已经计提减值准备的，应当先将上述差额冲减已计提的减值准备，冲减后仍有损失的，计入营业外支出；冲减后减值准备仍有余额的，应予转回并抵减当期信用减值损失。对于增值税应税项目，如债权人不向债务人另行支付增值税，则增值税进项税额可以作为冲减重组债权的账面余额处理；如债权人向债务人另行支付增值税，则增值税进项税额不能作为冲减重组债权的账面余额处理。债权人收到非现金资产时发生的有关运杂费等,应当计入相关资产的价值。

3. 核算示例

(1) 以存货抵债的核算。

【例13-2】甲、乙公司为增值税一般纳税人。甲公司应于20×9年5月7日前偿付向乙公司购货的价税款6.96万元。由于甲公司发生财务困难,无法按合同约定的期限偿付该债务。20×9年5月10日,双方进行债务重组,乙公司同意了甲公司以其生产的产品(成本为4.5万元,公允价值和计税价格为5万元)偿还该债务,乙公司当日收到该产品并验收入库。乙公司对该项债权计提了坏账准备1万元。假定不考虑其他相关税费。

(1) 5月10日,甲公司的账务处理。

债务重组利得 = 6.96 - 5 × (1 + 16%) = 1.16(万元)

借:应付账款——乙公司	696 000
贷:主营业务收入	50 000
应交税费——应交增值税(销项税额)	(50 000 × 16%)8 000
营业外收入——债务重组利得	11 600
借:主营业务成本	45 000
贷:库存商品	45 000

(2) 5月10日,乙公司的账务处理。

债务重组损失 = 6.96 - 5 × (1 + 16%) - 1 = 0.16(万元)

借:库存商品	50 000
应交税费——应交增值税(进项税额)	8 000
坏账准备	10 000
营业外支出——债务重组损失	1 600
贷:应收账款——甲公司	696 000

(2) 以固定资产抵债的核算。

【例13-3】甲、乙公司为增值税一般纳税人。甲公司应于20×9年7月1日前偿付向乙公司购货的价税款116万元。由于甲公司发生财务困难,无法按合同约定的期限偿付该债务。20×9年7月7日,双方进行债务重组,乙公司同意了甲公司以一台设备(原值110万元,已计提折旧10万元,已计提减值准备20万元,公允价值与计税价格为90万元)抵债,乙公司当日已收到设备。乙公司对该项债权计提了坏账准备10万元。假定不考虑其他相关税费。

(1) 7月7日,甲公司的账务处理。

债务重组利得 = 116 - 90 × (1 + 16%) = 11.6(万元)

资产转让收益 = 90 - (110 - 10 - 20) = 10(万元)

首先,将固定资产转入清理。

借:固定资产清理	800 000
累计折旧	100 000
固定资产减值准备	200 000

贷：固定资产	1 100 000

其次，以固定资产抵债。

借：应付账款——乙公司	1 160 000
贷：固定资产清理	800 000
资产处置损益	100 000
应交税费——应交增值税（销项税额）	144 000
营业外收入——债务重组利得	116 000

（2）7月7日，乙公司的账务处理。

债务重组损失 = 116 - 90 - 90 × 16% - 10 = 1.6（万元）

借：固定资产	900 000
应交税费——应交增值税（进项税额）	144 000
坏账准备	100 000
营业外支出——债务重组损失	16 000
贷：应收账款——甲公司	1 160 000

（3）以无形资产抵债的核算。

【例13-4】甲、乙公司为增值税一般纳税人。甲公司应于20×9年6月5日前偿付向乙公司购货的价税款23.2万元。由于甲公司发生财务困难，无法按合同约定的期限偿付该债务。20×9年8月5日，双方进行债务重组，乙公司同意甲公司以一项专利（账面余额为25万元，已计提摊销1万元，计提减值准备1万元，公允价值和计税价格为20万元）抵债，乙公司当日收到该专利。乙公司对该项债权计提了坏账准备3万元。假定不考虑其他相关税费。

（1）8月5日，甲公司的账务处理。

债务重组利得 = 23.2 - 20 × (1 + 6%) = 2（万元）

资产转让损失 = (25 - 1 - 1) - 20 = 3（万元）

借：应付账款——乙公司	232 000
累计摊销	10 000
无形资产减值准备	10 000
资产处置损益	30 000
贷：无形资产——专利权	250 000
应交税费——应交增值税（销项税额）	（200 000 × 6%）12 000
营业外收入——债务重组利得	20 000

（2）8月5日，乙公司的账务处理。

借：无形资产——专利权	200 000
应交税费——应交增值税（进项税额）	12 000
坏账准备	20 000
贷：应收账款——甲公司	232 000
借：坏账准备	10 000
贷：信用减值损失	10 000

(4) 以金融资产抵债的会计处理。

【例 13-5】 甲公司应于 20×9 年 5 月 7 日前偿付向乙公司购货的价税款 46.4 万元。由于甲公司发生财务困难，无法按合同约定的期限偿付该债务。20×9 年 6 月 5 日，双方进行债务重组，乙公司同意了甲公司以其持有的交易性金融资产（账面价值 40 万元，公允价值 42 万元）抵债，双方已办理完相关手续。乙公司对该项债权计提了坏账准备 2 万元。假定不考虑相关税费。

(1) 6 月 5 日，甲公司的账务处理。

债务重组利得 = 46.4 - 42 = 4.4（万元）

资产转让收益 = 42 - 40 = 2（万元）

借：应付账款——乙公司	464 000
贷：交易性金融资产	400 000
投资收益	20 000
营业外收入——债务重组利得	44 000

(2) 6 月 5 日，乙公司的账务处理。

借：交易性金融资产	420 000
坏账准备	20 000
营业外支出——债务重组损失	24 000
贷：应收账款——甲公司	464 000

二、债务转为资本的会计处理

1. 债务人的会计处理

当债务人将债务转为资本：(1) 如果债务人为股份有限公司时，债务人应将债权人因放弃债权而享有股份的面值总额确认为股本；股份的公允价值总额与股本之间的差额确认为资本公积（股本溢价）；重组债务的账面价值与股份的公允价值总额之间的差额确认为债务重组利得，计入营业外收入。(2) 如果债务人为其他企业时，债务人应将债权人因放弃债权而享有的股权份额确认为实收资本；股权的公允价值与实收资本之间的差额确认为资本公积（资本溢价）；重组债务的账面价值与股权的公允价值之间的差额作为债务重组利得，计入营业外收入。

2. 债权人的会计处理

当债务人将债务转为资本（即债权人将债权转为股权），债权人应当将因放弃债权而享有股份的公允价值确认为对债务人的投资，重组债权的账面余额与股份的公允价值之间的差额，先冲减已提取的减值准备；减值准备不足冲减的部分，或未提取减值准备的，将该差额确认为债务重组损失，计入营业外支出。同时，债权人应将因放弃债权而享有的股权按公允价值计量，发生的相关税费分别按照长期股权投资或者金融工具确认和计量等准则的规定进行处理。

【例 13-6】 甲公司应于 20×9 年 8 月 6 日前偿付向乙公司购货的价税款 580 万元。由于甲公司发生财务困难，无法按合同约定的期限偿还债务。20×9 年 9 月 1 日，双方进行债务重组,乙公司同意甲公司将该债务转换为甲公司的股份,双方当日已办理相关手续,甲公司当日的注册资本为 2 000 万元。债转股后,乙公司拥有甲公司 25% 的股份,抵债股权的公允价值为 520 万元。乙公司对该项债权计提了坏账准备 20 万元。假定不考虑其他相关税费。

(1) 9 月 1 日,甲公司的账务处理。

计入资本公积的金额 = 520 - 2 000 × 25% = 20(万元)

债务重组利得 = 580 - 520 = 60(万元)

借:应付账款——乙公司	5 800 000
贷:实收资本——乙公司	(20 000 000 × 25%)5 000 000
资本公积——资本溢价	200 000
营业外收入——债务重组利得	600 000

(2) 9 月 1 日,乙公司的账务处理:

债务重组损失 = 580 - 520 - 20 = 40(万元)

借:长期股权投资——甲公司(投资成本)	5 200 000
坏账准备	200 000
营业外支出——债务重组损失	400 000
贷:应收账款——甲公司	5 800 000

三、修改其他债务条件的会计处理

企业采用修改其他债务条件进行债务重组的,应当区分是否涉及或有应付(或应收)金额进行会计处理。其中,或有应付(或应收)金额,是指需要根据未来某种事项出现而发生的应付(或应收)金额,而且该未来事项的出现具有不确定性。

(一) 不涉及或有应付(应收)金额的债务重组

1. 债务人的会计处理

对债务人而言,以修改其他债务条件进行债务重组,且修改后的债务条款中不涉及或有应付金额的,债务人应当将修改其他债务条件后债务的公允价值则作为重组后债务的入账价值。重组债务的账面价值大于重组后债务的入账价值的差额,确认为债务重组利得,计入营业外收入。

2. 债权人的会计处理

对债权人而言,以修改其他债务条件进行债务重组,且修改后的债务条款中不涉及或有应收金额,债权人应当将修改其他债务条件后债权的公允价值作为重组后债权的入账价值,重组债权的账面余额与重组后债权的入账价值之间的差额,确认为债务重组损失,计入营业外支出。如债权人已对该债权计提减值准备的,应当先将该差额冲减减值准备,减值准备不足以冲减的部分,作为债务重组损失,计入营业外支出。

【例 13 - 7】20 × 6 年 12 月 31 日,甲公司由于连年亏损,资金周转困难,无法偿付当日到期的应付乙公司的商业汇票款 2.12 万元(含累计应收利息 0.12 万元),票面年利率5%。20×7年1月1日，双方签订债务重组协议约定，乙公司同意将债务本金减至1.5万元，免去所欠的全部利息，将票面年利率从5%降至3%（等于实际利率），并将债务到期日延至20×8年12月31日，按年支付利息，该项协议从当日起开始实施。甲、乙公司分别已将应收票据、应付票据转入应收账款、应付账款。乙公司对该项应收债权计提了坏账准备0.5万元。假定不考虑其他相关税费。

(1) 甲公司的账务处理。

①20×7年1月1日，进行债务重组。

债务重组利得=2.12-1.5=0.62（万元）

借：应付账款——乙公司　　　　　　　　　　　　　　　　　　21 200
　　贷：应付账款——乙公司（债务重组）　　　　　　　　　　　15 000
　　　　营业外收入——债务重组利得　　　　　　　　　　　　　 6 200

②20×7年12月31日，支付利息。

借：财务费用　　　　　　　　　　　　　　　　　（15 000×3%）450
　　贷：银行存款　　　　　　　　　　　　　　　　　　　　　　　 450

③20×8年12月31日，偿还本金和最后一期利息。

借：应付账款——乙公司（债务重组）　　　　　　　　　　　　15 000
　　财务费用　　　　　　　　　　　　　　　　　　　　　　　　　 450
　　贷：银行存款　　　　　　　　　　　　　　　　　　　　　　15 450

(2) 乙公司的账务处理。

①20×7年1月1日，进行债务重组。

债务重组损失=2.12-1.5-0.5=0.12（万元）

借：应收账款——甲公司（债务重组）　　　　　　　　　　　　15 000
　　坏账准备　　　　　　　　　　　　　　　　　　　　　　　　5 000
　　营业外支出——债务重组损失　　　　　　　　　　　　　　　12 00
　　贷：应收账款——甲公司　　　　　　　　　　　　　　　　21 200

②20×7年12月31日，收取利息。

借：银行存款　　　　　　　　　　　　　　　　　　　　　　　　 450
　　贷：财务费用　　　　　　　　　　　　　　　　　　　　　　　 450

③20×8年12月31日，收回本金和最后一期利息。

借：银行存款　　　　　　　　　　　　　　　　　　　　　　　15 450
　　贷：应收账款——甲公司（债务重组）　　　　　　　　　　15 000
　　　　财务费用　　　　　　　　　　　　　　　　　　　　　　 450

（二）涉及或有应付（应收）金额的债务重组

1. 债务人的会计处理

对债务人而言，以修改其他债务条件进行的债务重组，且修改后的债务条款涉及或有应付金额的：(1) 如果该或有应付金额符合预计负债确认条件的，债务人应当将该或有应付金额确认为预计负债；(2) 重组债务的账面价值与重组后债务的入账价值和预计负债金额之和的差额，作为债务重组利得，计入营业外收入；(3) 上述或有应付金额在随后会计期间没有发生的，企业应当冲销已确认的预计负债，同时确认营业外收入。

2. 债权人的会计处理

对债权人而言，以修改其他债务条件进行债务重组，且修改后的债务条款中涉及或有应收金额的：(1) 债权人不应当确认或有应收金额，不得将其计入重组后债权的账面价值；(2) 重组债权的账面余额与重组后债权的入账价值的差额，作为债务重组损失，计入营业外支出。如债权人已对该债权计提减值准备的，应当先将该差额冲减减值准备，减值准备不足以冲减的部分，作为债务重组损失，计入营业外支出；(3) 上述或有应收金额在随后会计期间实际发生时，才计入当期损益。

【例13-8】20×4年12月31日，甲公司向乙银行借入的期限为2年、年利率为6%的借款到期，账面余额为560万元（本金500万元，累计应付利息60万元）。由于甲公司连年亏损，资金周转困难，无法偿付该借款。20×5年1月1日，双方进行债务重组，乙银行同意将债务本金减至300万元，免去所欠的全部利息，将利率从6%降至4%，并将债务到期日延至20×7年12月31日，利息按年支付。同时约定，20×6年1月1日起，甲公司有盈利则利率恢复至6%，无盈利仍维持4%的利率。乙银行未计提损失准备。假定不考虑其他相关税费。

(1) 甲公司的账务处理。

①20×5年1月1日，进行债务重组。

或有应付金额 = 300 × (6% - 4%) × 2 = 12（万元）

债务重组利得 = 560 - (300 + 12) = 248（万元）

借：长期借款——乙银行（本金）　　　　　　　　　　　5 000 000
　　应付利息　　　　　　　　　　　　　　　　　　　　 600 000
　　贷：长期借款——乙银行（债务重组）　　　　　　　3 000 000
　　　　预计负债——债务重组　　　　　　　　　　　　 120 000
　　　　营业外收入——债务重组利得　　　　　　　　 2 480 000

②20×5年12月31日，支付利息。

借：财务费用　　　　　　　　　　　　　(3 000 000 × 4%)120 000
　　贷：银行存款　　　　　　　　　　　　　　　　　　 120 000

③20×6年12月31日、20×7年12月31日，支付利息。

假设甲公司盈利。

借：财务费用　　　　　　　　　　　　　(3 000 000 × 4%)120 000
　　预计负债——债务重组　　　　　　　(3 000 000 × 2%)60 000
　　贷：银行存款　　　　　　　　　　　　　　　　　　 180 000

假设甲公司无盈利。

借：财务费用　　　　　　　　　　　　　(3 000 000 × 4%)120 000
　　贷：银行存款　　　　　　　　　　　　　　　　　　 120 000

借：预计负债——债务重组　　　　　[3 000 000 × (6% - 4%)]60 000
　　贷：营业外收入——债务重组利得　　　　　　　　　　60 000

④20×7年12月31日,支付本金。

借:长期借款——乙银行(债务重组)   3 000 000
    贷:银行存款   3 000 000

(2) 乙银行的账务处理。

①20×5年1月1日,进行债务重组。

或有应收金额=300×(6%-4%)×2=12(万元)

债务重组损失=560-300=260(万元)

借:贷款——甲公司(债务重组)   3 000 000
    营业外支出——债务重组损失   2 600 000
    贷:贷款——甲公司(本金)   5 000 000
        应收利息   600 000

②20×5年12月31日,收到利息。

借:银行存款   120 000
    贷:利息收入   (3 000 000×4%)120 000

③20×6年12月31日、20×7年12月31日,收到利息。

假设甲公司无盈利。

借:银行存款   120 000
    贷:利息收入   (3 000 000×4%)120 000

假设甲公司盈利。

借:银行存款   180 000
    贷:利息收入   (3 000 000×6%)180 000

④20×7年12月31日,收回本金。

借:银行存款   3 000 000
    贷:贷款——甲公司(本金)   3 000 000

四、以上三种方式组合的会计处理

1. 以现金、非现金资产的组合清偿债务

(1) 债务人应将重组债务的账面价值与支付的现金、转让的非现金资产的公允价值的差额作为债务重组利得。非现金资产的公允价值与其账面价值的差额作为资产转让损益。

(2) 债权人应将重组债权的账面价值与收到的现金、受让的非现金资产的公允价值,以及已提坏账准备的差额作为债务重组损失。

2. 以现金、债务转为资本的组合清偿债务

(1) 债务人应将重组债务的账面价值与支付的现金、债权人因放弃债权而享有的股权的公允价值的差额作为债务重组利得。股权的公允价值与股本(或实收资本)的差额作为资本公积。

(2) 债权人应将重组债权的账面价值与收到的现金、因放弃债权而享有股权的公允价值，以及已提坏账准备的差额作为债务重组损失。

3. 以非现金资产、债务转为资本的组合清偿债务

（1）债务人应将重组债务的账面价值与转让的非现金资产的公允价值、债权人因放弃债权而享有的股权的公允价值的差额为债务重组利得。非现金资产的公允价值与账面价值的差额作为转让资产损益；股权的公允价值与股本（或实收资本）的差额作为资本公积。

（2）债权人应将重组债权的账面价值与受让的非现金资产的公允价值、因放弃债权而享有的股权的公允价值，以及已提坏账准备的差额作为债权重组损失。

4. 以现金、非现金资产、债务转为资本的组合清偿债务

（1）债务人应将重组债务的账面价值与支付的现金、转让的非现金资产的公允价值、债权人因放弃债权而享有股权的公允价值的差额作为债务重组利得；非现金资产的公允价值与其账面价值的差额作为转让资产损益；股权的公允价值与股本（或实收资本）的差额作为资本公积。

（2）债权人应将重组债权的账面价值与收到的现金、受让的非现金资产的公允价值、因放弃债权而享有的股权的公允价值，以及已提坏账准备的差额作为债权重组损失。

5. 以资产、债务转为资本、修改其他债务条件的组合清偿债务

（1）债务人应先以支付的现金、转让的非现金资产的公允价值、债权人因放弃债权而享有的股权的公允价值冲减重组债务的账面价值，余额与将来应付金额进行比较，据此计算债务重组利得。债权人因放弃债权而享有的股权的公允价值与股本（或实收资本）的差额作为资本公积；非现金资产的公允价值与其账面价值的差额作为转让资产损益，于当期确认。

（2）债权人应先以收到的现金、受让非现金资产的公允价值、因放弃债权而享有的股权的公允价值冲减重组债权的账面价值，差额与将来应收金额进行比较，据此计算债务重组损失。

【例13-9】甲、乙公司为增值税一般纳税人。甲公司应于2×15年8月7日前偿付乙公司购货的价税款58万元。由于甲公司发生财务困难，无法按合同约定的期限偿还债务。2×15年8月9日，双方达成债务重组协议，乙公司同意甲公司：①以现金偿还债务5万元；②以一批材料（账面余额10万元，已计提跌价准备1万元，公允价值和计税价格为10万元）偿还部分债务；③其余部分债务以一台设备（原值40万元，已计提折旧10万元，已计提减值准备3万元，公允价值和计税价格为30万元）抵债。乙公司对该项债权计提了坏账准备5万元。假定不考虑其他相关税费。

（1）甲公司的账务处理。

①固定资产转入清理。

借：固定资产清理	270 000
累计折旧	100 000
固定资产减值准备	30 000
贷：固定资产	400 000

②以现金、材料和设备抵债。

抵债资产的增值税销项税额 = (10 + 30) × 16% = 6.4（万元）

债务重组利得 = 58 - 5 - (10 + 30) × (1 + 16%) = 6.6（万元）

借：应付账款——乙公司	580 000
贷：银行存款	50 000
其他业务收入	100 000
固定资产清理	270 000
资产处置损益	30 000
应交税费——应交增值税（销项税额）	64 000
营业外收入——债务重组利得	66 000
借：其他业务成本	90 000
存货跌价准备	10 000
贷：原材料	100 000

(2) 乙公司的账务处理。

收到抵债资产的增值税进项税额 = (10 + 30) × 16% = 6.4（万元）

债务重组利得 = 58 - 5 - (10 + 30) × (1 + 16%) - 5 = 1.6（万元）

借：银行存款	50 000
原材料	100 000
固定资产	300 000
应交税费——应交增值税（进项税额）	64 000
坏账准备	50 000
营业外支出——债务重组损失	16 000
贷：应收账款——甲公司	580 000

【例13-10】 甲、乙公司为增值税一般纳税人。甲公司应于20×5年8月10日前偿付乙公司购货价税款为92.8万元。由于甲公司发生财务困难，无法按合同约定的期限偿还该债务。20×5年8月20日，双方达成债务重组协议，乙公司同意甲公司：①以一批商品（账面余额20万元，已计提跌价准备10万元，公允价值和计税价格为10万元）偿还部分债务；②以一台设备（原值80万元，已计提折旧40万元，已计提减值准备5万元，公允价值和计税价格为30万元）偿还部分债务；③将20万元债务转换为甲公司的股份，股份面值总额为5万元，股份转让手续当日已办理完毕；④减免甲公司剩余债务的70%，并延期至20×6年8月20日。乙公司对该项债权计提了坏账准备5万元。假定不考虑其他相关税费。

(1) 甲公司的账务处理。

①固定资产转入清理。

借：固定资产清理	350 000
累计折旧	400 000
固定资产减值准备	50 000
贷：固定资产	800 000

②偿还债务。

抵债资产的增值税销项税额=(10+30)×16%=6.4(万元)

重组后剩余债务的公允价值=[92.8-(10+30)×(1+16%)-20]×(1-70%)=7.92(万元)

债务重组利得=92.8-11.6-34.8-20-7.92=18.48(万元)

借：应付账款——乙公司	928 000
资产处置损益	50 000
贷：主营业务收入	100 000
固定资产清理	350 000
应交税费——应交增值税（销项税额）	64 000
股本	50 000
资本公积——股本溢价	150 000
应付账款——乙公司（债务重组）	79 200
营业外收入——债务重组利得	184 800
借：主营业务成本	100 000
存货跌价准备	100 000
贷：库存商品	200 000

(2) 乙公司的账务处理。

收到抵债资产的增值税进项税额=(10+30)×16%=6.4(万元)

债务重组利得=92.8-11.6-34.8-20-7.92-5=13.48(万元)

借：库存商品	100 000
固定资产	300 000
应交税费——应交增值税（进项税额）	64 000
长期股权投资	200 000
应收账款——甲公司（债务重组）	79 200
坏账准备	50 000
营业外支出——债务重组损失	134 800
贷：应收账款——甲公司	928 000

| 本章小结 |

1. 债务重组的概念、特征及重组方式

债务重组，是指在债务人发生财务困难的情况下，债权人按照其与债务人达成的协议或者法院的裁定作出让步的事项。债务重组应同时具有以下基本特征：一是债务人发生财务困难。这是指因债务人出现资金周转困难、经营陷入困境或者其他原因，导致其无法或者没有能力按原定条件偿还债务。二是债权人作出让步。这是指债权人同意发生财务困难的债务人现在或者将来以低于重组债务账面价值的金额或者价值偿还债务。债权人作出让步的情形主要包括：债权人减免债务人部分债务本金或者利息，降低债务人

应付债务的利率等。债务重组的方式主要包括以资产（现金资产和非现金资产）清偿债务、将债务转为资本、修改其他债务条件及以上三种方式的组合。

2. 债务重组的会计处理

（1）债务人的会计处理。债务人应当将重组债务的账面价值超过清偿债务的现金、非现金资产的公允价值、所转股份的公允价值或者重组后债务账面价值之间的差额，在满足金融工具确认和计量准则所规定的金融负债终止确认条件时，将其终止确认，计入营业外收入（债务重组利得）。非现金资产的公允价值与账面价值的差额（资产转让损益），应当分别不同情况进行处理：①非现金资产为存货，应当作为销售处理，以其公允价值确认收入，同时结转相应的成本。②非现金资产为固定资产、无形资产，其公允价值与账面价值的差额，计入资产处置损益。③非现金资产为金融工具确认和计量准则规范的金融资产、长期股权投资，其公允价值与账面价值的差额及相关利得和损失的结转，按照本书第四章、第五章的相关规定进行会计处理。④非现金资产为投资性房地产，以其公允价值确认其他业务收入，同时结转相应的成本。此外，还相应结转其他综合收益和公允价值变动损益。修改后的债务条款涉及或有应付金额的，如果该或有应付金额符合预计负债确认条件的，债务人应当将该或有应付金额确认为预计负债。或有应付金额在随后会计期间没有发生的，企业应当冲销已确认的预计负债，同时确认营业外收入。

（2）债权人的会计处理。债权人应当将重组债权的账面余额与受让资产的公允价值、所转股份的公允价值或者重组后债权的账面价值之间的差额，在满足金融工具确认和计量准则所规定的金融资产终止确认条件时，将其终止确认，计入营业外支出（债务重组损失）等。重组债权已计提减值准备的，应当先将上述差额冲减已计提的减值准备，冲减后仍有损失的，计入营业外支出（债务重组损失）；冲减后减值准备仍有余额的，应予转回并抵减当期信用减值损失。债权人收到非现金资产的，应当以其公允价值入账。修改后的债务条款中涉及或有应收金额的，不应当确认或有应收金额，不得将其计入重组后债权的账面价值。或有应收金额在随后会计期间实际发生时，计入当期损益。

课堂讨论题

1. 举例说明债务重组的含义及债务重组的方式？
2. 企业以非现金资产抵债，对于债务人来说，会产生哪些损益？
3. 修改后的债务条款涉及或有应付金额，为什么债务人应当将该或有应付金额确认为预计负债？为什么债权人不应当确认或有应收金额？
4. 债务重组损益分别对债权人和债务人产生哪些财务影响？

课后练习题

习题一

【目的】练习现金资产抵债的核算。

【资料】20×9年1月1日，甲公司将一批货物销售给乙公司，取得含税收入348万元，双方约定在上半年归还。乙公司因财务困难，一直无法归还，经协商于20×9年7月1日签订债务重组协议：乙公司用现金归还250万元，甲公司即解除债务。乙公司当日按约定支付了款项。甲公司对该应收账款计提了坏账准备30万元。

【要求】假设不考虑重组中的其他相关税费，分别编制甲公司和乙公司的会计分录。

习题二

【目的】练习以非现金资产抵债的核算。

【资料】甲、乙公司均为增值税一般纳税人。20×9年2月10日，甲公司销售一批材料给乙公司，应收账款为116万元。8月10日，乙公司发生财务困难，无法支付到期货款，经双方协议，签订了债务重组协议。甲公司对该应收账款没有计提坏账准备。假定债务重组协议分别为以下情况：

（1）假定甲公司同意乙公司用设备抵债。该设备原值120万元，累计折旧30万元，公允价值与计税价格为95万元。甲公司收到的设备作为固定资产使用。

（2）假定甲公司同意乙公司用一批产品抵债。该产品的成本120万元，已计提跌价准备30万元，公允价值和计税价格为95万元。甲公司收到的产品作为材料使用。

（3）假定甲公司同意乙公司以其所拥有并作为以公允价值计量且公允价值变动计入当期损益的丙公司股票抵偿债务。乙公司该股票的账面价值为100万元（其中成本为110万元，公允价值变动10万元），当日的公允价值95万元。该股票相关的转移手续已办妥。

（4）假定甲公司同意乙公司用一项专利抵偿该货款。该专利原价200万元，累计摊销60万元，计提无形资产减值准备50万元，公允价值与计税价格为95万元。甲公司收到的专利作为无形资产使用。

【要求】假设不考虑重组中的其他相关税费，分别编制各种情况下甲公司和乙公司的会计分录。

习题三

【目的】练习债务转资本的核算。

【资料】20×9年6月10日，甲公司应收乙公司货款1 160万元，由于乙公司发生财务困难，无法归还货款，经双方协商，同意乙公司向甲公司发行300万元股票抵偿该债务，每股面值1元，每股市价为2元。甲公司对该应收账款已提取了坏账准备500万元。

【要求】假设不考虑重组中的相关税费，分别编制甲公司和乙公司的会计分录。

习题四

【目的】练习修改债务条件债务重组的核算。

【资料】甲公司20×7年12月31日应收乙公司票据的账面余额为928万元，不计算利息。由于乙公司连续亏损，不能偿付应于20×7年12月31日到期的应付票据。经协商于20×7年末进行债务重组。甲公司同意将债务本金降低至800万元，并将债务偿付期延至20×8年12月31日。20×8年末乙公司偿还了该债务。

【要求】假设不考虑重组中的其他相关税费，分别编制甲公司和乙公司的会计分录。

习题五

【目的】练习各种债务重组方式的核算。

【资料】甲、乙公司均为增值税一般纳税人，增值税税率为16%。甲公司于20×7年5月1日销售一批商品给乙企业，应收款项为1 160万元，货款未收。按约定货款应于6月8日付清。但乙公司因发生财务困难，现金流量严重不足，短期内无法归还。甲公司对该应收账款已提取20万元的坏账准备。因此在7月5日签订了债务重组协议。假设债务重组协议分别为以下情况：

（1）乙公司支付900万元银行存款，余款不再偿还。甲公司已于20×7年7月8日将款项收存入账，并当即解除了债务手续。

（2）乙公司以原材料和产成品偿还，原材料的账面余额为300万元，公允价值与计税价格为350

万元,未计提存货跌价准备;产成品的账面余额为 450 万元,已计提跌价准备 50 万元,公允价值与计税价格为 500 万元。20×7 年 7 月 12 日甲公司收到材料并验收入库。产成品于 7 月 15 日运达甲公司并于当日解除了债务手续。

(3) 乙公司以银行存款 150 万元和一台机器设备归还债务。该机器设备的原值为 1 900 万元,已提折旧 1 290 万元,公允价值 620 万元。机器设备办完交接手续和债务解除手续为 7 月 20 日。

(4) 乙公司将债务转为资本,甲公司取得乙公司增资后的注册资本 2 500 万元的 30%股权,该股权的公允价值为 850 万元。此增资手续已在 8 月 22 日获得工商行政管理局批准,签发了新的营业执照,同时乙公司出具了甲公司的出资证明。

(5) 从 20×7 年 8 月 1 日起,甲公司免除乙公司债务 320 万元,并延长乙公司付款期限一年。

(6) 乙公司首先以银行存款归还 170 万元;其次,将剩余债务免除 200 万元,其余债务从 20×7 年 8 月 1 日起算延长到 20×8 年 7 月 31 日,并从 20×7 年 8 月 1 日起按 4%的年利率收取利息,同时约定,如果乙公司在 20×7 年实现盈利,则年利率上升到 6%,如果未盈利,则仍维持 4%,要求利息在归还本金时支付。在债务重组时,乙公司判断很可能盈利。已知 20×7 年乙公司未实现盈利。

(7) 乙公司以一批商品偿还部分债务,商品的账面余额 30 万元,已计提跌价准备 22 万元,公允价值和计税价格为 10 万元;乙公司以设备偿还部分债务,设备的原值 100 万元,已计提折旧 60 万元,已计提减值准备 5 万元,公允价值为 30 万元;乙公司将 100 万元债务转为甲公司的股份,其中股份面值总额为 5 万元。股份转让手续已办理完毕。甲公司同意减免乙公司剩余债务的 70%,并延期至 20×8 年 8 月 20 日。

【要求】假设不考虑重组中的其他相关税费,分别编制各种情况下甲公司和乙公司的会计分录。

第十四章 所有者权益

【本章导言】

投资者设立企业首先必须投入资本。企业运用投资者投入的资本从事生产经营活动，并以此为企业创造利润。企业实现利润后，将以股利或利润的形式返还投资者，剩余部分留存企业。因此，企业的所有者权益主要来源于投入资本和留存收益。所有者权益的增减变动不仅可以反映投资者投入资本的完整性和债权人借入资本的安全性，揭示资本公积、盈余公积和留存收益的来源和使用情况，而且可以反映企业经营积累的财务实力和未来的分配能力及持续经营能力。本章主要介绍实收资本增减变动、其他权益工具、资本公积的形成及用途、其他综合收益、留存收益的形成及用途的核算。

【本章内容框架】

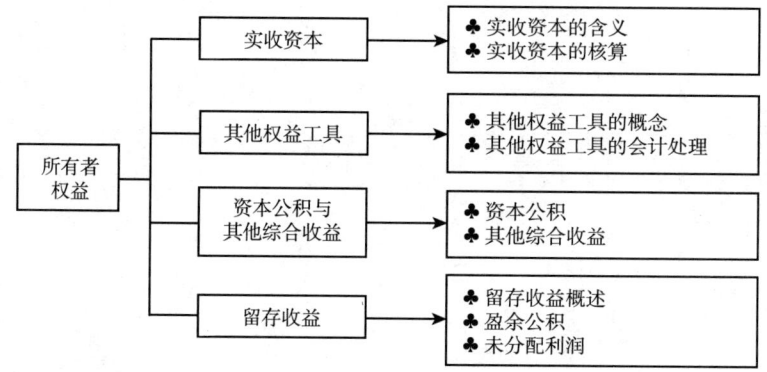

【本章学习目标】

- 掌握实收资本（或股本）增减变动的核算。
- 熟悉股份回购的相关法律法规及库存股的核算。
- 熟悉其他权益工具的核算。
- 掌握资本公积（资本或股本溢价、其他资本公积）的形成及用途的核算。
- 掌握其他综合收益的类型及其核算。
- 掌握盈余公积的形成及用途的核算。
- 掌握利润形成及其分配的核算。

第一节 实收资本

一、实收资本的含义

实收资本,是指企业的投资者按照企业章程或合同、协议的约定,实际投入企业的能够形成注册资本的资本。实收资本的构成比例,即投资者的出资比例或股东的股份比例,通常是确定所有者在企业所有者权益中所占的份额和参与企业财务经营决策的基础,也是企业进行利润分配或股利分配的依据,同时还是企业清算时确定所有者对净资产的要求权的依据。

这里出现了三个概念:一是注册资本;二是实收资本;三是投入资本。它们三者是什么关系呢?注册资本,是企业在工商管理机关登记由投资者交纳的出资额。投入资本,是投资者投入到企业的资本数额。一般情况下,投资者的投入资本即构成企业的实收资本,也正好等于其在登记机关登记的注册资本。但是,在一些特殊情况下,投资者也会因种种原因超额投入(如溢价发行股票等),从而使得投入资本超过企业的注册资本。在这种情况下,企业就应将投入资本超过注册资本的部分单独核算,计入资本公积(资本溢价或股本溢价)。

投资者可以用现金投资,也可以用现金以外的其他有形资产投资,符合国家规定比例的,还可以用无形资产投资。企业应当设置"实收资本"科目核算企业接受投资者投入的实收资本,股份有限公司应将该科目改为"股本"。

初建有限责任公司时,各投资者按照合同、协议或公司章程投入企业的资本,应全部记入"实收资本"科目,注册资本为在公司登记机关登记的全体股东认交的出资额。在企业增资时,如有新投资者介入,新介入的投资者交纳的出资额大于其按约定比例计算的其在注册资本中所占的份额部分,不记入"实收资本"科目,而作为资本公积,记入"资本公积"科目。

股份有限公司是指全部资本由等额股份构成并通过发行股票筹集资本、股东以其认购的股份为限对公司承担责任、公司以其全部财产对公司债务承担责任的企业法人。股份有限公司与其他企业相比较,最显著的特点就是将企业的全部资本划分为等额股份,并通过发行股票的方式来筹集资本。股东以其所认购股份对公司承担有限责任。股票的面值与股份总数的乘积为股本,股本应等于企业的注册资本,股本是很重要的指标。为了直观地反映这一指标,在会计处理上,股份有限公司应设置"股本"科目。

二、实收资本的核算

根据《中华人民共和国公司登记管理条例》规定,公司增加注册资本的,有限责任公司股东认交新增资本的出资和股份有限公司的股东认购新股,应当分别依照《公司法》设立有限责任公司交纳出资和设立股份有限公司交纳股款的有关规定执行。公司法定公积金转增为注册资本的,验资证明应当载明留存的该项公积金不少于转增前公司注册资本的 25%。公司减少注册资本的,应当自公告之日起 45 日后申请变更登记,并应当提交公司在报纸上登载公司减少注册资本公告的有关证明和公司债务清偿或者债务担保情况的说明。公司减资后的注册资本不得低于法定的最低限额。公司变更实收资本的,应当提交依法设立的验资机构出具的验资证明,并应当按照公司章程载明的出资时间、出资方式交纳出资。公司应当自足额交纳出资或者股款之日起 30 日内申请变更登记。

(一) 实收资本增加的核算

企业增加实收资本的途径有:一是初始投资者投入资本和原投资者、新投资者再投入资本;二是资本公积转为实收资本;三是盈余公积转为实收资本;四是股份有限公司发放股票股利等。

1. 接受投资者投入资本

企业收到投资者投入的现金,应在实际收到或者存入企业开户银行时,按实际收到的金额,借记"银行存款"科目,以实物资产投资的,应在办理实物产权转移手续时,借记"原材料""库存商品""固定资产"等资产科目,以无形资产投资的,应按照合同、协议或公司章程规定移交有关凭证时,借记"无形资产"科目,按投入资本在注册资本或股本中所占的份额,贷记"实收资本"或"股本"科目,按其差额,贷记"资本公积——资本溢价"或"资本公积——股本溢价"等科目。

【例 14-1】甲有限责任公司(增值税一般纳税人)由乙、丙两个投资者共同投资设立,公司注册资本为 500 万元,双方各占 50% 的股权。其中:乙投资者以厂房作价投入,评估确认价值为 150 万元,余额以银行存款投入;丙投资者投入一批原材料,评估确认价值为 100 万元,余额以银行存款投入。该厂房、原材料适用的增值税税率分别为 10%、16%。甲公司的有关账务处理如下:

(1) 收到乙投资者的投资。

借:固定资产——厂房　　　　　　　　　　　　　　　　　　　1 500 000
　　应交税费——应交增值税(进项税额)　(1 500 000×10%)150 000
　　银行存款　　　　　　　　　　　　　　　　　　　　　　　　850 000
　　贷:实收资本——乙投资者　　　　　　(5 000 000×50%)2 500 000

(2) 收到丙投资者的投资。

借:原材料　　　　　　　　　　　　　　　　　　　　　　　　1 000 000
　　应交税费——应交增值税(进项税额)　　　　　　　　　　　160 000
　　银行存款　　　　　　　　　　　　　　　　　　　　　　　1 340 000
　　贷:实收资本——丙投资者　　　　　　(5 000 000×50%)2 500 000

2. 股份有限公司发行股票

股份有限公司可以公开发行股票筹集资金,股票可以按票面金额发行,也可以超过票面金额发行,但不得低于票面金额发行。公司发行股票时,借记"银行存款"等科目,按照股份面值,贷记"股本"科目,按照差额,贷记"资本公积——股本溢价"科目。与发行股票直接相关的手续费、佣金等交易费用,首先从冲减股票发行溢价,借记"资本公积——股本溢价"科目,溢价不够冲减再冲减留存收益,借记"盈余公积""利润分配——未分配利润"科目,贷记"银行存款"等科目。

【例14-2】甲股份有限公司首次公开发行普通股100万股,每股面值1元,发行价为1.2元,已收到发行价款。另支付发行费用5万元。甲公司的有关账务处理如下:

```
借:银行存款                            1 200 000
    贷:股本                             1 000 000
        资本公积——股本溢价                200 000
借:资本公积——股本溢价                     50 000
    贷:银行存款                            50 000
```

注:上市公司增发和配股,与股份有限公司首次公开发行股票的账务处理基本相同。

3. 股份有限公司发放股票股利

股份有限公司采用发放股票股利实现增资的,在发放股票股利时,按照股东原来持有的股数分配,如股东所持股份按比例分配的股利不足1股时,应采用恰当的方法处理。例如,股东会决议按股票面额的10%发放股票股利时(假定新股发行价格及面额与原股相同),对于所持股票不足10股的股东,将会发生不能领取1股的情况。在这种情况下,有两种方法可供选择:一是将不足1股的股票股利改为现金股利,用现金支付;二是由股东相互转让,凑为整股。股东大会批准的利润分配方案中分配的股票股利,应在办理增资手续后,借记"利润分配"科目,贷记"股本"科目。

【例14-3】甲股份有限公司公开发行在外的股票共6 000万股(每股面值1元),经股东大会决议,通过了当年分配股票股利的决议,决定每10股派发1股股票股利。甲公司的账务处理如下:

```
借:利润分配——转作股本的股利              6 000 000
    贷:股本                (60 000 000÷10×1)6 000 000
```

4. 资本公积金或盈余公积金转增资本

经股东大会或类似机构决议,公司用资本公积金、盈余公积金转增资本,借记"资本公积——资本溢价或股本溢价""盈余公积"科目,贷记"实收资本"或"股本"科目。

【例14-4】甲股份有限公司20×9年末股东权益为10 000万元。其中,股本5 000万元,资本公积2 000万元(含股本溢价1 000万元),盈余公积1 500万元,未分配利润1 500万元。经股东大会决议通过,公司将全部股本溢价以及盈余公积的30%转增资本。甲公司的账务处理如下:

```
借:资本公积——股本溢价                  10 000 000
    盈余公积              (15 000 000×30%)4 500 000
    贷:股本                             14 500 000
```

5. 可转换公司债券转换为普通股

可转换公司债券持有人行使转换权利,将其持有的债券转换为股票,按可转换公司债券的余额,借记"应付债券——可转换公司债券(面值、利息调整)"科目,按其权益成分的金额,借记"其他权益工具"科目,按股票面值和转换的股数计算的股票面值总额,贷记"股本"科目,按其差额,贷记"资本公积——股本溢价"科目。相关例题见【例 11-30】。

6. 重组债务转为资本

企业将重组债务转为资本的,应按重组债务的账面余额,借记"应付账款"等科目,按债权人因放弃债权而享有本企业股份的面值总额,贷记"实收资本"或"股本"科目,按股份的公允价值总额与相应的实收资本或股本之间的差额,贷记或借记"资本公积——资本溢价(股本溢价)"科目,按其差额,贷记"营业外收入——债务重组利得"科目。相关例题见【例 13-6】。

7. 以权益结算股份支付的实际行权

以权益结算的股份支付换取职工或其他方提供服务的,应按照确定的金额,借记"管理费用"等科目,贷记"资本公积——其他资本公积"科目。在行权日,应按实际行权的权益工具数量计算确定的金额,借记"资本公积——其他资本公积"科目,按计入实收资本或股本的金额,贷记"实收资本"或"股本"科目,按其差额,贷记"资本公积——资本溢价或股本溢价"科目。

【例 14-5】甲公司为上市公司,20×6 年 1 月 1 日,公司向其 200 名管理人员每人授予 100 股股票期权,这些职员从 20×6 年 1 月 1 日起在本公司连续服务 3 年,即可以每股 4 元的价格购买公司股票 100 股从而获益。公司估计该期权在授予日的公允价值为 15 元。第一年有 20 名职员离开公司,公司估计 3 年中离开的职员的比例将达到 20%;第二年又有 10 名职员离开公司,公司将估计的职员离开比例修正为 15%;第三年又有 15 名职员离开。甲公司的会计处理如下:

(1) 费用和资本公积的计算过程如表 14-1 所示。

表 14-1
单位:元

年份	计算	当期费用	累计费用
20×6	200×100×(1-20%)×15×1/3	80 000	80 000
20×7	200×100×(1-15%)×15×2/3-80 000	90 000	170 000
20×8	155×100×15-170 000	62 500	232 500

(2) 甲公司的账务处理如下。

① 20×6 年 1 月 1 日,授予日不作账务处理。

② 20×6 年 12 月 31 日。

借:管理费用   80 000
    贷:资本公积——其他资本公积   80 000

③ 20×7 年 12 月 31 日。

借:管理费用   90 000
    贷:资本公积——其他资本公积   90 000

④20×8年12月31日。
借：管理费用 62 500
　　贷：资本公积——其他资本公积 62 500

⑤假设全部155名职员都在20×8年12月31日行权，甲公司股份面值为1元。
借：银行存款 62 000
　　资本公积——其他资本公积 232 500
　　贷：股本 15 500
　　　　资本公积——资本溢价 279 000

（二）实收资本减少的核算

1. 实收资本减少的主要方式

公司减少实收资本主要有以下方式：（1）以实收资本弥补亏损。企业在经营过程中发生重大亏损，财务状况严重恶化，短期内用利润、公积金弥补有困难的，可经有关机关批准或由股东大会决议同意，在履行减资手续后，用减少实收资本的办法弥补亏损。（2）股份回购。由于经营方针或业务发生变化，如经营规模缩小、资本过剩等特殊原因，由股东大会决议同意并经政府授权部门批准，可用公司的资金向原股东购回并注销股份。（3）结束经营而被注销。公司由于经营期满而不打算再继续经营，或由于违法被解散，或由于经营不善等原因导致企业破产被清算的，公司将不再存续，实收资本也将被注销。

2. 会计核算

（1）企业按法定程序报经批准减少注册资本的，借记"实收资本"或"股本"科目，贷记"库存现金""银行存款"等科目。

（2）股份有限公司因减少注册资本而回购本公司股份的，应按实际支付的金额，借记"库存股"科目，贷记"银行存款"等科目。注销库存股时，应按股票面值和注销股数计算的股票面值总额，借记"股本"科目，按所注销库存股的账面余额，贷记"库存股"科目，按其差额，冲减股票发行时原计入资本公积的溢价部分，借记"资本公积——股本溢价"科目，回购价格超过上述冲减"股本"及"资本公积——股本溢价"科目的部分，应依次借记"盈余公积""利润分配——未分配利润"等科目；如回购价格低于回购股份所对应的股本，所注销库存股的账面余额与所冲减股本的差额作为增加股本溢价处理，按回购股份所对应的股本面值，借记"股本"科目，按注销库存股的账面余额，贷记"库存股"科目，按其差额，贷记"资本公积——股本溢价"科目。

【例14-6】甲股份有限公司本年末股东权益为6 000万元。其中，股本1 000万元（每股面值1元），资本公积1 000万元（含股本溢价200万元），盈余公积350万元，未分配利润3 650万元。经股东大会决议通过，为了减资，公司决定将回购其发行在外股票的40%，并予以注销。假定不考虑其他因素，甲公司的有关账务处理如表14-2所示。

表 14-2   单位：万元

假定回购价为每股 1.2 元	假定回购价为每股 2.5 元	假定回购价为每股 0.9 元
借：库存股　　　　　　480 　　贷：银行存款　　　　480 借：股本　　　　　　　400 　　资本公积——股本溢价 　　　　　　　　　　　80 　　贷：库存股　　　　　480	借：库存股　　　　　　1 000 　　贷：银行存款　　　1 000 借：股本　　　　　　　400 　　资本公积——股本溢价　80 　　盈余公积　　　　　350 　　利润分配——未分配利润　170 　　贷：库存股　　　　1 000	借：库存股　　　　　　360 　　贷：银行存款　　　　360 借：股本　　　　　　　400 　　贷：库存股　　　　　360 　　　　资本公积——股本溢价　40

（三）库存股的核算

1. 库存股概述

股份回购，是指公司收购本公司已发行的股份，是国际通行的公司实施并购重组、优化治理结构、稳定股价的必要手段，已是资本市场的一项基础性制度安排。库存股，是指公司为了收购、转让或注销本公司股份金额而收购本公司已发行在外的并为股东所持有的股份。按照通常的财务会计理论，库存股亦称库藏股，是指由公司购回而没有注销，并由该公司持有的已发行股份。

公司不得收购本公司股份。但是，有下列情形之一的除外[①]：（1）减少公司注册资本；（2）与持有本公司股份的其他公司合并；（3）将股份用于员工持股计划或者股权激励；（4）股东因对股东大会作出的公司合并、分立决议持异议，要求公司收购其股份；（5）将股份用于转换上市公司发行的可转换为股票的公司债券；（6）上市公司为维护公司价值及股东权益所必需。

2. 库存股的核算

为了反映企业收购、转让或注销本公司的股份金额，应当设置"库存股"科目。"库存股"科目期末余额在资产负债表中作为股东权益的减项列示。库存股的主要账务处理如下：

（1）公司为减少注册资本而收购本公司股份的，应按实际支付的金额，借记"库存股"科目，贷记"银行存款"等科目。

（2）公司将股份用于员工持股计划或者股权激励而收购本公司股份的，应按实际支付的金额，借记"库存股"科目，贷记"银行存款"等科目，同时做备查登记。将收购的股份奖励给本公司职工属于以权益结算的股份支付，如有实际收到的金额，借记"银行存款"科目，按照根据职工获取奖励股份的实际情况确定的金额，借记"资本公积——其他资本公积"科目，按奖励库存股的账面余额，贷记"库存股"科目，按其差额，贷记或借记"资本公积——股本溢价"科目。

---

① 参见 2018 年 10 月 26 日第十三届全国人民代表大会常务委员会第六次会议通过修改后的《公司法》的第 142 条。该条修订，对于督促实施股份回购的上市公司保证债务履行能力和持续经营能力，优化资本结构、稳定公司控制权、提升公司投资价值，建立健全投资者回报机制等方面具有重要作用。

（3）公司股东因对股东大会作出的公司合并、分立决议持有异议而要求收购本公司股份的，企业应按实际支付的金额，借记"库存股"科目，贷记"银行存款"等科目。

（4）公司转让库存股，应按实收的金额，借记"银行存款"等科目，按转让库存股的账面余额，贷记"库存股"科目，按其差额，贷记"资本公积——股本溢价"科目；为借方差额的，借记"资本公积——股本溢价"科目，股本溢价不足冲减的，应借记"盈余公积""利润分配——未分配利润"科目。

（5）注销库存股，应按股票面值和注销股数计算的股票面值总额，借记"股本"科目，按注销库存股的账面余额，贷记"库存股"科目，按其差额，借记"资本公积——股本溢价"科目，股本溢价不足冲减的，应借记"盈余公积""利润分配——未分配利润"科目。

【例14-7】甲股份有限公司20×9年末股东权益为6 000万元。其中，股本1 000万元（每股面值1元），资本公积1 000万元（含股本溢价200万元），盈余公积350万元，未分配利润3 650万元。年末因股东对股东大会作出的公司合并决议持有异议，经股东大会决议通过，公司决定以每股1.5元的价格将回购其发行在外的40%股票。回购一段时间后，公司决定以每股2元的价格将其中的60%转让给乙公司，其余的40%注销。甲公司的有关账务处理如下：

（1）股份回购时。

借：库存股　　　　　　　　　　　（10 000 000×40%×1.5）6 000 000
　　贷：银行存款　　　　　　　　　　　　　　　　　　　　6 000 000

（2）公司决定将库存股的60%转让给乙公司。

借：银行存款　　　　　　　　　　　（4 000 000×60%×2）4 800 000
　　贷：库存股　　　　　　　　　　（4 000 000×60%×1.5）3 600 000
　　　　资本公积——股本溢价　　　　　　　　　　　　　　1 200 000

（3）公司决定将库存股的40%注销。

借：股本　　　　　　　　　　　　　（4 000 000×40%×1）1 600 000
　　资本公积——股本溢价　　　　　（4 000 000×40%×0.2）320 000
　　盈余公积　　　　　　　　　　　　　　　　　　　　　　480 000
　　贷：库存股　　　　　　　　　　（4 000 000×40%×1.5）2 400 000

第二节　其他权益工具

一、其他权益工具的概念

权益工具，是指能证明拥有某个企业在扣除所有负债后的资产中的剩余权益的合同。在同时满足下列条件的情况下，企业应当将发行的金融工具分类为权益工具：

（1）该金融工具应当不包括交付现金或其他金融资产给其他方，或在潜在不利条件下与其他方交换金融资产或金融负债的合同义务。

（2）将来须用或可用企业自身权益工具结算该金融工具。如为非衍生工具，该金融工具应当不包括交付可变数量的自身权益工具进行结算的合同义务；如为衍生工具，企业只能通过以固定数量的自身权益工具交换固定金额的现金或其他金融资产结算该金融工具。

其他权益工具，是指企业发行的除普通股（作为实收资本或股本）以外，按照金融负债和权益工具区分原则分类为权益工具的各种金融工具。

二、其他权益工具的会计处理

（一）会计处理的基本原则

企业发行的除普通股（作为实收资本或股本）以外，按照金融负债和权益工具区分原则分类为权益工具的其他权益工具，按照以下原则进行会计处理：①企业发行的金融工具应当按照金融工具准则进行初始确认和计量；②每个资产负债表日计提利息或分派股利，按照相关具体企业会计准则进行处理。即企业应当以所发行金融工具的分类为基础，确定该工具利息支出或股利分配等的会计处理。③归类为权益工具的金融工具，无论其名称中是否包含"债"，其利息支出或股利分配都应当作为发行企业的利润分配，其回购、注销等作为权益的变动处理；④企业（发行方）发行金融工具，其发生的手续费、佣金等交易费用，应当从权益（其他权益工具）中扣除。

（二）其他权益工具的核算

企业应当在所有者权益类科目中设置"其他权益工具"科目，核算企业发行的除普通股以外的归类为权益工具的各种金融工具。该科目可按照发行金融工具的种类等进行明细核算。其他权益工具的主要会计处理如下：

（1）企业发行的金融工具归类为其他权益工具的，应按实际收到的金额，借记"银行存款"等科目，贷记"其他权益工具——优先股、永续债等"科目。

（2）分类为其他权益工具的金融工具，在存续期间分派股利（含分类为权益工具的工具所产生的"利息"，下同）的，作为利润分配处理。发行方应根据经批准的股利分配方案，按应分配给金融工具持有方的股利金额，借记"利润分配"科目，贷记"应付股利——应付优先股股利、永续债利息等"科目。

（3）发行方发行的金融工具为既有负债成分又有权益工具成分的复合金融工具的，应按实际收到的金额，借记"银行存款"等科目，按金融工具的面值，贷记"应付债券——优先股、永续债等（面值）"科目，按负债成分的公允价值与金融工具面值之间的差额，借记或贷记"应付债券——优先股、永续债等（利息调整）"等科目，按实际收到的金额扣除负债成分的公允价值后的金额，贷记"其他权益工具——优先股、永续债等"科目。

发行复合金融工具发生的交易费用，应当在负债成分和权益成分之间按照各自占总发行价款的比例进行分摊。与多项交易相关的共同交易费用，应当在合理的基础上，采用与其他类似交易一致的方法，在各项交易之间进行分摊。对于分摊至负债成分的交易费用，应当计入该负债成分的初始计量金额（若该负债成分按摊余成本进行后续计量）或计入当期损益（若该负债成分按公允价值进行后续计量且其变动计入当期损益）；对于分摊至权益成分的交易费用，应当从权益中扣除。

（4）由于发行的金融工具原合同条款约定的条件或事项随着时间的推移或经济环境的改变而发生变化，导致原归类为权益工具的金融工具重分类为金融负债的，应当于重分类日，按该工具的账面价值，借记"其他权益工具——优先股、永续债等"科目，按该工具的面值，贷记"应付债券——优先股、永续债等（面值）"等科目，按该工具的公允价值与面值之间的差额，借记或贷记"应付债券——优先股、永续债等（利息调整）"科目，按该工具的公允价值与账面价值的差额，贷记或借记"资本公积——资本溢价（或股本溢价）"科目，如资本公积不够冲减的，依次冲减盈余公积和未分配利润。发行方以重分类日计算的实际利率作为应付债券后续计量利息调整等的基础。

因发行的金融工具原合同条款约定的条件或事项随着时间的推移或经济环境的改变而发生变化，导致原归类为金融负债的金融工具重分类为权益工具的，应于重分类日，按金融负债的账面价值，贷记"其他权益工具——优先股、永续债等"科目，按金融负债的面值，借记"应付债券——优先股、永续债等（面值）"科目，按其差额，借记或贷记"应付债券——优先股、永续债等（利息调整）"科目。

（5）发行方按合同条款约定赎回所发行的除普通股以外的分类为权益工具的金融工具，按赎回价格，借记"库存股——其他权益工具"科目，贷记"银行存款"等科目；注销所购回的金融工具，按该工具对应的其他权益工具的账面价值，借记"其他权益工具"科目，按该工具的赎回价格，贷记"库存股——其他权益工具"科目，按其差额，借记或贷记"资本公积——资本溢价（或股本溢价）"等科目，如资本公积不够冲减的，依次冲减盈余公积和未分配利润。

（6）发行方按合同条款约定将发行的除普通股以外的金融工具转换为普通股的，按该工具对应的其他权益工具或金融负债的账面价值，借记"其他权益工具""应付债券"等科目，按普通股的面值，贷记"实收资本（或股本）"等科目，按其差额，贷记"资本公积——资本溢价（或股本溢价）"等科目（如转股时金融工具的账面价值零头不足转换为1股普通股，发行方以现金或其他金融资产退换零头时，还需按支付的现金或其他金融资产的金额，贷记"银行存款"等科目）。

第三节 资本公积与其他综合收益

一、资本公积

（一）资本公积的含义

资本公积，是指所有者权益中由全体投资者共同享有的，非收益转化而形成的资本。资本公积金不是由企业实现的利润转化而来的，其金额大小不取决于企业的经营活动，从本质上讲应属于投入资本范畴。此外，虽然资本公积金属于投入资本的范畴，但它与实收资本又不相同。实收资本一般是投资者投入的、为谋求价值增值的原始投资，而且属于法定资本，它无论在来源上，还是在金额上，都有比较严格的限制。资本公积在金额上则没有严格的限制，而且在来源上也相对多样化，它可以来源于投资者的额外投入，也可以来源于直接计入所有者权益的利得和损失。从本质上看，资本公积金属于资本准备金，是一种准资本。

（二）资本公积的形成及用途

1. 资本公积的形成

资本公积金主要形成于：一是投资者出资超过其在企业注册资本或股本中所占份额的部分，即资本溢价或股本溢价；二是直接计入所有者权益的利得和损失的其他资本公积。因此，资本公积包括资本溢价或股本溢价和其他资本公积。

（1）资本溢价或股本溢价

资本溢价或股本溢价是资本公积的主要来源，其产生包括两种情况：①企业创办时，投资者的出资额超过其在企业注册资本中的份额的差额。对于股份有限公司来讲，股本溢价具体为公司股票发行价格超过股票面值部分的差额，如果存在交易费用，还要扣除交易费用。②企业成立后，新的投资者加入企业，为了维护原有投资者的利益，新投资者一般要付出大于原有投资者的出资额，才能获得与原有投资者相同的投资份额，新投资者投入资本中等于原投资者投资比例的出资额部分，计入实收资本（或股本），超过原投资者投资比例的出资额部分则计入资本公积。

（2）其他资本公积

其他资本公积，是指除资本溢价或股本溢价以外项目所形成的其他资本公积。

2. 资本公积的用途

按照《公司法》规定："公司的公积金用于弥补公司的亏损、扩大公司生产经营或者转为增加公司资本。但是，资本公积金不得用于弥补公司的亏损。"因此，资本公积金只能转增资本。资本公积金转增资本，不改变企业投入资本的总额和企业的所有者权益总额，但是会改变企业投入资本的结构、增加投资者持有的股份和公司股票的流通量。

（三）资本公积的核算

1. 资本溢价或股本溢价的核算

（1）接受投资者投入的资本。企业接受投资者投入的资本，借记"银行存款""原材料""固定资产""无形资产"等科目，按其在企业注册资本或股本中所占份额，贷记"实收资本"或"股本"科目，按差额，贷记或借记"资本公积——资本溢价或股本溢价"科目。相关例题见【例14-1】【例14-2】。

（2）可转换公司债券持有人行使转换权利。可转换公司债券持有人行使转换权利，将其持有的债券转换为股票，按可转换公司债券的余额，借记"应付债券——可转换公司债券（面值、利息调整）"科目，按其权益成分的金额，借记"其他权益工具"科目，按股票面值和转换的股数计算的股票面值总额，贷记"股本"科目，按其差额，贷记"资本公积——股本溢价"科目。相关例题见【例 11－30】。

（3）债务转为资本。企业将重组债务转为资本的，应按重组债务的账面余额，借记"应付账款"等科目，按债权人因放弃债权而享有本企业股份的面值总额，贷记"实收资本"或"股本"科目，按股份的公允价值总额与相应的实收资本或股本之间的差额，贷记或借记"资本公积——资本溢价（股本溢价）"科目，按其差额，贷记"营业外收入——债务重组利得"科目。相关例题见【例 13－6】。

（4）同一控制下控股合并形成的长期股权投资。同一控制下控股合并形成的长期股权投资，合并方应在合并日，按取得被合并方所有者权益在最终控制方合并财务报表中的账面价值的份额，借记"长期股权投资"科目，按享有被投资单位已宣告但尚未发放的现金股利或利润，借记"应收股利"科目，按照合并对价的账面价值，贷记或借记有关资产、负债科目，按其贷方差额，贷记"资本公积——资本溢价或股本溢价"科目；如为借方差额，借记"资本公积——资本溢价或股本溢价"科目，资本公积（资本溢价或股本溢价）不足冲减的，应依次借记"盈余公积""利润分配——未分配利润"科目。相关例题见【例 5－1】【例 5－2】【例 5－3】【例 5－4】。

（5）发行权益性证券的交易费用。与发行权益性证券直接相关的手续费、佣金等交易费用，借记"资本公积——股本溢价"科目等，贷记"银行存款"等科目。相关例题可见【例 14－2】。

（6）股份回购减资。股份有限公司采用收购本公司股票方式减资的，相关例题见【例 14－6】【例 14－7】。

（7）资本公积转增资本。经股东大会或类似机构决议，用资本公积转增资本，借记"资本公积——资本溢价或股本溢价"科目，贷记"实收资本"或"股本"科目。相关例题见【例 14－4】。

2. 其他资本公积的核算

（1）采用权益法核算的长期股权投资。长期股权投资采用权益法核算的，当被投资单位除其他综合收益、净损益以及利润分配以外的所有者权益的其他变动，企业按持股比例计算应享有的份额，借记或贷记"长期股权投资——其他权益变动"科目，贷记或借记"资本公积——其他资本公积"科目。处置采用权益法核算的长期股权投资，还应结转原记入资本公积的相关金额，借记或贷记"资本公积——其他资本公积"科目，贷记或借记"投资收益"科目。相关例题见【例 5－21】【例 5－22】。

（2）权益结算的股份支付。以权益结算的股份支付换取职工或其他方提供服务的，应按照确定的金额，借记"管理费用"等科目，贷记"资本公积——其他资本公积"科目。在行权日，应按实际行权的权益工具数量计算确定的金额，借记"资本公积——其他资本公积"科目，按计入实收资本或股本的金额，贷记"实收资本"或"股本"科目，按其差额，贷记"资本公积——资本溢价或股本溢价"科目。相关例题见【例 14－5】。

（3）接受控股股东或控股股东的子公司直接或间接的捐赠。企业接受的捐赠和债务豁免，按照会计准则规定符合确认条件的，通常应当确认为当期收益。如果接受控股股东或控股股东的子公司直接或间接的捐赠，从经济实质上判断属于控股股东对企业的资本性投入，应作为权益性交易，相关利得计入所有者权益（资本公积——其他资本公积）。

（4）企业接受非控股股东（或非控股股东的子公司）直接或间接代为偿债、债务豁免或捐赠。企业接受代为偿债、债务豁免或捐赠，按照企业会计准则规定符合确认条件的，通常应当确认为当期收益；但是，企业接受非控股股东（或非控股股东的子公司）直接或间接代为偿债、债务豁免或捐赠，经济实质表明属于非控股股东对企业的资本性投入，应当将相关利得计入所有者权益（资本公积——其他资本公积）。

二、其他综合收益

综合收益，是指企业在某一期间除与所有者以其所有者身份进行的交易之外的其他交易或事项所引起的所有者权益变动。其他综合收益，是指企业根据其他会计准则规定未在当期损益中确认的各项利得和损失。其他综合收益包括：以后会计期间不能重分类进损益的其他综合收益和以后会计期间满足规定条件时将重分类进损益的其他综合收益两类。

（一）以后会计期间不能重分类进损益的其他综合收益

以后会计期间不能重分类进损益的其他综合收益，主要包括：

1. 重新计量设定受益计划变动额

根据《企业会计准则第9号——职工薪酬》，有设定受益计划形式离职后福利的企业，应当将重新计量设定受益计划净负债或净资产导致的变动计入其他综合收益，并且在后续会计期间不允许转回至损益；在原设定受益计划终止时，应当在权益范围内将原计入其他综合收益的部分，全部结转至未分配利润[①]。

（1）企业按照重新计量设定受益计划净负债或净资产所产生的增加或减少金额，借记或贷记"其他综合收益"科目，贷记或借记"应付职工薪酬——设定收益计划义务"科目。

（2）在原设定受益计划终止时，企业应将原计入其他综合收益的部分全部结转至未分配利润，借记或贷记"其他综合收益"科目，贷记或借记"利润分配——未分配利润"科目。

2. 权益法下不能转损益的其他综合收益

根据《企业会计准则第2号——长期股权投资》，投资方取得长期股权投资后，应当按照应享有或应分担的被投资单位其他综合收益的份额，确认其他综合收益，同时调整长期股权投资的账面价值。投资单位在确定应享有或应分担的被投资单位其他综合收益的份额时，该份额的性质取决于被投资单位的其他综合收益的性质，即如果被投资单位的其他综合收益属于"以后会计期间不能重分类进损益"类别，则投资方确认的份额

---

① 参见《企业会计准则解释第7号》（财会〔2015〕19号）。

也属于"以后会计期间不能重分类进损益"类别。在终止对被投资单位投资时，将原计入其他综合收益的部分结转至留存收益。

（1）当被投资单位其他综合收益发生变动时，投资方应当按照归属于本企业的部分，相应调整长期股权投资的账面价值，同时增加或减少其他综合收益，借记或贷记"长期股权投资（其他综合收益）"科目，贷记或借记"其他综合收益"科目。相关例题见【例5-15】。

（2）投资方处置权益法核算的长期股权投资时，原计入其他综合收益的部分①结转至留存收益，借记或贷记"其他综合收益"科目，贷记或借记"盈余公积""利润分配——未分配利润"科目。相关例题见【例5-27】【例5-29】。

3. 其他权益工具投资公允价值变动

企业在初始确认时，可以将非交易性权益工具指定为以公允价值计量且其变动计入其他综合收益的金融资产，当该类非交易性权益工具终止确认时，原计入其他综合收益的公允价值变动损益不得重分类进损益，而应计入留存收益。

（1）资产负债表日，其他权益工具投资的公允价值上升或下降时，借记或贷记"其他权益工具投资——公允价值变动"科目，贷记或借记"其他综合收益"科目。

（2）当该金融资产终止确认时，之前计入其他综合收益的累计利得或损失，应当从其他综合收益中转出，计入留存收益，借记或贷记"其他综合收益"，贷记或借记"盈余公积""利润分配——未分配利润"科目。见【例4-25】。

4. 企业自身信用风险公允价值变动

企业指定为以公允价值计量且其变动计入当期损益的金融负债，由企业自身信用风险变动引起的公允价值变动应计入其他综合收益；该金融负债终止确认时，之前计入其他综合收益的累计利得或损失应当从其他综合收益中转出，不得重分类进损益，而应计入留存收益。

（1）资产负债表日，该金融负债因企业自身信用风险变动引起的公允价值下降或上升时，借记或贷记"交易性金融负债——公允价值变动"科目，贷记或借记"其他综合收益"科目。

（2）当该金融负债终止确认时，之前计入其他综合收益的累计利得或损失，应当从其他综合收益中转出，计入留存收益，借记或贷记"其他综合收益"，贷记或借记"盈余公积""利润分配——未分配利润"科目。

（二）以后会计期间将重分类进损益的其他综合收益

以后会计期间将重分类进损益的其他综合收益，主要包括：

1. 权益法下可转损益的其他综合收益

根据《企业会计准则第2号——长期股权投资》，投资方取得长期股权投资后，应

---

① 例如，被投资单位重新计量设定受益计划净负债或净资产变动导致的权益变动、持有的其他权益工具投资的公允价值发生变动、承担的交易性金融负债因企业自身信用风险变动引起的公允价值变动等，投资方按持股比例计算确认的该部分其他综合收益项目。

当按照应享有或应分担的被投资单位其他综合收益的份额，确认其他综合收益，同时调整长期股权投资的账面价值。投资单位在确定应享有或应分担的被投资单位其他综合收益的份额时，该份额的性质取决于被投资单位的其他综合收益的性质，即如果被投资单位的其他综合收益属于"以后会计期间能重分类进损益"类别，则投资方确认的份额也属于"以后会计期间能重分类进损益"类别。在终止对被投资单位投资时，将原计入其他综合收益的部分结转至当期损益。

（1）当被投资单位其他综合收益发生变动时，投资方应当按照归属于本企业的部分，相应调整长期股权投资的账面价值，同时增加或减少其他综合收益，借记或贷记"长期股权投资（其他综合收益）"科目，贷记或借记"其他综合收益"科目。相关例题见【例5-15】。

（2）投资方处置权益法核算的长期股权投资时，原计入其他综合收益的部分①结转至当期损益，借记或贷记"其他综合收益"科目，贷记或借记"投资收益"科目。相关例题见【例5-22】【例5-31】。

2. 其他债权投资公允价值变动

（1）企业分类为以公允价值计量且其变动计入其他综合收益的金融资产（其他债权投资）发生的公允价值变动计入其他综合收益；当该类金融资产终止确认时，之前计入其他综合收益的累计利得或损失应当从其他综合收益中转出，计入当期损益。

①资产负债表日，其他债权投资的公允价值上升或下降时，借记或贷记"其他债权投资——公允价值变动"科目，贷记或借记"其他综合收益"科目。相关例题见【例4-23】【例4-24】。

②该类金融资产终止确认时，之前计入其他综合收益的累计利得或损失，应当从其他综合收益中转出，计入当期损益，借记或贷记"其他综合收益"科目，贷记或借记"投资收益"科目。相关例题见【例4-23】【例4-24】。

（2）企业将一项以公允价值计量且其变动计入其他综合收益的金融资产（其他债权投资）重分类为以摊余成本计量的金融资产（债权投资），或重分类为以公允价值计量且其变动计入当期损益的金融资产（交易性金融资产）时，之前计入其他综合收益的累计利得或损失，从其他综合收益中转出，计入当期损益。相关例题见【例4-33】【例4-34】。

3. 其他债权投资信用减值准备

企业分类为以公允价值计量且其变动计入其他综合收益的金融资产（其他债权投资）的损失准备计入其他综合收益（信用减值准备）；当该类金融资产终止确认时，之前计入其他综合收益的累计减值利得或损失应当从其他综合收益中转出，计入当期损益。

---

① 例如，被投资单位持有的其他债权投资公允价值变动及计提的信用减值利得或损失、将自用房地产或作为存货的房地产转换为以公允价值模式计量的投资性房地产在转换日公允价值大于账面价值的差额、现金流量套期利得或损失中属于有效套期的部分、对境外经营的财务报表进行折算时产生的外币财务报表折算差额，将债权投资重分类为其他债权投资时原账面价值与公允价值的差额等，投资方按持股比例计算确认的该部分其他综合收益项目。

(1) 资产负债表日，其他债权投资的预期信用损失大于或小于当前减值准备的账面金额，则应当将其差额确认为减值损失或利得，借记或贷记"信用减值损失"科目，贷记或借记"其他综合收益——信用减值准备"科目。相关例题见【例 4-24】。

(2) 当该类金融资产终止确认时，之前计入其他综合收益的信用减值利得或损失，应当从其他综合收益中转出，计入当期损益，借记或贷记"其他综合收益——信用减值准备"科目，贷记或借记"投资收益"科目。相关例题见【例 4-23】【例 4-24】。

4. 金融资产重分类计入其他综合收益

企业将一项以摊余成本计量的金融资产（债权投资）重分类为以公允价值计量且其变动计入其他综合收益的金融资产（其他债权投资）的，应当按照该金融资产在重分类日的公允价值进行计量，原账面价值与公允价值之间的差额计入其他综合收益。当该类金融资产终止确认时，之前计入其他综合收益应当转出，计入当期损益。相关例题见【例 4-32】。

5. 现金流量套期储备

根据《企业会计准则第 24 号——套期保值》，现金流量套期利得或损失中属于有效套期的部分，应当直接确认为所有者权益（其他综合收益——套期储备）。根据套期保值准则规定，在满足一定的条件下，将原直接计入所有者权益中的套期工具利得或损失转出，计入当期损益。

6. 外币财务报表折算差额

根据《企业会计准则第 19 号——外币折算》，企业对境外经营的财务报表进行折算时，应当将外币财务报表折算差额在资产负债表中所有者权益项目下单独列示（其他综合收益）；企业在处置境外经营时，应当将资产负债表中所有者权益项目下列示的、与该境外经营相关的外币报表折算差额，自所有者权益项目转入处置当期损益，部分处置境外经营的，应当按处置的比例计算处置部分的外币财务报表折算差额，转入处置当期损益。

7. 将作为存货或自用房地产转换为采用公允价值模式计量的投资性房地产

(1) 企业将作为存货的房地产转换为采用公允价值计量的投资性房地产时，应按其在转换日的公允价值，借记"投资性房地产——成本"科目，按原已计提的跌价准备，借记"存货跌价准备"科目，按其账面余额，贷记"开发产品"等科目，按其转换当日的公允价值大于原账面价值的差额，贷记"其他综合收益"科目。待该项投资性房地产处置时，应将原计入其他综合收益的部分转入当期损益，借记"其他综合收益"科目，贷记"其他业务收入"科目。相关例题见【例 8-19】。

(2) 企业将自用的房地产转换为采用公允价值模式计量的投资性房地产时，应当按该项土地使用权或建筑物在转换日的公允价值，借记"投资性房地产——成本"科目；按已计提的累计摊销或累计折旧，借记"累计摊销"或"累计折旧"科目，原已计提的减值准备，借记"无形资产减值准备""固定资产减值准备"科目，按其账面余额，贷记"固定资产"或"无形资产"科目，按其转换当日的公允价值大于原账面价值的差额，贷记"其他综合收益"科目。待该项投资性房地产处置时，应将原计入其他综合收益的部分转入当期损益，借记"其他综合收益"科目，贷记"其他业务收入"科目。相关例题见【例 8-20】。

第四节　留存收益

一、留存收益概述

（一）留存收益的定义及性质

留存收益，是指企业从各年实现的税后利润（净利润）中提取或形成的留存于企业内部的、历年来的积累。由于留存收益来源于企业生产经营活动所实现的净利润，因此其金额大小会受企业经营活动好坏的直接影响。与投入资本是接受外部投资或其他非经营活动所形成的不同，而留存收益是从企业经营活动实现的净利润中所形成的内部积累，是由企业内部所形成的资本。留存收益有利于企业的持续经营、可以用于扩大企业的生产经营规模和维护债权人权益。

（二）留存收益的来源及构成

企业进行生产经营后，将经营期间的收入扣除费用，形成企业的利润（或亏损）。企业实现的利润总额扣除按照国家规定上交的所得税后，一般称为税后利润或净利润。而企业实现的税后利润一般要按照法律法规、合同、协议、公司章程等有关规定进行利润分配。根据《公司法》等有关法规的规定，企业当年实现的净利润，一般应当按照如下顺序进行分配：

1. 提取法定公积金

公司制企业的法定公积金按照税后利润的 10% 的比例提取（非公司制企业也可按照超过 10% 的比例提取），在计算提取法定盈余公积的基数时，不应包括企业年初未分配利润。公司法定公积金累计额为公司注册资本的 50% 以上时，可以不再提取法定公积金。公司的法定公积金不足以弥补以前年度亏损的，在提取法定公积金之前，应当先用当年利润弥补亏损。

2. 提取任意公积金

公司从税后利润中提取法定公积金后，经股东会或者股东大会决议，还可以从税后利润中提取任意公积金。非公司制企业经类似权力机构批准，也可提取任意盈余公积。

3. 向投资者分配利润或股利

公司弥补亏损和提取公积金后所余税后利润，有限责任公司股东按照实交的出资比例分取红利，但是，全体股东约定不按照出资比例分取红利的除外；股份有限公司按照股东持有的股份比例分配，但股份有限公司章程规定不按持股比例分配的除外。股东会、股东大会或者董事会违反规定，在公司弥补亏损和提取法定公积金之前向股东分配利润的，股东必须将违反规定分配的利润退还公司。公司持有的本公司股份不得分配利润。

因此，企业当年实现的税后利润，按照上述规定提取的法定公积金和任意公积金，构成企业留存收益中的盈余公积。按照上述规定的步骤提取盈余公积金和分配投资者利润后，结余下来的部分，构成企业留存收益中的未分配利润。所以，留存收益包括盈余公积和未分配利润。其中，盈余公积是具有指定用途的留存收益；未分配利润是没有指定用途的留存收益。

二、盈余公积

（一）盈余公积的形成

盈余公积是指企业按照规定从净利润中提取的各种积累资金。盈余公积的提取一般具有强制性，其目的在于限制公司的过度分配，并往往指定其用途。

如上所述，盈余公积来源于：①提取的法定公积金；②提取的任意公积金。因此，公司制企业的盈余公积包括法定盈余公积和任意盈余公积。两者的区别就在于其各自计提的依据不同。前者以国家的法律或行政规章为依据提取；后者则由企业自行决定提取。

（二）盈余公积的用途

按照《公司法》规定，企业提取盈余公积主要可以用于以下几个方面：

1. 弥补亏损

企业发生亏损时，应由企业自行弥补。企业弥补亏损的主要渠道：一是用以后年度税前利润弥补。按照现行制度规定，企业发生亏损时，可以用以后 5 年内实现的税前利润弥补，即税前利润弥补亏损的期间为 5 年。二是用以后年度税后利润弥补。企业发生的亏损经过 5 年期间未弥补足额的，尚未弥补的亏损应用所得税后的利润弥补。三是以盈余公积弥补亏损。企业以提取的盈余公积弥补亏损时，应当由公司董事会提议，并经股东大会批准。

2. 转增资本

企业将盈余公积转增资本时，必须经股东大会决议批准。在实际将盈余公积转增资本时，要按股东原有持股比例结转。企业提取的盈余公积，无论是用于弥补亏损，还是用于转增资本，只不过是在企业所有者权益内部作结构上的调整，并不引起所有者权益总额的变动。

3. 扩大企业生产经营

盈余公积的用途，并不是指其实际占用形态，提取盈余公积也并不是单独将这部分资金从企业资金周转过程中抽出。企业盈余公积的结存数，实际只表现为企业所有者权益的组成部分，表明企业生产经营资金的一个来源而已。其形成的资金可能表现为一定的货币资金，也可能表现为一定的实物资产，随同企业的其他来源所形成的资金进行循环周转，用于企业的生产经营。

4. 分配股利

此外，符合规定条件的企业，经股东大会决议，盈余公积也可用于分派现金股利和派送新股。

（三）盈余公积的核算

为了反映盈余公积的形成及使用情况，企业应设置"盈余公积"科目，"盈余公积"科目分别"法定盈余公积""任意盈余公积"进行明细核算。

1. 盈余公积形成的核算

企业按规定提取的盈余公积金，借记"利润分配——提取法定盈余公积、提取任意盈余公积"科目，贷记"盈余公积——法定盈余公积或任意盈余公积"科目。

2. 盈余公积使用的核算

（1）经股东大会或类似机构决议，用盈余公积弥补亏损，借记"盈余公积"科目，贷记"利润分配——盈余公积补亏"科目。

（2）经股东大会决议，用盈余公积金转增资本，借记"盈余公积"科目，贷记"实收资本"或"股本"科目。

（3）经股东大会决议，用盈余公积金分配现金股利或利润，借记"盈余公积"科目，贷记"应付股利"科目；用盈余公积派送新股，按派送新股计算的金额，借记"盈余公积"科目，按股票面值和派送新股总数计算的股票面值总额，贷记"股本"科目。

三、未分配利润

（一）未分配利润的形成

未分配利润是企业留待以后年度进行分配的留存收益，也是企业所有者权益的组成部分。其有两层含义：一是这部分留存收益没有分配给投资者；二是这部分留存收益没有指定用途，即相对于所有者权益的其他部分来讲，企业对于未分配利润的使用有较大的自主权。

从数量上来讲，未分配利润是期初未分配利润加上本期实现的净利润，减去本期提取的盈余公积金和分配给投资者的利润或股利等利润分配项目后的余额，用公式表示为：

期末未分配利润 = 期初未分配利润 + 本期实现的净利润 − 本期利润分配

如果企业当年发生亏损，可用以后年度实现的税前利润弥补，但弥补亏损的期间为5年，也可以用税后利润弥补，还可以用法定盈余公积金弥补亏损。对于当年无法弥补的亏损，应在资产负债表的"未分配利润"项目中用负数表示，冲减所有者权益。

（二）未分配利润的核算

未分配利润是通过"利润分配"科目进行核算的，"利润分配"科目应当分别"提取法定盈余公积""提取任意盈余公积""应付现金股利或利润""转作股本的股利""盈余公积补亏""未分配利润"等进行明细核算。

1. 弥补亏损的核算

（1）税前利润或税后利润弥补亏损。企业在当年发生亏损的情况下，应当将本年发生的亏损从"本年利润"科目转入"利润分配——未分配利润"科目，借记"利润分配——未分配利润"科目，贷记"本年利润"科目，结转后"利润分配"科目的借方余额，即为未弥补亏损的数额。以后年度，无论是用税前利润还是税后利润弥补亏损，均是将当年实现的利润自"本年利润"账户转入"利润分配——未分配利润"账户的贷方，结转后，"利润分配——未分配利润"账户的贷方发生额与借方余额（以前年度留下的、尚未弥补的亏损）自然抵补。因此，无论是以税前利润还是以税后利润弥补亏损，其会计处理方法均相同。但是，两者在计算交纳所得税时的处理是不同的。在以税前利润弥补亏损的情况下，其弥补的数额可以抵减当期企业应纳税所得额，而以税后利润弥补的数额，则不能作为纳税所得扣除处理。

（2）盈余公积弥补亏损。经股东大会或类似机构决议，企业用盈余公积弥补亏损时，借记"盈余公积——法定盈余公积或任意盈余公积"科目，贷记"利润分配——盈余公积补亏"科目。

2. 提取盈余公积的核算

有关盈余公积提取的核算见本节"盈余公积形成的核算"。

3. 分配投资者利润的核算

（1）现金股利。现金股利是现金发放的股利，是所有类型的企业都可以采用的分配形式，也是最常见的利润分配形式，俗称"现金分红"。经股东大会决议，公司分配给股东或投资者的现金股利或利润时，借记"利润分配——应付现金股利或应付利润"科目，贷记"应付股利"科目。

（2）股票股利。股份有限公司用增发股票的方式发放股利，称为股票股利，俗称"红股"。股票股利实质上是将公司分配给股东的利润转为公司的股本。公司分配股票股利，既不影响公司的资产和负债，也不影响公司股东权益总额，只是公司股东权益各项目之间的增减变动，即公司留存收益减少，股本增加。对于股东来说，股东持股数量增加，但持股比例不变。经股东大会决议，公司分配给股东或投资者股票股利，应在办理增资手续后，借记"利润分配——转作股本的股利"科目，贷记"股本"科目。

（3）财产股利。财产股利是指以非现金资产向公司股东分派的股利。最常见的财产股利是公司以持有的其他公司的有价证券等代替现金发放给投资者。财产股利应当按照股利宣告日有价证券等的公允价值计价，并确认所发生的损益。经股东大会决议，公司宣告分配给股东或投资者财产股利时，借记"利润分配——应付财产股利"科目，贷记"应付股利"科目。实际派发时，借记"应付股利"科目，贷记"交易性金融资产""长期股权投资"等科目。

（4）负债股利。负债股利也称票据股利，是指在某些特殊情况下，公司签发商业票据或发行公司债券来抵付已宣告发放的股利。发放负债股利时，公司一方面确认负债，另一方面减少留存收益。由此而产生的利息费用不作为股利，而作为当期费用。经股东大会决议，公司宣告分配给股东或投资者负债股利时，借记"利润分配——应付负债股利"科目，贷记"应付股利"科目。实际派发时，借记"应付股利"科目，贷记"应付票据""应付债券"等科目。由此而产生的利息费用，借记"财务费用"等科目，贷记"应付利息"等科目。

（5）清算股利。清算股利是减少实收资本的一种特殊的分派，其本质上并不是分配利润，而是返还资本，多见于准备停止经营或缩小经营规模的企业。经股东大会决议，公司分配清算股利时，借记"股本"或"实收资本"科目，贷记有关资产科目。

4. 利润分配结转的核算

企业期末结转利润时，应将各损益类科目的余额转入"本年利润"科目，结平各损益类科目。结转后"本年利润"的贷方余额为当期实现的净利润，借方余额为当期发生的净亏损。

年度终了，应将本年收入和支出相抵后结出的本年实现的净利润或净亏损，转入"利润分配——未分配利润"科目。即，企业本年实现的净利润，借记"本年利润"科目，贷记"利润分配——未分配利润"科目；企业本年发生的净亏损，借记"利润分配——未分配利润"科目，贷记"本年利润"科目。同时，将"利润分配"科目所属的其他明细科目的余额，转入"未分配利润"明细科目。结转后，"未分配利润"明细科目的贷方余额，就是未分配利润的金额；如出现借方余额，则表示未弥补亏损的金额。"利润分配"科目所属的其他明细科目应无余额。相关例题见【例15-76】。

本章小结

所有者权益，是指企业资产扣除负债后由所有者享有的剩余权益。公司的所有者权益又称为股东权益。所有者权益的来源包括所有者投入资本、直接计入所有者权益的利得和损失及留存收益。所有者权益通常包括实收资本（或股本）、其他权益工具、资本公积（资本溢价或股本溢价和其他资本公积）、其他综合收益、盈余公积和未分配利润。

1. 实收资本（或股本）与库存股

实收资本，是指企业的投资者按照企业章程或合同、协议的约定，实际投入企业的能够形成注册资本的资本。实收资本的构成比例，是确定所有者在企业所有者权益中所占的份额和参与企业财务经营决策的基础，也是企业进行利润分配或股利分配的依据，同时还是企业清算时确定所有者对净资产的要求权的依据。公司增加实收资本或股本的主要方式：①初始投资者投入资本和企业原有投资者、新投资者再投入资本。②资本公积转为实收资本或股本。③盈余公积转为实收资本或股本。④股份有限公司发放股票股利。公司减少实收资本或股本的主要方式：①以实收资本或股本弥补亏损。②股份回购。③结束经营而被注销。库存股，是指公司为了收购、转让或注销本公司股份金额而收购本公司已发行在外的并为股东所持有的股份。

2. 其他权益工具

其他权益工具，是指企业发行的除普通股以外的归类为权益工具的各种金融工具。其他权益工具，其发行、回购、出售或注销时，发行方应当作为权益的变动处理。发行方不应当确认权益工具的公允价值变动。发行方向权益工具持有方的分配应当作为其利润分配处理，发放的股票股利不影响发行方的所有者权益总额。企业发行或取得自身权益工具时发生的交易费用，可直接归属于权益性交易的，应当从权益中扣减。终止的未完成权益性交易所发生的交易费用应当计入当期损益。回购自身权益工具（库存股）支付的对价和交易费用，应当减少所有者权益，不得确认金融资产。

3. 资本公积与其他综合收益

（1）资本公积，是指所有者权益中由全体投资者共同享有的、非收益转化而形成的资本。资本公积金主要来源于：一是投资者出资超过其在企业注册资本或股本中所占份额的部分，即资本溢价或股本溢价。二是直接计入所有者权益的利得和损失，即其他资本公积。资本公积包括资本溢价或股本溢价和其他资本公积。资本公积金只能转增资本，资本公积金不得用于弥补公司的亏损。

（2）其他综合收益，是指企业根据其他会计准则规定未在当期损益中确认的各项利得和损失。其他综合收益包括：①以后会计期间不能重分类进损益的其他综合收益。②以后会计期间满足规定条件时将重分类进损益的其他综合收益。

（3）资本公积与其他综合收益的主要区别见下表。

科目	分类	核算内容
资本公积	（1）资本（股本）溢价	①投资者投入资本的溢（折）价部分
		②可转换公司债券持有人行使转换权利形成的资本溢（折）价部分
		③重组债务转为资本形成的资本溢（折）价部分
		④同一控制下控股合并形成的长期股权投资的相关处理
		⑤发行权益性证券的佣金、手续费等
		⑥回购本企业股票（库存股）的相关处理
		⑦资本公积转增资本
	（2）其他资本公积	①长期股权投资采用权益法核算的，当被投资单位除其他综合收益、净损益以及利润分配以外的所有者权益的其他变动，企业按持股比例计算应享有的份额
		②权益结算的股份支付，在行权日按实际行权的权益工具数量计算确定的金额
		③接受控股股东或控股股东的子公司直接或间接的捐赠的相关利得
		④企业接受非控股股东（或非控股股东的子公司）直接或间接代为偿债、债务豁免或捐赠的相关利得
其他综合收益	（1）不能重分类进损益的其他综合收益	①重新计量设定受益计划变动额。重新计量设定受益计划净负债或净资产导致的变动计入其他综合收益，在原设定受益计划终止时，应当将原计入其他综合收益的部分全部结转至未分配利润
		②权益法下不能转损益的其他综合收益。权益法下，被投资单位属于以后期间不可计入损益的其他综合收益变动对应的份额（按相同基础）
		③其他权益工具投资公允价值变动。其他权益工具投资的公允价值上升或下降时计入其他综合收益，在终止确认时，原计入其他综合收益的公允价值变动损益应计入留存收益

续表

科目	分类	核算内容
其他综合收益	（1）不能重分类进损益的其他综合收益	④企业自身信用风险公允价值变动。指定为交易性金融负债，由企业自身信用风险变动引起的公允价值变动而计入其他综合收益；该金融负债终止确认时，之前计入其他综合收益的累计利得或损失应当从其他综合收益中转出，计入留存收益
	（2）将重分类进损益的其他综合收益	①权益法下可转损益的其他综合收益。权益法下，被投资单位属于以后期间可以计入损益的其他综合收益变动对应的份额（按相同基础）
		②其他债权投资公允价值变动。其他债权投资发生的公允价值变动计入其他综合收益；当该类金融资产终止确认时，之前计入其他综合收益的累计利得或损失应当从其他综合收益中转出，计入当期损益。企业将其他债权投资重分类为债权投资，或重分类为交易性金融资产时，之前计入其他综合收益的累计利得或损失从其他综合收益中转出，计入当期损益
		③其他债权投资信用减值准备。其他债权投资计提的损失准备计入其他综合收益（信用减值准备），当该类金融资产终止确认时，之前计入其他综合收益的累计减值利得或损失应当从其他综合收益中转出，计入当期损益
		④金融资产重分类计入其他综合收益。企业将债权投资重分类为其他债权投资的，原账面价值与公允价值之间的差额计入其他综合收益。当该类金融资产终止确认时，之前计入其他综合收益应当转出，计入当期损益
		⑤现金流量套期储备。现金流量套期利得或损失中属于有效套期的部分，确认为其他综合收益（套期储备）。在一定的条件下，可将原直接计入所有者权益中的套期工具利得或损失转出，计入当期损益
		⑥外币财务报表折算差额。对境外经营的财务报表进行折算时，应将外币财务报表折算差额在资产负债表中列示为其他综合收益；在处置境外经营时，应当将与该境外经营相关的外币报表折算差额，转入处置当期损益
		⑦将作为存货或自用房地产转换为采用公允价值模式计量的投资性房地产。在这种情况下，按其转换当日的公允价值大于原账面价值的差额计入其他综合收益，待该项投资性房地产处置时，因转换计入其他综合收益的部分应转入当期损益

4. 留存收益（盈余公积与未分配利润）

企业当年实现的净利润，一般应当按照如下顺序进行分配：提取法定公积金；提取任意公积金；向投资者分配利润。留存收益，是指企业从各年实现的税后利润（净利润）中提取或形成的留存于企业内部的、历年来的积累，包括盈余公积和未分配利润。

（1）盈余公积，是指企业按照规定从净利润中提取的各种积累资金。盈余公积是具有指定用途的留存收益。公司制企业的盈余公积包括法定盈余公积和任意盈余公积；两者的区别就在于其各自计提的依据不同。前者以国家的法律或行政规章为依据提取；后者则由企业自行决定提取。盈余公积主要用于：弥补亏损、转增资本、扩大企业生产经营和分配股利。

（2）未分配利润，是指企业留待以后年度进行分配的结存利润，也是企业所有者权益的组成部分。未分配利润是没有指定用途的留存收益。从数量上来讲，未分配利润是期初未分配利润，加上本期实现的净利润，减去提取的各种盈余公积和分出利润后的余额。企业期末结转利润时，应将各损益类科目的余额转入"本年利润"科目，结平各损益类科目。年度终了，应将本年收入和支出相抵后结出的本年实现的净利润或净亏损，转入"利润分配——未分配利润"科目。同时，将"利润分配"科目所属的其他明细科目的余额，转入"未分配利润"明细科目。结转后，"未分配利润"明细科目的贷方余额，就是未分配利润的金额；如出现借方余额，则表示未弥补亏损的金额。"利润分配"科目所属的其他明细科目应无余额。

课堂讨论题

1. 所有者权益信息能够帮助信息使用者作出哪些决策？
2. 实收资本与其他权益工具、资本公积有何区别？
3. 资本公积与其他综合收益有何联系与区别？资本公积与盈余公积有何区别？
4. 资本公积金为什么不能用于弥补亏损？公司为什么需要提取盈余公积金？
5. 股份回购对公司有何财务影响？
6. 公司为什么需要进行股利分配？公司分配现金股利与分配股票股利对公司财务影响有何差异？
7. 请登录上海证券交易所和深圳证券交易所，查阅上市公司年报，分析为什么有些公司进行高额股利分配，有些公司不进行股利分配？这些公司如何确定股利分配额？
8. 盈余公积与未分配利润有何差异？

课后练习题

习题一

【目的】练习实收资本的核算。

【资料】20×7年2月1日，A、B、C公司三方共同投资成立了甲有限责任公司，原注册资本为4 000万元，A、B、C公司分别出资500万元、2 000万元和1 500万元。A、B、C公司的持股比例分别为12.5%、50%、37.5%。为扩大经营规模，经股东会批准，20×9年2月1日，甲公司将注册资本扩大为5 000万元，A、B、C公司按照原出资比例追加投资1 000万元，甲公司已收到A、B、C公司作为出资的银行存款。

【要求】假定不考虑其他相关税费，根据上述资料，编制甲公司相关的会计分录。

习题二

【目的】练习实收资本的核算。

【资料】甲公司为增值税一般纳税人，由A、B、C三位股东于20×7年12月31日共同出资设立，注册资本800万元。出资协议规定，A、B、C三位股东的出资比例分别为40%、35%和25%。有关资料如下：(1) 20×7年12月31日，三位股东的出资方式及出资额，如下表所示（各位股东的出资已全部到位，并经中国注册会计师验证，有关法律手续已经办妥）。

单位：万元

出资者	货币资金	固定资产（厂房）	无形资产	合计
A	270		50	320
B	40	240		280
C	20	180		200
合计	330	420	50	800

（2）20×8年甲公司实现净利润400万元。20×9年2月10日，股东会决定分配利润200万元，并于20×9年3月10日支付。

（3）20×9年12月31日，吸收D股东加入本公司，公司注册资本由原800万元增加到1 000万元。D股东以银行存款100万元及先进的生产设备58万元（增值税专用发票中注明的价款50万元，增值税额8万元）出资，占增资后公司注册资本的10%；其余增资的100万元由A、B、C三位股东按原持股比例以银行存款出资。20×9年12月31日，四位股东的出资已全部到位，并取得D股东开出的增值税专用发票，有关的法律手续已经办妥，取得的生产设备作为固定资产核算，其增值税可以抵扣。

【要求】假定不考虑其他相关税费，根据上述资料，编制甲公司相关的会计分录。

习题三

【目的】练习增发股票与股份回购的核算。

【资料】甲公司为上市公司，发生与股票有关的业务如下：（1）20×7年1月4日，经股东大会决议，并报有关部门核准，增发普通股40 000万股，每股面值1元，每股发行价格5元，股款已全部收到并存入银行。（2）20×7年6月20日，经股东大会决议，并报有关部门核准，以资本公积4 000万元转增股本。（3）20×8年6月20日，经股东大会决议，并报有关部门核准，以银行存款回购公司20×7年1月4日发行的股票100万股，每股回购价格为3元。（4）20×8年6月26日，经股东大会决议，并报有关部门核准，将回购的股票100万股注销。

【要求】假定不考虑其他相关税费，根据上述资料，编制甲公司相关的会计分录。

习题四

【目的】练习其他权益工具、资本公积和其他综合收益的核算。

【资料】甲公司20×8年发生如下的经济业务：

（1）1月1日，公开发行普通股2 000万股，每股面值1元，发行价为1.3元，已收到发行价款。另支付发行费用10万元。

（2）1月1日，按面值发行3年期、每年1月1日付息、到期一次还本的可转换公司债券，债券面值总额为15 000万元，票面利率为4%，实际利率为6%。债券包含的负债成分的公允价值为14 198.10万元。公司按实际利率法确认利息费用。

（3）1月1日，公司向其100名管理人员每人授予100份股票期权，这些人员必须从20×8年1月1日起在公司连续服务3年，服务期满时才能以每股5元购买100股公司股票，每股面值为1元。公司估计该期权在授予日的公允价值为12元。20×8年有10名管理人员离开公司，公司估计三年中离开的管理人员比例将达到20%。

（4）5月18日，将一幢自用的厂房对外出租并采用公允模式价值对其进行后续计量。该厂房的账面原值为2 000万元，已计提折旧800万元，已计提减值准备200万元。转换当日该厂房的公允价值为1 060万元。

（5）6月1日，公司发行1 500万股普通股股票（每股面值为1元）的方式从B公司（甲公司和B公司属同一集团的子公司）的股东手中取得B公司60%的股份。当日，B公司所有者权益的账面价值总额为 2 000 万元。当日，甲公司的资本公积为 180 万元，盈余公积为 100 万元，未分配利润为 200 万元。

(6) 6 月 30 日，甲公司持有 C 公司股票的每股市价为 13 元。该股票是甲公司于当年 3 月 10 日从 C 公司所购买的 300 万股，当日每股成交价为 15 元（含已宣告尚未发放的现金股利 0.3 元），另付交易费用 30 万元，占 C 公司 5% 的表决权，甲公司指定为非交易性的权益工具投资。12 月 31 日，当日每股市价（收盘价格）为 6 元。

(7) 7 月 20 日，以每股 4 元的价格回购本公司发行在外的股票 1 000 万股，每股面值 1 元，共支付回购款 4 050 万元。回购时，甲公司的股本为 11 000 万元，资本公积为 3 000 万元（均为该股票溢价产生），盈余公积为 450 万元，未分配利润为 550 万元。

(8) 8 月 10 日，甲公司持有 D 公司 30% 的股份，采用权益法核算，当日 D 公司其他债权投资的公允价值上升 300 万元。

(9) 10 月 2 日，甲公司将债权投资重分类为其他债权投资，其公允价值为 925 万元。该债券是甲公司于 20×7 年 1 月 2 日以 1 005.35 万元的价格购入 E 公司 20×6 年 1 月 1 日发行的 5 年期、面值为 1 000 万元，票面利率 5%，实际利率 6%，每年 1 月 5 日支付上年度的利息，到期一次归还本金和最后一次利息的债券。当时甲公司另支付相关费用 10 万元。20×7 年 12 月 31 日，该债券的公允价值 930 万元。

(10) 12 月 10 日，经股东大会决议，甲公司用资本公积 30 万元转增资本。

(11) 12 月 31 日，甲公司发生财务困难，经过协商，A 公司同意甲公司用普通股 400 万股（每股面值 1 元）偿还已到期的 A 公司款项 1 000 万元，该股票的公允价值为 900 万元。

【要求】假定不考虑其他相关税费，根据上述资料，编制甲公司相关的会计分录。

习题五

【目的】练习利润分配的核算。

【资料】甲股份有限公司的股本为 10 000 万元，每股面值 1 元。20×8 年初未分配利润为贷方余额为 8 000 万元，20×8 年实现净利润 50 00 万元。假定公司按照 20×8 年实现净利润的 10%、5% 分别提取法定盈余公积、任意盈余公积，同时向股东按每股 0.2 元派发现金股利，按每 10 股送 3 股派发股票股利。20×9 年 3 月 15 日，公司以银行存款支付了全部现金股利，新增股本也已经办理完股权登记和相关增资手续。

【要求】假定不考虑其他相关税费，根据上述资料，编制甲公司相关的会计分录。

习题六

【目的】练习留存收益的核算。

【资料】甲公司 20×6~20×8 年有关业务资料如下：

(1) 20×6 年 1 月 1 日，甲公司股东权益总额为 56 500 万元（其中，股本总额 10 000 万股，每股面值为 1 元、资本公积 40 000 万元、盈余公积 6 000 万元、未分配利润 500 万元）。20×6 年度实现净利润 500 万元，股本与资本公积没有发生变化。

(2) 20×7 年 3 月 1 日，甲公司董事会提出如下预案：①按 20×6 年度实现净利润的 10% 提取法定盈余公积，按 5% 提取任意盈余公积。②以 20×6 年 12 月 31 日的股本总额为基数，以资本公积（股本溢价）转增股本，每 10 股转增 3 股，计 3 000 万股。20×7 年 5 月 5 日，甲公司召开股东大会，审议批准了董事会提出的预案，同时决定分派现金股利 200 万元。20×7 年 6 月 10 日，甲公司办妥了上述资本公积转增股本的有关手续。

(3) 20×7 年度，甲公司发生净亏损 4 567 万元。

(4) 20×8 年 5 月 7 日，股东大会决定以法定盈余公积弥补账面累计未弥补亏损 350 万元。

【要求】假定不考虑其他相关税费，根据上述资料，编制甲公司相关的会计分录。

第十五章　收入、费用与利润

【本章导言】

　　企业作为营利性的经济组织，其主要目的是通过生产经营活动创造利润。利润是收入、利得与费用、损失配比的结果，是企业经营成果的综合体现，是企业考核评价管理层受托责任履行情况和进行利润分配的依据。通过分析核算企业某一会计期间的收入、成本与费用、利得与损失及利润或亏损的形成及构成情况，有助于判断企业利润质量及预测盈余持续性，据此评估判断企业的盈利能力、偿债能力和发展能力。本章主要介绍收入确认与计量的原则和步骤，合同成本，收入一般交易的会计处理，收入特定交易的会计处理，费用的确认、计量与核算，利润形成与利润分配的核算。

【本章内容框架】

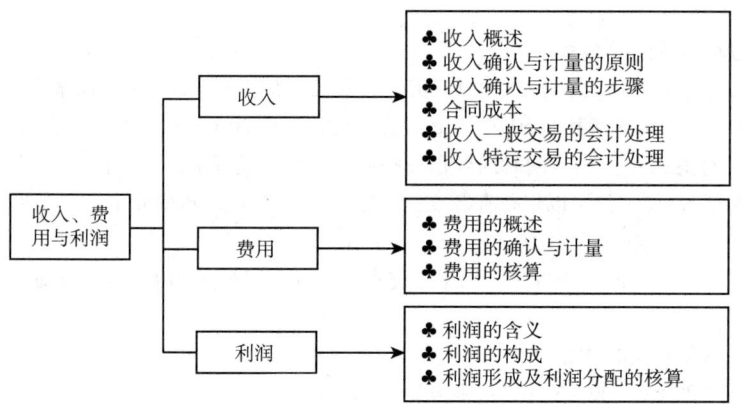

【本章学习目标】

● 熟悉收入确认与计量的原则及五步法模型。
● 掌握识别与客户订立的合同、识别合同中的单项履约义务、确定交易价格、将交易价格分摊至各单项履约义务、履行各单项履约义务时确认收入的基本原理。
● 掌握合同履约成本和合同取得成本的会计处理。
● 掌握收入一般交易的会计处理。
● 掌握收入特定交易的会计处理。
● 掌握生产费用与期间费用的内容及其会计处理。
● 掌握利润的构成、形成及其分配的会计处理。

第一节 收 入

在市场经济条件下，收入作为影响利润指标的重要因素，受到投资者、债权人和企业管理当局等众多信息使用者的高度重视。企业应当向财务报表使用者提供与客户之间的合同产生的收入及现金流量的性质、金额、时间分布和不确定性等相关的有用信息。

一、收入概述

1. 收入的概念

收入，是指企业在日常活动中形成的、会导致所有者权益增加的、与所有者投入资本无关的经济利益的总流入。其中，日常活动，是指企业为完成其经营目标所从事的经常性活动以及与之相关的活动。日常活动所形成的经济利益的流入应当确认为收入。企业发生的既不属于经常性活动也不属于与经常性活动相关的其他活动形成的经济利益的总流入不属于收入。例如，处置固定资产、无形资产等形成的经济利益的流入，应当确认为资产处置损益；又如，企业接受非股东捐赠的利得，应当确认为营业外收入。

2. 客户、合同、合同开始日的概念

企业应采用收入确认的五步法模型来规范所有与客户之间的合同产生的收入。其中：

（1）客户，是指与企业订立合同以向该企业购买其日常活动产出的商品或服务（以下简称"商品"）并支付对价的一方。如果合同对方与企业订立合同的目的是共同参与一项活动（如合作开发一项资产），合同对方和企业一起分担（或分享）该活动产生的风险（或收益），而不是获取企业日常活动产出的商品，则该合同对方不是企业的客户，企业与其签订的该份合同也不属于收入准则规范范围。

（2）合同，是指双方或多方之间订立有法律约束力的权利和义务的协议。合同的形式包括书面形式、口头形式以及其他形式（如隐含于商业惯例或企业以往的习惯做法中等）。

①收入准则适用于所有与客户之间的合同。但是，金融工具合同（如股权投资合同、债权投资合同）、租赁合同、保险合同等不属于收入准则规范的范围。因此，企业进行股权投资取得的股利、进行债权投资收取的利息、出租资产收取的租金等不适用收入准则。

此外，企业以存货换取客户的存货、固定资产、无形资产等，应按照收入准则的规定进行会计处理；其他非货币性资产交换，应按照非货币性资产交换准则的规定进行会计处理。企业处置固定资产、无形资产等，在确定处置时点以及计量处置损益时，应按照收入准则的有关规定进行处理。

②收入准则规范的是企业与客户之间的单个合同的会计处理。但是，为便于实务操作，当企业能够合理预计，将本准则规定应用于具有类似特征的合同（或履约义务）组

合或应用于该组合中的每一个合同（或履约义务），将不会对企业的财务报表产生显著不同的影响时，企业可以在合同组合层面应用本准则，此时，企业应当采用能够反映该合同组合规模和构成的估计和假设。

（3）合同开始日，是指合同开始赋予合同各方具有法律约束力的权利和义务的日期，通常是指合同生效日。

二、收入确认与计量的原则

企业确认收入的方式应当反映其向客户转让商品或提供服务（以下简称"转让商品"）的模式，收入的金额应当反映企业因转让这些商品或提供这些服务而预期有权收取的对价金额，以如实反映企业的生产经营成果，核算企业实现的损益。

1. 收入确认的原则

企业应当在履行了合同中的履约义务，即在客户取得了相关商品控制权时确认收入。

其中，取得相关商品控制权，是指能够主导该商品的使用并从中获得几乎全部的经济利益，也包括有能力阻止其他方主导该商品的使用并从中获得经济利益。取得商品的控制权，应同时包括下列三项要素：①能力。企业只有在客户拥有现时权利，能够主导该商品的使用并从中获得几乎全部经济利益时，才能确认收入。如果客户只能在未来的某一期间主导该商品的使用并从中获益，则表明其尚未取得该商品的控制权。②主导该商品的使用。这是指客户在其活动中有权使用该商品，或者能够允许或阻止其他方使用该商品。③能够获得几乎全部的经济利益。客户必须拥有获得商品几乎全部经济利益的能力，才能被视为获得了对该商品的控制。商品的经济利益，是指该商品的潜在现金流量，既包括现金流入的增加，也包括现金流出的减少。客户可以通过使用、消耗、出售、处置、交换、抵押或持有等多种方式直接或间接地获得商品的经济利益。

2. 收入计量的原则

企业应当按照分摊至各单项履约义务的交易价格计量收入。交易价格，是指企业因向客户转让商品而预期有权收取的对价金额。企业代第三方收取的款项以及企业预期将退还给客户的款项，应当作为负债进行会计处理，不计入交易价格。

三、收入确认与计量的步骤

根据收入准则，收入的确认和计量大致分为五步（即五步法模型）：第一步，识别与客户订立的合同；第二步，识别合同中的单项履约义务；第三步，确定交易价格；第四步，将交易价格分摊至各单项履约义务；第五步，履行各单项履约义务时确认收入。第一步、第二步和第五步主要与收入的确认有关，第三步和第四步主要与收入的计量有关。

（一）识别与客户订立的合同

合同开始日识别与客户订立的合同是收入确认的前提条件。在合同存续期内，企业还需对与客户订立的合同进行持续评估,并对合同合并、合同分拆、合同变更等情形进行相应的会计处理。

1. 合同的识别

(1) 合同满足五项条件的会计处理。企业与客户之间签订的合同,同时满足下列五项条件的,企业应当在履行了合同中的履约义务,即在客户取得相关商品控制权时确认收入:

①合同各方已批准该合同并承诺将履行各自义务;

②该合同明确了合同各方与所转让商品或提供服务相关的权利和义务;

③该合同有明确的与所转让商品或提供服务相关的支付条款;

④该合同具有商业实质,即履行该合同将改变企业未来现金流量的风险、时间分布或金额;

⑤企业因向客户转让商品或提供服务而有权取得的对价很可能收回。

企业在进行上述判断时,需要注意下列几点:

①合同约定的权利和义务是否具有法律约束力,需要根据企业所处的法律环境和实务操作进行判断,包括合同订立的方式与流程、具有法律约束力的权利和义务的设立时间等。

②合同具有商业实质,是指履行该合同将改变企业未来现金流量的风险、时间分布或金额。不具有商业实质的非货币性资产交换,无论何时,都不确认收入。从事相同业务经营的企业之间,为便于向客户或潜在客户销售而进行的非货币性资产交换(例如,两家汽修公司之间相互交换汽修配件,以便及时满足各自不同地点客户的需求),不应当确认收入。

③企业在评估其因向客户转让商品或提供服务而有权取得的对价是否很可能收回时,仅应考虑客户到期时支付对价的能力和意图(即客户的信用风险)。

【例15-1】甲公司与乙公司签订合同,将成本为150万元的商品房以200万元的价格销售给乙公司,乙公司计划用于开设一家餐厅。在该商品房所在的地区,新餐厅面临激烈竞争且乙公司缺乏餐饮行业的经营经验。乙公司在合同开始日支付了5%的保证金10万元,并就剩余95%的价款与甲公司签订了不附追索权的长期融资协议。乙公司计划主要以其餐饮业务产生的收益来支付欠款,除此之外并无其他的经济来源,乙公司也未对该笔欠款设定任何担保。乙公司在合同开始日取得了该商品房的控制权。在本例中,甲公司在评估乙公司到期时支付对价的能力和意图存在以下疑虑:一是客户缺乏可用以偿还欠款的其他收益或资产;二是乙公司违约,甲公司虽然可重新拥有该商品房,但即使收回的商品房不能涵盖所欠款项的总额,甲公司也不能向乙公司进一步的索赔。因此,甲公司认为该合同不满足合同价款很可能收回的条件,应当将收到的10万元确认为一项负债。

在实务操作中,企业在对合同组合中的每一份合同进行评估时,均认为其合同对价很可能收回,但是,根据历史经验,企业预计可能无法收回该合同组合中的全部对价。此时,企业应当认为这些合同满足"因向客户转让商品而有权取得的对价很可能收回"这一条件,并以此为基础估计交易价格。同时,企业应当考虑这些合同下确认的合同资产或应收款项是否存在减值。

(2) 合同不满足五项条件的会计处理。企业对于不符合上述收入确认的五项条件的合同，只有在不再负有向客户转让商品的剩余义务（例如，合同已完成或取消），且已向客户收取的对价（包括全部或部分对价）无须退回时，才能将已收取的对价确认为收入；否则，应当将已收取的对价作为负债进行会计处理，该负债代表了企业在未来向客户转让商品或者支付退款的义务。其中，企业向客户收取无须退回的对价的，应当在已经将该部分对价所对应的商品的控制权转移给客户，并且已经停止向客户转让额外的商品，也不再负有此类义务时；或者，相关合同已经终止时，将该部分对价确认为收入。

【例 15-2】20×9 年 1 月 1 日，甲供电公司与乙公司签订 2 年期合同，自当日起每月向乙公司供电，当日收取了一次入网费 1 200 元（在 24 个月内摊销），并在每月月末收取电费。乙公司在当年第 7 个月起未支付电费。根据合同规定，甲公司不能立即停止供电，需要先履行催交程序。经催告后，乙公司仍不交费，则甲公司可在首次欠费后的第 5 个月（即该年 12 月）起停止供电。

分析：对于每月供电收入，乙公司自 7 月份起停止交费，甲公司经过评估认为仍很有可能取得对价，应继续确认供电收入，但同时需要考虑计提应收款项的坏账。9 月份，客户已持续 2 个月未交费，甲公司经评估认为不是很可能收回对价，当月应停止确认供电收入。9 月份，对于无须退还的入网费收入，由于企业仍负有剩余履约义务（需持续供电到 12 月份），所以当月不应将本月应摊销的入网费确认为收入，仍应作为负债。12 月份，企业收取的一次入网费无须退还，并且企业不再负有剩余履约义务（已经持续供电到 12 月份），当月可将尚未摊销的入网费确认为收入。

(3) 合同的持续评估及其会计处理。企业与客户之间签订的合同，在合同开始日即满足收入确认的五项条件的，企业在后续期间无须对其进行重新评估，除非有迹象表明相关事实和情况发生重大变化。

在合同存续期间，如果有迹象表明相关事实和情况发生重大变化，企业需要评估其在未来向客户转让剩余商品而有权取得的对价是否很可能收回，如果不能满足很可能收回的条件，则该合同自此开始不再满足收入确认的相关条件，应当停止确认收入；只有当后续合同条件再度满足时或者当企业不再负有向客户转让商品的剩余义务，且已向客户收取的对价无须退回时，才能将已收取的对价确认为收入，但是，不应当调整在此之前已经确认的收入。

【例 15-3】20×7 年 1 月 1 日，甲公司与乙公司签订了 3 年期合同，将一项专利技术授权给乙公司使用，并按其使用情况收取特许权使用费。甲公司评估认为，该合同在合同开始日满足收入确认的五项条件。20×7 年，乙公司在约定的期间内支付了使用费。20×8 年，乙公司的财务状况下滑，仅按合同支付了当年第一季度的特许权使用费，而后 3 个季度仅按象征性金额付款。20×9 年，甲公司得知，乙公司已经完全丧失了融资能力且付款能力进一步恶化，信用风险显著升高。

分析：20×7 年 1 月 1 日，该合同满足收入确认的五项条件，因此，甲公司在乙公司使用该专利技术的行为发生时，按照约定的特许权使用费确认收入。20×8 年，由于乙公司的信用风险升高，甲公司在确认收入的同时，需要对乙公司的应收款项进行减值测试。20×9年,由于乙公司的财务状况进一步恶化,信用风险显著升高,甲公司对该合同进行了重新评估,认为不再满足"向客户转让商品而有权取得的对价很可能收回"这一条件,因此,甲公司不再确认特许权使用费收入,同时,应继续对现有应收款项是否发生减值进行评估。

2. 合同合并

企业与同一客户同时订立或在相近时间内先后订立的两份或多份合同,在满足下列条件之一时,应当合并为一份合同进行会计处理:①该两份或多份合同基于同一商业目的而订立并构成一揽子交易。例如,一份合同在不考虑另一份合同的对价的情况下将会发生亏损;②该两份或多份合同中的一份合同的对价金额取决于其他合同的定价或履行情况。例如,一份合同如果发生违约,将会影响另一份合同的对价金额;③该两份或多份合同中所承诺的商品(或每份合同中所承诺的部分商品)构成单项履约义务。两份或多份合同合并为一份合同进行会计处理的,仍然需要区分该一份合同中包含的各单项履约义务。

【例15-4】甲公司与乙公司签订授权许可协议,允许乙公司使用其开发的客户关系管理软件。3天后,双方签订了另一份咨询服务协议,甲公司将根据乙公司的IT运行环境,对乙公司的客户关系管理软件进行重大的修改或定制。乙公司在定制服务完成之前不能使用该软件。对于甲公司,由于这两个合同几乎是在同一时间与同一客户签订的,合同中的商品或服务从整体上看是一个定制软件,即仅有一项履约义务,因此,两个合同应合并为一份合同进行会计处理。

3. 合同变更

合同变更,是指经合同各方批准对原合同范围或价格作出的变更。企业应当区分下列三种情形对合同变更分别进行会计处理,如图15-1所示。

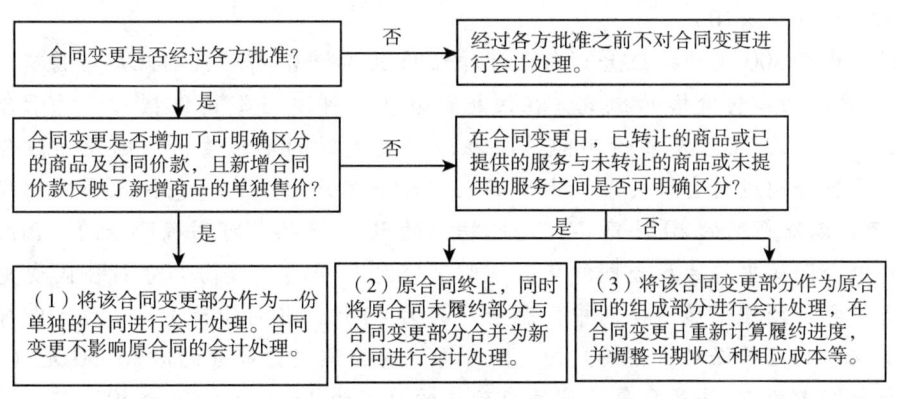

图15-1 合同变更的会计处理

(1) 合同变更部分作为单独合同。合同变更增加了可明确区分的商品及合同价款,且新增合同价款反映了新增商品单独售价的,应当将该合同变更部分作为一份单独的合同进行会计处理。新合同并不影响对原合同的会计处理。

判断新增合同价款是否反映了新增商品的单独售价时,应当考虑为反映该特定合同的具体情况而对新增商品价格所做适当调整。例如,在合同变更时,企业由于无须发生为发展新客户等所须发生的相关销售费用,可能会向客户提供一定的折扣,从而适当调整新增商品的单独售价,该调整不影响新增商品单独售价的判断。

【例15-5】甲公司承诺向乙公司销售50件产品,每件产品售价60元。该批产品彼此之间可明确区分,且将于未来3个月内陆续转让给乙公司。甲公司将其中的30件产品转让给乙公司后,双方对合同进行了变更,甲公司承诺向乙公司额外销售20件相同的产品(与原合同中的产品可明确区分),其售价为每件40元(假定该价格反映了合同变更时该产品的单独售价)。

分析:由于新增的20件产品是可明确区分的,且新增的合同价款反映了新增产品的单独售价,因此,该合同变更实际上构成了一份单独的、在未来销售20件产品的新合同,该新合同并不影响对原合同的会计处理。甲公司应当对原合同中的50件产品按每件产品60元确认收入,对新合同中的20件产品按每件产品40元确认收入。

(2) 合同变更作为原合同终止及新合同订立。合同变更不属于上述第(1)种情形,且在合同变更日已转让的商品或已提供的服务与未转让的商品或未提供的服务之间可明确区分的,应当视为原合同终止。同时,将原合同未履约部分与合同变更部分合并为新合同进行会计处理。未转让的商品或未提供的服务既包括原合同中尚未转让的商品或尚未已提供的服务,也包括合同变更后新增的商品或服务。新合同的交易价格应当为下列两项金额之和:一是原合同交易价格中尚未确认为收入的部分(包括已从客户收取的金额);二是合同变更中客户已承诺的对价金额。

【例15-6】沿用【例15-5】的资料,假定新增销售的20件产品售价为每件30元(假定该价格不能反映合同变更时该产品的单独售价)。同时,由于乙公司发现甲公司已转让的30件产品存在瑕疵,要求甲公司对已转让的产品提供每件10元的销售折让以弥补损失。经协商,双方同意将价格折让在销售新增的20件产品的合同价款中进行抵减,金额为300元(30×10)。

分析:由于300元的折让金额与已经转让的30件产品有关,因此应当将其作为已销售的30件产品的销售价格的抵减,在该折让发生时冲减当期销售收入。对于合同变更新增的20件产品,由于其售价不能反映在合同变更时的单独售价,因此,该合同变更不能作为单独合同进行会计处理。由于尚未转让给客户的产品(包括原合同中尚未交付的20件产品以及新增的20件产品)与已转让的30件产品是可明确区分的,因此,甲公司应当将该合同变更作为原合同终止,同时,将原合同的未履约部分与合同变更合并为新合同进行会计处理。该新合同中,剩余产品为40件,其对价为1 800元,即原合同下尚未确认收入的已承诺对价1 200元(20×60)与合同变更部分的对价600元(20×30)之和,新合同中的40件产品每件产品应确认的收入为45元(1 800÷40)。

(3) 合同变更部分作为原合同的组成部分。合同变更不属于上述第(1)种情形,且在合同变更日已转让的商品或已提供的服务与未转让的商品或未提供的服务之间不可明确区分的,应当将该合同变更部分作为原合同的组成部分进行会计处理,由此产生的对已确认收入的影响,应当在合同变更日调整当期收入。

【例15-7】甲公司于20×8年1月1日与乙公司签订一份总金额为2 000万元的固定造价合同,在乙公司自有土地上建造一幢厂房,预计合同总成本为1 200万元。假定该建造服务属于在某一时段内履行的履约义务,并根据累计发生的合同成本占合同预计总成本的比例确定履约进度。截至20×8年末，甲公司累计已发生成本720万元，履约进度为60%（720÷1 200）。因此，甲公司在20×8年确认收入1 200万元（2 000×60%）。20×9年初，合同双方同意更改该厂房屋顶的设计，合同价格和预计总成本因此而分别增加600万元和300万元。

分析：由于合同变更后拟提供的剩余服务与在合同变更日或之前已提供的服务不可明确区分，因此，乙公司应当将合同变更作为原合同的组成部分进行会计处理。合同变更后的交易价格为2 600万元（2 000+600），乙公司重新估计的履约进度为48%[720÷（1 200+300）]，乙公司在合同变更日，应额外确认收入48万元（2 600×48% -1 200）。

在合同变更日，如果未转让的商品或未提供的服务为上述第（2）和第（3）种情形的组合，企业应当分别相应按照上述第（2）或第（3）种情形的方式，对合同变更后尚未转让或未提供（或部分未转让或未提供）的商品或服务进行会计处理。

合同各方已批准合同范围变更，但尚未确定相应价格变动的，企业应当按照本章有关可变对价的规定对合同变更所导致的交易价格变动进行估计。

4. 合同分拆

企业与客户之间签订的合同，可能并不都属于收入准则规范的范围，例如金融工具合同、租赁合同、保险合同等。当企业与客户之间签订的合同，部分属于收入准则规范的范围，而部分属于其他企业会计准则规范的范围。在这种情况下，如果其他企业会计准则明确规定了如何对合同中的一个或多个组成部分进行区分或初始计量，企业应当首先按照该准则的规定进行处理，并将按照其他会计准则进行初始计量的合同组成部分的金额排除在收入准则规定的交易价格之外；否则，企业应当按照收入准则对合同中的一个或多个组成部分进行区分和初始计量。合同分拆的会计处理，如图15-2所示。

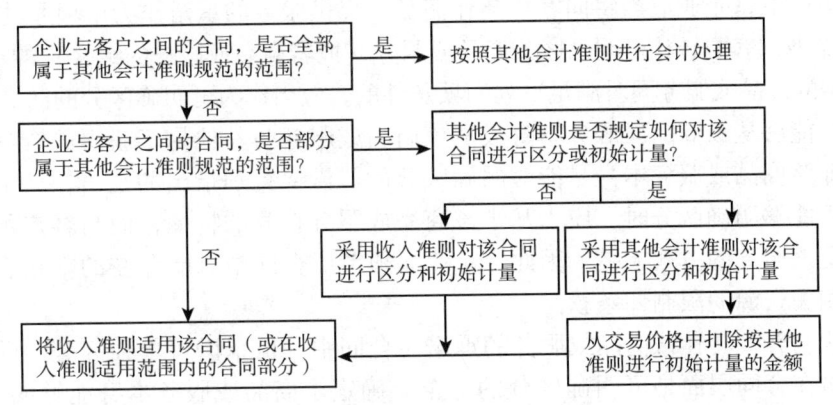

图15-2 合同分拆的会计处理

（二）识别合同中的单项履约义务

单项履约义务是收入确认和计量的基本单元。企业在上述识别了客户合同的基础上，在合同开始日，企业还应当对合同进行评估，识别该合同所包含的各单项履约义务。

1. 履约义务的概念

履约义务，是指合同中企业向客户转让可明确区分商品或服务的承诺。履约义务既包括合同中明确的承诺，也包括由于企业已公开宣布的政策、特定声明或以往的习惯做法等导致合同订立时客户合理预期企业将履行的承诺。这里的"客户"既包括直接购买本企业商品或服务的客户，也包括向客户购买本企业商品或服务的第三方，即"客户的客户"。

【例 15-8】甲公司一直以来对于通过经销商客户购买本公司生产的汽车的最终用户提供两年免费维修服务。该免费维修服务，未在甲公司与经销商签订的合同中明确说明，而是在甲公司的汽车销售广告中说明。本例中，该维修服务虽然未在合同中明示，但导致客户的客户形成了企业将向其转让商品或服务的有效预期，因此该维修服务应当作为合同中已承诺的一项履约义务。

企业为履行合同而应开展的初始活动，不构成履约义务，除非该活动向客户转让或提供了承诺的商品或服务。例如，企业可能会为订立合同而开展一些行政管理性质的准备工作（如某俱乐部为注册会员建立档案），但这些准备工作并未向客户转让任何承诺的商品，因此不构成单项履约义务。再如，在一项桥梁建造合同中，企业需要开展前期的工程设计服务，并未向客户转让或提供相关商品或服务，所以不构成履约义务。

2. 单项履约义务的界定

企业与客户签订的一份合同中，可能涉及一项承诺（一项商品或服务），也可能涉及多项承诺（多项商品或服务）。企业需要识别这份合同到底涉及多少项承诺（商品或服务）？如果每一项承诺（商品或服务）单独可以区分，就是一项一项地履约义务，即单项履约义务。识别合同中的单项履约义务的具体步骤，如图 15-3 所示。

下列情况下，企业应当将向客户转让商品或提供服务的承诺作为单项履约义务：

（1）企业向客户转让可明确区分商品或服务（或者商品或服务的组合）的承诺。企业向客户承诺的商品或服务同时满足下列两项条件的，应当作为可明确区分的商品或服务：

①客户能够从该商品或服务本身或从该商品或服务与其他易于获得的资源一起使用中受益。即该商品或服务本身是能够明确区分的。需要特别指出的是，在评估某项商品或服务是否能够明确区分时，应当基于该商品或服务自身的特征，而与客户可能使用该商品或接受该服务的方式无关。因此，企业无须考虑合同中可能存在的阻止客户从其他来源取得相关资源的限制性条款。

②企业向客户转让该商品或服务的承诺与合同中其他承诺可单独区分。即该商品或服务的承诺在合同层面是可明确区分的。企业确定了商品或服务本身能够明确区分后，还应当在合同层面继续评估转让该商品或提供该服务的承诺是否与合同中其他承诺彼此之间可明确区分。这一评估的目的在于确定承诺的性质，即根据合同约定，企业承诺转让的究竟是每一单项商品或服务，还是由这些商品或服务组成的一个或多个组合产出。

下列情形通常表明企业向客户转让商品或服务的承诺与合同中的其他承诺不可单独区分：

一是企业需提供重大的服务以将该商品或服务与合同中承诺的其他商品或服务进行整合，形成合同约定的某个或某些组合产出转让给客户。

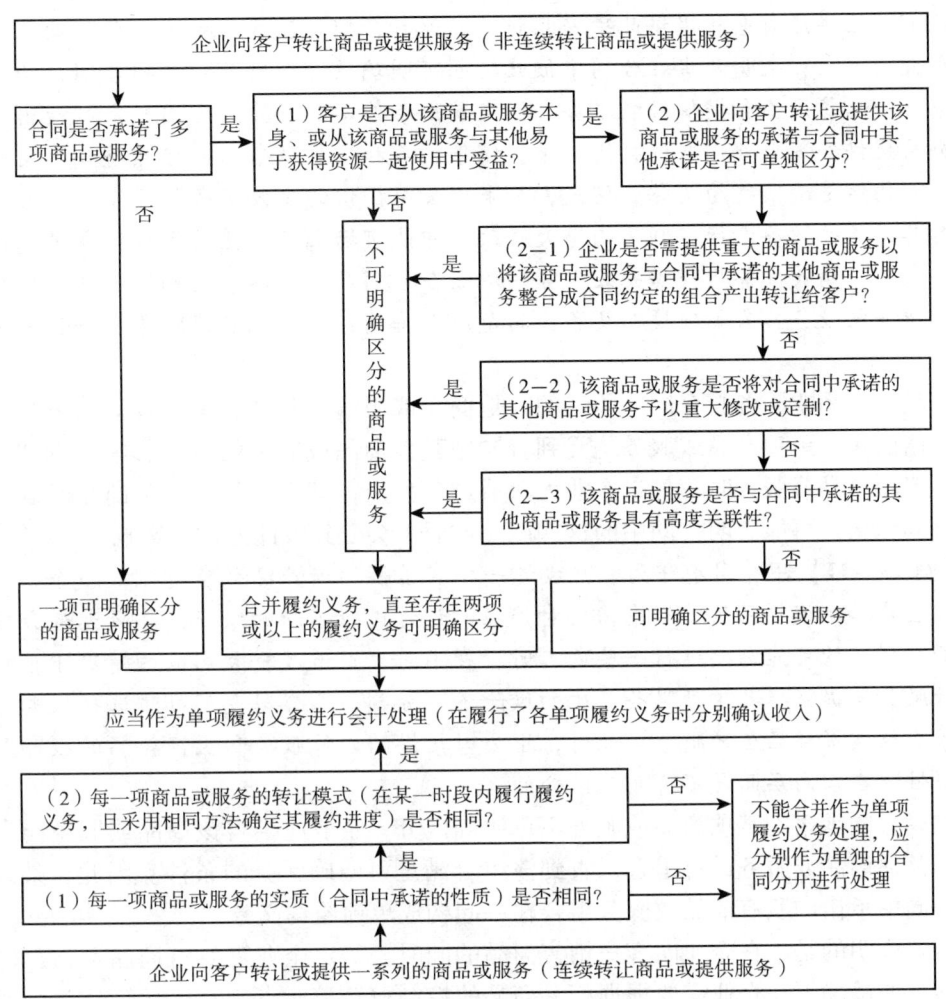

图 15-3 识别合同中单项履约义务的步骤

【例 15-9】甲公司为客户乙公司建造一栋厂房，甲公司向乙公司提供的单项商品可能包括砖头、水泥、人工等，虽然这些单项商品本身都能够使客户获益（如乙公司可将这些建筑材料以高于残值的价格出售，也可以将其与其他建筑商提供的材料或人工等资源一起使用），但是，在该合同下，甲公司承诺的是为乙公司建造一栋厂房，而并非提供这些砖头、水泥和人工等，甲公司需提供重大的服务将这些单项商品进行整合，以形成合同约定的一项组合产出（即厂房）转让给乙公司。因此，在该合同中，砖头、水泥和人工等商品彼此之间不能单独区分。

二是该商品或服务将对合同中承诺的其他商品或服务予以重大修改或定制。如果某项商品或服务将对合同中的其他商品或服务作出重大修改或定制，实质上每一项商品或服务将被整合在一起（即作为投入）以生产合同约定的组合产出。

【例 15-10】甲公司与客户乙公司签订合同，向乙公司出售一台设备并提供安装服务。该设备可以不经任何定制或改装而直接使用，不需要复杂安装，除了甲公司外，市场上还有其他供应商也能提供此项安装服务。此时，销售设备与安装服务彼此之间不会产生重大的影响，表明两者在合同中彼此之间可明确区分。因此，该项合同包含两项履约义务，即销售设备和提供安装服务。假定其他条件不变，按照合同规定只能由甲公司向乙公司提供安装服务，在这种情况下，销售设备和安装服务本身仍然符合可明确区分的条件，仍然是两项履约义务。但是，如果甲公司提供的安装服务很复杂，该安装服务可能对其销售的设备进行定制化的重大修改，即使市场上有其他的供应商也可以提供此项安装服务，销售设备与提供安装服务的承诺在合同层面是不可明确区分的，甲公司也不能将该安装服务作为单项履约义务，而是应当将销售设备和安装服务合并作为单项履约义务。

三是该商品或服务与合同中承诺的其他商品或服务具有高度关联性。也就是说，合同中承诺的每一单项商品或服务均受到合同中其他商品或服务的重大影响。例如，合同中包含多项商品或服务时，如果企业无法通过单独交付其中的某一单项商品或服务而履行其合同承诺，可能表明合同中的这些商品或服务会受到彼此的重大影响。

【例 15－11】甲公司承诺为客户设计一种实验性的新产品并负责生产多个样品，甲公司在生产和测试样品的过程中需要对产品的设计进行不断的修正，导致大部分或全部拟生产的样品均可能需要进行一些返工时，在不对生产造成重大影响的情况下，由于提供设计服务与提供样品生产服务产生的风险不可分割，乙公司没有办法选择仅购买设计服务或者仅购买样品生产服务。此时，甲公司提供的设计服务和生产样品的服务具有高度关联性，在合同层面是不可明确区分的。

如果合同承诺的某项商品或服务不可明确区分，企业应当将该商品或服务与合同中承诺的其他商品或服务进行组合，直到该组合满足可明确区分的条件。因此，某些情况下，合同中承诺的所有商品或服务组合在一起构成单项履约义务。

需要说明的是，在企业向客户销售商品的同时，约定企业需要将商品运送至客户指定的地点的情况下，企业需要根据相关商品的控制权转移时点判断该运输活动是否构成单项履约义务。通常情况下，控制权转移给客户之前发生的运输活动不构成单项履约义务，而只是企业为了履行合同而从事的活动，相关成本应当作为合同履约成本；相反，控制权转移给客户之后发生的运输活动则可能表明企业向客户提供了一项运输服务，企业应当考虑该项服务是否构成单项履约义务。

（2）企业向客户转让一系列实质相同且转让模式相同的、可明确区分商品或服务的承诺。当企业向客户连续转让某项承诺的商品或服务时，如每天提供类似劳务的长期劳务合同等，如果这些商品或服务属于实质相同且转让模式相同的一系列商品或服务，企业应当将这一系列商品或服务作为单项履约义务。其中，转让模式相同，是指每一项可明确区分的商品或服务均满足收入在某一时段内履行履约义务的条件（见本章后续所述），且采用相同方法确定其履约进度。

【例 15－12】甲企业与客户签订为期 1 年的保洁服务合同，承诺每天为客户提供保洁服务。本例中，甲企业每天所提供的服务都是可明确区分且实质相同的，并且，根据控制权转移的判断标准，每天的服务都属于在某一时段内履行的履约义务。因此，甲企业应当将每天提供的保洁服务合并在一起作为单项履约义务进行会计处理。

（三）确定交易价格

企业在识别与客户订立的合同以及合同中的单项履约义务之后，企业应当确定合同的交易价格，再按照分摊至各单项履约义务的交易价格计量收入。

在确定交易价格时，企业应当考虑可变对价、合同中存在的重大融资成分、非现金对价、应付客户对价等因素的影响，并应当假定将按照现有合同的约定向客户转移商品，且该合同不会被取消、续约或变更。

1. 可变对价（及其限制）

（1）可变对价的含义。可变对价是相对于固定对价而言的。可变对价，是指企业向客户预期有权收取的对价金额是以某个或多个未来事件（包括一项或多项或有事项）的发生或不发生为条件，由此可能导致该合同的交易价格是可变的。固定对价，是指企业向客户预期有权收取的对价金额是固定的、可确定的。

企业向客户预期有权收取的对价金额，可能会因折扣、抵免、价格折让、返利、退款、退货、奖励积分、激励措施、业绩奖金、索赔、罚款、售后质保服务、基于销售收入的收费、特许权使用费等事项而发生变动，从而形成可变对价。企业在判断交易价格是否为可变对价时，应当考虑各种相关因素，以确定其是否会接受一个低于合同标价的金额，即企业向客户提供一定的价格折让。

【例15-13】 甲公司为其客户建造一栋厂房，合同约定的价款为800万元，但是，如果甲公司不能在合同签订之日起的12个月内竣工，则须支付15万元罚款，该罚款从合同价款中扣除。本例中，该合同的对价金额实际由两部分组成，即800万元的固定价格以及15万元的可变对价。

（2）判断合同中是否存在可变对价需考虑的因素。企业在判断合同中是否存在可变对价时，不仅应当考虑合同条款的约定，在下列情况下，即使合同中没有明确约定，合同的对价金额也是可变的：①根据企业已公开宣布的政策、特定声明或者以往的习惯做法等，客户能够合理预期企业将会接受低于合同约定的对价金额，即企业会以折扣、返利等形式提供价格折让；②其他相关事实和情况（例如，销售战略以及客户所处的环境等）表明，企业在与客户签订合同时即意图向客户提供价格折让。合同中存在可变对价的，企业应当对计入交易价格的可变对价进行估计。

（3）可变对价最佳估计数的确定。企业在对可变对价进行估计时，企业应当按照期望值或最可能发生金额确定可变对价的最佳估计数。其中：①期望值，是指按照各种可能发生的对价金额及相关概率计算确定的金额作为可变对价最佳估计数。如果企业拥有大量具有类似特征的合同，企业据此估计合同可能产生多个结果时，按照期望值估计可变对价金额通常是恰当的；②最可能发生金额，是指按照一系列可能发生的对价金额中最可能发生的单一金额作为可变对价最佳估计数。当合同仅有两个可能结果时，按照最可能发生金额估计可变对价金额可能是恰当的。

企业在选择可变对价最佳估计数的确定方法时，需要注意的是：①企业不可以在上述两种方法之间随意进行选择，而是应当选择能够更好地预测其有权收取的对价金额的方法，并且对于类似的合同，应当采用相同的方法进行估计；②对于某一事项的不确定性对可变对价金额的影响，企业应当在整个合同期间一致地采用同一种方法进行估计。但是，当存在多个不确定性事项均会影响可变对价金额时，企业可以采用不同的方法对其进行估计。

【例15-14】甲公司与乙公司签订500万元的固定造价合同，为乙公司建造一栋办公楼，完工日期为20×9年6月30日。合同约定，如果甲公司能够提前完工，则合同价款将增加20万元；相反，如果甲公司未能按期完工，则合同价款将会减少20万元。此外，该项工程完工之后，乙公司如果参加省级优质工程奖评选并能够获奖，将奖励甲公司20万元。本例中，产生可变对价的事项有两项：一是是否按期完工；二是能否获得省级优质工程奖。甲公司可以采用不同的方法对其进行估计：对于前者，可按照期望值进行估计；对于后者，可按照最可能发生金额进行估计。

（4）计入交易价格的可变对价金额的限制。企业按照期望值或最可能发生金额确定可变对价金额之后，计入交易价格的可变对价金额还应该满足限制条件，即包含可变对价的交易价格，应当不超过在相关不确定性消除时，累计已确认的收入极可能不会发生重大转回的金额。

企业在评估累计已确认的收入金额是否极可能不会发生重大转回时，应当同时考虑收入转回的可能性（是否为极可能发生转回）及转回金额的比重（是否为重大转回）。其中，"极可能"发生的概率应远高于"很可能（即可能性超过50%）"，但不要求达到"基本确定（即可能性超过95%）"，其目的是为了避免因为一些不确定性因素的发生导致之前已经确认的收入发生转回；在评估收入转回金额的比重时，应同时考虑合同中包含的固定对价和可变对价，也就是说，企业应当评估可能发生的收入转回金额相对于合同总对价（包括固定对价和可变对价）而言的比重。企业应当将满足上述限制条件的可变对价的金额，计入交易价格。

导致收入转回的可能性增强或转回金额比重增加的因素包括但不限于：①对价金额极易受到企业影响范围之外的因素影响，例如，市场波动性、第三方的判断或行动、天气状况、已承诺商品存在较高的陈旧过时风险等；②对价金额的不确定性预计在较长时期内无法消除；③企业对类似合同的经验（或其他证据）有限，或者相关经验（或其他证据）的预测价值有限；④企业在以往实务中对于类似情况下的类似合同，或曾提供了多种不同程度的价格折扣，或曾给予不同的付款条件；⑤合同有多种可能的对价金额，且这些对价金额分布非常广泛。

【例15-15】20×9年3月1日，甲公司与其分销客户乙公司签订合同，向乙公司销售2 000件产品，每件产品的售价为60元（不含增值税），乙公司当日取得产品的控制权。乙公司在将这些产品销售给最终客户时向甲公司支付货款，乙公司通常在取得产品后的90天内将其售出。基于以往惯例，甲公司预计会向乙公司提供20%的价格折扣。因此，该合同的对价是可变的。

分析：按照期望值估计的交易价格为9.6万元（60×80%×2 000），因为该方法能够更好地预测其有权获得的对价金额。同时，甲公司还需考虑将可变对价计入交易价格的限制要求，以确定能否将9.6万元的可变对价计入交易价格。根据其销售此类产品的历史经验、所取得的当前市场信息以及对当前市场的估计，甲公司预计，尽管存在某些不确定性，但是该产品价格将可在短期内确定。因此，甲公司认为，在不确定性消除（即折扣的总金额最终确定）时，已确认的累计收入9.6万元极可能不会发生重大转回。因此，甲公司应于20×9年3月1日将产品控制权转移给乙公司时，确认收入9.6万元。

【例15-16】沿用【例15-15】的资料，假定甲公司的产品较易过时，且产品定价波动性很大。根据以往经验，甲公司针对同类产品给予客户的折扣约为售价的20%~40%。根据当前市场情况，降价幅度需要达到10%~30%，才能有效地提高该产品周转率。甲公司采用期望值法估计将提供30%的折扣，因此估计的交易价格为8.4万元[60×(1-30%)×2 000]。由于甲公司的产品价格极易受到超出甲公司影响范围之外的因素（即产品陈旧过时）的影响，并且为了提高该产品的周转率，甲公司可能需要提供的折扣范围也较广，因此，甲公司不能将该8.4万元（即提供30%折扣之后的价格）计入交易价格，这是因为，将该金额计入交易价格不满足已确认的累计收入金额极可能不会发生重大转回的条件。但是，根据当前市场情况，降价幅度达到10%~30%，能够有效地提高该产品周转率，在以往的类似交易中，甲公司实际的降价幅度与当时市场信息基本一致。在这种情况下，尽管甲公司以往提供的折扣范围为20%~40%，但是，甲公司认为，如果将7.8万元（即提供35%折扣之后的价格）计入交易价格，已确认的累计收入金额极可能不会发生重大转回。因此，甲公司应当于20×9年3月1日将产品控制权转移给乙公司时，确认7.8万元的收入，并在不确定性消除之前的每一资产负债表日重新评估该交易价格。

【例15-17】20×9年1月1日，甲公司与乙公司签订合同，向其销售A产品。合同约定，当乙公司在20×9年的采购量不超过500件时，每件产品的价格为50元；采购量超过500件时，每件产品的价格为40元。乙公司在第一季度的采购量为150件，甲公司预计乙公司全年的采购量不会超过500件。20×9年4月，乙公司因完成产能升级而增加了原材料的采购量，第二季度共向甲公司采购A产品200件，甲公司预计乙公司全年的采购量将超过500件。

分析：20×9年第一季度，甲公司根据以往经验估计乙公司全年的采购量将不会超过500件，甲公司按照50元的单价确认收入，满足在不确定性消除之后（即乙公司全年的采购量确定之后），累计已确认的收入将极可能不会发生重大转回的要求，因此，甲公司在第一季度确认的收入金额为7 500元（50×150）。20×9年第二季度，甲公司对交易价格进行重新估计，由于预计乙公司全年的采购量将超过500件，按照40元的单价确认收入，才满足极可能不会导致累计已确认的收入发生重大转回的要求。因此，甲公司在第二季度确认收入6 500元[40×(200+150)-7 500]。

需要说明的是，将可变对价计入交易价格的限制条件不适用于企业向客户授予知识产权许可并约定按客户实际销售或使用情况收取特许权使用费的情况。

(5) 可变对价金额的重新评估。每一资产负债表日，企业应当重新估计可变对价金额（包括重新评估对可变对价的估计是否受到限制），以如实反映报告期末存在的情况以及报告期内发生的情况变化。

2. 合同中存在重大融资成分

如果合同各方在合同中（以明确或者隐含的方式）约定的付款时间，为客户或企业就转让商品或提供服务的交易提供了重大融资利益，则合同中即包含了重大融资成分。

例如，企业以赊销的方式销售商品或者要求客户支付预付款等。

（1）评估合同中是否存在重大融资成分。

第一，在评估合同中是否存在融资成分以及该融资成分对于该合同而言是否重大时，企业应当考虑所有相关的事实和情况，包括考虑以下两个方面：

①已承诺的对价金额与已承诺商品的现销价格之间的差额。如果企业（或其他企业）在销售相同商品时，不同的付款时间会导致销售价格有所差别，则通常表明各方知晓合同中包含了融资成分。

②以下两项的共同影响：一是企业将承诺的商品转让给客户与客户支付相关款项之间的预计时间间隔；二是相应的市场现行利率。尽管向客户转让商品与客户支付相关款项之间的时间间隔并非决定性因素，但是，该时间间隔与现行利率两者的共同影响可能提供了是否存在重大融资利益的明显迹象。

需要说明的是，企业应当在单个合同层面考虑融资成分是否重大，而不应在合同组合层面考虑这些合同中的融资成分的汇总影响对企业整体而言是否重大。

第二，企业向客户转让商品与客户支付相关款项之间虽然存在时间间隔，但是，如果存在下列情况之一，则企业与客户之间的合同不包含重大融资成分：

①客户就商品支付了预付款，且可以自行决定这些商品的转让时间。例如，企业向客户出售其发行的储值卡，客户可随时到该企业持卡购物；再如，企业向客户授予奖励积分，客户可随时到该企业兑换这些积分等。在这些情况下，付款条款的目的与各方之间的融资安排无关。

②客户承诺支付的对价中有相当大的部分是可变的，该对价金额或付款时间取决于某一未来事项是否发生，且该事项实质上不受客户或企业控制。例如，按照实际销售量收取的特许权使用费。

③合同承诺的对价金额与现销价格之间的差额是由于向客户或企业提供融资利益以外的其他原因所导致的，且这一差额与产生该差额的原因是相称的。例如，合同约定的支付条款是为了向企业或客户提供保护，以防止另一方未能依照合同充分履行其部分或全部义务。

【例15-18】20×9年1月，甲公司与乙公司签订了一项施工总承包合同。合同约定的工期为24个月，工程造价为6亿元（不含税价）。双方每季度进行一次工程结算，并于完工时进行竣工结算，客户于工程结算后5个工作日内支付每次工程结算额（除质保金及相应的增值税外）；除质保金外的工程尾款于竣工结算后15个工作日内支付；合同金额的5%作为质保金，用以保证项目在竣工后2年内正常运行，在质保期满后5个工作日内支付。

分析：虽然工程完工时间与乙公司支付质保金的时间间隔较长，但是，该质保金旨在为乙公司提供工程质量保证，以防甲公司未能完成其合同义务，而并非向乙公司提供融资。因此，甲公司认为该合同中不包含重大融资成分，无须就延期支付质保金的影响调整交易价格。

（2）合同中存在重大融资成分的会计处理。合同中存在重大融资成分的，从而使交易实质上包含了销售交易和融资交易。企业在确定交易价格时，应当对已承诺的对价金额作出调整，以剔除货币时间价值的影响。

①企业应当按照假定客户在取得商品控制权时即以现金支付的应付金额（即现销价格）确定交易价格。该交易价格与合同对价之间的差额，应当在合同期间内采用实际利率法摊销。

【例 15-19】20×9 年 1 月，甲公司向乙公司销售并交付一批商品，合同规定在未来 3 年内，乙公司需要每年向甲公司支付 100 万元，该商品现销价格为 260 万元。则甲公司应当按客户在取得商品控制权时的现价确定交易价格，应当确认收入 260 万元；差额 40 万元（100×3-260）应当在合同期间内采用实际利率法摊销，并计入财务费用。

企业应使用将合同对价的名义金额折现为商品现销价格的折现率。该折现率一经确定，不得因后续市场利率或客户信用风险等情况的变化而变更。

②为简化实务操作，如果在合同开始日，企业预计客户取得商品控制权与客户支付价款间隔不超过 1 年的，可以不考虑合同中存在的重大融资成分，而且企业应当对类似情形下的类似合同一致地应用这一简化处理方法。

3. 非现金对价

非现金对价，是指当企业因转让商品而有权向客户收取的对价是非现金形式，如实物资产、无形资产、股权、客户提供的广告服务等。客户支付非现金对价的，其会计处理如图 15-4 所示。

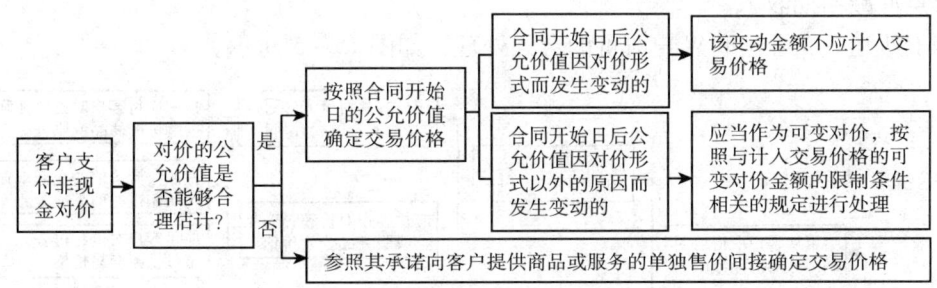

图 15-4 客户支付非现金对价的会计处理

（1）合同开始日：企业通常应当按照非现金对价的公允价值确定交易价格。非现金对价公允价值不能合理估计的，企业应当参照其承诺向客户转让商品的单独售价（即企业向客户单独销售商品的价格）间接确定交易价格。

【例 15-20】甲公司为乙公司建造一项大型设备。合同约定，乙公司向甲公司支付 1 000 万元现金以及一批材料。该批材料公允价值为 500 万元，甲公司无须为该批材料额外支付价款，且必须将该批材料用于该设备的建造。设备于 3 个月内建造完成并移交乙公司，乙公司在该时点获得了设备的控制权。本例中，甲公司所获得材料，无须单独支付对价。因此，甲公司应将该批材料按公允价值计量，作为设备销售的收入进行确认。即该大型设备的销售收入为 1 500 万元（1 000+500）。

（2）合同开始日后：①非现金对价的公允价值因对价形式而发生变动的（例如，企业有权向客户收取的对价是股票，股票本身的价格会发生变动），该变动金额不应计入交易价格；②非现金对价的公允价值因对价形式以外的原因而发生变动的（例如，企业有权收取非现金对价的公允价值因企业的履约情况而发生变动），应当作为可变对价，按照与计入交易价格的可变对价金额的限制条件相关的规定进行处理。

4. 应付客户对价

（1）应付客户对价的概念及形式。应付客户对价，是指企业在向客户提供商品或服务的同时，需要向客户（或向客户购买本企业商品或服务的第三方，即客户的客户，下同）支付或预期支付的对价。应付客户对价，可能代表企业向客户购买其他商品或服务而支付的款项，也可能因客户向本企业购买商品或服务而给予客户的激励（如返利、折扣、退款、优惠券、兑换券、礼品券、折扣券、批量回扣、货架展位付款等）。应付客户对价中包含可变金额的，企业应当按照有关可变对价的相关规定对其进行估计。

（2）应付客户对价的会计处理。根据应付客户对价是否为了向客户取得其他可明确区分商品或服务，分别以下情况进行会计处理：①企业应付客户对价，不是为了向客户取得其他可明确区分商品或服务的，应当将该应付对价冲减交易价格。②企业应付客户对价，是为了向客户取得其他可明确区分商品或服务的，应当采用与本企业其他采购相一致的方式确认所购买的商品或服务。企业应付客户对价超过向客户取得可明确区分商品或服务公允价值的，超过金额应当冲减交易价格。向客户取得的可明确区分商品或服务公允价值不能合理估计的，企业应当将应付客户对价全额冲减交易价格。企业将应付客户对价冲减交易价格的，应当在确认相关收入与支付（或承诺支付）客户对价二者孰晚的时点冲减当期收入。

综上所述，企业应付客户对价的会计处理，如图15-5所示。

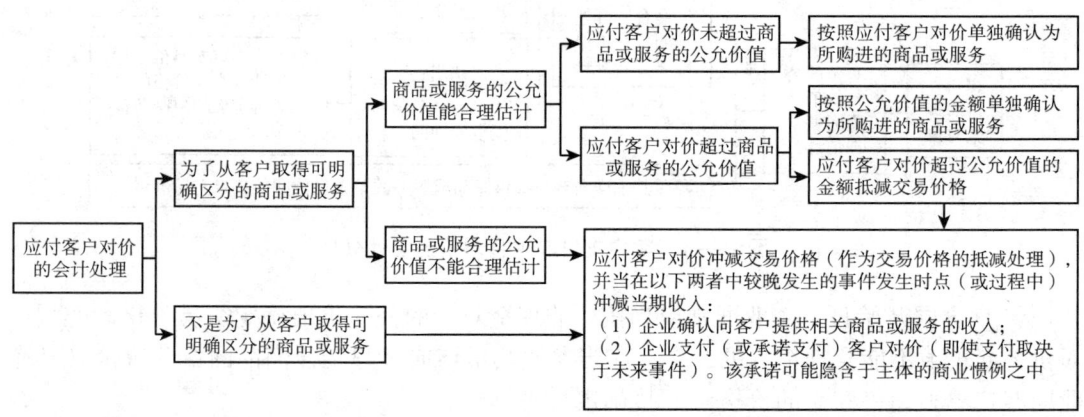

图15-5 应付客户对价的会计处理

【例15-21】甲消费品制造企业与大型连锁超市签订一年期合同，约定连锁超市在年内至少购买1 500万元的产品。合同规定，甲企业需要在合同开始日向超市支付150万元的不可返还款项，以补偿超市为了摆放商品更改货架发生的支出。甲企业支付给超市的150万元并未取得可明确区分的商品或服务，因此应全额冲减交易价格。因此，企业应在确认商品销售收入的同时，按比例抵减销售收入的10%（150÷1 500）。如果甲企业在某月向连锁超市销售产品200万元，则甲企业在确认收入时应减去付给超市的对价20万元（200×10%），从而确认收入180万元。

(四) 将交易价格分摊至各单项履约义务

企业在识别与客户订立的合同、合同中的单项履约义务以及确定合同的交易价格之后，需要将合同的交易价格分摊至各单项履约义务。

1. 交易价格分摊的基本原则

当合同中包含两项或多项履约义务的，企业应当在合同开始日，按照各单项履约义务所承诺商品或服务的单独售价的相对比例，将交易价格分摊至各单项履约义务，以使分摊至各单项履约义务（或可明确区分的商品或服务）的交易价格，能够反映企业其因向客户转让商品或提供服务而预期有权收取的对价金额。企业不得因合同开始日之后单独售价的变动而重新分摊交易价格。

（1）单独售价的概念。单独售价，是指企业向客户单独销售商品或服务的价格。单独售价是企业将交易价格分配至各单项履约义务的分配基础。合同或价目表上的标价可能是商品或服务的单独售价，但不能默认其一定是该商品或服务的单独售价。单独售价是在合同开始时确定的，即使在合同开始后至履约义务完成期间，相关因素发生变动，也无须对该合同的单独售价做出更新和重新分摊交易价格。

（2）单独售价的确定方法。第一步，获取单独售价。企业应按照在类似环境下向类似客户单独提供商品或服务的价格，作为确定该商品或服务单独售价的最佳证据，在此基础上确定相关商品或服务的单独售价。第二步，估计单独售价。单独售价无法直接观察的，企业应当综合考虑其能够合理取得的全部相关信息，包括市场情况（如商品的市场供求状况、竞争、限制和趋势等）、企业特定因素（如企业的定价策略和实务操作安排等）以及与客户有关的信息（如客户类型、所在地区和分销渠道等）等信息，采用市场调整法、成本加成法、余值法等方法合理估计单独售价。

其中：①市场调整法，是指企业根据某商品或类似商品的市场售价，考虑本企业的成本和毛利等进行适当调整后的金额，确定其单独售价的方法。②成本加成法，是指企业根据某商品的预计成本加上其合理毛利后的金额，确定其单独售价的方法。③余值法，是指企业根据合同交易价格减去合同中其他商品可观察单独售价后的余额，确定某商品单独售价的方法。只有当一项可明确区分的商品或服务的近期售价波动幅度巨大，或者因未定价且未曾单独销售而使售价无法可靠确定时，才可以使用余值法计算其单独售价。如果余值法将导致分摊给一个项目的金额过低或者是零，则不能使用余值法。

【例15-22】 甲企业以15万元的价格向客户销售可明确区分的商品A、B、C。其中，A、B商品经常单独对外销售，销售价格分别为5万元和7万元；C商品为新产品，甲企业尚未对其定价且未曾单独销售，市场上也无类似商品出售。在此情况下，甲企业可以采用余值法估计C商品的单独售价为3万元，即合同价格15万元减去A、B商品单独售价之和12万元后的余额。

企业应当最大限度地采用可观察的输入值，并对类似的情况采用一致的估计方法。如果合同中存在两项或两项以上的商品或服务，其销售价格变动幅度较大或尚未确定，企业可能需要采用多种方法相结合的方式，估计合同所承诺的每一项商品或服务的单独售价。此时，企业应当评估该方式是否满足交易价格分摊的目标。即企业分摊至各单项履约义务（或可明确区分的商品或服务）的交易价格能够反映其因向客户转让已承诺的相关商品或服务而预期有权收取的对价金额。

2. 分摊合同折扣

合同折扣，是指合同中各单项履约义务所承诺商品或服务的单独售价之和高于合同交易价格的金额。对于合同折扣，按照以下原则进行分摊：①企业应当在各单项履约义务之间按比例分摊合同折扣。②有确凿证据表明合同折扣仅与合同中一项或多项（而非全部）履约义务相关的，企业应当将该合同折扣分摊至相关的一项或多项履约义务。

同时满足下列三项条件时，企业应当将合同折扣全部分摊至合同中的一项或多项（而非全部）履约义务：①企业经常将该合同中的各项可明确区分商品单独销售或者以组合的方式单独销售；②企业也经常将其中部分可明确区分的商品以组合的方式按折扣价格单独销售；③归属于上述第②项中每一组合的商品的折扣与该合同中的折扣基本相同，且针对每一组合中的商品的分析为将该合同的整体折扣归属于某一项或多项履约义务提供了可观察的证据。

【例 15-23】A 公司与客户签订合同，向其销售甲、乙、丙三种产品（构成三项履约义务），合同总价款为 100 万元。甲产品的单独售价 80 万元。由于乙、丙产品的单独售价无法直接观察，于是分别采用市场调整法、成本加成法估计出乙、丙产品单独售价为 15 万元、35 万元。甲公司单独销售甲产品的价格为 80 万元，定期将乙、丙产品组合在一起以 20 万元的价格销售。

甲公司确定及分摊合同折扣的会计处理为：第一步，三种产品的单独售价之和 130 万元（80+15+35）高于合同总价款 100 万元，因此确认该合同的整体折扣为 30 万元。第二步，由于乙、丙产品的单独售价之和 50 万元（15+35）高于其组合销售价格 20 万元，因此确认乙、丙产品组合销售的折扣额为 30 万元。该折扣额与合同的整体折扣一致，加之甲产品单独销售的价格与其单独售价一致，这表明该合同的整体折扣仅应归属于乙、丙产品。第三步，将合同交易价格 100 万元进行分摊，分摊至甲产品的交易价格为 80 万元，分摊至乙、丙产品的交易价格合计为 20 万元（100-80）。甲公司应当进一步按照乙、丙产品的单独售价的相对比例将该价格在二者之间进行分摊。因此，各产品分摊的交易价格分别为：甲产品为 80 万元，乙产品为 6 万元 [20×(15÷50)]，丙产品为 14 万元 [20×(35÷50)]。

有确凿证据表明，合同折扣仅与合同中的一项或多项（而非全部）履约义务相关，且企业采用余值法估计单独售价的，应当首先在该一项或多项（而非全部）履约义务之间分摊合同折扣，然后再采用余值法估计单独售价。

【例 15-24】沿用【例 15-23】的资料，甲、乙、丙产品的单独售价均不变，合计为 130 万元。乙、丙产品组合销售的折扣仍为 30 万元。假定该合同中还包括销售的丁产品，合同总价款为 140 万元。丁产品的价格波动巨大，单独销售价格在 30 万~50 万元，甲公司计划用余值法估计其单独售价。分析：首先，由于合同折扣 30 万元仅与乙、丙产品有关，因此，甲公司首先应当在乙、丙产品之间分摊合同折扣。甲、乙、丙产品在分摊了合同折扣之后的单独售价分别为 80 万元、6 万元和 14 万元，合计为 100 万元。然后，采用余值法估计出丁产品的单独售价为 40 万元（140-100），该金额在单独销售丁产品的价格区间之内，表明该结果符合分摊交易价格的目标，即该金额能够反映甲公司因转让丁产品而预期有权收取的对价金额。假定合同总价款不是140万元，而是125万元时，采用余值法估计出丁产品的单独售价为25万元（125-100），该金额在单独销售丁产品的价格区间之外，表明结果可能不符合分摊交易价格的目标，即该金额不能反映甲公司因转让丁产品而预期有权收取的对价金额。因此，用余值法估计丁产品的单独售价可能是不恰当的，甲公司应当考虑采用其他的方法估计丁产品的单独售价。

3. 分摊可变对价

合同中包含可变对价的，该可变对价可能与整个合同相关，也可能仅与合同中的某一特定组成部分有关。可变对价仅与合同中的某一特定组成部分有关，主要包括两种情形：

（1）可变对价可能与合同中的一项或多项（而非全部）履约义务有关。例如，是否获得奖金取决于企业能否在指定时期内转让某项已承诺的商品。

（2）可变对价可能与企业向客户转让的构成单项履约义务的一系列可明确区分商品中的一项或多项（而非全部）商品有关。

同时满足下列两项条件的，企业应当将可变对价及可变对价的后续变动额全部分摊至与之相关的某项履约义务，或者构成单项履约义务的一系列可明确区分商品中的某项商品：

（1）可变对价的条款专门针对企业为履行该项履约义务或转让该项可明确区分商品所作的努力（或者是履行该项履约义务或转让该项可明确区分商品所导致的特定结果）；

（2）企业在考虑了合同中的全部履约义务及支付条款后，将合同对价中的可变金额全部分摊至该项履约义务或该项可明确区分商品符合分摊交易价格的目标。

对于不满足上述条件的可变对价及可变对价的后续变动额，以及可变对价及其后续变动额中未满足上述条件的剩余部分，企业应当按照分摊交易价格的一般原则，将其分摊至合同中的各单项履约义务。对于已履行的履约义务，其分摊的可变对价后续变动额应当调整变动当期的收入。

【例15-25】甲公司将其拥有的专利技术A、B授权给乙公司使用。假定两项授权均为在某一时点履行的单项履约义务。合同约定，乙公司授权使用专利技术A的价格为60万元，授权使用专利技术B的价格为使用该专利技术所生产产品销售额的2%。专利技术A、B的单独售价分别为60万元和80万元。甲公司估计其就使用专利技术B而有权收取的特许权使用费为80万元。分析：在该合同中，乙公司使用A专利技术的价格为固定对价，且与其单独售价一致。授权使用B专利技术的价格为使用其所生产的产品销售额的3%，属于可变对价；该可变对价全部与授权B专利技术能够收取的对价相关，甲公司基于实际销售情况估计收取的使用费接近B专利技术的单独售价。因此，甲公司将特许权使用费（可变对价）全部由B专利技术承担，符合交易价格的分摊目标。

4. 交易价格的后续变动

合同开始日之后，交易价格发生后续变动的，企业应当按照在合同开始日所采用的基础，将该后续变动金额分摊至合同中的履约义务。企业不得因合同开始日之后单独售价的变动而重新分摊交易价格。

对于合同变更之后发生可变对价后续变动的（按照前文有关合同变更的规定进行会计处理），企业应当区分下列三种情形分别进行会计处理：

（1）合同变更增加了可明确区分的商品及合同价款，且新增合同价款反映了新增商品单独售价，实际上视为两项合同。企业应当判断可变对价后续变动与哪一项合同相关，并将其分摊至与之相关的一项或多项履约义务。

（2）合同变更不属于上述第（1）规定的情形，且在合同变更日已转让的商品或已提供的服务与未转让的商品或未提供的服务之间可明确区分的，应当视为原合同终止，同时，将原合同未履约部分与合同变更部分合并为新合同。针对这种情形，如果可变对价后续变动与合同变更前已承诺可变对价相关的，企业应当首先将该可变对价后续变动额以原合同开始日确定的单独售价为基础进行分摊，然后再将分摊至合同变更日尚未履行履约义务的该可变对价后续变动额以新合同开始日确定的基础进行二次分摊。

（3）合同变更之后发生除上述第（1）、（2）规定情形以外的可变对价后续变动的，企业应当将该可变对价后续变动额分摊至合同变更日尚未履行（或部分未履行）的履约义务。

【例15-26】20×7年7月1日，甲公司承诺向客户乙公司转让A、B两种可明确区分的产品。产品A在合同开始日转让，产品B于20×8年3月31日转让，对价包含固定对价1 000元和估计值为200元的可变对价。20×7年11月30日，双方对合同范围进行变更，约定甲公司于20×8年6月30日将产品C转让给乙公司，合同价格增加300元（固定对价），该增加额未反映产品C的单独售价。20×8年1月30日，企业将估计值200元变更为240元。假定产品A、B、C的单独售价相同，其控制权均随产品交付而转移给乙公司。

分析：①合同签订时，可变对价不是专门针对履行产品A或B的履约义务，产品A、B的单独售价相同，合同交易价格总额1 200元（1 000+200）在两者之间平均分摊，则产品A、B的交易价格均为600元。20×7年7月1日，当A产品交付给乙公司时，甲公司相应确认收入600元。②20×7年11月30日，双方对合同进行变更。剩余的产品B、C与变更前已转让的产品A可明确区分，合同变更作为原合同的终止及新合同的订立处理。在该新合同下，合同的交易价格为900元（600+300），由于B、C产品的单独售价相同，分摊至B、C产品的交易价格的金额均为450元。③20×8年1月30日，可变对价增加了40元（240-200），且与合同变更前已承诺的可变对价相关，因此首先，分摊至合同变更前已识别的履约义务，即A、B产品均分摊20元。虽然A产品已经转让，分摊至A产品20元，应在当日确认为收入。其次，将分摊至B产品的20元进行第二次分配，平均分摊至B、C产品，即各自分摊的金额为10元，经过上述分摊后，B、C产品的交易价格金额均为460元（450+10）。因此，甲公司分别在B、C产品控制权转移时确认收入460元。

（五）履行每一单项履约义务时确认收入

企业在识别与客户订立的合同、合同中的单项履约义务以及确定合同的交易价格并将其分摊至各单项履约义务之后，需要进一步确定如何对各单项履约义务进行收入确认。

1. 确认收入的基本原则

企业应当在履行了合同中的履约义务，即客户取得相关商品控制权时确认收入。企业将商品的控制权转移给客户，可能在某一时段内（即履行履约义务的过程中）发生，也可能在某一时点（即履约义务完成时）发生。企业应当根据实际情况，首先应当判断履约义务是否满足在某一时段内履行的条件，如不满足，则该履约义务就属于在某一时点履行的履约义务。

对于在某一时段内履行的履约义务，企业首先选取恰当的方法来确定履约进度，如果该履约进度能合理确定，企业应当在该履约义务履行的期间内，按照履约进度确认收入；如果该履约进度不能合理确定，已经发生的成本预计能够得到补偿的，企业应当按照已经发生的成本金额确认收入，直到履约进度能够合理确定为止。

对于在某一时点履行的履约义务，企业应当综合分析控制权转移的迹象，判断其转移时点，并在客户取得相关商品控制权的时点确认收入。

履行每一单项履约义务时确认收入的基本原则，如图 15-6 所示。

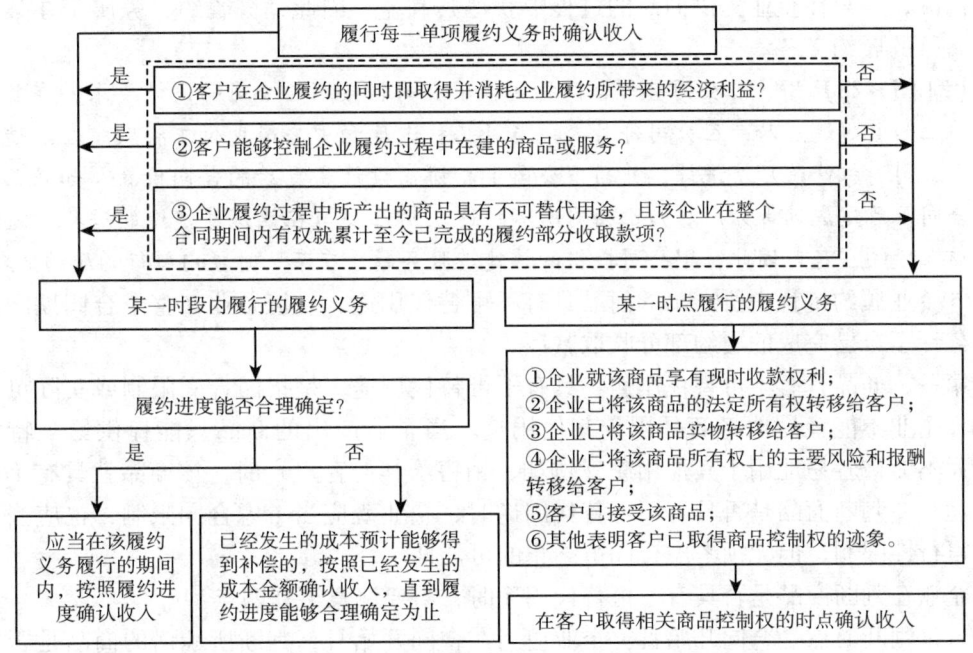

图 15-6 履行每一单项履约义务时确认收入的基本原则

2. 在某一时段内履行的履约义务

（1）属于某一时段内履行的履约义务的判断条件。满足下列条件之一的，属于在某一时段内履行的履约义务：

①客户在企业履约的同时即取得并消耗企业履约所带来的经济利益。对于有些履约义务，可通过直观判断获知，客户在企业履约的同时即取得并消耗了企业履约所带来的经济利益。对于难以通过直观判断获知的，可以假定在企业履约的过程中更换为其他企业继续履行剩余履约义务，当该继续履行合同的企业实质上无须重新执行企业累计至今已经完成的工作时，则可以表明客户在企业履约的同时即取得并消耗了企业履约所带来的经济利益。

企业在判断其他企业是否实质上无须重新执行企业累计至今已经完成的工作时，应当基于下列两个前提：一是不考虑可能会使企业无法将剩余履约义务转移给其他企业的潜在限制，包括合同限制或实际可行性限制；二是假设继续履行剩余履约义务的其他企业将不会享有企业目前已控制的且在剩余履约义务转移给其他企业后仍然控制的任何资产的利益。

【例 15-27】 甲公司承诺将客户的一批货物从 A 市运送到 B 市，假定该批货物在途经 C 市时，由乙公司接替甲公司继续提供该运输服务，由于 A 市到 C 市之间的运输服务是无须重新执行的，表明客户在甲公司履约的同时即取得并消耗了甲公司履约所带来的经济利益，因此，甲公司提供的运输服务属于在某一时段内履行的履约义务。

②客户能够控制企业履约过程中在建的商品或服务。企业在履约过程中在建的商品包括在产品、在建工程、尚未完成的研发项目、正在进行的服务等，由于客户控制了在建的商品，客户在企业提供商品的过程中获得其利益，因此，该履约义务属于在某一时段内履行的履约义务。

【例 15-28】 甲、乙公司签订合同约定，甲公司将按照乙公司的设计要求，在其拥有的土地上为其建造厂房，乙公司每月末按当月工程进度向甲公司支付工程款。在建造过程中，乙公司有权修改厂房设计，并与甲公司重新协商设计变更后的合同价款。如果乙公司终止合同，已建成的部分厂房归乙公司所有。这表明乙公司在该厂房建造的过程中就能够控制该在建的厂房。因此，甲公司提供的该建造服务属于在某一时段内履行的履约义务。

③企业履约过程中所产出的商品具有不可替代用途，且该企业在整个合同期间内有权就累计至今已完成的履约部分收取款项。

第一，商品具有不可替代用途。具有不可替代用途，是指因合同限制或实际可行性限制，企业不能轻易地将商品用于其他用途。当企业产出的商品只能提供给某特定客户，而不能被轻易地用于其他用途（例如，销售给其他客户）时，该商品就具有不可替代用途。在判断商品是否具有不可替代用途时，企业既应当考虑合同限制，也应当考虑实际可行性限制，但无须考虑合同被终止的可能性。

企业在判断商品是否具有不可替代用途时，需要注意下列四点：

一是判断时点是合同开始日。企业应当在合同开始日，判断所承诺的商品是否具有不可替代用途，此后，除非发生合同变更，且该变更显著改变了原合同约定的履约义务，否则，企业无须重新进行判断。

二是考虑合同限制。当合同中存在实质性的限制条款，导致企业不能将合同约定的商品用于其他用途时，该商品满足具有不可替代用途的条件。在判断限制条款是否具有实质性时，应当考虑企业试图把合同中约定的商品用于其他用途时，客户是否可以根据这些限制条款，主张其对该特定商品的权利，如果是，那么这些限制条款就是实质性的。相反，如果合同中约定的商品和企业的其他商品在很大程度上能够互相替换（例如，企业生产的标准化产品），而不会导致企业违约，也无须发生重大的成本，则表明该限制条款不具有实质性。此外，如果合同中的限制条款仅为保护性条款，也不应考虑。

三是考虑实际可行性限制。例如，虽然合同中没有限制条款，但是，当企业将合同中约定的商品用作其他用途，将导致企业遭受重大的经济损失时，企业将该商品用作其他用途的能力实际上受到了限制。

四是基于最终转移给客户的商品的特征判断。例如，当商品在生产的前若干个生产步骤是标准化的，只是从某一时点或某一流程才进入定制化的生产时，企业应当根据最终转移给客户时该商品的特征来判断其是否满足"具有不可替代用途"的条件。

第二，企业在整个合同期间内有权就累计至今已完成的履约部分收取款项。有权就累计至今已完成的履约部分收取款项，是指在由于客户或其他方原因终止合同的情况下，企业有权就累计至今已完成的履约部分收取能够补偿其已发生成本和合理利润的款项，并且该权利具有法律约束力。需要强调的是，合同终止必须是由于客户或其他方而非企业自身的原因所致，在整个合同期间内的任一时点，企业均应当拥有此项权利。

企业对有权就累计至今已完成的履约部分收取款项进行判断时，需要注意下列五点：

一是企业有权收取的该款项应当大致相当于累计至今已经转移给客户的商品的售价，即该金额应当能够补偿企业已经发生的成本和合理利润。企业有权收取的款项为保证金或仅是补偿企业已经发生的成本或可能损失的利润的，不满足这一条件。补偿企业的合理利润并不意味着补偿金额一定要等于该合同的整体毛利水平。下列两种情形都属于补偿企业的合理利润：首先根据合同终止前的履约进度对该合同的毛利水平进行调整后确定的金额作为补偿金额。其次如果该合同的毛利水平高于企业同类合同的毛利水平，以企业从同类合同中能够获取的合理资本回报或者经营毛利作为利润补偿。此外，当客户先行支付的合同价款金额足够重大（通常指全额预付合同价款），以致能够在整个合同期间内任一时点补偿企业已经发生的成本和合理利润时，如果客户要求提前终止合同，企业有权保留该款项并无须返还，且有相关法律法规支持的，则表明企业能够满足在整个合同期间内有权就累计至今已完成的履约部分收取款项的条件。

二是企业有权就累计至今已完成的履约部分收取款项，并不意味着企业拥有现时可行使的无条件收款权。企业通常会在与客户的合同中约定，只有在达到某一重要时点、某重要事项完成后或者整个合同完成之后，企业才拥有无条件的收取相应款项的权利。在这种情况下，企业应当考虑，假设在发生由于客户或其他方原因导致合同在该重要时点、重要事项完成前或合同完成前终止时，企业是否有权要求客户补偿其累计至今已完成的履约部分应收取的款项。

三是当客户只有在某些特定时点才有权终止合同，或者根本无权终止合同时，客户终止了合同（包括客户没有按照合同约定履行其义务），但是，合同条款或法律法规要求，企业应继续向客户转移合同中承诺的商品并因此有权要求客户支付对价，这表明企业有权就累计至今已完成的履约部分收取款项。

四是企业在进行判断时，既要考虑合同条款的约定，还应当充分考虑所处的适用的法律法规、补充或者凌驾于合同条款之上的以往司法实践以及类似案例的结果等。例如，即使在合同没有明确约定的情况下，相关的法律法规等是否支持企业主张相关的收款权利；以往的司法实践是否表明合同中的某些条款没有法律约束力；在以往的类似合同中，企业虽然拥有此类权利，却在考虑了各种因素之后没有行使该权利，这是否会导致企业主张该权利的要求在当前的法律环境下不被支持等。

五是企业和客户之间在合同中约定的付款时间进度表,不一定就表明企业有权就累计至今已完成的履约部分收取款项。此种情况下,企业仍需要证据对其是否有该收款权进行判断。

【例15-29】甲、乙公司签订一项咨询合同,约定甲公司针对乙公司的实际情况和面临的具体问题,为改善其业务流程提供咨询服务,并出具专业的咨询意见。甲公司仅需要向乙公司提交最终的咨询意见,而无须提交其在工作过程中编制的工作底稿和其他相关资料。合同期间内,如果乙公司单方面终止合同,需要向甲公司支付违约金,该违约金为甲公司已发生的成本加上10%的毛利率,该毛利率与甲公司在类似合同中能够赚取的毛利率大致相同。

分析:在合同执行过程中,由于乙公司无法获得甲公司已经完成工作的工作底稿和其他任何资料,如果因甲公司无法履约而需要由其他公司来继续提供后续咨询服务并出具咨询意见时,其需要重新执行甲公司已经完成的工作,表明乙公司并未在甲公司履约的同时即取得并消耗了履约所带来的经济利益。然而,由于甲公司针对乙公司的具体情况而专门提供的咨询服务,无法将最终的咨询意见用作其他用途,表明其具有不可替代用途。此外,如果乙公司单方面终止合同,甲公司根据合同条款可以主张其已发生的成本及合理利润,表明甲公司在整个合同期间内有权就累计至今已完成的履约部分收取款项。因此,甲公司向乙公司提供的咨询服务属于在某一时段内履行的履约义务,应当在其提供服务的期间内按照适当的履约进度确认收入。

【例15-30】甲、乙公司签订一项咨询合同,约定甲公司按照乙公司的具体要求设计和建造船舶,如果乙公司单方面解约,需向甲公司支付相当于合同总价30%的违约金,且建造中的船舶归甲公司所有。甲公司在其厂区内完成该船舶的建造,乙公司无法控制船舶的在建过程。甲公司若将该船舶出售给其他客户,需要发生重大的改造成本。假定该合同仅包含一项履约义务,即设计和建造船舶。

分析:船舶是按照乙公司的具体要求进行设计和建造的,甲公司需要发生重大的改造成本将该船舶改造之后才能将其出售给其他客户,因此,该船舶具有不可替代用途。然而,如果乙公司单方面解约,仅需向甲公司支付相当于合同总价30%的违约金,这表明,甲公司无法在整个合同期间内都有权就累计至今已完成的履约部分收取能够补偿其已发生成本和合理利润的款项。因此,甲公司为乙公司设计和建造船舶,不属于在某一时段内履行的履约义务。

(2)属于某一时段内履行的履约义务的会计处理。

①对于在某一时段内履行的履约义务,如果履约进度能合理确定的,企业应当在该履约义务履行的期间内,按照履约进度确认收入。企业按照履约进度确认收入时,通常应当在资产负债表日,按照合同的交易价格总额乘以履约进度扣除以前会计期间累计已确认的收入后的金额,确认为当期收入。

企业应当考虑商品的性质,采用产出法或投入法确定恰当的履约进度,并且在确定履约进度时,应当扣除那些控制权尚未转移给客户的商品和服务。

一是产出法。产出法,是根据已转移给客户的商品对于客户的价值确定履约进度的方法,通常可采用实际测量的完工进度、评估已实现的结果、已达到的里程碑、时间进度、已完工或交付的产品等产出指标确定履约进度。企业在评估是否采用产出法确定履约进度时，应当考虑具体的事实和情况，并选择能够如实反映企业履约进度和向客户转移商品控制权的产出指标。当选择的产出指标无法计量控制权已转移给客户的商品时，不应采用产出法。

产出法是根据能够代表向客户转移商品控制权的产出指标直接计算履约进度的，因此通常能够客观地反映履约进度。但是，产出法下有关产出指标的信息有时可能无法直接观察获得，企业为获得这些信息需要花费很高的成本，这就可能需要采用投入法来确定履约进度。

【例15-31】 甲公司与客户签订合同，为该客户生产100件商品，合同价格为10万元。截至2×18年12月31日，甲公司共生产了60件商品，剩余部分预计在2×19年3月31日之前完成。假定该合同仅包含一项履约义务，且该履约义务满足在某一时段内履行的条件。因此，甲公司可按照已完成的工作量确定履约进度。截至2×18年12月31日，该合同的履约进度为60%（60÷100），甲公司应确认的收入为6万元（10×60%）。

二是投入法。投入法，是根据企业履行履约义务的投入确定履约进度的方法，通常可采用投入的材料数量、花费的人工工时或机器工时、发生的成本和时间进度等投入指标确定履约进度。当企业从事的工作或发生的投入是在整个履约期间内平均发生时，企业也可以按照直线法确认收入。由于投入指标与企业向客户转移商品的控制权之间未必存在直接的对应关系，因此，企业在采用投入法确定履约进度时，应当扣除那些虽然已经发生，但是未导致向客户转移商品的投入。

在会计实务中，通常按照累计实际发生的成本占预计总成本的比例（即成本法）确定履约进度，累计实际发生的成本包括企业向客户转移商品过程中所发生的直接成本和间接成本，如直接人工、直接材料、分包成本以及其他与合同相关的成本。企业在采用成本法确定履约进度时，可能需要对已发生的成本进行适当调整的情形有：首先已发生的成本并未反映企业履行履约义务的进度；其次已发生的成本与企业履行履约义务的进度不成比例。

需要注意的是，对于每一项履约义务，企业只能采用一种方法来确定其履约进度，并加以一贯运用。对于类似情况下的类似履约义务，企业应当采用相同的方法（例如，成本法）确定履约进度。每一资产负债表日，企业应当对履约进度进行重新估计。当客观环境发生变化时，企业也需要重新评估履约进度是否发生变化，以确保履约进度能够反映履约情况的变化，该变化应当作为会计估计变更进行会计处理。

②对于在某一时段内履行的履约义务，企业如果无法获得确定履约进度所需的可靠信息，则无法合理地确定其履行履约义务的进度。当履约进度不能合理确定时，企业已经发生的成本预计能够得到补偿的，应当按照已经发生的成本金额确认收入，直到履约进度能够合理确定为止。

3. 在某一时点履行的履约义务

对于不属于在某一时段内履行的履约义务，则企业应将其归属于在某一时点履行的履约义务，并在客户取得相关商品控制权时点确认收入。

在判断客户是否已取得商品控制权（即客户是否能够主导该商品的使用并从中获得几乎全部的经济利益）时，企业应当考虑下列五个迹象：

（1）企业就该商品享有现时收款权利，即客户就该商品负有现时付款义务。当企业就该商品享有现时收款权利时，可能表明客户已经有能力主导该商品的使用并从中获得几乎全部的经济利益。

（2）企业已将该商品的法定所有权转移给客户，即客户已拥有该商品的法定所有权。当客户取得了商品的法定所有权时，可能表明其已经有能力主导该商品的使用并从中获得几乎全部的经济利益，或者能够阻止其他企业获得这些经济利益，即客户已取得对该商品的控制权。如果企业仅仅是为了确保到期收回货款而保留商品的法定所有权，那么该权利通常不会对客户取得对该商品的控制权构成障碍。

（3）企业已将该商品实物转移给客户，即客户已占有该商品实物。客户如果已经占有商品实物，则可能表明其有能力主导该商品的使用并从中获得其几乎全部的经济利益，或者使其他企业无法获得这些利益。需要说明的是，客户占有了某项商品实物并不意味着其就一定取得了该商品的控制权，反之亦然。

①委托代销安排。对于这一安排，企业应当评估受托方在企业向其转让商品时是否已获得对该商品的控制权，如果没有，企业不应在此时确认收入，通常应当在受托方售出商品时确认销售商品收入；受托方应当在商品销售后，按合同或协议约定的方法计算确定的手续费确认收入。

②售后代管商品安排。对于这一安排，尽管企业仍然持有该商品的实物，但是，当客户已经取得了对该商品的控制权时，即使客户决定暂不行使实物占有的权利，其依然有能力主导该商品的使用并从中获得几乎全部的经济利益。因此，企业不再控制该商品，而只是向客户提供了代管服务。对于售后代管商品安排，如果同时满足下列四项条件，才表明客户取得了该商品的控制权：一是该安排具有商业实质；二是属于客户的商品能够单独识别。例如，将属于客户的商品单独存放在指定地点；三是该商品可以随时交付给客户；四是企业不能自行使用该商品或将该商品提供给其他客户。如果客户取得了该商品的控制权，企业对尚未发货的商品确认收入。

（4）企业已将该商品所有权上的主要风险和报酬转移给客户，即客户已取得该商品所有权上的主要风险和报酬。在此种情况下，可能表明客户已经取得了主导该商品的使用并从中获得其几乎全部经济利益的能力。在评估商品所有权上的主要风险和报酬是否转移时，不应考虑导致企业在除所转让商品之外产生其他单项履约义务的风险。例如，企业将产品销售给客户，并承诺提供后续维护服务的安排中，销售产品和提供维护服务均构成单项履约义务，企业保留的因维护服务而产生的风险并不影响企业已将产品所有权上的主要风险和报酬转移给客户的判断。

（5）客户已接受该商品。合同中有关客户验收的条款，可能允许客户在商品不符合约定规格的情况下解除合同或要求企业采取补救措施。因此，企业在评估是否已经将商品的控制权转移给客户时，应当考虑此类条款。一般而言，客户已经验收并接受了企业提供的商品，可能表明客户已经取得了该商品的控制权。

需要强调的是，在上述五个迹象中，并没有哪一个或哪几个迹象是决定性的，企业应当根据合同条款和交易实质进行分析，综合判断其是否将商品的控制权转移给客户以及何时转移的，从而确定收入确认的时点。此外，企业应当从客户的角度进行评估，而不应当仅考虑企业自身的看法。

四、合同成本

合同成本,是指企业向客户转让商品或提供服务而发生的相关费用,包括从合同签订开始至合同完成为止所发生的、与执行合同有关的直接费用和间接费用。合同成本包括履行合同发生的成本(简称"合同履约成本")和取得合同发生的增量成本(简称"合同取得成本")。

(一)合同履约成本

企业为履行合同可能会发生各种成本,属于其他企业会计准则(如存货、固定资产、无形资产等准则)规范范围的,应当按照这些企业会计准则进行会计处理;不属于其他企业会计准则规范范围的,应当按照收入准则进行会计处理。合同履约成本的会计处理,如图15-7所示。

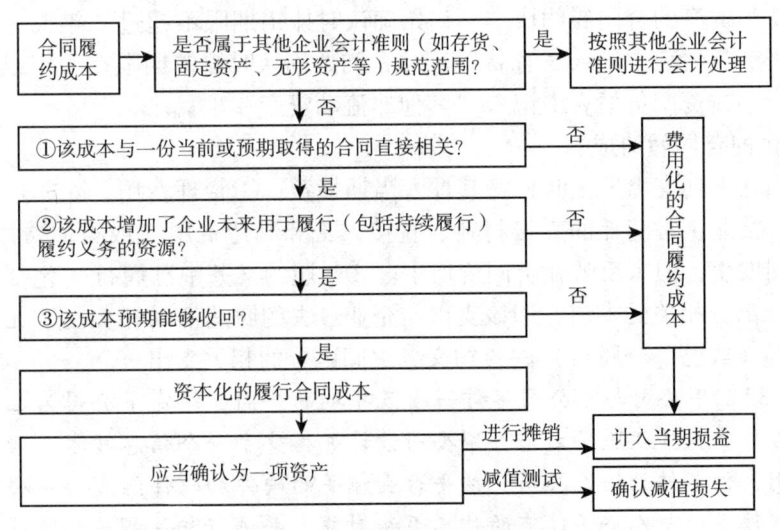

图15-7 合同履约成本的会计处理

1. 资本化的合同履约成本

企业为履行合同可能会发生各种成本,不属于其他企业会计准则规范范围,且同时满足下列条件的,应当作为合同履约成本确认为一项资产:

(1)该成本与一份当前或预期取得的合同直接相关,包括直接人工、直接材料、制造费用(或类似费用)、明确由客户承担的成本以及仅因该合同而发生的其他成本。

预期取得的合同应当是企业能够明确识别的合同,例如,现有合同续约后的合同、尚未获得批准的特定合同等。与取得合同直接相关的成本包括:①直接人工。例如,支付给直接为客户提供所承诺服务的人员的工资、奖金等;②直接材料。例如,为履行合同耗用的原材料、辅助材料、构配件、零件、半成品的成本和周转材料的摊销及租赁费用等;③制造费用(或类似费用)。例如,组织和管理相关生产、施工、服务等活动发生的费用，包括管理人员的职工薪酬、劳动保护费、固定资产折旧费及修理费、物料消耗、取暖费、水电费、办公费、差旅费、财产保险费、工程保修费、排污费、临时设施摊销费等；④明确由客户承担的成本；⑤仅因该合同而发生的其他成本。例如，支付给分包商的成本、机械使用费、设计和技术援助费用、施工现场二次搬运费、生产工具和用具使用费、检验试验费、工程定位复测费、工程点交费用、场地清理费等。

（2）该成本增加了企业未来用于履行（包括持续履行）履约义务的资源。

（3）该成本预期能够收回。

企业应当设置"合同履约成本"科目核算资本化的合同履约成本，合同毛利不在本科目核算。该科目可按合同，分别"服务成本""工程施工"等进行明细核算。企业发生上述资本化的合同履约成本时，借记"合同履约成本"科目，贷记"银行存款""应付职工薪酬""原材料"等科目；对合同履约成本进行摊销时，借记"主营业务成本""其他业务成本"等科目，贷记"合同履约成本"科目。涉及增值税的，还应进行相应的会计处理。相关核算参见【例15–46】【例15–47】【例15–48】。

对于确认为资产的合同履约成本，初始确认时摊销期限不超过一年或一个正常营业周期的，在资产负债表中记入"存货"项目；初始确认时摊销期限在一年或一个正常营业周期以上的，在资产负债表中记入"其他非流动资产"项目。

2. 费用化的合同履约成本

企业应当在下列支出发生时，将其计入当期损益：①管理费用，除非这些费用明确由客户承担。②非正常消耗的直接材料、直接人工和制造费用（或类似费用），这些支出为履行合同发生，但未反映在合同价格中。③与履约义务中已履行（包括已全部履行或部分履行）部分相关的支出，即该支出与企业过去的履约活动相关。④无法在尚未履行的与已履行（或已部分履行）的履约义务之间区分的相关支出。

【例15–32】甲公司与乙公司签订一项五年期的合同，约定甲公司为乙公司信息中心提供管理服务。在提供服务之前，甲公司设计并搭建了一个信息技术平台，提供给乙公司内部使用，但不转让给乙公司，该平台由相关的硬件和软件组成。甲公司需要提供设计方案，将该平台与乙公司现有的信息系统对接，并进行相关测试。除此之外，甲公司指派两名员工专门负责向乙公司提供服务。甲公司为该平台的设计、购买硬件和软件以及信息中心的测试发生了成本。

分析：甲公司为履行合同发生的上述成本中，购买硬件和软件的成本应当分别按照固定资产和无形资产准则进行会计处理；设计服务成本和信息中心的测试成本不属于其他企业会计准则的规范范围，但是这些成本与履行该合同直接相关，并且增加了甲公司未来用于履行履约义务（即提供管理服务）的资源，若甲公司预期该成本可通过未来提供服务收取的对价收回，则甲公司应当将这些成本确认为一项资产；甲公司向两名负责该项目的员工支付的工资费用，虽然与向乙公司提供服务有关，但是由于其并未增加企业未来用于履行履约义务的资源，因此，应当于发生时计入当期损益。

【例15–33】甲公司经营一家酒店，该酒店是甲公司的自有资产。甲公司在进行会计核算时，除发生的餐饮、商品材料等成本外，还需要计提与酒店经营相关的固定资产折旧（如酒店、客房以及客房内的设备家具等）、无形资产摊销（如酒店土地使用权等）费用等。本例中，甲公司经营一家酒店，主要通过提供客房服务赚取收入，而客房服务的提供直接依赖于酒店物业（包含土地）以及家具等相关资产，即与客房服务相关的资产折旧和摊销属于甲公司为履行与客户的合同而发生的服务成本。该成本需先考虑是否满足收入准则规定的资本化条件，如果满足，应作为合同履约成本进行会计处理，并在收入确认时对合同履约成本进行摊销，计入营业成本。此外，这些酒店物业等资产中与客房服务不直接相关的，如与财务部门相关的资产折旧等费用或者销售部门相关的资产折旧等费用，则需要按功能将相关费用计入管理费用或销售费用等科目。

（二）合同取得成本

合同取得成本的会计处理，如图 15-8 所示。

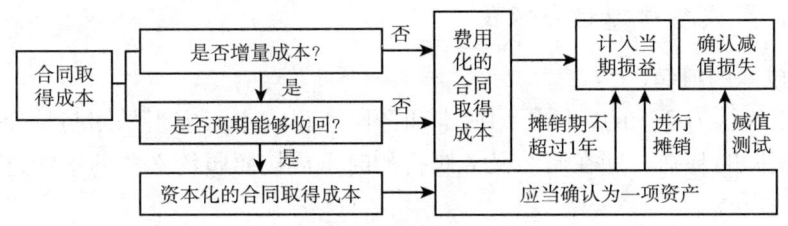

图 15-8　合同取得成本的会计处理

1. 资本化的合同取得成本

企业为取得合同发生的增量成本预期能够收回的，应当作为合同取得成本确认为一项资产。增量成本，是指企业不取得合同就不会发生的成本（如销售佣金等）。为简化实务操作，该资产摊销期限不超过一年的，可以在发生时计入当期损益。若企业采用该简化处理方法，应当对所有类似合同都一致采用该简化处理方法。

企业应设置"合同取得成本"科目核算企业取得合同发生的、预计能够收回的增量成本。企业发生上述合同取得成本时，借记"合同取得成本"科目，贷记"银行存款""其他应付款"等科目；对合同取得成本进行摊销时，按照其相关性借记"销售费用"等科目，贷记"合同取得成本"科目。涉及增值税的，还应进行相应的会计处理。

对于确认为资产的合同取得成本，初始确认时摊销期限不超过一年或一个正常营业周期的，在资产负债表中记入"其他流动资产"项目；初始确认时摊销期限在一年或一个正常营业周期以上的，在资产负债表中记入"其他非流动资产"项目。

2. 费用化的合同取得成本

企业为取得合同发生的、除预期能够收回的增量成本之外的其他支出，例如，无论是否取得合同均会发生的差旅费、投标费、为准备投标资料发生的相关费用等，应当在发生时计入当期损益，但是，明确由客户承担的除外。

【例 15-34】甲公司通过竞标赢得新客户乙公司，为取得与乙公司的合同，甲公司发生并支付下列支出：聘请外部律师开展尽职调查支出 5 万元，为投标而发生差旅费 3

万元，支付销售人员佣金 2 万元。甲公司预期这些支出均能够在未来收回。甲公司支付的律师费用及差旅费，无论是否取得合同都会发生，不属于增量成本，因此，应当在发生时直接计入当期损益；甲公司向销售人员支付的佣金，属于为取得合同发生的增量成本且预期能够收回，应当将其确认为一项资产。甲公司的账务处理如下：

借：管理费用　　　　　　　　　　　　　　　　　　 80 000
　　合同取得成本　　　　　　　　　　　　　　　　　 20 000
　　贷：银行存款　　　　　　　　　　　　　　　　　　　　　100 000

在实务中，当涉及合同取得成本的安排比较复杂时，例如，合同续约或合同变更时需要支付额外的佣金、企业支付的佣金金额取决于客户未来的履约情况或者取决于累计取得的合同数量或金额等，企业需要运用判断，对发生的合同取得成本进行恰当的会计处理。

（三）合同成本的摊销与减值

1. 合同成本的摊销

企业对于确认为资产的合同履约成本和合同取得成本，应当采用与该资产相关的商品收入确认相同的基础（即在履约义务履行的时点或按照履约义务的履约进度）进行摊销，计入当期损益。

在确定与合同履约成本和合同取得成本有关的资产的摊销期限和方式时，如果该资产与一份预期将要取得的合同（如续约后的合同）相关，则在确定相关摊销期限和方式时，应当考虑该将要取得的合同的影响。但是，对于合同取得的成本而言，如果合同续约时，企业仍需要支付与取得原合同相当的佣金，这表明取得原合同时支付的佣金与未来预期取得的合同无关，该佣金只能在原合同的期限内进行摊销。企业为合同续约仍需支付的佣金是否与原合同相当，需要根据具体情况进行判断。

企业应当根据向客户转让与上述资产相关的商品的预期时间变化，对资产的摊销情况进行复核并更新，以反映该预期时间的重大变化。此类变化应当作为会计估计变更进行会计处理。

2. 合同成本的减值

（1）减值损失的确认。企业确认为资产的合同履约成本和合同取得成本，其账面价值高于下列两项的差额的，超出部分应当计提减值准备，并确认为资产减值损失：①企业因转让与该资产相关的商品预期能够取得的剩余对价。②为转让该相关商品估计将要发生的成本。估计将要发生的成本，主要包括直接人工、直接材料、制造费用（或类似费用）、明确由客户承担的成本以及仅因该合同而发生的其他成本等。

（2）减值损失的转回。在以前期间减值的因素之后发生变化，使得企业上述第①项减去第②项后的差额高于该资产账面价值的，应当转回原已计提的资产减值准备，并计入当期损益，但转回后的资产账面价值不应超过假定不计提减值准备情况下该资产在转回日的账面价值。

（3）减值损失处理顺序。在确定合同履约成本和合同取得成本的减值损失时，企业应当首先对按照其他相关企业会计准则确认的、与合同有关的其他资产确定减值损失；

其次按照本节的要求确定与合同履约成本和合同取得成本的减值损失。

企业按照资产减值准则测试相关资产组的减值情况时,应当将按照上述规定确定上述资产减值后的新账面价值计入相关资产组的账面价值。

企业核算与合同成本有关的资产发生减值的,按应减记的金额,借记"资产减值损失"科目,贷记"合同履约成本减值准备""合同取得成本减值准备"科目;转回已计提的资产减值准备时,做相反的会计分录。

五、收入一般交易的会计处理①

(一)在某一时点履行履约义务的核算

1. 销售商品业务的一般核算

如果企业已履行了合同中的履约义务,即客户取得了相关商品的控制权,应按照已收或应收的合同价款,加上应收取的增值税额,借记"银行存款""应收账款""应收票据""合同资产"等科目,按应确认的收入金额,贷记"主营业务收入""其他业务收入"等科目,按应收取的增值税额,贷记"应交税费——应交增值税(销项税额)""应交税费——待转销项税额"等科目;计算结转已销商品的实际成本,借记"主营业务成本"科目,贷记"库存商品"科目;结转已销材料、周转材料的实际成本,借记"其他业务成本"科目,贷记"原材料""周转材料"等科目。

【例15-35】20×9年3月5日,甲公司与客户乙公司签订合同,向其销售一批产品,产品的成本40 000元,开具的增值税专用发票注明的价款50 000元,增值税额8 000元,消费税额500元,款项已收到。乙公司当日取得该批产品的控制权。假定不考虑其他相关税费,甲公司的账务处理如下:

(1)确认销售收入。

借:银行存款　　　　　　　　　　　　　　　　　　　　　　　58 000
　　贷:主营业务收入　　　　　　　　　　　　　　　　　　　　50 000
　　　　应交税费——应交增值税(销项税额)　　　　　　　　　　8 000

(2)结转销售成本。

借:主营业务成本　　　　　　　　　　　　　　　　　　　　　40 000
　　贷:库存商品　　　　　　　　　　　　　　　　　　　　　　40 000

(3)核算销售税金。

借:税金及附加　　　　　　　　　　　　　　　　　　　　　　　　500
　　贷:应交税费——应交消费税　　　　　　　　　　　　　　　　　500

【例15-36】20×9年7月,甲公司与客户乙公司签订合同,向乙公司销售多余材料一批,材料成本为15 000元,开具的增值税专用发票注明的价款20 000元,增值税额3 200元,款项已收到。乙公司当日取得该批材料的控制权。假定不考虑其他相关税费,

---

① 在本章例题中,除特别说明外,假定销售方及其客户均为一般纳税人,转让商品的增值税税率为16%。

甲公司的账务处理如下：

(1) 确认材料销售收入。

借：银行存款　　　　　　　　　　　　　　　　　　　　　　　23 200
　　贷：其他业务收入　　　　　　　　　　　　　　　　　　　　20 000
　　　　应交税费——应交增值税（销项税额）　　　　　　　　　 3 200

(2) 期（月）末，结转材料成本。

借：其他业务成本　　　　　　　　　　　　　　　　　　　　　15 000
　　贷：原材料　　　　　　　　　　　　　　　　　　　　　　　15 000

2. 销售商品不符合收入确认条件的核算

如果企业尚未履行合同中的履约义务，即客户尚未取得相关商品的控制权，在发出商品时，企业应按发出商品的实际成本（或进价）或计划成本（或售价），借记"发出商品"科目，贷记"库存商品"科目。发出商品发生退回的，借记"库存商品"科目，贷记"发出商品"科目。当客户取得相关商品的控制权时，确认收入及结转销售成本。采用计划成本或售价核算的，还应结转应分摊的产品成本差异或商品进销差价。

【例15-37】20×9年5月15日，甲公司与客户乙公司签订合同，向乙公司销售一批商品，商品成本为8万元，开具的增值税专用发票注明的价款10万元，增值税额1.6万元，商品已发出，并已向银行办妥托收手续。此时，甲公司得知乙公司在另一项交易中发生巨额亏损，目前陷入财务困难。经交涉，甲公司预期有权收取对价的可能性不大。甲公司的账务处理如下：

(1) 5月15日，发出商品。

借：发出商品　　　　　　　　　　　　　　　　　　　　　　　80 000
　　贷：库存商品　　　　　　　　　　　　　　　　　　　　　　80 000

同时，按照增值税发票上注明的增值税额。

借：应收账款　　　　　　　　　　　　　　　　　　　　　　　16 000
　　贷：应交税费——应交增值税（销项税额）　　　　　　　　　16 000

注：如果纳税义务尚未发生，则不作该笔分录，待纳税义务发生时进行账务处理。

(2) 8月25日，假定甲公司退回该商品，则作上述相反的会计分录。

(3) 12月25日，假定乙公司经营状况好转并承诺近期付款，甲公司预期有权收取对价很可能收回，则甲公司应确认收入。

借：应收账款　　　　　　　　　　　　　　　　　　　　　　　100 000
　　贷：主营业务收入　　　　　　　　　　　　　　　　　　　　100 000

借：主营业务成本　　　　　　　　　　　　　　　　　　　　　80 000
　　贷：发出商品　　　　　　　　　　　　　　　　　　　　　　80 000

3. 涉及合同折扣的销售业务核算

【例15-38】沿用【例15-15】的资料，甲公司在20×9年3月1日的账务处理如下：

借：合同资产① 139 200
　　贷：主营业务收入　　　　　　　　　　　　　（2 000×60×80%）96 000
　　　　预计负债——应付退货款　　　　　　　　（2 000×60×20%）24 000
　　　　应交税费——应交增值税（销项税额）　　（2 000×60×16%）19 200

【例15-39】沿用【例15-17】的资料，假定相关款项尚未收到，甲公司的账务处理如下：

（1）20×9年第一季度。

借：应收账款　　　　　　　　　　　　　　　　　　　　　　　8 700
　　贷：主营业务收入　　　　　　　　　　　　　　　　　　　　7 500
　　　　应交税费——应交增值税（销项税额）　　　　（7 500×16%）1 200

（2）20×9年第二季度。

借：应收账款　　　　　　　　　　　　　　　　　　　　　　　9 280
　　贷：主营业务收入　　　　　　　　　　　[（150+200）×40-7 500]6 500
　　　　预计负债——应付退货款　　　　　　　　　[150×(50-40)]1 500
　　　　应交税费——应交增值税（销项税额）　　　（200×40×16%）1 280

【例15-40】20×8年9月1日，丙公司与客户签订合同，向其销售甲、乙两项商品，其单独售价分别为6 000元、24 000元，合同价款为25 000元。合同约定，甲商品于合同开始日交付，乙商品在一个月之后交付，只有当两项商品全部交付之后，丙公司才有权收取25 000元的合同对价。假定甲、乙商品分别构成单项履约义务，其控制权在交付时转移给客户。假定不考虑相关税费影响。丙公司的账务处理如下：

分摊至甲商品的合同价款 = 6 000÷(6 000+24 000)×25 000 = 5 000（元）
分摊至乙商品的合同价款 = 24 000÷(6 000+24 000)×25 000 = 20 000（元）

（1）交付A商品时。

借：合同资产　　　　　　　　　　　　　　　　　　　　　　　5 800
　　贷：主营业务收入　　　　　　　　　　　　　　　　　　　　5 000
　　　　应交税费——应交增值税（销项税额）　　　　　　　　　　800

（2）交付B商品时。

借：应收账款　　　　　　　　　　　　　　　　　　　　　　　29 000
　　贷：合同资产　　　　　　　　　　　　　　　　　　　　　　5 800
　　　　主营业务收入　　　　　　　　　　　　　　　　　　　20 000
　　　　应交税费——应交增值税（销项税额）　　　　　　　　　3 200

---

① 合同资产，是指企业已向客户转让商品而有权收取对价的权利，且该权利取决于时间流逝之外的其他因素。应收款项，是指企业无条件（即仅取决于时间流逝）收取合同对价的权利。当拥有无条件向客户收取对价的权利时，合同资产应转为应收款项。合同资产和应收款项都是企业拥有的有权收取对价的合同权利，二者的区别在于，应收款项代表的是无条件收取合同对价的权利，即企业仅仅随着时间的流逝即可收款，而合同资产并不是一项无条件收款权，该权利除了时间流逝之外，还取决于其他条件（例如，履行合同中的其他履约义务）才能收取相应的合同对价。因此，与合同资产和应收款项相关的风险是不同的，应收款项仅承担信用风险，而合同资产除信用风险之外，还可能承担其他风险，如履约风险等。企业应当按照金融工具确认和计量准则评估合同资产的减值，该减值的计量、列报和披露应当按照金融工具确认和计量准则和金融工具列报准则的规定进行会计处理。

4. 涉及销售折让或销售退回的销售业务核算

销售折让,是指企业因售出商品的质量不合格等原因而在售价上给予的减让。销售退回,是指企业售出的商品由于质量、品种不符合要求等原因而发生的退货。具体如下:(1) 已确认收入的商品,本期(月)发生的销售折让或销售退回,按应冲减的营业收入,借记"主营业务收入""其他业务收入"等科目,按应冲减的增值税,借记"应交税费——应交增值税(销项税额)"科目,按实际支付或应退还的金额,贷记"银行存款""应收账款"等科目。对于销售退回,还应按照已经结转的营业成本,借记"库存商品""原材料"等科目,贷记"主营业务成本""其他业务成本"等科目。(2) 如果企业销售的商品不符合收入确认的条件,在商品已经发出的情况下,发出商品发生退回的,应按退回商品的实际成本(或进价)或计划成本(或售价),借记"库存商品"科目,贷记"发出商品"科目。(3) 销售折让或销售退回属于资产负债表日后事项的,适用资产负债表日后事项准则。

【例15-41】20×9年7月10日,甲公司与客户乙公司签订合同,向乙公司销售一批商品,开具的增值税专用发票上注明的价款60 000元,增值税额9 600元,乙公司当日取得该批商品的控制权。7月15日,乙公司在验收过程中发现商品质量不合格,要求在价格上给予10%的折让,甲公司同意给予乙公司折让。7月20日,甲公司收到上述款项。甲公司的账务处理如下:

(1) 7月10日,销售实现。

借:应收账款 69 600
　　贷:主营业务收入 60 000
　　　　应交税费——应交增值税(销项税额) 9 600

(2) 7月15日,发生销售折让。

借:主营业务收入 6 000
　　应交税费——应交增值税(销项税额) 960
　　贷:应收账款 6 960

(3) 7月20日,收到款项。

借:银行存款 62 640
　　贷:应收账款 62 640

【例15-42】20×9年10月20日,甲公司与客户乙公司签订合同,将成本为26 000元的商品销售给乙公司,销售价款为50 000元,增值税额为8 000元,乙公司当日取得该批商品的控制权。10月29日,甲公司收到货款。11月6日,该批商品因质量问题被乙公司全部退回,甲公司当日支付相关款项,退回商品已验收入库。假定不考虑其他相关税费,甲公司的账务处理如下:

(1) 10月20日,销售收入实现。

借:应收账款 58 000
　　贷:主营业务收入 50 000
　　　　应交税费——应交增值税(销项税额) 8 000
借:主营业务成本 26 000

贷：库存商品		26 000

（2）10月29日，收到货款。

借：银行存款	58 000	
贷：应收账款		58 000

（3）12月6日，销售退回。

借：主营业务收入	50 000	
应交税费——应交增值税（销项税额）	8 000	
贷：银行存款		58 000
借：库存商品	26 000	
贷：主营业务成本		26 000

5. 合同中存在重大融资成分的销售业务核算

按照本章前述，合同中存在重大融资成分的，企业应当按照假定客户在取得商品控制权时即以现金支付的应付金额（即现销价格）确定交易价格。该交易价格与合同对价之间的差额，应当在合同期间内采用实际利率法摊销。合同开始日，企业预计客户取得商品控制权与客户支付价款间隔不超过一年的，可以不考虑合同中存在的重大融资成分。

（1）具有重大融资成分的递延收款销售业务。具有重大融资成分的分期收款销售商品满足收入确认条件的，按合同对价的金额，借记"长期应收款"科目，按客户在取得商品控制权时即以现金支付的应付金额（即现销价格），贷记"主营业务收入"等科目，按其差额，贷记"未实现融资收益"科目。涉及增值税的，还应进行相应的会计处理。采用实际利率法按期计算确定的利息收入，借记"未实现融资收益"科目，贷记"财务费用"等科目。

【例15-43】 20×6年1月1日，甲公司与客户乙公司签订合同，约定将成本为2 100万元的一台自产设备销售给乙公司，不含税销售价格为3 000万元，款项分三次于每年年末等额收取。该设备已发出，增值税纳税义务尚未发生，乙公司当日取得该批商品的控制权。该设备的不含税现销价格为2 673.02万元，折现率为6%。在合同约定的收款日，发生有关的增值税纳税义务。甲公司的账务处理如下（单位用万元表示）：

①20×6年1月1日，销售设备。

借：长期应收款——乙公司	3 480	
贷：主营业务收入		2 673.02
未实现融资收益		(3 000 - 2 673.02) 326.98
应交税费——待转销项税额		(3 000×16%) 480
借：主营业务成本	2 100	
贷：库存商品		2 100

②每年年末收取价款和确认利息收入，如表15-1所示。

表15-1　　　　　　　　未实现融资收益分摊表（实际利率法）　　　　　　　单位：万元

日　期	收款额 （本金+利息） ①	确认的融资收益 （本期利息收入） ②=期初④×6%	应收本金减少额 （归还的本金） ③=①-②	应收本金余额 （本金余额） ④=期初④-③
20×6.01.01				2 673.02
20×6.12.31	1 000	160.38	839.62	1 833.40
20×7.12.31	1 000	110	890	943.40
20×8.12.31	1 000	56.60	943.40	0
合计	3 000	326.98	2 673.02	—

根据表15-1的资料，甲公司每年年末的账务处理，如表15-2所示。

表15-2　　　　　　　　甲公司每年年末的账务处理　　　　　　　单位：万元

业　务	会计分录	20×6.12.31	20×7.12.31	20×8.12.31
收取价款	借：银行存款 　　应交税费——待转销项税额 　贷：长期应收款——乙公司 　　　应交税费——应交增值税（销项税额）	1 160 160 1 160 160	1 160 160 1 160 160	1 160 160 1 160 160
确认利息收入	借：未实现融资收益 　贷：财务费用	160.38 160.38	110 110	56.60 56.60

（2）具有重大融资成分的预收款销售业务。

【例15-44】20×8年1月1日，甲公司与乙公司签订合同，向乙公司销售一批产品。合同约定，该批产品将于2年之后交货。合同中包含两种可供选择的付款方式，即乙公司可以在2年后交付产品时支付449.44万元，或者在合同签订时支付400万元。乙公司选择在合同签订时支付货款。该批产品的控制权在交货时转移。20×8年1月1日，甲公司收到款项。按照上述两种付款方式计算的内含利率为6%。假定不考虑增值税等相关税费影响。甲公司的账务处理如下：

（1）20×8年1月1日，收到货款。

借：银行存款　　　　　　　　　　　　　　　　　　　4 000 000
　　未确认融资费用　　　　　　　　　　　　　　　　　494 400
　贷：合同负债①　　　　　　　　　　　　　　　　　　　　4 494 400

---

① 合同负债，是指企业已收或应收客户对价而应向客户转让商品的义务。即企业在向客户转让商品之前，如果客户已经支付了合同对价或企业已经取得了无条件收取合同对价的权利，则企业应当在客户实际支付款项与到期应支付款项孰早时点，将该已收或应收的款项列示为合同负债。

(2) 20×8年12月31日，确认融资成分的影响。
借：财务费用   （4 000 000×6%）240 000
    贷：未确认融资费用   240 000
(3) 20×9年12月31日，交付产品。
借：财务费用   （4 240 000×6%）254 400
    贷：未确认融资费用   254 400
借：合同负债   4 494 400
    贷：主营业务收入   4 494 400

6. 委托代销业务的核算

委托代销，是指委托方和受托方签订代销合同或协议，委托受托方向终端客户销售商品。在这种销售方式下，企业应当评估受托方在企业向其转让商品时是否已获得对该商品的控制权，如果没有，企业不应在此时确认收入，通常应当在受托方售出商品时确认销售商品收入；受托方应当在商品销售后，按合同或协议约定的方法计算确定的手续费确认收入。表明一项安排是委托代销安排的迹象包括但不限于：一是在特定事件发生之前（例如，向最终客户出售商品或指定期间到期之前），企业拥有对商品的控制权。二是企业能够要求将委托代销的商品退回或者将其销售给其他方（如其他经销商）。三是尽管受托方可能被要求向企业支付一定金额的押金，但是，其并没有承担对这些商品无条件付款的义务。

【例15－45】20×8年4月1日，甲公司与乙公司签订一项委托代销合同，约定甲公司将每件成本为350元的100件商品交付给乙公司代销，乙公司应按每件400元对外销售，并按不含增值税的销售价格的10%向甲公司收取手续费，该商品已经发出。乙公司在对外销售之前，没有义务向甲公司支付货款，没有售出的商品须退回给甲公司。5月1日，乙公司对外销售100件，开出的增值税专用发票上注明的销售价格为40 000元，增值税额为6 400元，款项已经收到，当日乙公司向甲公司开具代销清单并支付货款。甲公司收到代销清单时，向乙公司开具一张相同金额的增值税专用发票。5月10日，甲公司与乙公司进行结算。假定甲公司发出该商品时纳税义务尚未发生，手续费的增值税税率为6%，不考虑其他因素。甲公司和乙公司的账务处理，如表15－3所示。

表15－3　　　　委托代销方式下甲公司和乙公司的账务处理　　　　　　　单位：元

甲公司的账务处理	乙公司的账务处理
(1) 发出代销商品。 借：发出商品　　　　　　　　　　35 000 　　贷：库存商品　　　　　　　　　　35 000	(1) 收到代销商品。 借：受托代销商品——甲公司　　　40 000 　　贷：受托代销商品款——甲公司　40 000
(2) 收到代销清单，同时发生增值税纳税义务。 借：应收账款——乙公司　　　　　46 400 　　贷：主营业务收入　　　　　　　　40 000 　　　　应交税费——应交增值税（销项税额）　6 400	(2) 对外销售。 借：银行存款　　　　　　　　　　46 400 　　贷：受托代销商品——甲公司　　40 000 　　　　应交税费——应交增值税（销项税额）　6 400

续表

甲公司的账务处理	乙公司的账务处理
借：主营业务成本　　　　　　　　35 000 　　贷：发出商品　　　　　　　　　　35 000 借：销售费用——代销手续费　　　 4 000 　　应交税费——应交增值税（进项税额） 240 　　贷：应收账款——乙公司　　　　 4 240	(3) 收到甲公司开具的增值税专用发票。 借：受托代销商品款　　　　　　40 000 　　应交税费——应交增值税（进项税额） 6 400 　　贷：应付账款——甲公司　　　　46 400
(3) 到乙公司支付的款项。 借：银行存款　　　　　　　　　 42 160 　　贷：应收账款——乙公司　　　　42 160	(4) 支付货款并确认代销手续费收入。 借：应付账款——甲公司　　　　46 400 　　贷：银行存款　　　　　　　　　42 160 　　　　其他业务收入——代销手续费　 4 000 　　　　应交税费——应交增值税（销项税额） 240

（二）在某一时段内履行履约义务的核算

对于在某一时段内履行的履约义务，如果履约进度能合理确定的，企业应当在该履约义务履行的期间内，按照履约进度确认收入。当履约进度不能合理确定时，企业已经发生的成本预计能够得到补偿的，应当按照已经发生的成本金额确认收入，直到履约进度能够合理确定为止。

【例15-46】20×8年12月1日，甲公司为乙公司定制一套软件，工期为3个月，合同总收入40万元，至年底实际发生成本19.2万元（均为人员薪酬），已预收款20万元，估计还会发生成本12.8万元。假定该软件开发服务整体构成单项履约义务，并属于在某一时段履行的履约义务，甲公司采用成本法确定履约进度。假定不考虑相关税费，甲公司在20×8年12月31日的会计处理如下：

(1) 应确认的合同收入及应结转的合同成本。

履约进度 = 19.2 ÷ (19.2 + 12.8) = 60%

应确认的合同收入 = 40 × 60% = 24（万元）

应结转的合同成本 = (19.2 + 12.8) × 60% = 19.2（万元）

(2) 甲公司的账务处理。

①实际发生合同成本。

借：合同履约成本　　　　　　　　　　　　　　　　　192 000
　　贷：应付职工薪酬　　　　　　　　　　　　　　　　192 000

②预收合同款。

借：银行存款　　　　　　　　　　　　　　　　　　　200 000
　　贷：合同负债　　　　　　　　　　　　　　　　　　200 000

③确认合同收入及结转合同成本。

借：合同负债　　　　　　　　　　　　　　　　　　　240 000
　　贷：主营业务收入　　　　　　　　　　　　　　　　240 000
借：主营业务成本　　　　　　　　　　　　　　　　　192 000

贷：合同履约成本　　　　　　　　　　　　　　　　　　　　　　　192 000

【例15-47】 甲建筑公司与客户乙公司签订一份总金额为580万元的固定造价合同，承建一栋厂房，该合同不能撤销。甲公司负责工程的施工及全面管理，乙公司按照第三方工程监理公司确认的工程完工量，每年与甲公司结算一次；该工程于20×5年2月开工，预计20×8年6月竣工。预计可能发生的工程总成本为550万元。至20×6年底，由于钢材价格上涨等因素调整了预计总成本，预计工程总成本已达到600万元。20×7年末根据工程最新情况将预计工程总成本调整为610万元。该工程整体构成单项履约义务，并属于在某一时段履行的履约义务，甲公司采用成本法确定履约进度，假定不考虑其他相关因素。该合同的其他有关资料如表15-4所示。

表15-4　　　　　　　　　　　合同的其他有关资料　　　　　　　　　　单位：万元

项　目	20×5年	20×6年	20×7年	20×8年	20×9年
年末累计实际发生成本	154	300	488	610	—
年末预计完成合同尚需发生成本	396	300	122	—	—
本期结算合同价款	174	196	180	30	
本期实际收到价款	170	190	190		30

上述价款均为不含增值税额（假定不考虑增值税等相关税费）。按照合同约定，工程质保金30万元需等到客户于20×9年底保证期结束且未发生重大质量问题方能收款。

（1）计算各年度的履约进度、合同收入和合同成本，如表15-5所示。

表15-5　　　　　　　各年度履约进度、合同收入和成本　　　　　　单位：万元

项目	20×5年	20×6年	20×7年	20×8年
①履约进度	=154÷(154+396) =28%	=300÷(300+300) =50%	=488÷(488+122) =80%	=100%
②应确认的合同收入	=580×28% =162.4	=580×50%－162.4 =127.6	=580×80% －162.4－127.6 =174	=580－162.4 －127.6－174 =116
③应结转的合同成本	=154	=300－154=146	=488－300=188	=610－488=122
④确认的合同预计损失	—	=(300+300－580)×(1－50%) =10	=(488+122－580) ×(1－80%)－10 =－4	=4－10=－6

（2）甲公司各年度的有关账务处理如表15-6所示。

表 15-6　　　　　　　　　　　甲公司各年度有关账务处理　　　　　　　　　　　　　单位：万元

业务	会计分录	20×5年	20×6年	20×7年	20×8年	20×9年
①实际发生合同成本	借：合同履约成本 　贷：原材料、应付职工薪酬等	154 　154	146 　146	188 　188	122 　122	
②确认合同收入	借：合同结算*——收入结转 　贷：主营业务收入	162.4 　162.4	127.6 　127.6	174 　174	116 　116	
③结转合同成本	借：主营业务成本 　贷：合同履约成本	154 　154	146 　146	188 　188	122 　122	
④确认或转回合同预计损失	借：主营业务成本 　贷：预计负债		10 　10			
	借：预计负债 　贷：主营业务成本			4 　4	6 　6	
⑤确认已结算合同价款	借：应收账款 　贷：合同结算——价款结算	174 　174	196 　196	180 　180	30 　30	
⑥实际收到合同价款	借：银行存款 　贷：应收账款	170 　170	190 　190	190 　190	30 　30	

说明：

①20×5年12月31日，"合同结算"科目的余额为贷方11.6万元（174-162.4），表明甲公司已经与客户结算但尚未履行履约义务的金额为11.6万元，由于甲公司预计该部分履约义务将在20×6年内完成，因此，应在资产负债表中作为合同负债列示。

②至20×6年底，由于该合同预计总成本（600万元）大于合同总收入（580万元），预计发生损失总额为20万元，由于其中10万元（20万×50%）已经反映在损益中，因此应将剩余的、为完成该工程将发生的预计损失10万元确认为当期损失。按照或有事项准则规定，待执行合同变成亏损合同的，该亏损合同产生的义务满足相关条件的，则应当对亏损合同确认预计负债。因此，为完成工程将发生的预计损失10万元应当确认为预计负债。

③20×6年12月31日，"合同结算"科目的余额为贷方80万元（11.6+196-127.6），表明甲公司已经与客户结算但尚未履行履约义务的金额为80万元，由于甲公司预计该部分履约义务将在20×7年内完成，因此，应在资产负债表中作为合同负债列示。

④在20×7年底，由于该合同预计总成本（610万元）大于合同总收入（580万元），预计发生损失总额为30万元，由于其中24万元（30万元×80%）已经反映在损益中，因此预计负债的余额为6万元（30-24），反映剩余的、为完成工程将发生的预计损失，因此，本期应转回合同预计损失4万元。

⑤20×7年12月31日，"合同结算"科目的余额为贷方86万元（80+180-174），表明甲公司已经与客户结算但尚未履行履约义务的金额为86万元，由于该部分履约义务将在20×8年6月底前完成，因此，应在资产负债表中作为合同负债列示。

⑥20×8年6月30日，"合同结算"科目的余额为借方30（86-116）万元，是工程质保金，需等到客户于20×9年底保质期结束且未发生重大质量问题后方能收款，应当在资产负债表中作为合同资产列示。

注：*由于同一合同下的合同资产和合同负债应当以净额列示，企业也可以设置"合同结算"科目（或其他类似科目），以核算同一合同下属于在某一时段内履行履约义务涉及与客户结算对价的合同资产或合同负债，并在此科目下设置"合同结算——价款结算"科目反映定期与客户进行结算的金额，设置"合同结算——收入结转"科目反映按履约进度结转的收入金额。资产负债表日，"合同结算"科目的期末余额在借方的，根据其流动性，在资产负债表中分别列示为"合同资产"或"其他非流动资产"项目；期末余额在贷方的，根据其流动性，在资产负债表中分别列示为"合同负债"或"其他非流动负债"项目。

【例15-48】 20×7年1月1日,甲建筑公司与客户签订一项总金额为250万元的建造合同。当年实际发生工程成本100万元(材料及人工费各占50%),双方均能履行合同规定的义务,但甲建筑公司在年末时对该项工程的履约进度无法可靠确定。20×8年,实际发生成本为60万元(材料及人工费各占50%),履约进度无法可靠确定的因素消除,预计完成合同尚需发生的成本为40万元。假定该建造工程整体构成单项履约义务,并属于在某一时段履行的履约义务。不考虑其他相关因素,甲建筑公司的账务处理如下:

(1) 20×7年12月31日。

由于履约进度不能合理确定,不能按照履约进度确认收入。假定企业已经发生的100万元成本预计能够得到补偿的为80万元,则应当确认合同收入80万元。

借:合同履约成本	1 000 000
贷:原材料	500 000
应付职工薪酬	500 000
借:主营业务成本	1 000 000
贷:合同履约成本	1 000 000
借:合同结算——收入结转	800 000
贷:主营业务收入	800 000

(2) 20×8年12月31日。

履约进度 = (100+60) ÷ (100+60+40) = 80%

确认的合同收入 = 250×80% - 80 = 120(万元)

确认的合同成本 = (100+60+40)×80% - 100 = 60(万元)

借:合同履约成本	600 000
贷:原材料	300 000
应付职工薪酬	300 000
借:主营业务成本	600 000
贷:合同履约成本	600 000
借:合同结算——收入结转	1 200 000
贷:主营业务收入	1 200 000

六、收入特定交易的会计处理

(一) 附有销售退回条款的销售

1. 基本含义

附有销售退回条款的销售,是指依照合同中明确约定的条款,以及法律法规的要求、销售方的声明或承诺及以往的习惯做法等隐含约定的条款,客户有权退货的销售方式。理论上来看,附有销售退回条款的合同实际上包含了向客户提供商品的履约义务和针对退货权服务的履约义务。

客户选择退货时,可能有权要求返还其已经支付的全部或部分对价、抵减其对企业已经产生或将会产生的欠款或者要求换取其他商品。需要注意的是:①客户取得商品控制权之前退回该商品不属于销售退回;②客户以一项商品换取类型、质量、状况及价格均相同的另一项商品,不应被视为退货;③如果合同约定客户可以将质量有瑕疵的商品退回以换取正常的商品,企业应当按照本章"附有质量保证条款的销售"进行会计处理。

2. 核算原则

对于附有销售退回条款的合同,企业应当在客户取得商品控制权时确认收入,收入确认金额依据"可变对价及其限制"的相关规定进行计量,客户行使退货权发生的销售退回部分不确认收入。

因此,对于附有销售退回条款的销售,企业应当在客户取得相关商品控制权时,按照因向客户转让商品而预期有权收取的对价金额(即不包含预期因销售退回将退还的金额)确认收入,按照预期因销售退回将退还的金额确认负债;同时,按照预期将退回商品转让时的账面价值,扣除收回该商品预计发生的成本(包括退回商品的价值减损)后的余额,确认为一项资产,按照所转让商品转让时的账面价值,扣除上述资产成本的净额结转成本。每一资产负债表日,企业应当重新估计未来销售退回情况,如有变化,应当作为会计估计变更进行会计处理。

附有销售退回条款的销售,其会计处理如图 15-9 所示。

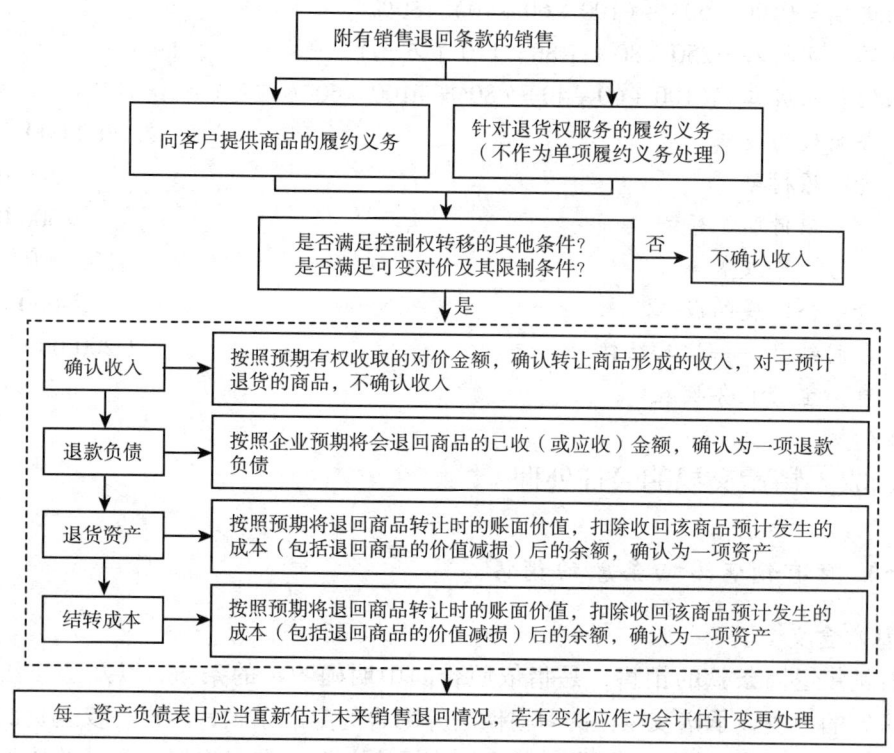

图 15-9 附有销售退回条款销售方式的会计处理

3. 账务处理

企业应设置"应收退货成本"科目，核算销售商品时预期将退回商品的账面价值，扣除收回该商品预计发生的成本（包括退回商品的价值减损）后的余额；在资产负债表中，应按其流动性分别计入"其他流动资产"或"其他非流动资产"项目。

企业发生附有销售退回条款的销售业务，应在客户取得相关商品控制权时，按照已收或应收合同价款，借记"银行存款""应收账款""应收票据""合同资产"等科目，按照因向客户转让商品而预期有权收取的对价金额（即不包含预期因销售退回将退还的金额），贷记"主营业务收入""其他业务收入"等科目，按照预期因销售退回将退还的金额，贷记"预计负债——应付退货款"等科目；结转相关成本时，按照预期将退回商品转让时的账面价值，扣除收回该商品预计发生的成本（包括退回商品的价值减损）后的余额，借记"应收退货成本"科目，按照已转让商品转让时的账面价值，贷记"库存商品"等科目，按其差额，借记"主营业务成本""其他业务成本"等科目。涉及增值税的，还应进行相应处理。

【例 15-49】 20×9 年 9 月 1 日，甲公司销售 500 件商品给乙公司，单位成本 40 元，单位售价 60 元，开出的增值税专用发票上注明的价款为 30 000 元，增值税额 4 800 元，商品已经发出，纳税义务已经发生，乙公司当日取得该批商品控制权。合同约定，乙公司应于 10 月 4 日支付款项，在 11 月 1 日前可以无条件退货，甲公司根据以往经验估计退货的可能性为 20%。假定实际发生退回时取得了税务机关开具的红字增值税专用发票。甲公司的账务处理如下：

(1) 9 月 1 日，发出商品。

借：应收账款——乙公司　　　　　　　　　　　　　　　　34 800
　　贷：主营业务收入　　　　　　　　　　　　（30 000×80%）24 000
　　　　预计负债——应付退货款　　　　　　　（30 000×20%）6 000
　　　　应交税费——应交增值税（销项税额）　（30 000×16%）4 800
借：主营业务成本　　　　　　　　　　　　　（20 000×80%）16 000
　　应收退货成本　　　　　　　　　　　　　（20 000×20%）4 000
　　贷：库存商品　　　　　　　　　　　　　　　　　　　　20 000

(2) 10 月 4 日，收到价税款。

借：银行账款　　　　　　　　　　　　　　　　　　　　　34 800
　　贷：应收账款——乙公司　　　　　　　　　　　　　　　34 800

(3) 11 月 1 日，假定没有发生退货。

借：预计负债——应付退货款　　　　　　　　　　　　　　6 000
　　贷：主营业务收入　　　　　　　　　　　　　　　　　　6 000
借：主营业务成本　　　　　　　　　　　　　　　　　　　4 000
　　贷：应收退货成本　　　　　　　　　　　　　　　　　　4 000

(4) 11 月 1 日之前，实际发生了部分销售退回，款项已支付。

①如果实际发生退货 100 件（退货率为 20%）。

收到退货。

借：库存商品 (100×40)4 000
　　贷：应收退货成本 4 000
根据开具的红字增值税专用发票，支付退货款。
借：预计负债——应付退货款 6 000
　　应交税费——应交增值税（销项税额） (100×60×16%)960
　　贷：银行存款 6 960

②如果实际发生退货120件（退货率为24%）。
收到退货。
借：库存商品 (120×40)4 800
　　贷：应收退货成本 4 800
根据开具的红字增值税专用发票，支付退货款。
借：预计负债——应付退货款 (120×60)7 200
　　应交税费——应交增值税（销项税额） (120×60×16%)1 152
　　贷：银行存款 8 352
冲减多退回的20件商品所确认的收入。
借：主营业务收入 (20×60)1 200
　　贷：预计负债——应付退货款 1 200
冲减多退回的20件商品所结转的成本。
借：应收退货成本 (20×40)800
　　贷：主营业务成本 800

③如果实际发生退货90件（退货率为18%）。
收到退货。
借：库存商品 (90×40)3 600
　　贷：库存商品 3 600
根据开具的红字增值税专用发票，支付退货款。
借：预计负债——应付退货款 (90×60)5 400
　　应交税费——应交增值税（销项税额） (90×60×16%)864
　　贷：银行存款 6 264
确认预计退回而未退回的10件商品的收入。
借：预计负债——应付退货款 600
　　贷：主营业务收入 (10×60)600
结转预计退回而未退回的10件商品的成本。
借：主营业务成本 (10×40)400
　　贷：应收退货成本 400

附有销售退回条款的销售，在客户要求退货时，如果企业有权向客户收取一定金额的退货费，则企业在估计预期有权收取的对价金额时，应当将该退货费包括在内。

【例15-50】甲公司向乙公司销售10件商品，每件售价为1 000元，每件成本为750元。根据合同约定，乙公司有权在收到商品的30天内退货，但是需要向甲公司支付

10%的退货费（即每件商品的退货费为100元）。根据历史经验，甲公司预计的退货率为10%，且退货过程中，甲公司预计为每件商品发生的成本为50元。甲公司在将商品控制权转移给乙公司时的账务处理为：

借：应收账款　　　　　　　　　　　　　　　　　　　　　　　11 600
　　贷：主营业务收入　　　　　　　　　　　　　　　(9×1 000+100)9 100
　　　　预计负债——应付退货款　　　　　　　　　(1×1 000-100)900
　　　　应交税费——应交增值税（销项税额）　　　(10×1 000×16%)1 600
借：主营业务成本　　　　　　　　　　　　　　　　　　　　　　6 800
　　应收退货成本　　　　　　　　　　　　　　　　　(1×750-50)700
　　贷：库存商品　　　　　　　　　　　　　　　　　　　(10×750)7 500

（二）附有质量保证条款的销售

附有质量保证条款的销售，是指企业根据合同约定、法律规定或本企业以往的习惯做法等，向客户提供相关商品符合合同约定的正常质量保证或合同约定之外的其他质量保证的销售方式。

1. 质量保证的类型

按照质量保证是否向客户提供了保证所销售商品符合既定标准之外的一项单独服务，可以将质量保证分为：①保证类质量保证，是指企业向客户提供了保证所销售的商品符合既定标准的质量保证。②服务类质量保证，是指企业向客户提供了保证所销售的商品符合既定标准之外的一项单独服务的质量保证。

企业在评估质量保证是否向客户提供了合同既定标准之外的一项单独服务时：

首先，考虑客户是否具有单独购买质量保证的选择权。对于客户能够选择单独购买（单独定价或商定）的质量保证，表明该质量保证构成单项履约义务。

其次，在客户不存在单独购买质量保证的选择权的情况下，评估是否向客户提供了合同既定标准之外的一项单独服务时，应当考虑的因素包括：①法定要求。当法律要求企业提供质量保证时，通常表明该质量保证不是单项履约义务；②质量保证期限。企业提供质量保证的期限越长，该质量保证越有可能构成单项履约义务；③企业承诺履行任务的性质。如果企业必须履行某些特定的任务以保证所销售的商品符合既定标准（例如，企业负责运输被客户退回的瑕疵商品），则这些特定的任务可能不构成单项履约义务。

2. 质量保证的会计处理

附有质量保证条款的销售，其会计处理如图15-10所示。

（1）不构成单项履约义务的质量保证。客户不具有单独购买选择权的质量保证，或企业向客户提供保证所销售的商品符合合同既定标准的质量保证，通常称为"保证类质量保证"。保证类质量保证，通常不构成单项履约义务，应按照或有事项准则规定进行会计处理。即与质量保证相关的义务满足负债确认条件的，企业在确认收入时，应合理估计未来可能产生的质量保证费用，作为预计负债，并计入当期损益。

（2）构成单项履约义务的质量保证。客户能够选择单独购买的质量保证，以及客户

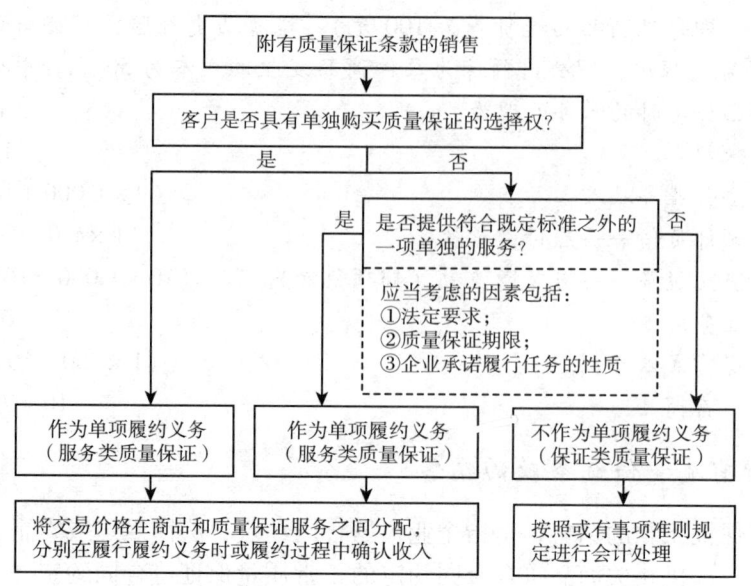

图 15-10 附有客户额外购买选择权销售方式的会计处理

虽然不具有单独购买质量保证的选择权但企业向客户提供了商品符合合同既定标准之外的一项单独服务的质量保证,通常称为"服务类质量保证"。服务类质量保证,通常构成单项履约义务,在客户取得相关商品控制权时确认收入。即企业应将合同交易价格(以单独售价的相对比例)在商品和质量保证服务之间分配,分别在履行履约义务时或履约过程中确认收入。

企业提供的质量保证同时包含保证类质量保证和服务类质量保证的,应当分别对其进行会计处理;无法合理区分的,应当将这两类质量保证合并作为单独的一项履约义务进行会计处理。

【例 15-51】甲公司与客户签订合同,销售一台洗衣机。该洗衣机自售出起一年内,如果发生质量问题,甲公司负责提供质量保证服务。在此期间内,由于客户使用不当等原因造成的故障,甲公司也免费提供维修服务,该维修服务不能单独购买。

分析:甲公司的承诺包括销售洗衣机、提供质保服务和维修服务。针对质量问题提供的质量保证服务是向客户保证所销售商品符合既定标准,属于保证类质量保证,因此不构成单项履约义务,应当按照或有事项准则的规定进行会计处理。针对客户使用不当而导致的故障所提供的免费维修服务,属于在向客户保证所销售商品符合既定标准之外提供的单独服务,尽管其没有单独销售,该服务与洗衣机可明确区分,属于服务类质量保证,应该作为单项履约义务。因此,在该合同下,作为单项履约义务的有两项:销售洗衣机和提供维修服务,甲公司应当按照其各自单独售价的相对比例,将交易价格分摊至这两项履约义务,并在各项履约义务履行时分别确认收入。

【例 15-52】甲公司是电脑制造商和销售商,与乙公司签订了销售一批电脑的合同,合同约定:电脑售价为75万元,同时提供"延保服务",即从法定质保1年到期之后的3年内,将对电脑任何损坏的部件进行保修或更换。该批电脑和延保服务的单独售价分别为 70 万元和 5 万元。该批电脑的成本为 50 万元。基于其自身经验，甲公司估计在法定保修期内将发生的保修费用为 2 万元。合同签订当日，乙公司取得了该批电脑的控制权。假定不考虑增值税等相关税费及货币时间价值因素，甲公司的账务处理如下：

（1）确认销售电脑收入及延保服务产生的合同负债。

借：银行存款　　　　　　　　　　　　　　　　　　　750 000
　　贷：主营业务收入　　　　　　　　　　　　　　　　700 000
　　　　合同负债　　　　　　　　　　　　　　　　　　 50 000

说明：甲公司收取的 5 万元延保服务，应当在延保期内按照履约进度确认收入。

（2）结转相应的成本。

借：主营业务成本　　　　　　　　　　　　　　　　　500 000
　　贷：库存商品　　　　　　　　　　　　　　　　　　500 000

（3）免修期发生的保修费。

借：销售费用　　　　　　　　　　　　　　　　　　　 20 000
　　贷：预计负债——产品质量保证　　　　　　　　　　 20 000

当企业销售的商品对客户造成损害或损失时，如果相关法律法规要求企业需要对此进行赔偿，该法定要求不会产生单项履约义务。如果企业承诺，当企业向客户销售的商品由于专利权、版权、商标或其他侵权等原因被索赔而对客户造成损失时，向客户赔偿该损失，该承诺也不会产生单项履约义务，企业应当按照或有事项准则的规定对上述义务进行会计处理。

（三）主要责任人和代理人

企业为了满足客户的多样化需求，经常需要与第三方合作，通过代理、转售等多种方式，为同一客户提供商品，并可能通过业务分成等形式收取款项。例如，商场与设在商场的营业专柜合作向消费者销售商品，电信运营商与网络增值服务提供商合作向客户提供网络增值服务等。

当企业向客户提供商品涉及第三方参与其中时，企业应当确定其自身在该交易中的身份是主要责任人还是代理人。主要责任人应当按照已收或应收对价总额（即总额法）确认收入；代理人应当按照预期有权收取的佣金或手续费的金额（净额法）确认收入。

1. 主要责任人或代理人的区分原则

当企业向客户提供商品涉及第三方参与其中时，企业应当根据其承诺的性质，也就是履约义务的性质，以确定其在该项交易中的身份是主要责任人还是代理人。如果企业承诺自行向客户提供特定商品的，或委托第三方代为提供特定商品的，其身份是主要责任人；企业承诺安排第三方提供特定商品的，即企业为第三方提供协助的，其身份是代理人。

为了确定企业承诺的履约义务的性质，应当首先确定提供给客户的特定商品，然后评估每一项特定商品在转让给客户前企业是否控制该商品。具体如下：

（1）确定企业向客户提供的特定商品。特定商品，是指向客户提供的可明确区分的商品或一揽子商品，或享有由第三方提供商品的权利。需要注意的是，企业需要针对向客户提供每一项可明确区分的商品来判断其身份是主要责任人还是代理人。如果合同中包括多项特定商品，那么企业需要分别判断其在这些商品的履约义务中的身份是主要责任人还是代理人。例如，甲企业与客户订立合同，向客户销售其生产的产品并且负责将该产品运至客户指定的地点，假定销售产品和提供运输服务是两项履约义务，企业需要分别判断其在这两项履约义务中的身份是主要责任人还是代理人。

（2）评估特定商品转让给客户之前是否控制该特定商品。企业在将特定商品转让给客户之前控制该特定商品的，表明企业的承诺是自行向客户提供该商品，或委托第三方（例如分包商、其他服务提供商等）代其提供该商品，因此，企业为主要责任人；相反，企业在特定商品转让给客户之前不控制该商品的，表明企业的承诺是安排第三方向客户提供该商品，企业仅仅是为第三方提供协助，因此，企业为代理人。

2. 企业向客户转让商品前能够控制该商品的情形

当第三方参与企业向客户提供商品时，企业向客户转让商品前能够控制该商品的情形包括：（1）企业自第三方取得商品或其他资产控制权后，再转让给客户。（2）企业能够主导第三方代表本企业向客户提供服务。（3）企业自第三方取得商品控制权后，通过提供重大的服务将该商品与其他商品整合成某组合产出转让给客户。综上所述，当存在第三方参与企业向客户提供商品时，企业向客户转让特定商品之前能够控制该商品的，应当为主要责任人，否则应当为代理人。

在具体判断向客户转让特定商品之前是否已经拥有对该商品的控制权时，企业不应仅局限于合同的法律形式，而应当综合考虑所有相关事实和情况，这些事实和情况包括但不仅限于：（1）企业承担向客户转让商品的主要责任。（2）企业在转让商品之前或之后承担了该商品的存货风险。（3）企业有权自主决定所交易商品的价格。（4）其他相关事实和情况。上述相关事实和情况，提供了企业确定在特定商品交付给客户之前是否控制该商品的迹象，但不能把它作为一个需要符合所有情况的标准清单；这些迹象仅为商品控制权转移的评估提供支持性或佐证性证据，不能取代控制权的评估，也不能凌驾于控制权评估之上，更不是单独或额外的评估；并且这些事实和情况并不是孤立的、并无权重之分；企业应当根据相关商品的性质、合同条款的约定以及其他具体情况进行综合判断。

3. 主要责任人与代理人的会计处理

当第三方参与企业向客户提供商品时，企业应当以确定合同中企业所承诺的履约义务的性质为基本前提，以企业在特定商品转让给客户之前是否能够控制该商品为核心原则，来判断其是主要责任人还是代理人。企业无论是主要责任人还是代理人，均应当在履约义务履行时确认收入，即企业向客户转移了已承诺商品的控制权时确认收入。

（1）主要责任人的界定及其会计处理。

①企业在将特定商品转让给客户之前已控制该商品的，表明企业将自行向客户提供该商品或委托第三方代其向客户提供该商品，则企业是主要责任人。但是，如果企业在商品或服务的法定所有权转移给客户之前只是暂时性取得其法定所有权，则企业不一定是主要责任人。

②企业为主要责任人，则应当按照总额法确认收入。即企业应当按照已收或应收对价总额确认收入。

【例15-53】甲公司与客户乙公司订立合同，为其提供写字楼物业服务，并商定了服务范围及其价格。甲公司每月按照约定的价格向乙公司开具发票，乙公司按照约定的日期向甲公司付款。双方签订合同后，甲公司与丙公司签订合同，合同约定丙公司为乙公司提供写字楼物业服务。甲公司和丙公司商定了服务价格，双方订立的合同付款条款大致上同甲公司和乙公司订立的付款条款一致。当丙公司按照与甲公司的合同约定提供了服务时，无论乙公司是否向甲公司付款，甲公司都必须向丙公司付款。乙公司无权主导丙公司提供未经甲公司同意的服务。

分析：甲公司委托丙公司为乙公司提供服务，该服务在交付给乙公司之前，甲公司能够主导丙公司为乙公司提供服务，能控制丙公司为乙公司所提供的物业服务，应当作为主要责任人进行会计处理。原因在于：一是甲公司承担了向乙公司提供服务的主要责任。甲、乙公司确定了服务范围并商定价格，且合同中约定，甲公司负责确保按照合同条款提供服务，甲公司因此承担了提供物业服务的主要责任。二是甲公司在丙公司为乙公司提供物业服务之后承担了该服务的风险。因为丙公司在向乙公司提供物业服务后，乙公司不能付款，甲公司都必须向丙公司付款，甲公司因此承担了该物业服务的存货风险。三是甲公司有权自主决定该物业服务的价格。甲公司在该交易中与乙公司确定了服务范围及价格，且其自行选择服务供应商并确定相关合同条款。因此，甲公司在该交易中的身份为主要责任人，甲公司在其履行安排丙公司向乙公司提供物业服务时，按其已收或应收乙公司的款项全额确认收入。

（2）代理人的界定及其会计处理。

①企业在将特定商品转让给客户之前不控制该商品的，表明企业将安排第三方向客户提供该商品，即企业并不控制由第三方提供的特定商品，仅协助第三方向客户提供商品，则企业是代理人。

②企业为代理人，则应当按照净额法确认收入。即企业应当按照其因安排第三方向客户提供特定商品而预期有权收取的佣金或手续费的金额确认收入，该金额应当按照已收或应收对价总额扣除应支付给其他相关第三方的价款后的净额确定，或者按照既定的佣金金额或比例确定。

【例15-54】甲公司经营一个电商平台以使客户能从平台上的供应商处购买商品，供应商直接向客户交付产品。当通过该电商平台购买商品时，甲公司有权获得相当于售价10%的佣金。甲公司的电商平台协助供应商与客户之间按供应商所设定的价格进行支付。甲公司在处理订单之前要求客户付款，且所有订单均不可退款。甲公司在安排向客户提供产品之后没有其他义务。

分析：合同供应商直接向客户提供其商品，甲公司仅协助双方之间达成交易，并获取佣金，甲公司并未在向客户转让商品前取得商品的控制权，应当作为代理人进行会计处理。原因在于：一是甲公司不承担向客户转让商品的主要责任。在供应商不能向客户转让商品时，甲公司既不用提供商品，也没有责任验收商品。二是甲公司在供应商转让商品之前或之后未承担该商品的存货风险。甲公司并未承诺在客户购买商品前从供应商处获取存货,也未承诺对商品的任何损坏或返修承担责任;三是甲公司没有对供应商商品的定价权。销售价格由供应商决定。因此,甲公司在该交易中的身份为代理人,应在其履行安排供应商向客户提供商品的承诺时,按其有权获得的佣金金额确认收入。

需要注意的是,当第三方承担了企业的履约义务并享有了合同中的权利,从而使企业不再负有自行向客户转让特定商品的义务时,企业不再是主要责任人,不应再按照主要责任人确认收入,而应当评估其履约义务是否是为该第三方取得合同,即企业是否为代理人,并确认相应的收入。此外,如果合同中包括多项特定商品,企业需要分别判断其在这些商品的履约义务中的身份是主要责任人还是代理人。

【例15-55】甲公司为服务型企业,主要业务是为其客户针对其职位空缺寻找应聘者,企业自身提供面试候选人及进行背景调查等服务。作为与客户的合同的一部分,客户能够获得访问第三方招聘信息数据库的许可。甲公司安排第三方提供该许可,但客户直接与数据库提供商签订许可证合同。甲公司代表数据库提供商收取款项,并向客户开具发票。数据库提供商自行决定许可证的价格,并向客户提供后续技术支持以及承担未来可能因服务故障或技术问题给客户造成的损失。

分析:甲公司应首先识别合同中约定的特定商品或服务,并评估其在转让给客户前是否拥有对其的控制权。该合同中有两项可明确区分的商品或服务,即"招聘服务"和"提供第三方数据库的访问服务"。因此,甲公司需要针对以上两项可明确区分的服务来分别判断企业的身份是主要责任人还是代理人。对于招聘服务,甲公司自己为客户提供相关服务,交易过程中不涉及第三方,甲公司即为主要责任人,按期已收或应收对价的金额全额确认收入。对于提供第三方数据库的访问服务,在服务提供给客户之前,甲公司并不控制对数据库的访问许可,由于客户直接与数据库提供商签订许可协议,甲公司并不能主导数据库提供商为客户提供指导的许可服务。原因在于:一是甲公司不负责履行提供进入数据库服务的履约义务。客户直接与数据库提供商签订许可合同,并向客户提供后续技术支持以及承担未来可能因服务故障或技术问题给客户造成的损失。二是甲公司不承担存货风险。甲公司在向客户提供许可服务之前并没有购买进入数据库的许可,交易中客户与数据库提供商直接签订合同。三是甲公司没有对进入数据库许可的定价权,数据库服务的价格由数据库提供商自行决定,甲公司只是代收相关款项。因此,对于第三方数据库的访问服务,甲公司是代理人,按其在履行安排数据库提供商向客户提供商品的承诺时,有权获得的手续费金额确认收入。

综上所述,主要责任人与代理人的区分及会计处理,如图15-11所示。

(四) 附有客户额外购买选择权的销售

附有客户额外购买选择权的销售,是指企业在销售商品的同时,会向客户授予选择权,允许客户可以据此免费或者以折扣价格购买额外商品的销售方式。该额外购买选择权包括销售激励、客户奖励积分、合同续约选择权以及未来购买商品的折扣券等。

对于附有客户额外购买选择权的销售,企业应当评估该选择权是否向客户提供了一项重大权利,以判断其是否构成合同中的单项履约义务。

1. 提供重大权利

如果合同中的额外购买商品或服务的选择权,在客户不签订这项合同就无法取得,

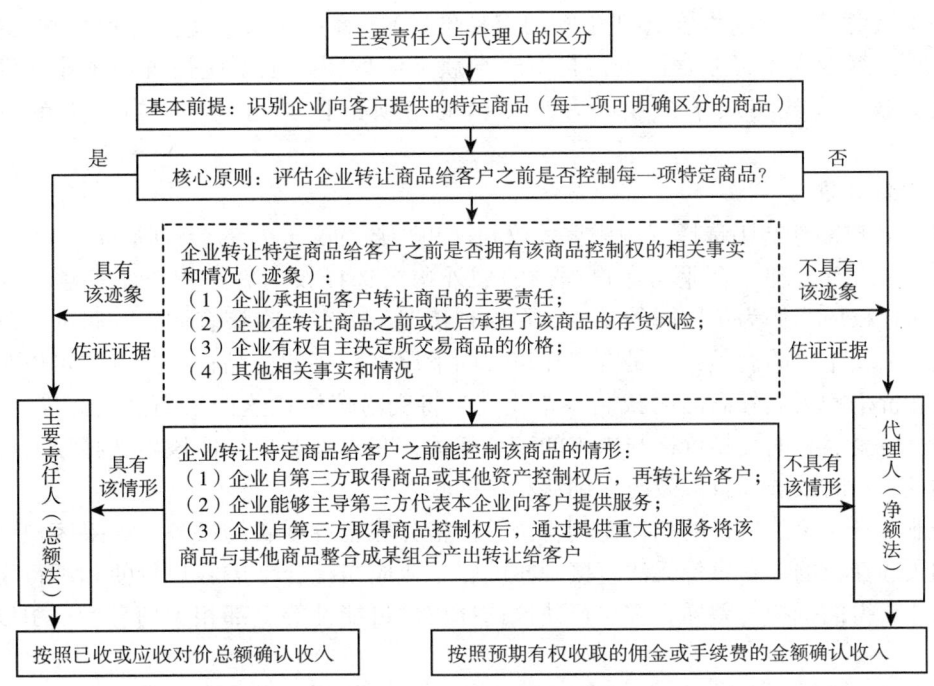

图 15-11　主要责任人与代理人的区分及会计处理

且未来在行使该项权利时的交易价格反映了超出此类商品的正常交易折扣（如超过该地区或该市场中其他同类客户所能够享有的折扣）时，通常表明了该项选择权向客户提供了一项重大权利。此时，该项选择权实质上是客户就未来购买额外的商品预先向企业进行了支付，应当作为单项履约义务。

在考虑授予客户的该项选择权是否重大时，应根据其金额（免费或按折扣取得额外商品或服务所优惠的金额等）和性质（单个项目优惠金额很小，但是如果发生的频率或者数量较多，也可能构成重大权利）进行综合判断。

【例 15-56】甲零售公司实施了一项客户奖励积分计划，客户每消费 10 元就获得 1 个积分。计划参与人员可使用累计积分免费换取甲公司销售的产品。基于历史数据，客户通常会累计足够的积分来免费获取产品。假设某客户以 50 元的价格购买了一件商品，获得 5 个积分。根据兑换比例，估计每个积分的单独售价为 0.20 元，即客户获得的 5 个积分共计 1 元。尽管根据估计金额，5 个积分共计 1 元，但是，鉴于甲公司奖励积分计划发生频率高（对每次交易产生影响），影响广泛（对所有购物活动均有影响），因此，该积分提供了一项重大权利应确认为单项履约义务。

在实务中，当客户享有的额外购买选择权是一项重大权利时，如果客户未来行使该权利时购买的额外商品与原合同下购买的商品类似，且企业将按照原合同条款提供该额外商品的，则此类选择权与其他折扣选择权（例如，折扣券及奖励积分等）的性质是不同的，此类选择权是以续约为目的的，称为续约选择权。

2. 未提供重大权利

企业向客户提供了额外购买选择权，但客户在行使该选择权时，所购买商品的价格反映了该商品的单独售价（即正常的交易价格），客户并未享受到任何特殊折扣等，即使该项选择权在不订立合同的前提下客户就无法取得，也不应被视为企业向客户提供了重大权利，其实质是企业向客户提出的一项销售要约，不应当作为单项履约义务。

3. 会计处理

（1）客户额外购买选择权构成重大权利（单项履约义务）的会计处理。

①一般会计处理。企业向客户提供的额外购买选择权为客户提供了一项重大权利的，该选择权应当作为单项履约义务。在这种情况下，客户在该合同下支付的价款实际上购买了两项单独的商品：一是客户在该合同下原本购买的商品；二是客户可以免费或者以折扣价格购买额外商品的权利。企业应当将交易价格在这两项商品之间进行分摊，其中，分摊至后者的交易价格与未来的商品相关，在未来客户行使该项选择权取得相关商品的控制权时或选择权失效时，确认相应的收入。

企业应基于单独售价的相对比例将交易价格分摊至各项履约义务。如果客户取得的额外购买选择权的单独售价无法直接观察的，企业应当综合考虑客户行使和不行使该选择权所能获得的折扣的差异、客户行使该选择权的可能性等全部相关信息后，予以合理估计。

【例15-57】甲商场以每件200元的价格销售乙服装，购买该服装的客户可得到一张40%的折扣券，客户可以在未来的30天内使用该折扣券购买原价不超过200元的服装。同时，甲商场计划推出季节性促销活动，在未来30天内对所有服装均提供10%的折扣。上述两项优惠不能叠加使用。根据历史经验，甲公司预计有80%的客户会使用该折扣券，额外购买服装的平均金额为100元。假定不考虑增值税等相关税费影响，甲商场的会计处理步骤如下：

第一步：由于购买乙服装的客户能够取得40%的折扣券，其远高于所有客户均能享有的10%的折扣，该折扣券给客户带来30%（40%-10%）的增量折扣，甲商场认为该增量折扣向客户提供了重大权利，应当作为单项履约义务。

第二步，根据客户使用折扣券的可能性以及额外购买的金额，估计该折扣券的单独售价。

折扣券的单独售价 = 100（购买的平均金额）× 30%（增量折扣）× 80%（行权概率）= 24（元）

第三步，甲公司按照乙服装和折扣券的单独售价的相对比例对交易价格进行分摊。

乙服装分摊的交易价格 = 200 ÷ (200 + 24) × 200 = 178.57（元）

折扣券分摊的交易价格 = 24 ÷ (200 + 24) × 200 = 21.43（元）

第四步，甲公司在销售乙服装时的账务处理如下。

借：银行存款　　　　　　　　　　　　　　　　　　　　　200
　　贷：主营业务收入　　　　　　　　　　　　　　　　　178.57
　　　　合同负债　　　　　　　　　　　　　　　　　　　 21.43

【例15-58】20×8年1月1日，甲公司开始推行一项奖励积分计划。根据该计划，客户在甲公司每购买10元的商品可获得1个积分，每个积分从次月开始在购物时可以抵减1元。截至20×8年1月31日，客户共购买了商品10万元，可获得10 000个积分，根据历史经验，甲公司估计该积分的兑换率为95%。假定不考虑增值税等相关税费影响。甲公司的会计处理如下：

甲公司认为，该积分为客户提供了在不订立合同的情况下无法获得的重大权利，应当作为一项单独的履约义务。客户购买商品的单独售价为10万元；考虑积分的兑换率，甲公司估计积分的单独售价为9 500元（1元×10 000个积分×95%）。甲公司按照商品和积分单独售价的相对比例对交易价格进行分摊，具体如下：

商品分摊的交易价格＝[100 000÷(100 000＋9 500)]×100 000＝91 324（元）

积分分摊的交易价格＝[9 500÷(100 000＋9 500)]×100 000＝8 676（元）

因此，甲公司应当在商品的控制权转移时确认收入91 324元，同时确认合同负债8 676元。

借：银行存款　　　　　　　　　　　　　　　　　　　　　100 000
　　贷：主营业务收入　　　　　　　　　　　　　　　　　　91 324
　　　　合同负债　　　　　　　　　　　　　　　　　　　　8 676

截至20×8年12月31日，客户共兑换了4 500个积分，甲公司对该积分的兑换率进行了重新估计，仍然预计客户将会兑换的积分总数为9 500个。因此，甲公司以客户兑换的积分数占预期将兑换的积分总数的比例为基础确认收入。

积分应当确认的收入＝(4 500÷9 500)×8 676＝4 110（元）

剩余未兑换的积分的金额＝8 676－4 110＝4 566（元），仍然作为合同负债。

借：合同负债　　　　　　　　　　　　　　　　　　　　　　4 110
　　贷：主营业务收入　　　　　　　　　　　　　　　　　　4 110

截至20×9年12月31日，客户累计兑换了8 500个积分，甲公司对该积分的兑换率进行了重新估计，预计客户将会兑换的积分总数为9 700个。

积分应当确认的收入＝(8 500÷9 700)×8 676－4 110＝3 493（元）

剩余未兑换的积分的金额＝8 676－4 110－3 493＝1 073（元），仍然作为合同负债。

借：合同负债　　　　　　　　　　　　　　　　　　　　　　3 493
　　贷：主营业务收入　　　　　　　　　　　　　　　　　　3 493

奖励积分有效期满或客户未兑换失效，结转剩余积分的相关负债。

借：合同负债　　　　　　　　　　　　　　　　　　　　　　1 073
　　贷：主营业务收入　　　　　　　　　　　　　　　　　　1 073

②续约选择权的简易会计处理。对于续约选择权，为了简化处理，企业可以无须估计该选择权的单独售价，而是直接把其预计将提供的额外商品的数量以及预计将收取的相应对价金额纳入原合同的交易价格中，然后再对交易价格分摊至未来可选的商品。

【例15-59】甲公司与客户签订为期1年的合同，以每件800元的价格向客户销售乙产品，数量不限，客户可以选择在合同到期时，以与原合同相同的条款续约1年，该产品通常每年提价20%，由于客户可以按原合同价格购买乙产品，甲公司认为该续约选择权向客户提供了重大权利，且符合简化处理的条件，因此，甲企业可以无须将原合同的交易价格分摊至该续约选择权,而是直接按照每件 800 元的价格确认原合同和续约后的合同下销售的乙产品收入。

③奖励积分的会计处理。企业授予客户的奖励积分为客户提供了重大权利从而构成单项履约义务时,企业应当根据具体情况确定收入确认的时点和金额。具体而言:一是该积分只能用于兑换本企业提供的商品的,企业通常只能在将相关商品转让给客户或该积分失效时,确认与该积分相关的收入;二是该积分只能用于兑换第三方提供的商品的,企业应当分析,对于该项履约义务而言,其身份是主要责任人还是代理人,企业是代理人的,通常应在完成代理服务时(例如,协助客户自第三方兑换完积分时)按照其有权收取的佣金等确认收入;三是客户可以选择兑换由本企业或第三方提供的商品的,在客户选择如何兑换该积分或该积分失效之前,企业需要随时准备为客户兑换积分提供商品,当客户选择兑换本企业的商品时,企业通常只能在将相关商品转让给客户或该积分失效时确认相关收入,当客户选择兑换第三方提供的商品时,企业需要分析其是主要责任人还是代理人,并进行相应的会计处理。

(2) 客户额外购买选择权不构成重大权利(单项履约义务)的会计处理。企业向客户提供的额外购买选择权,但客户行使该选择权所购买商品的价格反映了该商品的单独售价时,该选择权不应被视为向客户提供了重大权利,其实质是企业向客户提出了一项销售要约,不应当作为单项履约义务。在这种情况下,仅在客户行使该选择权来购买额外商品时,企业才对该销售要约确认相应的收入。

【例 15-60】甲电信公司与客户订立了一项合同,以提供一部手机和为期两年的月度网络服务。网络服务包括每月至多 1 000 分钟通话时间和 1 500 条短信,按月收取固定费用。合同规定了客户可选择在任何月份购买的额外通话时间或短信的费用,且这些服务的价格与其单独售价相同。分析:甲公司确定该购买额外通话时间和短信的选择权的价格反映了这些服务的单独售价,未向客户提供在不签订合同的情况下无法获得的重大权利。因此,甲公司不应将任何交易价格分摊至额外通话时间或短信的选择权,而仅当其提供这些服务的情况下才确认额外通话时间或短信的收入。

综上所述,附有客户额外购买选择权的销售,其会计处理如图 15-12 所示。

(五) 授予知识产权许可

授予知识产权许可,是指企业授予客户对企业拥有的知识产权享有相应权利。常见的知识产权包括软件和技术、影视和音乐等的版权、特许经营权以及专利权、商标权和其他版权等。

企业向客户授予知识产权许可的,首先判断该知识产权许可是否构成单项履约义务,构成单项履约义务的,应当进一步判断其是在某一时段内履行还是在某一时点履行,进而决定其收入确认的方式。

1. 识别授予知识产权许可是否构成单项履约义务

企业在向客户授予知识产权许可时,可能也会向客户销售商品。在这种情况下,企业应当评估授予客户的知识产权许可与所售商品是否可以明确区分,即该知识产权许可是否构成单项履约义务。

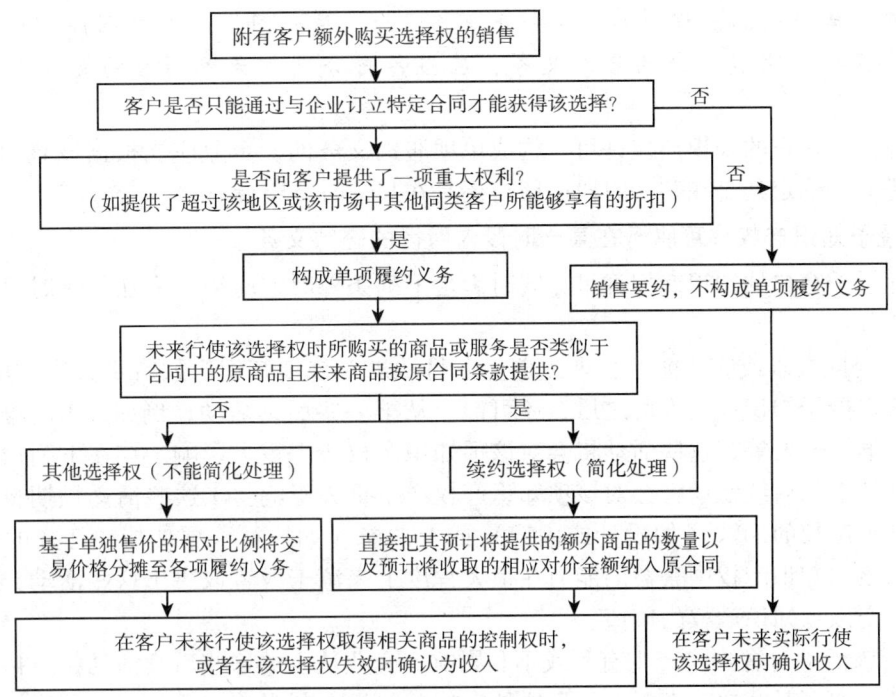

图 15–12 附有客户额外购买选择权销售方式的会计处理

知识产权许可与所售商品不可明确区分的情形包括:

(1) 该知识产权许可构成有形商品的组成部分并且对于该商品的正常使用不可或缺。例如,企业向客户销售设备和相关软件,该软件内嵌于设备之中,该设备必须安装了该软件之后才能正常使用。

(2) 客户只有将该知识产权许可和相关服务一起使用才能够从中获益。例如,客户取得授权许可,但是只有通过企业提供的在线服务才能访问相关内容。

如果企业在向客户授予的知识产权许可与所售商品不可明确区分的,则该知识产权许可,不构成单项履约义务,企业应当将该知识产权许可与所售商品合并作为一项单独的履约义务进行会计处理;如果企业在向客户授予的知识产权许可与所售商品可明确区分的,则该知识产权许可应作为单项履约义务进行会计处理。

【例 15–61】甲制药公司授予客户在 15 年内享有其针对某项经审批的合成药的专利权的许可证,并承诺为客户生产该药品。该药品是一项成熟产品,依据商业惯例,甲公司后续不会实施支持该药品的任何活动。情形一:由于生产流程的特殊性极高,因此没有其他企业能生产该药品。所以,许可证不能独立于生产药品服务而单独购买。情形二:用于生产该药品的生产流程并非唯一或特殊的,其他若干企业也能够为客户生产该药品。分析:甲公司应根据相关规定评估承诺向客户提供的药品和许可证服务,以识别可明确区分的履约义务。针对情形一:客户在不获得生产药品服务的情况下不能从许可证中获益,许可证和生产药品服务不可明确区分,企业应将许可证和生产药品服务合并作为一项单独的履约义务进行会计处理。针对情形二:由于生产药品的流程可由其他企业提供,因此客户能够通过单独使用该许可证获益,且

459

许可证可与生产药品流程能单独区分开来。因此，该合同中具有专利许可证和生产药品服务两项可明确区分的履约义务，应当各自分别作为单项履约义务进行会计处理。

企业授予客户的知识产权许可，构成单项履约义务的，企业应当根据该履约义务的性质，进一步确定其是在某一时段内履行还是在某一时点履行。

2. 授予知识产权许可属于在某一时段内履行的履约义务

企业授予客户的知识产权许可，同时满足下列条件时，应当作为在某一时段内履行的履约义务：

（1）合同要求或客户能够合理预期企业将从事对该项知识产权有重大影响的活动。企业向客户授予知识产权许可之后，还可能会从事一些后续活动，例如，市场推广、知识产权的继续开发等，这些活动将会对该项知识产权产生重大影响。存在下列情况之一的，企业从事的后续活动将会对该项知识产权产生重大影响：①这些活动预期将显著改变该项知识产权的形式（如设计或内容）或者功能（如执行一项功能或任务的能力）；②客户从该项知识产权中获益的能力在很大程度上来源于或者取决于这些活动，即这些活动会改变该项知识产权的价值。

（2）该活动对客户将产生有利或不利影响。企业从事的这些后续活动将直接导致相关知识产权许可对客户产生影响，且这种影响既包括有利影响，也包括不利影响。如果企业从事的后续活动并不影响授予客户的知识产权许可，那么企业的后续活动只是在改变其自己拥有的资产。虽然这些活动可能影响企业提供未来知识产权许可的能力，但将不会影响客户已控制或使用的内容。

（3）该活动不会导致向客户转让某项商品。企业向客户授予知识产权许可，并承诺从事与该许可相关的某些后续活动时，如果这些活动本身构成了单项履约义务，那么企业在评估授予知识产权许可是否属于在某一时段履行的履约义务时应当不予考虑。

【例15-62】甲公司与客户订立一份合同，向客户授予特许经营权，并在10年内向客户提供使用甲公司商标和出售甲公司产品的权利。在此期间内，甲公司将从事一些既定的商业活动，包括分析消费者不断改变的偏好、进行产品改良以及开展市场营销等活动，此类活动将影响特许经营品牌。分析：客户能够合理预期，甲公司将从事对特许经营品牌有重大影响的活动，该活动将对客户产生有利或不利影响，同时该活动在发生时并不会向客户转让商品或服务。因此，甲公司承诺的性质是向客户提供在整个许可有效期内按照许可的当前形式获得其知识产权的权利，应当作为在某一时段内履行的履约义务确认相关收入。

3. 授予知识产权许可属于在某一时点履行的履约义务

企业授予客户的知识产权许可虽然构成单项履约义务，如果不能同时满足上述三个条件的，则不属于在某一时段内履行的履约义务，而应当作为在某一时点履行的履约义务。

【例15-63】甲公司为一家唱片公司，其向客户授予某一张经典民歌唱片的许可，许可有效期为两年。客户可以在所有商业渠道使用该唱片，包括电视、广播和网络广告。甲公司因提供许可而每月收取 10 000 元。该合同不可撤销。分析：甲公司除了授予该版权许可外不存在其他履约义务。甲公司并无任何义务从事改变该版权的后续活动，该版权也具有重大的独立功能（即民歌的录音可直接用于播放），乙公司主要通过该重大独立功能获利，而非甲公司的后续活动。因此，合同未要求甲公司从事对该版权许可有重大影响的活动，乙公司对此也没有形成合理预期，甲公司授予该版权许可属于在某一时点履行的履约义务，应在乙公司能够主导该版权的使用并从中获得几乎全部经济利益时，全额确认收入。此外，由于甲公司履约的时间与客户付款时间（两年内每月支付）之间间隔较长，甲公司需要判断该项合同中是否存在重大的融资成分，并进行相应的会计处理。

综上所述，根据企业授予客户的知识产权许可的性质，可将知识产权许可分为以下两种类型：

（1）静态的知识产权许可。企业在向客户授予的知识产权具有重大独立功能，企业无须对知识产权提供后续服务活动或相关后续活动不会显著改变知识产权的形式或功能，客户在授予时点即获得主导知识产权许可的使用并取得其几乎所有的剩余利益。在这种情况下，企业向客户授予的知识产权许可的性质为使用知识产权的权利，应作为在某一时点履行的单项履约义务。其中，具有重大独立功能的知识产权主要包括软件、生物合成物或药物配方以及已完成的媒体内容（例如电影、电视节目和音乐唱片）等。

（2）动态的知识产权许可。企业在向客户授予的知识产权需要持续更新，企业持续涉入其知识产权，即授予方在授予许可的有效期内需对知识产权进行持续更新并提供给被授予方，客户并未在授予时点主导知识产权的使用并获得其几乎所有的剩余利益，客户并未控制该知识产权许可。在这种情况下，企业向客户授予的知识产权许可的性质为获取知识产权的权利，应作为在某一时段内履行的单项履约义务。

特别强调的是，企业在判断某项知识产权许可是属于在某一时段内履行的履约义务还是在某一时点履行的履约义务时，不应考虑下列因素：①该许可在时间、地域、排他性以及相关知识产权消耗和使用方面的限制。这是因为这些限制仅是对知识产权许可属性的界定，并不能界定企业是在某一时点还是在某一时段内履行其履约义务。②企业就其拥有的知识产权的有效性以及防止未经授权使用该知识产权许可所提供的保证。这是因为保护知识产权的承诺并不构成履约义务，该保护行为是为了保护企业知识产权资产的价值，并且就所转让的知识产权许可符合合同约定的具体要求而向客户提供保证。

4. 会计处理

（1）企业向客户授予的知识产权许可与所售商品可明确区分的，该知识产权许可构成单项履约义务，分别以下情况进行会计处理：

①如果企业向客户授予的知识产权许可的性质为取得知识产权的权利，应作为在某一时段内履行的履约义务，企业应选择适当的方法来计量其提供履约义务的履约进度，并在其提供知识产权许可的期间内确认收入。

②如果企业向客户授予的知识产权许可的性质为使用知识产权的权利，应作为在某

一时点履行的履约义务,企业在履行该履约义务时确认收入或客户取得其控制权时确认收入。即在客户能够使用某项知识产权许可并开始从中获利之前,企业不能对此类知识产权许可确认收入。例如,企业授权客户在一定期间内使用软件,但是,在企业向客户提供该软件的密钥之前,客户都无法使用该软件,因此,企业在向客户提供该密钥之前虽然已经得到授权,但也不应确认收入。

(2)企业向客户授予的知识产权许可与所售商品不可明确区分的,应当将该知识产权许可与所售商品合并为一项单独的履约义务,并判断其属于在某一时段内履行的履约义务,还是在某一时点履行的履约义务。

综上所述,企业在向客户授予知识产权许可的会计处理,如图 15-13 所示。

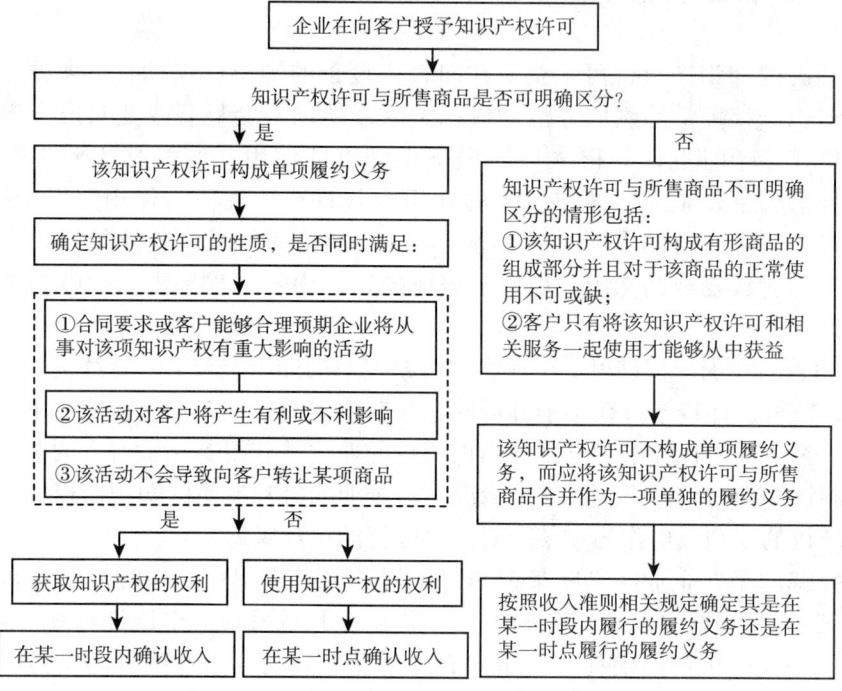

图 15-13 企业在向客户授予知识产权许可的会计处理

5. 基于销售或使用情况的特许权使用费

企业向客户授予知识产权许可,并约定按客户实际销售或使用情况(如按照客户的销售额)收取特许权使用费的,应当在下列两项孰晚的时点确认收入:①客户后续销售或使用行为实际发生;②企业履行相关履约义务。

该规定实际上是对可变对价估计及其限制的例外,该例外规定只有在下列两种情形下才能使用:①特许权使用费仅与知识产权许可相关。②特许权使用费可能与合同中的知识产权许可和其他商品都相关,但是,与知识产权许可相关的部分占有主导地位。当企业能够合理预期,客户认为知识产权许可的价值远高于合同中与之相关的其他商品时,该知识产权许可可能是占有主导地位的。

对于不适用该例外规定的特许权使用费,应当按照估计可变对价的一般原则进行处理。

企业使用上述例外规定时,应当对特许权使用费整体采用该规定,而不应当将特许权使用费进行分拆,即部分采用该例外规定进行处理,而其他部分按照估计可变对价的一般原则进行处理。

【例 15-64】 甲公司为一家电影发行公司,向乙公司授予某电影的放映许可。乙公司为电影院运营商,获得了在六周内播放该电影的权利。此外,合同约定:在六周放映期开始前,向乙公司发送该电影相关纪念品;在六周放映期内,向乙公司提供在其影院内播放的该电影剧场版预告片。因授予播放许可及相关促销产品权,甲公司将参与乙公司影院放映电影的票房分成(即基于销售的特许使用费形式的可变对价)。分析:甲公司的承诺包括授予电影版权许可、提供电影相关纪念品以及提供电影预告片。甲公司在该合同下获得的对价为按照乙公司实际销售情况收取的特许权使用费,且与之相关的授予电影版权许可是占有主导地位的。这是因为,甲公司能够合理预期,客户认为该电影版权许可的价值远高于合同中提供的电影相关纪念品和电影预告片。因此,甲公司应当在乙公司放映该电影的期间按照约定的分成比例确认收入。如果授予电影版权许可、提供电影片花以及广告服务分别构成单项履约义务,甲公司应将该取得的分成收入在这些履约义务之间进行分摊。

【例 15-65】 甲公司(足球俱乐部)授权乙公司在其生产的服装、帽子、水杯以及毛巾等产品上使用甲公司球队的名称和图标,授权期间为 2 年。合同约定,甲公司收取的合同对价包括:200 万元的固定使用费和按照乙公司上述商品销售额的 5% 计算的提成。乙公司预期甲公司会继续参加当地联赛并取得优异的成绩。分析:该合同仅包括一项履约义务,即授予使用权许可,甲公司继续参加比赛并取得优异成绩等活动是该许可的组成部分。由于乙公司能合理预期甲公司将继续参加比赛,甲公司的成绩将会对其品牌的价值产生重大影响,而该品牌价值可能会进一步影响乙公司产品的销量,甲公司从事的上述活动并未向乙公司转让任何可明确区分的商品,因此,甲公司授予的该使用权许可,属于在 2 年内履行的履约义务。甲公司收取的 200 万元固定金额的使用费应当在 2 年内平均确认收入;按照乙公司商品销售额的 5% 计算的提成,应当在乙公司的销售发生时确认收入。

(六) 售后回购

售后回购,是指企业销售商品的同时承诺或有权选择日后再将该商品(包括原销售给客户的商品、与该商品相同或几乎相同的商品,或以该商品作为组成部分的其他商品)购回的销售方式。

一般来说,售后回购通常有三种形式:一是企业与客户约定企业有义务回购该商品(即存在远期安排);二是企业有权利回购该商品(企业看涨期权,即企业拥有回购选择权);三是当客户要求时,企业有义务回购该商品(客户看跌期权,即客户拥有回售选择权)。

对于不同类型的售后回购交易,企业应当区分下列两种情形分别进行会计处理,如图 15-14 所示。

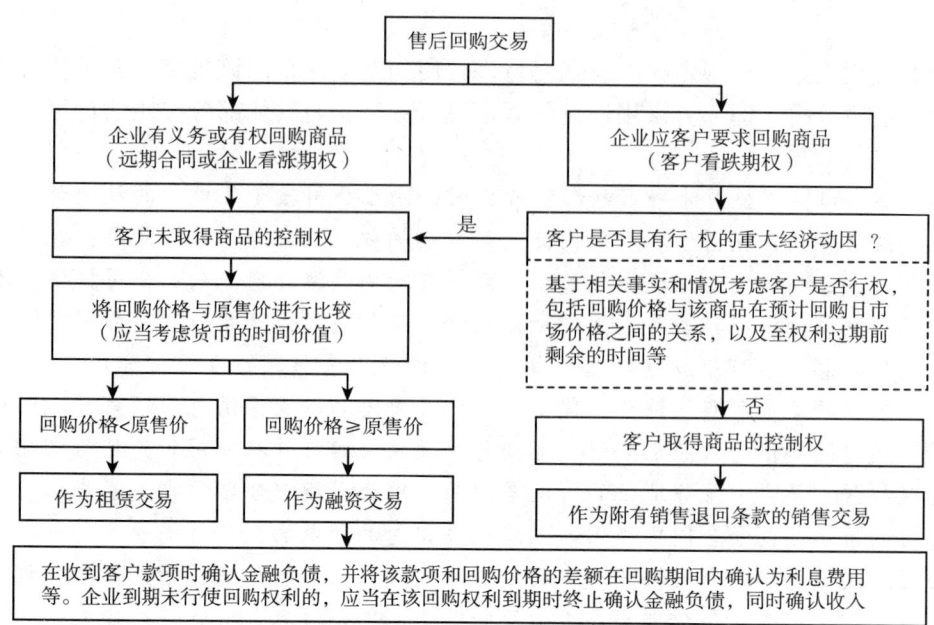

图 15-14 售后回购交易的会计处理

1. 企业与客户约定有义务或企业有权利回购商品的会计处理

企业因存在与客户的远期安排而负有回购义务或企业享有回购权利的,尽管客户可能已经持有了该商品的实物,但是,由于企业承诺回购或者有权回购该商品,导致客户主导该商品的使用并从中获取几乎全部经济利益的能力受到限制,客户在销售时点并没有取得该商品的控制权,不满足收入的确认条件,不应确认收入。因此,企业应当考虑货币时间价值等因素对回购价格与原售价二者进行比较,分别按以下两种情况进行会计处理:

(1) 回购价格低于原售价的,应当视为租赁交易,按照租赁准则的相关规定进行会计处理。

(2) 回购价格高于或等于原售价的,应当视为融资交易,企业在向客户转让商品时不应终止确认该商品,应在收到客户款项时确认金融负债,并将该款项和回购价格的差额在回购期间内确认为利息费用等。另外,企业有权利回购商品的,到期未行使回购权利的,应当在该回购权利到期时终止确认金融负债,同时确认收入。

【例 15-66】 20×8 年 1 月 1 日,甲公司与客户订立一项销售设备的合同,合同价款为 100 万元。同时约定甲公司在 20×9 年 12 月 31 日或之前将以 90 万元回购该设备。本例中,合同约定甲公司有义务将以 90 万元回购该设备,因此客户在销售时点并没有取得该设备的控制权。假定不考虑货币时间价值因素,该交易的实质是客户支付了 10 万元(100-90)的对价取得了该设备 2 年期的使用权,甲公司应当将该交易作为租赁交易进行会计处理。

【例 15-67】 20×9 年 7 月 1 日,甲公司与客户乙公司合同,约定甲公司将成本为 16 万元的设备销售给乙公司,该设备已发出,价款 20 万元,增值税额 3.2 万元,款项已收到。甲公司在20×9年11月31日或之前将以21万元回购该设备。

分析：合同约定甲公司将以21万元回购该设备，赋予了一项看涨期权；甲公司有权利回购该商品，因此客户并未取得该设备的控制权。由于回购价格高于原售价，其交易实质是甲公司以这台设备作为质押取得21万元的借款，5个月后归还本息合计21万元，甲公司应将其作为融资交易进行会计处理。甲公司不应终止确认该商品，应将收到的款项确认为金融负债。甲公司同时将回购价格与所收到的货款之间的差额1万元（21-20）在回购期间内确认为利息费用。甲公司的账务处理如下：

(1) 7月1日，发出商品时。

借：银行存款　　　　　　　　　　　　　　　　　　　　232 000
　　贷：其他应付款　　　　　　　　　　　　　　　　　　200 000
　　　　应交税费——应交增值税（销项税额）　　　　　　32 000
借：发出商品　　　　　　　　　　　　　　　　　　　　160 000
　　贷：库存商品　　　　　　　　　　　　　　　　　　　160 000

(2) 7月1日～11月30日，每月末计提利息时。

借：财务费用　　　　　　　　　　[(210 000-200 000)÷5]2 000
　　贷：其他应付款　　　　　　　　　　　　　　　　　　　2 000

(3) 11月30日回购时。

借：库存商品　　　　　　　　　　　　　　　　　　　　160 000
　　贷：发出商品　　　　　　　　　　　　　　　　　　　160 000
借：其他应付款　　　　　　　　　　　　　　　　　　　210 000
　　应交税费——应交增值税（进项税额）　　　　　　　 33 600
　　贷：银行存款　　　　　　　　　　　　　　　　　　　243 600

2. 企业应客户要求回购商品的会计处理

企业有义务应客户要求回购商品的，应当在合同开始日评估客户是否具有行使该权利的重大经济动因。在判断客户是否具有行权的重大经济动因，企业应当综合考虑各类因素，包括回购价格与该商品在回购日的预计市场价值之间的关系，以及至权利过期前剩余的时间。当回购价格显著超过回购时商品的市场价值时，这可能表明客户具有行权的重大经济动因。

(1) 客户具有行权的重大经济动因。如果客户具有行使该要求权的重大经济动因，则客户不能主导商品的使用并获得其全部的剩余利益，并未取得商品的控制权，在这种情况下，企业应参照上述关于"企业有义务或权利回购商品"的处理方式进行会计处理。具体而言，应在考虑货币时间价值等相关因素后对回购价格与原售价二者进行比较，分以下两种情况进行处理：

①如果回购价格低于商品原售价，客户行使这一权利实际上是为获得在一段时间内使用商品的权利而向企业支付对价，企业应当将其视为一项租赁交易，按照租赁准则的相关规定进行会计处理；

②如果回购价格高于或等于原售价的，合同实质为一项融资交易，企业在向客户转让商品时不应终止确认该商品，应在收到客户款项时确认金融负债，并将该款项和回购

价格的差额在回购期间内确认为利息费用等。客户到期未行使其回售权利的，应当在该权利到期时终止确认金融负债，同时确认收入。

【例 15-68】 20×8 年 1 月 1 日，甲公司与客户订立一项销售设备合同，合同价款为 100 万元，甲公司有义务在 20×8 年 12 月 31 日或之前应客户的要求以 90 万元回购该设备。该设备在 20×8 年 12 月 31 日的预计市场价值为 75 万元。分析：甲公司有义务在 20×8 年 12 月 31 日或之前应客户的要求以 90 万元回购该设备，赋予了客户一项看跌期权。在合同开始日，由于甲公司预计设备在 20×8 年 12 月 31 日的预计市场价值为 75 万元，回购价格显著超过该设备在回购日的预计市场价值，甲公司认为客户具有促使其行使这项看跌期权的重大经济动因。因此，甲公司判断客户主导该设备的使用及获得该设备几乎所有剩余利益的能力是有限的，客户并未取得设备的控制权。由于回购价格小于设备原售价，甲公司应将其作为租赁交易进行会计处理。

(2) 客户不具有行权的重大经济动因。如果客户不具有行权的重大经济动因，虽然企业有义务应客户要求回购商品，但客户既无义务也无须随时准备返还商品，企业在向客户转让商品时，客户能够主导该商品的使用并获得与其相关的几乎所有剩余利益，客户取得商品的控制权，企业应按"附有销售退回条款的销售"进行会计处理。

（七）客户未行使的合同权利

1. 客户未行使合同权利的含义

客户向企业支付无须退回的预付款，赋予客户一项在未来取得商品或服务的权利，并使企业承担随时准备转让商品或服务的义务。但是，客户可能不会行使其所有的合同权利。这些未行使的合同权利通常称为"客户未行使的合同权利"。例如，客户购买了一张可以兑换电影票的储值卡，但是由于丢失、长时间没有使用、卡内只剩很少的余额不再使用等原因形成一个未使用的合同权利，对企业来说则获得一个沉淀金额。礼品卡、储值卡、健身卡，以及不可返还票券等，都可能产生客户未行使的合同权利。

2. 客户未行使合同权利的会计处理

(1) 企业向客户预收销售商品款项的，应当首先将该款项确认为负债，待履行了相关履约义务时再转为收入。

(2) 当企业预收款项无须退回，且客户可能会放弃其全部或部分合同权利时：

①如果企业预期将有权获得与客户所放弃的合同权利相关的金额的，应当按照客户行使合同权利的模式，按比例将上述金额确认为收入。

②如果企业无法预期将获得与客户所放弃的合同权利相关的金额，企业只有在客户要求其履行剩余履约义务的可能性极低时，才能将上述负债的相关余额转为收入。

③如果有相关法律规定，企业所收取的、与客户未行使权利相关的款项须转交给其他方的（例如，法律规定无人认领的财产需上交政府），企业不应将其确认为收入，而是确认为一项负债。企业在确定其是否预期将有权获得与客户所放弃的合同权利相关的金额时，应当考虑将估计的可变对价计入交易价格的限制要求。

综上所述，客户未行使的合同权利，其会计处理，如图15-15所示。

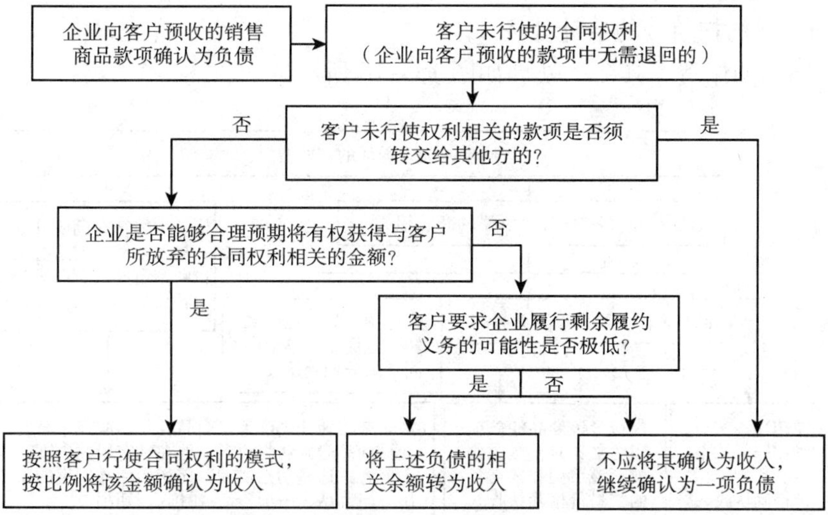

图15-15 客户未行使合同权利的会计处理

【例15-69】甲公司20×8年向客户销售了5 000张储值卡，每张面值为200元，总额为100万元。客户可在甲公司所有经营点使用该卡进行消费。根据历史经验，甲公司预期储值卡面值金额5%（即5万元）的部分将不会被消费。截至20×8年12月31日，客户使用该卡消费的金额为40万元。在客户使用该卡消费时发生增值税纳税义务。

分析：甲公司预期将有权获得与客户未行使的合同权利相关的金额为5万元，该金额应当按照客户行使合同权利的模式按比例确认为收入。因此，甲公司在20×8年销售该卡应当确认的收入金额为362 976元［400 000÷（1-10%）÷（1+16%）］或［（400 000+50 000×400 000÷950 000）］。甲公司的账务处理如下（保留整数）：

（1）销售储值卡。

借：库存现金　　　　　　　　　　　　　　　　　　　　　　1 000 000
　　贷：合同负债　　　　　　　　　　［1 000 000÷（1+16%）］862 069
　　　　应交税费——待转销项税额　　　　　　　　　　　　　137 931

（2）根据储值卡的消费金额确认收入，同时将对应的待转销项税额确认为销项税额。

借：合同负债　　　　　　　　　　　　　　　　　　　　　　　362 976
　　应交税费——待转销项税额　　［400 000÷（1+16%）×16%］55 172
　　贷：主营业务收入　　　　　　　　　　　　　　　　　　　362 976
　　　　应交税费——应交增值税（销项税额）　　　　　　　　　55 172

（八）无须退回的初始费

1. 无须退回的初始费的含义

在某些销售合同中，企业可能在合同开始（或接近合同开始）日向客户收取一笔无须退回的初始费。例如，俱乐部的入会费或会员费、电信合同中的初装费、服务合同中的准备费以及其他供货合同中的先期费用等。

2. 无须退回的初始费的会计处理

无须退回的初始费，其会计处理如图15-16所示。

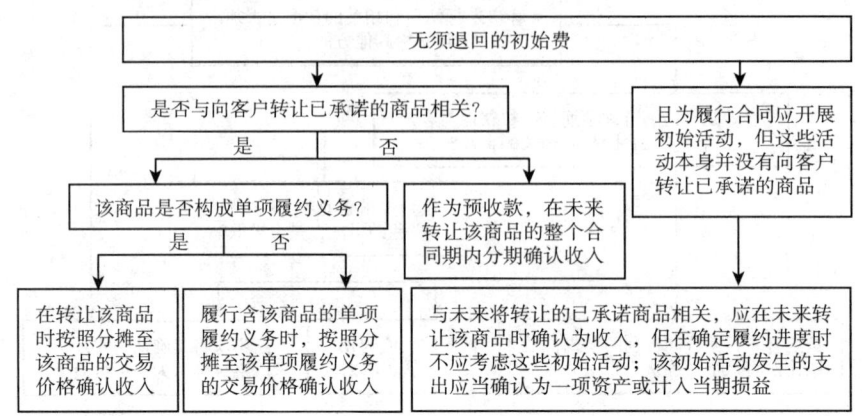

图15-16 无须退回的初始费的会计处理

企业在合同开始日向客户收取的无须退回的初始费应当计入交易价格。企业应当评估该初始费是否与向客户转让已承诺的商品相关。

（1）该初始费与向客户转让已承诺的商品相关，并且该商品构成单项履约义务的，企业应当在转让该商品时，按照分摊至该商品的交易价格确认收入。

（2）该初始费与向客户转让已承诺的商品相关，但该商品不构成单项履约义务的，企业应当在包含该商品的单项履约义务履行时，按照分摊至该单项履约义务的交易价格确认收入。

（3）该初始费与向客户转让已承诺的商品不相关的，该初始费应当作为未来将转让商品的预收款，在未来转让该商品的整个合同期内分期确认收入。

企业向客户收取的无须退还的初始费，如果与企业合同开始时所开展的初始活动相关，如健身俱乐部的入会登记费等，其本身并没有向客户转让已承诺的商品的，该初始费与未来将转让的已承诺商品相关，应当将该初始费作为未来将转让商品的预收款，在未来转让该商品的整个合同期内分期确认收入。企业在确定履约进度时，不应考虑这些初始活动。企业为该初始活动发生的支出，应当按照合同履约成本的相关规定，确认为一项资产或计入当期损益。

【例15-70】甲电信公司与客户签订2年的电信服务合同，客户预付1 650元费用，以后享受的服务在不超过限定的流量和通话时间内，每月再支付100元，如果超过则按使用量额外付费。甲公司预收的1 650元的初始费用，是两年服务对价的一部分，应计入未来2年中每个月的服务对价中。

【例15-71】甲公司（健身俱乐部）与客户签订了为期2年的健身合同。甲公司在签订合同时向客户收取50元的入会费，用于补偿俱乐部为客户进行注册登记的初始活动，该入会费无须退回，且与后续健身服务无关。每年单独收取健身服务相关的年费

750元。分析：甲公司承诺的服务是向客户提供健身服务，一次性收取的入会费，名义上用于补偿为客户进行注册登记的初始活动，但该初始活动并未向客户转让相关商品或服务，其实质上是客户为健身服务支付的款项的一部分，应作为健身服务的预收款，在合同约定期2年内分期确认收入。

第二节 费　　用

一、费用的概述

费用，是指企业在日常活动中形成的、会导致所有者权益减少的、与所有者投入资本无关的经济利益的总流出。费用是企业日常活动中发生的经济利益的流出，这需要将其与企业在非日常活动中的一些偶发的事项而引起的企业经济利益的流出（如损失）严格区别开来。

企业采用经济用途对费用进行分类时：首先，应当划分生产费用与非生产费用的界限。生产费用，是指与企业日常生产经营活动有关的费用，如生产产品所发生的原材料费用、人工费用等；非生产费用，是指不属于生产费用的费用，如用于购建固定资产所发生的费用，不属于生产费用。其次，应当分清生产费用与产品成本的界限。生产费用与一定的期间相联系，而与生产的产品无关；产品成本与一定品种和数量的产品相联系，而不论发生在哪一期；最后，应当分清生产费用与期间费用的界限。生产费用应当计入产品成本，而期间费用直接计入当期损益。期间费用进一步划分为管理费用、销售费用和财务费用，如图15-17所示。对于确认为生产费用的费用，必须根据该费用发生的实际情况分别不同的费用性质将其确认为不同产品所负担的费用；对于几种产品共同发生的费用，必须按受益原则，采用一定方法和程序将其分配计入相关产品的生产成本。

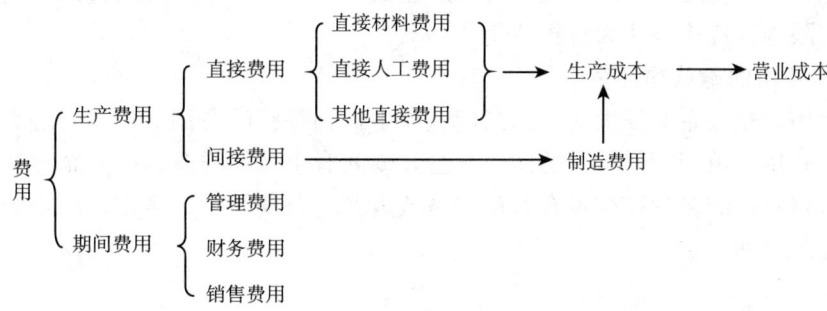

图15-17　费用按经济用途分类

二、费用的确认与计量

1. 费用确认的一般原则

费用应按照权责发生制和配比原则确认，凡应属于本期发生的费用，不论其款项是否支付，均确认为本期费用；反之，不属于本期发生的费用，即使其款项已在本期支付，也不确认为本期费用。

按照我国会计基本准则的规定，费用只有在经济利益很可能流出从而导致企业资产减少或者负债增加，且经济利益的流出额能够可靠计量时才能予以确认。具体而言：(1) 企业为生产产品、提供服务等发生的可归属于产品成本、服务成本等的费用，应当在确认商品销售收入、服务收入等时，将已销售商品、已提供服务的成本等计入当期损益。(2) 企业发生的支出不产生经济利益的，或者即使能够产生经济利益但不符合或者不再符合资产确认条件的，应当在发生时确认为费用，计入当期损益。(3) 企业发生的交易或者事项导致其承担了一项负债而又不确认为一项资产的，应当在发生时确认为费用，计入当期损益。符合费用定义和费用确认条件的项目，应当列入利润表。

2. 直接费用的确认和计量

直接费用的确认涉及两个问题：一是确定包括在直接费用中的经济内容；二是如何确定当期发生的直接费用。直接费用包括企业生产商品和提供服务等发生的直接材料、直接人工和其他直接费用。其中：(1) 直接材料，包括企业生产经营过程中实际消耗的原材料、辅助材料、备品配件、外购半成品、燃料、动力、包装物以及其他直接支出；(2) 直接人工，包括企业直接从事产品生产的人员的工资、奖金、津贴和补贴；(3) 其他直接费用，包括直接从事产品生产的人员的工资、奖金、津贴和补贴。本期发生的各项直接费用是否应确认在本期费用中，应该按照权责发生制原则的要求去判断和处理。凡应属于当期的直接费用，不论款项是否支付，都应当作为当期费用予以确认；凡不属于当期的直接费用，即使款项在当期支付，也不应作为当期费用予以确认。

3. 间接费用的确认和计量

间接费用，是指企业发生的数额比较大、涉及资产的受益跨越若干会计期间的费用。这种费用在发生时不能全部作为当期的费用，应该按系统而合理的方法逐步确认。例如，固定资产的支出。由于固定资产在投入使用以后要涉及本期和以后各期，所以在购进时应先作资本化处理，以后逐渐转入产品成本中去，实务中是通过提取折旧，在其整个使用年限内，逐步确认为每年费用。

4. 期间费用的确认和计量

期间费用，是指企业发生的须从当期收入中得到补偿的费用，包括管理费用、财务费用和销售费用。由于期间费用的发生与会计期间有直接的联系，而与企业某一交易或某一事项取得收入的多少往往没有直接关系或者其受益期间难以确定。所以，期间费用在发生时计入当期损益。

三、费用的核算

（一）生产成本的核算

为了反映和核算企业生产产品过程发生的直接费用，需要设置"生产成本"科目。本科目核算企业进行工业性生产发生的各项生产成本，包括生产各种产品（产成品、自制半成品等）、自制材料、自制工具、自制设备等。本科目可按"基本生产成本"和

"辅助生产成本"进行明细核算。本科目期末借方余额,反映企业尚未加工完成的在产品成本。生产成本的主要账务处理如下:

(1) 企业发生的各项直接生产成本,借记"生产成本——基本生产成本或辅助生产成本"科目,贷记"原材料""库存现金""银行存款""应付职工薪酬"等科目。

(2) 生产车间应负担的制造费用,借记"生产成本——基本生产成本或辅助生产成本"科目,贷记"制造费用"科目。

(3) 辅助生产车间为基本生产车间、企业管理部门和其他部门提供的劳务和产品,期(月)末按照一定的分配标准分配给各受益对象,借记"生产成本——基本生产成本""管理费用""销售费用""其他业务成本""在建工程"等科目,贷记"生产成本——辅助生产成本"科目。

(4) 企业已经生产完成并已验收入库的产成品以及入库的自制半成品,应于期(月)末,借记"库存商品"等科目,贷记"生产成本——基本生产成本"科目。

【例15-72】20×9年1月,甲公司发生如下经济业务:(1) 基本生产车间为生产产品耗用材料83 032元,辅助生产车间耗用材料46 075元。(2) 基本生产车间生产产品工人薪酬37 392元,辅助生产车间生产工人薪酬15 618元。(3) 月末将基本生产车间发生的制造费用10 370元转入生产成本。(4) 共发生辅助生产成本61 693元,月末分配结果如下:基本生产车间负担41 656元,行政管理部门负担9 600元,固定资产建造工程负担10 437元。(5) 假定甲公司只生产一种产品,无月初在产品,本月生产的产品全部完工,并已验收入库。甲公司的账务处理如下:

(1) 发生材料费。

借:生产成本——基本生产成本　　　　　　　　　　　83 032
　　　　　　——辅助生产成本　　　　　　　　　　　46 075
　贷:原材料　　　　　　　　　　　　　　　　　　　129 107

(2) 分配工薪费用。

借:生产成本——基本生产成本　　　　　　　　　　　37 392
　　　　　　——辅助生产成本　　　　　　　　　　　15 618
　贷:应付职工薪酬　　　　　　　　　　　　　　　　53 010

(3) 月末将制造费用转入生产成本。

借:生产成本——基本生产成本　　　　　　　　　　　10 370
　贷:制造费用　　　　　　　　　　　　　　　　　　10 370

(4) 分配辅助生产费用。

借:生产成本——基本生产成本　　　　　　　　　　　41 656
　　管理费用　　　　　　　　　　　　　　　　　　　9 600
　　在建工程　　　　　　　　　　　　　　　　　　　10 437
　贷:生产成本——辅助生产成本　　　　　　　　　　61 693

(5) 产品完工入库。

借:库存商品　　　　　　　　　　　　　　　　　　　172 450
　贷:生产成本——基本生产成本　　　　　　　　　　172 450

(二) 制造费用的核算

制造费用，是指企业生产车间（部门）为生产产品和提供劳务而发生的各项间接费用，包括职工薪酬、折旧费、修理费、办公费、水电费、机物料消耗、劳动保护费、季节性和修理期间的停工损失等。在会计期（月）末，制造费用需要采用一定的方法分配计入产品成本中，分配的方法包括生产工人工时比例法、生产工人工资比例法、联合分配法以及预算分配率分配法等。

为了反映企业发生的制造费用，应设置"制造费用"科目。除季节性的生产性企业外，制造费用经过分配结转后，本科目期末应无余额。制造费用的主要账务处理如下：(1) 生产车间发生的机物料消耗，借记"制造费用"科目，贷记"原材料"等科目。(2) 发生的生产车间管理人员的职工薪酬，借记"制造费用"科目，贷记"应付职工薪酬"科目。(3) 生产车间计提的固定资产折旧，借记"制造费用"科目，贷记"累计折旧"科目。(4) 生产车间支付的办公费、水电费等，借记"制造费用"科目，贷记"银行存款"等科目。(5) 发生季节性的停工损失，借记"制造费用"科目，贷记"原材料""应付职工薪酬""银行存款"等科目。(6) 将制造费用分配计入有关的成本核算对象，借记"生产成本——基本生产成本或辅助生产成本"等科目，贷记"制造费用"科目。(7) 季节性生产企业制造费用全年实际发生额与分配额的差额，除其中属于为下一年开工生产做准备的可留待下一年分配外，其余部分实际发生额大于分配额的差额，借记"生产成本——基本生产成本"科目，贷记"制造费用"科目；实际发生额小于分配额的差额做相反的会计分录。

【例 15-73】20×9 年 1 月，甲公司发生如下经济业务：(1) 本月基本生产车间领用一般消耗材料 2 450 元；(2) 本月基本生产车间管理人员薪酬 3 420 元；(3) 经计算，本月基本生产车间使用的固定资产应计提折旧 2 000 元；(4) 本月共发生水电费 4 000 元，其中基本生产车间应负担 2 500 元，行政部门应负担 1 500 元，款项已通过银行支付；(5) 月末结转应由基本生产车间生产的产品负担的制造费用 10 370 元。甲公司的账务处理如下：

(1) 领用一般消耗材料。

借：制造费用　　　　　　　　　　　　　　　　　　2 450
　　贷：原材料　　　　　　　　　　　　　　　　　　　　2 450

(2) 发生职工薪酬。

借：制造费用　　　　　　　　　　　　　　　　　　3 420
　　贷：应付职工薪酬　　　　　　　　　　　　　　　　　3 420

(3) 计提折旧。

借：制造费用　　　　　　　　　　　　　　　　　　2 000
　　贷：累计折旧　　　　　　　　　　　　　　　　　　　2 000

(4) 发生水电费。

借：制造费用　　　　　　　　　　　　　　　　　　2 500
　　管理费用　　　　　　　　　　　　　　　　　　1 500

　　　　贷：银行存款　　　　　　　　　　　　　　　　　　　　　　4 000
（5）月末结转制造费用。
借：生产成本——基本生产成本　　　　　　　　　　　　　　　　10 370
　　　　贷：制造费用　　　　　　　　　　　　　　　　　　　　　10 370

（三）主营业务成本的核算

主营业务成本，核算企业确认销售商品、提供服务等主营业务收入时应结转的成本。期末，企业应根据本期销售各种商品、提供各种服务等实际成本，计算应结转的主营业务成本，借记"主营业务成本"，贷记"库存商品""合同履约成本"等科目。采用计划成本或售价核算库存商品的，平时的营业成本按计划成本或售价结转，月末，还应结转本月销售商品应分摊的产品成本差异或商品进销差价。期末，应将该科目的余额转入"本年利润"科目，结转后该科目无余额。

（四）其他业务成本的核算

其他业务成本，核算企业确认的除主营业务活动以外的其他经营活动所发生的支出，包括销售材料的成本、出租固定资产的折旧额、出租无形资产的摊销额、出租包装物的成本或摊销额等。除主营业务活动以外的其他经营活动发生的相关税费，在"税金及附加"科目核算。采用成本模式计量投资性房地产的，其投资性房地产计提的折旧额或摊销额，也通过"其他业务成本"科目核算。企业发生的其他业务成本，借记"其他业务成本"科目，贷记"原材料""周转材料"等科目。期末，应将该科目的余额转入"本年利润"科目，结转后该科目无余额。

（五）税金及附加的核算

税金及附加，核算企业经营活动发生的消费税、城市维护建设税、教育费附加、房产税、车船税、土地使用税、印花税等相关税费。企业按规定计算确定的与经营活动相关的税费，借记"税金及附加"科目，贷记"应交税费"科目。期末，应将该科目余额转入"本年利润"科目，结转后该科目无余额。

（六）期间费用的核算

1. 管理费用的核算

管理费用，是指企业为组织和管理企业生产经营所发生的管理费用，包括企业在筹建期间内发生的开办费、董事会和行政管理部门在企业的经营管理中发生的或者应由企业统一负担的公司经费（包括行政管理部门职工工资及福利费、物料消耗、低值易耗品摊销、办公费和差旅费等）、工会经费、董事会费（包括董事会成员津贴、会议费和差旅费等）、聘请中介机构费、咨询费（含顾问费）、诉讼费、业务招待费、技术转让费、研究费用、排污费以及企业生产车间（部门）和行政管理部门等发生的固定资产修理费用等。企业发生的管理费用，在"管理费用"科目核算。企业生产车间（部门）和行政管理部门等发生的固定资产修理费用等后续支出,也在"管理费用"科目核算。期末,应将该科目的余额转入"本年利润"科目,结转后该科目无余额。

【例15-74】甲公司20×9年9月份发生如下管理费用:(1)以银行存款向专家支付产品设计咨询费3 000元;(2)支付生产车间的固定资产修理费2 000元;(3)分配管理部门人员工资4 000元;(4)计提管理用固定资产的折旧费3 000元;(5)以银行存款支付业务招待费2 000元;(6)月末结转管理费用。甲公司的账务处理如下:

(1)支付产品设计咨询费。
  借:管理费用——咨询费   3 000
    贷:银行存款   3 000

(2)支付生产车间的固定资产修理费。
  借:管理费用——修理费   2 000
    贷:银行存款   2 000

(3)分配管理部门人员工资。
  借:管理费用——工资   4 000
    贷:应付职工薪酬   4 000

(4)计提管理用固定资产的折旧费。
  借:管理费用——折旧费   3 000
    贷:累计折旧   3 000

(5)支付业务招待费。
  借:管理费用——业务招待费   2 000
    贷:银行存款   2 000

(6)月末结转管理费用。
  借:本年利润   14 000
    贷:管理费用   14 000

2. 财务费用的核算

财务费用,是指企业为筹集生产经营所需资金等而发生的筹资费用,包括利息支出(减利息收入)、汇兑损益以及相关的手续费、企业发生的现金折扣或收到的现金折扣等。企业发生的财务费用,借记"财务费用"科目,贷记"银行存款""应付利息""未确认融资费用"等科目。发生的应冲减财务费用的利息收入、汇兑损益、现金折扣,借记"银行存款""应付账款"等科目,贷记"财务费用"科目。期末,应将该科目余额转入"本年利润"科目,结转后该科目无余额。

【例15-75】甲公司20×9年9月份发生如下财务费用:(1)以银行存款支付本月负担的短期借款利息6 000元;(2)支付银行借款手续费300元;(3)接到银行通知,本月存款利息收入4 000元已进账;(4)获得购货折扣300元;(5)月末结转财务费用。甲公司的账务处理如下:

(1)支付短期借款利息。
  借:财务费用——利息支出   6 000
    贷:银行存款   6 000

(2) 支付银行借款手续费。

借：财务费用——手续费　　　　　　　　　　　　300
　　贷：银行存款　　　　　　　　　　　　　　　　　　300

(3) 取得存款利息收入。

借：银行存款　　　　　　　　　　　　　　　　4 000
　　贷：财务费用——利息收入　　　　　　　　　　　　4 000

(4) 获得购货折扣。

借：应付账款　　　　　　　　　　　　　　　　　300
　　贷：财务费用——购货折扣　　　　　　　　　　　　300

(5) 月末结转财务费用。

借：本年利润　　　　　　　　　　　　　　　　2 000
　　贷：财务费用　　　　　　　　　　　　　　　　　2 000

3. 销售费用的核算

销售费用，是指企业销售商品和材料、提供服务的过程中发生的各种费用，包括保险费、包装费、展览费和广告费、商品维修费、运输费、装卸费等以及为销售本企业商品而专设的销售机构（含销售网点、售后服务网点等）的职工薪酬、业务费、折旧费等经营费用，以及企业发生的与专设销售机构相关的固定资产修理费用等后续支出。企业在销售商品过程中发生的包装费、保险费、展览费和广告费、运输费、装卸费等费用，借记"销售费用"科目，贷记"库存现金""银行存款"等科目。发生的为销售本企业商品而专设的销售机构的职工薪酬、业务费等经营费用，借记"销售费用"科目，贷记"应付职工薪酬""银行存款""累计折旧"等科目。期末，应将该科目余额转入"本年利润"科目，结转后该科目无余额。

【例15-76】甲公司20×9年9月份发生如下销售费用：(1) 以银行存款支付新产品的广告宣传费100 000元；(2) 支付产品销售过程中的运输费4 000元，装卸费1 000元；(3) 分配销售部门人员工资20 000元；(4) 销售部门使用的固定资产应计提折旧10 000元；(5) 预计产品质量保证损失10 000元。月末结转销售费用，甲公司的账务处理如下：

(1) 支付广告宣传费。

借：销售费用——广告宣传费　　　　　　　　100 000
　　贷：银行存款　　　　　　　　　　　　　　　　100 000

(2) 支付产品运输费、装卸费。

借：销售费用——运输费　　　　　　　　　　　4 000
　　　　　　——装卸费　　　　　　　　　　　1 000
　　贷：银行存款　　　　　　　　　　　　　　　　5 000

(3) 分配销售部门人员工资。

借：销售费用——工资　　　　　　　　　　　20 000
　　贷：应付职工薪酬　　　　　　　　　　　　　　20 000

(4) 销售部门计提折旧。

借：销售费用——折旧费　　　　　　　　　　　　　10 000
　　贷：累计折旧　　　　　　　　　　　　　　　　　　　10 000
(5) 预计产品质量保证费用。
借：销售费用——产品质量保证　　　　　　　　　　10 000
　　贷：预计负债　　　　　　　　　　　　　　　　　　　10 000
(6) 月末结转销售费用。
借：本年利润　　　　　　　　　　　　　　　　　　145 000
　　贷：销售费用　　　　　　　　　　　　　　　　　　　145 000

第三节　利　润

一、利润的含义

利润，是指企业一定会计期间的经营成果。利润包括收入减去费用后的净额、直接计入当期利润的利得和损失。直接计入当期利润的利得和损失，是指应当计入当期损益、会导致所有者权益发生增减变动的、与所有者投入资本或者向所有者分配利润无关的利得或损失。因此，利润不仅取决于收入和费用的计量，而且取决于直接计入当期利润的利得和损失金额的计量。对利润进行核算，可以及时反映企业在一定会计期间的经营业绩和获利能力，反映企业的投入产出效率和经济效益，有助于企业投资者和债权人据此进行盈利预测，评价企业经营绩效，作出正确的决策。

二、利润的构成

在会计实务中，为了更好地分析企业利润的来源和质量，通常将利润分解为营业利润、利润总额和净利润。其中，营业利润反映营业活动的经营成果；利润总额反映企业交纳所得税之前的经营成果；净利润反映企业最终的经营成果。

(一) 营业利润

营业利润是企业利润的主要来源。用公式表示为：

营业利润＝营业收入－营业成本－税金及附加－销售费用－管理费用－研发费用－财务费用－资产减值损失－信用减值损失＋其他收益＋投资收益(－投资损失)＋净敞口套期收益(－净敞口套期损失)＋公允价值变动收益(－公允价值变动损失)＋资产处置收益(－资产处置损失)

其中：①营业收入，是指企业经营业务所实现的收入总额，包括主营业务收入和其他业务收入。②营业成本，是指企业经营业务所发生的实际成本总额，包括主营业务成本和其他业务成本。③资产减值损失，是指除各项金融工具减值损失外，企业其他资产计提的减值损失。④信用减值损失，是指企业计提金融工具确认和计量准则要求的各项金融工具减值准备所形成的预期信用损失。⑤其他收益，是指核算总额法下与日常活动相关的政府补助以及其他与日常活动相关且应直接计入该项目的事项。如代扣代缴个人所得税手续费返还等。⑥投资收益（或损失），是指企业以各种方式对外投资所取得的收益（或发生的损失）。⑦净敞口套期收益（损失），是指净敞口套期下被套期项目累计公允价值变动转入当期损益的利得（或损失）或现金流量套期储备转入当期损益的利得（或损失）。⑧公允价值变动收益（或损失），是指企业交易性金融资产等公允价值变动形成的应计入当期损益的利得（或损失）。⑨资产处置收益（或损失），是指企业出售划分为持有待售的非流动资产（金融工具、长期股权投资和投资性房地产除外）或处置组（子公司和业务除外）时确认的处置利得或损失，处置未划分为持有待售的固定资产、在建工程、生产性生物资产及无形资产而产生的处置利得或损失，债务重组中因处置非流动资产产生的利得或损失，非货币性资产交换中换出非流动资产产生的利得或损失。

（二）利润总额

利润总额是营业利润加上营业外收入减去营业外支出后的净额。用公式表示为：

$$利润总额 = 营业利润 + 营业外收入 - 营业外支出$$

1. 营业外收入

营业外收入，是指企业发生的除营业利润以外的收益，主要包括债务重组利得、与企业日常活动无关的政府补助、盘盈利得、捐赠利得等。具体如下：

（1）债务重组利得，是指重组债务的账面价值超过清偿债务的现金、非现金资产的公允价值、所转股份的公允价值，或者重组后债务账面价值之间的差额。

（2）与企业日常活动无关的政府补助，指企业与企业日常活动无关的、从政府无偿取得货币性资产或非货币性资产形成的利得。

（3）盘盈利得，是指企业对于现金等资产清查盘点中盘盈的资产，报经批准后计入营业外收入的金额。

（4）捐赠利得，是指企业接受捐赠产生的利得，企业接受股东或股东的子公司直接或间接的捐赠，经济实质属于股东对企业的资本性投入的除外。

（5）非流动资产毁损报废利得，是指因自然灾害等发生毁损、已丧失使用功能而报废非流动资产所产生的清理净收益。

（6）罚没利得，是指企业收取的违约金、滞纳金以及其他形式的罚款，在弥补了由于对方违约而造成的经济损失后的净收益。

（7）无法支付的应付款项，是指由于债权单位撤销或其他原因而无法支付，或者将应付款项划转给关联方等企业而无法支付或无需支付，按照规定程序经批准后转入当期收益的应付款项。

企业应当通过"营业外收入"科目，核算营业外收入的取得和结转情况。该科目可按营业外收入项目进行明细核算。期末，应将该科目余额转入"本年利润"科目，结转后该科目无余额。

2. 营业外支出

营业外支出，是指企业发生的除营业利润以外的支出，主要包括债务重组损失、公益性捐赠支出、非常损失、盘亏损失、非流动资产毁损报废损失等。具体如下：

（1）债务重组损失，是指重组债权的账面余额超过受让资产的公允价值、所转股份的公允价值，或者重组后债权的账面价值之间的差额。

（2）公益性捐赠支出，是指企业对外进行公益性捐赠发生的支出。

（3）非常损失，是指企业因客观因素（如自然灾害）造成的损失，在扣除保险公司赔偿后计入营业外支出的金额。

（4）盘亏损失，是指企业盘亏、毁损的资产发生的净损失，管理权限报经批准后计入营业外支出的金额。

（5）非流动资产毁损报废损失，是指因自然灾害等发生毁损、已丧失使用功能而报废非流动资产所产生的清理净损失。

（6）罚没支出，是指企业由于违反合同、违法经营、偷税漏税、拖欠税款等而支付给相关单位或部门的违约金、罚没支出、滞纳金等支出。

企业应通过"营业外支出"科目，核算营业外支出的发生及结转情况。该科目可按营业外支出项目进行明细核算。期末，应将该科目余额转入"本年利润"科目，结转后该科目无余额。

需要注意的是，营业外收入和营业外支出应当分别核算。在具体核算时，不得以营业外支出直接冲减营业外收入，也不得以营业外收入直接冲减营业外支出。

（三）净利润

净利润是利润总额减去所得税费用后的净额。用公式表示为：

$$净利润 = 利润总额 - 所得税费用$$

为了正确核算企业确认的应从当期利润总额中扣除的所得税费用，应当设置"所得税费用"科目。本科目可按"当期所得税费用""递延所得税费用"进行明细核算。期末，应将本科目的余额转入"本年利润"科目，结转后本科目无余额。"所得税费用"的有关会计处理可参考《税法与税务会计》课程的相关内容。

三、利润形成与利润分配的核算

（一）利润形成的核算

企业应当设置"本年利润"科目，核算企业当期实现的净利润（或发生的净亏损）。企业期（月）末结转利润时，应将各损益类科目的金额转入"本年利润"科目，结平各损益类科目。结转后本科目的贷方余额为当期实现的净利润；借方余额为当期发生的净亏损。

期（月）末，企业将收益类科目结转到"本年利润"科目的贷方，借记"主营业务收入""其他业务收入""其他收益""投资收益""净敞口套期损益""公允价值变动损益""资产处置损益""营业外收入"科目，贷记"本年利润"科目；企业将费用、损失类科目结转到"本年利润"科目的借方，借记"本年利润"科目，贷记"主营业务成本""其他业务成本""税金及附加""管理费用""财务费用""销售费用""资产减值损失""信用减值损失""投资收益""净敞口套期损益""公允价值变动损益""资产处置损益""营业外支出""所得税费用"科目。

年度终了，应将本年收入和支出相抵后结出的本年实现的净利润，借记"本年利润"科目，贷记"利润分配——未分配利润"科目；如为净亏损作相反的会计分录。结转后"本年利润"科目应无余额。

（二）利润分配的核算

为了维护投资者的利益、给投资者以回报，以及考虑到企业的长远发展，企业实现的净利润（税后利润），应当按照国家的相关法律法规、公司章程和董事会的决议进行分配。

1. 利润分配的程序

根据《公司法》等法规的规定，企业当年实现的税后利润，一般按照以下顺序进行分配：

（1）提取法定盈余公积金。公司制企业应当按照当年实现的税后利润，提取利润的10%列入公司法定公积金，在计算提取法定公积金的基数时，不应包括年初未分配的利润。公司法定公积金累计额为公司注册资本的50%以上的，可以不再提取。公司的法定公积金不足以弥补以前年度亏损的，在依照规定提取法定公积金之前，应当先用当年利润弥补亏损。

（2）提取任意盈余公积金。公司制企业从税后利润中提取法定公积金后，经股东会或者股东大会决议，还可以从税后利润中提取任意公积金。非公司制企业经类似权力机构批准，也可提取任意公积金。

（3）向投资者分配利润或股利。公司制企业在弥补亏损和提取公积金后所余税后利润，有限责任公司股东可按照实缴的出资比例分取红利；股份有限公司按照股东持有的股份比例分配，但股份有限公司章程规定不按持股比例分配的除外。股东会、股东大会或者董事会违反规定，在公司弥补亏损和提取法定公积金之前向股东分配利润的，股东必须将违反规定分配的利润退还公司。公司持有的本公司股份不得分配利润。

企业本期实现的净利润加上期初未分配利润，即为可供分配的利润。可供分配的利润，在经过上述分配后，即为期末未分配利润（或未弥补亏损）。未分配利润可留待以后年度进行分配。企业如发生亏损，可以按规定由以后年度利润进行弥补。企业未分配的利润（或未弥补的亏损）应当在资产负债表的所有者权益项目单独反映。

2. 利润分配的核算

为了核算利润的分配情况，企业应当设置"利润分配"科目。本科目核算企业利润的分配（或亏损的弥补）和历年分配（或弥补）后的余额。本科目应当分别将"提取法定盈余公积""提取任意盈余公积""应付现金股利或利润""转作股本的股利""盈余公积补亏"和"未分配利润"等进行明细核算。本科目年末余额，反映企业的未分配利润（或未弥补亏损）。

利润分配的主要账务处理如下：

（1）企业按规定提取的盈余公积，借记"利润分配——提取法定盈余公积、提取任意盈余公积"科目，贷记"盈余公积——法定盈余公积、任意盈余公积"科目。

（2）经股东大会或类似机构决议，分配给股东或投资者的现金股利或利润，借记"利润分配——应付现金股利或利润"科目，贷记"应付股利"科目。

经股东大会或类似机构决议，分配给股东的股票股利，应在办理增资手续后，借记"利润分配——转作股本的股利"科目，贷记"股本"科目。

用盈余公积弥补亏损，借记"盈余公积——法定盈余公积或任意盈余公积"科目，贷记"利润分配——盈余公积补亏"科目。

（3）年度终了，企业应将本年实现的净利润，自"本年利润"科目转入"利润分配"科目，借记"本年利润"科目，贷记"利润分配——未分配利润"科目，为净亏损的作相反的会计分录；同时，将"利润分配"科目所属其他明细科目的余额转入"利润分配——未分配利润"科目。结转后，"利润分配"科目除"未分配利润"明细科目外，其他明细科目应无余额。

【例15-77】甲公司20×9年度有关损益类科目的发生额如下：主营业务收入6 000万元，其他业务收入1 500万元，其他收益200万元，投资收益1 800万元，净敞口套期损益200万元（净收益），营业外收入300万元；主营业务成本4 000万元，其他业务成本1 000万元，税金及附加200万元，销售费用750万元，管理费用450万元，财务费用100万元，资产减值损失600万元，信用减值损失200万元，公允价值变动损益400万元（净损失），资产处置损益200万元（净损失），营业外支出500万元。20×9年年末，甲公司按净利润的10%提取公司法定公积金，按净利润的15%提取任意盈余公积，向股东分配现金股利300万元，同时分配每股面值1元的股票股利400万股。假定甲公司适用的所得税税率为25%，本年度不存在所得税纳税调整事项。甲公司的账务处理如下：

（1）结转收入与利得。

借：主营业务收入	60 000 000
其他业务收入	15 000 000
其他收益	2 000 000
投资收益	18 000 000
净敞口套期损益	2 000 000
营业外收入	3 000 000
贷：本年利润	100 000 000

（2）结转费用与损失。

借：本年利润	84 000 000
贷：主营业务成本	40 000 000
其他业务成本	10 000 000
税金及附加	2 000 000
销售费用	7 500 000

管理费用	4 500 000
财务费用	1 000 000
资产减值损失	6 000 000
信用减值损失	2 000 000
公允价值变动损益	4 000 000
资产处置损益	2 000 000
营业外支出	5 000 000

(3) 计算和结转所得税费用。

利润总额 = 10 000 - 8 400 = 1 600（万元）

应交所得税 = 所得税费用 = 1 600 × 25% = 400（万元）

借：所得税费用　　　　　　　　　　　　　　　　　4 000 000
　　贷：应交税费——应交所得税　　　　　　　　　　4 000 000

结转所得税费用。

借：本年利润　　　　　　　　　　　　　　　　　　4 000 000
　　贷：所得税费用　　　　　　　　　　　　　　　　4 000 000

(4) 本年实现净利润。

净利润 = 1 600 - 400 = 1 200（万元）

借：本年利润　　　　　　　　　　　　　　　　　　12 000 000
　　贷：利润分配——未分配利润　　　　　　　　　　12 000 000

(5) 进行利润分配。

①提取盈余公积。

借：利润分配——提取法定盈余公积　　（12 000 000 × 10%）1 200 000
　　　　　　——提取任意盈余公积　　（12 000 000 × 15%）1 800 000
　　贷：盈余公积——提取法定盈余公积　　　　　　　　1 200 000
　　　　　　　　——提取任意盈余公积　　　　　　　　1 800 000

②分配现金股利。

借：利润分配——应付股利　　　　　　　　　　　　3 000 000
　　贷：应付股利　　　　　　　　　　　　　　　　　3 000 000

③分配股票股利。

借：利润分配——转作股本的股利　　　　　　　　　4 000 000
　　贷：股本　　　　　　　　　　　　　　　　　　　4 000 000

(6) 结转利润分配。

借：利润分配——未分配利润　　　　　　　　　　　10 000 000
　　贷：利润分配——提取法定盈余公积　　　　　　　1 200 000
　　　　　　　　——提取任意盈余公积　　　　　　　1 800 000
　　　　　　　　——应付股利　　　　　　　　　　　3 000 000
　　　　　　　　——转作股本的股利　　　　　　　　4 000 000

本章小结

1. 收入确认与计量的原则

企业确认收入的方式,应当反映其向客户转让商品或提供服务的模式;收入的计量金额,应当反映企业因转让这些商品或提供这些服务而预期有权收取的对价金额。企业应当在履行了合同中的履约义务,即在客户取得了相关商品控制权时确认收入。企业应当按照分摊至各单项履约义务的交易价格计量收入。

2. 收入确认与计量的步骤(五步法模型)

步骤	内容
(1) 识别与客户订立的合同	当企业与客户之间的合同同时满足下列条件时,企业应当在客户取得相关商品控制权时确认收入:①合同各方已批准该合同并承诺将履行各自义务;②该合同明确了合同各方与所转让商品或提供服务相关的权利和义务;③该合同有明确的与所转让商品或提供劳务相关的支付条款;④该合同具有商业实质;⑤企业因向客户转让商品或提供劳务而有权取得的对价很可能收回。对于不符合上述五项条件规定的合同,企业只有在不再负有向客户转让商品的剩余义务,且已向客户收取的对价无须退回时,才能将已收取的对价确认为收入;否则,应当将已收取的对价作为负债进行会计处理。没有商业实质的非货币性资产交换,不确认收入。在合同存续期内,企业还需对与客户订立的合同进行持续评估,并对合同合并、合同分拆、合同变更等情形进行相应的会计处理
(2) 识别合同中的单项履约义务	企业将向客户转让商品或提供服务的承诺作为单项履约义务的情况包括:①企业向客户转让可明确区分商品或服务(或者商品或服务的组合)的承诺;②企业向客户转让一系列实质相同且转让模式相同的、可明确区分商品或服务的承诺
(3) 确定交易价格	企业应当根据合同条款,并结合其以往的习惯做法确定交易价格。在确定交易价格时,企业应当考虑可变对价、合同中存在的重大融资成分、非现金对价、应付客户对价等因素的影响
(4) 将交易价格分摊至各单项履约义务	合同中包含两项或多项履约义务的,企业应当在合同开始日,按照各单项履约义务所承诺商品的单独售价的相对比例,将交易价格分摊至各单项履约义务
(5) 履行每一单项履约义务时确认收入	①对于在某一时段内履行的履约义务,企业应在该段时间内按照履约进度确认收入,但是,履约进度不能合理确定的除外。当履约进度不能合理确定时,企业已经发生的成本预计能够得到补偿的,应当按照已经发生的成本金额确认收入,直到履约进度能够合理确定为止。②对于在某一时点履行的履约义务,企业应当在客户取得相关商品控制权时点确认收入

3. 合同成本

合同成本,包括合同履约成本和合同取得成本。(1)企业为履行合同发生的成本,不属于其他企业会计准则规范范围且同时满足下列条件的,应当作为合同履约成本确认为一项资产:①该成本与一份当前或预期取得的合同直接相关;②该成本增加了企业未来用于履行履约义务的资源;③该成本预期能够收回。(2)企业为取得合同发生的增量成本预期能够收回的,应当作为合同取得成本确认为一项资产;但是,该资产摊销期限不超过一年的，可以在发生时计入当期损益。企业为取得合同发生的、除预期能够收回的增量成本之外的其他支出，应当在发生时计入当期损益。(3) 企业确认的合同成本有关的资产，应当采用与该资产相关的商品收入确认相同的基础进行摊销，计入当期损益。(4) 与合同成本有关的资产发生减值的，应确认资产减值损失。

4. 收入特定交易的会计处理

（1）附有销售退回条款的销售	企业应在客户取得相关商品控制权时，按照因向客户转让商品而预期有权收取的对价金额（即，不包含预期因销售退回将退还的金额）确认收入，按照预期因销售退回将退还的金额确认负债；同时，按照预期将退回商品转让时的账面价值，扣除收回该商品预计发生的成本（包括退回商品的价值减损）后的余额，确认为一项资产，按照所转让商品转让时的账面价值，扣除上述资产成本的净额结转成本。每一资产负债表日，企业应重新估计未来销售退回情况，如有变化，应作为会计估计变更进行会计处理
（2）附有质量保证条款的销售	企业应当评估该质量保证是否在向客户保证所销售商品符合既定标准之外提供了一项单独的服务。企业提供额外服务的，应当作为单项履约义务，按照收入准则规定进行会计处理；否则，质量保证责任应当按照《企业会计准则第13号——或有事项》规定进行会计处理。在评估质量保证是否在向客户保证所销售商品符合既定标准之外提供了一项单独的服务时，企业应当考虑该质量保证是否为法定要求、质量保证期限以及企业承诺履行任务的性质等因素。客户能够选择单独购买质量保证的，该质量保证构成单项履约义务
（3）主要责任人与代理人	企业应当根据其向客户转让商品前是否拥有对该商品的控制权，来判断其从事交易时的身份是主要责任人还是代理人。企业在向客户转让商品前能够控制该商品的，该企业为主要责任人，应当按照已收或应收对价总额确认收入；否则，该企业为代理人，应当按照预期有权收取的佣金或手续费的金额确认收入，其金额应当按照已收或应收对价总额扣除应支付给其他相关方的价款后的净额，或者按照既定的佣金金额或比例等确定
（4）附有客户额外购买选择权的销售	企业应当评估该选择权是否向客户提供了一项重大权利。企业提供重大权利的，应当作为单项履约义务，基于单独售价的相对比例将交易价格分摊至各项履约义务，在客户未来行使购买选择权取得相关商品控制权时，或者该选择权失效时，确认相应的收入。未向客户提供了重大权利，不应当作为单项履约义务，仅在客户行使该选择权来购买额外商品时，企业才对该销售要约确认相应的收入
（5）企业向客户授予知识产权许可	企业向客户授予知识产权许可与所售商品可明确区分的，若为取得知识产权或使用知识产权的权利，应分别作为在某一时段内履行或某一时点履行的履约义务。若与所售商品不可明确区分的，应当将该知识产权许可与所售商品合并为一项单独的履约义务。企业按客户实际销售或使用情况收取许可权使用费的，应当在客户后续销售或使用行为实际发生与企业履行相关履约义务孰晚的时点确认收入
（6）售后回购交易	企业因存在与客户的远期安排而负有回购义务或企业享有回购权利的，回购价格低于原售价的，应当视为租赁交易；回购价格不低于原售价的，应当视为融资交易。企业负有应客户要求回购商品义务的，客户具有行使该要求权重大经济动因的，企业应当将售后回购作为租赁交易或融资交易；否则，企业应当将其作为附有销售退回条款的销售交易
（7）客户未行使的合同权利	企业向客户预收销售商品款项的，应将该款项确认为负债，待履行了相关履约义务时再转为收入。当企业预收款项无须退回，且客户可能会放弃其全部或部分合同权利时，企业预期将有权获得与客户所放弃的合同权利相关的金额的，应当按照客户行使合同权利的模式按比例将上述金额确认为收入；否则，企业只有在客户要求其履行剩余履约义务的可能性极低时，才能将上述负债的相关余额转为收入

续表

（8）无须退回的初始费	企业在合同开始日向客户收取的无须退回的初始费应当计入交易价格。企业应当评估该初始费是否与向客户转让已承诺的商品相关。该初始费与向客户转让已承诺的商品相关，并且该商品构成单项履约义务的，企业应当在转让该商品时，按照分摊至该商品的交易价格确认收入；该初始费与向客户转让已承诺的商品相关，但该商品不构成单项履约义务的，企业应当在包含该商品的单项履约义务履行时，按照分摊至该单项履约义务的交易价格确认收入；该初始费与向客户转让已承诺的商品不相关的，该初始费应当作为未来将转让商品的预收款，在未来转让该商品时确认为收入。企业收取了无须退回的初始费且为履行合同应开展初始活动，但这些活动本身并没有向客户转让已承诺的商品的，该初始费与未来将转让的已承诺商品相关，应当在未来转让该商品时确认为收入，企业在确定履约进度时不应考虑这些初始活动；企业为该初始活动发生的支出应当按照规定确认为一项资产或计入当期损益

5. 费用的确认与计量

费用是指企业在日常活动中形成的、会导致所有者权益减少的、与所有者投入资本无关的经济利益的总流出。具体而言：（1）生产成本，核算企业进行工业性生产发生的各项生产成本。（2）制造费用，是指企业生产车间（部门）为生产产品和提供劳务而发生的各项间接费用。（3）主营业务成本，核算企业确认销售商品、提供劳务等主营业务收入时应结转的成本。（4）其他业务成本，核算企业确认的除主营业务活动以外的其他经营活动所发生的支出。（5）税金及附加，核算企业经营活动发生的消费税、城市维护建设税和教育费附加等相关税费。（6）管理费用，核算企业为组织和管理企业生产经营所发生的管理费用。（7）财务费用，核算企业为筹集生产经营所需资金等而发生的筹资费用。（8）销售费用，核算企业销售商品和材料、提供劳务的过程中发生的各种费用，以及为销售本企业商品而专设的销售机构（含销售网点、售后服务网点等）的职工薪酬、业务费、折旧费等经营费用，以及企业发生的与专设销售机构相关的固定资产修理费用等后续支出。

6. 利润形成及利润分配

利润，是企业一定会计期间的经营成果。利润包括收入减去费用后的净额、直接计入当期利润的利得和损失。利润分为营业利润、利润总额和净利润，其中：（1）营业利润，等于营业收入减去营业成本、税金及附加、销售费用、管理费用、研发费用、财务费用、资产减值损失、信用减值损失，加上其他收益，加上（减去）投资收益（投资损失）、净敞口套期收益（净敞口套期损失）、公允价值变动收益（公允价值变动损失）、资产处置收益（资产处置损失）的净额。（2）利润总额，是营业利润加上营业外收入减去营业外支出后的净额。其中，营业外收入，是指企业发生的与日常活动无直接关系的各项利得，主要包括非流动资产毁损报废利得、债务重组利得、与企业日常活动无关的政府补助、盘盈利得、捐赠利得等；营业外支出，是指企业发生的与日常活动无直接关系的各项损失，包括非流动资产毁损报废损失、债务重组损失、公益性捐赠支出、非常损失、盘亏损失等。（3）净利润，是利润总额减去所得税费用的净额。企业当年实现的税后利润，一般应当按照以下顺序进行分配：（1）提取法定盈余公积金；（2）提取任意盈余公积金；（3）向投资者分配利润或股利。期初未分配利润加上本期实现的净利润减去本期的利润分配就是期末未分配利润。

课堂讨论题

1. 收入与利得，费用与损失有何差异？
2. 企业认定客户取得了相关商品或服务控制权，必须满足五项条件。合同开始日满足该五项条件，后续期间不再满足该五项条件的合同；合同开始日不满足五项条件，后续期间再满足该五项条件的合同；合同开始日不满足五项条件，后续期间也不满足该五项条件的合同；企业应分别如何进行会计处理？
3. 合同合并、合同分拆、合同变更分别如何进行会计处理？
4. 请举例说明为什么及如何识别单项履约义务？
5. 很可能收回对价与坏账准备如何区分？什么是可变对价，可变对价计入交易价格的限制条件是什么？
6. 请举例说明，如何评估企业与客户之间的合同是否包含重大融资成分？
7. 企业有权向客户收取的非现金对价的公允价值发生变动，该如何进行会计处理？
8. 如何区分单项履约义务是在某一时段内履行还是在某一时点履行的履约义务？分别如何确认收入？
9. 合同资产与应收账款的区别与联系是什么？合同负债、预收账款、递延收益的区别与联系是什么？合同履约成本与合同取得成本的会计处理有何差异？
10. 生产费用与期间费用对企业财务状况和经营成果的影响有何差异？
11. 如何区分主营业务收入、其他业务收入、资产处置损益、营业外收入？
12. 如何区分费用与资产、成本、支出、损失的关系？
13. 利润形成及其分配如何进行会计处理？

课后练习题

习题一

【目的】练习商业折扣、现金折扣、销售折让与销售退回等的核算。

【资料】东方公司为增值税一般纳税企业，适用的增值税税率为16%，销售实现时结转销售成本。东方公司在20×9年6月发生如下经济业务：

（1）1日，销售给甲公司 A 商品一批，开出的增值税专用发票上注明的价款 150 000 元，增值税额 24 000 元，收到甲公司签发的转账支票一张送存银行，该批商品成本为 120 000 元。

（2）10日，销售给乙公司 B 商品一批，开出的增值税专用发票上注明的价款 100 000 元，增值税额 16 000 元，款项尚未收到，公司规定的现金折扣条件为"2/10、1/20、N/30"。A 商品已经发出，该批商品成本为 90 000 元。假定计算现金折扣时不考虑增值税。

（3）12日，销售给丙公司 C 商品一批，开出的增值税专用发票上注明的价款 100 000 元，增值税额 16 000 元，以银行存款代垫运杂费 3 000 元。公司采用托收承付结算方式，并向银行办妥托收手续。该批商品成本为 90 000 元。

（4）18日，销售给丁公司废旧材料一批，开出的增值税专用发票上注明的价款 200 000 元，增值税额 32 000 元，收到丙公司转来的商业承兑汇票一张。该批材料成本为 190 000 元。

（5）20 日，本月 1 日销售给甲公司 A 商品因质量与合同不符被甲公司全部退回，退回的商品已经验收入库，款项开出转账支票支付。假定东方公司已取得税务机关开具的红字增值税专用发票。

（6）21 日，收到销售给乙公司的 B 商品全部款项并存入银行。

（7）25 日，丙公司在验收 C 商品时发现该商品外观存在瑕疵，但基本上不影响使用，要求东方公司在价格上（不含增值税额）给予 5% 的折让。公司已同意丙公司的请求，并收到丙公司支付的款项。假定东方公司已取得税务机关开具的红字增值税专用发票。

（8）27 日，销售给乙公司 3 000 件 D 商品，该商品单位成本为 80 元，单位不含税售价 100 元，由于是批量购买，公司决定给予乙公司 10% 的商业折扣。A 商品已经发出，公司已开具增值税专用发票，但款项尚未收到。

（9）30 日，销售给乙公司的 B 商品因质量与合同不符被该公司全部退回，退回的商品已经验收入库，款项开出转账支票支付。假定东方公司已取得税务机关开具的红字增值税专用发票。

【要求】假定上述销售业务符合收入的确认条件，编制东方公司的会计分录。

习题二

【目的】练习不符合收入确认五项条件的销售、预收款销售、附销售退回条款的销售、委托代销、售后回购和以旧换新等业务的核算。

【资料】东方公司为增值税一般纳税人，适用的增值税税率为 16%，20×6 年发生如下经济业务：

（1）1 月 12 日，销售给甲公司 A 商品一批，开出的增值税专用发票上注明的价款 60 000 元，增值税额 9 600 元，该批商品成本为 50 000 元。东方公司在销售时已知甲公司资金周转发生困难，但为了减少存货积压，公司仍将商品发出且办妥托收手续。假定增值税纳税义务已发生。

（2）2 月 1 日，收到乙公司预付的 B 商品购货款 40 000 元。

（3）3 月 6 日，与丙公司签订代销协议，委托丙公司销售 C 商品 1 000 件，每件不含税协议价 180 元，每件商品的实际成本 160 元，东方公司已按合同于当日向丙公司交付商品，增值税纳税义务已发生。根据代销协议，丙公司不能将没有代销出去的商品退回给东方公司。

（4）3 月 10 日，向乙公司发出 B 商品一批，开出的增值税专用发票上注明的价款 50 000 元，增值税额 8 000 元，该批商品成本为 47 000 元。收到乙公司补付的剩余款项存入银行。

（5）4 月 1 日，销售给丁公司 D 商品 3 000 件，该商品单位成本为 80 元，单位不含税售价 100 元，开出的增值税专用发票上注明的价款 300 000 元，增值税额 48 000 元。销售协议约定，丁公司应在 5 月 10 日之前支付款项，在 7 月 30 日之前有权退回该商品。商品已发出，款项未收到。东方公司根据以往经验估计，该批商品退货率为 10%。

（6）5 月 10 日，收到丁公司支付的款项。

（7）5 月 15 日，东方公司得知甲公司经营状况好转，并承诺近期付款。

（8）5 月 20 日，丙公司对外销售 C 商品，开出的增值税专用发票上注明价款 200 000 元，增值税 32 000 元，商品已发出，款项已收到。

（9）5 月 25 日，丙公司按照合同协议价将款项付给东方公司。

（10）5 月 30 日，东方公司收到甲公司支付的款项存入银行。

（11）6 月 1 日，与戊公司签订代销协议，委托戊公司销售 C 商品 500 件，该商品的单位实际成本 180 元。代销协议约定，戊公司应按照每件 200 元对外销售，东方公司按照不含税销售价款的 5% 向戊公司支付手续费。东方公司在当日已向戊公司交付商品，增值税纳税义务已发生。

（12）6 月 30 日，与乙公司签订一项销售合同，根据合同约定向乙公司销售 B 商品一批，开出的增值税专用发票上注明的价款 150 000 元，增值税额 24 000 元，商品已经发出，款项已经收到。该批商品成本为140 000元。当日签订的补充合同还规定，东方公司应于11月30日以170 000元的不含税价格将该商品购回。

（13）7月15日，戊公司对外销售C商品，开出的增值税专用发票上注明的价款100 000元，增值税额16 000元，商品已发出，款项已收到。

（14）7月30日，丁公司退回部分D商品，东方公司已取得税务机关开具的红字增值税专用发票，并支付了丁公司退回商品款。

（15）8月10日，戊公司支付了东方公司款项并计算代销手续费。

（16）9月10日，东方公司向乙公司销售B商品1 000件，开出的增值税专用发票上注明的价款80 000元，增值税额12 800元，该批商品成本为75 000元。同时，回收旧的B商品200件，收到乙公司开具的增值税专用发票上注明价款20 000元，增值税32 000元。款项均未收付。

（17）11月30日，东方公司将6月30日销售给乙公司的B商品全部购回。

（18）12月10日，与乙公司签订合同，向乙公司销售E产品一批，开出的增值税专用发票上注明的价款400 000元，增值税额64 000元，该批商品成本为36 0000元。该合同规定，该E产品的安装调试由东方公司负责，如安装调试未达到合同要求，乙公司可以退货。至12月31日，货已发出但安装调试工作尚未完成。

【要求】（1）假定7月30日，丁公司当日实际退回D商品的数量分别为300件、200件和400件。根据上述相关资料，编制东方公司的相关会计分录。（2）假定东方公司根据以往经验估计，无法估计4月1日销售给丁公司的D商品退货率。7月30日，丁公司当日实际退回D商品的数量分别为300件、200件和400件。根据上述相关资料，编制东方公司的相关会计分录。（3）根据上述相关资料，分别编制东方公司和丙公司、戊公司的会计分录。（4）根据上述东方公司与甲、乙公司之间业务的资料，编制东方公司的相关会计分录。

习题三

【目的】练习具有重大融资成分的销售业务的核算。

【资料】20×5年1月1日，东方公司采用分期收款方式向乙公司出售大型设备一套，合同约定的价款为200万元，分5年于每年末分期收款，每年收取40万元。该套设备的成本为150万元，若东方公司在销售当日支付货款，只需付160万元。东方公司已发出设备，在合同约定的收款日期发生增值税纳税义务。公司经计算实际利率为7.93%。假定不考虑其他因素。

【要求】根据上述业务资料，编制东方公司的相关会计分录。

习题四

【目的】练习某一时段内履行履约义务的核算。

【资料】甲公司发生如下经济业务：（1）20×6年4月1日，甲公司与乙公司签订一项管理咨询服务合同，合同约定，咨询期为2年，咨询费为90万元，乙公司分别于合同签订日、20×7年初和项目结束日分三次等额支付给甲公司。甲公司在20×6年、20×7年和20×8年分别发生合同成本（均为人员工资）为20万元、32万元和15万元。假定甲公司每月提供的劳务量均相同，可以按时间比例确定履约进度。（2）20×6年7月1日，甲公司接受丙公司委托，为该公司新入职的员工进行培训，培训时间为半年。协议约定，培训费为12万元，丙公司分别于20×6年7月1日、20×6年9月1日和培训结束日分三次等额支付给甲公司。20×6年7月1日，乙公司预付了第一次培训费。至20×6年8月31日，甲公司实际发生培训成本3万元（均为人员工资）。20×6年9月1日，甲公司得知乙公司经营发生困难，无力支付后两次培训费。

【要求】根据上述业务资料，编制甲公司的相关会计分录。

习题五

【目的】练习某一时段内履行履约义务的核算。

【资料】20×7年1月1日，甲建筑公司与客户乙公司签订一份总金额为630万元的固定造价合同，承建一栋厂房。工程于20×7年1月5日开工，预计20×8年6月30日竣工。甲公司负责工程的施工及全面管理，乙公司按照第三方工程监理公司确认的工程完工量，每半年与甲公司结算一次；预计可能发生的总成本为400万元。假定该建造工程整体构成单项履约义务，并属于在某一时段履行的履约义务，甲公司采用成本法确定履约进度，上述价款不含增值税额，增值税税率为10%，结算时即发生增值税纳税义务，支付工程价款的同时支付对应的增值税款。假定不考虑其他相关因素。建造该厂房的其他有关资料如下（单位：万元）：

项 目	20×7年6月30日	20×7年12月31日	20×8年6月30日
累计实际已经发生的成本	150	300	410
已结算合同价款	250	110	270
实际收到价款	200	100	330

【要求】根据上述业务资料，编制甲公司的相关会计分录。

习题六

【目的】练习某一时段内履行履约义务的核算。

【资料】甲公司签订了一项总额为400万元的固定造价合同，为乙公司承建一条生产线。工程已于20×6年7月开工，预计20×8年9月30日完工。最初，预计工程总成本为360万元，到20×7年底，由于材料价格上涨等因素调整了预计总成本，预计工程总成本已为420万元。该项工程于20×8年6月提前3个月完成了建造合同，客户同意支付奖励款60万元。建造该项工程的其他有关资料如下（单位：万元）：

项 目	20×6年	20×7年	20×8年
累计实际已经发生的成本（均为人员工资）	126	315	416
预计完成合同尚需发生的成本	234	105	
已结算合同价款	180	180	100
实际收到价款	170	172	118

【要求】根据上述业务资料，编制甲公司的相关会计分录。

习题七

【目的】练习利得、费用、成本、损失的核算。

【资料】甲公司在20×9年12月发生如下经济业务：

（1）1日，经批准，报废设备一台，该设备原价120 000元，累计折旧110 000元，计提减值准备30 000元。报废时支付清理费用10 000元，残料作价16 000元，可作为入库残料使用。

（2）3日，向希望工程捐赠50 000元，开出转账支票付讫。

（3）7日，从银行提取现金支付离退休人员工资18 800元，离退休人员医药费1 200元。

（4）10日，开出转账支票支付违反合同的违约金2 000元。

（5）15日，开出转账支票支付税收滞纳金4 200元。

（6）16日，用现金支付业务招待费560元。

（7）17日，以一台设备换入乙公司的原材料一批，该设备原价80 000元，累计折旧20 000元，计提减值准备30 000元，计税价格和公允价值为40 000元；乙公司原材料的账面价值为35 000元，计税价格和公允价值为40 000元。该交易具有商业实质，双方适用的增值税税率为16%。

（8）18日，开出转账支票支付专设销售机构的办公经费20 000元。

（9）20日，将一项专利出售，该专利原价400 000元，累计摊销150 000元，计提减值准备100 000元，取得出售收入130 000元存入银行，增值税税率为6%。

（10）21日，收到丙公司捐赠的全新设备一台100 000元。

（11）21日，开出转账支票支付车间劳动保护费1 300元。

（12）22日，以银行存款支付银行承兑汇票手续费350元。

（13）22日，以现金购买零星办公用品800元。

（14）23日，开出转账支票购买印花税票1 000元。

（15）24日，收到某职工交来的罚款收入200元。

（16）25日，与丙公司签订债务重组协议，同意免除丙公司债务30 000元，其余款项已通过银行收取。该笔应收账款账面余额60 000元，已计提坏账准备20 000元。

（17）27日，开出转账支票支付产品展览费用2 000元，电视台广告费30 000元。

（18）29日，开出转账支票本月审计费20 000元。

（19）29日，将公司生产的一批产品捐赠给灾区，该批产品成本18 000元，计税价格20 000元，增值税税率为16%。

（20）31日，公司持有的交易性金融资产的公允价值下降30 000元。

（21）31日，公司的投资性房地产的公允价值上升15 000元。

（22）31日，与乙公司于20×8年11月签订了一项不可撤销的产品销售合同，约定在20×9年1月5日以每件100元的价格向乙公司提供1 500件丙产品。截至20×9年12月31日，甲公司已生产1 000件丙产品，由于原材料价格上涨，每件丙产品的单位生产成本为120元。预计尚未生产的500件丙产品的单位生产成本也为120元。

（23）31日，将本月发生的研发项目研究阶段支出3 000元转入当期损益。

（24）31日，结转无法支付的应付账款3 000元。

（25）31日，本月应交增值税50 000元，分别按7%、3%计算本月应交城市维护建设税和教育费附加。

（26）31日，转销因非常损失造成原材料损失15 000元。

（27）31日，计提本月短期借款利息2 500元，长期借款利息9 000元（其中：应计入在建工程3 000元）。

（28）31日，计提本月固定资产折旧7 800元，其中：车间用固定资产折旧4 900元，行政管理部门用固定资产折旧2 900元。

（29）31日，计提本月坏账准备300元，存货跌价准备4 000元，固定资产减值准备6 000元。

（30）31日，结转本月销售商品成本300 000元，销售材料成本10 000元。

（31）31日，计提银行存款利息收入120 500元。

【要求】根据上述业务资料，编制甲公司的相关会计分录。

习题八

【目的】练习收入、费用及利润形成的核算。

【资料】甲公司为增值税一般纳税人，适用的增值税税率为16%，适用的所得税税率为25%，甲公司20×6年12月发生的经济业务如下：

（1）1日，向A公司销售商品一批，开出的增值税专用发票上注明的价款100万元，增值税额16万元，提货单和增值税专用发票已交A公司，现金折扣条件为2/10，1/20，n/30（假定计算现金折扣时不考虑增值税因素）。该批商品的实际成本85万元。12月19日，收到A公司支付的款项。

（2）5日，与B公司签订合同，采用分期预收款方式销售商品一批。该合同规定，所售商品销售价格为 600 万元,含增值税额的商品价款分两次等额收取,收到第二笔款项时交货;第一笔款项已于 12 月 5 日收取并存入银行,剩下的款项于 20×7 年 1 月 5 日收取。

(3) 6 日,向 C 公司销售商品一批,开出的增值税专用发票上注明的价款 1 000 万元,增值税额 160 万元,该商品的实际成本 340 万元。商品已发出并向银行办理了托收承付手续。

(4) 8 日,委托 D 公司代销商品一批。根据代销协议,D 公司应按 200 万元的价格对外销售,甲公司按售价的 10% 支付给 D 公司手续费。该商品的实际成本为 180 万元。商品已运往 D 公司。12 月 31 日,甲公司收到 D 公司开来的代销清单,列明已售出该批商品的 20%,款项尚未收到。

(5) 10 日,收到 C 公司来函。来函提出,12 月 6 日所购商品外观存在质量问题,要求在销售价格上给予 8% 的折让。甲公司同意了 C 公司提出的折让要求。12 月 12 日,收到 C 公司支付的价款,并收到 C 公司交来的税务机关开具的索取折让证明单。甲公司开具了红字增值税专用发票。

(6) 10 日,对生产车间使用的设备进行日常维修,发生内部维修人员工资 2 万元。

(7) 11 日,将持有 J 公司的长期股权投资以 210 万元价格转让,长期股权投资账面余额 240 万元(采用成本法核算)。

(8) 14 日,将 50 件自产产品作为福利分配给本公司行政管理人员。该商品每件生产成本为 1.2 万元,市场售价为 1.5 万元(不含增值税)。

(9) 15 日,与 E 公司签订了一项设备维修合同,合同总价款为 116 万元(含增值税额)。该合同规定,合同签订日收取预付款 23.2 万元,维修劳务完成并经 E 公司验收合格后收取剩余款项。12 月 31 日,该维修劳务完成并经 E 公司验收合格,但因 E 公司发生严重财务困难,预计剩余的价款很可能无法收回。甲公司为完成该维修劳务发生劳务成本 70 万元(假定均为维修人员工资)。

(10) 16 日,与 F 公司签订一项安装设备的合同。合同规定,该设备安装期限为 2 个月,合同总价款为 34.8 万元(含增值税额)。合同签订日预收价款 25 万元,至 12 月 31 日,已实际发生安装费用 14 万元(均为安装人员工资),预计还将发生安装费用 6 万元。甲公司按实际发生的成本占总成本的比例确定安装劳务的完工程度。假定该合同的结果能够可靠地估计。

(11) 18 日,销售原材料一批给 G 公司,开出的增值税专用发票上注明的价款 50 万元,增值税额 8 万元,该材料的实际成本为 46 万元。货已发出,款项已收存银行。

(12) 19 日,经批准,报废设备一台,该设备原价 122 万元,累计折旧 117 万元,计提减值准备 3 万元。报废时支付清理费用 10 万元,残料作价 6 万元,可作为入库残料使用。

(13) 20 日,甲公司收到 I 公司的违约金 35 万元。

(14) 21 日,向 H 公司出售一项专利权,价款为 765 万元,款项已收到并存入银行。该专利权的账面余额为 1 000 万元,累计摊销 198 万元。

(15) 23 日,开出支票支付广告费 4 万元。

(16) 24 日,将不带息的应收票据 3.5 万元向银行贴现,收到贴现款项 3 万元。

(17) 31 日,计提坏账准备 4 万元、存货跌价准备 16 万元和固定资产减值准备 10 万元。

(18) 31 日,公司持有的交易性金融资产账面价值为 400 万元,公允价值为 452 万元。

(19) 31 日,计提本月短期借款利息支出 8.5 万元。

(20) 31 日,计提本月固定资产折旧 10 万元,其中:车间用固定资产折旧 6 万元,行政管理部门用固定资产折旧 4 万元。

(21) 31 日,经计算,本月销售产品应交税费 25.25 万元。

(22) 31 日,计算并结转本月应交所得税(假定不考虑纳税调整事项)。

(23) 31 日,按净利润的 10% 和 5% 提取法定和任意盈余公积,分配投资者利润 10 万元。

【要求】(1) 根据上述业务资料,编制甲公司的相关会计分录;(2) 计算甲公司本月的营业利润、利润总额和净利润;(3) 假定甲公司月初未分配利润为 30 万元,计算月末未分配利润。

第十六章 财务报告

【本章导言】

　　财务报告是反映企业某一特定日期的财务状况和某一会计期间的经营成果、现金流量和所有者权益变动等会计信息的文件，是向投资者等信息使用者提供决策有用信息的媒介和载体，是企业管理层与信息使用者进行信息沟通的桥梁和纽带。通过财务报告，投资者与债权人等信息使用者能够评估企业的盈利能力、偿债能力和发展能力，从而有助于评价企业管理层受托责任履行情况和有助于信息使用者作出有效的经济决策。本章主要介绍财务报告的概念、构成、种类与作用，资产负债表、利润表、所有者权益变动表和现金流量表的列报内容与列报方法。

【本章内容框架】

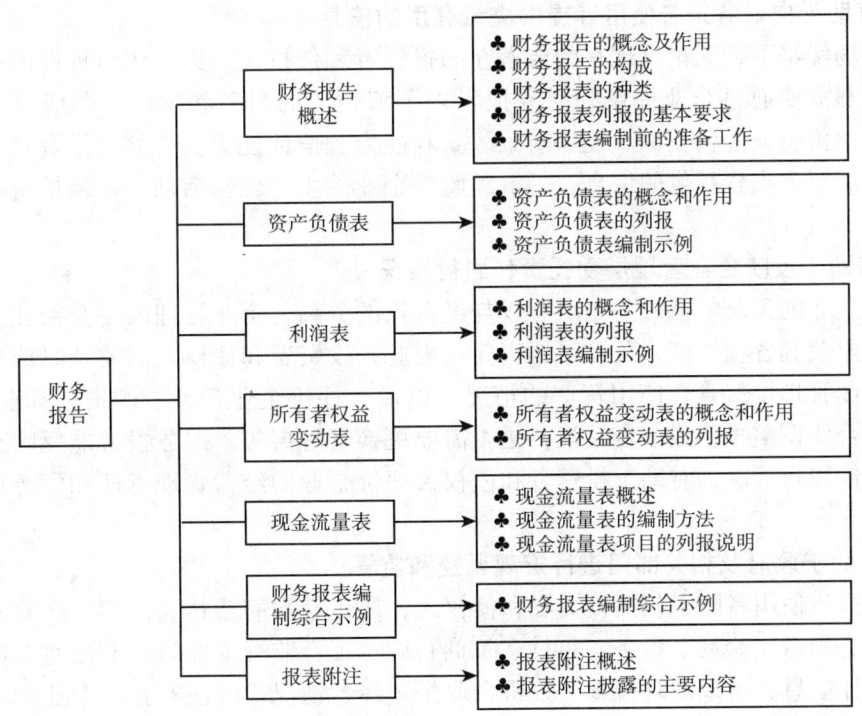

【本章学习目标】

- 熟悉财务报告的概念、构成、种类、作用及列报的基本要求。
- 掌握资产负债表的作用及列报方法。
- 掌握利润表的作用及列报方法。
- 熟悉所有者权益变动表的列报方法。
- 掌握现金流量的分类,掌握现金流量表的概念及作用。
- 掌握现金流量表主表及补充资料的列报方法。
- 了解报表附注披露内容与披露方法。

第一节 财务报告概述

一、财务报告的概念及作用

财务报告,又称财务会计报告,是指企业对外提供的反映企业某一特定日期的财务状况和某一会计期间的经营成果、现金流量和所有者权益变动等会计信息的文件。财务报告具有以下作用:

1. 有助于向财务报告使用者提供决策有用的信息

在市场经济下,无论是现在的或潜在的投资者和债权人,为了作出理性的投资和信贷决策,都需要通过企业提供的财务报告来了解企业的财务状况、经营成果和现金流量,分析评价企业经营业绩、经营前景、获利能力和偿债能力。此外,投资者和债权人还需要利用财务报告提供的信息,了解和监督企业的生产经营活动,以保护自身的合法权益。

2. 有助于反映企业管理层受托责任履行情况

现代企业的显著特征之一是所有权与经营权的分离,企业管理层是受委托人委托经营管理企业及其各项资产,负有受托责任。因此,投资者和债权人需要及时或者经常性地了解企业管理层保管、使用资产的情况,以便于评价企业管理层的责任和业绩情况,并决定是否要调整投资或信贷政策,是否需要更换管理层等。财务报告能反映企业管理层受托责任履行情况,有助于投资者和债权人评价企业的经营管理责任和资源使用的有效性。

3. 有助于政府及相关部门进行宏观调控和监管

财务报告使用者除了包括投资者和债权人,还包括政府及相关部门。政府及相关部门(例如,财政、金融、税务、审计、工商行政、证券监管等部门)利用企业财务报告提供的会计信息,可以及时检查、分析企业生产经营情况,以便实施对企业的监督和管理。例如,政府及相关部门了解和监督企业是否足额纳税,是否遵守国家有关的法律法规,是否履行相应的社会责任和义务等。此外,政府及相关部门还要利用企业财务报告提供的会计信息，了解产业结构的宏观经济效益，分析国民经济的运行情况和存在的问题，并据以进行必要的宏观经济调控。

4. 有助于评估和预测企业未来的现金流量

投资者和债权人尤为关注企业支付股利和还本付息的能力。一般而言，企业支付股利和还本付息的能力取决于企业的获利能力和支付能力，而企业的获利能力和支付能力又主要取决于企业未来现金流量的金额、时间和风险等。然而，企业一定期间所实现的利润与所产生的现金流量并不一定相等，也不一定成同方向增减变动。财务报告有助于财务报告使用者评估企业未来的投资回报以及未来现金流量的金额、时间分布和不确定性，从而有助于评价企业支付股利和还本付息的能力。

二、财务报告的构成

财务报告包括会计报表及其附注和其他应当在财务报告中披露的相关信息和资料，其构成见第一章图 1-2。财务报告、财务报表与会计报表是有区别的。财务报告包括财务报表和其他财务报告，财务报表包括会计报表和附注，会计报表至少包括资产负债表、利润表和现金流量表等报表。

1. 财务报表

财务报表，是对企业财务状况、经营成果和现金流量的结构性表述。财务报表至少包括资产负债表、利润表、现金流量表、所有者权益（或股东权益）变动表等会计报表和附注，即"四表一注"。附注，是对在会计报表中列示项目的文字描述或明细资料，以及对未能在会计报表中列示项目的说明等。上述四张会计报表的编号、名称和编制时间，如表 16-1 所示。

表 16-1　　　　　　　　　　　　企业会计报表一览

编　号	会计报表名称	编报时间
会企 01 表	资产负债表	中期报告、年度报告
会企 02 表	利润表	中期报告、年度报告
会企 03 表	现金流量表	中期报告、年度报告
会企 04 表	所有者权益（或股东权益）变动表	（至少）年度报告

2. 其他财务报告

其他财务报告，主要是为了增进财务报告使用者对企业的全面了解，对一些无法在会计报表列示和按相关规定不在附注中披露的信息。其他财务报告既包括定量信息，也包括定性信息；既包括财务信息，也包括非财务信息；既包括历史信息，也包括预测信息。

三、财务报表的种类

为了更好地分析、评价和利用财务报表，可按不同的标准对财务报表进行分类。

1. 按照财务报表所反映的经济内容

按照反映的经济内容,财务报表可分为:①静态报表,是指根据有关科目的"期末余额"填制,旨在综合反映企业某一特定日期的资产、负债和所有者权益等财务状况的报表,如资产负债表。②动态报表,是指根据有关科目的"本期发生额"填制,旨在综合反映企业某一会计期间的经营成果、现金流量或所有者权益等变动情况的报表,如利润表、现金流量表和所有者权益变动表。

2. 按照财务报表编报的时间

按照编报的时间,财务报表可分为:①中期财务报表,是指以短于一个完整的会计年度的报告期间为基础编制的财务报表,包括半年报、季报和月报等。中期财务报表至少应当包括资产负债表、利润表、现金流量表和附注。②年度财务报表至少包括资产负债表、利润表、现金流量表、所有者权益变动表和附注。

3. 按照财务报表编制的单位

按照编制的单位,财务报表可分为:①个别财务报表,是指由企业在自身会计核算基础上对账簿记录进行加工而编制的报表,它主要用以反映企业自身的财务状况、经营成果、现金流量和所有者权益变动等情况。②合并财务报表,是指由母公司和所属子公司组成的企业集团为一个会计主体,根据母公司和所属子公司的个别财务报表,由母公司编制的综合反映企业集团财务状况、经营成果、现金流量和所有者权益变动等情况的报表。

四、财务报表列报的基本要求

1. 依据各项会计准则确认和计量的结果编制财务报表

企业应当根据实际发生的交易和事项,遵循企业会计基本准则、各项具体会计准则及解释的规定进行确认和计量,并在此基础上编制财务报表。企业应当在附注中对这一情况作出声明,只有遵循了企业会计准则的所有规定时,财务报表才应当被称为"遵循了企业会计准则"。同时,企业不应以在附注中披露代替对交易和事项的确认和计量。即企业采用的不恰当的会计政策,不得通过在附注中披露等其他形式予以更正,企业应当对交易和事项进行正确的确认和计量。此外,如果按照各项会计准则规定披露的信息不足以让报表使用者了解特定交易或事项对企业财务状况、经营成果和现金流量的影响时,企业还应当披露其他的必要信息。

2. 列报基础

持续经营是会计的基本前提,也是会计确认、计量及编制财务报表的基础。企业应当以持续经营为基础编制财务报表。在编制财务报表的过程中,企业管理层应当全面评估企业的持续经营能力。

企业管理层在对企业持续经营能力进行评估时,应当利用其所有可获得的信息,评估涵盖的期间应包括企业自资产负债表日起至少12个月,评估需要考虑的因素包括宏观政策风险、市场经营风险、企业目前或长期的盈利能力、偿债能力、财务弹性以及企业管理层改变经营政策的意向等。评价结果表明对持续经营能力产生重大怀疑的,企业应当在附注中披露导致对持续经营能力产生重大怀疑的影响因素以及企业拟采取的改善措施。

企业如果存在以下情况之一,则通常表明其处于非持续经营状态:①企业已在当期进行清算或停止营业;②企业已经正式决定在下一个会计期间进行清算或停止营业;③企业已确定在当期或下一个会计期间没有其他可供选择的方案而将被迫进行清算或停止营业。企业处于非持续经营状态时,应当采用清算价值等其他基础编制财务报表,比如破产企业的资产采用可变现净值计量、负债按照其预计的结算金额计量等。在非持续经营情况下,企业应当在附注中声明财务报表未以持续经营为基础列报、披露未以持续经营为基础的原因以及财务报表的编制基础。

3. 权责发生制

除现金流量表按照收付实现制编制外,企业应当按照权责发生制编制其他财务报表。在采用权责发生制会计的情况下,当项目符合基本准则中财务报表要素的定义和确认标准时,企业就应当确认相应的资产、负债、所有者权益、收入和费用,并在财务报表中加以反映。

4. 列报的一致性

财务报表项目的列报应当在各个会计期间保持一致,不得随意变更。这一要求不仅仅只针对财务报表中的项目名称,还包括财务报表项目的分类、排列顺序等方面。在下列情况下,企业可以变更财务报表项目的列报:①会计准则要求改变财务报表项目的列报;②企业经营业务的性质发生重大变化或对企业经营影响较大的交易或事项发生后,变更财务报表项目的列报能够提供更可靠、更相关的会计信息。企业变更财务报表项目列报的,应当提供列报的比较信息。

5. 依据重要性原则单独或汇总列报项目

关于项目在财务报表中是单独列报还是汇总列报,应当依据重要性原则来判断。总的原则是,如果某项目单个看不具有重要性,则可将其与其他项目汇总列报;如具有重要性,则应当单独列报。企业应当遵循如下规定:①性质或功能不同的项目,一般应当在财务报表中单独列报,但是不具有重要性的项目可以汇总列报。比如,存货和固定资产在性质上和功能上都有本质差别,必须分别在资产负债表上单独列报。②性质或功能类似的项目,一般可以汇总列报,但是对其具有重要性的类别应该单独列报。比如,原材料、低值易耗品等项目在性质上类似,均通过生产过程形成企业的产品存货,因此可以汇总列报,汇总之后的类别统称为"存货"在资产负债表上单独列报。③某些项目的重要性程度不足以在资产负债表、利润表、现金流量表或所有者权益变动表中单独列示,但对附注却具有重要性,在这种情况下应当在附注中单独披露。④无论是财务报表列报准则规定的单独列报项目,还是其他具体会计准则规定单独列报的项目,企业都应当予以单独列报。

重要性应当根据企业所处的具体环境,从项目的性质和金额两方面予以判断,且对各项目重要性的判断标准一经确定,不得随意变更。判断项目性质的重要性,应当考虑该项目在性质上是否属于企业日常活动、是否显著影响企业的财务状况、经营成果和现金流量等因素;判断项目金额大小的重要性,应当考虑该项目金额占资产总额、负债总额、所有者权益总额、营业收入总额、营业成本总额、净利润、综合收益总额等直接相关项目金额的比重或所属报表单列项目金额的比重。

6. 财务报表项目金额间的相互抵销

财务报表项目应当以总额列报，资产和负债、收入和费用、直接计入当期利润的利得项目和损失项目的金额不能相互抵销，即不得以净额列报，但企业会计准则另有规定的除外。以下三种情况不属于抵销：①一组类似交易形成的利得和损失以净额列示的，不属于抵销。②资产或负债项目按扣除备抵项目后的净额列示，不属于抵销。③非日常活动产生的利得和损失，以同一交易形成的收益扣减相关费用后的净额列示更能反映交易实质的，不属于抵销。

7. 比较信息的列报

企业在列报当期财务报表时，至少应当提供所有列报项目上一个可比会计期间的比较数据，以及与理解当期财务报表相关的说明，但其他会计准则另有规定的除外。财务报表的列报项目发生变更的，应当至少对可比期间的数据按照当期的列报要求进行调整，并在附注中披露调整的原因和性质，以及调整的各项目金额。对可比数据进行调整不切实可行的，应当在附注中披露不能调整的原因。不切实可行，是指企业在作出所有合理努力后仍然无法采用某项会计准则规定。

8. 财务报表表首的列报要求

财务报表一般包括表首、正表两部分。其中，在表首部分企业应当概括地说明下列基本信息：①编报企业的名称；②资产负债表日或财务报表涵盖的会计期间；③货币名称和单位；④财务报表是合并财务报表的，应当予以标明。

9. 报告期间

企业至少应当按年编制财务报表。年度财务报表涵盖的期间短于一年的，应当披露年度财务报表的实际涵盖期间、短于一年的原因以及报表数据不具可比性的事实。

五、财务报表编制前的准备工作

企业编制财务报表时，除了遵守上述基本要求外，还需在编制前做好以下准备工作：

1. 清查财产物资

清查财产物资是保证财务报表数据真实性的重要前提。在报告期末，特别是在年终决算时，企业应当对各项财产物资进行全面的清查盘点，如果发现溢余或短缺、毁损，应当及时调整账目、保证账实相符，并进一步查明原因，按规定办理审批手续。主要工作包括：①清点现金和有价证券；②核对银行存款，编制银行存款余额调节表；③与购货方或供货方核对应收款项或应付款项；④与其他债务（权）人核对其他应收（付）款；⑤清查盘点存货；⑥清查各项固定资产和在建工程；⑦检查各项投资的回收和利润分配情况等。

2. 清理债务

年终决算时，企业与外单位的各项经济业务往来中形成的债务也应当及时清理。对于到期的负债应当及时偿还,特别是对于欠交的税费、应分配的利润和应付职工薪酬等,应及时上交或支付。

3. 复核成本

编制财务报表前,企业应当及时复核各项生产成本、履约成本、销售成本的结转情况。检查是否存在多结转、少结转的情况,因为其直接影响企业盈亏的真实性,并由此产生一系列的后果,如多交或少交税费、多分或少分利润、使企业经营成果反映不实。

4. 账项调整

企业会计确认、计量和报告应当以权责发生制为基础。因此,企业期末应当进行账项调整,主要包括以下工作:①计提各项资产(信用)减值准备;②计提利息收入及利息支出;③计提相关资产的折旧;④计提相关资产的摊销额;⑤转销待处理财产损溢等。

5. 核对账簿记录,编制试算平衡表

账簿记录是编制财务报表的基本依据,核对账簿记录是保证账证、账账、账实相符,正确编制报表的前提之一。因此,企业在编制财务报表之前,必须对账簿记录进行一次全面的核查,保证本报告期的账项已登记入账,也不得将属于其他报告期的账项记入本期。在此基础上,编制试算平衡表,检查账务处理是否存在错误。

6. 结账

试算平衡后的结账工作主要有:①将损益类账户全部转入"本年利润"账户;②将"本年利润"账户形成的本年税后净利润或亏损转入"利润分配"账户;③进行利润分配后,将"利润分配"科目的其他明细科目的余额转入"利润分配——未分配利润"科目。

在会计实务工作中,以上各项准备工作往往是同时或交叉进行的。

第二节 资产负债表

一、资产负债表的概念和作用

资产负债表,是指反映企业在某一特定日期的财务状况的会计报表。即资产负债表反映企业在某一特定日期所拥有或控制的资源、所承担的现时义务和所有者对净资产的要求权。资产负债表能够揭示企业资产、负债和所有者权益的结构及其相互关系,以及企业的长短期偿债能力、现金支付能力、财务弹性和资本结构等信息。具体而言,资产负债表的作用主要体现在:

1. 揭示企业拥有或控制的经济资源及分布和利用情况

资产负债表把企业拥有或控制的经济资源,按照经济性质和用途分为多个报表项目进行列报,能够反映企业在某一日期的资产总额及其构成,揭示企业拥有或控制的资源及其分布情况,有利于分析企业资产的规模和数量、质量和结构,评价企业资源的布局是否合理、资源配置是否有效。

2. 揭示企业的资金来源和资本结构

资产负债表可以揭示企业债权人借入资本（负债）和投资者投入资本（所有者权益）的来源及资本结构情况。其中，负债可以反映企业的资金来源渠道、债务规模、期限及结构，有助于分析企业目前与未来需要支付的债务数额，评价企业的财务风险和利用财务杠杆的能力，预测未来现金流量的流动。所有者权益可以反映企业投资者实际的投资规模和财富，有助于分析企业的筹资能力、资本保值与增值情况。所谓资本结构，是指流动负债、长期负债、负债总额与所有者权益的相对比例。通过对企业资本结构的分析，可以对企业的筹资组合及筹资成本、举债能力（潜力）和债权人利益保护程度作出评价。

3. 揭示企业的流动性及偿债能力

流动性，通常按资产的变现或耗用时间长短或者负债的偿还时间长短来确定。在资产负债表中，资产和负债应当分为流动资产和非流动资产、流动负债和非流动负债列示。因此，通过资产负债表，可以计算流动比率（流动资产÷流动负债）、速动比率（速动资产÷流动负债）、资产负债率（负债总额÷资产总额）等财务指标，可以分析评价企业的变现能力、偿债能力和支付能力，从而有助于报表使用者作出正确的经济决策。

4. 揭示财务状况的发展趋势

企业当期资产负债表的列报，至少应当提供所有列报项目上一可比会计期间的比较数据。因此，企业某一特定日期的资产负债表对信息使用者的作用极其有限，只有把不同时点的资产负债表结合起来分析，才能把握企业财务状况的发展趋势。同样，将不同企业同一时点的资产负债表进行对比，还可对不同企业的相对财务状况作出评价。

二、资产负债表的列报

资产负债表是根据"资产＝负债＋所有者权益"的原理，把企业在特定日期所有拥有或控制的经济资源，承担的债务及偿债后属于所有者的权益充分反映出来。因此，资产负债表应当按照资产、负债和所有者权益三大类别分别列示，并且资产总计应当等于负债和所有者权益的总计。

（一）资产负债表列报的结构与格式

资产负债表的结构，包括表首和报表主体两部分。表首列示资产负债表的名称、编制单位、编制日期、报表编号、货币单位等；报表主体部分即表内部分，分别列示资产、负债和所有者权益各项目的"年初余额"和"期末余额"。资产负债表报表主体的列报主要有两种格式：

（1）报告式资产负债表。它是根据"资产－负债＝所有者权益"的原理，将资产、负债和所有者权益按上下顺序排列而编制的。即先列示资产，其次列示负债，最后列示所有者权益。

（2）账户式资产负债表。它是根据"资产＝负债＋所有者权益"的原理，按照左右对照的账户形式来列报，左方列示资产项目，右方列示负债和所有者权益项目，左右平衡（格式参见表6-14）。

（二）资产负债表项目的列报说明

1. 资产项目的列报说明

（1）"货币资金"项目，反映企业持有的库存现金、银行存款、外埠存款、银行汇票存款、银行本票存款、存出投资款、信用卡存款、信用保证金存款等。该项目应根据"库存现金""银行存款""其他货币资金"科目的期末余额合计数填列。

（2）"交易性金融资产"项目，反映资产负债表日企业分类为以公允价值计量且其变动计入当期损益的金融资产，以及企业持有的直接指定为以公允价值计量且其变动计入当期损益的金融资产的期末账面价值。该项目应根据"交易性金融资产"科目的相关明细科目期末余额分析填列。自资产负债表日起超过一年到期且预期持有超过一年的以公允价值计量且其变动计入当期损益的非流动金融资产的期末账面价值，在"其他非流动金融资产"项目反映。

（3）"衍生金融资产"项目，反映企业期末持有的衍生工具、套期工具、被套期项目中属于衍生金融资产的金额。该项目应根据"衍生工具""套期工具""被套期项目"科目所属的相关明细科目借方余额合计数填列。

（4）"应收票据及应收账款"项目，反映资产负债表日以摊余成本计量的、企业因销售商品、提供服务等经营活动应收取的款项，以及收到的商业汇票，包括银行承兑汇票和商业承兑汇票。该项目应根据"应收票据"总账科目的期末余额，以及"应收账款"和"预收账款"所属的相关明细科目的期末借方余额合计数，减去"坏账准备"科目中相关坏账准备期末余额后的金额填列。如果"应收账款"科目所属明细科目期末有贷方余额，应在"预收款项"项目填列。

（5）"预付款项"项目，反映企业按照合同规定预付给供货单位的款项等。该项目应根据"预付账款"和"应付账款"科目所属明细科目的期末借方余额合计数，减去"坏账准备"科目中有关坏账准备期末余额后的金额填列。如果"预付账款"科目所属明细科目期末有贷方余额，应在"应付票据及应付账款"项目填列。

（6）"其他应收款"项目，反映企业经营活动以外的其他各种应收、暂付的款项，以及应收的利息、现金股利或利润。该项目应根据"其他应收款"和"应收利息""应收股利"科目的期末余额合计数，减去"坏账准备"科目中相关坏账准备期末余额后的金额填列。

（7）"存货"项目，反映企业期末各种存货的可变现净值以及合同履约成本的账面价值。该项目应根据"材料采购"或"在途物资""原材料""周转材料""委托加工物资""库存商品""发出商品""委托代销商品""生产成本""制造费用"等科目的期末余额合计数，减去"受托代销商品款""存货跌价准备"科目期末余额，加上"合同履约成本"（初始确认时摊销期限不超过一年或一个正常营业周期）科目的明细科目期末余额，减去与之相应的"合同履约成本减值准备"科目的期末余额后的金额填列。材料采用计划成本核算，以及库存商品采用计划成本或售价核算的企业，还应该加上或减去"材料成本差异""商品进销差价"科目期末余额后的金额填列。

（8）"合同资产"项目，反映企业已向客户转让商品而有权收取对价的权利。该项目应根据"合同资产"科目的相关明细科目期末余额，减去"合同资产减值准备"科目中相关的期末余额后的账面价值填列。同一合同下的合同资产和合同负债应当以净额列示，其中净额为借方余额的，应当根据其流动性在"合同资产"或"其他非流动资产"项目中填列。

（9）"持有待售资产"项目，反映资产负债表日划分为持有待售类别的非流动资产及划分为持有待售类别的处置组中的流动资产和非流动资产的期末账面价值。该项目应根据"持有待售资产"科目的期末余额，减去"持有待售资产减值准备"科目的期末余额后的金额填列。

（10）"一年内到期的非流动资产"项目①，反映自资产负债表日起一年内到期的长期债权投资、其他长期债权投资、长期应收款等非流动资产的期末账面价值合计数。该项目应根据"债权投资""其他债权投资""长期应收款"等科目的明细科目期末余额分析计算填列。

（11）"其他流动资产"项目，反映持有的其他流动资产。主要包括：企业购入的以摊余成本计量的一年内到期的债权投资的期末账面价值；企业购入的以公允价值计量且其变动计入其他综合收益的一年内到期的债权投资的期末账面价值；"合同取得成本"（初始确认时摊销期限不超过一年或一个正常营业周期）科目的明细科目的期末余额，减去"合同取得成本减值准备"科目中相关的期末余额后的账面价值；"应收退货成本"（在一年或一个正常营业周期内出售）科目的明细科目的期末余额。该项目应根据"债权投资""其他债权投资""合同取得成本""应收退货成本"等科目的明细科目的期末余额，减去与减值准备相关的期末余额后的金额填列。

（12）"债权投资"项目，反映资产负债表日企业以摊余成本计量的长期债权投资的期末账面价值。该项目应根据"债权投资"科目的相关明细科目期末余额，减去"债权投资减值准备"科目中相关减值准备的期末余额后的金额分析填列。自资产负债表日起一年内到期的长期债权投资的期末账面价值，在"一年内到期的非流动资产"项目反映。企业购入的以摊余成本计量的一年内到期的债权投资的期末账面价值，在"其他流动资产"项目反映。

（13）"其他债权投资"项目，反映资产负债表日企业分类以公允价值计量且其变动计入其他综合收益的长期债权投资的期末账面价值。该项目应根据"其他债权投资"科目的相关明细科目期末余额分析填列。自资产负债表日起一年内到期的其他长期债权投资的期末账面价值，在"一年内到期的非流动资产"项目反映。企业购入的以公允价值计量且其变动计入其他综合收益的一年内到期的债权投资的期末账面价值，在"其他流动资产"项目反映。

---

① 对于按照相关会计准则采用折旧（或摊销、折耗）方法进行后续计量的固定资产、无形资产、长期待摊费用等非流动资产，折旧（或摊销、折耗）年限（或期限）只剩一年或不足一年的，无须归类为流动资产，仍在各该非流动资产项目中列报，不转入"一年内到期的非流动资产"项目列报；预计在一年内（含一年）进行折旧（或摊销、折耗）的部分，也无须归类为流动资产，不转入"一年内到期的非流动资产"项目列报。

(14)"长期应收款"项目,反映企业长期应收款的净额。该项目应根据"长期应收款"科目的期末余额,减去相应的"未实现融资收益"科目的期末余额和"坏账准备"科目中有关坏账准备期末余额后的金额填列。自资产负债表日起一年内到期的长期应收款的期末账面价值,在"一年内到期的非流动资产"项目反映。

(15)"长期股权投资"项目,反映企业持有的对子公司、联营企业和合营企业的长期股权投资。该项目应根据"长期股权投资"科目的期末余额,减去"长期股权投资减值准备"科目期末余额后的金额填列。

(16)"其他权益工具投资"项目,反映资产负债表日企业指定为以公允价值计量且其变动计入其他综合收益的非交易性权益工具投资的期末账面价值。该项目应根据"其他权益工具投资"科目的期末余额填列。

(17)"其他非流动金融资产"项目,反映自资产负债表日起超过一年到期且预期持有超过一年的以公允价值计量且其变动计入当期损益的非流动金融资产的期末账面价值。该项目根据"交易性金融资产"所属明细科目的期末余额分析计算填列。

(18)"投资性房地产"项目,反映企业持有的投资性房地产。企业采用成本模式计量投资性房地产的,该项目应根据"投资性房地产"科目的期末余额,减去"投资性房地产累计折旧(摊销)"科目和"投资性房地产减值准备"科目的期末余额后的金额填列;企业采用公允价值模式计量投资性房地产的,该项目应根据"投资性房地产"科目的期末余额填列。

(19)"固定资产"项目,反映资产负债表日企业固定资产的期末账面价值和企业尚未清理完毕的固定资产清理净损益。该项目应根据"固定资产"科目的期末余额,减去"累计折旧"和"固定资产减值准备"科目的期末余额后的金额,以及"固定资产清理"科目的期末余额填列。

(20)"在建工程"项目,反映资产负债表日企业尚未达到预定可使用状态的在建工程的期末账面价值和企业为在建工程准备的各种物资的期末账面价值。该项目应根据"在建工程"科目的期末余额,减去"在建工程减值准备"科目的期末余额后的金额,以及"工程物资"科目的期末余额,减去"工程物资减值准备"科目的期末余额后的金额填列。

(21)"生产性生物资产"项目,反映企业持有的生产性生物资产。该项目应根据"生产性生物资产"科目的期末余额,减去"生产性生物资产累计折旧"和"生产性生物资产减值准备"科目的期末余额后的金额填列。

(22)"油气资产"项目,反映企业持有的矿区权益和油气井及相关设施的原价减去累计折耗和累计减值准备后的净额。该项目应根据"油气资产"科目的期末余额,减去"累计折耗"科目的期末余额及相应减值准备后的金额填列。

(23)"无形资产"项目,反映企业持有的无形资产。该项目应根据"无形资产"科目的期末余额,减去"累计摊销"和"无形资产减值准备"科目的期末余额后的金额填列。

(24)"开发支出"项目,反映企业开发无形资产过程中能够资本化形成无形资产成本的支出部分。该项目应根据"开发支出"科目中所属明细科目"资本化支出"的期末余额填列。

（25）"商誉"项目，反映企业合并中形成的商誉的价值。该项目应根据"商誉"科目的期末余额，减去相应减值准备后的金额填列。

（26）"长期待摊费用"项目，反映企业已经发生但应由本期和以后各期负担的分摊期限在一年以上的各种费用。该项目应根据"长期待摊费用"科目的期末余额填列。

（27）"递延所得税资产"项目，反映企业确认的可抵扣暂时性差异产生的所得税资产。该项目应根据"递延所得税资产"科目的期末余额填列。

（28）"其他非流动资产"项目，反映企业持有的其他非流动资产。主要包括：同一合同下的合同资产和合同负债应当以净额列示，其中净额为借方余额的，应当根据其流动性在"合同资产"或"其他非流动资产"项目中填列，已计提减值准备的，还应减去"合同资产减值准备"科目中相关的期末余额后的金额；"合同取得成本"（初始确认时摊销期限超过一年或一个正常营业周期）科目的明细科目金额，减去"合同取得成本减值准备"科目中相关的期末余额后的金额；"合同履约成本"（初始确认时摊销期限超过一年或一个正常营业周期）科目的明细科目金额，减去"合同履约成本减值准备"科目中相关的期末余额后的金额；"应收退货成本"（在一年或一个正常营业周期以上出售）科目的相关明细科目的金额。该项目应根据有关科目的期末余额分析填列。

2. 负债项目的列报说明

（1）"短期借款"项目，反映企业向银行或其他金融机构等借入的期限在一年以下（含一年）的各种借款。该项目应根据"短期借款"科目的期末余额填列。

（2）"交易性金融负债"项目，反映资产负债表日企业承担的交易性金融负债，以及企业持有的直接指定为以公允价值计量且其变动计入当期损益的金融负债。该项目应根据"交易性金融负债"科目的相关明细科目期末余额填列。

（3）"衍生金融负债"项目，反映衍生工具、套期项目、被套期项目中属于衍生金融负债的金额。该项目应根据"衍生工具""套期工具""被套期项目"科目所属明细科目贷方余额合计数填列。

（4）"应付票据及应付账款"项目，反映资产负债表日企业因购买材料、商品和接受服务等经营活动应支付的款项，以及开出、承兑的商业汇票，包括银行承兑汇票和商业承兑汇票。该项目应根据"应付票据"科目的期末余额，以及"应付账款"和"预付账款"科目所属的相关明细科目的期末贷方余额合计数填列。如果"应付账款"科目所属明细科目期末有借方余额，应在"预付款项"项目填列。

（5）"预收款项"项目，反映企业按照销售合同规定预收购货单位的款项等。本项目应根据"预收账款"和"应收账款"科目所属明细科目的期末贷方余额合计数填列。如果"预收账款"科目所属明细科目期末有借方余额，应在"应收票据及应收账款"项目填列。

（6）"合同负债"项目，反映企业已收或应收客户对价而应向客户转让商品的义务。该项目根据"合同负债"科目的相关明细科目期末余额分析填列。同一合同下的合同资产和合同负债应当以净额列示，其中净额为贷方余额的，应当根据其流动性在"合同负债"或"其他非流动负债"项目中填列。

（7）"应付职工薪酬"项目，反映企业根据有关规定应付给职工的短期薪酬、离职后福利、辞退福利和其他长期职工福利等各种薪酬。本项目应根据"应付职工薪酬"科目的期末余额填列。

（8）"应交税费"项目，反映企业按照税法规定计算应交纳的各种税费。该项目应根据"应交税费"科目的期末贷方余额填列，如果"应交税费"科目为期末借方余额，以"－"号填列。

（9）"其他应付款"项目，反映企业经营活动外的其他各种应付、暂收的款项，以及应付的利息、现金股利或利润。该项目应根据"其他应付款""应付利息""应付股利"科目的期末余额合计金额填列。

（10）"持有待售负债"项目，反映资产负债表日处置组中与划分为持有待售类别的资产直接相关的负债。该项目应根据"持有待售负债"科目的期末余额填列。

（11）"一年内到期的非流动负债"项目，反映自资产负债表日起一年内到期的长期借款、应付债券、长期应付款等非流动负债的期末账面价值合计数。该项目应根据"长期借款""应付债券""长期应付款"等科目的明细科目期末余额分析计算填列。

（12）"其他流动负债"项目，反映企业除短期借款、交易性金融负债、应付票据、应付账款、预收账款、应付职工薪酬、应交税费、应付利息、应付股利等流动负债以外的其他流动负债。该项目应根据有关科目的期末余额填列。需注意的是，确认为预计负债的应付退货款，应当根据"预计负债"科目下的"应付退货款"明细科目是否在一年或一个正常营业周期内清偿，在"其他流动负债"或"预计负债"项目中填列。

（13）"长期借款"项目，反映企业向银行或其他金融机构等借入的期限在一年以上（不含一年）的各种借款。该项目应根据"长期借款"科目的期末余额，减去将于资产负债表日后的一年内到期部分后的金额填列。

（14）"应付债券"项目，反映企业以摊余成本计量的为筹集资金而发行的债券本金和利息。该项目应根据"应付债券"科目的期末余额，减去将于资产负债表日后的一年内到期部分后的金额填列。

（15）"长期应付款"项目，反映资产负债表日企业除长期借款和应付债券以外的其他各种长期应付款项的期末账面价值。该项目应根据"长期应付款"科目的期末余额，减去相关的"未确认融资费用"科目的期末余额后的金额，以及"专项应付款"科目的期末余额填列。

（16）"预计负债"项目，反映企业确认的对外提供担保、未决诉讼、产品质量保证、重组义务、亏损性合同等预计负债。该项目应根据"预计负债"科目的期末余额，减去"预计负债——应付退货款"明细科目（在一年或一个正常营业周期内清偿）期末余额后的金额填列。

（17）"递延收益"项目，反映企业收到的政府补助等。该项目应根据"递延收益"科目的期末余额填列。

（18）"递延所得税负债"项目，反映企业确认的应纳税暂时性差异产生的所得税负债。该项目应根据"递延所得税负债"科目的期末余额填列。

(19)"其他非流动负债"项目,反映企业除长期借款、应付债券、长期应付款、专项应付款、预计负债、递延收益、递延所得税负债产等非流动负债以外的其他非流动负债。该项目应根据有关科目的期末余额,减去将于资产负债表日后的一年内到期偿还部分后的金额填列。

3. 所有者权益项目的列报说明

(1)"实收资本(或股本)"项目,反映企业投资者实际投入的资本(或股本)总额。该项目应根据"实收资本(或股本)"科目的期末余额填列。

(2)"其他权益工具"项目,反映企业发行的除普通股以外的归类为权益工具的各种金融工具。该项目应根据"其他权益工具"科目的期末余额填列。

(3)"资本公积"项目,反映企业投资者出资额超过其在企业注册资本中或股本中所占份额的部分(资本溢价或股本溢价)以及直接计入所有者权益的利得和损失(其他资本公积)。本项目应根据"资本公积"科目的期末余额填列。

(4)"库存股"项目,反映企业收购、转让或注销本公司的股份。该项目应根据"库存股"科目的期末余额填列,且应作为股东权益的减项列示。

(5)"其他综合收益"项目,反映企业未在当期损益中确认而直接计入所有者权益的利得和损失的其他综合收益项目,该项目应根据"其他综合收益"科目的期末余额填列。

(6)"盈余公积"项目,反映企业按照规定从税后利润中提取的各种公积金。该项目应根据"盈余公积"科目的期末余额填列。

(7)"未分配利润"项目,反映企业留待以后年度进行分配或者待分配的留存收益。该项目应根据"利润分配"科目中所属的"未分配利润"明细科目期末余额填列。未弥补的亏损,在本项目内以"-"号填列。

(三)资产负债表各项目的填列方法

1. 年初余额栏的填列方法

资产负债表"年初余额"栏内各项数字,应根据上年末资产负债表"期末余额"栏内所列数字填列。如果本年度资产负债规定的各个项目的名称和内容同上年度不相一致,应对上年末资产负债表各项目的名称和数字按照本年度的规定进行调整,填入本表"年初余额"栏内。

2. 期末余额栏的填列方法

资产负债表"期末余额"栏内各项数字,一般应根据资产、负债和所有者权益类科目的期末余额填列,其填列的主要方式如表16-2所示。

表16-2　　　　　　　　资产负债表"期末余额栏"的填列方法

填列方式	主要涉及的科目及填列方法
(1)根据总账科目期末余额直接填列	"其他权益工具投资""长期待摊费用""递延所得税资产""短期借款""交易性金融负债""应付职工薪酬""应交税费""持有待售负债""递延收益""递延所得税负债""实收资本(或股本)""其他权益工具""资本公积""库存股""其他综合收益""盈余公积"等项目,根据其期末余额直接填列

续表

填列方式	主要涉及的科目及填列方法
（2）根据总账科目期末余额加总填列	"货币资金"项目＝"库存现金"科目期末余额＋"银行存款"科目期末余额＋"其他货币资金"科目期末余额 "其他应付款"项目＝"其他应付款"科目期末余额＋"应付利息"科目期末余额＋"应付股利"科目期末余额
（3）根据明细账科目期末余额计算填列	"交易性金融资产"项目＝"交易性金融资产"明细科目中"自资产负债表日起未超过一年到期且预期持有未超过一年"部分的金额 "衍生金融资产"项目＝"衍生工具"所属明细科目借方余额＋"套期工具"所属明细科目借方余额＋"被套期项目"所属明细科目借方余额 "衍生金融负债"项目＝"衍生工具"所属明细科目贷方余额＋"套期工具"所属明细科目贷方余额＋"被套期项目"所属明细科目贷方余额 "预付款项"项目＝"预付账款"所属明细科目的期末借方余额＋"应付账款"所属明细科目的期末借方余额－与预付账款有关的"坏账准备"明细科目期末贷方余额 "预收款项"项目＝"预收账款"所属明细科目的期末贷方余额＋"应收账款"所属明细科目的期末贷方余额 "开发支出"项目＝"研发支出"科目中所属"资本化支出"明细科目的期末余额 "合同负债"项目＝"合同负债"科目的相关明细科目期末余额（注：同一合同下的合同资产和合同负债相抵后的净额为贷方余额的，应当根据其流动性在"合同负债"或"其他非流动负债"项目中填列） "未分配利润"项目＝"利润分配"科目中"未分配利润"明细科目期末余额合计数
（4）根据有关科目期末余额减去其备抵科目期末余额后的账面价值填列	"合同资产"项目＝"合同资产"科目期末余额－"合同资产减值准备"期末余额（注：同一合同下的合同资产和合同负债相抵后的净额为借方余额的，应当根据其流动性在"合同资产"或"其他非流动资产"项目中填列） "持有待售资产"项目＝"持有待售资产"科目期末余额－"持有待售资产减值准备"科目期末余额 "长期股权投资"项目＝"长期股权投资"科目期末余额－"长期股权投资减值准备"科目期末余额 "投资性房地产"项目＝"投资性房地产"科目期末余额－"投资性房地产累计折旧（摊销）"科目期末余额－"投资性房地产减值准备"科目期末余额 "固定资产"项目＝"固定资产"科目期末余额－"累计折旧"科目期末余额－"固定资产减值准备"科目期末余额±"固定资产清理"科目期末余额 "在建工程"项目＝"在建工程"科目期末余额－"在建工程减值准备"科目期末余额＋"工程物资"科目期末余额－"工程物资减值准备"科目期末余额 "无形资产"项目＝"无形资产"科目期末余额－"累计摊销"科目期末余额－"无形资产减值准备"科目期末余额 "商誉"项目＝"商誉"科目期末余额－"商誉减值准备"科目期末余额
（5）根据总账科目和明细科目余额分析计算填列	"应收票据及应收账款"项目＝"应收票据"科目期末余额＋"应收账款"所属明细科目期末借方余额＋"预收账款"所属明细科目期末借方余额－与应收票据、应收账款有关的"坏账准备"明细科目期末贷方余额 "应付票据及应付账款"项目＝"应付票据"科目期末余额＋"应付账款"所属明细科目期末贷方余额＋"预付账款"所属明细科目期末贷方余额 "其他应收款"项目＝"其他应收款"科目期末余额＋"应收利息"科目期末余额＋"应收股利"科目期末余额－与其他应收款、应收利息、应收股利有关的"坏账准备"明细科目期末贷方余额

续表

填列方式	主要涉及的科目及填列方法
（5）根据总账科目和明细科目余额分析计算填列	"债权投资"项目＝"债权投资"科目期末余额－"债权投资减值准备"科目期末余额－资产负债表日起一年内到期的其他长期债权投资的期末账面价值－购入的以摊余成本计量的一年内到期的债权投资的期末账面价值 "其他债权投资"项目＝"其他债权投资"科目期末余额－资产负债表日起一年内到期的长期债权投资的期末账面价值－购入的以公允价值计量且其变动计入其他综合收益的一年内到期的债权投资的期末账面价值 "长期应收款"项目＝"长期应收款"科目期末余额－"未实现融资收益"科目期末余额－与长期应收款有关的"坏账准备"明细科目期末贷方余额－资产负债表日起一年内到期部分的金额 "长期借款"项目＝"长期借款"科目期末余额－资产负债表日起一年内到期部分的金额 "应付债券"项目＝"应付债券"科目期末余额－资产负债表日起一年内到期部分的金额 "长期应付款"项目＝"长期应付款"科目期末余额－"未确认融资费用"科目期末余额－资产负债表日起一年内到期部分的金额＋"专项应付款"科目期末余额 "预计负债"项目＝"预计负债"科目的期末余额－"预计负债——应付退货款"明细科目（在一年或一个正常营业周期内清偿）期末余额
（6）综合运用上述填列方法分析计算填列	"存货"项目＝"材料采购"或"在途物资"科目期末余额＋"原材料"科目期末余额＋"库存商品"科目期末余额＋"周转材料"科目期末余额＋"发出商品"科目期末余额＋"委托加工物资"科目期末余额＋"委托代销商品"科目期末余额＋"生产成本"科目期末余额＋"制造费用"科目期末余额－"受托代销商品款"科目期末余额－"存货跌价准备"科目期末余额＋"合同履约成本"（初始确认时摊销期限不超过一年或一个正常营业周期）相关明细科目期末余额－"合同履约成本减值准备"科目中相关明细科目的期末余额±"材料成本差异"科目期末余额±"商品进销差价"科目期末余额

三、资产负债表编制示例

【例 16-1】20×8 年 12 月 31 日，甲公司有关总账和明细账账户的期末余额，如表 16-3 所示。

表 16-3　　　　　甲公司有关账户的期末余额　　　　　单位：元

账户名称	期末余额 借方	期末余额 贷方	账户名称	期末余额 借方	期末余额 贷方
库存现金	20 000		固定资产	3 245 400	
银行存款	746 593		累计折旧		45 400
其他货币资金	12 489		固定资产减值准备		200 000
交易性金融资产	300 000		在建工程	211 490	
应收票据	400 000		工程物资	436 000	
应收账款	500 000		无形资产	420 000	
其中：应收账款——A 公司	800 000		累计摊销		10 000
应收账款——B 公司		300 000	无形资产减值准备		10 000

续表

账户名称	期末余额		账户名称	期末余额	
	借方	贷方		借方	贷方
应收利息	100 000		长期待摊费用	30 000	
应收股利	200 000		递延所得税资产	23 576	
预付账款	41 400		短期借款		1 000 000
其中：预付账款——C公司	50 000		交易性金融负债		230 000
预付账款——D公司		8 600	应付票据		170 000
其他应收款	21 000		应付账款		120 000
坏账准备		30 450	其中：应付账款——E公司	20 000	
其中：坏账准备——应收票据		10 450	应付账款——F公司		140 000
坏账准备——应收账款		20 000	预收账款		60 000
材料采购	34 740		其中：预收账款——G公司	20 000	
原材料	221 400		预收账款——H公司		80 000
材料成本差异		34 000	合同负债		150 000
库存商品	143 700		应付职工薪酬		141 200
受托代销商品	20 000		应交税费		94 530
委托加工物资	4 400		应付利息		32 000
周转材料	13 450		应付股利		162 000
存货跌价准备		3 700	其他应付款		44 000
生产成本	83 470		委托代销商品款		20 000
制造费用	12 100		长期借款		2 000 000
合同资产	100 000		其中：一年内到期的长期借款		1 000 000
债权投资	300 000		应付债券		127 000
其中：一年内到期的部分	150 000		其中：一年内到期的应付债券		27 000
债权投资减值准备		50 000	长期应付款		40 000
其他债权投资	22 000		未确认融资费用	2 200	
长期股权投资	230 000		专项应付款		50 000
长期股权投资减值准备		30 000	预计负债		10 000
其他权益工具投资	150 000		递延收益		50 000
投资性房地产	214 500		递延所得税负债		12 368
投资性房地产累计折旧		10 000	股本		2 000 000
投资性房地产累计摊销		3 500	其他权益工具投资		50 000
投资性房地产减值准备		1 000	资本公积		200 000
长期应收款	32 300		其他综合收益		100 000
其中：一年内到期的长期应收款	12 300		盈余公积		120 000
未实现融资收益		2 300	利润分配		878 760

根据表 16-3 的资料，甲公司编制 20×8 年 12 月 31 日的资产负债表，如表 16-4 所示。

表 16-4　　　　　　　　　　　　　资产负债表　　　　　　　　　　　　　会企 01 表

编制单位：甲公司　　　　　　　20×8 年 12 月 31 日　　　　　　　　　　单位：元

资产	期末余额	年初余额（略）	负债和股东权益	期末余额	年初余额（略）
流动资产：			流动负债：		
货币资金	779 082		短期借款	1 000 000	
交易性金融资产	300 000		交易性金融负债	230 000	
衍生金融资产	0		衍生金融负债	0	
应收票据及应收账款	1 189 550		应付票据及应付账款	318 600	
预付款项	70 000		预收款项	380 000	
其他应收款	321 000		合同负债	150 000	
存货	475 560		应付职工薪酬	141 200	
合同资产	100 000		应交税费	94 530	
持有待售资产	0		其他应付款	238 000	
一年内到期的非流动资产	162 300		持有待售负债	0	
其他流动资产	0		一年内到期的非流动负债	1 027 000	
流动资产合计	3 397 492		其他流动负债	0	
非流动资产：			流动负债合计	3 579 330	
债权投资	100 000		非流动负债：		
其他债权投资	22 000		长期借款	1 000 000	
长期应收款	17 700		应付债券	100 000	
长期股权投资	200 000		其中：优先股	0	
其他权益工具投资	150 000		永续债		
其他非流动金融资产	0		长期应付款	87 800	
投资性房地产	200 000		预计负债	10 000	
固定资产	3 000 000		递延收益	50 000	
在建工程	647 490		递延所得税负债	12 368	
生产性生物资产	0		其他非流动负债	0	
油气资产	0		非流动负债合计	1 260 168	
无形资产	400 000		负债合计	4 839 498	
开发支出	0		股东权益：		
商誉	0		股本	2 000 000	
长期待摊费用	30 000		其他权益工具	50 000	
递延所得税资产	23 576		其中：优先股	0	
其他非流动资产	0		永续债	0	

续表

资　产	期末余额	年初余额（略）	负债和股东权益	期末余额	年初余额（略）
非流动资产合计	4 790 766		资本公积	200 000	
			减：库存股	0	
			其他综合收益	100 000	
			盈余公积	120 000	
			未分配利润	878 760	
			股东权益合计	3 348 760	
资产总计	8 188 258		负债和股东权益总计	8 188 258	

第三节　利润表

一、利润表的概念和作用

利润表是反映企业在一定会计期间的经营成果的会计报表。即利润表反映企业某一会计期间的收入、成本与费用、利得和损失以及利润（或亏损）的形成及构成情况。由于利润是企业经营业绩的综合体现，又是企业进行利润分配的依据。因此，利润表能够提供企业经营业绩、获利能力、利润质量和盈利趋势等方面的信息。具体而言，利润表的作用主要体现在：

1. 能够反映企业一定会计期间的经营业绩

利润表能够充分反映企业经营业绩的主要来源和构成。因为，利润表既要反映企业一定会计期间的收益实现情况，也要反映企业一定会计期间的费用与损失发生情况，最终反映企业经营活动的成果，即净利润（或亏损）的形成及构成情况。通过分析净利润（或亏损）的形成及构成情况，有助于判断企业利润的质量和风险、预测利润的持续性，投资者据此可以判断资本保值、增值情况和评估企业的经济价值，债权人据此可以评价企业的偿债能力。

2. 有利于考核和评价企业管理层的经营业绩

利润表所反映的经营成果，也是评价企业管理层经营业绩的重要依据。因为，利润表可以揭示企业投入与其产出的效率，综合反映企业在生产经营、投资和筹资等各项活动中的管理效率和效益。通过将本期实现的利润与企业的生产经营计划进行比较、将企业前后各期的利润及其变化情况进行比较、将企业实现的利润与同行业先进企业实现的利润进行比较，可以评价企业生产经营计划执行及经营目标实现的情况，分析企业利润增减变动原因，进而可以评价企业管理层的经营业绩。

3. 可以反映企业的盈利能力和预测未来利润的发展趋势

通过将资产负债表有关项目与利润表有关项目的相结合，可以计算应收账款周转率

(赊销收入净额÷应收账款平均余额)、存货周转率(营业成本÷存货平均余额)、资产报酬率(净利润÷资产总额)等财务指标,可以反映企业资金周转情况及企业的盈利能力和水平。此外,通过利润表提供的不同时期的比较数字(本期金额、上期金额),还可以分析企业未来盈利能力及发展趋势。

4. 有助于预测和评估企业未来的现金流量

财务报表使用者非常关注企业各种预期现金流量来源、金额、时间和不确定性,包括股利或利息的支付、到期债务的清偿等。预期未来现金流量与企业当期和未来的收益水平密切相关。利润表不仅有助于评价企业当期的收益水平和盈利能力,还有利于预测和评估企业未来的收益水平和盈利能力。所以,利润表在预测和评估未来现金流量方面具有重要作用。

二、利润表的列报

(一)利润表列报的总体要求

企业在利润表中应当对费用按照功能分类,分为从事经营业务发生的成本、管理费用、销售费用和财务费用等。企业的活动通常可划分为生产、销售、管理、融资等,每一种活动上发生的费用所发挥的功能并不相同,因此,按照费用功能法将其分开列报,有助于使用者了解费用发生的活动领域。与此同时,企业应当在附注中披露费用按照性质分类的利润表补充资料,可将费用分为耗用的原材料、职工薪酬费用、折旧费用、摊销费用等,有助于报表使用者预测企业的未来现金流量。

此外,企业需要在利润表中进行综合收益的列报。综合收益总额项目反映净利润和其他综合收益扣除所得税影响后的净额相加后的合计金额。企业还应当以扣除相关所得税影响后的净额在利润表上单独列示各项其他综合收益项目,并且其他综合收益项目应当根据其他相关会计准则的规定分为下列两类列报:①不能重分类进损益的其他综合收益;②将重分类进损益的其他综合收益。具体内容见第十四章第三节"其他综合收益"。

(二)利润表列报的结构和格式

利润表的结构,包括表首和报表主体两部分。表首列示利润表的名称、编制单位、编制期间、报表编号、货币单位等。报表主体部分即表内部分,分别列示收入、费用、支出等各项目的"本期金额"和"上期金额"。

利润表的主体部分列报主要有两种格式:①单步式的利润表,它是将当期所有的收入列在一起,然后将当期所有的费用列在一起,两者相减得出当期净损益。②多步式的利润表,它是通过对当期的收入、费用、支出项目按性质加以归类,按利润形成的主要环节列示一些中间性利润指标,便于使用者理解企业经营成果的不同来源(格式见表16-7)。

(三)利润表项目的列报说明

(1)"营业收入"项目,反映企业经营主要业务和其他业务所确认的收入总额。该项目应根据"主营业务收入"和"其他业务收入"科目的发生额分析填列。

（2）"营业成本"项目，反映企业经营主要业务和其他业务发生的实际成本总额。该项目应根据"主营业务成本"和"其他业务成本"科目的发生额分析填列。

（3）"税金及附加"项目，反映企业经营活动发生的消费税、城市维护建设税、资源税、教育费附加、房产税、土地使用税、车船税、印花税等相关税费。该项目应根据"税金及附加"科目的发生额分析填列。

（4）"销售费用"项目，反映企业在销售商品过程中发生的包装费、广告费等费用以及为销售本企业商品而专设的销售机构的职工薪酬、业务费等经营费用。该项目应根据"销售费用"科目的发生额分析填列。

（5）"管理费用"项目，反映企业为组织和管理生产经营发生的管理费用（不包括研发费用）。该项目应根据"管理费用"科目下除"研发费用"明细科目以外的发生额分析填列。

（6）"研发费用"项目，反映企业进行研究与开发过程中发生的费用化支出。该项目应根据"管理费用"科目下的"研发费用"明细科目的发生额分析填列。

（7）"财务费用"项目，反映企业筹集生产经营所需资金等而发生的应予费用化的利息支出扣除企业确认的利息收入后的净额。该项目应根据"财务费用"科目的发生额填列。其中：①"利息费用"项目，反映企业为筹集生产经营所需资金等而发生的应予费用化的利息支出；②"利息收入"项目，反映企业确认的利息收入。利息收入主要为银行存款产生的利息收入，以及根据《企业会计准则第14号——收入》的相关规定确认的利息收入。这两个项目为"财务费用"项目的其中项，应根据"财务费用"科目的相关明细科目的发生额分析填列，均以正数填列。

（8）"资产减值损失"项目，反映除各项金融工具减值准备所形成的预期信用损失以外，企业其他各项资产发生的减值损失。该项目应根据"资产减值损失"科目的发生额分析填列。

（9）"信用减值损失"项目，反映企业按照要求计提的各项金融工具减值准备所形成的预期信用损失。该项目应根据"信用减值损失"科目的发生额分析填列。

（10）"其他收益"项目，反映企业计入其他收益的政府补助以及企业作为个人所得税的扣交义务人收到的扣交税款手续费等。该项目应根据"其他收益"科目的发生额分析填列。

（11）"投资收益"项目，反映企业以各种方式对外投资所取得的收益。其中，"对联营企业和合营企业的投资收益"项目，反映采用权益法核算的对联营企业和合营企业投资在被投资单位实现的净损益中应享有的份额（不包括处置投资形成的收益）。该项目应根据"投资收益"科目的发生额分析填列。如为投资净损失，该项目以"－"号填列。

（12）"净敞口套期收益"项目，反映净敞口套期下被套期项目累计公允价值变动转入当期损益的金额或现金流量套期储备转入当期损益的金额。该项目应根据"净敞口套期损益"科目的发生额分析填列；如为套期损失，该项目以"－"号填列。

（13）"公允价值变动收益"项目，反映企业持有的交易性金融资产或承担的交易性金融负债、采用公允价值模式计量的投资性房地产以及套期保值业务等发生的公允价值变动所形成的应计入当期损益的利得或损失。该项目应根据"公允价值变动损益"科目的发生额分析填列。如为损失，该项目以"－"号填列。

（14）"资产处置收益"项目，反映企业出售划分为持有待售的非流动资产（金融工具、长期股权投资和投资性房地产除外）或处置组（子公司和业务除外）时确认的处置利得或损失，以及处置未划分为持有待售的固定资产、在建工程、生产性生物资产及无形资产而产生的处置利得或损失。债务重组中因处置非流动资产产生的利得或损失和非货币性资产交换中换出非流动资产产生的利得或损失也包括在本项目内。该项目应根据"资产处置损益"科目的发生额分析填列；如为处置损失，该项目以"－"号填列。

（15）"营业利润"项目，反映企业实现的营业利润。如为亏损，该项目以"－"号填列。该项目应根据利润表中相关项目计算填列。

（16）"营业外收入"项目，反映企业发生的除营业利润以外的收益，主要包括债务重组利得、与企业日常活动无关的政府补助、盘盈利得、捐赠利得（企业接受股东或股东的子公司直接或间接的捐赠，经济实质属于股东对企业的资本性投入的除外）等。该项目应根据"营业外收入"科目的发生额分析填列。

（17）"营业外支出"项目，反映企业发生的除营业利润以外的支出，主要包括债务重组损失、公益性捐赠支出、非常损失、盘亏损失、非流动资产毁损报废损失等。该项目应根据"营业外支出"科目的发生额分析填列。

（18）"利润总额"项目，反映企业实现的利润总额。如为亏损总额，该项目以"－"号填列。该项目应根据利润表中相关项目计算填列。

（19）"所得税费用"项目，反映企业根据所得税准则确认的应从当期利润总额中扣除的所得税费用。该项目应根据"所得税费用"科目的发生额分析填列。

（20）"净利润"项目，反映企业实现的净利润。如为净亏损，该项目以"－"号填列。该项目应根据本表中相关项目计算填列。其中：①"持续经营净利润"项目，反映企业净利润中与持续经营相关的净利润；如为净亏损，以"－"号填列。②"终止经营净利润"项目，反映企业净利润中与终止经营相关的净利润；如为净亏损，以"－"号填列。这两个项目应按照《企业会计准则第 42 号——持有待售的非流动资产、处置组和终止经营》的相关规定列报，分别以税后净额分别反映持续经营相关损益和终止经营相关损益。

（21）"其他综合收益的税后净额"项目，反映企业根据其他会计准则规定未在当期损益中确认的各项利得和损失的金额，扣除相关所得税影响后的净额。主要包括：不能重分类进损益的其他综合收益和将重分类进损益的其他综合收益。详见第十四章第三节中"其他综合收益"的讲解。

（22）"综合收益总额"项目，反映企业在某一期间除与所有者以其所有者身份进行的交易之外的其他交易或事项所引起的所有者权益变动，应根据"净利润"项目和"其他综合收益的税后净额"项目汇总后填列。

（23）"每股收益"项目，反映普通股或潜在普通股已公开交易的企业，以及正在公开发行普通股或潜在普通股过程中的企业的每股收益信息。具体包括：①"基本每股收益"项目,是指企业按照归属于普通股股东的当期净利润,除以发行在外普通股的加权平均数计算的金额。②"稀释每股收益"项目,是指企业存在稀释性潜在普通股的,应当分别调整归属于普通股股东的当期净利润和发行在外普通股的加权平均数,并据以计算出的金额。其具体规定参考《企业会计准则第 34 号——每股收益》。

(四) 利润表项目的列报方法

(1) 上期金额栏的列报方法。利润表"上期金额"栏内各项数字,应根据上年该期利润表"本期金额"栏内所列数字填列。如果上期利润表规定的各个项目的名称和内容同本期不相一致,应对上期利润表各项目的名称和数字按照本期的规定进行调整,填入利润表"上期金额"栏内。

(2) 本期金额栏的列报方法。利润表"本期金额"栏内各项目的金额,应根据损益类科目的本期发生额进行分析计算填列。

三、利润表编制示例

【例 16-2】20×8 年度,甲公司有关损益类科目和"其他综合收益"明细科目的本年累计发生净额分别如表 16-5、表 16-6 所示。甲公司 20×8 年初发行在外的普通股 100 万股,本年度内普通股股数未发生变化,该普通股平均每股市价 4 元。甲公司年初对外发行 20 万份认股权证,行权日为 20×9 年 4 月 1 日,每份认股权证可以在行权日以 2.5 元的价格认购本公司 1 股新发行的股份。假定甲公司所得税税率为 25%,本年度无其他未在损益中确认的利得和损失,也不存在纳税调整事项。

表 16-5　　　　甲公司损益类科目 20×8 年度累计发生净额　　　　单位:元

账户名称	借方发生额	贷方发生额
主营业务收入		1 942 500
其他业务收入		15 750
主营业务成本	1 147 248	
其他业务成本	12 340	
税金及附加	245 634	
销售费用	40 000	
管理费用	67 000	
其中:管理费用——研发费用	7 000	
财务费用——利息支出	32 000	
——利息收入		12 000
资产减值损失	20 000	
信用减值损失	50 000	
其他收益		21 342
公允价值变动损益		15 750

续表

账户名称	借方发生额	贷方发生额
净敞口套期收益	20 000	
投资收益		31 422
营业外收入		120 000
资产处置损益		134 000
营业外支出	100 000	
所得税费用	139 635.5	
合计	1 873 857.5	2 292 764

表16-6　甲公司"其他综合收益"明细科目20×8年度累计发生净额　　　单位：元

明细科目名称	借方发生额	贷方发生额
重新计量设定受益计划变动额		12 600
权益法下不能转损益的其他综合收益	6 350	
其他权益工具投资公允价值变动		4 750
企业自身信用风险公允价值变动		2 800
权益法下可转损益的其他综合收益		23 500
其他债权投资公允价值变动	7 145	
金融资产重分类计入其他综合收益		12 180
其他债权投资信用减值准备		1 980
外币财务报表折算差额	11 740	
合计	25 235	57 810

根据上述资料，甲公司编制的20×8年度利润表如表16-7所示。

表16-7　　　　　　　　　　　　　　利润表　　　　　　　　　　　　　　会企02表
编制单位：甲公司　　　　　　　　　　　20×8年　　　　　　　　　　　　　　单位：元

项　目	本期金额	上期金额（略）
一、营业收入	1 958 250	
减：营业成本	1 159 588	
税金及附加	245 634	
销售费用	40 000	
管理费用	60 000	
研发费用	7 000	
财务费用	20 000	
其中：利息费用	32 000	
利息收入	12 000	
资产减值损失	20 000	

续表

项　　目	本期金额	上期金额（略）
信用减值损失	50 000	
加：其他收益	21 342	
投资收益（损失以"-"号填列）	31 422	
其中：对联营企业和合营企业的投资收益	0	
净敞口套期收益（损失以"-"号填列）	-20 000	
公允价值变动收益（损失以"-"号填列）	15 750	
资产处置收益（损失以"-"号填列）	134 000	
二、营业利润（亏损以"-"号填列）	538 542	
加：营业外收入	120 000	
减：营业外支出	100 000	
三、利润总额（亏损总额以"-"号填列）	558 542	
减：所得税费用	139 635.5	
四、净利润（净亏损以"-"号填列）	418 906.5	
（一）持续经营净利润（净亏损以"-"号填列）	418 906.5	
（二）终止经营净利润（净亏损以"-"号填列）	0	
五、其他综合收益的税后净额	32 575	
（一）不能重分类进损益的其他综合收益	13 800	
1. 重新计量设定受益计划变动额	12 600	
2. 权益法下不能转损益的其他综合收益	-6 350	
3. 其他权益工具投资公允价值变动	4 750	
4. 企业自身信用风险公允价值变动	2 800	
（二）将重分类进损益的其他综合收益	18 775	
1. 权益法下可转损益的其他综合收益	23 500	
2. 其他债权投资公允价值变动	-7 145	
3. 金融资产重分类计入其他综合收益的金额	12 180	
4. 其他债权投资信用减值准备	1 980	
5. 现金流量套期储备	0	
6. 外币财务报表折算差额	-11 740	
六、综合收益总额	451 481.5	
七、每股收益		
（一）基本每股收益	0.3459	
（二）稀释每股收益	0.3897	

注：①基本每股收益 = 418 906.5 ÷ 1 000 000 = 0.3459（元）；②增加的普通股股数 = 20 - 20 × 2.5 ÷ 4 = 7.5（万股）；③稀释每股收益 = 418 906.5 ÷ (1 000 000 + 75 000) = 0.3897（元）。

第四节　所有者权益变动表

一、所有者权益变动表的概念与作用

所有者权益变动表，是指反映构成所有者权益的各组成部分当期的增减变动情况的报表。

所有者权益变动表能全面反映一定时期所有者权益变动的情况，不仅包括所有者权益总量的增减变动，还包括所有者权益增减变动的重要结构性信息，特别是要反映直接计入所有者权益的利得和损失，让报表使用者准确理解所有者权益增减变动的根源。

二、所有者权益变动表的列报

（一）所有者权益变动表列报的总体要求

所有者权益是指企业资产扣除负债后由所有者享有的剩余权益。所有者权益的来源包括所有者投入的资本（包括实收资本、其他权益工具和资本溢价等资本公积）、其他综合收益、留存收益（包括盈余公积和未分配利润）等。所有者权益变动表应当反映构成所有者权益的各组成部分当期的增减变动情况。综合收益和与所有者（或股东）的资本交易导致的所有者权益的变动，应当分别列示。与所有者的资本交易，是指与所有者以其所有者身份进行的、导致企业所有者权益变动的交易。

（二）一般企业所有者权益变动表列报的结构与格式

（1）以矩阵的形式列报。所有者权益变动表应当反映企业所有者权益各组成部分的期初和期末余额及其调节情况。因此，企业应当以矩阵的形式列示所有者权益变动表：一方面，列示导致所有者权益变动的交易或事项，按所有者权益变动的来源对一定时期所有者权益变动情况进行全面反映；另一方面，按照所有者权益各组成部分（包括实收资本、其他权益工具、资本公积、其他综合收益、盈余公积、未分配利润、库存股等）及其总额列示相关交易或事项对所有者权益的影响。

（2）列示所有者权益变动的比较信息。企业需要提供比较所有者权益变动表，所有者权益变动表还就各项目再分为"本年金额"和"上年金额"两栏分别填列。

一般企业的所有者权益变动表的格式如表16-8所示。

（三）所有者权益变动表项目的列报方法

企业应当根据所有者权益类科目和损益类有关科目的发生额，分析填列所有者权益变动表"本年金额"栏，具体如下：

表 16-8　　　　　　　　　　　　　　　　　　所有者权益变动表

编制单位：甲公司　　　　　　　　　　　　　　　　20×9年度　　　　　　　　　　　　　　　　　　　　　　　　　　　　　　　会企04表
　　　单位：元

项　目	本年金额									上年金额								
	实收资本（或股本）	其他权益工具			资本公积	减：库存股	其他综合收益	盈余公积	未分配利润	所有者权益合计	实收资本（或股本）	其他权益工具			资本公积	减：库存股	其他综合收益	盈余公积	未分配利润	所有者权益合计
		优先股	永续债	其他								优先股	永续债	其他						
一、上年年末余额	2 500 000							50 000	25 000	2 575 000									
加：会计政策变更																				
前期差错更正																				
其他																				
二、本年年初余额	2 500 000							50 000	25 000	2 575 000									
三、本年增减变动金额（减少以"－"号填列）																				
（一）综合收益总额							0		116 362.5	116 362.5									
（二）所有者投入和减少资本																				
1. 所有者投入的普通股																				
2. 其他权益工具持有者投入资本																				
3. 股份支付计入所有者权益的金额																				
4. 其他																				
（三）利润分配																				
1. 提取盈余公积								17 454.375	−17 454.375	0									

续表

项目	本年金额									上年金额								
	实收资本（或股本）	其他权益工具			资本公积	减:库存股	其他综合收益	盈余公积	未分配利润	所有者权益合计	实收资本（或股本）	其他权益工具			资本公积	减:库存股	其他综合收益	盈余公积	未分配利润	所有者权益合计
		优先股	永续债	其他								优先股	永续债	其他						
2. 对所有者（或股东）的分配									-16 107.925	-16 107.925										
3. 其他																				
（四）所有者权益内部结转																				
1. 资本公积转增资本（或股本）																				
2. 盈余公积转增资本（或股本）																				
3. 盈余公积弥补亏损																				
4. 设定受益计划变动额结转留存收益																				
5. 其他综合收益结转留存收益																				
4. 其他																				
四、本年年末余额	2 500 000							67454.375	107 800.2	2 675 254.575										

1. "上年年末余额"项目

该项目应根据上年资产负债表中"实收资本(或股本)""其他权益工具""资本公积""其他综合收益""盈余公积""未分配利润"等项目的年末余额填列。其中:①"会计政策变更"项目,反映企业采用追溯调整法处理的会计政策变更的累积影响金额。②"前期差错更正"项目,反映企业采用追溯重述法处理的会计差错更正的累积影响金额。"会计政策变更"项目、"前期差错更正"项目应根据"盈余公积""利润分配""以前年度损益调整"等科目的发生额分析填列,并在"上年年末余额"的基础上调整得出"本年年初金额"项目。

2. "本年年初余额"项目

该项目在"上年年末余额"的基础上,对会计政策变更和前期差错更正的累积影响金额进行调整得出"本年年初金额"项目。

3. "本年增减变动金额"项目

(1)"综合收益总额"项目,反映企业当年的综合收益总额,应根据当年利润表中"净利润"和"其他综合收益的税后净额"项目的金额,分别对应列"其他综合收益""未分配利润"栏。

(2)"所有者投入和减少资本"项目,反映企业当年所有者投入的资本和减少的资本。其中:

①"所有者投入的普通股"项目,反映企业接受普通股投资者投入形成的实收资本(或股本)和资本公积,应根据"实收资本或股本""资本公积"等科目发生额分析填列,并对应列在"实收资本(或股本)""资本公积"栏。

②"其他权益工具持有者投入资本"项目,反映企业接受其他权益工具持有者投入资本,应根据"其他权益工具"等科目的发生额分析填列,并对应列在"其他权益工具"栏。

③"股份支付计入所有者权益的金额"项目,反映企业处于等待期中的权益结算的股份支付当年计入资本公积的金额,应根据"资本公积"科目所属的"其他资本公积"二级科目的发生额分析填列,并对应列在"资本公积"栏。

(3)"利润分配"各项目,反映当年对所有者(或股东)分配的利润(或股利)金额和按照规定提取的盈余公积金额,并对应列在"未分配利润""盈余公积"栏。其中:

①"提取盈余公积"项目,反映企业按照规定提取的盈余公积,应根据"盈余公积""利润分配"科目的发生额分析填列。

②"对所有者(或股东)的分配"项目,反映对所有者(或股东)分配的利润(或股利)金额,应根据"利润分配"科目的发生额分析填列。

(4)"所有者权益内部结转"项目,反映不影响当年所有者权益总额的所有者权益各组成部分之间当年的增减变动。主要包括:

①"资本公积转增资本(或股本)"项目,反映企业以资本公积转增资本或股本的金额,应根据"实收资本""资本公积"等科目的发生额分析填列。

②"盈余公积转增资本(或股本)"项目,反映企业以盈余公积转增资本或股本的金额,应根据"实收资本""盈余公积"等科目的发生额分析填列。

③"盈余公积弥补亏损"项目,反映企业以盈余公积弥补亏损的金额,应根据"盈余公积""利润分配"等科目的发生额分析填列。

④"设定受益计划变动额结转留存收益"项目,反映企业将重新计量设定受益计划净负债或净资产所产生的变动计入其他综合收益,并且在后续会计期间不允许转回至损益,但结转到留存收益的金额。该项目应根据"其他综合收益"科目的相关明细科目的发生额分析填列。

⑤"其他综合收益结转留存收益"项目,主要反映:一是企业指定为以公允价值计量且其变动计入其他综合收益的非交易性权益工具投资终止确认时,之前计入其他综合收益的累计利得或损失从其他综合收益中转入留存收益的金额;二是企业指定为以公允价值计量且其变动计入当期损益的金融负债终止确认时,之前由企业自身信用风险变动引起而计入其他综合收益的累计利得或损失从其他综合收益中转入留存收益的金额等。该项目应根据"其他综合收益"科目的相关明细科目的发生额分析填列。

4. "上年金额"栏的列报

"上年金额"栏内各项数字,应根据上年度该表"本年金额"栏内所列数字填列。如果上年度该表规定的各个项目的名称和内容同本年度不相一致,应对上年度该表各项目的名称和数字按本年度的规定进行调整,填入所有者权益变动表"上年金额"栏内。

5. "本年金额"栏的列报

"本年金额"栏内各项数字一般根据"实收资本(或股本)""其他权益工具""资本公积""其他综合收益""盈余公积""利润分配(未分配利润)""库存股"等科目的发生额进行分析填列。

所有者权益变动表编制示例,见本章第六节综合举例。

第五节　现金流量表

企业的现金流转情况在很大程度上影响着企业的生存和发展。企业现金充裕,就可以及时购入必要的材料物资和固定资产,及时支付工资、偿还债务、支付股利和利息;反之,轻则影响企业的正常生产经营,重则危及企业的生存。现金管理已经成为企业财务管理的一个重要方面,受到企业管理人员、投资者、债权人以及政府监管部门的关注。

一、现金流量表概述

(一) 现金流量表的概念

现金流量表,是指反映企业在一定会计期间现金和现金等价物流入和流出的会计报表。现金流量表实质上是将权责发生制下的盈利信息调整为收付实现制下的现金流量信息的报表，其旨在揭示企业一定会计期间经营活动、投资活动、筹资活动所引起的现金和现金等价物的变动情况，以便于信息使用者了解和评价企业获取现金和现金等价物的能力，并据以预测企业的未来现金流量。

(二) 现金流量表的作用

现金流量表是连接资产负债表和利润表的桥梁。虽然资产负债表能够提供企业一定日期的财务状况，但是它所提供的是静态的财务信息，并不能反映财务状况变动的原因，也不能表明这些资产、负债给企业带来多少现金，又用去多少现金。虽然利润表能够反映企业一定期间的经营成果，提供动态的财务信息，但利润表只反映利润的构成，不能反映经营、投资和筹资活动给企业带来多少现金，又支付多少现金，而且利润表不能反映投资和筹资活动的全部事项。现金流量表提供一定时期现金流入和流出的动态财务信息，表明企业在报告期内由经营、投资和筹资活动获得多少现金，企业获得的这些现金是如何运用的，能够说明资产、负债和净资产变动的原因，对资产负债表和利润表起到补充说明的作用。因此，现金流量表在评价企业的盈利能力、偿债能力、股利支付能力和筹资能力，分析经营净现金流量与净收益之间差异的原因，预测企业未来获取净现金流量的能力等方面，具有重要作用。具体而言，现金流量表的作用主要体现在：

1. 有助于评价企业支付能力、偿债能力和周转能力

企业清偿债务时，需动用现金资源；向股东支付股利也需付出现金。通过现金流量表，并结合资产负债表和利润表，将现金与流动负债进行比较，计算出现金比率；将现金流量净额与发行在外的普通股加权平均股数进行比较，计算出每股现金流量；将经营活动现金流量净额与净利润进行比较，计算出盈利现金比率，可以了解企业的现金能否偿还到期债务、支付股利和进行必要的固定资产投资，了解企业现金流转效率和效果等，从而便于投资者作出投资决策、债权人作出信贷决策。

2. 有助于预测企业创造未来现金净流量的能力

通过现金流量表所反映的企业过去一定期间的现金流量以及其他生产经营指标，可以了解企业现金的来源和用途是否合理，了解经营活动产生的现金流量有多少，企业在多大程度上依赖外部资金，并据以预测企业未来现金流量，为企业编制现金流量计划、组织现金调度、合理节约使用现金等创造条件，为投资者和债权人作出投资和信贷决策提供必要信息。

3. 有助于分析企业收益质量及影响现金净流量的因素

利润表反映了一个企业的经营成果。但是，利润表是按照权责发生制原则编制的，它不能反映企业经营活动产生了多少现金，并且没有反映投资活动和筹资活动对企业财务状况的影响。通过现金流量表，可以掌握企业经营活动、投资活动和筹资活动的现金流量，将经营活动产生的现金流量与净利润相比较，就可以从现金流量的角度了解净利润的质量，并进一步判断，是哪些因素影响现金流入，从而为分析和判断企业的财务前景提供信息。

（三）现金流量表编制的基础

现金流量表是以现金及现金等价物作为编制基础。

（1）现金，是指企业库存现金以及可以随时用于支付的存款。不能随时用于支付的存款不属于现金。现金主要包括：①库存现金。库存现金是指企业持有的、可随时用于支付的现金。②银行存款。银行存款是指企业存入金融机构、可以随时用于支取的存款，但不包括不能随时支付的存款。例如，不能随时支取的定期存款不应作为现金；提前通知金融机构就可以支取的定期存款应包括在现金范围内。③其他货币资金。其他货币资金是指企业存放在金融机构的外埠存款、银行汇票存款、银行本票存款、信用卡存款、信用证保证金存款和存出投资款等。

（2）现金等价物，是指企业持有的期限短、流动性强、易于转换为已知金额现金、价值变动风险很小的投资。其中，"期限短"一般是指从购买日起3个月内到期。例如，可在证券市场上流通的3个月内到期的短期债券等。期限短和流动性强，强调了变现能力；易于转换为已知金额的现金和价值变动风险很小，则强调了支付能力的大小。因此，现金等价物通常是3个月内到期的短期债券投资。权益性投资变现的金额通常不确定，因而不属于现金等价物。

需要注意的是，企业发生的交易或事项，并不都会引起企业的现金及现金等价物发生变动。只有那些导致企业的现金及现金等价物发生增减变动的交易或事项才反映在现金流量表中，具体界定如表16-9所示。

表16-9

交易或事项	分录例示	举例说明	是否在现金流量表中列报
（1）现金及现金等价物之间的交易	借：现金及现金等价物 贷：现金及现金等价物	从银行提取现金；将现金存入银行；用现金购买3个月内到期的国库券等	否，因为不引起现金流量净额发生变化
（2）非现金及现金等价物之间的交易	借：非现金及现金等价物 贷：非现金及现金等价物	以存货换取固定资产；赊销商品、材料；产品入库等	否，因为不引起现金流量净额发生变化
（3）现金及现金等价物与非现金及现金等价物之间的交易	借：现金及现金等价物 贷：非现金及现金等价物 借：非现金及现金等价物 贷：现金及现金等价物	现金偿还货款；收回货款存入银行；现销商品；现金支付工资；从银行取得借款；用现金购买股票和长期债券等	是，因为引起现金流量净额发生变化

（四）现金流量的分类

现金流量，是指企业现金和现金等价物的流入和流出。企业在编制现金流量表时，一般根据企业业务活动的性质和现金流量的来源，将企业一定期间产生的现金流量划分为三类：

1. 经营活动产生的现金流量

经营活动,是指企业投资活动和筹资活动以外的所有交易和事项。各类企业由于所处行业特点不同,它们在对经营活动的认定上存在一定的差异。在编制现金流量表时,应根据企业的实际情况,对现金流量进行合理的归类。对于工业企业而言,其经营活动主要涉及企业供应、生产和销售等各个环节,主要包括以下活动:销售商品或提供服务、购买商品或接受服务、收到返还的税费、经营性租赁、支付工资、支付广告费用、交纳各项税款等。另外,企业实际收到的政府补助,无论是与资产相关还是与收益相关,在编制现金流量表时均作为经营活动产生的现金流量列报。

经营活动产生的现金流量,是反映企业自身创造现金流量的能力,可以说明企业在不动用外部筹资的情况下,通过经营活动产生的现金流量是否足以偿还负债、支付利润和对外投资,也是评价企业获取现金流量能力、偿债能力和支付能力最为重要的指标。

2. 投资活动产生的现金流量

投资活动,是指企业长期资产的构建和不包括在现金等价物范围的投资及其处置活动。长期资产,是指固定资产、无形资产、在建工程、其他资产等持有期限在一年或一个营业周期以上的资产。这里所讲的投资活动,既包括实物资产投资,也包括金融资产投资。这里之所以将"包括在现金等价物范围的投资"排除在外,这是因为包括在现金等价物范围内的投资视同为现金。投资活动主要包括:取得和收回金融资产投资、购建和处置固定资产、购买和处置无形资产等。

投资活动产生的现金流量,可以反映企业通过投资获取现金流量的能力以及投资活动现金流量对企业总体现金流量的影响,可以评价企业投资的效率和效果。

3. 筹资活动产生的现金流量

筹资活动,是指导致企业资本及债务规模和构成发生变化的活动。这里所讲的资本,既包括实收资本(或股本),也包括资本溢价(或股本溢价)。这里所讲的债务,是指对外举债,包括银行借款和发行债券以及偿还债务等。筹资活动主要包括:发行股票或接受投资者投入资本、分派现金股利、取得和偿还银行借款、发行和偿还公司债券等。

筹资活动产生的现金流量,可以反映企业通过筹资获取现金流量的能力,以及筹资活动对企业总体现金流量的影响,可以评价企业筹资的效率和效果。

(五)现金流量表列报的总体要求

(1)现金流量表应当分别按经营活动、投资活动和筹资活动列报现金流量。

(2)现金流量应当分别按照现金流入和现金流出总额列报。但是,下列各项可以按照净额列报:①代客户收取或支付的现金;②周转快、金额大、期限短项目的现金流入和现金流出;③金融企业的有关项目,包括短期贷款发放与收回的贷款本金、活期存款的吸收与支付、同业存款和存放同业款项的存取、向其他金融企业拆借资金以及证券的买入与卖出等。

(3)对于企业日常活动之外特殊的、不经常发生的特殊事项,如自然灾害损失、保险赔款、捐赠等，应当根据其性质，分别归并到经营活动、投资活动和筹资活动等类别中单独列报。比如，对于自然灾害损失和保险赔款，如果能够确指属于流动资产损失，应当归入经营活动产生的现金流量；属于固定资产损失，应当归入投资活动产生的现金流量。如果不能够确指，则可以归入经营活动产生的现金流量。捐赠收入和支出，可以列入经营活动。如果特殊项目的现金流量金额不大，则可以列入现金流量表类别下的"其他"项目，不单列项目。

（4）外币现金流量以及境外子公司的现金流量，应当采用现金流量发生日的即期汇率或按照系统合理的方法确定的、与现金流量发生日即期汇率近似的汇率折算。汇率变动对现金的影响额应当作为调节项目，在现金流量表中单独列报。

（六）现金流量表的结构与格式

现金流量表的结构包括表首、主表和附注等三个部分构成。表首列示现金流量表的名称、编制单位、编制期间、报表编号和货币单位等（其格式见表16-18和表16-19）。

二、现金流量表的编制方法

现金流量表是按照收付实现制来反映企业报告期内的现金流动信息。而企业日常会计核算以及期末编制的资产负债表和利润表是以权责发生制为基础的。因此，在编制现金流量表时，必须将权责发生制下的盈利信息调整为收付实现制下的现金流量信息。

（一）经营活动现金流量的编制方法

按照我国现金流量表准则规定，在现金流量表主表中采用直接法列报经营活动现金流量，同时在现金流量表附注中的补充资料中要求按间接法将净利润调节为经营活动现金流量。

1. 直接法

直接法，是指按现金收入和现金支出的主要类别直接反映企业经营活动产生的现金流量。

在直接法下，一般以利润表中的营业收入为起算点，调节与经营活动有关项目的增减变动，然后计算出经营活动产生的现金流量。直接法的优点在于便于分析企业经营活动产生的现金流量的来源和用途，有助于预测企业的未来现金流量，更能揭示企业从经营活动中产生足够的现金来偿付其债务的能力、进行投资的能力以及支付股利的能力。

2. 间接法

间接法，是指以净利润为起算点，调整不涉及现金的收入、费用、营业外支出等有关项目，剔除投资活动、筹资活动对现金流量的影响，据此计算出经营活动产生的现金流量。

由于净利润是按照权责发生制基础确定的，且包括了与投资活动和筹资活动有关的收益和费用。因此，将净利润调节为经营活动现金流量，实际上就是将按权责发生制基础确定的净利润调整为现金净流量，并剔除投资活动和筹资活动对现金流量的影响。

在间接法下，将净利润调节为经营活动现金净流量，其调节的基本原理如表16-10所示。

表16-10　　　　　　将净利润调节为经营活动现金净流量的基本原理

原理	分析推导过程	调整的项目
调节原理（一）	净利润 =收入－费用 =（经营活动收入+非经营活动收入）－（经营活动费用+非经营活动费用） =经营活动收入－经营活动费用+非经营活动收入－非经营活动费用 =（经营活动收现收入+经营活动未收现收入）－（经营活动付现费用+经营活动未付现费用）+非经营活动收入－非经营活动费用 =（经营活动收现收入－经营活动付现费用）+经营活动未收现收入－经营活动未付现费用+非经营活动收入－非经营活动费用 净利润=经营活动现金净流量+经营活动未收现收入－经营活动未付现费用+非经营活动收入－非经营活动费用 经营活动现金净流量=净利润－非经营活动收入+非经营活动费用－经营活动未收现收入+经营活动未付现费用 由于与净利润无关但导致经营活动现金流量的增减变动项目（如存货增减变动和经营性应收应付项目增减变动）未包含在利润表中，因此： 经营活动产生的现金净流量=净利润－非经营活动收入+非经营活动费用－经营活动未收现收入+经营活动未付现费用±存货增减变动±经营性应收应付项目增减变动	将净利润调节为经营活动现金净流量，需要调整的项目可分为五大类： (1) 调减非经营活动收入。例如，处置固定资产、无形资产和其他长期资产的利得，固定资产报废利得，公允价值变动收益，债券利息收入和投资收益等； (2) 调加非经营活动费用。例如，处置固定资产、无形资产和其他长期资产的损失，固定资产报废损失，公允价值变动损失，财务费用和投资损失等； (3) 调减经营活动未收现收入。例如，冲销计提减值准备，转销累计折旧或累计摊销，递延所得税资产增加，递延所得税负债减少等； (4) 调加经营活动未付现费用。例如，计提资产减值准备，计提累计折旧或累计摊销，长期待摊费用摊销，递延所得税资产减少，递延所得税负债增加等； (5) 调加（调减）存货的减少（增加），调加（调减）经营性应收项目的减少（增加），调加（调减）经营性应付项目的增加（减少）
调节原理（二）	净利润 =收入－费用 =（收现收入+未收现收入）－（付现费用+非付现费用） =收现收入－付现费用+未收现收入－非付现费用 =（经营活动收现收入+非经营活动收现收入）－（经营活动付现费用+非经营活动付现费用）+未收现收入－非付现费用 =（经营活动收现收入－经营活动付现费用）+非经营活动收现收入－非经营活动付现费用+未收现收入－非付现费用	将净利润调节为经营活动现金净流量，需要调整的项目可分为五大类： (1) 调减未收现收入。例如，冲销计提减值准备，转销累计折旧或累计摊销，递延所得税资产增加，递延所得税负债减少； (2) 调增非付现费用。例如，计提资产减值准备，计提累计折旧或累计摊销，长期待摊费用摊销，递延所得税资产减少，递延所得税负债增加等； (3) 调减非经营活动收现收入。例如，处置固定资产、无形资产和其他长期资产的利得，固定资产报废利得，公允价值变动收益，债券利息收入和投资收益等；

续表

原理	分析推导过程	调整的项目
调节原理（二）	经营活动现金净流量＝净利润－未收现收入＋非付现费用－非经营活动收现收入＋非经营活动付现费用 由于与净利润无关但导致经营活动现金流量的增减变动项目（如存货增减变动和经营性应收应付项目增减变动）未包含在利润表中，因此： 经营活动产生的现金净流量＝净利润－未收现收入＋非付现费用－非经营活动收现收入＋非经营活动付现费用±存货增减变动±经营性应收应付项目增减变动	（4）调加非经营活动付现费用。例如，处置固定资产、无形资产和其他长期资产的损失，固定资产报废损失，公允价值变动损失，财务费用和投资损失等； （5）调加（调减）存货的减少（增加），调加（调减）经营性应收项目的减少（增加），调加（调减）经营性应收项目的增加（减少）

间接法的优点在于所提供的信息便于对净利润与经营活动现金流量进行比较，有助于分析企业本期净利润与经营活动现金流量产生的差异及其原因，可以从现金流量角度分析净利润的质量。

（二）工作底稿法和多栏式现金日记账法

现金流量表的具体编制方法有工作底稿法、T型账户、多栏式现金日记账法等。本章采用工作底稿法和多栏式现金日记账法来介绍现金流量表的编制方法，这两种编制方法的程序及具体运用见本章第六节的综合示例。

三、现金流量表项目的列报说明

（一）现金流量表主表有关项目的列报说明

1. 经营活动产生的现金流量

（1）"销售商品、提供劳务收到的现金"项目。本项目反映企业销售商品、提供劳务收到的现金，包括应向购买者收取的价款和增值税销项税额。具体包括：①企业本期销售商品、提供劳务收到的现金；②前期销售商品、提供劳务本期收到的现金；③本期预收的款项；④减去本期销售本期退回商品和前期销售本期退回商品支付的现金；⑤企业销售材料和代购代销业务收到的现金。

本项目可根据"库存现金""银行存款""其他货币资金""应收账款""应收票据""预收账款""主营业务收入""其他业务收入"等科目的记录分析填列。

"销售商品、提供劳务收到的现金"项目的填列方法，可以根据有关账户本期发生额填列和根据财务报表资料计算分析填列两种方法。

①根据有关账户本期发生额进行计算分析填列。

销售商品、提供劳务收到的现金＝本期销售商品、提供劳务收到的现金＋本期收回前期的应收账款（票据）＋本期预收的销售款项－本期销货退回支付的现金本期收回前期核销的坏账

【例16-3】甲公司本期销售一批商品，开出的增值税专用发票上注明的价款为100万

元,增值税额为 16 万元,款项以银行存款收讫;应收票据及应收账款期初余额、期末余额分别为 100 万元、60 万元;年度内核销的坏账损失为 3 万元。另外,因商品质量问题本期发生退货 4 万元,已通过银行转账支付退货款。根据上述资料,甲公司在现金流量表主表中填列"销售商品、提供劳务收到的现金"项目的计算过程如下(单位:万元):

项 目	计算过程	金 额
本期销售商品、提供劳务收到的现金	= 100 + 16	116
+ 本期收回前期的应收票据及应收账款	= 100 − 60 − 3	37
− 本期销售退回支付的现金		−4
销售商品、提供劳务收到的现金	= (100 + 17) + (100 − 60 − 3) − 4	149

②根据利润表、资产负债表有关项目和部分账户记录资料计算分析填列。

销售商品、提供劳务收到的现金 = (营业收入 + 增值税销项税额) + 应收票据及应收账款(期初账面净额 − 期末账面净额) + 预收账款(期末余额 − 期初余额) + [坏账准备(期初余额 − 期末余额) + 本期收回前期核销的坏账损失 − 本期核销的坏账损失] − 实际发生的现金折扣 − 应收票据贴现的利息 − 以非现金资产抵债而减少的应收账款或应收票据

【例 16 − 4】甲公司为增值税一般纳税人,本年度有关资料如下:①应收票据及应收账款项目:年初数 284 万元,年末数 327 万元;②预收账款项目:年初数 94 万元,年末数 113 万元;③营业收入 8 000 万元;④应交税费——应交增值税(销项税额)1 294.4 万元;⑤其他有关资料如下:本期计提坏账准备 15 万元,本期发生坏账回收 7 万元;应收票据贴现产生"财务费用"账户借方发生额 4 万元;工程项目领用本企业产品 90 万元,产生增值税销项税额 14.4 万元;收到客户用 23.2 万元(价款 20 万元,增值税 3.2 万元)的商品抵偿前欠应付账款 22 万元。根据上述资料,甲公司填列"销售商品、提供劳务收到的现金"的计算过程如下(单位:万元):

项 目	计算过程	金 额
营业收入		8 000
+ 增值税销项税额	= (8 000 × 16%)或(1 294.4 − 14.4)	1 280
+ 应收票据及应收账款(期初账面净额 − 期末账面净额)	= 284 − 327	−43
+ 预收账款(期末余额 − 期初余额)	= 113 − 94	19
− 本期计提的坏账准备		−15
− 应收票据贴现的利息		−4
− 以非现金资产抵偿债务		−22
销售商品、提供劳务收到的现金	= 8 000 × (1 + 16%) + (284 − 327) + (113 − 94) − 15 − 4 − 22	9 215

(2)"收到的税费返还"项目。本项目反映企业收到返还的各种税费,如收到返还的所得税、增值税、消费税、关税和教育费附加返还款等。本项目可以根据"库存现金""银行存款""税金及附加""营业外收入""应交税费"等科目的记录分析填列。

【例16-5】甲公司前期出口商品一批，本期收到应退未退增值税8 500元，本期收到退回的消费税18 000元，收到的教育费附加返还款33 000元，款项已存入银行。根据上述资料，甲公司填列"收到的税费返还"项目的计算如下（单位：元）：

项　目	金　额
本期收到前期未退增值税	8 500
+本期收到退回的消费税款	18 000
+收到的教育费附加返还款	33 000
收到的税费返还	59 500

（3）"收到其他与经营活动有关的现金"项目。本项目反映企业除上述各项目外，收到的其他与经营活动有关的现金，如罚款收入、经营租赁固定资产收到的现金、投资性房地产收到的租金收入、流动资产损失中由个人赔偿的现金收入、政府补助等。其他与经营活动有关的现金，如果价值较大的，应单列项目反映。本项目可根据"库存现金""银行存款""管理费用""营业外收入"等科目的记录分析填列。

（4）"购买商品、接受劳务支付的现金"项目。本项目反映企业购买商品或材料、接受劳务所支付的现金，包括支付的货款及相应的增值税进项税额。具体包括：①本期购买商品、接受劳务支付的现金；②本期支付前期购买商品、接受劳务的未付款项；③本期预付款项；④减去本期因发生购货退回收到的现金。

本项目可根据"库存现金""银行存款""应付账款""应付票据""预付账款""主营业务成本""其他业务成本"等科目的记录分析填列。

注意：为购置存货而发生的借款利息资本化部分，应在"分配股利、利润或偿还利息所支付的现金"项目中反映。

"购买商品、接受劳务支付的现金"项目可根据利润表、资产负债表有关项目和部分账户记录资料计算分析填列，其计算公式如下：

购买商品、接受劳务支付的现金 =［营业成本 + 存货（期末余额 - 期初余额）+ 非销售业务导致存货成本的减少数 - 非外购业务导致存货成本的增加数 - 当期列入营业成本和存货的非"材料"费用］+ 相关的增值税进项税额 + 应付票据及应付账款（期初余额 - 期末余额）+ 预付账款（期末余额 - 期初余额）- 取得的购货折扣 - 以非现金资产（存货除外）抵债导致应付票据或应付账款的减少数 - 无须支付的应付票据或应付账款

【例16-6】甲公司20×9年度的有关资料如下：①应付票据及应付账款项目：年初数220万元，年末数240万元；②预付款项项目：年初数100万元，年末数110万元；③存货项目：年初数300万元，年末数280万元；④主营业务成本5 000万元；⑤应交税费——应交增值税（进项税额）700万元（属于存货购进的增值税）；⑥其他有关资料如下：用固定资产偿还应付账款20万元，生产成本中工资项目含有本期发生的生产工人工资150万元，本期制造费用发生额为80万元（其中消耗的物料为15万元，其余为固定资产折旧），工程项目领用的本企业产品20万元。根据上述资料，甲公司填列"购买商品、接受劳务支付的现金"项目的计算如下（单位：万元）：

项　　目	计算过程	金额
营业成本		5 000
＋存货（期末余额－期初余额）	＝280－300	－20
＋非销售业务导致存货的减少数		20
－当期列入存货项目的非"材料"费用	＝150＋（80－15）	－215
＋购入存货相关的增值税税额		700
＋应付票据及应付账款（期初余额－期末余额）	＝220－240	－20
＋预付账款（期末余额－期初余额）	＝110－100	10
－以非现金资产抵偿导致应付账款的减少		－20
购买商品、接受劳务支付的现金	＝5 000＋（280－300）＋20－［150＋（80－15）］＋700＋（220－240）＋（110－100）－20	5 455

（5）"支付给职工以及为职工支付的现金"项目。本项目反映企业支付给职工的现金以及为职工支付的现金，包括企业为获得职工提供的服务，本期实际支付给职工的工资、奖金、各种津贴、补贴等，以及为职工支付的其他费用等。企业代扣代交的职工个人所得税，也在本项目反映。

企业支付给离退休人员的各项费用，在"支付的其他与经营活动有关的现金"项目中反映。企业支付给在建工程人员的工资及其他费用属于投资活动的现金流量，应在"购建固定资产、无形资产和其他长期资产所支付的现金"项目中反映。

企业为职工支付的医疗、养老、失业、工伤、生育等社会保险基金，补充养老保险、住房公积金，企业为职工交纳的商业保险金，因解除与职工劳动关系给予的补偿，现金结算的股份支付，以及企业支付给职工或为支付的其他福利费用等，应根据职工的工作性质和服务对象，分别在本项目中和"购建固定资产、无形资产和其他长期资产所支付的现金"项目反映。

本项目可以根据"库存现金""银行存款""应付职工薪酬"等的记录分析填列。

【例16－7】甲公司本期实际支付的职工薪酬为500万元。其中：生产人员的薪酬400万元，在建工程人员的薪酬60万元，离退休人员的薪酬40万元。根据上述资料，甲公司在现金流量表主表中填列相关项目的计算过程如下（单位：万元）：

项　　目	金额
经营活动产生的现金流量：	440
支付给职工以及为职工支付的现金	400
支付其他与经营活动有关的现金	40
投资活动产生的现金流量：	60
购建固定资产、无形资产和其他长期资产支付的现金	60

（6）"支付的各项税费"项目。本项目反映企业按规定支付的各种税费，包括本期发生并支付的税费，以及本期支付以前各期发生的税费和预交的税金，如支付的所得税、

增值税、消费税、教育费附加、印花税、房产税、土地增值税、车船税等,但不包括本期退回的增值税、所得税。本期退回的增值税、所得税等,在"收到的税费返还"项目反映。本项目可以根据"库存现金""银行存款""应交税费"等科目的记录分析填列。

【例16-8】甲公司本期向税务机关交纳增值税11.6万元;支付城建税及教育费附加2.4万元;本期发生的所得税150万元已全部交纳;企业期初未交所得税76万元,期末未交所得税43万元。根据上述资料,甲公司填列"支付的各项税费"项目的计算过程如下(单位:万元):

项 目	金额
本期交纳增值税	11.6
＋支付城建税及教育费附加	2.4
＋支付本期发生的所得税	150
＋支付前期发生的所得税(76－43)	33
支付的各项税费	197

(7)"支付其他与经营活动有关的现金"项目。本项目反映企业除上述各项目外,支付的其他与经营活动有关的现金,如经营租赁支付的租金,支付的差旅费、业务招待费、保险费和罚款支出等。如果支付的其他与经营活动有关的现金金额较大的,应当单列项目反映。本项目可根据"库存现金""银行存款""管理费用""销售费用""营业外支出"等科目的记录分析填列。

2. 投资活动产生的现金流量

(1)"收回投资收到的现金"项目。本项目反映企业通过出售、转让或到期收回除现金等价物以外的交易性金融资产、债权投资、其他债权投资、其他权益工具投资、长期股权投资和投资性房地产等所收到的现金,但不包括债权投资收回的利息、收回的非现金资产以及处置子公司及其他营业单位收到的现金净额。收回债权投资的利息,应在"取得投资收益收到的现金"项目中反映。处置子公司及其他营业单位收到的现金净额单列项目反映。本项目可以根据"库存现金""银行存款""交易性金融资产""债权投资""其他债权投资""其他权益工具投资""长期股权投资""投资性房地产"等科目的记录分析填列。

【例16-9】甲公司出售某项长期股权投资,收回的全部投资金额为60万元。出售某项债权投资,收回的全部投资金额为34万元,其中,6万元为债券利息。根据上述资料,甲公司在现金流量表主表中填列相关项目的计算过程如下(单位:万元):

项 目	金额
投资活动产生的现金流量:	94
收回投资收到的现金	88
收回长期股权投资所收到的现金	60
收回债权投资所收到的现金(34－6)	28
取得投资收益收到的现金	6

(2)"取得投资收益收到的现金"项目。本项目反映企业因股权投资而分得的现金股利,因债权投资(包括在现金等价物范围内的债券投资)而取得的现金利息收入。企业收到在购买股票或债券时支付的已宣告但尚未领取的现金股利或债券利息,在"收到其他与投资活动有关的现金"项目反映。本项目可以根据"应收股利""应收利息""投资收益""银行存款"等科目的记录分析填列。

【例16-10】甲公司期初长期股权投资余额300万元,其中250万元投资联营企业乙企业,占其股本的25%,采用权益法核算;另外用1 200万元和1 300万元分别投资丙企业和丁企业,各占被投资企业总股本的65%和70%,采用成本法核算。当年乙企业分配现金股利80万元;丙企业亏损没有分配股利;丁企业分配现金股利400万元。企业已如数收到现金股利。根据上述资料,甲公司填列"取得投资收益收到的现金"的计算过程如下(单位:万元):

项目	金额
从乙企业实际分回的投资收益(80×25%)	20
从丁企业实际分回的投资收益(400×70%)	280
取得投资收益收到的现金	300

(3)"处置固定资产、无形资产和其他长期资产收回的现金净额"项目。本项目反映企业处置固定资产、无形资产和其他长期资产所取得的现金,减去为处置这些资产而支付的有关税费用后的净额。由于自然灾害等原因所造成的固定资产等长期资产报废、毁损而收到的保险赔偿收入,在本项目中反映。如果处置固定资产、无形资产和其他长期资产所收回的现金净额为负数,应作为投资活动产生的现金流量,在"支付其他与投资活动有关的现金"项目中反映。本项目可以根据"固定资产清理""无形资产""库存现金""银行存款"等科目的记录分析填列。

【例16-11】甲公司本年度发生如下业务:①某项固定资产报废,原值100万元,已计提折旧90万元,取得变卖现金收入10万元,应收保险公司赔偿款20万元,以银行存款支付清理费用5万元。②出售所拥有的一项专利权,取得出售现金收入300万元。该专利权取得时实际成本为400万元,已摊销120万元,已计提减值准备50万元。根据上述资料,甲公司填列"处置固定资产、无形资产和其他长期资产收回的现金净额"项目的计算过程如下(单位:万元):

项目	金额
处置固定资产收到的现金	10
−处置固定资产支付的现金	−5
+出售无形资产收到的现金	300
处置固定资产、无形资产和其他长期资产收回的现金净额	305

(4)"处置子公司及其他营业单位收到的现金净额"项目。本项目反映企业处置子

公司及其他营业单位所取得的现金减去子公司或其他营业单位持有的现金和现金等价物以及相关处置费用后的净额。本项目可以根据有关科目的记录分析填列。"处置子公司及其他营业单位收到的现金净额"如为负数,应在"支付其他与投资活动有关的现金"项目中填列。

（5）"收到其他与投资活动有关的现金"项目。本项目反映企业除上述项目外,收到的其他与投资活动有关的现金。例如,收回购买股票和债券时支付的已宣告但尚未领取的现金股利或债券利息,应在本项目中反映。"取得子公司及其他营业单位支付的现金净额"项目如为负数,也在本项目中反映。若收到其他与投资活动有关的现金流入金额较大,应单列项目反映。本项目可以根据"银行存款""应收股利""应收利息"等科目的记录分析填列。

（6）"购建固定资产、无形资产和其他长期资产支付的现金"项目。本项目反映企业购买、建造固定资产,取得无形资产和其他长期资产支付的现金,包括购买机器设备所支付的现金、建造工程支付的现金、支付在建工程人员的工资等现金支出,不包括为购建固定资产、无形资产和其他长期资产而发生的借款利息资本化部分（在"分配股利、利润或偿付利息支付的现金"项目中反映）,以及租入固定资产所支付的租赁费（在"支付其他与筹资活动有关的现金"项目中反映）。本项目可根据"库存现金""银行存款""固定资产""在建工程""工程物资""无形资产""投资性房地产"等科目的记录分析填列。

【例 16-12】甲公司本年度发生固定资产、无形资产相关业务如下：①购入自用办公楼一幢,价款 185 万元,通过银行转账 180 万元,其他价款用公司产品抵偿;②为在建办公楼购进建筑材料一批,价值为 16 万元,价款已通过银行转账支付。另支付工程人员工资 10 万元；③支付融资租入固定资产的租赁费 15 万元；④通过银行转账支付为购入办公楼所借款的资本化利息支出 30 万元；⑤通过银行转账支付购入商标的款项 20 万元。根据上述资料,甲公司在现金流量表主表中填列相关项目的计算过程如下（单位：万元）：

项 目	金 额
投资活动产生的现金流量：	
购入自用办公楼支付的现金	180
＋在建工程购买材料支付的现金	16
＋支付工程人员工资	10
＋支付购入商标的款项	20
购建固定资产、无形资产和其他长期资产支付的现金	226
筹资活动产生的现金流量：	
分配股利、利润或偿付利息支付的现金	30
支付其他与筹资活动有关的现金	15

（7）"投资支付的现金"项目。本项目反映企业进行权益投资和债权投资所支付的现金,包括企业取得的除现金等价物以外的交易性金融资产、债权投资、其他债权投

资、其他权益工具投资、长期股权投资而支付的现金，以及支付的佣金、手续费等交易费用。注意：企业购买股票或债券时，实际支付的价款中包含的已宣告但尚未领取的现金股利或债券利息，应在"支付其他与投资活动有关的现金"项目中反映；收回购买股票和债券时支付的已宣告但尚未领取的现金股利或债券利息，应在"收到其他与投资活动有关的现金"项目中反映。本项目可以根据"交易性金融资产""债权投资""其他债权投资""其他权益工具投资""长期股权投资""库存现金""银行存款"等科目的记录分析填列。

【例16-13】甲公司20×9年度有以下两项投资活动：①4月10日，支付100万元取得乙公司股票10万股作为交易性金融资产，支付的价款含应收股利1万元，并于5月28日收到。10月30日，乙公司宣告每股分派现金股利0.5元，甲公司于11月5日收到。②7月2日，支付104万元购买丁公司于本年1月2日发行的面值100万元、3年期、票面年利率6%、每半年付息一次，到期还本的债券投资。第一期利息于7月15日收到。假定甲公司本年度无其他有关投资业务。根据上述资料，甲公司在现金流量表主表中填列相关项目的计算过程如下（单位：万元）：

项 目	计算过程	金 额
投资活动产生的现金流量：		
投资支付的现金	$=(100-1)+(104-100\times 6\%\div 2)$	200
支付其他与投资活动有关的现金	$=1+100\times 6\%\div 2$	4
收到其他与投资活动有关的现金	$=1+100\times 6\%\div 2$	4
取得投资收益收到的现金	$=10\times 0.5$	5

(8) "取得子公司及其他营业单位支付的现金净额"项目。本项目反映企业子公司及其他营业单位购买出价中以现金支付的部分，减去子公司及其他营业单位持有的现金和现金等价物后的净额。"取得子公司及其他营业单位支付的现金净额"项目如为负数，则在"收到其他与投资活动有关的现金"项目中反映。本项目可以根据"库存现金""银行存款""长期股权投资"等科目的记录分析填列。

(9) "支付其他与投资活动有关的现金"项目。本项目反映企业除上述项目外，支付的其他与投资活动有关的现金。例如，企业购买股票或债券时实际支付的价款中包含的已宣告但尚未领取的现金股利或债券利息，处置固定资产、无形资产和其他长期资产所收回的现金净额为负数，处置子公司及其他营业单位收到的现金净额如为负数，均应在本项目中反映。若支付其他与投资活动有关的现金流出金额较大，应单列项目反映。本项目可以根据有关科目的记录分析填列。

3. 筹资活动产生的现金流量

(1) "吸收投资收到的现金"项目。本项目反映企业发行股票、债券等方式筹集资金而实际收到的款项（发行收入减去支付的佣金等发行费用后的净额）。以发行股票等方式筹集资金而由企业直接支付的审计、咨询等费用，不在本项目中反映，而在"支付其他与筹资活动有关的现金"项目中反映。本项目可以根据"银行存款""库存现金""实收资本（或股本）""资本公积"等科目的记录分析填列。

【例16-14】甲公司对外公开募集股份300万股,每股面值1元,每股发行价1.2元,代理发行的证券公司为其支付的各种费用4万元。甲公司已收到全部发行价款。

根据上述资料,甲公司在现金流量表主表中填列相关项目的计算过程如下(单位:万元):

项 目	计算过程	金额
筹资活动产生的现金流量:		
吸收投资收到的现金	$=300 \times 1.2 - 4$	356
支付其他与筹资活动有关的现金	$=4$	4

(2)"取得借款收到的现金"项目。本项目反映企业举借各种短期、长期借款而收到的现金,以及发行债券实际收到的款项净额(发行收入减去直接支付的佣金等发行费用后的净额)。本项目可以根据"短期借款""长期借款""交易性金融负债""应付债券""库存现金""银行存款"等科目的记录分析填列。

(3)"收到其他与筹资活动有关的现金"项目。本项目反映企业除上述各项目外,收到的其他与筹资活动有关的现金。其他与筹资活动有关的现金,如果价值较大的,应单列项目反映。本项目可根据有关科目的记录分析填列。

(4)"偿还债务支付的现金"项目。本项目反映企业以现金偿还债务的本金,包括:归还金融企业的借款本金、偿付企业到期的债券本金等。企业偿还的借款利息、债券利息,在"分配股利、利润或偿付利息支付的现金"项目中反映。本项目可以根据"交易性金融负债""短期借款""长期借款""应付债券""库存现金""银行存款"等科目的记录分析填列。

(5)"分配股利、利润或偿还利息支付的现金"项目。本项目反映企业实际支付的现金股利、支付给其他投资单位的利润或用现金支付的借款利息、债券利息。不同用途的借款,其利息的开支渠道不一样,如计入在建工程、财务费用等,均在本项目中反映。例如,为购置存货而发生的借款利息资本化部分,为购建固定资产、无形资产和其他长期资产而发生的借款利息资本化部分,均应本项目中反映。本项目可根据"库存现金""银行存款""应付股利""应付利息""财务费用""利润分配""在建工程""制造费用""研发支出"等科目的记录分析填列。

(6)"支付其他与筹资活动有关的现金"项目。本项目反映企业除上述各项目外,支付的其他与筹资活动有关的现金,如以发行股票、债券等方式筹集资金而由企业直接支付的审计、咨询等费用,融资租赁各期支付的现金、以分期付款方式构建固定资产、无形资产等各期支付的现金。其他与筹资活动有关的现金,如果价值较大的,应单列项目反映。本项目可以根据有关科目的记录分析填列。

4. 汇率变动对现金及现金等价物的影响

汇率变动对现金的影响,指企业外币现金流量及境外子公司的现金流量折算成记账本位币时,所采用的是现金流量发生日的汇率或即期汇率的近似汇率,而现金流量表"现金及现金等价物净增加额"项目中外币现金净增加额是按资产负债表日的即期汇率折算。这两者的差额即为汇率变动对现金的影响。在编制现金流量表时,可逐笔计算外币业务发生的汇率变动对现金的影响,也可以不必逐笔计算而采用简化的计算方法,即通过现金流量表补充资料中"现金及现金等价物净增加额"数额与现金流量表中"经营活动产生的现金流量净额""投资活动产生的现金流量净额""筹资活动产生的现金流量净额"三项之和比较,其差额即为"汇率变动对现金及现金等价物的影响"项目的金额。

(二)现金流量表补充资料项目的列报说明

1. "将净利润调节为经营活动的现金流量"项目

(1)"资产减值准备"项目。这里所指的资产减值准备是指当期计提并扣除转回后的减值准备,包括:坏账准备、合同资产减值准备、租赁应收款减值准备、预计负债(用于贷款承诺及财务担保合同)、其他综合收益(信用减值准备)、存货跌价准备、合同履约成本减值准备、合同取得成本减值准备、投资性房地产减值准备、长期股权投资减值准备、债权投资减值准备、固定资产减值准备、在建工程减值准备、工程物资减值准备、生物性资产减值准备、无形资产减值准备、商誉减值准备等。企业当期计提和按规定转回的各项资产减值准备,包括在利润表中,属于利润的减除项目,但没有发生现金流出。所以,在将净利润调节为经营活动现金流量时,需要加回。本项目可根据"信用减值损失""资产减值损失"科目的记录分析填列。

(2)"固定资产折旧、油气资产折耗、生产性生物资产折旧"项目。企业计提的固定资产折旧,有的包括在管理费用中,有的包括在制造费用中。计入管理费用中的部分,作为期间费用在计算净利润时从中扣除,但没有发生现金流出,在将净利润调节为经营活动现金流量时,需要予以加回。计入制造费用中的已经变现的部分,在计算净利润时通过销售成本予以扣除,但没有发生现金流出;计入制造费用中的没有变现的部分,既不涉及现金收支,也不影响企业当期净利润。由于在调节存货时,已经从中扣除,在此处将净利润调节为经营活动现金流量时,需要予以加回。同理,企业计提的油气资产折耗、生产性生物资产折旧,也需要予以加回。本项目可根据"累计折旧""累计折耗""生产性生物资产折旧"科目的贷方发生额进行分析填列。

(3)"无形资产摊销"项目和"长期待摊费用摊销"项目。企业对使用寿命有限的无形资产计提摊销时,计入管理费用或制造费用。长期待摊费用摊销时,有的计入管理费用,有的计入销售费用,有的计入制造费用。计入管理费用等期间费用和计入制造费用中的已变现部分,在计算净利润时已从中扣除,但没有发生现金流出;计入制造费用中的没有变现的部分,在调节存货时已经从中扣除,但不涉及现金收支,所以,在此处将净利润调节为经营活动现金流量时,需要予以加回。本项目可根据"累计摊销""长期待摊费用"科目的贷方发生额分析填列。

(4)"处置固定资产、无形资产和其他长期资产的损失"项目。企业处置固定资产、无形资产和其他长期资产发生的损益,属于投资活动产生的损益,不属于经营活动产生的损益,所以,在将净利润调节为经营活动现金流量时,需要予以剔除。如为损失,在将净利润调节为经营活动现金流量时,应当加回;如为收益,在将净利润调节为经营活动现金流量时，应当扣除。本项目应当根据"资产处置损益"等科目所属有关明细科目的记录分析填列。净收益以"-"号填列。

(5) "固定资产报废损失"项目。企业发生的固定资产报废损益，属于投资活动产生的损益，不属于经营活动产生的损益，所以，在将净利润调节为经营活动现金流量时，需要予以剔除。如为净损失，在将净利润调节为经营活动现金流量时，应当加回；如为净收益，在将净利润调节为经营活动现金流量时，应当扣除。本项目应当根据"营业外收入""营业外支出"等科目所属有关明细科目的记录分析填列。

(6) "公允价值变动损失"项目。公允价值变动损失反映企业交易性金融资产、投资性房地产等公允价值变动形成的应计入当期损益的利得或损失。企业发生的公允价值变动损益，通常与企业的投资活动或筹资活动有关，而且并不影响企业当期的现金流量。为此，应当将其从净利润中剔除。本项目可以根据"公允价值变动损益"科目的发生额进行分析填列。如为持有损失，在将净利润调节为经营活动现金流量时，应当加回；如为持有利得，在将净利润调节为经营活动现金流量时，应当扣除。

【例16-15】20×8年12月31日，甲公司持有交易性金融资产的公允价值为800万元。20×9年12月31日，该交易性金融资产的公允价值为805万元，公允价值变动损益为5万元。这5万元的资产持有利得，在将净利润调节为经营活动现金流量时应当扣除。

(7) "财务费用"项目。企业发生的财务费用中不属于经营活动的部分，应当在将净利润调节为经营活动现金流量时将其加回。本项目可根据"财务费用"科目的本期借方发生额分析填列；如为收益，以"-"号填列。

【例16-16】20×9年度，甲公司发生财务费用35万元，其中属于经营活动发生的财务费用为5万元，属于筹资活动发生的财务费用为30万元。属于筹资活动的财务费用30万元，在将净利润调节为经营活动现金流量时应当加回。

(8) "投资损失"项目。企业发生的投资损益，属于投资活动产生的损益，不属于经营活动产生的损益，所以，在将净利润调节为经营活动现金流量时，需要予以剔除。如为净损失，在将净利润调节为经营活动现金流量时，应当加回；如为净收益，在将净利润调节为经营活动现金流量时，应当扣除。本项目可根据利润表中"投资收益"项目的数字填列；如为投资收益，以"-"号填列。

(9) "递延所得税资产减少（或增加）"项目。递延所得税资产减少使计入所得税费用的金额大于当期应交的所得税金额，其差额没有发生现金流出，但在计算净利润时已经扣除，在将净利润调节为经营活动现金流量时，应当加回。递延所得税资产增加使计入所得税费用的金额小于当期应交的所得税金额，二者之间的差额并没有发生现金流入，但在计算净利润时已经包括在内，在将净利润调节为经营活动现金流量时，应当扣除。本项目可以根据资产负债表"递延所得税资产"项目期初、期末余额分析填列。

【例16-17】20×9年1月1日，甲企业递延所得税资产借方余额为0.5万元；20×9年12月31日，递延所得税资产借方余额为1.25万元，增加了0.75万元，经分析，为该企业计提了固定资产减值准备3万元，使资产和负债的账面价值与计税基础不一致。递延所得税资产增加的0.75万元，在将净利润调节为经营活动现金流量时应当扣减。

(10)"递延所得税负债增加(或减少)"项目。递延所得税负债增加使计入所得税费用的金额大于当期应交的所得税金额,其差额没有发生现金流出,但在计算净利润时已经扣除,在将净利润调节为经营活动现金流量时,应当加回。如果递延所得税负债减少使计入当期所得税费用的金额小于当期应交的所得税金额,其差额并没有发生现金流入,但在计算净利润时已经包括在内,在将净利润调节为经营活动现金流量时,应当扣除。本项目可以根据资产负债表"递延所得税负债"项目期初、期末余额分析填列。

(11)"存货的减少(增加)"项目。期末存货比期初存货减少,说明本期生产经营过程耗用的存货有一部分是期初的存货,耗用这部分存货并没有发生现金流出,但在计算净利润时已经扣除,所以,在将净利润调节为经营活动现金流量时,应当加回。期末存货比期初存货增加,说明当期购入的存货除耗用外,还剩余了一部分,这部分存货也发生了现金流出,但在计算净利润时没有包括在内,所以,在将净利润调节为经营活动现金流量时,需要扣除。当然,存货的增减变化过程还涉及应付项目,这一因素在"经营性应付项目的增加(减:减少)"中考虑。本项目可根据资产负债表中"存货"项目的期初数、期末数之间的差额填列;期末数大于期初数的差额,以"-"号填列。如果存货的增减变化过程属于投资活动,如在建工程领用存货,应当将这一因素剔除。

【例16-18】20×9年1月1日,甲企业存货余额为20万元;20×9年12月31日,存货余额为36万元;20×9年度,存货增加了16万元(36-20)。存货的增加金额16万元,在将净利润调节为经营活动现金流量时应当扣除。

(12)"经营性应收项目的减少(增加)"项目。经营性应收项目包括应收票据、应收账款、合同资产、预付账款、长期应收款和其他应收款中与经营活动有关的部分,以及应收的增值税销项税额等。经营性应收项目期末余额小于经营性应收项目期初余额,说明本期收回的现金大于利润表中所确认的销售收入,所以,在将净利润调节为经营活动现金流量时,需要加回。经营性应收项目期末余额大于经营性应收项目期初余额,说明本期销售收入中有一部分没有收回现金,但是,在计算净利润时这部分销售收入已包括在内,所以,在将净利润调节为经营活动现金流量时,需要扣除。本项目应当根据有关科目的期初、期末余额分析填列;如为增加,以"-"号填列。

【例16-19】20×9年1月1日,甲企业应收账款为75万元,应收票据为23万元;20×9年12月31日,甲企业资料为:应收账款95万元,应收票据为20万元;20×9年度内,该企业经营性应收项目年末比年初增加了17万元[(95-75)+(20-23)]。经营性应收项目增加金额17万元,在将净利润调节为经营活动现金流量时应当扣除。

(13)"经营性应付项目的增加(减少)"项目。经营性应付项目包括应付票据、应付账款、预收账款、应付职工薪酬、应交税费、应付利息、长期应付款、其他应付款中与经营活动有关的部分,以及应付的增值税进项税额等。经营性应付项目期末余额大于经营性应付项目期初余额,说明本期购入的存货中有一部分没有支付现金,但是,在计算净利润时却通过销售成本包括在内,在将净利润调节为经营活动现金流量时,需要加回;经营性应付项目期末余额小于经营性应付项目期初余额,说明本期支付的现金大于利润表中所确认的销售成本,在将净利润调节为经营活动产生的现金流量时,需要扣除。本项目应当根据有关科目的期初、期末余额分析填列;如为减少,以"-"号填列。

【例16-20】20×9年1月1日,甲公司的相关资料为:应付账款为60万元,应付票据为39万元,应付职工薪酬为1万元,应交税费为6万元。20×9年12月31日,甲公司资料为:应付账款为85万元,应付票据为30万元,应付职工薪酬为1.5万元,应交税费为4万元。20×9年度内,经营性应付项目年末比年初增加了14.5万元〔(85-60)+(30-39)+(1.5-1)+(4-6)〕。经营性应付项目增加金额14.5万元,在将净利润调节为经营活动现金流量时应当加回。

2. "不涉及现金收支的重大投资和筹资活动"项目

本项目反映企业一定期间内影响资产或负债但不形成该期现金收支的所有重大投资和筹资活动的信息:"债务转为资本"项目,反映企业本期转为资本的债务金额;"一年内到期的可转换公司债券"项目,反映企业一年内到期的可转换公司债券的本息;"融资租入固定资产"项目,反映企业本期融资租入固定资产的最低租赁付款额扣除应分期计入利息费用的未确认融资费用的净额。

3. "现金及现金等价物净增加额"项目

"现金及现金等价物净增加额"项目与现金流量表主表中的"现金及现金等价物净增加额"项目的金额应当相等。

第六节 财务报表编制综合示例

【例16-21】甲有限责任公司为增值税一般纳税人,适用的增值税税率为16%、所得税税率为25%。原材料采用计划成本进行核算,逐笔结转成本差异。月末一次结转销售成本。20×8年12月31日,甲公司的科目余额表如表16-11所示。

表16-11　　　　　　　　　　科目余额表

20×8年12月31日　　　　　　　　　　　　　　　　单位:元

科目名称	借方余额	科目名称	贷方余额
库存现金	1 000	坏账准备	450
银行存款	640 000	累计折旧	200 000
其他货币资金	62 150	累计摊销	50 000
交易性金融资产	7 500	短期借款	150 000
应收票据	123 000	应付票据	100 000
应收账款	150 000	应付账款	476 900
预付账款	100 000	应付职工薪酬	55 000
其他应收款	2 500	应交税费	18 300
材料采购	112 500	应付利息	500
原材料	275 000	其他应付款	25 000
周转材料	44 025	长期借款	800 000
库存商品	840 000	其中:一年内到期的长期借款	500 000

续表

科目名称	借方余额	科目名称	贷方余额
材料成本差异	18 475	实收资本	2 500 000
长期股权投资	125 000	盈余公积	50 000
固定资产	750 000	利润分配（未分配利润）	25 000
在建工程	750 000		
无形资产	350 000		
长期待摊费用	100 000		
合计	4 451 150	合计	4 451 150

甲公司 20×9 年发生的经济业务如下：

（1）收到银行通知，用银行存款支付到期的商业承兑汇票 50 000 元。

（2）购入原材料一批，收到的增值税专用发票上注明的价款 75 000 元，增值税额 12 000 元，发生装卸费 750 元，款项已通过银行转账支付，材料尚未入库。

（3）收到原材料一批，实际成本 50 000 元，计划成本 47 500 元，材料已验收入库，货款已于上月支付。

（4）购入材料价款 49 900 元，支付的增值税额 7 984 元，原材料已验收入库，该批原材料计划成本 50 000 元。用银行汇票支付该采购款，收到开户银行转来银行汇票多余款收账通知，通知上填写的多余款 616 元。

（5）销售产品一批，开具的增值税专用发票上注明的价款 150 000 元，增值税额 24 000 元。该批产品实际成本 90 000 元，产品已发出，价税款未收到，客户已取得该产品控制权。

（6）公司将持有的交易性金融资产以 8 250 元出售，该交易性金融资产的账面价值 7 500 元，款项已存入银行。

（7）购入不需要安装的设备一台，收到的增值税专用发票上注明的价款 50 000 元，增值税额 8 000 元，支付包装费及运费 1 000 元，均以银行存款支付，设备已交付使用。

（8）购入建造厂房所需的工程物资一批，收到的增值税专用发票上注明的价款 75 000 元，增值税额 12 000 元，发生运杂费 750 元，已用银行存款支付。

（9）经计算，本期应付工程人员工资 100 000 元，应付工程人员福利费 14 000 元，应付土地增值税 50 000 元。

（10）工程完工，计算应负担的长期借款利息 75 000 元，该项借款本息未付。

（11）一项工程完工，交付生产使用，已办理竣工手续，固定资产价值 700 000 元。

（12）车间一台机床报废，原价 100 000 元，已提折旧 90 000 元，未计提减值准备。发生清理费用 250 元，取得残值收入 400 元，均通过银行存款收支。假定不考虑相关税费。

（13）从银行借入 3 年期借款 200 000 元，借款已入银行账户，该项借款用于购建固定资产。

（14）销售产品一批，开具的增值税专用发票上注明的价款350 000元，增值税额56 000元，款项已存入银行。该产品的实际成本210 000元。客户已取得该产品控制权。

（15）公司将到期的一张面值为100 000元的无息银行承兑汇票，连同解讫通知单和进账单交银行办理转账。收到银行盖章退回的进账单一联。款项已由银行收妥。

（16）收到现金股利15 000元已存入银行，该项长期股权投资采用成本法核算，对方所得税税率和本公司所得税税率一致，均为25%。

（17）公司出售一台不需要设备，收到的增值税专用发票上注明的价款150 000元，增值税额24 000元，款项已通过银行转账收取。该设备原价200 000元，已提折旧75 000元，未计提减值准备。对方已取得该设备的控制权。

（18）计提应计入本期损益的借款利息费用共计10 750元。其中，短期借款利息5 750元，长期借款利息5 000元。

（19）归还短期借款本金125 000元，其中已计提利息6 250元。

（20）从银行提取现金250 000元，准备发放工资。

（21）支付工资250 000元，其中包括支付给在建工程人员的工资100 000元。

（22）分配应付职工工资150 000元（不包括在建工程人员的工资），其中生产人员工资137 500元，车间管理人员工资5 000元，行政管理部门人员工资7 500元。

（23）实际发生职工福利费21 000元（不包括在建工程人员的福利费），其中生产人员福利费19 250元，车间管理人员福利费700元，行政管理部门人员福利费1 050元。

（24）生产产品领用原材料，计划成本350 000元；车间领用周转材料，计划成本25 000元，采用一次摊销法摊销。

（25）结转领用原材料、周转材料应分摊的材料成本差异，材料成本差异率为5%。

（26）摊销无形资产30 000元。

（27）通过银行转账支付印花税5 000元和生产车间维修费45 000元。

（28）计提固定资产折旧50 000元。其中，计入制造费用40 000元，计入管理费用10 000元。

（29）本期计提固定资产减值准备15 000元。

（30）收到应收账款25 500元，存入银行。

（31）应收款项按整个存续期内的预期信用损失计量损失准备900元。

（32）用银行存款支付产品展览费5 000元。

（33）结转制造费用。

（34）计算并结转本期完工产品成本。期初在产品余额为0，本期生产的产品全部完工入库。

（35）用银行存款支付广告费5 000元。

（36）公司销售产品一批，开具的增值税专用发票上注明的价款为125 000元，增值税额为20 000元，收到不带息的商业承兑汇票一张。该产品实际成本为75 000元。客户已取得该产品控制权。

（37）公司将上述商业承兑汇票到银行办理贴现，贴现息 10 000 元。

（38）将 25 000 元交存银行，取得银行本票一张。

（39）开出支票支付审计费 25 000 元。

（40）经计算，公司本期销售产品应交纳教育费附加 1 000 元。

（41）用银行存款交纳本期应交增值税 50 000 元，教育费附加 1 000 元。

（42）结转本期产品销售成本。

（43）将各损益类科目结转到本年利润。

（44）计算并结转所得税费用。

（45）结转本年利润。

（46）按照净利润的 10% 提取法定盈余公积金，按照 5% 提取任意盈余公积金；分配普通股现金股利 16 107.925 元。

（47）将利润分配各明细科目的余额转入"未分配利润"明细科目。

（48）偿还长期借款本金 500 000 元。

（49）用银行存款交纳本期应交所得税。

一、根据上述资料，甲公司编制的会计分录

（1）借：应付票据	50 000
贷：银行存款	50 000
（2）借：材料采购	75 750
应交税费——应交增值税（进项税额）	12 000
贷：银行存款	87 750
（3）借：原材料	47 500
材料成本差异	2 500
贷：材料采购	50 000
（4）借：材料采购	49 900
应交税费——应交增值税（进项税额）	7 984
银行存款	616
贷：其他货币资金——银行汇票	58 500
借：原材料	50 000
贷：材料采购	49 900
材料成本差异	100
（5）借：应收账款	174 000
贷：主营业务收入	150 000
应交税费——应交增值税（销项税额）	24 000
（6）借：银行存款	8 250
贷：交易性金融资产	7 500
投资收益	750

(7) 借：固定资产　　　　　　　　　　　　　　　　　　　51 000
　　　应交税费——应交增值税（进项税额）　　　　　　 8 000
　　贷：银行存款　　　　　　　　　　　　　　　　　　　59 000
(8) 借：工程物资　　　　　　　　　　　　　　　　　　　75 750
　　　应交税费——应交增值税（进项税额）　　　　　　12 000
　　贷：银行存款　　　　　　　　　　　　　　　　　　　87 750
(9) 借：在建工程　　　　　　　　　　　　　　　　　　 164 000
　　贷：应付职工薪酬——工资　　　　　　　　　　　　100 000
　　　　　　　　　　——福利费　　　　　　　　　　　 14 000
　　　　应交税费——应交土地增值税　　　　　　　　　 50 000
(10) 借：在建工程　　　　　　　　　　　　　　　　　　 75 000
　　 贷：长期借款——应计利息　　　　　　　　　　　　75 000
(11) 借：固定资产　　　　　　　　　　　　　　　　　　700 000
　　 贷：在建工程　　　　　　　　　　　　　　　　　 700 000
(12) 借：固定资产清理　　　　　　　　　　　　　　　　 10 000
　　　　累计折旧　　　　　　　　　　　　　　　　　　 90 000
　　 贷：固定资产　　　　　　　　　　　　　　　　　 100 000
　　 借：固定资产清理　　　　　　　　　　　　　　　　　 250
　　 贷：银行存款　　　　　　　　　　　　　　　　　　　 250
　　 借：银行存款　　　　　　　　　　　　　　　　　　　 400
　　 贷：固定资产清理　　　　　　　　　　　　　　　　　 400
　　 借：营业外支出——固定资产报废净损失　　　　　　 9 850
　　 贷：固定资产清理　　　　　　　　　　　　　　　　 9 850
(13) 借：银行存款　　　　　　　　　　　　　　　　　　200 000
　　 贷：长期借款——本金　　　　　　　　　　　　　 200 000
(14) 借：银行存款　　　　　　　　　　　　　　　　　　406 000
　　 贷：主营业务收入　　　　　　　　　　　　　　　 350 000
　　　　应交税费——应交增值税（销项税额）　　　　　 56 000
(15) 借：银行存款　　　　　　　　　　　　　　　　　　100 000
　　 贷：应收票据　　　　　　　　　　　　　　　　　 100 000
(16) 借：银行存款　　　　　　　　　　　　　　　　　　 15 000
　　 贷：投资收益　　　　　　　　　　　　　　　　　　15 000
(17) 借：固定资产清理　　　　　　　　　　　　　　　　125 000
　　　　累计折旧　　　　　　　　　　　　　　　　　　 75 000
　　 贷：固定资产　　　　　　　　　　　　　　　　　 200 000
　　 借：银行存款　　　　　　　　　　　　　　　　　　174 000
　　 贷：固定资产清理　　　　　　　　　　　　　　　 150 000
　　　　应交税费——应交增值税（销项税额）　　　　　 24 000

	借：固定资产清理	25 000	
	贷：资产处置损益——处置固定资产净收益		25 000
(18)	借：财务费用	10 750	
	贷：应付利息		5 750
	长期借款——应计利息		5 000
(19)	借：短期借款	125 000	
	应付利息	6 250	
	贷：银行存款		131 250
(20)	借：库存现金	250 000	
	贷：银行存款		250 000
(21)	借：应付职工薪酬——工资	250 000	
	贷：库存现金		250 000
(22)	借：生产成本	137 500	
	制造费用	5 000	
	管理费用	7 500	
	贷：应付职工薪酬——工资		150 000
(23)	借：生产成本	19 250	
	制造费用	700	
	管理费用	1 050	
	贷：应付职工薪酬——福利费		21 000
(24)	借：生产成本	350 000	
	贷：原材料		350 000
	借：制造费用	25 000	
	贷：周转材料		25 000
(25)	借：生产成本	(350 000×5%)17 500	
	制造费用	(25 000×5%)1 250	
	贷：材料成本差异		18 750
(26)	借：管理费用——无形资产摊销	30 000	
	贷：累计摊销		30 000
(27)	借：税金及附加——印花税	5 000	
	制造费用——维修费	45 000	
	贷：银行存款		50 000
(28)	借：制造费用——折旧费	40 000	
	管理费用——折旧费	10 000	
	贷：累计折旧		50 000
(29)	借：资产减值损失	15 000	
	贷：固定资产减值准备		15 000
(30)	借：银行存款	25 500	

	贷：应收账款	25 500
（31）	借：信用减值损失——坏账损失	（900－450）450
	贷：坏账准备	450
（32）	借：销售费用——展览费	5 000
	贷：银行存款	5 000

（33）结转制造费用。

制造费用＝5 000＋700＋25 000＋1 250＋45 000＋40 000＝116 950（元）

借：生产成本　　　　　　　　　　　　　　　　　　　　116 950
　　贷：制造费用　　　　　　　　　　　　　　　　　　　　116 950

（34）结转完工产品成本。

生产成本＝137 500＋19 250＋350 000＋17 500＋116 950＝641 200（元）

借：库存商品　　　　　　　　　　　　　　　　　　　　641 200
　　贷：生产成本　　　　　　　　　　　　　　　　　　　　641 200

（35）借：销售费用——广告费　　　　　　　　　　　　　5 000
　　　　　贷：银行存款　　　　　　　　　　　　　　　　　5 000

（36）借：应收票据　　　　　　　　　　　　　　　　　145 000
　　　　　贷：主营业务收入　　　　　　　　　　　　　　125 000
　　　　　　　应交税费——应交增值税（销项税额）　　　20 000

（37）借：银行存款　　　　　　　　　　　　　　　　　135 000
　　　　　财务费用　　　　　　　　　　　　　　　　　　10 000
　　　　　贷：应收票据　　　　　　　　　　　　　　　　145 000

（38）借：其他货币资金——银行本票　　　　　　　　　25 000
　　　　　贷：银行存款　　　　　　　　　　　　　　　　25 000

（39）借：管理费用——审计费　　　　　　　　　　　　25 000
　　　　　贷：银行存款　　　　　　　　　　　　　　　　25 000

（40）借：税金及附加　　　　　　　　　　　　　　　　1 000
　　　　　贷：应交税费——应交教育费附加　　　　　　　1 000

（41）借：应交税费——应交增值税（已交税金）　　　　50 000
　　　　　　　　　　——应交教育费附加　　　　　　　　1 000
　　　　　贷：银行存款　　　　　　　　　　　　　　　　51 000

（42）结转销售成本。

发出商品成本＝90 000＋210 000＋75 000＝375 000（元）

借：主营业务成本　　　　　　　　　　　　　　　　　　375 000
　　贷：库存商品　　　　　　　　　　　　　　　　　　　375 000

（43）结转损益类科目。

借：主营业务收入　　　　　　　　（150 000＋350 000＋125 000）625 000
　　投资收益　　　　　　　　　　　　　　　　　（750＋15 000）15 750
　　资产处置损益　　　　　　　　　　　　　　　　　　　25 000

贷：本年利润		665 750
借：本年利润		510 600
贷：主营业务成本		375 000
税金及附加	（5 000 + 1 000）	6 000
管理费用		73 550
销售费用	（5 000 + 5 000）	10 000
财务费用	（10 750 + 10 000）	20 750
资产减值损失		15 000
信用减值损失		450
营业外支出		9 850

注：管理费用 = 7 500 + 1 050 + 30 000 + 10 000 + 25 000 = 73 550（元）

（44）计算及结转所得税费用。

应交所得税 =（665 750 – 510 600）× 25% = 38 787.5（元）

借：所得税费用	38 787.5
贷：应交税费——应交所得税	38 787.5
借：本年利润	38 787.5
贷：所得税费用	38 787.5

（45）结转本年利润。

净利润 = 665 750 – 510 600 – 38 787.5 = 116 362.5（元）

借：本年利润	116 362.5
贷：利润分配——未分配利润	116 362.5

（46）进行利润分配。

提取法定盈余公积 = 116 362.5 × 10% = 11 636.25（元）

提取任意盈余公积 = 116 362.5 × 5% = 5 818.125（元）

借：利润分配——提取法定盈余公积	11 636.25
——提取任意盈余公积	5 818.125
——应付股利	16 107.925
贷：盈余公积——提取法定盈余公积	11 636.25
——提取任意盈余公积	5 818.125
应付股利	16 107.925
（47）借：利润分配——未分配利润	33 562.3
贷：利润分配——提取法定盈余公积	11 636.25
——提取任意盈余公积	5 818.125
——应付股利	16 107.925
（48）借：长期借款——本金	500 000
贷：银行存款	500 000
（49）借：应交税费——应交所得税	38 787.5
贷：银行存款	38 787.5

二、根据上述分录，甲公司登记总账、明细账和日记账（此处略，读者可以自己进行登记）

三、编制资产负债表

（一）编制科目汇总表

甲公司根据资产、负债及所有者权益账户总账的期末余额，编制20×9年12月31日的科目汇总表，如表16-12所示。

表16-12　　　　　　　　　　　　　科目余额表

20×9年12月31日　　　　　　　　　　　　　　　　　　　　单位：元

科目名称	借方余额	科目名称	贷方余额
库存现金	1 000	坏账准备	900
银行存款	338 978.5	固定资产减值准备	15 000
其他货币资金	28 650	累计折旧	85 000
交易性金融资产	0	累计摊销	80 000
应收票据	23 000	短期借款	25 000
应收账款	298 500	应付票据	50 000
预付账款	100 000	应付账款	476 900
其他应收款	2 500	应付职工薪酬	90 000
材料采购	138 250	应交税费	102 316
原材料	22 500	应付利息	0
周转材料	19 025	应付股利	16 107.925
库存商品	1 106 200	其他应付款	25 000
材料成本差异	2 125	长期借款	580 000
长期股权投资	125 000	实收资本	2 500 000
固定资产	1 201 000	盈余公积	67 454.375
在建工程	289 000	利润分配（未分配利润）	107 800.2
工程物资	75 750		
无形资产	350 000		
长期待摊费用	100 000		
合计	4 221 478.5	合计	4 221 478.5

为了便于读者了解资产、负债和所有者权益账户期末余额的具体计算过程，本节列示如下（括号内数字为该笔经济业务会计分录的编号）：

1. 库存现金 = 1 000 + 250 000（20）- 250 000（21）= 1 000（元）

2. 银行存款 = 640 000 − 50 000(1) − 87 750(2) + 616(4) + 8 250(6) − 59 000(7) − 87 750(8) − 250(12) + 400(12) + 200 000(13) + 406 000(14) + 100 000(15) + 15 000(16) + 174 000(17) − 131 250(19) − 250 000(20) − 50 000(27) + 25 500(30) − 5 000(32) − 5 000(35) + 135 000(37) − 25 000(38) − 25 000(39) − 51 000(41) − 500 000(48) − 38 787.5(49) = 338 978.5（元）

3. 其他货币资金 = 62 150 − 58 500(4) + 25 000(38) = 28 650（元）

4. 交易性金融资产 = 7 500 − 7 500(6) = 0（元）

5. 应收票据 = 123 000 − 100 000(15) + 145 000(36) − 145 000(37) = 23 000(元)

6. 应收账款 = 150 000 + 174 000(5) − 25 500(30) = 298 500(元)

7. 坏账准备 = 450 + 450(31) = 900（元）

8. 预付账款 = 100 000（元）

9. 其他应收款 = 2 500（元）

10. 材料采购 = 112 500 + 75 750(2) − 50 000(3) + 49 900(4) − 49 900(4) = 138 250（元）

11. 原材料 = 275 000 + 47 500(3) + 50 000(4) − 350 000(24) = 22 500（元）

12. 周转材料 = 44 025 − 25 000(24) = 19 025（元）

13. 库存商品 = 840 000 + 641 200(34) − 375 000(42) = 1 106 200(元)

14. 材料成本差异 = 18 475 + 2 500(3) − 100(4) − 18 750(25) = 2 125(元)

15. 长期股权投资 = 125 000（元）

16. 固定资产 = 750 000 + 51 000(7) + 700 000(11) − 100 000(12) − 200 000(17) = 1 201 000（元）

17. 累计折旧 = 200 000 − 90 000(12) − 75 000(17) + 50 000(28) = 85 000（元）

18. 固定资产减值准备 = 15 000（元）(29)

19. 工程物资 = 75 750（元）(8)

20. 在建工程 = 750 000 + 164 000(9) + 75 000(10) − 700 000(11) = 289 000（元）

21. 无形资产 = 350 000（元）

22. 累计摊销 = 50 000 + 30 000（26） = 80 000（元）

23. 长期待摊费用 = 100 000（元）

24. 短期借款 = 150 000 − 125 000（19） = 25 000（元）

25. 应付票据 = 100 000 − 50 000（1） = 50 000（元）

26. 应付账款 = 476 900（元）

27. 应交税费 = 18 300 − 12 000(2) − 7 984(4) + 24 000(5) − 8 000(7) − 12 000(8) + 50 000(9) + 56 000(14) + 24 000(17) + 20 000(36) + 1 000(40) − 51 000(41) + 38 787.5(44) − 38 787.5(49) = 102 316(元)

28. 应付职工薪酬 = 55 000 + 114 000(9) − 250 000(21) + 150 000(22) + 21 000(23) = 90 000(元)

29. 应付利息 = 500 + 5 750(18) − 6 250(19) = 0

30. 应付股利 = 16 107.925（元）(46)

31. 其他应付款 = 25 000（元）

32. 长期借款 = 800 000 + 75 000（10）+ 200 000（13）+ 5 000（18）− 500 000（48）= 580 000（元）

33. 实收资本 = 2 500 000（元）

34. 盈余公积 = 50 000 + 11 636.25（46）+ 5 818.125（46）= 67 454.375（元）

35. 利润分配（未分配利润）= 25 000 + 116 362.5(45) − 11 636.25(46) − 5 818.125(46) − 16 107.925(46) − 33 562.3(47) + 11 636.25(47) + 5 818.125(47) + 16 107.925(47) = 107 800.2（元）

（二）编制资产负债表

甲公司根据科目汇总表，编制 20×9 年 12 月 31 日的资产负债表，如表 16-13 所示。

表 16-13　　　　　　　　　　　资产负债表　　　　　　　　　　　会企 01 表
编制单位：甲公司　　　　　　　20×9 年 12 月 31 日　　　　　　　　单位：元

资产	期末余额	年初余额	负债和股东权益	期末余额	年初余额
流动资产：			流动负债：		
货币资金	368 628.5	703 150	短期借款	25 000	150 000
交易性金融资产	0	7 500	交易性金融负债	0	0
衍生金融资产	0	0	衍生金融负债	0	0
应收票据及应收账款	320 600	272 550	应付票据及应付账款	526 900	576 900
预付款项	100 000	100 000	预收款项	0	0
其他应收款	2 500	2 500	合同负债	0	0
存货	1 288 100	1 290 000	应付职工薪酬	90 000	55 000
合同资产	0	0	应交税费	102 316	18 300
持有待售资产	0	0	其他应付款	41 107.925	25 500
一年内到期的非流动资产	0	0	持有待售负债	0	0
其他流动资产	0	0	一年内到期的非流动负债	0	500 000
流动资产合计	2 079 828.5	2 375 700	其他流动负债	0	0
非流动资产：			流动负债合计	785 323.925	1 325 700
债权投资	0	0	非流动负债：		
其他债权投资	0	0	长期借款	580 000	300 000
长期应收款	0	0	应付债券	0	0
长期股权投资	125 000	125 000	其中：优先股	0	0
其他权益工具投资	0	0	永续债	0	0
其他非流动金融资产	0	0	长期应付款	0	0
投资性房地产	0	0	预计负债	0	0
固定资产	1 101 000	550 000	递延收益	0	0
在建工程	364 750	750 000	递延所得税负债	0	0

续表

资产	期末余额	年初余额	负债和股东权益	期末余额	年初余额
生产性生物资产	0	0	其他非流动负债	0	0
油气资产	0	0	非流动负债合计	580 000	300 000
无形资产	270 000	300 000	负债合计	1 365 323.925	1 625 700
开发支出	0	0	所有者权益:		
商誉	0	0	实收资本	2 500 000	2 500 000
长期待摊费用	100 000	100 000	其他权益工具	0	0
递延所得税资产	0	0	其中:优先股	0	0
其他非流动资产	0	0	永续债	0	0
非流动资产合计	1 960 750	850 000	资本公积	0	0
			减:库存股	0	0
			其他综合收益	0	0
			盈余公积	67 454.375	50 000
			未分配利润	107 800.2	25 000
			所有者权益合计	2 675 254.575	2 575 000
资产总计	4 040 578.5	4 200 700	负债和所有者权益总计	4 040 578.5	4 200 700

四、编制利润表

(一) 编制收益类总账的累计发生额

甲公司根据损益类账户总账的发生额，编制损益类账户总账的累计发生净额，如表16-14所示。

表16-14　　　　　甲公司损益类科目20×9年度累计发生净额　　　　　单位:元

账户名称	借方发生额	贷方发生额
主营业务收入		625 000
主营业务成本	375 000	
税金及附加	6 000	
销售费用	10 000	
管理费用	73 550	
财务费用——利息支出	20 750	
资产减值损失	15 000	
信用减值损失	450	
投资收益		15 750
资产处置损益		25 000
营业外支出	9 850	
所得税费用	38 787.5	
合计	510 600	665 750

（二）编制利润表

甲公司根据损益类账户总账的累计发生净额，编制 20×9 年度的利润表，见表 16-15。

表 16-15　　　　　　　　　　　　　　利润表　　　　　　　　　　　　　　会企 02 表
编制单位：甲公司　　　　　　　　　　　20×9 年　　　　　　　　　　　　　单位：元

项　目	本期金额	上期金额（略）
一、营业收入	625 000	
减：营业成本	375 000	
税金及附加	6 000	
销售费用	10 000	
管理费用	73 550	
研发费用	0	
财务费用	20 750	
其中：利息费用	20 750	
利息收入	0	
资产减值损失	15 000	
信用减值损失	450	
加：其他收益	0	
投资收益（损失以"-"号填列）	15 750	
其中：对联营企业和合营企业的投资收益	0	
净敞口套期收益（损失以"-"号填列）	0	
公允价值变动收益（损失以"-"号填列）	0	
资产处置收益（损失以"-"号填列）	25 000	
二、营业利润（亏损以"-"号填列）	165 000	
加：营业外收入	0	
减：营业外支出	9 850	
三、利润总额（亏损总额以"-"号填列）	155 150	
减：所得税费用	38 787.5	
四、净利润（净亏损以"-"号填列）	116 362.5	
（一）持续经营净利润（净亏损以"-"号填列）	11 6362.5	
（二）终止经营净利润（净亏损以"-"号填列）	0	
五、其他综合收益的税后净额	0	
（一）不能重分类进损益的其他综合收益	0	
（二）将重分类进损益的其他综合收益	0	
六、综合收益总额	116 362.5	
七、每股收益：	（略）	
（一）基本每股收益	（略）	
（二）稀释每股收益	（略）	

五、编制所有权者权益变动表

根据上述资料,甲公司有关所有者权益变动项目的金额,如表16-16所示。

表16-16 单位:元

项　　目	借方发生额	贷方发生额
本年利润	549 387.5	665 750
利润分配——提取法定盈余公积	11 636.25	
利润分配——提取任意盈余公积	5 818.125	
利润分配——应付股利	16 107.925	
盈余公积——提取法定盈余公积		11 636.25
盈余公积——提取任意盈余公积		5 818.125
应付股利		16 107.925
利润分配——未分配利润		33 562.3

甲公司根据上述所给资料,编制所有者权益变动表,如表16-8所示。其中,"本年金额"栏如表16-16所示(假定"上年金额"栏的数据已给定,本例略去)。

六、编制现金流量表

(一) 工作底稿法

工作底稿法以工作底稿为手段,以利润表和资产负债表数据为基础,结合实际发生的经济业务,对每一项进行分析并编制调整分录,从而编制出现金流量表。工作底稿法的具体步骤如下:

第一步,先设计好现金流量表工作底稿,具体格式如表16-17所示。

表16-17　　　　　　　　　　现金流量表工作底稿 单位:元

项　　目	期初数	调整分录		期末数
		借方发生额	贷方发生额	
一、资产负债表项目				
借方项目:				
货币资金	703 150		(25) 334 521.5	368 628.5
交易性金融资产	7 500		(9) 7 500	0
应收票据及应收账款	272 550	(1) 48 050		320 600
预付款项	100 000			100 000

续表

项　目	期初数	调整分录 借方发生额	调整分录 贷方发生额	期末数
其他应收款	2 500			2 500
存货	1 290 000		（2） 1 900	1 288 100
长期股权投资	125 000			125 000
固定资产	550 000	（13） 751 000	（7） 15 000 （10） 125 000 （11） 10 000 （14） 50 000	1 101 000
在建工程	750 000	（15） 239 000 （16） 75 750	（13） 700 000	364 750
无形资产	300 000		（17） 30 000	270 000
长期待摊费用	100 000			100 000
贷方项目：				
短期借款	150 000	（18） 125 000		25 000
应付票据及应付账款	576 900	（2） 50 000		526 900
应付职工薪酬	55 000	（19） 250 000	（15） 114 000 （19） 171 000	90 000
应交税费	18 300	（13） 8 000 （16） 12 000 （20） 109 771.5	（1） 100 000 （3） 1 000 （10） 24 000 （12） 38 787.5 （15） 50 000	102 316
其他应付款	25 500	（18） 6 250	（6） 5 750 （21） 16 107.925	41 107.925
长期借款	800 000	（22） 500 000	（6） 5 000 （15） 75 000 （22） 200 000	580 000
实收资本	2 500 000			2 500 000
盈余公积	50 000		（23） 11 636.25 （23） 5 818.125	67 454.375
未分配利润	25 000	（21） 16 107.925 （23） 17 454.375	（24） 116 362.5	107 800.2
二、利润表项目				
营业收入			（1） 625 000	625 000
营业成本		（2） 375 000		375 000

续表

项 目	期初数	调整分录 借方发生额	调整分录 贷方发生额	期末数
税金及附加		(3) 6 000		6 000
销售费用		(4) 10 000		10 000
管理费用		(5) 73 550		73 550
财务费用		(6) 20 750		20 750
资产减值损失		(7) 15 000		15 000
信用减值损失		(8) 450		450
投资收益			(9) 15 750	15 750
资产处置损益			(10) 25 000	25 000
营业外支出		(11) 9 850		9 850
所得税费用		(12) 38 787.5		38 787.5
净利润		(24) 116 362.5		116 362.5
三、现金流量表项目				
（一）经营活动产生的现金流量				
销售商品、提供劳务收到的现金		(1) 676 950	(6) 10 000 (8) 450	666 500
经营活动现金流入小计				666 500
购买商品、接受劳务支付的现金		(14) 40 000 (19) 162 450	(2) 423 100 (20) 19 984	240 634
支付给职工以及为职工支付的现金			(19) 150 000	150 000
支付的各项税费			(3) 5 000 (20) 89 787.5	94 787.5
支付其他与经营活动有关的现金		(14) 10 000 (17) 30 000 (19) 8 550	(4) 10 000 (5) 73 550	35 000
经营活动现金流出小计				520 421.5
经营活动产生的现金流量净额				146 078.5
（二）投资活动产生的现金流量				
收回投资收到的现金		(9) 8 250		8 250
取得投资收益收到的现金		(9) 15 000		15 000
处置固定资产等收回的现金净额		(10) 174 000 (11) 150		174 150

续表

项 目	期初数	调整分录 借方发生额	调整分录 贷方发生额	期末数
投资活动现金流入小计				197 400
购建固定资产等支付的现金			(13) 59 000 (16) 87 750 (19) 100 000	246 750
投资活动现金流出小计				246 750
投资活动产生的现金流量净额				-49 350
(三) 筹资活动产生的现金流量				
取得借款收到的现金		(22) 200 000		200 000
筹资活动现金流入小计				200 000
偿还债务支付的现金			(18) 125 000 (22) 500 000	625 000
分配股利、利润或偿付利息支付的现金			(18) 6 250	6 250
筹资活动现金流出小计				631 250
筹资活动所产生的现金流量净额				-431 250
(四) 现金及现金等价物净额加额		(25) 33 4521.5		-334 521.5
调整分录借贷合计		4 534 005.3	4 534 005.3	

第二步，将资产负债表的期初数与期末数分别过入现金流量表工作底稿中所对应的栏目期初数栏和期末数栏；并把利润表的期末数过入现金流量表工作底稿所对应项目的期末数栏。

第三步，对当期经济业务进行分析，然后编制调整分录。编制调整分录时，要以利润表为基础，从"营业收入"开始，结合现金流量所影响到的资产负债表项目（实际工作中有时根据明细账）逐项分析，编制调整分录。在调整利润表项目后，再调整资产负债表有关项目（但在调整利润表时调整过的不能重复调整）。

本例编制的调整分录如下：

（1）分析调整营业收入。

借：经营活动现金流量——销售商品、提供劳务收到的现金　　　676 950
　　　应收票据及应收账款　　　　　　　　　　（320 600 - 272 550）48 050
　　贷：营业收入　　　　　　　　　　　　　　　　　　　　　　625 000
　　　　应交税费——应交增值税（销项税额）　　（625 000 × 16%）100 000

（2）分析调整营业成本。

借：营业成本　　　　　　　　　　　　　　　　　　　　　　　　375 000
　　　应付票据及应收账款　　　　　　　　　　（576 900 - 526 900）50 000

贷：存货	（1 290 000 – 1 288 100）1 900
经营活动现金流量——购买商品、接受劳务支付的现金	423 100

（3）分析调整税金及附加。

借：税金及附加	6 000
贷：应交税费——应交教育费附加	1 000
经营活动现金流量——支付的各项税费	5 000

（4）分析调整销售费用。

借：销售费用	10 000
贷：经营活动现金流量——支付其他与经营活动有关的现金	10 000

（5）分析调整管理费用。

借：管理费用	73 550
贷：经营活动现金流量——支付其他与经营活动有关的现金	73 550

（6）分析调整财务费用。

借：财务费用	20 750
贷：其他应付款（应付利息）	5 750
长期借款——应计利息	5 000
经营活动现金流量——销售商品、提供劳务收到的现金	10 000

说明：本期增加的财务费用中，有10 000元为应收票据贴现利息。由于在调整应收票据及应收账款时已经全额记入"经营活动现金流量——销售商品、提供劳务收到的现金"中，所以要从"经营活动现金流量——销售商品、提供劳务收到的现金"中冲减。

（7）分析调整资产减值损失。

借：资产减值损失	15 000
贷：固定资产（固定资产减值准备）	15 000

（8）分析调整信用减值损失。

借：信用减值损失	450
贷：经营活动现金流量——销售商品、提供劳务收到的现金	450

说明：本期增加的信用减值损失，由于在调整应收票据及应收账款时已经全额记入"经营活动现金流量——销售商品、提供劳务收到的现金"中，所以要从"经营活动现金流量——销售商品、提供劳务收到的现金"中冲减。

（9）分析调整投资收益。

借：投资活动现金流量——取得投资收益收到的现金	15 000
——收回投资收到的现金	8 250
贷：投资收益	15 750
交易性金融资产	7 500

（10）分析调整资产处置损益。

借：投资活动现金流量——处置固定资产等收回的现金净额	174 000
固定资产（累计折旧）	75 000
贷：资产处置损益——处置固定资产净收益	25 000

```
        应交税费——应交增值税（销项税额）              24 000
        固定资产                                    200 000
```
（11）分析调整营业外支出。
```
借：投资活动现金流量——处置固定资产等收回的现金净额    150
    固定资产（累计折旧）                           90 000
    营业外支出——固定资产报废净损失                 9 850
    贷：固定资产                                  100 000
```
（12）分析调整所得税费用。
```
借：所得税费用                                   38 787.5
    贷：应交税费——应交所得税                      38 787.5
```
（13）分析调整固定资产。
```
借：固定资产                          751 000（51 000 + 700 000）
    应交税费——应交增值税（进项税额）              8 000
    贷：在建工程                                  700 000
        投资活动现金流量——购建固定资产等支付的现金    59 000
```
（14）分析调整累计折旧。
```
借：经营活动现金流量——购买商品、接受劳务支付的现金    40 000
                  ——支付其他与经营活动有关的现金    10 000
    贷：固定资产（累计折旧）                        50 000
```
说明：本期计提的累计折旧中，记入"制造费用"有40 000元，记入"管理费用"10 000元。由于在调整存货时已经全额记入"经营活动现金流量——购买商品、接受劳务支付的现金"中，所以要从"经营活动现金流量——购买商品、接受劳务支付的现金"中冲减。由于在调整管理费用时已经全额记入"经营活动现金流量——支付其他与经营活动有关的现金"，所以要从"经营活动现金流量——购买商品、接受劳务支付的现金"中冲减。

（15）分析调整在建工程。
```
借：在建工程                                   239 000
    贷：应付职工薪酬——工资                      100 000
                 ——福利费                     14 000
        应交税费——应交土地增值税                 50 000
        长期借款——应计利息                      75 000
```
（16）分析调整工程物资。
```
借：在建工程（工程物资）                         75 750
    应交税费——应交增值税（进项税额）             12 000
    贷：投资活动现金流量——购建固定资产等支付的现金    87 750
```
（17）分析调整累计摊销。
```
借：经营活动现金流量——支付其他与经营活动有关的现金   30 000
    贷：无形资产（累计摊销）                      30 000
```

说明：本期计提的累计摊销全额计入了管理费用。由于在调整管理费用时已经全额记入"经营活动现金流量——支付其他与经营活动有关的现金"，所以要从"经营活动现金流量——购买商品、接受劳务支付的现金"中冲减。

（18）分析调整短期借款。

借：短期借款　　　　　　　　　　　　　　　　　　　　　　　125 000
　　其他应付款（应付利息）　　　　　　　　　　　　　　　　　 6 250
　　贷：筹资活动现金流量——偿还债务支付的现金　　　　　　　125 000
　　　　　　　　　　　　——分配股利、利润或偿付利息支付的现金　6 250

（19）分析调整应付职工薪酬。

借：应付职工薪酬——工资　　　　　　　　　　　　　　　　　250 000
　　贷：经营活动现金流量——支付给职工以及为职工支付的现金　150 000
　　　　投资活动现金流量——购建固定资产等支付的现金　　　　100 000
借：经营活动现金流量——购买商品、接受劳务支付的现金　　　　162 450
　　　　　　　　　　——支付其他与经营活动有关的现金　　　　　8 550
　　贷：应付职工薪酬——工资　　　　　　　　　　　　　　　　150 000
　　　　　　　　　　——福利费　　　　　　　　　　　　　　　　21 000

（20）分析调整应交税费。

增值税进项税额＝12 000＋7 984＝19 984（元）

借：应交税费——应交增值税（进项税额）　　　　　　　　　　　19 984
　　　　　　——应交增值税（已交税金）　　　　　　　　　　　50 000
　　　　　　——应交教育费附加　　　　　　　　　　　　　　　 1 000
　　　　　　——应交所得税　　　　　　　　　　　　　　　　 38 787.5
　　贷：经营活动现金流量——购买商品、接受劳务支付的现金　　 19 984
　　　　　　　　　　　　——支付的各项税费　　　　　　　　　89 787.5

（21）分析调整应付股利。

借：未分配利润　　　　　　　　　　　　　　　　　　　　　16 107.925
　　贷：其他应付款（应付股利）　　　　　　　　　　　　　 16 107.925

（22）分析调整长期借款。

借：筹资活动现金流量——取得借款收到的现金　　　　　　　　200 000
　　贷：长期借款——本金　　　　　　　　　　　　　　　　　 200 000
借：长期借款——本金　　　　　　　　　　　　　　　　　　　500 000
　　贷：筹资活动现金流量——偿还债务支付的现金　　　　　　 500 000

（23）调整盈余公积。

借：未分配利润　　　　　　　　　　　　　　　　　　　　　17 454.375
　　贷：盈余公积——提取法定盈余公积　　　　　　　　　　　11 636.25
　　　　　　　　——提取任意盈余公积　　　　　　　　　　　 5 818.125

（24）结转净利润。

借：净利润　　　　　　　　　　　　　　　　　　　　　　　 116 362.5

  贷：未分配利润 116 362.5

（25）调整现金净流量变化。

  借：现金及现金等价物净增加 334 521.5

    贷：货币资金 334 521.5（703 150 – 368 628.5）

  第四步，将所有调整分录数字均过入现金流量表工作底稿的调整分录栏，见表16 – 17所示。

  第五步，将工作底稿中资产负债表借方项目的期初数加上调整分录中的借方发生额，减去调整分录中的贷方发生额后，应等于期末数；将工作底稿中资产负债表贷方项目的期初数加上调整分录中的贷方发生额，减去调整分录中的借方发生额后，应等于期末数。如果某项目不相等，说明调整分录有误或者过账、计算有误。同理，利润表项目和现金流量表项目无期初数，应该是调整分录借贷方相抵后等于期末数，否则调整或计算有误。

  第六步，将所有调整分录的借方相加，所有贷方相加，试算是否借贷平衡，如平衡则填列在工作底稿最后一项"调整分录借贷合计"栏目中。若不平衡应查找原因。

  第七步，将工作底稿中现金流量表项目的所有调整分录借贷相抵后填列在"期末数"一栏中，然后依据工作底稿中的现金流量表项目部分编制正式的现金流量表，如表16 – 18、表16 – 19所示。

表 16 – 18   现金流量表   会企03表

编制单位：甲公司   20×9年   单位：元

项　目	本期金额	上期金额（略）
一、经营活动产生的现金流量：		
销售商品、提供劳务收到的现金	666 500	
收到的税费返还	0	
收到其他与经营活动有关的现金	0	
经营活动现金流入小计	666 500	
购买商品、接受劳务支付的现金	240 634	
支付给职工以及为职工支付的现金	150 000	
支付的各项税费	94 787.5	
支付其他与经营活动有关的现金	35 000	
经营活动现金流出小计	520 421.5	
经营活动产生的现金流量净额	146 078.5	
二、投资活动产生的现金流量：		
收回投资收到的现金	8 250	
取得投资收益收到的现金	15 000	
处置固定资产、无形资产和其他长期资产收回的现金净额	174 150	

续表

项　目	本期金额	上期金额（略）
处置子公司及其他营业单位收到的现金净额	0	
收到其他与投资活动有关的现金	0	
投资活动现金流入小计	197 400	
购建固定资产、无形资产和其他长期资产支付的现金	246 750	
投资支付的现金	0	
取得子公司及其他营业单位支付的现金净额	0	
支付其他与投资活动有关的现金	0	
投资活动现金流出小计	246 750	
投资活动产生的现金流量净额	-49 350	
三、筹资活动产生的现金流量：		
吸收投资收到的现金	0	
取得借款收到的现金	200 000	
收到其他与筹资活动有关的现金	0	
筹资活动现金流入小计	200 000	
偿还债务支付的现金	625 000	
分配股利、利润或偿付利息支付的现金	6 250	
支付其他与筹资活动有关的现金	0	
筹资活动现金流出小计	631 250	
筹资活动产生的现金流量净额	-431 250	
四、汇率变动对现金及现金等价物的影响	0	
五、现金及现金等价物净增加额	-334 521.5	
加：期初现金及现金等价物余额	703 150	
六、期末现金及现金等价物余额	368 628.5	

表 16-19　　　　　　　　　　　现金流量表补充资料　　　　　　　　　　　单位：元

补充资料	本期金额	上期金额（略）
1. 将净利润调节为经营活动现金流量：		
净利润	116 362.5	
加：资产减值准备	15 450	
固定资产折旧、油气资产折耗、生产性生物资产折旧	50 000	
无形资产摊销	30 000	
长期待摊费用摊销	0	

续表

补充资料	本期金额	上期金额（略）
处置固定资产、无形资产和其他长期资产的损失（收益以"-"号填列）	-25 000	
固定资产报废损失（收益以"-"号填列）	9 850	
公允价值变动损失（收益以"-"号填列）	0	
财务费用（收益以"-"号填列）	10 750	
投资损失（收益以"-"号填列）	-15 750	
递延所得税资产减少（增加以"-"号填列）	0	
递延所得税负债增加（减少以"-"号填列）	0	
存货的减少（增加以"-"号填列）	1 900	
经营性应收项目的减少（增加以"-"号填列）	-48 050	
经营性应付项目的增加（减少以"-"号填列）	566	
其他	0	
经营活动产生的现金流量净额	146 078.5	
2. 不涉及现金收支的重大投资和筹资活动：		
债务转为资本	0	
一年内到期的可转换公司债券	0	
融资租入固定资产	0	
3. 现金及现金等价物净变动情况：		
现金的期末余额	368 628.5	
减：现金的期初余额	703 150	
加：现金等价物的期末余额	0	
减：现金等价物的期初余额	0	
现金及现金等价物净增加额	-334 521.5	

注：

(1) 资产减值准备 = 15 000（29）+450（31）= 15 450（元）。

(2) 固定资产折旧 = 50 000（元）(28)。

(3) 无形资产摊销 = 30 000（元）(26)。

(4) 处置固定资产、无形资产和其他长期资产的收益 = 25 000（元）(17)。

(5) 固定资产报废损失 = 9 850（元）(12)。

(6) 财务费用 = 10 750（元）(18)。

(7) 投资收益 = 750(6)+15 000(16) = 15 750（元）。

(8) 存货的减少 = 1 290 000 - 1 288 100 = 1 900（元）（数据来自资产负债表数据）。

(9) 经营性应收项目的减少 = 272 550 - 320 600 = -48 050（元）（数据来自资产负债表数据）。

(10) 经营性应付项目的增加 =（526 900 - 576 900 - 450）（应付票据及应付账款减少，数据来自资产负债表数据）+ [-12 000(2) - 7 984(4) + 24 000(5) + 56 000(14) + 20 000(36) + 1 000(40) - 51 000(41) + 38 787.5(44) - 38 787.5(49)]（应交税费减少）+ 21 000（应付职工薪酬增加）(23) = 566（元）。

第十六章 财务报告

(二) 多栏式现金日记账法

由于工作底稿法的工作量很大,同时调整分录涉及太多的会计知识,对初学者往往很难掌握。采用多栏式现金日记账法编制现金流量表相对简单,只需掌握现金流量表的分类和各项目包含的内容即可。即通过设置现金流量表多栏式明细账,按现金流量的分类以及现金流入流出的项目,汇总现金收支金额,年末据以编制现金流量表。采用这种方法将年末复杂的编制工作化解在平时,操作简单易行,有利于保证报表数据的准确性。采用多栏式现金日记账法编制现金流量表的步骤如下:

第一步,设置"经营活动现金流量""投资活动现金流量""筹资活动现金流量"三个多栏式明细账,分别见表16-20、表16-21、表16-22所示,并按现金流量表的项目分设专栏。

第二步,根据库存现金、银行存款、其他货币资金、交易性金融资产(3个月到期的债券)有关的收支凭证(本节采用业务号替代),序时登记上述多栏式现金日记账各专栏。

表16-20 　　　　　　　　　　经营活动现金流量日记账　　　　　　　　　　单位:元

业务号	经营活动现金流入			经营活动现金流出			
	销售商品、提供劳务收到的现金	收到的税费返还	收到其他与经营活动有关的现金	购买商品、接受劳务支付的现金	支付给职工以及为职工支付的现金	支付的各项税费	支付其他与经营活动有关的现金
(1)				50 000			
(2)				87 750			
(4)				57 884			
(14)	406 000						
(15)	100 000						
(21)					150 000		
(27)				45 000		5 000	
(30)	25 500						
(32)							5 000
(35)							5 000
(37)	135 000						
(39)							25 000
(41)						51 000	
(49)						38 787.5	
合计	666 500			240 634	150 000	94 787.5	35 000

表 16-21　　投资活动现金流量日记账　　单位：元

业务号	投资活动现金流入					投资活动现金流出			
	收回投资收到的现金	取得投资收益收到的现金	处置固定资产、无形资产及其他长期资产收回的现金净额	处置子公司及其他营业单位收到的现金净额	收到其他与投资活动有关的现金	购置固定资产、无形资产及其他长期资产支付的现金	投资支付的现金	取得子公司及其他营业单位支付的现金净额	支付其他与投资活动有关的现金
(6)	8 250								
(7)						59 000			
(8)						87 750			
(12)			150						
(16)		15 000							
(17)			174 000						
(21)						100 000			
合计	8 250	15 000	174 150			246 750			

表 16-22　　筹资活动现金流量日记账　　单位：元

业务号	筹资活动现金流入			筹资活动现金流出		
	吸收投资收到的现金	取得借款收到的现金	收到其他与筹资活动有关的现金	偿还债务支付的现金	分配股利、利润和偿付利息支付的现金	支付其他与筹资活动有关的现金
(13)		200 000				
(19)				125 000	6 250	
(48)				500 000		
合计		200 000		625 000	6 250	

第三步，通过结账得出本期现金流量表各报表项目的金额，编制正式的现金流量表，如表 16-18 所示。

第七节　报表附注

一、报表附注概述

1. 附注的概念及作用

附注是财务报表的重要组成部分，是对在资产负债表、利润表、现金流量表和所有者权益变动表等报表中列示项目的文字描述或明细资料，以及对未能在这些报表中列示项目的说明等。

财务报表中的数字是经过分类与汇总后的结果，是对企业发生的经济业务的高度简化和浓缩的数字，如果没有形成这些数字所使用的会计政策、理解这些数字所必需的披露，财务报表就不可能充分发挥效用。因此，附注与资产负债表、利润表、现金流量表和所有者权益变动表等报表具有同等的重要性，是财务报表的重要组成部分。报表使用者了解企业的财务状况、经营成果和现金流量，应当全面阅读附注。

2. 附注披露的基本要求

（1）《企业会计准则第 30 号——财务报表列报》对附注的披露要求是对企业附注披露的最低要求，应当适用于所有类型的企业，企业还应当按照各项会计准则的规定在附注中披露相关信息。

（2）附注相关信息应当与资产负债表、利润表、现金流量表和所有者权益变动表等报表中列示的项目相互参照，有助于使用者联系相关联的信息，并由此从整体上更好地理解财务报表。

（3）企业在披露附注信息时，应当以定量、定性信息相结合，按照一定的结构对附注信息进行系统合理的排列和分类，以便使用者理解和掌握。

二、报表附注披露的主要内容

附注一般应当按照下列顺序至少披露有关内容，具体包括：

1. 企业的基本情况

（1）企业注册地、组织形式和总部地址。

（2）企业的业务性质和主要经营活动。

（3）母公司以及集团最终母公司的名称。

（4）财务报告的批准报出者和财务报告批准报出日。

（5）营业期限有限的企业，还应当披露有关其营业期限的信息。

2. 财务报表的编制基础

企业应当根据财务报表列报准则的规定判断企业是否持续经营，并披露财务报表是否以持续经营为基础编制。

3. 遵循企业会计准则的声明

企业应当声明编制的财务报表符合企业会计准则的要求，真实、完整地反映了企业的财务状况、经营成果和现金流量等有关信息，以此明确企业编制财务报表所依据的制度基础。如果企业编制的财务报表只是部分地遵循了企业会计准则，附注中不得作出这种表述。

4. 重要会计政策和会计估计

（1）重要会计政策的说明。企业应当披露采用的重要会计政策，并结合企业的具体实际披露其重要会计政策的确定依据和财务报表项目的计量基础。其中，会计政策的确定依据主要是指企业在运用会计政策过程中所做的重要判断，这些判断对在报表中确认的项目金额具有重要影响。财务报表项目的计量基础包括历史成本、重置成本、可变现净值、现值和公允价值等会计计量属性。

（2）重要会计估计的说明。企业应当披露重要会计估计，并结合企业的具体实际披露其会计估计所采用的关键假设和不确定因素。重要会计估计的说明，包括可能导致下一个会计期间内资产、负债账面价值重大调整的会计估计的确定依据等。

5. 会计政策和会计估计变更以及差错更正的说明

企业应当按照《企业会计准则第 28 号——会计政策、会计估计变更和差错更正》的规定，披露会计政策和会计估计变更以及差错更正的情况。

6. 报表重要项目的说明

企业应当按照资产负债表、利润表、现金流量表、所有者权益变动表及其项目列示的顺序，采用文字和数字描述相结合的方式披露报表重要项目的说明。报表重要项目的明细金额合计，应当与报表项目金额相衔接。

企业还应当在附注中披露如下信息：

（1）费用按照性质分类的利润表补充资料，可将费用分为耗用的原材料、职工薪酬费用、折旧费用、摊销费用等。

（2）关于其他综合收益各项目的信息，包括：①其他综合收益各项目及其所得税影响；②其他综合收益各项目原计入其他综合收益、当期转出计入当期损益的金额；③其他综合收益各项目的期初和期末余额及其调节情况。

（3）在资产负债表日后、财务报告批准报出日前提议或宣布发放的股利总额和每股股利金额（或向投资者分配的利润总额）。

（4）终止经营的收入、费用、利润总额、所得税费用和净利润，以及归属于母公司所有者的终止经营利润。企业披露的上述数据应当是针对终止经营在整个报告期间的经营成果。

7. 或有和承诺事项、资产负债表日后非调整事项、关联方关系及其交易等需要说明的事项

或有和承诺事项、资产负债表日后非调整事项、关联方关系及其交易等需要说明的事项企业应当按照相关会计准则的规定进行披露。

8. 有助于财务报表使用者评价企业管理资本的目标、政策及程序的信息

9. 其他需要披露的说明

| 本章小结 |

1. 财务报告概述

财务报告，是指企业对外提供的反映企业某一特定日期的财务状况和某一会计期间的经营成果、现金流量和所有者权益变动等会计信息的文件。财务报告具有以下作用：有助于向财务报告使用者提供决策有用的信息；有助于反映企业管理层受托责任履行情况；有助于政府及相关部门进行宏观调控和监管；有助于评估和预测企业未来的现金流量。财务报告包括会计报表及其附注和其他应当在财务报告中披露的相关信息和资料。财务报表包括会计报表和附注。会计报表至少包括资产负债表、利润表和现金流量表等报表。财务报表列报应遵循各项会计准则、列报基础、列报的一致、重要性与项目列报、报表项目金额间的相互抵销、比较信息的列报、表首的列报要求等方面的基本要求。企业编制财务报表前做好清查财产物资、清理债务、复核成本、账项调整、核对账簿记录、编制试算平衡表、结账等准备工作。

2. 资产负债表

资产负债表,是指反映企业在某一特定日期的财务状况的会计报表。资产负债表的作用主要体现在:(1) 揭示企业拥有或控制的经济资源及其分布和利用情况;(2) 揭示企业的资金来源和资本结构;(3) 揭示企业的流动性及偿债能力;(4) 揭示财务状况的发展趋势。资产负债表是根据"资产=负债+所有者权益"的原理,把企业在特定日期所有拥有和控制的经济资源和与之相对应的企业承担的债务及偿债后属于所有者的权益充分反映出来。资产负债表项目一般应根据资产、负债和所有者权益类科目的期末余额来填列,其主要的填列方式包括:(1) 根据总账科目期末余额直接填列;(2) 根据总账科目期末余额加总填列;(3) 根据明细账科目期末余额计算填列;(4) 根据有关科目期末余额减去备抵科目期末余额后的净额填列;(5) 根据总账科目和明细科目余额分析计算填列;(6) 综合运用上述填列方法分析填列。

3. 利润表及所有者权益变动表

利润表反映企业在一定会计期间的经营成果的会计报表。利润表的作用主要体现在:(1) 能够反映企业一定会计期间的经营成果;(2) 有利于考核和评价企业管理层的经营业绩;(3) 可以反映企业的盈利能力和预测未来利润的发展趋势;(4) 有助于预测和评估企业未来的现金流量。利润表中各项目的金额,应根据损益类科目的本期发生额进行分析计算填列。所有者权益变动表,是指反映构成所有者权益的各组成部分当期的增减变动情况的报表。所有者权益变动表中各项目应根据相关科目的发生额进行分析填列。

4. 现金流量表

现金流量表,是指反映企业在一定会计期间现金和现金等价物流入和流出的会计报表。现金流量表的作用主要体现在:(1) 有助于评价企业支付能力、偿债能力和周转能力;(2) 有助于预测企业创造未来现金净流量的能力;(3) 有助于分析企业收益质量及影响现金净流量的因素。现金流量表以现金及现金等价物为基础编制。其中,现金主要包括:(1) 库存现金;(2) 银行存款;(3) 其他货币资金;现金等价物,是指企业持有的期限短、流动性强、易于转换为已知金额现金、价值变动风险很小的投资。只有那些导致企业现金和现金等价物发生增减变动的交易或事项才反映在现金流量表中。现金流量划分为三类:(1) 经营活动产生的现金流量。经营活动,是指企业投资活动和筹资活动以外的所有交易和事项。(2) 投资活动产生的现金流量。投资活动,是指企业长期资产的构建和不包括在现金等价物范围内的投资活动及其处置活动。(3) 筹资活动产生的现金流量。筹资活动,是指导致企业资本及债务规模和构成发生变化的活动。现金流量表主表采用直接法列报,同时对现金流量表附注中的补充资料要求按间接法将净利润调节为经营活动现金流量。直接法，是指按现金收入和现金支出的主要类别直接反映企业经营活动产生的现金流量。间接法，是指以净利润为起算点，调整不涉及现金的收入、费用、营业外支出等有关项目，剔除投资活动、筹资活动对现金流量的影响，据此计算出经营活动产生的现金流量。现金流量表主表的编制方法有工作底稿法和多栏式现金日记账法等方法。

5. 报表附注

附注，是对在资产负债表、利润表、现金流量表和所有者权益变动表等报表中列示项目的文字描述或明细资料，以及对未能在这些报表中列示项目的说明等。企业应当按照规定披露附注信息，主要包括下列内容：附注一般应当按照下列顺序至少披露有关内容，具体包括：（1）企业的基本情况；（2）财务报表的编制基础；（3）遵循企业会计准则的声明；（4）重要会计政策和会计估计；（5）会计政策和会计估计变更以及差错更正的说明；（6）报表重要项目的说明；（7）或有和承诺事项、资产负债表日后非调整事项、关联方关系及其交易等需要说明的事项；（8）有助于财务报表使用者评价企业管理资本的目标、政策及程序的信息；（9）其他需要披露的说明。

课堂讨论题

1. 举例说明财务报告有哪些作用？财务报表、附注与其他财务报告有何区别，举例说明上市公司对外公开的报告中哪些属于其他财务报告？
2. 资产负债表能够给信息使用者提供哪些信息？如何编制和利用资产负债表？
3. 利润表能够给信息使用者提供哪些信息？如何编制和利用利润表？
4. 利润表中为什么需要列报其他综合收益和综合收益总额、基本每股收益与稀释每股收益的信息，其主要作用是什么？
5. 企业为什么需要编制所有者权益变动表？如何编制和利用所有者权益变动表？
6. 企业为什么需要编制现金流量表，现金流量表能够给信息使用者提供哪些信息？如何编制和利用现金流量表？
7. 简述采用直接法和间接法计算经营活动产生的现金流量的基本原理分别是什么？
8. 简述资产负债表、利润表、所有者权益变动表和现金流量表之间的勾稽关系？
9. 请登录上海证券交易所和深圳证券交易所，请打开上市公司年度财务报告，查阅上市公司如何进行附注披露，信息使用者应如何利用报表附注信息？

课后练习题

习题一

【目的】练习资产负债表的编制。

【资料】甲公司20×9年12月31日的资产负债表相关总分类账及有关明细账余额如下：

账户名称	期末余额 借方	期末余额 贷方	账户名称	期末余额 借方	期末余额 贷方
库存现金	30 000		未实现融资收益		24 000
银行存款	125 000		固定资产	247 808	
其他货币资金	140 000		累计折旧		17 500
交易性金融资产	245 000		固定资产减值准备		26 000
应收票据	147 000		在建工程	136 000	
应收账款	156 900		在建工程减值准备		3 000
其中：应收账款——A公司	172 100		工程物资	345 400	
应收账款——B公司		15 200	无形资产	246 890	
应收利息	21 000		累计摊销		6 000
应收股利	35 000		无形资产减值准备		3 458
预付账款	265 000		长期待摊费用	10 000	
其中：预付账款——C公司	300 000		递延所得税资产	24 600	
预付账款——D公司		35 000	短期借款		130 000
其他应收款	124 000		交易性金融负债		21 000
坏账准备		53 000	应付票据		16 740
其中：坏账准备——应收票据		26 000	应付账款		275 000
坏账准备——应收账款		27 000	其中：应付账款——E公司	25 000	
材料采购	103 500		应付账款——F公司		300 000
原材料	400 470		预收账款		126 000
材料成本差异		23 640	其中：预收账款——G公司	26 000	
库存商品	120 000		预收账款——H公司		152 000
受托代销商品	17 990		应付职工薪酬		247 000
委托加工物资	23 640		应交税费		168 400
周转材料	25 430		应付利息		25 478
存货跌价准备		34 650	应付股利		23 760
生产成本	124 589		其他应付款		12 580
制造费用	35 430		委托代销商品款		17 990
债权投资	120 000		长期借款		446 500
其中：一年内到期的部分	20 000		其中：一年内到期的长期借款		40 000
债权投资减值准备		20 000	应付债券		345 200
其他债权投资	24 580		其中：一年内到期的应付债券		30 000
长期股权投资	310 000		长期应付款		134 700
长期股权投资减值准备		10 000	未确认融资费用	24 678	

续表

账户名称	期末余额 借方	期末余额 贷方	账户名称	期末余额 借方	期末余额 贷方
投资性房地产	87 000		预计负债		20 000
投资性房地产累计折旧		2 000	递延所得税负债		26 778
投资性房地产累计摊销		15 460	股本		1 000 000
投资性房地产减值准备		2 340	资本公积		245 700
长期应收款	143 700		盈余公积		174 000
其中：一年内到期的长期应收款	40 000		利润分配——未分配利润		162 731

【要求】根据上表的资料，编制甲公司20×9年12月31日的资产负债表。

习题二

【目的】练习利润表的编制。

【资料】甲公司为增值税一般纳税人，适用的增值税税率为16%，适用的所得税税率为25%。产品售价中不含增值税。产品销售时同时结转销售成本。假定无纳税调整事项。20×9年1月1日至11月30日有关损益类科目的累计发生额，见下表所示（单位：万元）。

科目名称	借方余额	科目名称	贷方余额
主营业务成本	4 000	主营业务收入	5 320
税金及附加	13.7	其他业务收入	123
其他业务成本	34	投资收益	22
销售费用	42	营业外收入	32
管理费用	210	公允价值变动损益	40
财务费用	30		
资产减值损失	47		
营业外支出	21		

甲公司20×9年12月份发生如下经济业务：

（1）1日，销售产品一批，开出的增值税专用发票上注明的价款200万元，增值税额32万元，款项尚未收到。该批商品的实际成本为120万元。

（2）2日，开出转账支票支付业务招待费2.1万元。

（3）3日，通过中国红十字会向灾区捐赠5万元。

（4）7日，以一台设备换入乙公司的原材料一批，该设备原价8万元，累计折旧2万元，计提减值准备3万元，计税价格和公允价值为4万元，乙公司原材料的账面价值为3.5万元，计税价格和公允价值为4万元，该交易具有商业实质，双方适用的增值税税率为16%。

（5）9日，开出转账支票支付广告费3万元。

（6）12日，经批准，报废设备一台，该设备原价14万元，累计折旧11万元，计提减值准备3万元。报废时支付清理费用2万元，残料作价1.6万元，可作为入库残料使用。

（7）14日，将一项专利出售，该专利原价40万元，累计摊销25万元，计提减值准备10万元，取得出售收入 13 万元存入银行，增值税税率为 6%。

(8) 21 日，通过银行转账支付本月负担的短期借款利息 5 万元。

(9) 23 日，开出转账支票支付合同违约金 2 万元。

(10) 31 日，经计算，本月发生应付职工薪酬 100 万元。其中，生产工人工资 70 万元，车间管理人员工资 10 万元，厂部管理人员工资 15 万元，销售人员工资 5 万元。

(11) 31 日，计提固定资产折旧费 11 万元，其中车间计提折旧费 5.5 万元，管理部门计提 2.5 万元，销售部门计提 3 万元。

(12) 31 日，经计算，本月销售产品应交城市维护建设税 5 万元、教育费附加 0.5 万元。

(13) 31 日，持有的交易性金融公允价值下降 2 万元。

(14) 31 日，计提坏账准备 5 万元，计提存货跌价准备 10 万元，固定资产减值准备 5 万元。

(15) 31 日，持有的其他债权投资的公允价值上升 20 万元。

【要求】编制甲公司 20×9 年 12 月份相关业务的会计分录，并编制甲公司 20×9 年度的利润表。

习题三

【目的】练习现金流量表项目的计算。

【资料】甲公司 20×9 年有关资料如下：

(1) 当期销售商品实现收入 200 000 元；应收账款期初余额 30 000 元，期末余额 60 000 元；预收账款期初余额 20 000 元，期末余额 40 000 元。假定不考虑坏账准备和增值税因素。

(2) 当期用银行存款支付购买原材料货款 58 000 元；当期支付前期的应付账款 22 000 元；当期购买原材料预付货款 25 000 元；当期因购货退回现金 7 000 元。

(3) 当期实际支付职工工资及各种奖 44 000 元。其中，生产经营人员工资及奖金 35 000 元，在建工程人员工资及奖金 9 000 元。另外，用现金支付离退休人员退休金 7 000 元。

(4) 当期购买工程物资预付货款 12 000 元；向承包商支付工程款 18 000 元。

(5) 当期购入某公司股票 1 000 股，实际支付全部价款 14 500 元。其中，相关税费 200 元，已宣告但尚未领取的现金股利 300 元。

(6) 当期发行面值为 800 000 元的企业债券，扣除支付的佣金等发行费用 8 000 元后，实际收到款项 722 000 元。另外，为发行企业债券实际支付审计费用 7 000 元。

(7) 当期用银行存款偿还借款本金 40 000 元。偿还借款利息 7 000 元。

(8) 当期用银行存款支付分配的现金股利 50 000 元。

【要求】根据上述资料，计算现金流量表中下列项目的金额：(1) 销售商品、提供劳务收到的现金；(2) 购买商品、接受劳务支付的现金；(3) 支付给职工以及为职工支付的现金；(4) 购置固定资产、无形资产和其他长期资产所支付的现金；(5) 投资所支付的现金；(6) 吸收投资所收到的现金；(7) 偿还债务所支付的现金；(8) 分配股利、利润或偿付利息所支付的现金。

习题四

【目的】练习现金流量表项目的计算。

【资料】甲公司为增值税一般纳税人，适用的增值税税率为 16%。20×9 年的有关资料如下：

(1) 资产负债表有关项目年初、年末余额和部分项目发生额如下（单位：万元）：

账户名称	年初余额	本年增加	本年减少	年末余额
应收账款	234			468
应收票据	58.5			35.1
交易性金融资产	30		5（出售）	25

续表

账户名称	年初余额	本年增加	本年减少	年末余额
应收股利	2	1		0.5
存货	250			240
长期股权投资	50	10（以无形资产投资）		60
应付账款	175.5			234
应交税费				
应交增值税	25		30.8（已交） 27.2（进项税额）	18
应交所得税	3	10		4
短期借款	60	30		70

（2）利润表有关项目本年发生额如下（单位：万元）：

账户名称	借方发生额	贷方发生额
营业收入		300
营业成本	170	
投资收益：		
现金股利		1
出售交易性金融资产		2

（3）其他有关资料：交易性金融资产均为非现金等价物；出售交易性金融资产已收到现金；应收、应付款项均以现金结算；应收账款变动数中含本期计提的坏账准备10万元。不考虑该企业本年度发生的其他交易和事项。

【要求】根据上述资料，计算现金流量表中下列项目的金额：（1）销售商品、提供劳务收到的现金；（2）购买商品、接受劳务支付的现金；（3）支付的各项税费；（4）收回投资收到的现金；（5）取得投资收益收到的现金；（6）取得借款收到的现金；（7）偿还债务支付的现金。

习题五

【目的】练习资产负债表、利润表和现金流量表的编制。

【资料】甲公司为增值税一般纳税人，适用的增值税税率为16%，适用的所得税税率为25%。产品售价中不含增值税。产品销售时同时结转成本。假定无纳税调整事项。20×9年1月1日，有关科目的余额如下：

科目名称	借方余额	科目名称	贷方金额
现金	2 000	短期借款	300 000
银行存款	2 370 000	应付票据	200 000
交易性金融资产	61 000	应付账款	950 000
应收票据	300 000	其他应付款	60 000
应收股利	6 000	应付职工薪酬	22 800

续表

科目名称	借方余额	科目名称	贷方金额
应收账款	300 000	应交税费	2 000
其他应收款	5 000	应付利息	6 000
坏账准备	9 200	长期借款	420 000
原材料	270 000	股本	5 000 000
周转材料	164 000	盈余公积	600 000
库存商品	447 000	利润分配	
存货跌价准备	0	（未分配利润）	140 000
长期股权投资	200 000		
固定资产	3 275 000		
累计折旧	2 590 000		
工程物资	70 000		
在建工程	2 530 000		
无形资产	200 000		
长期待摊费用	100 000		
合计	7 700 800	合计	7 700 800

甲公司20×9年发生业务如下：

（1）出售年内购入的交易性金融资产，收到45 000元存入银行，该交易性金融资产的账面价值41 000元。

（2）将一张到期的、面值300 000元的不带息银行承兑汇票，连同解讫通知和进账单交银行办理转账业务，银行盖章后退回进账单一联，款项已经银行收妥。

（3）从银行提取现金20 000元备发工资。

（4）用现金支付职工工资，其中生产人员工资13 000元，车间管理人员工资4 000元，行政管理部门人员工资3 000元。

（5）发生职工福利费，其中生产工人福利费1 820元，车间管理人员福利费560元，行政管理部门福利费420元。

（6）购入一批原材料，取得的增值税专用发票上注明的价款250 000元，增值税额40 000元，用银行存款支付款项的50%，另外50%开出一张银行承兑汇票，材料已入库。

（7）收到已宣告现金股利6 000元（按成本法核算，被投资企业适用的所得税税率为25%）。

（8）购入不需安装设备一台，取得的增值税专用发票上注明的价款970 000元，增值税额为155 200元，发生包装费、运杂费共计30 000元。设备价款、包装费和运杂费以银行存款支付。

（9）销售一批产品，开出的增值税专用发票上注明的价款500 000元，增值税额80 000元，该产品成本为270 000元，价款尚未收到，对方已取得商品的控制权。

（10）收到应收账款60 000元，存入银行。

（11）购入一批厂部大楼工程用的工程物资，取得的增值税专用发票上注明的价款200 000元，增值税额32 000元，款项用银行存款支付。

（12）基本生产领用原材料220 000元，领用低值易耗品50 000元。

（13）用银行存款200 000元投资另一家企业，获得该企业25%的表决权股份。该项投资准备长期持有。

(14) 从银行借入 5 年期借款 600 000 元用于购建固定资产,借款已入银行账户。

(15) 计提厂房和车间折旧费用 180 000 元,厂部大楼折旧 40 000 元。

(16) 新厂部大楼工程领用一批工程物资 110 000 元。此外,该工程发生应付工资 70 000 元,应付职工福利费 9 800 元。

(17) 完成对原有生产线的更新改造,该项目更新改造支出累计 430 000 元。工程竣工已交付生产使用。

(18) 车间出售一台设备收到款项 40 000 元,该设备账面价值 75 000 元,已提折旧 30 000 元。

(19) 摊销无形资产 20 000 元。

(20) 企业归还短期借款 150 000 元,利息 6 000 元(已计提)。

(21) 计提应计入本期损益的借款利息共 6 000 元,其中短期借款利息 1 500 元,长期借款利息 4 500元。

(22) 用银行存款支付广告费 30 000 元。

(23) 计算并结转本期完工产品成本。无期初在产品,本期生产的产品全部完工入库。

(24) 计提坏账准备 2 500 元。

(25) 计提存货跌价准备 10 000 元。

(26) 本期产品销售应交纳的城市维护建设税及教育费附加分别为 650 元和 200 元。

(27) 用银行存款交纳本月应交增值税 42 500 元,城市维护建设税及教育费附加分别为 650 元和 200 元。

(28) 将损益类科目结转到本年利润。

(29) 计算并结转所得税费用。

(30) 提取法定盈余公积金 7 519.41 元,分配普通股现金股利 23 914.98 元。

(31) 利润分配各明细科目的余额转入"未分配利润"明细科目,结转本年利润。

【要求】编制甲公司相关业务的会计分录,并编制甲公司的资产负债表、利润表和现金流量表。

参考文献

1. 财政部：《企业会计准则（2006）》，经济科学出版社2006年版。
2. 财政部：《企业会计准则——应用指南（2006）》，中国财政经济出版社2006年版。
3. 财政部会计司编写组：《企业会计准则讲解（2006）》，人民出版社2007年版。
4. 财政部会计司编写组：《企业会计准则讲解（2008）》，人民出版社2008年版。
5. 财政部会计司编写组：《企业会计准则讲解（2010）》，人民出版社2010年版。
6. 财政部会计司：《企业会计准则第2号——长期股权投资》，经济科学出版社2014年版。
7. 财政部会计司：《企业会计准则第40号——合营安排》，经济科学出版社2014年版。
8. 财政部会计司：《企业会计准则第41号——在其他主体中权益的披露》，经济科学出版社2014年版。
9. 财政部会计司：《企业会计准则第9号——职工薪酬》，经济科学出版社2014年版。
10. 财政部会计司：《企业会计准则第30号——财务报表列报》，经济科学出版社2014年版。
11. 财政部会计司：《企业会计准则第33号——合并财务报表》，经济科学出版社2014年版。
12. 财政部会计司：《企业会计准则第39号——公允价值计量》，经济科学出版社2014年版。
13. 财政部会计司编写组：《〈企业会计准则第22号——金融工具确认和计量〉应用指南（2018）》，中国财政经济出版社2018年版。
14. 财政部：《企业会计准则第22号——金融工具确认和计量》（财会〔2017〕7号）。
15. 财政部：《企业会计准则第23号——金融资产转移》（财会〔2017〕8号）。
16. 财政部：《企业会计准则第24号——套期会计》（财会〔2017〕9号）。
17. 财政部：《企业会计准则第42号——持有待售的非流动资产、处置组和终止经营》（财会〔2017〕13号）。
18. 财政部：《企业会计准则第37号——金融工具列报》（财会〔2017〕14号）。
19. 财政部：《企业会计准则第14号——收入》（财会〔2017〕22号）。
20. 财政部会计司编写组：《〈企业会计准则第23号——金融资产转移〉应用指南（2018）》，中国财政经济出版社2018年版。

21. 财政部会计司编写组：《〈企业会计准则第 24 号——套期会计〉应用指南（2018）》，中国财政经济出版社 2018 年版。

22. 财政部会计司编写组：《〈企业会计准则第 14 号——收入〉应用指南（2018）》，中国财政经济出版社 2018 年版。

23. 财政部会计司编写组：《〈企业会计准则第 16 号——政府补助〉应用指南（2018）》，中国财政经济出版社 2018 年版。

24. 财政部会计司编写组：《〈企业会计准则第 42 号——持有待售的非流动资产、处置组和终止经营〉应用指南（2018）》，中国财政经济出版社 2018 年版。

25. 财政部：《增值税会计处理规定》（财会〔2016〕22 号）。

26. 财政部：《企业会计准则解释第 9 号——关于权益法下投资净损失的会计处理》（财会〔2017〕16 号）。

27. 财政部：《关于修订印发 2018 年度一般企业财务报表格式的通知》（财会〔2018〕15 号）。

28. 财政部：《关于 2018 年度一般企业财务报表格式有关问题的解读》（2018）。

29. 中国注册会计师协会组织编写：注册会计师全国统一考试辅导教材《会计》，中国财政经济出版社 2019 年版。

30. 中国注册会计师协会组织编写：注册会计师全国统一考试辅导教材《税法》，中国财政经济出版社 2019 年版。

31. 财政部：《企业会计准则解释第 10 号——关于以使用固定资产产生的收入为基础的折旧方法》（财会〔2017〕17 号）。

32. 财政部：《企业会计准则解释第 11 号——关于以使用无形资产产生的收入为基础的摊销方法》（财会〔2018〕18 号）。

33. 财政部：《企业会计准则解释第 12 号——关于关键管理人员服务的提供方与接受方是否为关联方》（财会〔2017〕19 号）。